復刻版

婦人のこえ

第4巻

1957年１月〜12月
（第５巻第１号〜第12号）

六花出版

復刻版『婦人のこえ』第4巻

刊行にあたって

一、本復刻版は、雑誌『婦人のこえ』（一九五三年一〇月〜一九六一年九月）を全8巻に分けて復刻するものである。

一、第1巻巻頭に鈴木裕子氏による解説を掲載した。
また、第8巻巻末に「総目次」のデジタルデータをCD－ROMに収録し付した。

一、本巻の原資料収集にあたっては、左記の機関及び個人のご協力を得た。改めて御礼を申し上げます。（順不同）
東京大学社会科学研究所、鈴木裕子氏

一、資料の中には、人権の視点から見て不適切な語句・表現・論もあるが、歴史的資料の復刻という性質上、そのまま収録した。

一、刊行にあたってはなるべく状態の良い原資料を使用するように努力したが、原本の状態や複写の環境等によって読みにくい箇所があることをお断りいたします。

（六花出版編集部）

[第4巻 目次]

巻号数●発行年月日

第五巻第一号●一九五七・一・一
第五巻第二号●一九五七・二・一
第五巻第三号●一九五七・三・一
第五巻第四号●一九五七・四・一
第五巻第五号●一九五七・五・一
第五巻第六号●一九五七・六・一
第五巻第七号●一九五七・七・一
第五巻第八号●一九五七・八・一
第五巻第九号●一九五七・九・一
第五巻第一〇号●一九五七・一〇・一
第五巻第一一号●一九五七・一一・一
第五巻第一二号●一九五七・一二・一

◉全巻収録内容

第1巻	一九五三年一〇月～一九五四年一二月	解説＝鈴木裕子
第2巻	一九五五年一月～一二月	
第3巻	一九五六年一月～一二月	
第4巻	一九五七年一月～一二月	
第5巻	一九五八年一月～一二月	
第6巻	一九五九年一月～一二月	
第7巻	一九六〇年一月～一二月	
第8巻	一九六一年一月～九月	

婦人のこえ

1月号　特集・民主主義のモ　1957

賀春

本誌編集委員（五十音順）

榊原千代
藤原道子
山川菊栄
吉村とく

本誌・社友

淡谷のり子（歌手）
阿部艶子（作家）
安部キミ子（参議院議員）
磯野富士子（日本女子大講師）
石井桃子（童話作家）
石垣綾子（評論家）

円地文子（作家）
大谷藤子（作家）
小川マリ（画家）
小倉麗子（声楽家）
大内節子（津田塾大学講師）
川上喜久子（作家）
神近市子（衆議院議員）
木村光江（画家）
桑原小枝子（主婦）
久米愛（弁護士）
久保まち子（フェビアン協会会員）

芝木好子（作家）
清水慶子（評論家）
杉村春子（俳優）
田所芙美子（画家）
田辺繁子（法律家）
高田なほ子（参議院議員）
戸川エマ（評論家）
長岡輝子（演出家）
新居好子（翻訳家）
西尾くに子（医師）
萩元たけ子（歌人）

深尾須磨子（詩人）
古市ふみ子（日本女子大勤務）
福田昌子（衆議院議員）
宮崎白蓮（歌人）
三岸節子（画家）
米山ヒサ（元衆議院議員）
渡辺道子（社会党・婦人部副部長）

日本労働組合総評議会傘下各労働組合
婦人部

全国産業別労働組合（新産別）連合傘下各労働組合
婦人部

婦人のこえ

1957年
一月号

一月号 目次

特集・民主主義のモラル

解説

人権尊重と主権尊重

山《やま》川《かわ》菊《きく》栄《え》

北海道よりもつと北寄りの雪深いハンガリーで、家は砲撃に破壊され、衣食にも事を欠く人々はいつたいどうしてこの冬をこすことでしようか。すでに隣国オーストリーへのがれた者は十二万をこえたといいます。のがれることは禁止され、対岸へのがれついたところをうしろからソ連兵にうたれて死ぬ者もあるとのこと。一日も早くソ連軍がひきあげ、ハンガリーの問題がハンガリー国民の手で解決されることを願わずにはいられません。それよりほかに平和と独立への道はないのですから。社会主義は外国から武力をもつて強制されるべきものではありません。いわんやウラン鉱をねらつての植民地化が許さるべきではありません。ハンガリー国民のきらうのはソ連植民地化とその強制する型の共産主義であつて、彼らはしだいに反動を追うて自分たち自身の手でその国情に合つた社会主義社会を作ろうとしているというではありませんか。

社会主義の理想は人々が能力に応じて働き、必要に応じてとることのできる社会状態であり、これは現在でもむつまじい一家の場合には何のふしぎもなく行われており、人類の共同生活の原則です。老人や子供が働かぬからとて食を惜しむ者はなく、心身ともに健全な男女は喜んで家族のために働くものです。けれども社会全体を通じて皆が能力に応じて働き、必要に応じてとることができるようになるには、非常に生産力の高い、物の豊富な、そして皆が道徳的にも高い能力をそなえた社会とならなければなりません。物質的にも、精神的にもそこまでいくのは容易なことではありません。マルクスが考えたように高度に発達した資本主義社会が、必然的に次の段階である社会主義に進むというように順調にいけばあまり問題はないわけですが、現実の世界ではロシアのような後進国、半封建的な農業国に社会主義が導入されたところに大きな矛盾がありました。国民の九割までは文盲で、生産力は低く、しかも、資本主義諸国の軍事干渉や飢饉と戦いながら国内の統一と社会主義体制を維持し、強大な工業と軍隊とを作り出していこうとした一九一七年当時のソ連には独裁的な権力が必要でもあつたでしよう。そして内では国民の自由を犠牲にして強大な中央集権国家を育てると同時に、外では他国の社会主義運動の自主的な協力や同情に満足せず、それを完全に自分たちの道具とするためにコミンテルン（国際共産党）を作り、命令と服従の関係をうちたてた結果、世界の運動を分裂と混乱にみちびく悲劇を招きました。

日本の社会主義運動も、大正末期、ロシア革命の刺戟でさかんになるとまもなく、ソ連中心でかれらに盲従する徳田球一らの日本共産党の系統と、日本の運動の独立と自主性をたつとぶ堺、山川、荒畑、鈴木茂三郎、向坂、高橋その他労農派とよばれたインテリや労働者農民との間に運動が分裂し、後者の系統が今日の社会党（左）に発展したのでした。もしソ連の介入がなく、大正末期以来の分裂闘争がなくて全運動が固く結束していたなら、民主勢力が進出して軍部を抑え、破滅的戦争を防ぎえたかもしれないのです。

第二次大戦後のソ連はもはや孤立した共産国でなく、それと協力する多くの人民民主主義国と共に、バルカン、アジアにわたつて地球の表面の三分の一をしめる勢力となりました。また共産党と同じ行き方は好まぬながら、それに対して友好的であり、平和的、漸進的に社会主義社会へ進もうとする国々にインド、ビルマ、インドネシア、セイロン及びアジア、アラブの諸民族があり、英国労働党もその有力なもので、政権をとればただちにその主張が実行されることは確実です。こうして社会主義は現実の世界の政治、経済を左右する力となり、ソ連型の共産主義、アメリカの資本主義のどちらにもくみせぬ、多くの国々が、それぞれ自分の国の歴史とその社会的発展の段階に応じた適切な方法によつて社会主義をめざして進むようになつたのです。戦時中自力でファシストと戦つて独立したユーゴは、ソ連の圧迫と搾取に反抗して一九四八年コミンフォルムから追放されたのち、内政を改革してソ連型をやめて地方分権と労働者の工場管理をみとめる独自の社会主義を確立し、外交はソ連と米国のいずれにもつかず、インドと歩調をあわせて中立と内政不干渉を標榜し、西欧諸国とも友好関係を結んできました。一九五三年三月、スターリンの死後ソ連の方針が大きく変り、特に五六年二月、共産党第二〇回大会以来大がかりの雪どけとなり、ひいてポーランド、ハンガリーに主権回復のための民族運動が起つたことは前号に述べた通りです。今や世界中の社会主義者、自由主義者はハンガリーにおけるソ連の軍事干渉を憤つています。

いつたい社会主義の根本的な理想は人による人の搾取に反対し、人間が物に支配される代りに、人間が物を支配する世の中にすることです。社会主義の道徳は、個人間の人権尊重、国家間の主権尊重を基調とし、その妨げとなるような富や権力の支配をなくすために戦うことなのです。要するに権力に盲従するな、自己に忠実であれ、自主的であれ、という民主主義の原則こそは社会主義道徳の基礎でもあり、その原則を現実のものとするためには社会主義の社会を実現するほかないからこそそのために団結し、運動するのです。

ソ連的共産主義は、ツァーの封建的帝国主義と戦うために発達した社会主義の一変種であり、その路線を資本主義諸国の包囲のもとにゆがめられた悲しむべき奇形児であることは上にもふれておきましたが、ロシア革命から三十九年、世界の形勢がここまで変つた今日、それは時代おくれになつたからこその雪どけで、その時代おくれの型を弱小国に武力で強制したところが、長つずきするはずはありません。

ロシア共産党とは、ロシア社会民主党の中の一分派が、革命時代に分裂して独立したもので、ロシアの気候風土、社会的、歴史的条件のもとにあつてこそ可能であり、役にも立つたでしょうが、土地を異にし、歴史を異にし、（一三ページへつづく）

親子のモラル

―新民法の期待するもの―

鍛《か》冶《じ》千《ち》鶴《ず》子《こ》

日本国憲法は、「人間は人間であるが故に尊い」という民主主義社会の根本的な考え方によつてつらぬかれています。新しい民法はこの憲法の要請にもとずいてうまれたものですから、もちろん個人の尊厳と男女の平等を実現することをその理想としており、家族制度の廃止とともにこれまでの権威中心的な親子関係のあり方を否定したのはいうまでもありません。

ところが、新しい民法のなかでなぜか、親子関係の規定がいちばん理解されていない、というよりむしろひどく誤解されているように思われます。「新民法になつてから、子は親を養わなくていいことになつた、新民法は親不孝の法律だ」などとふいちようしてまわる人が、事実います。それを本気でうけとつて心配している人もいます。思いちがいもはなはだしいものです。

民法第八七七条は、親子兄弟姉妹が互いに扶養しあうことを、法律上の義務として要求しています。ふるい民法のもとでは、生活能力のない貧乏な長男であつても親はその長男にめんどうをみてもらうのが原則となつていましたから、それにくらべれば、子供たち全部に親を養う共同責任を負わせた新民法は、むしろ扶養を強化したとさえいえます。親は、どの子もへだてなくかわいいのですから、新民法が、いつしよにくらしているひとりの子だけでなく、嫁にいつた子にも、養子にいつた子にも、それぞれの立場や事情に応じてみんなおなじに親を養う責任を負わせているのは、ゆがめられない親子のしぜんな愛情を大事にしているあらわれともいえましよう。新民法が均分相続を原則としたのも、自分の財産をどの子にもひとしく分け与えたいという親のしぜんの感情を肯定したにすぎません。つまり、親子のしぜんの愛情をそのまま倫理としてゆこうというのが、新しい法律のゆきかたなのです。

これまでの親子関係は、身分のちがいにもとずくものとしてとらえられていましたので「目下」である子は「目上」である親をうやまいこれにつかえるべきであるという「親孝行」の思想が、唯一の親子の倫理であると考えられていました。しかも問題なのは、それが「山よりも高く海よりも深い親の恩」に対するお返しとして考えられていたということです。

しかし、恩をうけたから返すというのであれば、恩をうけなければ返す必要がないという水くさい関係にうら返すこともできます。「かまどの灰までお前のものだ」といわれて育てられた長男は、だから他のきようだいたちより一層よけいに親孝行しなければなりませんし、そこには、親子の愛情というより、相続とひきかえという計算的要素がはいりこんできます。これをうら返すと、親の財産が共同相続になるのならひとりで親をみるのは損だ、という考え方にもなりましよう。

ある農村で、「長男の嫁はしゆうとしゆうとめにつかえ、そのめんどうをみるので苦労が多いが、その財産を全部相続できるからそれまでがまんもできるけれど、親の財産は子供全部が平等に相続するということになつたら、苦労のしがいがなくなつて長男の嫁になり手がなくなるだろう」と、まじめな顔で質問をした婦人がありました。

親子の関係を、このような打算から解放してほんとうの人間らしい関係にたちもどらせるためには、倫理を、報恩という基礎から解放する以外にないと思うのです。そうすれば未成年の子に対する親権も、「目上」の親が「目下」の子に対してもつている権力ではなくて、その子を生み、その子と最も深い血縁関係にある親が、その子を監護教育して独立生活ができるように育てあげる責任であり、お返しを要求できない一方的義務ということになりますし、逆に、成年の子が親を扶け養う義務は、「目下」の者から「目上」の者に対する一方的義務ではなく、成年の子が独立して生活できる場合には親がその子を養う義務がないのとおなじに、親に生活能力があれば子はこれを養う義務はないことになります。

新民法を親不孝の法律だという他の理由として、結婚をするのに親の同意がいらなくなつたことをあげる人もありますが、成年に達した子はもはや親と対等な独立の人間であつて、子は自分の行為については自分で責任を負うべきであり、新しい民法は、結婚についてだけでなくすべての点で、子が、人まかせでなく自らの判断と責任において行動することを期待しているのではないでしょうか。この点でも、新しい民法とふるい民法とでは、親子関係の考え方について大きな転換をみせているということができます。

また、新民法がいわゆる継親子関係を法律上の親子とみとめないことについて不安を感じている人が少くないとききますが、法律上親子とみとめられているからその間がうまくいくと考えるのは、法律上扶養義務がみとめられてさえいれば誰でもが安心して食べてゆけると考える考え方に似て、あまりに形式的だと思います。法律上どうしても親子でありたいと希望する人は、養子縁組という方法によつて親子になればいいのであつて、親子でない者を親子と思いこませようとして、一律に法が強制することには無理があるように思います。

民主主義社会における合理的精神は、親子の問題を権威による関係から愛情を基礎としたしぜんな関係に還元しようとするのです。しぜんな愛情を法律のわくでゆがめることなく、それをそのまま倫理としようというのがこの社会での法律のゆきかたなのです。

最近、ある週刊誌が二つの「世代」という表題で、有名人親子にいろいろな質問を出しましたが、「親孝行をしたいと思いますか」という問に対して、子供たちが「それどういうこと？」とききかえしているのをみて、おもしろいと思いました。かれらには、親のめんどうをみることは分つていても孝行ということの意味はきつとピンとこなかつたのでしよう。かれらにとつては、親であるからしぜんの愛情がわくのだし、そのしぜんの愛情にもとづいて親のめんどうをみようと思うのであつて、それには、親からうけた恩に対するお返しの意味もなければ、法律が要求しているからという理由もないわけです。

そして、ここからこそ、ほんとうに地に根を張つた力強くたしかな、親子のモラルが育つてゆくのではないでしょうか。

（一九五六・一二・一六）

（筆者は弁護士）

夫婦というもの

榊《さかき》原《ばら》千《ち》代《よ》

まだ私が若い頃、三十年以上も前のことでしようか、穂積重遠先生の講演を聞いたことがあります。それは女としての心構え、嫁としての覚悟、妻としての考え方といつたようなことについてでした。その中で不思議に私の心に今でも残つていることは「女の人が嫁いでその家の人となるということは、たとえば家に建具をはめこむようなもので、長過ぎれば端を切つて落し、広過ぎればちじめて狭くするようなもの、その家の家風に合わせて調和させていかなければいけないのだ」ということでした。若い私はどうも納得できない反撥か不満を感じたものでした。女の優れた才能もその人独特の個性も特長も、平凡な家風に合わなければ切つてすてられてしまう、何というつまらないことであろう、と。封建社会の家の中にどんなに多くの女の知識、才能がさんざんにふみにじられて埋もれてしまつたことか、姑小姑鬼千匹の中に何一つするにも気を使い、一言いうにも廻りくどい言い廻わしをしなければならなかつたり、面倒臭いことこの上なし、人間としてちじこまつて暗い女の結婚生活。

ところがこの頃の若い人たちはどうでしよう。農村や所によつて違いましようが、夫婦生活に明るさが輝き出しました。教え子の結婚式に招待されて帰つて来た夫がその様子を話してくれました。「なかなか愉快だつたよ、クラスメートがテーブルスピーチでこんなことをいつた、――われわれは秘かに今日あるを期待していた、といいたいところだがどうしてどうして公然と今日の日を待たされた――なんてね、共学で始終一緒に歩き、一緒にいたんだそうだよ」結婚後、もうやがて二年、今ものびのびと楽しく暮しているらしい。

大学を三年で中途退学のお嬢さんが、結婚しましたといつて夫君をつれて挨拶にこられました。相手はアメリカ人、東南アジア、ヨーロッパを廻つてアメリカに帰り、アメリカで一緒にまた大学に入つて勉強するのだということです。見るといかにも品のいいおとなしそうなインテリ青年、「いい日本のお嬢さんをみつけてようございましたね」というとさも満足そうに優しそうに奥さんを眺めて、「ほんとうに、いいワイフで」という答え。あとで娘たちに「お母さん、日本の大人の人たちは夫婦お互に相手の悪口ばかりいうでしよう、愚妻だの、うちの主人は横暴だの、ああいう風にお互にほめてごらんなさい、きつともつと楽しくなりますよ」と、いわれました。そういえば離婚したアメリカ婦人からおのろけかとも思われる前夫に対するほめ言葉を聞かされたことがあります。何のために離婚したのかと聞き返したい思いでしたが、悪い気持がしなかつたのは不思議です。

ともあれ、親をときふせてさつさと国際結婚をしてしまつたり、大学在学中婚約を発表したりするいろいろなケースをみていますと「婚姻は両性の合意のみに基いて成立し、夫婦が同等の権利を有することを基本として、相互の協力により、維持されなければならない」という憲法の理想がだんだんに実現しつつあるように展望されます。

二世代も昔のこと、私の先輩がある御夫婦を評して「あの方たちいつあつてもきのう結婚されたように新鮮で仲がいい」といつていたことがあります。お互がかくも信頼と愛情をもち続けて生涯をともにすることができるということについて娘心にどんなに羨望と尊敬とをもつたことでしよう。ましてこの頃のような若い夫婦がのびのびと自らを生かしながら、協力して築いていく家の中にはいきいきした幸福がみち、顔にさえ若々しいみずみずしさが輝いてくることでしよう。

しかしものごとにはとかく行き過ぎということが、ことに過渡期にはあるものです。先日若い人たちに「今度あそこのお嬢さん十九で恋愛結婚されることになつたそうよ」と話したところ「いいじやないの、若くて、まだこれから幾度も結婚できる」というのです。「女房と畳は新しいほどいい」といわれたのは今は昔のこと、「夫もあきれば取りかえたつていい」ということでしようか。

結婚すれば子供も生まれます。自分たち二人によつてこの世に生み出された一つの尊い命、その可愛らしい子供の運命に対して、親たちは当然責任があると思えば、そんなに簡単に別れたり、やたらに死んだりできるものではありません。

せつかく自由と愛情と意志によつて結ばれた結婚が、案外早く破局に走つてしまう。自分の思うようにならないといつてさつさと家庭生活を清算してしまうというのでは、人生の味も味わえず、人生の意味もつかむことができないでしよう。結婚してみたら、恋愛時代の彼と案に相違した彼の真相が分つて嫌気がさしたなどというのでしようか。しかし人間そのものが複雑なもの、自分で自分が分らないようなこともあり、自分の弱点をもてあましていることもあるものです。お互のいたわり合い、許し合いがなければとても生きて行けるものではありません。

ある人の結婚披露の席上でその当時の進歩的自由主義者の安部磯雄氏が「家庭生活というものは案外デリケートなもので、一寸した言葉や行為にも気をつけなければならない」と話されました。すると次に立たれた三宅雪嶺博士が「家庭でだけはせめて生地のまま、裸でくつろぎたい」といわれました。お二人ともの言葉が真理だと私は今でも思つています。つまらない一つのトゲトゲしい言葉からまるで大問題のように家一杯に味気ない淋しい空気が立ちこめてしまうことがあります。そうかと思うと奥様があまりに賢夫人で、立派過ぎて夫に決して逆うこともなく一生懸命仕えてくれることが、かえつて居心地を悪くしてろくでもない、そうしてきりようもよくないバーの女給を二号にして夏などシャツ一枚で鼻唄まじりで家ではしたこともない風呂焚きなどして楽しそうに落ちつきこんでいる人を私は知つています。

自分を殺して相手の重荷になるほどに献身的に夫に仕えるような人はだんだんに少くなるでしようが、それにしてもお互を理解しようとし、お互の弱点を受けとめて、少しでもゆつたりすることのできるようにする努力は絶えず続けられなければならないのではないでしようか。

夫婦親子の人間関系は肉親であるだけに深刻でもあり、時には独身で飛び廻つている人をうらやましくも思います。けれどもつきない苦労とともに、時には倍する幸福もあり、人間としてそれだけに深くも暖かくも成長するのではないでしようか。

働く婦人のモラル

熱《あつ》田《た》優《ゆう》子《こ》

「働く婦人のモラル」という課題を与えられて、考えてみたのですが、これは「働く人のモラル」と置きかえた方がよいのではないかと思います。というのは働く人のモラルに男性も女性もないと思われますので。

モラルと云いますと、何か新しいような感じを受けますが、日本語で云つてみれば、「倫理」とか「道徳」「道」といつた意味になつて、ちよつと顔をしかめてみたくなります。「働く人の在り方」とでも云つたら、少しはぴつたりするかもしれません。

いつでしたか、日教組の代表が、何かの要求をするために、文部大臣に面会し、大臣の机の上に泥靴を上げて、ふんぞり返つて、大臣をどやしつけた、というような話をきいたことがありますが、その話がほんとうだとすると、人間として、労働者として、また特に教育者として、果してこれでよいのかしら、という疑問を持ちました。なぜか「虎の威を借る狐」という諺が、ふと頭をかすめました。どうしてもつとフェアに、相手をやはり自分と同じ人格をもつ人間として、話しあう態度で接することができないのでしようか。第三者が冷静に見た場合、これを立派な態度だということができるでしようか。それともこのような感じ方は、やつぱり傍観者の立場なのでしようか。

人間が社会生活を営むには秩序というものが必要です。この秩序に従うことが「モラル」だと考えてよいと思うのですが、その内容は社会生活の状態が変るに従つて変化するものです。しかし、それが何らかの形で社会生活に和をもたらすものであり、人間関係がスムーズに保たれるための理念であることに変りがないはずです。

働く人のモラルも時代とともに、生産手段の変化とともに、変化してきています。封建社会においては、雇われて働いているものや農民は、その社会を支配する階級の作りあげたモラルに従つて、ただ黙々と働いていればよかつたのです。その時代でも個人で独立して働いている、いわゆる職人と呼ばれる人々の間には、自分の職業に対して深い誇りを持ち、立派な製品を造るために「うで」をみがき、一つのかめ、一つのざるを作るにも、芸術の域にまで達するほどのものを造りあげた人もありました。

産業革命が行われ、分業が進むに従つて、人の仕事は機械の補助的な役割に変り、その製品も一つのものを一人で全部完成するということが少なくなつてからは、職人かたぎというようなものは、次第に失われていきました。そして労働者は賃金奴れいと云われるまでになりましたが、資本主義が進むに従つて働く者こそが経済を支配するものであり、社会を進める中心になるべきだということを自覚し始めました。そして労働者同士が団結して、自らの地位を向上させることを知つたのです。自覚した今日の労働者は、過去において失われていた人としての権利をみずからの手の中に回復したわけですから、今こそ、働く人としてのモラルを自主的に築かなければならなくなりました。

そこで、人としての権利を回復した労働者はどうあるべきか、ということになつてきます。

私は最初に、働く人のモラルに男女の区別はない、と云いましたが、さらに云えば、「人」としてのモラルが、まず必要ではないかと思います。労働者階級に未来の社会を担う必然性があるとしても、その人たちが、人としての道をしつかりつかんでいなかつたなら、未来の社会は決して希望の持てるものではないでしよう。

過去の道徳は国家中心、家庭中心のものでおもに学校の修身や家庭教育として教えこまれていました。学校の修身教育はともかく、家庭教育が「人」をつくる上に大切なことは今日でも変りありませんが、とくに働く人としてのモラルは「個人」よりも職場の仲間による「集団」に重点がおかれるもので、これは職場の中で身につけられます。

今は大ていの職場に労働組合があつて働く人の権利はこの機関を通じて要求することができるようになつています。権利には必ず義務の裏付が必要で、これによつて始めて、権利が生きてくるのです。労働者の義務は、ひと口に云えば、立派な製品を能率よく作ることでしよう。社会主義の社会になつても、このことは同様で、生産が盛んになれば、みんなの生活水準があがります。今、生産性ということが云われていますが、この資本家側の主張する生産能率をあげる運動に対して、労組側が反対しているのは、資本主義の体制のもとにおいては、能率をあげて生産をふやしても、その利益が公平に労働者に返つてこないで、より搾取される結果になるという理由によるようですが、労働協約によつてきめられた労働条件の範囲で、できるだけ労働者としての義務を果すことは、やはり働く人の第一のモラルだと思います。日常そのようにして義務を果してこそ、使用者が約束を履行しなかつた場合、ストライキその他の手段によつて、より効果的に闘うことができるのではないでしようか。またそういう場合、組合の民主的な決議に従つて一糸乱れない行動をとること、これも大切なことだと思います。

これからの労働者にとつて、民主的に行動するという心構えは何よりも大切なことですが、一つの共同の目的に向つて進む労働組合の中では、何よりもまず男女の民主的な関係が強調されなければなりません。働く婦人が何人か集まると、きつと男性の女性に対する非民主的な態度が問題になりますが、これは男性の側にだけ要求されるモラルではないように思われます。女性の中には、まだまだ、働く心構えにおいて実質的に男性と対等に扱えない人々が相当あることを、反省しなければならないと思います。おしやれをして、職場に遊びに行つているというような人がある間は、男性側に対等を要求するのは無理と云えるかもしれません。

私は働く婦人のモラルについて、あまり具体的に書きませんでしたが、実は余り書くことがないのです。男性と対等に扱われるような職業人になること、そしてあとは「誠実に行動する」といういい古された言葉で、すべては尽きるような気がします。

—— 座◇談◇会 ——

今日に生きる母

出席者
加藤しげよ（37歳）
北島つた子（45歳）
窪木茂子（27歳）
須田春枝（37歳）
平賀てる（38歳）

司会　この問題は終戦以来ずいぶん取り扱われてきましたが、何分日本の民主主義の歴史が浅く、国民に深く浸透されておりませんので民主主義による新しい親子の関係においてもいろいろと誤解されています。そしてそれがまた逆コースに利用されているという現状です。ですから、今頃こんな問題をジャーナリズムとして取上げるのは季節はずれの観があるかも知れませんが、このような現状を見すごして、ただ現象ばかり追つているのは非常に危険だと思います。私たちはあくまで民主主義の確立を目指しておりますので、改めてとりあげることにいたしました。

で、最初に、新しい母の生き方を考える順序として逆コースの口実の一つとされている戦後の子供の傾向というものについて、皆様の御感想から伺いたいと存じます。北島さん、お母様からみた最近の子供というものはいかがでしょうか。

◇母からみた今日の子供たち

北島　私は一番上が女で、下三人男という四人の子どもをもつているのですが、中でも娘について申しますなら、私などが娘の頃とくらべますと今の子どもはずつとドライだと思います。現在の私などよりもどうしてなかなか割り切つていて、若い娘のくせに親とまるきり反対なんですよ。

たのめなきロマンチストの彷徨よと
四十の母が娘に指摘さる

といつか歌をつくつたことがあるんですが。

須田　私の子どもは一番上が中学三年の男の子なんですがやはり端的にいえばドライといえましょうか、でもからだだけは大人なんですが、精神的にはずいぶん幼稚で、今の風潮を全面的に受けている節は全くありません。ちやんと型にはまりすぎていて、問題がなく私にはそれがやりきれませんの。

加藤　幸せな煩悶ですね。

須田　覇気がないというんでしょうか。

平賀　私の子どももやつぱりそうなんですよ。一番上の高校二年の男の子など、がんばりが利かないというんでしょうか、どうしてもこれだけはやつてのけようという気持がもてないんですね。いつも確実な所だけをねらつてそれ以上は望まないんです。まあマジメではあるがファイトがありません。でも次の中学三年の女の子は、このごろ人のためにものごとをするということはきもちのよいことだということに気づくようになり、楽しみです。

司会　自分の子どもというふうに限定せず一般的に子どもに何をお望みになりますか？

◇母ののぞみ

加藤　昔のように盲目的母性愛というのではなく、子どもが生れた時から独立心を養うような育て方がいいと思います。授乳などその他育児になるべく手がかからないように親もつとめると、子どもらは独立心が強く探究心も旺盛です。私の家でもその方法を採つたのですが、今のところ子どもたちは社会性に富み個性の芽生えがはつきりみられます。そういう意味で現在はこの育て方に満足しています

窪木　私、親だから子だからという形式的な関係は一切否定しますわ、人間対人間として友だちみたいな親子になるよう、そういう方針をとつています。

加藤　この間或グループの集りに出席したのですが、その時二十八、九の娘さんが御自分のお母さんのことを社会性、時代性が乏しく娘にすべてよりかかつて来るのでやりきれないとこぼしていました。これをきいて、これからの新しい母は考えねばならないなと痛感いたしましたわ。

（写真向つて左から須田、北島、平賀、加藤、窪木さんとる）

北島　あら、私もしらずしらずのうちに子に寄りかかる母になつているのではないかと不安になつてきましたわ。表面的には現在のところ寄りかかつていませんし、またそうならないようつとめてもいるのですが、心の底ではどこか頼りたい気持があるように思えます。

須田　それは無理ないんですよ。経済的な面でも今の日本には社会保障が全くないんですものね。

北島　ええ。子どもには親に頼ることのない強い独立心をもつよう願つているのですがいざ自分はといえば結局老後は子どもに負ぶさりそうで……

司会　現在の子どもをみていてそれでいいとお考えになりますか。

北島　それがもう少し情緒ある子どもであつてほしいとかいろいろ思うのですが、今の社会状勢をみておりますと生きていくについて結局今のままで一番いいんじゃないかと肯定する側に立つてしまうんですの。

司会　そうしますと子供に対しては自由主義である、ということになりますね。職業と

か学校とかは子どもの望むまま選ばせておあげになるわけですか。

一同 そうです。

司会 しかし、子どものどのぞむところと生活とが両立すればいいのですが、実際にはそうじやない場合が多いですね。そんな場合のこともお考えになつてますか?

加藤 それを考えるとはたと行きづまつてしまうんですの。能力に応じた、好みに合つた仕事が得られる社会を早く作りたいものですわ。

司会 入学試験の場合など親のエゴイズムが露骨に現われますね。困つたことと思うのですが、一方無理がない、という気もするのですが、どうお考えになりますか。

窪木 そう、それ、義憤を感じますね。

須田 大学がまるで就職のためにあるようですね。

窪木 大学だけじやなく、高校も小学校も幼稚園までがね。

平賀 ちようど高校、大学の頃まで、純粋な人間関係を作る大切な時期を、競争相手としての友だちしかもたずにすごしているんですね。

窪木 自分の子どもさえよければいいという親の考え方も改めねばならないと思いますね。

加藤 それは現在の世の中が経済的な意味で不安定だから、食えない社会状態が原因になつてエゴをむき出しにするんじやありませんか。

司会 世の中はよくしたい。だがその前に自分の生活を確立せねばならぬ、という矛盾を大ていの方は持つていると思うのですが。

須田 考えてみますと、私たちが子供の頃は貧乏は恥だつたんですが、今は一応そのことからぬけ出たんじやありませんか。だからめざめたこの芽を後退させないようつとめるべきだと思います。子どもたちにもどうして貧乏ということが生ずるのかそれを社会的な眼で眺め、考える力を育てて行くようもつて行きたいと思います。

北島 PTAに出て来るお母さん方の間でも貧乏は恥じやないという考えはみられますね。

加藤 私の住んでいる所でこの間地域PTAの会を開いたのですが、どのお母さんも自分の子どもだけをよくしようなどとは考えていらつしやらないようでしたよ。みんなで相談して回覧雑誌をつくり、どこの子にもそれを読ませるようにしようじやないかと、話は早速まとまりました。

須田 子どもたちには、ほんとに大切なものは何かということを考えてもらいたいと思います。昔は一ようにお金とか名声が尊ばれたけれども、本当に自分が生きて行きたい道は何かということをよく考え、一生懸命努力することをさとつてほしい。

◇母の願いをはばむもの

司会 では現在母の願いをはばむものは何だとお考えになりますか。

北島 戦争です。戦争のないことが一番のぞましい。

司会 もつと身近な所では?

平賀 PTAとかその他主婦が活動する社会的な場において、責任を一人の人に集中することなく、皆がそれぞれ仕事を分たんするようにして母親の社会的な成長をめざさなければだめだと思います。自分の子にとつてだけ良い母という状態から前進する意味で。

須田 それ、とても難しい問題ですわね。外とのつながりをたち切つてしまうわけにはもちろんいかないのですが、家庭においては母として、妻としての義務を果さねばなりませんし。

司会　母の社会的成長をはばむ者が家族だというわけですか。

北島　ある面ではそうだといえますね。

司会　じやあ、今までのいわゆる母性愛についてはどうお考えですか。

須田　私の母はとても献身的なひたむきな愛情を私たちに示したものですが、私は自分の子どもにとてもあんなふうなことはできません。私の母にくらべれば、私は私の子どもに対して、ちよつとつき放していますわ。

平賀　子どもに対して献身的であるような母親の愛情は、子どもにとつて負担ではありませんか？　こう何かうつとうしいような。

北島　子どもが反抗する態度からみますとあまりにもウエットな愛情はいやがるようですね。

須田　外から強いられてそうするのは犠牲でしよ？　私の母は犠牲じやなく心からそうやつて喜びを感じたのですから、あれはあれなりにあれでいいのじやないかしら。

加藤　私、いろいろな会へ出席するためによく家をあけるのですが、そんな時、子どもは私に対して家にいてほしいと思つているんじやないかなと心配になるんです。だから、子どもの理解できる範囲で活動し、あせらずに小さい所からやつていこうと思つております。

◇これからの母について

司会　では最後にこれからのお母さんはどうありたいかという点について、

加藤　犠牲という形では生きたくありません。ゆとりのある、弾力性のある心をもちたいし徐々に、緩慢にでもよいから社会的に成長していきたいと思います。

窪木　それから私は昔ながらの世話をよくやくお母さんの面と両立させていきたい。子どもからみて親子としての本能的な愛情の他に何か尊敬できるものを身につけたいと思います。人間的な信頼感を抱かせるような。

須田　今あるものはすべて頼りないでしよう。母親も人間として成長し、ほんとうの意味で安心できるものが欲しい、それにはやつぱり社会がよくならなければだめですし、母親も社会の一員として政治の大切なことに皆で目ざめて欲しいと思いますわ。

司会　大体結論がでたようですから、ではこのへんで。

（三ページよりつづく）

動に機械的におしつけることのできるものではないのです。社会主義は人類の幸福のためのものである以上、他国民の犠牲によつて自己の権力と利権を守ることが許さるべきではなく、ハンガリーの主権回復、ソ連の撤兵は全世界の社会主義者の要望でなければなりません。

いま各国の共産党は動揺と混乱の中にありますが、苦悩を経てはじめて正直な、自主的な社会主義者として更生できるでしよう。同時に軍隊的な命令と服従の関係で成りたつ党の性格も省みて、そういう党が今後の世界の社会主義建設のために有利かどうかも考えて進退を決すべきです。

各国社会党もこの際その欠点を省みて高い理想、強い組織をもつて大衆と共に戦い、一日も早く社会主義を実現すべきです。イギリスでは左派が進出して社会主義化の希望が強くなりましたが、フランスでは社会党政府自体帝国主義と植民地戦争の責任者で、少数の微力な左派がそれに反対しているばかり、フランス婦人の政治的無関心もこれにはひと役買つていて、国の将来ははなはだ心細い気がします。

座談会

中国の生活

——里帰り夫人の語る——

出席者

ハルピン　高《たか》橋《はし》郷《さと》子《こ》（三一歳）

同　富《とみ》田《た》松《まつ》江《え》（三六歳）

同　玉《たま》木《き》眸《ひとみ》（四〇歳）

編集部　菅谷直子

編集部　中国に対する関心が日本でどれほど強いかということは皆様よくおわかりのことと存じます。中国が十年間であれほどの変化を遂げたということは全く奇蹟のように思われますし、その上革命につきもののような反革命的な気運もみられない、政府もまた無理な強制や画一化で人民大衆を縛つているようにもみえませんが、一体それはほんとうなんだろうか、という疑問を実際に新中国を知らない私たちは時々持つわけなんです。というのもソヴェト政府のやり方に対する非難や批判をさんざん聞かされているためであろうと思いますが。

　ところで今日は皆様から中国の生活についてお話をうかがいたいと存じます。この問題につきましてはいろいろなもので断片的にみたり、きいたりしているわけでございますが資本主義社会に生活している私たちには理解しにくい点もございますので、実際に中国で生活をなさつている方々から具体的なお話をうかがいたいと存じます。で、はじめに皆様のご生活のことからお話して頂きたいと思いますが、いかがでしょうか。

▽妻の生活

高橋　私の夫はハルピンで床屋をしています。床屋といつても個人経営ではなく、公私合営で、はじめは月給でしたが、今は能率給といいますか、自分が働いた分だけ貰うことになつています。

編集部　すると税金はどうなりますか。

高橋　公営ですから税金はありません。

（編集部註・中国では勤労所得税というものはない。つまり、働く人々には税金をかけない。そして国費は、国営事業からあがる収益でまかなつている。つまり社会主義国家では独占企業を認めず、大企業はすべて国営であるから、そこからあがる利潤は個人または少数の人々のものとならず、国民全体のために使われる仕組となつている。また投機事業もなくすべて生産事業であることなど資本主義国家と根本的に違つている。ことに日本の保守党政治は独占企業、大企業を保護する政策をとつている点を注意すべきである）

編集部　奥さんの御生活は？

高橋　私は以前タイピストだつたのですが今は一緒に床屋をやつています。家族は夫婦と子供四人、子供は託児所に預けております。

富田　私は夫の両親と同居しております。夫は鉄道員で、私は今までロシア人の家で編物をしていましたが、帰つたら合作社に入つて働こうと思つています。

編集部　合作社は誰でも直ぐ入れるのでしようか。そこでどんなお仕事をなさるのですか。

富田　ええ入れますとも、中国では仕事がないということはないんですから。私はやつぱり編物をするつもりです。

編集部　編物が一年中ありますの？

富田　ありますとも、合作社で仕事をとつてきてくれるんです、報酬は技術程度に従つて等級があるのです。その等級に従つて利潤を分配するので、毎月きまつているわけではありません。

編集部　すると利潤の少ない月はお困りになりませんか。

富田　ひどく少ないということはありません。仕事はたくさんあるのですから。

編集部　すると問題は合作社の所在ですが都市はいいとして辺ぴな農山村はどうでしようか、住居から離れておりますと、実際は仕事につけないということになりませんか。

富田　そんなことはありません、個々の農村（部落という意か？）にはないが、郷村（日本の村と同じものか？）には支部のようなものがありますから、そこへいけばいくらでも仕事はあります。

編集部　技術のない人はどうしますか。

写真は北京農大に学ぶ婦人幹部。

富田　集団農場へ行きます。

編集部　お百姓はいやだとか、都会に住みたいとかいう人はどうするんですか？

富田　生活問題ですからね、それに政府がすつかり世話してちやんと生活のなり立つようにしてくれますので、行かないという人はないようですね。

玉木　私の夫は医者ですが、私も今は医者として働いています。もと私は看護婦と産婆の免状をもつておりまして、永くやつておりましたので医者の資格を得たのです。

編集部　日本ですと、医師や薬剤師の免状を持つている医者の奥さんはとにかく、その他のお医者の奥さんで働いている方はあまりないようですが、あちらではお医者の奥さんでもどなたでも働いていらつしやるのですか。

玉木　全部が働いているわけではないが、働ける人はその人に応じた職場で働いています。託児所が完備していますからね。それに医者でも床屋でも階級的な差別がなく、社会的にはみな同じですから、働ける者は誰でも働いています。産休は七十二日、産前でも産後でも、本人の都合によつてそれだけ有給でとれます。

編集部　家庭において夫と妻の地位は完全

に平等ですか、

富田　平等ですね、家事の分担もとくにはつきりとは決めておりません、やれる者がやるといつた具合です。妻も夫も朝は技術研究夜は文化研究というように妻も外に出て働いたり研究したりしているのですから、早く家に帰つた者がするようになります。

編集部　収入が多くて生活の楽な家庭もやはり技術研究をしたりしているのですか。

富田　そんなに生活程度に差がないのです。技術、知能、能率等によつて幾分の差はありますが、それも大した違いはない。だからその収入を生活の上でどのように使うかということだけですね。たとえば食べることに多く使うとか、着物の方にたくさんかけるとかいうように。

編集部　衣服生活はどうですか、

玉木　昨年衣服改革があつてから派手になつてきました。以前の青服は強制ではなかつたのですが、「制服」だつたので、あれを着ているとどこへでも出られるので便利だから皆着ていたのです。

▽文化生活は？

編集部　文化生活はいかがですか、たとえば読書は自由なのでしょうか。

富田　海外知識への関心は私たちとても強くもつています。ことにソ連への関心は強くソ連のものをよく読みます。別にどこの国のものを読んではいけないということはないのですが手に入りません。

編集部　日本の書物は自由に読めますか。

高橋　日本のことは新聞の隅に出ている小さなことでもすぐ眼にとめて読んでいます。

玉木　日本の新聞や雑誌はあまりきていないですね。

富田　九月三十日までに申込めば日本のものは何でもとれるという発表がありました。

編集部　というのは今までとれなかつたんですか。

富田　政府がとらせなかつたのではないのですが、中国人民の意志として「アカハタ」と岩波文庫や宮本百合子のものなどが入つていました。その他のものは個人でとろうにもとれなかつたのです。

編集部　その他のものはお読みにならなかつたわけですね。

富田　ええ、ほとんど。

編集部　それではこんどお帰りになつて戸惑いなさることもあつたでしょう。

富田　帰つてみてよかつたと思います。

玉木　昔の日本を考えていたので幻のようにはつきりしなかつたんです。帰つたために苦労もありましたが認識を新たにしました。これから生き方について違つた考えで出発しなければいけないということを強く考えました。

高橋　とにかく私たちが考えていた日本とは随分違つていました。祖国への認識を改めたのは大きな収獲でした。

▽住宅問題について

編集部　家庭経済ですが、やはり皆さんも貯金をしたり、保険に入つたりして不時の出費に備えていらつしやるのですか。

高橋　貯金や保険はありますが、日本とは意味が違うのです、不時の出費と言つても病気は医療保険で治せるし、家は国のものですから、焼失しても自分で家を建てなければならないという苦労はないわけです。ただ自分の持物に保険をつけるということはしていますが、それも日本のように営利事業として保険会社がやつているのではなく政府事業ですから、自分でお金を持つていつて預けておくのです。

玉木　働くところには家があります。焼出されて路頭に迷うなどということはありません。

編集部　個人所有の家はないというわけですか。すると以前の家作持ち、貸家やアパートの収益で生活していた人はどうしているのですか。

富田　個人で家を持つている人もありますが以前の家主が持つていた家は「房産公司」の管理に移し、そこから食べるだけ貰つているのです。そこは日本の建設省とはちがいます。建設省に当るのは「房地産管理局」という役所です。

編集部　つまり私有財産は一応認めるが、そこからあがる利潤を個人が自由にできないというシステムですね。

玉木　まアそうですね。

▽親子のモラル

編集部　日本では中国の政治や社会機構について共鳴している人は多いようですが、親子のモラルなどについては疑問を持つている人が少くないようです。たとえば子が親を訴えて出るというようなことが平気で行われているといわれていますが、その点実際はどうでしようか。

富田　間違つたり、悪いことをしたりした場合、親だからとくにかばうということはありません。

編集部　間違いとか、悪いこととかいうその基準ですね問題は。

玉木　中国では個人的な立場より人民のためということに重きをおいているのです。つまり日本では小さい立場から考えているようですが、中国ではすべて大きな立場から考えているのです。

富田　と言つて決して親を粗末にしているわけではありません。親子の関係も決して不自然ではありません。

玉木　新しい時代の波に添つて親も子も自然になつてきました。説教するといつたような固苦しいものではありません。

高橋　こんな例はありました。父親と息子と一緒に働いたのです。子供が給料で自転車を買つてしまつて家にお金を持つて来なかつたのです、すると父親が怒つて息子を撲つたのです。息子がそれを組合に訴えた、組合ではは双方をよく調査して根本的な解決策を研究したのです。つまり息子が自転車を買つた理由と、父親が息子をぶつた理由をよく調べ、自転車が実際息子の生産活動に有益であるかまた父親は息子の給料が入らないで困つたかどうか。そしてもし両方に必要性であつたとすれば、どこに原因があるか、ということになりますね。そういうように根本的な原因をつきとめて、完全な解決をはかるというやり方です。

編集部　よく分りました。日本ではそういう問題は一家庭内のトラブルとして社会的な問題とはしませんね、というのは訴えたところで誰も取上げてくれる人はなし、解決にいたつてはなおさらです。つまりあちらでは「撲つた」という親の行為そのものに憤がいして訴えるのではなく、家庭内の不合理を社会的に解決するという意味で問題にしているわけですね。そこに新しいモラルがあるわけですね、そういう点が日本人にはよく理解されていないのです。すべて感情的な問題としてみようとする傾向がありますし、それに古いモラルと言いますか、とにかく親や目上の者に対しては、原因の良、悪にかかわらず黙従すべきだという習慣が頭のそこにこびりついていて、払い切れないのです。

ところで、富田さんはお姑さんとご一緒で嫁と姑の問題はいかがですか。

富田　姑は子供をみたり、ご飯のしたくをしてくれます。相互扶助の精神が強く、感情的なこだわりがなく、あつさりしていてよく理解しています。

編集部　家族間の感情的なこだわりはぜんぜんありませんか？

富田　お互言いづらいこともあります、家族に限らず。それでその感情を後に残さないまた、根本的な解決を求めるという意味から皆集つた時お互に批判し合つたり、反省し合つたりするのです。

編集部　つまり個人的に解決しない、家庭生活も社会生活の一部というわけですか。

玉木　新聞、雑誌でみる日本と実際にみた日本とでは違つています。それと同じで私たちの話では理解し難いだろうと思います。資本主義社会で想像するだけではピンとこないでしようね。

富田　ここまで中国がきたのは一足飛びになつたのではなく、一日、一日積みあげたものなのです。だから私たちは少しも無理を感じていないんです。

▽なぜ住みよいか

編集部　皆さん中国のご生活にすつかりなじみ、また満足していらつしやるようですがそのうちでも特に良いと思われるのはどういう点でしようか。

玉木　住みよいことですね、階級差がなくて、それから女の人の地位が認められていることです。

高橋　日本と違つて中国ではどんなところにも女が働いているし、またいつでも仕事があることです。

富田　政府が国民の生活を補障しているので生活が安定していること。そうした政府への信頼が国民に安心と希望を与えているわけですが、これが根本的な問題だろうと思います。

（文責・菅谷）

以上の記事は去る八月来日、十二月四日帰国された、中国の里帰り夫人たちのお話でした。帰国のせまつた十一月二十八日の夕方、日中貿易友好協会の一室で、帰国の準備に忙殺されていた夫人たちを強引に捕えての、あわただしい会見で、充分にお話がうかがえなかつたことは残念でしたが、中国生活の一端はお分り頂けるのではないかと思います。

国連に行く　母親代表

イスラエルのエジプト進駐・英仏のスエズ出兵・ハンガリアの内乱とソヴェトの動き等昨五六年の秋は平和をおびやかす事件が次々に起り、「また戦争？」と肝を冷されました。

このような世界情勢に対し、「話合いによる解結を」世界母親委員会から国連に強く要請することになつたことはすでにご承知のことと思います。

日本代表として久保山すずさんと磯野富士子さんのお二人が出席されることになり、一月上旬出発されます。

十一月中旬まで国際母親委員会あて母親代表を送ることを申出た国は次の十三カ国です

カナダ、オーストラリヤ、オランダ、フランス、西ドイツ、インド、ボリヴィヤ、チェコスロヴァキア、ソ連、ルーマニア、ヴェトナム、中国、日本、

なお、日本代表の旅費二百万は全国的なカンパによることとし、東京四〇万、大阪十八万、神奈川・愛知の十五万、京都・兵庫の十一万、北海道・静岡の十万、福岡八万などの大口をはじめ、各県でお母さんたちが中心となつて活動、東京では政党婦人部および各婦人団体が街頭募金をいたしました。

短　歌

萩《はぎ》元《もと》たけ子《こ》選

指環などさしたる事なき指くみぬまだ撓やかにていくばく愉し　等々力亜紀子

黒き目の生きる様なる小魚を熱きガス焼にためらはずのす　川島あや子

今伐らるる命としらず木洩れ陽のやさしさ見せて欅はそよぐ　重見芙美子

咽喉痛み冷えこむ夕べ草の実をつけ来し猫もわれにすり寄る　原田東史子

野分あと掃きよせ合ひて子の事に一とき及ぶ共に寡婦の身が　西原経子

声低く姑と争ふ夕べにてわが子のまはす独楽よく廻る　細富理子

夕茜車窓に映りバスの客皆美しく染まり揺れをり　轟目里子

〔選後評〕

一首目、虚飾の経験のない作者が自分の指がまだしなやかであることにひそかな喜びをもつ、心のみず〱しさと女心のひそかな誇り。

二首目、この小魚はイキがよい、絵に書きたいような新鮮さである。生活の中のこの新鮮さを喜びとする作者。

三首目、自然の美をこんな所にも見て感じている。

四首目、孤独な心をもつ作者である。草の実をつけて外から帰つてきた猫がすりよつてくる。生きもの丶さびしさに温めあう思い。

五首目、野分は颱風の古い言葉である、落葉を掃きよせあつている寡婦たちが子どもの事を語りあう。多分母子寮などの似たやうな境遇の寡婦たち、そして生活に追われてこんな事でもなければ話しあうことも稀なのではなかろうか。

六首目、姑といい争う。親に従うばかりが正しいのではなく理解してもらう為に意見をいう、それを声を低めてしているので幼い子どもはその場の空気に感じることもなく無心に独楽を廻してゐるのが大へんよく廻る音をさせてゐる。微妙な作者の心持の瞬間をとらえている。

七首目、夕映えのためバスの車窓の人々がみな美しく見える、夕方のバスでよくこの様に感じる事がある。原作とよくくらべられたい。これらの歌は日常の地味な生活の中において歌われている。格別秀歌ではないが平凡な生活の中にも詩はあるのである。

あの頃（五）

大根といわしで病後を養う

江《え》田《だ》光《みつ》

江田光さんは社会党所属現参議院議員江田三郎氏の夫人。現在岡山市において社会党員として婦人部の仕事に、文化運動に活潑な活動をつづけておられます。

夫君江田氏は昭和五年以来社会主義運動に参加、日農の書記長として岡山県の小作争議の指導にあたり、烈しい弾圧の中に県議に当選されるなど人望を集めておられました。夫人もまたこの夫君のよき協力者として辛苦を重ねてきた方です。

私どもが結婚したのは昭和十年でした。五月一日のメーデーの日市《まち》で一流のカフェー「ブラジル」の階上の大ホールで披露宴をしました。花婿は検束され、ブタ箱に放りこまれてしまつて、開会時刻が二時間もおくれましたが、集つた人は超満員で、メーデー歌をはじめ、勢いのいい歌や祝詞でわき立ち、しかも会費の残りで求められたお祝い品まで頂く有様でした。燕のように丸々と肥つた花嫁の私は、「組合員○○名になるまでは子供を産むな」といふ誓約をさせられたのです。これは子供のために脱落することのないようにと、先輩、同志の経験から出た愛情のある忠告でした。もちろん、その頃は産児制限もしばしば非合法によらねばならず「地獄の沙汰も金次第」というその金がなかつたので、女房の私は度々病床に臥したのでした。台所道具が買えず、はがま一つで煮炊きした話や、子供にお乳がなくて砂糖湯ばり飲ませた話など先輩の奥様方の種々の貧乏物語りをまねて、釜のフタをまな板がわりにするような生活でしたが、先輩の跡をふむ何となない愉しさに温められたものでした。或時は、再三の無心に行く所もなく、汽車賃もない、堕胎のあとの癒え切らぬ体を医者にもかからず、「これで死ぬものなら死んで見ろ」と、じつと寝ていました。この時ばかりは、「星を見、接吻を食べては生きられぬ」ことを、つくづく知りました。夜の来るのを待つて、痛む下腹部をおさえながら、電車に乗つて、遠い質屋へ行つた、質屋の味も思い起せばなつかしいものです。帰り途にはビールと牛肉を買つて来て、同志にもふるまい、景気をつけた泣き笑いの思い出も忘れられません。それから毎早朝、ぶらぶら魚市場や青物市場へ出かけて、鰯と大根を買つてきてよく食べ、やつと健康をとり戻したのでした。季節はちようど今頃でしたでしようか。当時伝単貼りは、専ら夜間になされました。夫は四、五日ぶりにはひよつこり帰宅しました。謄写インキや糊の泌みた手に、私のためにと持ち帰る機関紙や単行本を読むのが、私の生き甲斐でした。時には小作争議にかり出され、同盟休校の学童の勉強を見たり、御飯の炊き出しを手伝つたりしたこともありました。

その頃、江田が、前年行われた県会議員選挙に出馬して破れました。ところが地区の当選議員が、汚職で失格したので、その補欠選挙があり、再立候補しました。保守・革新の一騎打ちで、激戦のすえ華々しく当選しました。候補者は、自転車とメガホンが武器で、この年末から年始めにかけてのこの冬の陣にはさすがに閉口して、最終日、壇上で卒倒するという一場面がありました。夫は県会議員になりましたが、もちろん相変らずの貧乏で私は子供の塾をしたりして生活をしました。時代は、既に次第に運動は圧迫され、治安維持法はますます力を発揮してきました。

　昭和十二年十二月、全国の労農派グループの人々が検挙されました。まさか、と思い、それでも、と、夫の肌に着けるものはいつもきれいに、書物や通信物の整理も怠らず、何かと気を配つていました。ところが、年末年始も過ぎた十三年二月一日午前六時。門の戸をたたく不意の来客に私共は眼を覚したのでした。針のように冷たく肌をさす早朝の空気の中を彼は連れ去られて、以来足掛け四年の厳格な別居を余儀なくされたのでした。これが合法を非合法にし、全国の戦争反対者の口を封じた所謂人民戦線派事件でした。夫の留守中、山上夫人、重井夫人等、同じ立場の方々と消息を知らせ合い、励まされ、同志の人々に助けられながら、呉服や洋品類の行商をしました。一同志の厚意で、創設されたトラック会社の事務員もさせて頂きました。或時は、荒くれた沖仲仕を相手に廻送店をしたこともありますが、何しろ、子供のない一人身であつたことはこの場合助かりました。とにかく、終戦までは、先輩同志のことごとくが文字通り受難の時代を送つたのです。山上武雄先生が、獄中で卒倒せられ、自宅に帰されたものの、再起不能のままついに西大寺駅近くの小川の辺りのお宅で、さびしく世を去られたのも十八年の夏でした。或人は満州開拓団に、或人はミンダナオへ、海南島へと、息をする事が精一杯でした。

（写真中央の婦人が江田さん、昭和12年1月夫君の県議当選の日）

　さて、二年八カ月の刑を終えて十六年九月夫は出獄しましたが、世間はいよいよ息苦しく葬儀屋という珍しい仕事をはじめました。すべての統制、合併の波にのり、創設された神戸公論社という葬儀会社へ入つたのです。「生きた人間を相手にしては当り障りがあるから、死人を相手の仕事をするのだ」とは、彼の弁ですが、神式、仏式、キリスト教式等と、全然未知のそれぞれの儀式を頭に入れるのも一苦労で、特にこの会社で会葬者の接待のために奉仕員を派遣する、その奉仕員の一人となつて私も働きました。日米国交断絶、開戦と、日本国中動乱の渦巻きとなつた十八年九月、この葬儀屋も何もかもをあとに、夫は自ら北支へ渡り、おくれてその冬、私も、未だよちよち歩きの長男を連れて渡支し、彼の地で終戦を迎えました。

　先日、県下の解放運動犠牲者の慰霊祭が行われましたが、多くの闘士が、燃える情熱を秘めたまま捨て石になられたことを思うと、私の苦労などは真似事です。無能のために味わねばならなかつたもので、人に言うべきほどのことではないのを、恥を忍んで書いた次第です。

婦人労働界

今年の見通しと課題

アンケート

婦人の自覚と経済的必要から婦人の職場進出は年毎に増えています。働く婦人が社会でどう扱われているかということは、一般婦人の地位に及ぶ大きな問題です。今年の婦人労働界の動向を知るために、各主要労組の婦人部長に左のアンケートを求めてみました。

一、本年の婦人労働界の見通し
二、貴組合婦人部今年の課題

（先着順）

日教組婦人部長　**千葉千代世**

一、働く婦人にとつて苦難の多い年です。婦人の職場がだんだん狭められつつあることは何より残念なことです。しかし一方には働く婦人の団結が根ぶかくなりつつあります。働く婦人も家庭の婦人も共に手をとることが急務です。

二、㈠首切りを排除すること
㈡産休補助教員の完全実施
㈢教育研究に男女同等にとりくむ
㈣母と女教師の会の発展、婦人戦線統一

全日通婦人部長　**大野はる**

一、㈠日中、日ソ復交の積極化によつて、婦人の大衆活動が活溌化するが、政府の治安対策等で活動が地味になつてくると思われる。
㈡一方経営者の資本の集中化が一層つよまり、婦人の問題解決方法も、個々の具体的問題解決とあわせて常に綜合的関連をもたせる必要がつよまつてくる。
㈢従つて婦人の活動も地味に、しかも各婦人団体とのつながりをもつことも発展すると予想される。

二、㈠婦人の各職種ごとの労働条件引上げの調査と実践。
㈡家族会の組織拡大と実践内容の共通面の指導。
㈢働く婦人と家庭主婦共通問題の解決

大阪府職婦人部長　**井口容子**

一、結婚退職や母体保護権の侵害など具体的な反動化が表面化してきている今日、より一層地道な活動の積上げが要求されるとおもう。従つて総評婦人部などでもかけ声だけでない、統一闘争が統一要求を基盤として発展されるとおもう。

二、㈠託児所設置運動をさらに具体化し、他労組、団体とのていけいを強化し現在困つている人の問題だけでも何とかしたい。（府職婦人部では本年夏頃までに託児所を必要とするもの五十九名、既婚婦人の約二割におよぶ）
㈡組合員家族とのていけい。
㈢看護婦問題、寄宿舎制度の検討。
㈣本部執行部に婦人をさらに一名増加計二名にして婦人部活動の強化をはかりたい。

全逓婦人部長　**坂本咲子**

一、働く上における諸々の権利をしつかりと守りながらつよく努力することはもちろんであるが、今年はもつと一般の組織されていない婦人とほんとうのつながりをもつていろいろな機会に一緒に活動することが大切だと思うし、みんなが希望する社会をつくるためにはどうしても、一人でも多くの婦人が目覚めることが必要だ、この方向にむかつて婦人部は全力をつくすと思う。

二、㈠ いつまでも安心して働けるために託児施設を獲得しなければならない。除々に実績を重ねているので職場の中でそれぞれの施設をつくらせていくようにしたい。

㈡ 常に決意しているが、家族とのつながりをつよめたい。闘争が激しくなればなる程家族の理解協力が必要であり、家族組合の組織を理屈でなく、実践の中から一つでもつくつていきたい。

東京急行労組婦人部長　**半沢ハルノ**

一、婦人としてはますますせまい職場になるだろうという悲観的な考えをもつています。新聞などにも学問のある女子は採用を敬遠されている……などの報道もされていますし、事実職場の空気も女子を「職場の花」としてみる考え方はまだまだ変つておりません。私たちの所でも、関西のある私鉄では退職金を割増にして（三十歳以上の女子のみ）希望退職を幕る方法を考えているなど、職場の婦人は反対しても「男子は賛成の人が多い」とのことでした。

二、働く婦人の結束と頑張りが必要な年であると共にいろいろ困難な年になるのじゃないか、と考えています。

二、㈠ バスの仕事は常に揺れる職場で、立仕事という烈しい労働のために勤めている人も若い人たちが多く、勤続年数も平均二年前後というように短い。自然職場の空気も結婚するまでの一時的な勤め方をする考えの人が多く、結婚後も働くという人は極少数です。仕事と同僚の無理解などでまたそうとう辛いらしい。

組合のプランは一月からではなく、改選の時から行われているので、今期の私たちの目標は結婚しても楽しく勤めることのできる職場をと、二年くらいまえから続けている。

㈡ 職場の幹部養成に重点をおいてやつています。

全電通婦人対策部　**稲垣龍枝**

一、生産性の向上を目ざす各産業のオートメイション化によつて余剰労働力のはけ口として、どこの職場でも婦人労働者の職場〆出しが考えられているが、昨年の新規採用差し止めの消極的態度から今年は婦人労働者の停年くりあげ、もしくは割増し退職金による既婚婦人に対する退職しようようがろこつに出されてくることが予想される。従つて今年はこの問題を中心に各産業における婦人労働者の現在の労働条件を最低線として確保し、さらにその向上を闘いとるための闘いが展開されることになると思う。

二、㈠ 一との関連が合理化施策の進展に伴う既婚婦人組合員に対する退職しようようをはじめ、不当な配置転換、職種転換など、あらゆる職場〆出しの圧力を撤底的にはねかえすと同時に、現在の労働条件を最低線として確保し、さらに機械化によつて消滅していく職種のみに徒らに執着することなく積極的に職場の中に新しい婦人の活動の分野を開拓すること。

㈡ この活動を進める中で、結婚後も働ける条件を作るために、現試行五託児所の本実施化と拡充を要求し、必要な職場には授乳室を設置させる闘いを全国的にすすめること。

㈢ 一・二の闘いを支える婦人の活動をヨリ強いものにするために現在職場で進められつつある「話合い活動」を職場の隅々までひろげ、婦人組合員の中でも、最もおくれた層に対する啓蒙を強化すること、いわゆる一人が百歩進むより、百人が一歩進もうという運動である。

母体保護の基礎知識

（医学博士）
藤《とう》間《ま》身《み》加《か》栄《え》

今年の母体保護月間の催しには、立川電話局と港区の地区電話局にお招きを受け「婦人の生理」について、スライドを使つてご説明致しましたが、どちらの会場でもお集りの皆さんが大変熱心にお聴き下さいまして、色々有益な質問もあり、私の方も意義深い一時を過すことが出来、楽しい思い出となりました。

二、三感じたことを申述べますと、第一に母体というものの解釈ですが、これは広い意味では、既婚の婦人だけでなく、将来母体となる未婚の婦人をも含めて考えなくてはなりません。なぜならば、性的発育が目立つてくる春季発動期から、心して生理衛生に注意しなければりつぱな母体を作り上げることはできず、出来上つた母体そのものの発育が不完全であれば立派な子供を産み、かつ育てることはできないからであります。

第二に、母体の保護が完全に行われるためには、婦人の生理をよく理解していなくてはなりません。婦人の生理を大別すると、妊娠の生理と、月経の生理の二つになります。婦人の大役は何といつても妊娠分娩であり、月経という生理現象はその随伴現象にすぎません。ある会合の席で、学術会議の会長茅誠司先生が「私は子供を産むこと以外は男女は全く平等であると考えております」といわれましたが、たしかに子供を産むということは女子のみが持つ特権といえるでしよう。

皆さんは自分の生活権を守る闘いの中で生理休暇を要求し、産前、産後の有給休暇を要求して成功されつつあります。さらに私は、職場の婦人が集い、婦人の生理を中心とした性教育を受けるための時間を持たれることをお励めしたい。先日、中国からの里帰り夫人との懇談会で、中国ではなぜ泥棒がいなくなつたかという質問に、一人の婦人はこう申しました。「中国では仕事を終えた残りの時間は男も女も「学習、学習」で少しの時間も勉強に務め、悪いことをしたり、悪いことを考えるすきがなかつた」と。皆さんは同年代の日本人の中でとくに女性の場合、優秀な方のぞろいであるはずです。勉強して下さい。勉強して下さい。学習を始めて下さい。私は切に皆さんに希望いたします。

最後にどんな辺ぴなところにおられる方でも自分一人で実行でき、それによつて自分の性生理を知ることのできる簡単な方法をご紹介致しましよう。それは基礎体温を毎朝一回測ることです。基礎体温というのは、食事とか運動とかで体温が昇るのを避けて、それらの影響がなるべく少い安静な時の体温のことです。薬局で婦人体温計を求められ、毎朝床から起き出す前に、この体温計を舌下に入れて五分間口内の体温を測つて下さい。その体温を記入して見ると、排卵のあるなし、また排卵は何日か、自分の月経周期の正、否、あるいは月経は毎月あるけれど排卵がないとか、また次の月経の始る日の予想、既婚の婦人では妊娠調節等に役立ち、不妊症の方は妊娠し易い日を的確に知ることもできます。

皆さん！　母体の保護は婦人だけでは不可能です。家庭にあつては夫として、職場にあつては同僚として、男性の協力が必要です。

そのためには男性の教育もまた必要です。
一九五六年も後十日に迫りました。皆さん元気で新春をお迎え下さい。そして一九五七年もまた手をつないで世界の平和と、婦人解放のため一歩前進いたしましょう。

（一九五六・一二・二〇）

全電通の 母体保護運動

編集部

ほとんど婦人によつて占められている電話局関係に働く人々の労働組合、全国電気通信労働組合（全電通）では、他の組合にさきがけて早くから「母体保護運動」を起しています。昨年（五六）十月第六回目の「母体保護運動強化月間」をもちました。

全電通労組が、この問題をとりあげるようになつたのは、いうまでもなく、公社の合理化施策による労働条件の低下から、既得権が犯されはじめてきたためでした、同組合の調査によると、生理休暇はじめ、休憩休息時間、分娩休暇等に対して公社の圧迫が年を追つて深められ、そして現在では生理休暇を無給にするという方針がとられている由です。しかも、このような傾向はひとり電々公社ばかりではなく、各企業を通じて現われてきています。そこで、婦人の独占的職場である電々公社で婦人がどのようにあつかわれるかということは、他の企業ではたらく婦人の上に大きな影響をもつてきます。全電通婦人部が、卒先して「母体保護」を叫び出したのは、こういう点からも大きな意味をもつています。

実際、婦人の経済的独立のために母体が無視されることになつては、婦人にとつて大問題であるばかりでなく、社会的にも大きな問題です。そういう意味からも、全電通の母体保護運動には一般がもつと関心を持つべきでしよう。

ところで母体保護運動の焦点となつている生理休暇について同組合が三十年七月から十二月迄調査した結果をみてみましよう。

調査の対象になつたのは五万五千名の婦人組合員であり、六カ月延にして三十三万名でしたが報告されたものは、延二〇四、九六九名で六三％。

半年間の生理休暇使用の平均は必要とする人はわずか四三％。

使用状況は、七月から十二月までの使用率がいずれも四二％から四五％

そして、この六カ月間の平均率が、必要であると答えている人の半数にみたない四三％であること、などがあげられています。

日数別の使用状況は（六カ月平均）

一日が平均	七五・一％
二日　〃	二二・六％
三日　〃	〇・四％
三日以上〃	〇・〇四％

このうち二日使用の場合、電信関係が圧倒的に多く（大局・中局がそのなかでも多い）、一日は電話、デスク関係がほとんど。

なお、第四回（三十年四月）と第五回（三一年四月）の強化月間における生休使用状況の比較をみますと、

平常と同じ	二五％
平常より多い	四一％
平常より少い	二七％
不　明	七％

生理休暇は個人差も考慮されねばならず、一様に一〇〇％使用の必要があるか、どうか疑問ですが、それにしても、調査結果をみて感じたことは、これら働く婦人がどの程度生理や衛生の知識を持つているのだろうか、ということでした。

看護婦制度
改悪のうごき

野《の》瀬《ぜ》治《はる》子《こ》

女性の地位が徐々に向上しつつある今日、これを阻止しようとする動きは日に日に表面だつてきます。その中でも、今一番大きな問題となつているのは看護婦制度改悪のうごきでしょう。

この改悪の狙いは

一、人件費を安くするために准看護婦より低い看護婦要員が必要。

二、そのために准看護婦を看護婦とし、検定試験の復活をはかることであり、具体的には、

A　看護婦について

(一)　現行の看護婦（高校卒級三年制学院を卒業して国家試験を通過したもの）を「**高等看護婦**」又は「**准医師**」とする。

(二)　現行の「准看護婦の「**准**」を除いて「**看護婦**」とし、日本の看護婦の標準とする。これに合わせるため、現行の教育内容を低下させる。

(三)　**現行法**に「**看護助手**」に関する規定を入れ、看護業務を行えるようにする。この教育内容は中学卒―三ヵ月位の教育か検定試験。

B　助産婦について

(一)　現行の看護婦―**六ヵ月教育**―はそのままとする。

(二)　新しく次の教育を要望する（これを準助産婦とする意向もあるもよう）

イ　高等学校―助産婦教育―（二年）
インターン（一年）

ロ　准看護婦―一年経験―助産婦教育（二年）インターン（一年）

といつたように、現行より看護婦、助産婦等、これに準ずるものの質の低下が企らまれています。

先般、大阪ではこの「看護婦制度改悪」に反対する決起大会がもたれました。看護婦協会においては、数回の署名運動や、この決起大会準備会なるものがなされているにもかかわらず、私たちの耳に一同に入つてこなかつたのはなぜでしょう。

これは、こうした動きがおもむろにしかもねんごろに検討されているからです。あくまでこれは「当方の望むところでございまして、一方的にそのようにするということはいたしません」といつたように逃げることも可能な仕組で進められているからです。

多くの団体からこの決起大会にメッセージが送られましたが、不思議なことには「こんなことが行われていることは少しも知らず、今通知をもらつたばかりです」とか、「昨日、私たちの耳に入つたので、検討を加え反対することにしました」とかいつたように、この大きな問題は世間一般に知られていないようです。

婦長会において、情報をつかんだのがおそかつたというあなたたちは、なぜそのおそかつたことのばん回をしようとしないのでしょう。

方法が分らないというのでしょうか、それなら、あなたたちだけでやつていないでみん

なに広く知らせることです。そうすることが、つまり強く世論に訴えることがこの改悪を阻止できる唯一つの方法だと思うのです。

今からでもおそくない。病院の中で署名運動をせず、ターミナルにお立ちなさい。そして、声を大きくして叫びなさい。私たちもできうるかぎり協力します。これは、あなた達の問題だけではありません。働く女性の地位、いいえ、全人類の生命にかかる問題なのです。

メッセージの中で誰かはいいました。

「私たちは母体から生まれる時、必ず助産婦の手をかりている。その助産婦の知識の不足が、母体に、胎児にどんな影響をおよぼすか、身をもつて知つています」

それだけではありません。

幾多の関所を越えながら、やつと今日の看護婦制度の制定をみて、看護婦の地位はぐんぐん向上してきました。

女性の地位は向上したのです。

押し消されそうな圧力を払いのけて、今や女性は自分の力で、自分の足で、一人立ちのできるようになつたのです。一足二足歩き初めた頃、その足は小児マヒにかかつてしまいました。

この小児マヒの病源体は、肉眼でもはつきりみえる「看護婦制度改悪」というバイキンです。

では、このバイキンは一体どこから出てきたのでしよう。

これは、良く考えなければなりません。

メッセージに出てきた、社会党も自民党も、この改悪には反対だとはつきり云いました。また、婦長会においても「社会党も自民党も知らないこの改悪案は医師会の手ですすめられている」と報告されているようです。

「法律」といわれるすべてのものは、国会から生み出されます。二大政党下といわれる今日、二大政党が関知しない法律、いいかえれば母のない子供は、一体誰から生まれるのでしよう。

あなた達は、メッセージをくれた、社会党議員にも自民党議員にも同じ強さの拍手をおくりました。むしろ、「わが党の一部に賛成する人達がいる中で、私はあなた達のこの反対の声を聞いてもつともだと思つたから、一部の人達にこの現状を報告しましよう」といつた一自民党婦人議員に、婦人だという同性のよしみでか、その表現にミリョクを感じてか、多数の拍手をおくつたのではないでしようか。

医師会出身の議員は何党にいる？　自民党か社会党か？　この分け方がわるければ、保守か革進か？　あなた達ははつきり眼を開けて下さい。そして現実のすがたをみきわめるべきです。

以前の健保改悪の時、医師会の一部は反対しました。この反対は患者を守るための反対ではなく、自らの収入減を防ぐための反対でした。今回は、彼らの収入増になるものとして、もろ手を上げて賛成するでしよう。

「万人の不幸よりわが身の幸」資本主義社会の典型的な動きの前に、私たちはもう考慮の余地はありません。彼らの言葉のワナにかかることのないよう、みんなが手をつないでこれに対処しましよう。

「改悪案」だという彼等に対処するため、「改悪阻止の態勢」は十分に整える事が一番の近道であり、これ以外の手段は考えられないと思います。

×　×　×

＝短編＝

納豆売り

——ある問題児の手記——

森《もり》川《かわ》みつる

僕は小さい時から、母と兄と妹との四人暮しだつた。それは僕が四歳の時父が死んだからである。それから十年、父の顔も覚えていない。僕が一番記憶にあるのは、五歳の時、他家の間借をしていて近所の人たちから、パンやさつま芋を貰つて喰べていた頃、役所から母子寮へ引越すように通知が来た時、母は「罪人じやあるまいし、母子寮なんてきつと牢屋みたいなところだんべ、大家さんは部屋代を払わないものだからオラこと追出すんだよ、母ちやんはやだなあ」。

といつた困つた顔の母である。

それから四、五日して兄や母と荷物をまとめて、リヤーカーで母子寮に運んだ。兄はその時小学校二年生だつた。母はあんなに嫌だと云つていたのに、とうとう引越して行くのかと思つて不安な気持でついて行つた。

来て見ると母の言葉とはまるで違つていて、僕たちのような家もなく、父親もなく、子供を抱えたお母さんたちが、ひと部屋ずつに、まるでアパートのように暮していた。何んだか僕は大きな家へはいつたので嬉しかつた。僕たちの部屋は十八号室で、南側の中程の四畳半の部屋だつた。

母は妹がまだ小さかつたので、他の部屋の小母さんたちは皆働きに出かけるのに、ずつと家にいて、妹のお守と僕と遊んでくれた。生活ができないので保護費を貰つて喰つていたのである。それも十分でないので、その保護費もすぐなくなつてしまつた。なくなつてしまうというより、母はお役所から貰う金で、直ぐ食べるものを買つて来てしまうからである。僕たちを喜ばせようとして買つて来るのだが、そんな金はいつまでもない。最低の生活費なのに、菓子、果物、魚、肉と買つてくれれば、四五日でなくなつてしまうのに、後の考えもなく買つて来てしまう。僕も小さかつたから四五日はおいしいものが食べられて嬉しかつたから喜んで食べた。間もなく金がなくなるとお米も買えないし、味噌も買えないので、外米のおかゆで我慢することもたびたびだつた。

僕は学校へ行くようになつてから、学校の給食がどんなに嬉しかつたかわからない。その頃は妹も保育園へ行くようになつたので、母は工場へ働きに行くようになつた。

僕たちは学校から帰つて来ると寮の子供たちとよく遊んだ。どの子も皆貧しいのでおやツなんかほとんど食べなかつた。寮の中には学校の先生や看護婦や会社の事務員をして月給を沢山取つている人の子供もいて、学校から帰るとおヤツを食べるので、僕たちは我慢してそれをうらやましがつて見ていた。

僕の母も早く沢山月給を取つてきて、おやツを買つて置いてくれるようになるといいがなあ、と思つていた。

それなのに、僕が中学二年になつた今でも母は一日二百五十円のニコヨンである。四人で一カ月六千二百五十円の生活費では何も買つてくれない。僕や兄はナットーを売つたり、新聞配達をしたりして働いて、学校へ行く。兄は僕より先に学校を卒業するはずだつたのに、一年以上も学校を休んだので、やつと今中学三年である。こうして親子三人で働いても一万円そこそこの生活費である。よその母ならどうにかやつて行けると役所の人にもいわれるし、他の寮生の家庭でもやつているのに、やつぱり僕の家はやりくりが下手なのでできない。寮費も無料であるのに、食うだけで、シャツ一枚学校のノート一冊満足に買えない。十年間もこんな生活をしていると、僕は子供心にも淋しくなる。

ある日、僕の隣の部屋の学校の先生をしている人の部屋をのぞくと、部屋の真中に財布が置てあつた。悪いとは知つていたけれども、無中ではいつて中を開けて見ると五千円は入いつていた。全部ほしかつたが、先生も全部なくなつては困るだろうし、財布を開けて見て空つぽだと直ぐ気付いて騒ぎだすだろう、とサット気づいたので二千円だけ引抜いてそつと出て来た。廊下を見ても誰もいないのでほつと安心して自分の部屋へ行つてドキドキする胸を押えていた。

僕は生れてはじめて悪いことをした。この時位真剣に、神様どうか誰にも知られないようにと心から祈つたことはない。

だけど、その翌朝すぐしれた。先生は学校へ出掛ける前に寮母さんに大きな声で
「昨日私の部屋へはいつた人がありますね、私が五千円入れた財布を置き忘れて一寸と出掛けている間に二千円ないんですよ、子供に聞いてもお母さんの金なんか知らないよ、きつと寮内の人だというんですの、家の子供ではないらしいのですよ、それにしても二千円抜くなんてひどいわね、私が気づかないようにと思つたらしいの、相当なものですよ、外には何か取られた人はありませんか」

先生は上手に話しているけれども、その言葉の中には何となく口惜しいというか、残念というか、腹立たしいというか、それから色色と罵る声が聞えて来た。

「全くずーずーしいのが寮の中にいるわね、あきれたものだわ」。

それを何度も繰返しいつていた。僕も無中で取つたけれどもあんなにいわなくてもいいと思つたくらいだ。

その話はたちまち寮内中ひろがつて、

「誰だろう？　誰かしら？」

皆がいい合つていた。僕はそれを母と二人で部屋の中でじつと聞いて我慢していた。

母も無言で僕の顔を見ている、僕は其の金は母が帰つて来ると直ぐ母にやつたが母はその金はどうした金だと聞きもしないし、僕も
「母ちやん、お金！」

と、いつて出すと、母も嬉しそうに
「うん」

といつて、受け取つたから母もそのさわぎの起るまでは、その金は僕が盗んだものとは知らなかつたのである。

僕は今に母に叱られやしないかと内心びくびくしていたが
「忠坊、黙つていろよ。」

と、いつたのでほつとした。

母も年中金が無いので、たとえその金を僕が盗んだと分つていても怒らないのは僕にとつて助かつたが、今度は僕の方で母が哀れになつてきた。今に知られたら母がどんなに寮の人たちから軽蔑されるかと。そして僕をみんなからかばうのにどんなに苦労しなければならないか、僕はそれが悲しかつた。

寮母さんはいろいろとせんさくした。推理に全神経を使つて、二千円の行方を求めたことはいうまでもない。そのうちに、僕の家にもう金の無い頃なのに、母が例の金の顔さえ見ればすぐ菓子や果物を買つて来るので、とうとう僕の家の誰かが盗つたといい出した。僕はもう駄目だこれ以上かくすことはできないと思つた。

最初に母が寮母室へ呼ばれた、それから僕が呼ばれた、ぎりぎりに追詰められて僕はとうとう白状した。

それから僕は寮にいられなくなり、他の施設へやられた。

そこは三度の食事もおヤツも食べられて、お腹は満足というほどでなくても寮にいる時より良かつた。でも何となく淋しくて、物足りなかつた。夜妹に僕の食事を分けてやる夢を見た。

先生たちも親切だし作業と云つても学校から帰ると一時間位で大したことはなかつた。朝早くナットーを売りに行くより楽だつた。何も不足はないようだけれども、僕は家が恋しかつた。

とうとう母の処へ手紙を書いた、手紙を書いていると無性に家が恋しくなり、また書いた。

いくら手紙を書いても母から何もいつて来ないので逃げ出そうかと思つた。夜など遠くを走る電車の音を聞くとすぐにも飛び出したくて、幾度逃走を決心したか知れなかつた。でも僕が帰ればまた母が金のないことをいい出すと悪いことをするかも知れないと思つて、やつと逃げ出すことだけはやめた。

そんなことをして毎日面白くない日を送つているところへ母が尋ねて来た。僕は生れて始めてあんなに嬉しさというか、感激というか、そんなものを覚えたことはなかつた。お金の事も貧しい事もすつかり忘れて飛立つくらいに嬉しかつた。

涙が流れて一言もいえなかつた。母も同じように口をもぐもぐさせてから、

「忠坊――。」

といつて涙をポロポロこぼした。

それからは無中で母について来てしまつた。勝手に母が連れて帰つたというので今度は他家へ里子にやられた。

その家では僕より一年上の利夫ちやんという子がいた、ちようど二学期のはじまりなので、新しい本を四冊買わなければならなかつた。その家では僕をとても良くしてくれた。利夫ちやんも弟ができたように喜んでいた。僕もこんな家に生れてくれば良かつたと度々思つた。

それだのに本を買う時になると、おばさんは利夫ちやんには本を買うお金をやつたが、僕には利夫ちやんの古でいいからといつて買つてくれなかつた、僕は何時も兄の古ばかりだつたので、今度はこの家はお金持だから買つてくれると思つていたのに、利夫ちやんのお古でいいと云われてがつかりした。二三度本を買つて下さいと頼んで見たが、おばさんの答えは何時でも、

「利夫ちやんのお古があるからいいでしよう」といつて買つてくれなかつたので、僕は悲しくなつて、とうとうその家から逃げ出してしまつた。逃げ出したものの、お金は無いし、十里もある処なので歩いては帰れない。ポケットにあつたたつた十円の金で、次の駅までの切符を買い、後は乗越しにして、改札口を出る時、切符は落してしまつたといつたら、

「困るね――」

と駅員はしばらく考えていたが、やつと出してくれた。

寮へ帰つて来たら寮母さんは、

「それは大変だから」

とすぐ僕をまた送り返してしまつた。

実はその時、寮母さんには内証にしておいたが、逃げ出す時、利夫ちやんの学用品のなかから、ハーモニカ、三角定規、ノートの下敷、鉛筆、万年筆などやシャツやセータまでも荷物の中に入れて持つて来てしまつたのである。

それがまた里親に知れて、里親のおばさんが寮母さんに話したので、僕も全く逃げるに逃げられず、どうしたらいいか解らなくなつてしまつた。

でも僕はほしいものを取つただけだ、それを里親たちはあんなに悪く寮母さんにいう、の家には一刻もいたくなくなつてしまつた。もうこ僕は自分でも悪いことは知つているけれど、あんまりいわれると口惜しくなつて、もうこの家には一刻もいたくなくなつてしまつた。おばさんは僕の心を少しも考えてくれようとはしない。自分の考えだけを寮母さんに話した。おばさんは僕の心をちつとも知らないんだ。僕は考えると悲しくなつて、寮母さんが連れて帰つてくれればいいがと思つていたけれども、寮母さんは、

「子供のことですから、買つて下さいといえなかつたのでしようから、お腹も立つでしようが、今一度思い直して置いてやつて下さい」

と、帰つてしまつた。

僕は悲しくて、とうとうその夜、どうしたらこの家の人が僕を帰す気になるかと考えた末、座敷の真中へ小便を放出してやつた。里親の家族の者は、驚いて、明日は返すといい出した。僕はやつと安心した。

翌日、早く僕はおばさんに連れられて寮へ帰つた。母は仕事に出かけて留守だつたが、昨夜の小便の話を里親のおばさんから寮母さんに大きな声でいわれたので、寮の人達に知られて僕も閉口した。

たしかに僕の行動は非常識に違いないから僕は何と云われても我慢するより仕方がなかつた。

僕が金を盗んだのも、里子にやられたのも金が無くて貧しいためである。僕はどんな悪いことをしても自分のしたことくらいは良く分つている。決して平気でしているわけではない。

けれども、そんな非常識なことでもしたくなる僕の気持を誰が分つてくれるだろう。

僕の家がこんなに貧しくなかつたら、母も毎日金がない金がほしいとグチるまいし、僕たちはさつま芋一きれで兄妹喧嘩もしないだろうし、盗みをして他人に厭な思いもさせずにすんだけれども、僕は永い間の苦しい生活に堪え切れなくてやつてしまつた。

大人は笑うかも知れない、でも僕の心は一日でも一度でもいい、不安のない、落着いた腹の底から豊かな気持で、一枚のシャツ、一冊のノート、一度の食事がしてみたい。やりくりばかりでやつと咽喉を通したり、手を通すシャツはちつとも嬉しくない。何時になつたらそんな時代が来るのか、僕はやつと里子にもやられないで、寮に母と一緒にいられるようになつた。僕があの非常識な小便の問題から寮母さんは他家にやらないで一緒に暮させてくれるようになつたのである、他人から見れば僕はよつぽど悪い子供に見えるかも知れない。

寮母さんが僕を寮にいれる様にしたのは、あるいは寮母さんだけが僕の気持をわかつてくれたのかも知れない。でも僕にはまだほんとうには解らない。

解らなくてもいい、とにかく僕は母と一緒にいれらるようになつたから、それからはこの貧しさにも堪えられるようになつた。そして今朝も晴々とした気持でナットーを売りに出かけるのである。

〔海外ニュース〕

文盲を克服した八児の母

王玉栄さんは、国営天津第一棉紡工場の工員であり、一四歳をかしらに生れてまもない赤ん坊をまじえた八人の子供の母である。夫もやはりこの工場の工員。

玉栄さんは最近まで文盲だつた。業余学校に行かれなかつたためである。というのは、玉栄さん夫妻が工場にでかけた後は七十すぎた姑が家に残るのだが、年寄りではあるし、その上長く患つているので、子供の世話もし切れず、まして洗濯や炊事などできなかつた。このため家事一切は玉栄さんが帰宅後に一人でやらねばならず、学校どころではなかつたのである。

ところが少し前、文盲工員の文化学習がよびかけられ、彼女は考えてしまつた。……中国は発展した。将来は新しい機械をつかうだろうし、新しい技術が必要になる。それには先ず文字を習わなくては……

玉栄さんは一切の困難を克服して文字を習おうと決心した。彼女は先ず姑のたすけを借りねばならないと思い、文化をしらないことのさしさわりを話して聞かせたところ、姑は彼女の学習に同意した。

玉栄さんは姑に云つた。〝お母さんはただ子供だけみて下さい。他のことは私がみんなやりますから〟同時に彼女は家庭生活を手際よく改めた。給料が出るたびに夫と二人で主食を買つておき、ふだんは幾らかの副食物を買うだけにした。そして彼女でも夫でも家に居る方がおかずを買い御飯を作つた。もし二人とも家にいれば、夫が洗濯し、彼女が繕いものをした。また夫が買物にでかけ、彼女が炊事した。

こうして家事はあまり忙しいものではなくなつたが、これで玉栄さんの学習が保障されたわけではなかつた。学校が終つて帰宅すると、子供たちは彼女に抱きついたり着物をひつぱつたりしてまつわりつき、すきをみて本をとつて読んだり、うばいあつたり、とても復習などできなかつた。そこで彼女は学校にいのこり、完全にならつてから帰るようにした。また家にいる時でも、子供が眠つたり、あそびに出たりしたすきにすこしでも多く勉強した。

掃盲教員やリーダーも彼女にはとくに心をくばつて学習をたすけた。工場の休み時間にも彼女は学習した。それで今はもう〝質量表〟をみてわかるようになつたのである。

☆★☆★ 中共婦人の現状 ☆★☆★

去る九月（一九五六）十五日から二十七日まで開かれた中共八全大会で、「中華全国民主婦女連合会」副主席鄧穎超女史（周恩来夫人）の「婦人工作指導の強化について」の講演によると、現在中共の婦人のうち、

女子工員　二百万余、農婦　約一億、女手工業者　二百万余

各種工作における婦人幹部は七〇万余

とのことである。

なお、女史は、中国婦人は新国家成立以来深刻な変化をおこし、史上未曾有の新しい姿があらわれたが、婦人の徹底的な解放にはまた非常な努力がいる、婦人の文盲はまだ多数をしめており、知識婦人は大へん少い、そしてすでに社会労働に参加している婦人でも、一般にまだ業務知識と技能がひくく、経験も不足である、大部分の婦人の生活に旧社会の遺習が反映している。これらの問題が解決されないと、婦人は十分に積極性を発揮することができない、と指摘した。

（一二・八・「婦人ニュース」より）

婦人界だより

婦人人権擁護同盟 法律扶助部開設

婦人弁護士、法律家によつて結成されている婦人人権擁護同盟では、さる三十年十月から法律相談所を開いて、婦人の人権ようごのため、実費で婦人の法律相談に応じていたが、三十一年十二月の「人権擁護週間」を記念して「法律扶助部」を開設することになりました。

目的は、法律上の扶助を要する者の権利をようごするというにあり、お金がないため自分の権利を守ることのできない人を法律的に救済しようとするものですが。事務所は左記の所にあります。

杉並区高円寺三ノ二九八
鍛治法律事務所内
婦人人権擁護同盟
電話（38）八七〇八番

原稿募集

◇**創作・論文** 一五枚以内（四百字詰）
◇**随筆・コント・ルポルタージュ**（七枚以内）
◇**職場のこえ・台所のこえ** 三枚～三枚半
◇**短歌・俳句・詩**

本誌は婦人の発言の広場です。婦人の地位を高めるために、明るい生活をきずくために、住みよい社会をつくるために、そして婦人の隠れた才能を発掘するために皆様の活発なご投稿をお願いします。

注意 一般に〆切はもうけませんが、時事問題などは**毎月十日**までにお送り願います。

送り先 本社編集部

編集後記

あけましておめでとうございます。読者皆さまの御幸福をお祈り申上げます。本誌も今年で第四回目のお正月を迎えることになりました。中だるみにならないよう心しておりますが、一層の御鞭達を賜りますよう、お願いいたします。

今さら申上げるまでもなく、本誌は婦人が真に解放される社会の建設を目指して出発したものでございます。資本主義社会における形式上の男女同権、婦人の解放がどんなに矛盾に満ちたものであり、またごまかしであるかということを過去三年繰返してきたつもりです。そのため職場や家庭の婦人の声を積極的にとりあげてまいりました。ところがこの趣旨が十分理解されていない恨みもありました。また、有名人の執筆が少いというご不満もあつたようでございます。しかしご投稿の中には有名人に劣らず優れたものが少くありませんし、また、だれでも始めから有名な人はないはずですから、読者の皆様が本誌を舞台として勉強され社会に出て頂きたいと願つております。

今年はそういう意味からも、大方の活潑なご投稿を期待するとともに、読者皆様の雑誌として育成して下さいますよう、お願いいたします。（菅谷）

婦人のこえ 一月号
定価三〇円（〒五円）
半年分 一八〇円（送共）
一年分 三六〇円（送共）
昭和三十一年十二月廿五日印刷
昭和三十二年一月一日発行
編集発行人 菅谷直子
東京都千代田区神田三崎町二ノ六
印刷者 堀内文治郎
東京都港区本芝三ノ二〇
（硫労連会館内）
発行所 婦人のこえ社
電話三田（45）〇三四〇番
振替口座東京弐壱壱参四番

昭和二十八年十一月二十四日第三種郵便物認可
昭和三十二年一月一日発行（毎月一回一日発行）

婦人のこえ　第四十号　（第五巻・第一号）

定価三十円

婦人のこえ

昭和三十二年一月二十五日印刷　昭和三十二年二月一日発行（毎月一回一日発行）

2月号　特集・私たちの生活と法律　1957

婦人界だより

「くらしの会」全国連合会結成

「生活を守り、くらしを豊かにすることを目的として生れた民主的な婦人団体「くらしの会」は二十八年発足以来、東京都内各区及び岡山、香川、富山、滋賀等に地域的に組織され、東京都では都連合会がつくられておりました。そして対内的には事時問題の研究会開催、内職指導等を行い、対外的活動としては他団体の協力機関として、憲法擁護、家族制度復活反対、売春禁止法制定促進運動、教育二法案反対、母親大会参加、砂川闘争等の応援、北海道冷害救援運動、米価値上げ反対等活発な運動を展開してきました。

これら各地の「くらしの会」は従来バラバラな形で活動していましたが、このほど全国連合会を結成することになり、去る一月十五日衆議院第三会館に、東京、神奈川、静岡、長野、群馬、佐賀、富山、秋田、滋賀、大阪、京都、埼玉等の各県より代表五十余名が参集、結成式を行いました。

なお、全国連合会への地方参加団体の名称は、既成、未成をとわず、必ずしも「くらしの会」に固執せず、それぞれ、適当な名称のままであって差支えなく、「くらしの会」の趣旨に添い、参加希望のものはこれを抱含するという建前をとっています。（例えば、長野の「憲法を守る婦人の会」会員三百名等）

そして、連合会への参加団体費は年額一口百円とし、無理のない負担において中央との緊密な連けいのもとに、地域活動を活発にしようとしています。

当日決定した役員は左の通りです。

会長　藤原　道子
副会長　江田　光子（岡山）
同　大橋　春江（東京）
事務局長　小畑マサエ（東京）
会計監査　増山　秀子（富山）
同　樋島　幸子（佐賀）
顧問　山川　菊栄
同　平林たい子
同　田中寿美子

連合会事務所は左通の通りです。

東京都千代田区永田町一ノ一
参議院会館五七号室
「くらしの会」全国連合会

原稿募集

◇創作・評論　一五枚以内（四百字詰）
◇随筆・コント・ルポルタージュ（七枚以内）
◇職場のこえ・台所のこえ　三枚〜三枚半
◇短歌・俳句・詩

本誌は婦人の発言の広場です。婦人の地位を高めるために、明るい生活をきずくために、住みよい社会をつくるために、そしてあなたの隠れた才能を発掘するために、活発なご投稿をお願いします。

注意　一般に〆切はもうけませんが、時事問題などは毎月十日までにお送り願います。

送り先　「婦人のこえ」編集部

婦人のこえ

1957年
二月号

二月号目次

特集・私たちの生活と法律

表紙……小川マリ　カット……中西淳子

生活と法律

久《く》米《め》　愛《あい》（弁護士）

たいていの人は、借りている家から立退をせまられたとか、貸した金がかえしてもらえないとか、離婚をしようとか、何か問題が身辺に生じない間は、自分たちの生活と法律は一向関係のないものだと思いがちです。一向に関係がないと思つているというのはいい過ぎかもしれませんが、一生、裁判所の門をくぐらず、弁護士に相談する必要も生じなければ、まあまあ法律のお世話にならずに幸せだと思うことでしよう。しかし私たちは、法律の世話になつたと思おうが思うまいが、私たちの生活はすべて法律によつてきめられているといつて過言ではないのです。民主々義国家とか法治国とかいわれるのはこの事をいうわけです。たとえば法律とは縁もゆかりもなさそうに思われる親子の関係もやつぱり法律によつてきめられているのです。たいていの親は、法律があろうとなかろうと、自分の子供を養い教育するでしよう。しかしこの当然の事も、法律的にいえば、親は未成年の子に対して親権者としてこれを養育監護する義務があるのです。また直系血族の間には、相互に扶養の義務がありますから、親は子を子は親を養わねばならぬのです。物を買つても売つても、品物が約束のものと違つたり、代金がとれなかつたりすれば人びとは、法律上どうすればよいかと考えるでしよう。それは売買関係が法律上きちんときめられているからです。

このように、親族関係から雇傭関係、その他売買や銀行に金を預ける寄託行為等々私たちの日常生活はすべて法律の支配の許にあるのです。ですから私たちは法律に全然無関心でいるわけにはゆきません。専門的な法律知識を誰も彼もが持つことは不可能であり、また必要もありませんが、私たちの身辺に面倒が生じたときに、それが権利義務に関するものであるかぎり、これを守り、解決してくれるものは法律であるという意識は必要であると思います。

現在の憲法が制定されるまで、日本の法律は色々な点で、万人に平等ではありませんでした。殊に男女の法律上の不平等はひどいもので、政治的には参政権すらなかつたのはもちろんのこと、教育をうけるにも、職業を選択するにも、同じ職場で働いても、法律は男女を同じ一人前の人間と認めない面がありました。特に家庭生活や親族関係を規律する法律は、全く封建的男尊女卑の思想に支配され、夫と妻、父と母、息子と娘の権利義務には、量的にではなく質的な相違がありました。要するに女は男に従属し支配される存在であつたわけです。こうした法律の許で長い間暮した婦人の習慣は性となつて、婦人の権利意識や責任観念、或は自主的精神の発達を阻害して来ました。

近頃は一昔前と違つて、婦人も権利を自覚するようになりました。しかし、根が浅いだけに、正しい権利意識を持てない人も多いようです。もつとも、これは日本人一般にいえることで、婦人にはかぎりませんが、やはり日本の今までの社会のあり方から考えて、婦人がよりそうであることは仕方のないことでしよう。そして、今なお泣き寝入りに甘んじたり、おどかしに屈したり、また逆に権利のないところまで自分に権利があるように思うことが、しばしばあるのです。

法律というと、何か面倒で分りにくいもののように思いがちです。事実面倒で分りにくいことも多いのです。しかし私たちの生活が法律と無縁どころか、深いつながりを持つている、というより法律によつて生活が守られていることを思えば、これに全然無理解であつてよいとは申されません。正しい権利意識というのは、すなわち物事に対する法律的理解ということなのです。

新しい憲法が出来、それに伴つて新しい法律が生れ、また古い憲法の精神にもどる法律は改正されました。そして、社会に権利を守るために、人々が簡単に相談の出来る機関が生れました。家庭裁判所だとか、人権擁護委員の制度とか、また弁護士会や新聞社に法律相談所が設けられたことは戦前にはみられなかつたことです。

権利の意識の未熟は、私等個人相互の関係だけには止りません。長い間封建的非民主的な生活になれた日本人は、お上のいうことは何でもハイハイときくいわゆる長いものには巻かれろという気持が強いのでした。このため、政府や官憲による人民の権利侵害は随分多かつたと思います。今でもあることでしよう。憲法はこれを守つているのです。人権擁護委員の制度等はこれを守ることを大きな目的にしているのです。要するに、私等は何もかも法律法律という必要はないでしようが民主々義法治国の国民らしく、私たちの生活の中で正しい権利意識を養つてゆきたいものです。

短歌

萩元たけ子選

触れあいし指をからみてほそう路を娘と歩みけり五月のまひるま　徳永はなえ

起きがけに子らの枕を直しやり強く生きんとしみじみ思ふ　同

廃坑二十年春の光にボタ山はわづかに線をくづしかけたり　同

夜まわりに頬ほてらせて帰りし子の眉毛に雪のとけずとまれり　同

眉墨の濃すぐと難を云はれけりわが言葉いさゝか嶮立てるとき　同

久々に会ひにし友にわが胸の激しきものは語らず別れぬ　同

女われ湧きたぎるものゝ現わしがたく大観の富士に向ひて立てり　中村菊江

優しさは母の瞳の吾を追ふそを意識しつ語りあふ生家　池上絹江

身一つに男・女のつとめありて忙し生計のゆたかならざる　中森津多子

寒空にさぎっちょの火のあかあかとしめをたくらし子等たちさわぎて　松枝みゆき

電車にのりたる力士かゞみ居て今日の勝ちを語りおりたる　同

人権よう護に努力する人々

まえがき

国民の基本的人権を保障する新憲法の精神に基づいて、国民の諸権利を守るためにいろいろと新しい法律や制度が戦後作られました。しかし、どういう制度があつて、どのように国民は守られるようになつたか、新制度に対する国民の認識はまだまだ十分とは言えないようです。それでは「憲法を守れ」と言われたところで、身近な問題として感じないのではないのでしょうか。そういう意味からも、これら諸制度をよく知つておくことは大切なことであろうと思います。

なお、問題は別ですが、一応家庭人として義務を果し、何か社会のために役立ちたいという中年以上の婦人の活動分野としても知つておく必要もあろうかと存じます。

人権よう護委員

日本国憲法には、国家社会において幸福な生活を営むのに必要な人間としての権利は国民の基本的人権として守られるべきであると規定されていますが、現実では必ずしも人権尊重の考え方が徹底しているとは申せません。そこで、国民の人権意識を高め、人権が侵された場合これを排除する仕事を引受ける所として、昭和二三年二月一五日、法務庁(現在の法務省)に人権擁護局が設けられました。

一方、十分な効果があげられるように、こうした官庁の組織を補うものとして人権擁護委員の制度が設けられました。この人権擁護委員とは、全国の各市町村から選ばれた民間の有識者であって、その委員が住んでいる地域社会の住民の人権を守る仕事を担当する者です。この委員制度が発足したのは昭和二三年七月に制定された「人権擁護委員令」(政令一六八号)によつてです。だがこの制度を更に強化するために、翌昭和二四年五月、この政令を廃して、「人権擁護委員法」が制定され、同年六月一日から実施されました。

人権擁護委員は「国民の基本的人権が侵犯されることがないように監視し、もしこれが侵犯された場合には、その救済のため速かに適切な処置をとるとともに、常に人権思想の普及高揚につとめる」(人権擁護委員法二条)ことをその使命とします。つまり人権擁護委員の職務は、国民の人権擁護というように公の仕事ですから、その職務の範囲内においては委員は公務員です。しかしあくまでも民間から選ばれたという委員制度の特質から委員は国家公務員法の適用を受けません。

昭和三一年一一月現在の調査によると人権擁護委員の全国総数は五五〇九名で、うち婦人の委員は二三八名です。これを地方別、たとえば東京都を例にとりますなら男子委員一七四名に対し婦人委員二三名といった割合です。男女いずれにせよ人権擁護委員となるにはいくつかの条件が附されます。つまりその地域社会の住民の中で人権擁護委員としてもつともふさわしい人を法務大臣が市町村長（区長）の推せんにより、都道府県知事、弁護士会及び都道府県人権擁護委員連合会の意見を聞いた上で委嘱するのです。

このように委嘱を受けた人権擁護委員の任期は三年で、給与としては別に支給されません。いわば名誉職であります。ただ職務遂行上の実費弁償は受けることができます。

人権擁護委員の職務の内容はいうまでもなく人権擁護の仕事です。その主なものは㈠自由人権思想の啓発 ㈡人権侵犯事件の調査 ㈢貧困者に対する法律扶助 ㈣その他民間における人権擁護運動の助長などです。（一一条）

具体的にいいますなら、まず人権を侵された被害者が委員に訴えて来ますと、地方法務局または法務省に連絡し、被害者に対し、法律上の助言をし、場合によつてはさらに訴訟援助の手続をします。人権侵害をなした加害者に対しては調査した上で訴訟機関に通報または告発の手続を行います。そしてこれらの事件の結果などに基いて、地域社会の住民に対し、人権尊重の考えを普及啓もうするのです。（編集部）

家事調停委員

地方裁判所で処理される民事に対し家事は審判法、調停法何れかの下に処理されます。家事調停委員というのはいうまでもなく後者の下に処理される事件にたちあい、当事者にいろいろと助言したり勧告したりする役をつとめる人のことです。

普通家事調停事件は家事審判官と調停委員とで処理されるのですが、調停委員というのは正確にいうなら規則により毎年家庭裁判所が指定する「家事調停委員となるべき者」の

ことで、事件が起つた時家庭裁判所が「家事調停委員となるべき者」の中から特定の人を選任依頼して始めて「家事調停委員」ができ上るわけです。

「家事調停委員となるべき者」は選任規則により徳望良識ある人が選ばれます。この際選任に適しない人が規則に掲げられています。たとえば禁治産者、準禁治産者、公務員として免職された者、弁護士として罷免された者裁判官として弾劾された者は絶対に選任され得ないことになつています。

「家事調停委員となるべき者」の選任に当つては家庭裁判所が推薦母体となり、そこで推せんされた者を最終的に裁判官会議にかけて決定をするのです。委員の手当は旅費、日当止宿料を含めて一件につき五百円ですから多分に名誉職じみた傾向を帯びないでもありません。

しかしこの役に当る人の数は非常に多く各家庭裁判所によつて異りますが、大体二百名以上五百名以内となっています。東京家庭裁判所の「家事調停委員となるべき者」の数は四一〇名で、うち婦人は一三〇名です。

中から、いったい家事調停委員会というのは、判事一名と二名以上の調停委員とで構成され、調

停委員については二名とも男女いずれを問わないことが原則になつています。しかし調停事件のほとんど大多数は男女間の事件ですからいつの場合も例外なく男女各一名の家事調停委員で構成され、それぞれ男性の立場、女性の立場に立つて事件が調停されます。

東京家庭裁判所では一日平均七十件の調停事件があり、親子、兄弟、夫婦、親類が物議をかもしており、調停事件がこじれると家事審判事件や、あるいは中央裁判所へもちこまれる民事訴訟事件に変貌するわけです。従つて説得力あり事件をまとめる能力に富む家事調停委員が大いに望まれています。（編集部）

民生委員

民生委員制度は、かつての方面委員制度から発展したもので、その起りは大正の初期、府県知事会議で、貧民の実情を調査したところが意外に多く、これに対する救済制度として大阪府に方面委員をおいたのに始まつたといわれている。

今日、民生委員は「社会奉仕の精神をもつて、保護指導のことに当り、社会福祉の増進につとめる」たてまえから、任期三年の名誉職、したがつて無報酬ということになつている。（東京都の民生委員の手当は年額七百五十円）その仕事は、常に自分の受持区域の要保護家庭の調査、母子寮、授産所、教護院、保育園など多くの福祉事業施設との連絡、福祉事務所その他関係行政機関の業務への協力、要保護者の発見や生活指導など、かなり広範囲なものである。

昭和二十三年、民生委員法の制定された当時、民生委員は生活保護法の補助機関として活躍してきたが、国家が責任を有する公共の扶助は、民生委員にまかせるべきではなく、専門の職員をあてることが適当であるとの考えから、昭和二十五年の法の改正により、民生委員は保護法の「補助機関」ではなく「協力の機関」ということになり、その権限も軽くなつたのである。けれども、地域社会の福祉に、住民の生活に、深い関係をもつことから、選挙地盤など、政治的なものに利用されることもあり、末端の地方議員―特に保守系の人の中には―は民生委員の経歴のある者、現にその職にある人も少くない。

民生委員は都道府県知事の推せんによつて、厚生大臣が委嘱することになつている。もつと具体的にいえば、市、区、町村長が、1、その議会の議員、2、民生委員、3、社会福祉事業の実施に関係ある者、4、社会福祉関係団体の代表者、5、教育に関係ある者6、関係行政機関の職員、7、学識経験者の中からそれぞれ二名以内を選んで推せん委員会を設け、此の委員会で推せんされた民生委員候補は、更に都道府県に設置される民生委員審査会の審査を経て厚生大臣から委嘱されるという面倒な手続をとるのである。民生委員の改選期は四年毎で、昨年の暮も行われたが、十二月一日より新民生委員が発足するというのに、民生委員推せん会で推せんしても、その上の審査会をパスせず、年が明けても、なお、決定をみないという実情の所もある。民生委員の数は、厚生大臣の定める基準にしたがい、知事がその区域の市区町村長の意見をきいてきめることになつている。東京都二十三区の例では、一般世帯六六二、被保護世帯一七、面積〇、二平方粁に対し一名の割という一応の基準があり、各区とも百名内外の定員が殆んどである。

とにかく、民間の奉仕者としての民生委員制度は、困窮者の救済、隣人相愛の中核とし

て社会福祉を増進するため必要な制度ではあるが、検討すべき多くの問題点をも残しているといえよう。（中大路まき子）

児童福祉司と児童委員
母子相談員

「すべて国民は、児童が心身ともに健やかに生まれ、且つ、育成されるよう努めなければならない」そうして、それは国及び地方公共団体が児童の保護者とともに責任を負う、という児童福祉法にもとずいて置かれたのが、この児童福祉司と児童委員である。

法のはじめにあるように、子供が健康で幸福であるためには、子供が「生まれる」前から考慮されなければならないのであつて、児童福祉とは当然児童と妊産婦の問題をともに考えるものである。

児童福祉司は、児童福祉のために特別な知識や技能をもつたケースワーカーで、この問題に経験、学識のある者の中から任用され、身分は都道府県の職員（地方公務員）である。その仕事は、主として児童相談所、市役所、福祉事務所等を本拠として、一定の担当区域をもち、その区域内の児童委員と連携をとり、種々の関係機関と連絡を保ちながら、児童や妊産婦の保護、保健、その他福祉に関するすべてのことがらについて相談に応じ、必要な援助、指導、助言などをあたえる。つまり、福祉司は、担当地区内の児童の問題について具体的な資料や傾向を把握し、児童問題に対する相談の窓口ともいうべきものである。したがつて、問題児をもつ家庭は、その子供に劣等感や恐怖感をもたせないため、事件を拡げることなく相談し、安心して必要な調査を受けるようこの制度を活用すべきだと考えられる。

福祉司は全国でも五百名足らず、一番多い東京都でも約五十名、小さな県は十名以下しか配置されていない所もある。厚生省の資料によると、児童福祉司の取扱う問題の中で、要教護児（不良化している子供）と貧困家庭児に関するものが最も高い率を示し、不就学児、浮浪児、精神薄弱児なども多く、また母子世帯に関することも少くないのである。

児童委員は、法律上、民生委員がこれにあてられる。つまり、民生委員になつた人は自動的に児童委員を兼務することになる。その仕事は、児童福祉の業務に協力する立場にあり、放任されている子供、長欠児、家出児などの問題児を発見したときは、児童福祉司、児童相談所に通告したり、その地域の児童に関する問題の中核として、子供の遊び場、保育施設の設置を推進したり、児童、母親などのグループ活動を援助するなど、多くの任務を持つているのである。児童委員は土地の実情に通じている人が多いが、無給の名誉職で、自分の本業のかたわら、その仕事をするので、児童福祉司のような専門家でもなく、特定の職務に拘束されるものでもないが、任意的な奉仕活動の領域を拡げるものとして置かれている。

なお、この他に**母子相談員**というのがある。これは「母子福祉資金の貸付に関する法律」にもとづいて二十八年四月より置かれているものである。母子福祉資金は、二十歳以下の児童を扶養する配偶者のない婦人に対し、生業の開始、児童の就学、その他必要な資金を五万円を限度として貸付ける制度で、母子相談員はこのための調査、相談に応じる。さらに、遺族、引揚者に対する援護の貸付についても、同様の仕事をすることになっている。東京都の二十三区には、各区に一名づつ配嘱されて居り、福祉事務所にいて、仕事を行つている。身分は都の臨時職員ということになつている。（**中大路まき子**）

婦人相談員

売春をなくそうという婦人の願いは売春防止法の成立によつて大きく一歩前進しましたが、ザル法といわれているこの法律をとにかく活用して売春なき日本にするためには婦人団体の今後の活動によると言つても過言ではないでしょう。売春防止法によつて、新たに生れた婦人相談員についてご紹介いたしましょう。

防止法の第一七条に都道府県では必ず婦人相談員を置かなければならないことがうたつてありますが、この耳なれぬ名をもつ人びとの仕事は一体どんな内容なのでしょうか。

昨年の暮、新聞の片隅に、婦人相談員を募る記事が載つたことを憶えていらつしやる方も少くないと思いますが、東京都では公募によらず、都関係者の推せん、紹介で集つた百余名のうち適当な資格に適つた人三十八名が婦人相談員に任命されました。

適当な資格というのは、年令が三〇才以上であること、旧制高女を卒業していること、社会的に人望あること、知識豊かであることなどの条件を満した上、筆記試験（常識問題、作文）、面接試験にパスし、東京都人事部に採用確定されることです。

こうして採用された三十八名の都の婦人相談員の身分はその配置転換に関しては東京都民主局児童監理課に所属し、服務上は福祉事務所々長の監督下に置かれることになります。勤務状況は週に四日間（月水木金）の非常勤で、一般公務員とは異つた資格しか与えられません。従つて手当も月額九千円ということになつております。

婦人相談員の数は全国で四六八名、うち東京五〇名（東京では任意設置の市にも八名おかれた）です。東京都民生局に所属するものの定員が四二名でまもなく一月四日発令の三八名の他残りの四名もきまるらしい様子です。これらの婦人相談員は各福祉事務所に一人の割合で配置されるのですが、都では売春密度の高い区へは重点的に配置する方針をとつています。この初の婦人相談員たちは現在実情を把握するために特飲街を視察するなどいわゆる訓練期間にあり、彼女らの自主的な活躍がみられるのは四月一日からということです。

都では婦人相談員のための予算を発足当時約五百万計上し、今後もほぼ同額の予算が組まれる見込みということです。

こうして各方面の期待をになう婦人相談員の仕事というのは、要保護女子(売春婦など)の保護更生をたすけ指導すること、もつと具体的にいうなら要保護女子の相談を引き受け積極的には要保護女子を発見し、職業安定所と連絡の上就職あつせんをしたり、適当な施設（更生所、職業補導所）へ入れたりその保護更生に尽力することです。

現在は発足したばかりでもあり、婦人相談員の積極的な活動は全くみられず、週に四日福祉事務所へ出勤して向うから相談されるのを待つのみという状態です。これはひとつには防止法の第二章を除く他の部分については本年四月一日より施行されるのに刑事処分に関する第二章のみは三三年四月一日より施行されるのでその間に生ずるズレが不活発の原因となつているようです。防止法に掲げられた刑事処分と保護更生処分は車の両輪の如く密接に相関して行われるところに効果があるのであり、また徹底化を期すこともできるのであるからこのズレは見逃すことのできぬ大きな欠陥といえるのではないでしょうか。

また、現在都で年一千万円の予算をもつて経営している婦人保護事業施設は都内に四カ所ありますが、今のところ別に施設をふやさなくとも十分間に合うでしよう、という民生局の見解は同時に今後の婦人相談員の活動がいかに困難であるかを物語るものであると考えられます。（編集部）

保護司

保護司というのは国の仕事として司法保護を行う人のことです。大正二年福井県で始めて司法保護委員が民間から選ばれて犯罪予防刑余者の更生指導の仕事にたずさわつたのが大変功を奏し、それが今日の保護司を生む遠因になつたと申します。とにかく昭和二五年五月に保護司法が公布され、防犯活動に対する民間人の協力がのぞまれることになりました。

保護司は、その地域社会において、犯罪者個人を指導援助し、更生させるケースワーカーでもあり、犯罪予防活動を行う司法保護委員でもあります。

その身分は非常勤の国家公務員でありますが、保護司銓衡委員会より推せんされ、保護鑑察所長を通じて法務大臣より委嘱を受けるいわば名誉職ゆえ、手当は全く支給されません。ただ保護司の実費弁償は受けられます。法務省もこのための予算、つまり補導費、環境調整旅費、特殊事務処理費、ケース研究費その他として年間一四九、二一七千円（三一年度）くらいは用意しているようです。が、全国で五二、五〇〇人いる保護司（うち女子三、六六七名）が実際手にする金額は月一二〇円という驚くべきものです。

保護司を推せんする場合基準となるのは、法規により、一、人格行動について社会的に信望あること、二、熱意及び時間的に余裕のあること、三、生活が安定していること、四、健康で活動できることなどです。また一、禁治産者、準禁治産者、二、禁こ以上の刑に処せられた者、三、政府を暴力で破壊することを主張する政党その他の団体を結成し、またはこれに加入した者、は保護司となる資格がありません。

この基準によつて選ばれた保護司は自分の家にいてたえず犯罪予防活動をしています。その対象でもあり、保護司の具体的な活動の保護鑑察の目的ともなる者は次のごとくです。

まず家庭裁判所で保護処分（家庭にあつて善導更生させるようきめること）に附された少年、次に少年院の中での成績が良好ゆえ早目に家庭へ送還された少年、第三に刑務所に受刑中の者で刑期満了前に仮出獄した者、最後に執行猶予期間中保護鑑察に附するといい渡された者等です。もちろんこれらは無制限にその対象となるのではなく、①は二〇才に達するまで、②は仮退院期間中、③はいい渡された刑期が満了するまで、④は執行猶予期間中に限られています。

保護鑑察の究極の目的は本人の改善更生でありますが、その手段として、保護司は本人の意志に反してでもその指導監督をし、また援助しなければなりません。具体的には、保護司は本人のために就職あつせんをしたり家庭内の調整をしたりするわけです。

昔、この保護司がやるような仕事を引受けていた警察が、ともすればそう査の手掛りを得るために本人を追いまわすようなことになりがちだつたことを思うと、ずいぶん改善された制度と申せましようが、社会の実例は保護司にも手の下しようがないような状態―例えば満期で出獄したものの就職難、それにともなう生活難など多々あるということです。（編集部）

婦人少年室協助員

◇労働省婦人少年局◇

婦人少年行政の第一線機関として、婦人年少労働者の保護、婦人の地位向上等についての啓蒙活動、実態調査等の複雑多岐な仕事に活躍して行政の浸透に努力している地方婦人少年室の職員は大都市で四三名その他は二名と云う現状であるので、この人員の不足を補い、婦人少年室の仕事に全面的に協力することを目的として昭和二九年三月、婦人少年室協助員が誕生した。

婦人少年室協助員は、昭和二八年労働省訓令第三号婦人少年室協助員規程の公布により施行をみた労働省としては画期的な制度であつて、社会的信望があり婦人少年問題に深い関心と理解をもつ民間有識者の中から委嘱する方針で、労働基準監督署の管轄区域を担当区域とし任期は二年である。担当地区の労働関係官公署の長を選考委員とし、その選考を経たもののうちから婦人少年室長が都道府県労働基準局長及び労働主管部長の意見をきいて労働大臣に推薦し労働大臣が委嘱する。発足以来約三年着々その実績をあげてきているが、今年は特に売春防止のために五〇〇名の大巾増員が認められ、本年六月従来の定員の任期満了による更新に際して都合一五〇〇名の委嘱を終つたところである。

男女の比率は男四対女六であつて、その職業別構成は婦人団体役員二〇八名、会社員一三五名、地方公務員一二二名、民生委員六八名教育関係六五名、各種委員四六名、宗教関係四三名、団体役員四二名、家事調停委員三一名等である。

協助員は、広汎な婦人少年行政の窓口として職員の少い婦人少年室を助けて目ざましい活躍をしており、広報活動や調査への協力はもとより不当雇用慣行の防止、売春婦の更生指導、転落防止等の相談業務にも地味な努力をつづけ、関係機関への連絡や就職までの身柄引受等、その婦人少年室と表裏一体となつて活発な活動をしている。

昨年十一月労働省において行われた婦人少年室協助員全国協議会の際の活動体験の発表によつてみても、働く年少者のグループ活動を援助して育成した福井県武生市の服部協助員、売春婦として身売り寸前の一少女を救い就職までの手配をした福岡県、古賀協助員、売春婦の集団脱走事件について、彼女たちの就職援助に骨折つた熊本竹本協助員、又は恵まれない新聞配達の少年たちのために豊島園においてたのしい一日を開催するのに協力した東京佐藤協助員、また働く少年少女の憩の家として自宅を開放し、国会図書館との提携により「雨にも風にも負けない図書館」を開設した東京立石協助員等々、多くの業績をあげている。

昨年一年の活動状況としては、広報活動のうち座談会、協議会、研究会、講演会等の会合へ出席四、六三一回、資料の作成配布一、九六五件、報道機関への発表五九七件、関係機関及び団体との連絡件数九、一九二件、調査活動としては七九八件、相談の受理一、七七四件などが数えられる。

座―◇―談―◇―会

調停と人権について

家裁調停委員を囲んで
（第一回）

《出席者》

大浜英子（家裁調停委員）
佐藤ふく（家裁調停委員）
小川しづ子
犬丸昭子
戸山和子
二階堂雪子
岡田喜久代
榊原千代
司会
菅谷直子

司会　家事調停とはどのような問題を、どのような態度で扱つているか、それを一般の方々によく知って貰いたい、というのが今日の座談会の目的でございますので、最初に家事調停で扱う問題の範囲と、その基準ともいうべきものをお話し願いたいと存じます。

▽家事調停で扱う問題の範囲

佐藤　家庭裁判所家事部で扱う事件は審判と、調停とに分れるのですが、調停で扱う事件は、家庭内の問題親族間の紛争は何でも持ち込めることになつています。

司会　審判というのは……。

佐藤　たとえば、養子縁組だとか、後見人の選任だとか、争いのない問題を扱うのですが、調停委員は、もつぱら調停だけにたずさわります。

司会　相談部というのが家庭裁判所にあると聞いていますが……

大浜　よろず相談、家庭の事件に対するすべての相談、たとえば結婚の問題、離婚するには……、親子のこと、嫁と姑の問題などあらゆる家庭の一切の問題を、どう処理したらよいかについて相談にのつてくれるのです。無料で……。

司会　身の上相談みたいなものですか。

大浜　身の上相談を含んでいると思えばいいでしよう。

佐藤　つまり差出された問題を整理して審判にもつていく事件は審判に、調停にもつていくものは調停に、または訴訟にするものはその方にというふうにより分けられるのです。

大浜　もう一つつけ加えていうと、相談を受けて身の上相談とは違う点は私見なり結論なりを言うのでなく、解決する筋道についての方法を指示するに止ることでしよう。

▽調停の基準

司会　調停の基準でございますね。これはやはりいまの憲法によつているのですか。

佐藤　憲法ですね。憲法の精神にもとずいた、新しい民法がバックします……。

大浜　そうですね。法律がもとになつていて、それに加えるに、いろいろ実情だとか、社会正義だとか、この頃の新しい考え方だとか、をひつくるめて基準にしているわけです。

ただ法律一点張りで、法律的にはこういうことは成立たないとだけは言わない。法律というものが非常に大事な基準になつて、大きな役割を果しているのだけれども、それに加えて、いろいろ実情だとか、感情だとか、習慣だとか、環境だとかいうものも併せて考えるのです。

榊原　法律というものは、そういうものを定める最低線ですわね。家事調停はそれに道徳、社会習慣だとか、いろいろなものを加味したもの……。

大浜　人間と人間、ことに家族関係、つまり夫婦だとか、親子だとか嫁姑という親しい家族関係を、ただ法律一点張りでは、ほんとに正しい解決はできないでしよう。だから法律に加えて、もちろんそれが本筋ではあるけれども、それ以外のいろんな要素も併せて考える。いまおつしやつた道徳なんかその一つです。道徳といつても、昔ながらの女はこうしてろということ、それも道徳でしようけれども、そうではなくて、ほんとにその人が幸せに、その人らしい合理的の生き方をするという新しい考え方もそこに加えて、そうして、しかもそれが法律の線からはみ出ないような考え方をしていく。

もう一つ、大事なことは、家庭裁判所で扱う事件というのは、お互いが納得しなければいけないんですね。だから「法律でこう決つているのだから、こうしろ」と言つて、それで片づいちやうものじやなくて、いろいろ、法律も、それから社会正義も、道徳も、習慣も、その他その人が現在いるところの現実的なあらゆる問題も加えて、納得するという線にもつていつて、それが法律というもののワク内で決めるというところに、家裁の特色があるわけです。

司会　ですけれども、裁判所に事件をもつていく人は、大体自分を強く主張するといいますか、一般にそういう傾向の人が多いのではないでしようか。納得というのは非常にむずかしいと思うのですけれども……。

佐藤　非常にむずかしいことだし、いまの法律といままでの道徳とでは、ずいぶんギャップがあるわけですね。そこで、むしろ調停ではそういうものを埋めていきながら、それを納得させていく、というむずかしい仕事に現在なつていると思うのですけれども、ただいままでの道徳に引きずられてするのじやなくて、新しい法律の精神に向つてやる格好になるのじやないでしようか。

小川　先生方がいろんな例をお扱いになつた場合、それに納得がいくようなことを申上げるのですね。

大浜　そうです。その納得ですが、勝手な一方的の主張に対し、相手が仕方がないといつて承知しても、それが、妥当でなければ、双方が承知したからというだけでは、調停委員会は、それを認めません。同時に、「こうあるべきだ」と考えるのに、たとえば結婚生活のあり方でも、嫁と姑のあり方でも、あるいは親子のあり方でも、あまりにひどく扱われていれば、その自分の思うところの主張を調停委員会で十分主張していいのです。但し申出ても、その通りにいかない場合もあるし、その通りいく場合もあるのですが、とにかく、「女はこうあるべきだから、こうしなさい」という納得の仕方を調停委員がさせたら、拒めばいいのです。

司会　拒むことはできるのですね。

大浜　できます。調停委員会は、強制しないことになつています。

司会　それはどこで……。

大浜　話合だから、そこで拒めばいいのですね。

榊原　ですから、別にいわゆる裁判の、訴訟におけるような裁判気質といつた問題は起つて来ないわけですね。そこで話合いますから……。

大浜 調停というのは、私ならば私が一人でするのじやなくて、私と判事と、もう一人男の人と三人でやるのが原則です。三人が三人、「女はこうしろ」ということはないですよ。

ことに、判事は常に、法律家ですから、「女だから自由がない、権利なんか主張できない」ということは言うはずはないので、そういう御心配はないのですね。

▽家事調停の特長

榊原 家事調停の面白さというのは、いままでは判事なんかが法律一本で解釈したのを、さらにいろいろな広い世間の常識というものが入つて来て、お互いに話合うから、そこで自分一人のことばかり考えていたような人がちよつと考えの方向を変えるわけですね。いろいろな人の意見を聞いて……。そういうところもあるでしようね。

大浜 だから、権利を主張して、その人の権利が正しくて、なるほどそれは憲法の保障するところの権利だというところであつても、実情がそこまでいつていなければ、もう一ぺんその人は考える必要があるし、同時にそういう権利があるにもかかわらず、「女だから、よしなさい」とだれかがもし言つたならば、それに対しては対抗してもよいわけです。

（写真向つて左二人目から、犬丸、岡田、榊原、佐藤、大浜、二階堂、戸山さん）

司会 この話は大変面白いと思いますが、残念ながら時間がございませんものですから具体的に問題について出席者の方の質問に移らせて頂きます。小川さんいかがですか。

▽夫は二号を、そして嫁と気の合わない養母の問題

小川 何でもよろしゆうございますか。

大浜 はあ、何でもどうぞ。（笑）

小川 私たち夫婦は子供がないものですから、私の弟の間違いで生れました子供を貰いまして、生まれるとすぐ連れて来て、私の方の籍に入れちやつたのです。そうして、長男として育てまして、大きくなつて東大を出たのでございます。大事に育てまして、「この子はいい子だ」というので、夫婦でたいへん可愛がつておりました。そしていろんな縁談が起きまして、その子は建築科を出たものですから、ある建築会社の社長のお嬢さんを戴きました。そして社長のうちで、家を建てて下さつて、そこに越したわけです。

そこで、母親の私も一緒に子供について行つたわけなんです。父の方は田舎で事業をし

ておりまして、田舎にそのまま住んでおつたのです。

そうしましたら、近頃――結婚後二年目になりまして、その嫁が大変お嬢さん育ちで、我慢加減なものですから、私との仲が変になりまして、意見が合わないのでございます。それで「お母さまがいるのならば、私は里の方に帰える」と言うようになりまして、息子の方も大変困つて、「じや、お母さん、郷里の方に帰つたらどうか」ということになつたのです。ところが、私が国を離れておりましたものですから、主人が二号のような人を作りましたのです。それで、そちらへ帰つて行くこともできませんし、それからこちらでは嫁と一緒に息子のところにいるわけもいかないということになつたのです。

それで、どうしたらいいのかということを親戚中で大変心配しております。そういう問題なのでございますが……。

大浜　そういうのは家庭裁判所にもつていらつしやつていいのですよ。

小川　ところが、私自身にも少しわるいところがあるのです。

それは何といいますか、いままで田舎の山の中にいたのが、急に息子のところに出て参りまして、非常に贅沢な暮しをしたわけですね。それが身につきまして、田舎に帰ることが大変いやになつたのです。

佐藤　いろいろ問題を含んでいますが両親夫婦の間、嫁姑の問題など、と日本の古い家庭の典型的なトラブルですね……。先ず第一に夫の方の二号の問題を片づけなければいけませんわね。

小川　それから、せつかく養子として育てて来た子供との関係ですが、その実母がございまして、いままで隠していたのにその子が大変優秀なものですから、「実は私が実母なんだ」と言い聞かしたらしいのです。そこで、さらにまた問題が起りまして。

大浜　これは一つずつ片づけていかなければなりませんね。

小川　そこで結局は私自身が一番困つているわけなんです。可愛想な立場なんです。そういう場合どうしたらいいのでしよう……。私自身が一番安定した立場になるようにしていただきたいと思うのですが。

佐藤　これは家庭裁判所の調停ではどういうふうに扱うかということよりも、どういうふうにしたらいいのかという問題ですか？

榊原　「どうしたらいいですか」ということを聞きたいんでしよう。家庭裁判所へ一応持出すのがいいですね。（二階堂、岡田、戸山氏出席）

大浜　一番初めに嫁と姑がどんなか。それから若い夫婦がどう考えるかということ。

佐藤　両親夫婦の問題で夫と二号の関係をどうするかが根本かしら、それからあとから現われた実母の問題もありましよう？

小川　問題が四つでございますね。

榊原　たまにはこういうのはありますか。

佐藤　最も典型的なものだと思うのですけれども……。

大浜　家庭問題はみんなそういうように複雑な人間関係になつているのですね。だから一つずつほごしていくわけです。若い夫婦がどう考えているかということ、お嫁さんと姑さんの関係をどういうふうにもつていくか、それから実母とその息子とがどういうふうであるかということ。夫と二号というように。

佐藤　その実母は何を要求して現われたわけですか。

小川　実母は何か事業をやつているものですから、息子――実子でございますね。その実子がお金の方がだいぶ融通がきくのでございます。それで年末なんか、融通してもらえるということがあつて現われたのですね。欲からですわ。

佐藤　経済的な扶養問題じゃないんですね。

小川　そうじゃないんです。

大浜　その息子さんは籍に入つているのですから、法律的に言えば、その問題は除けて考えていいでしょう。その実の親が「あれは自分の息子なんで、籍にそういうふうに入つているのは、それは間違いだ」ということを言つて来れば、それをほごしていかなければならないが、それを言わなければ、それはまず放つておけばいいですね。お金だけの問題ならば、本人がお金をあげるかどうかは、自分で考えればいいわけでしょう。

やつぱり問題の中心はお嫁さんとお姑さんでしょうか。

佐藤　それから老夫婦のあり方ですね。

大浜　だから原則的に言えば、親夫婦と子供夫婦は別居という線もでますが、原則だけではハイハイと納得できないし――。

小川　親の方は別居する方が当然だから、国に帰つて行くようにということですか。

佐藤　そこに帰るのが当然だということになるんですね。

司会　だけど、そこに二号さんがいらつしやるわけでしょう。

佐藤　二号さんというのは、夫のうちに入つているのですか。

小川　そうじゃないんですね。同棲といつても、二号のうちに入込んでいるのですね。別に家がございまして……。とつても複雑なんで、はたの親戚のものもほとほと困つているわけなんです。

大浜　そうすれば、奥さんは夫と同居するのが当然なんだから、夫と同居する請求をしたら――。それができなければ、それに対する方法があるわけです。そういう侮辱に耐えられなければ、離婚をしなければならないし、離婚すれば、だれが面倒を見るかということになると、夫が自分がある程度わるいのだから、その責任がある。それによつて財産を与えるとかして、奥さんの生活はある程度保障できる。そうだからといつて、息子のところにいなければならないのだということはないんで、それは別の問題です。そういうふうにほごしていけば、別々な問題になつていろいろのことがはつきりしてできます。

司会　その生活の保障ですけれども、その能力がなかつたらどういたしますか。全然財産がないということになると……。

大浜　その人がこれから収入があるだろうということになれば、それを見込んでいけるし、全然そういうことがなくて、だれからか食べさせてもらつていて、自分一人の生活もできないということになると、子供の責任ですね。

▽日本の家庭の悲劇

司会　その場合、息子の方にも、一緒にいるならば食べていけるけれども、別に一人独立するだけの生活費は送れないという問題が出て来るわけですね。

大浜　それが一番大きい日本の家族の問題でしょう。別居すれば、一番いいことは分つていても、別居したときに、親の生活を保障するだけのものが息子には若くて、それがないというのが普通のケースなんですね。それをどうするかということになりますと、いろいろな問題があるのですけれども、これは個個の問題で、こうするのがいいということを絶対的には言えないわけでしょう。

榊原　個々の問題といたしましても、一緒になるのはいやだけれども、一緒に住まなければ扶養できないというケースは一般的なものではないでしょうか。

そういうときに、普通はどんなふうに家庭裁判所としては意見をお出しになるのですか。

大浜　子供が大勢いるときは、みんなが出し合つて、親がとにかく独立して暮せるような方法をみんなで考えて、そういうふうにする。たとえばいまのお話のはひとりっ子でしよう。その人が出さなければ、出す人はない。そうすると、どうしても一緒に暮さなければ食べていかれないわけですね。そうすると、一緒に暮した結果、どういう形式をとるかということが第二段階ですね。

たとえば、六畳と三畳があれば、その中で生活してどういうふうにして摩擦を少くするかということに移つていく以外に、日本の状態ではできないんですよ。

榊原　ですから、お互いに一緒にいると、幸せでない人が一つの家庭でもつて、非常に不愉快な思いをして生活しているということ、これが方々にあるということですね。

大浜　それが日本の家庭の悲劇なんですね。

榊原　それを解決する方法は社会保障制度以外にないわけですね。

大浜　社会保障といつても、全額負担でなくても、ある一定のものを出して、年寄りが何か老人ホームか何かでもつて、非常に愉快な生活ができ、喧嘩をしなくてしよつ中楽しんでいるということになれば、朝から晩まで一緒にいるわけじやないから、不愉快な生活をしなくていいのですが、そういう施設がないから、個人以外に解決する途がないのが今日の日本の状態なんですね。そこをどうするかということは、個人の問題じやなくて、政治とか社会につながるわけです。

切実な老年者の離婚問題

榊原　社会が負うべきことを個人に負わせているところに悲劇があるのですね。

そこでどうでしよう。年とつた人の中で、長い間、四十年なり五十年なり夫婦生活を続けて来た人たちで、離婚問題でゴタゴタするようなケースも出て来ますか。

大浜　とつてもありますわ。だからそういう場合に、いままでは二十年も三十年も、いわゆる昔の観念で耐えて来た。「女はこういうものだ」といつて耐えて来たでしよう。だけれども、今度新しい憲法だとか、民法だとか、そういつたもので自分も権利があるのだ、平等なんだ、自分を幸せにしなければならないと自覚したために、こういうようなみじめな抑えつけられた生活では幸せな生活はできない、離婚以外にないということで、解放を求めるところの離婚も割合に家庭裁判所に出ているわけですよ。

司会　相当出ていますか。

大浜　はつきりした数字はどのくらいか分りませんけれども、相当ありますね。そういうことで離婚するのだということが表に出て来ないでも、話していると、「そうだな」ということが分つて来るのです。

いままで一緒に長い間生活して来たのだ。これからの生活は短いじやないか、あと三年や五年、そんな短い間解放されてもしようがないじやないか、と他人が見ればそう思うのですけれども、その人にとつてみれば、せめて一年でも、二年でもいいから、ゆうゆうと空を見て暮したい——そういう気持はその当事者でなければ分らないんですよ。男の人が見たり、第三者の幸せな人が見れば、「なんだ、いままで一緒にやつて来たじやないか、あとどれだけ生きると思つているのか」と言いたがる。けれども、そういう切実なものが家庭裁判所に来ることはみのがせない現実ですよ。

榊原　そんな話を聞くと、若い人の離婚問題よりも悲しくなつちやうわね。（笑）

大浜　若い人はやり直せばいいですけれども、もう五十も六十にもなつてはやり直すことができないでしよう。そういう人はほんとに圧迫から逃れたいという一事なんですね。そういうのを見ていると、切実なものだと思うのですよ。

佐藤　ぜに金に代えられないせめて老後を解放されて自由に暮したいというのに離婚はしたもののくらしてゆけない、慰藉料や財産分与が余生を安心して暮せる程十分でない、中年以上の夫婦の離婚の場合「ノラは離婚したけれども、その後どうなつたか」という問題が出て来るわけだと思うのですけれども、それが一番心配の種です。生活に自信のある方、どんな風にしてでも生活を切り拓いてゆくだろうという意気のある人の場合はいいけどそうでない場合は今の生活中で何とかならないかと心ならずも結果として、離婚を思い止まる方向を考えたくなることもあつて辛い仕事だなと思います。

司会　時間がないものですから、次の問題を出していただきましようか。

▽夫と死別した後妻と独身の叔母

犬丸　簡単にお聞きしますけど、私もやつぱり年寄りの問題にがらんでいるので、私が年寄りの立場になつて申上げたいと思うのですけれども、父が年とつて二度目の母が来たわけなんです。子供が五人あるんですけれども、父がなくなりましたあと、母を責任をもつて見るものがないということから、その父が遺言のときに、長男の嫁と義母が仲良くいかないものでございますから、そのときは旧憲法のときでございまして、次男の方に家督を譲つたというわけなんです。長男の方にも財産を与えましたし、自分の後妻と自分の独身の妹がいるわけですが、その二人にもそれぞれ生活の立つように財産を分けていたのでございますけれども、こういつたような戦争の結果、それぞれ分けた財産――家やなんか焼けたりいたしまして、経済的なものがなくなつて、次男に年寄りが全部かかつてしまつたわけなんです。

それで子供たちに扶養の義務があるのでございましようけれども、長男と次男がおつても、長男の方は次男が戸主に実質上なつておりますから、責任を負いませんし、次男の方は子供ができたりして、経済的にそれほど見るだけの力がないというわけで、結局年寄り二人が子供からも、経済的にちやんと見てもらえなくなつてしまつた。そういう場合にどういうふうにしたら、よろしいでございましようか。

佐藤　子供は長男と次男の外には。

犬丸　そのほかに娘が三人ございます。

佐藤　前に家督相続で、一括して一人が相続しているときに……。一括して財産も相続しているから……、と感情的にむずかしい問題が起りますね。

大浜　家庭裁判所ならば、そういうことを考慮して、みんなに適当に出させるのですね。たとえば事情を考えて、いままでの事情と現在の事情を考えて、こうだということもできますけれども……。

犬丸　叔母というのは長い間独身で、いろいろな社会的な仕事をしていたものですから、学校で教えていた教え子がカンパをしたり、ミッションの関係で外国からお金が来たりして、多少のお小遣い程度はあるのです。

母の方は父の残した少しの財産と、それから多少自分に仕事ができるものでございますから、手芸のようなものを教えたりして、多少の生活的な収入はありますけれども、自分たち二人はしつかりした家に住んではおりますが、安心して暮せないのですね。

長男は経済的に楽だけれども、父が自分に家督を譲らなかつたのだからということで、自分の家内が母と感情的にわるいものですから、自分もだんだんわるくなつて、愛情がないわけですね。次男の方は愛情があつて、母とはいいのでございますけれども、子供が多くて、家へ入れられない、母と叔母を引取るほどの生活はできないのですね。

娘たちも愛情はあるけれども、それぞれの家庭の事情があつて、みんな片付き先から自分の里の年寄り二人を見てゆきたいということは主人たちに言えないのですね。いまはどうやらこうやらお小遣いでやつていますけれども、もしここで死んだ場合に、だれも責任を負うものはないというわけなんです。

佐藤　いまはどうやら、何とか暮していられるのですね。

犬丸　子供たちも、それぞれ規定はないんですけれども、お小遣いをやつているのですね。片付いた子供たちとか、次男、長男、毎月いくらと決めずに、気持の上で援助しているわけなんです。

佐藤　それを家庭裁判所に持出せば、兄弟の資力をみんな調査して、だれがいくら、だれがいくらという格好で解決するのじやないでしようか。

大浜　相談がまとまらなければ、家庭裁判所が決めるわけです。お互いに決まればいいわけですが……。

V便利な履行確保制度

小川　家庭裁判所で決めて、みなさんが出さなかつたならば、どうですか。

大浜　そこが問題で　出せないものに、お前はいくら、お前はいくらと決めないで、この人は三百円ならば出せる、この人は五千円ならば出せると、できるように決めれば出せないことはない。それでもできなければ、命令で出させる。

佐藤　もし調停でだれかが頑張つてできないということになると、審判に回つて、裁判所が「この人はいくら、この人はいくら」と命令することになると思います。

司会　実行しない場合は……。

大浜　実行しない場合は、約束を一旦したことは強制執行ができるわけです。

司会　裁判所に頼めばいいのですね。

大浜、そうです。

佐藤　昨年七月一日から法律が改正されて家庭裁判所で或程度まで履行を確保する制度ができましたから取立に協力してくれます。

司会　お金はかかりませんか。

佐藤　それは要りません。申立ての費用や通信費ぐらいで、あとの費用はいらないと思います。

月賦払いの場合など裁判所へ寄託すると云つて裁判所へ払込んで貰つて、それを裁判所へ行つてもらつて来るという、そういう方法もできているのです。

犬丸　法律的にはみんなの責任ですか。

大浜　みんなの責任です。

犬丸　いまのは、お父さんが遺言で次男に家督相続をするということになつたので、紛争が起きたのですが。

司会　戦前の事情は考慮しないんですか。

佐藤　審判のときに、具体的な事情として考慮なさるだろうと思うのですよ。家督相続をして財産のある人は少し多くするとか……。でも戦災でその財産もなくなつてしまつたという場合など現状でゆくのではないですか。

（次号へつづく）

熊の足あと

山《やま》川《かわ》菊《きく》栄《え》

「来る年も来る年もみのらぬ年がつづきまして、三十一年度は牛馬の飼料さえのびず、この辺の冷たいガスのふる土地のみじめさはとても筆にはつくせません。税金はかかり、畑作はとれず、どうして生活してよいやら、家畜も手ばなす家がどんどんふえています。どこの家も何一つ買えない。お米の配給さえもとれず、病人がいてもおかゆを作る米も買えないという有様でどん底生活です。北海道へは冷害の救済物資や見舞金がどんどん送られてきますが、私の部落では老人もいれば子供も多い二軒の家だけ衣類五点、お金が千円ずつ頂けたという話。一部落のうち二軒だけ、一戸あたり千円ずつではなかなか救われないね、と子供たちと話しております。私宅も二歳牛を二頭、暮に手ばなしました。あとに親三頭、子牛一頭おりますが、はたしてやっていけるかどうかと思います」

これは一九二六年七月から八月の末にかけて、私が北海道を旅行したとき、ひと晩おせわになった十勝の山の中の開拓農場の農家の奥さんからのおたよりでした。あの熊の出る山の中のほとんど原始的といっていいわびしく苦しい農場の生活が、一年毎に少しはましな方にむいているであろうか、お子さんがたはどうして？ とよく思いだし、この頃の冷害はどうかと気にかかっていましたが、何年たっても苦しさに変りはないとすると、これはこのご一家だけの問題ではないと胸の痛くなる思いです。

あの夏、私は二度めの北海道の旅で、道庁主催の夏期大学のため札幌をふりだしに二三の都市をまわり、訓路までいく筈になっていました。札幌の宿で他の講師や道庁の教育委員の方と食事のとき、そのあとをどうする、というお話で、私は何げなく、農村をまわってみて、熊の出るというへんぴな村までいくつもり、と答えると、教育委員の方はワッと声をあげて笑いました。

一熊が出る？ 北海道といえば今でも熊が出ると思っておいでになる」とまるで百年も昔のことを今とはきちがえてでもいる、いかにも子供っぽい空想のように頭から笑いとばされて私はキョトンとしていました。北海道へ行く前にそのころの婦人少年室長、いま道庁の母子課長をしておいでの上田歓子さんに農村見学の希望をのべたら、それなら私も休暇をとって、弟の農場へ一所にいこうとのこと。たしかに熊が出るときいたのに、もう北海道中に熊はいなくなったのかしら、と狐につままれた思いでした。

それから一週間後、私は訓路の労働会館にひとり宿りました。明治四十一年（一九〇八年）はじめてこの駅に足をふみいれた石川啄木が

さいはての町におりたち雪あかり
さびしき町にあゆみいりにき

と、うたつた頃とは、駅もちがつたそうですが、町の姿はまつたく似ても似つかぬものでした。

しらじらと氷かがやき千鳥なく
くしろの海の冬の月かな

という啄木の句碑のあるところは港も海も、阿寒の山々もひと目にみはらす高台の上です

が、これも今は目の前の港は船と屋根ばかり。

この歌が釧路の今の姿とあまりちがつて誤解を生むといつて句碑をとりのけるという話は、あまりばかげています。町の歴史を語るのにこの上ないものではありませんか。その頃をしのぶよすがもないほど釧路は発展し近代化し、広い道路には自動車が矢のように走り、夏のさなかのことで旅行者も多く、大通りには映画館とデパートが並び、まことにはでにぎやかなことでした。日中はさすがに暑く、急にすずしくなる夕方からは三味の音、女の声もまじえて私のいる労働会館でさえ料理屋のようなにぎわい。声をそろえて炭坑ぶしを歌うやら、足ぶみそろえておどるやら、ドッという笑い声やら、どこの会社の宴会かと思うようなドンチャンさわぎでした。ここにふた晩とまつて帯広へ出るやさき、私は大失敗をしました。

というのはもちものにわずらわされるのをきらつて肌着やねまきのほか、着がえのドレスは一枚しかもたず、かわるがわる洗つてまにあわせていたのですが、この宿でもドレスを洗つてほそうとするとき、どうしたひようしか、竹竿の先がドレスにひつかかり、肩のところがピリッと大きくさけてしまつたのです。代りをと思つて町に既成品をさがしに出ましたが、あらいシマや目のさめるようなケバケバしい色どりのものばかり。炭坑ぶしでもうたつておどるのにはよくても、まさか私が往来を着て歩けるしろものではありません。弱りきつて文字通り着のみ着のままの姿で、上田さんとおちあう筈の帯広へむかいました。帯広では駅前の宿に二時間待てば上田さんが札幌からつく筈でした。すると出迎えて下さつた青年が、札幌の上田さんから電話で予定がおくれ、到着が翌日になるからここでひと晩休んでくれとのこと。そこで私はどうせひと晩休むならこのごみつぽい、さつぷうけいな駅前の宿よりも、バスで三十分、白カバの林の中の十勝温泉でゆっくり休んだら、という青年の親切なすすめにしたがい、すぐバスにのりこみました。

バスの終点がその温泉宿で、近ごろできたというだけに温泉宿もみな小ぎれいで新しく全く音のないこの白カバの林の中にひと晩ゆつくりねむれる楽しみを思いながら、私はひろびろとした浴室をひとりじめにし、さつそく着たきり雀で、洗えなかつたドレスを洗つて庭にほし、ゆかたに着かえました。二階でお茶をすすりながら、青年から銀のようなうろこを輝かせておしあい、へしあい、無数の鮭が子を生みに上つてくる十月初めの十勝川の景色などをきいていると突然電話のベルがけたたましくなりました。上田さんの声です。いま帯広へついた。すぐ引返すようにでないと予定の汽車にまにあわぬ、というのです。いつたい何ということでしよう? でもこのゆきちがいのわけをきいてるひまはありません。旅館の前の道路には、バスがとまり、もうお客をのせて待つているのです。

私は大いそぎで庭にかけおり、ドレスをとりあげると、大陸性の気候で空気がかわいているせいでしよう、ほしたばかりと思われるのに奇蹟的に早くかわいて、細いたてじまの灰色のドレスの上の方はほとんど水分がとれて軽く、下半分だけが裾もようのようにうす黒く湿気をふくんで重たくはあつたものの、しずくがたれるほどではありませんでした。たとえしずくがたれていたところでそれよりほかに着るものはないのです。

バスは白い幹、浅みどりの葉に、夕日が夏とも思えぬやわらかな光りをチラチラおとす白カバの林の中を走りぬけて帯広の駅につきました。バスもこれが最後、汽車も最後というのにあやうくまにあい、車中ぬれたドレスをひつかけてかけつけたあわてぶりを上田さんに話して二人でおなかをかかえました。さいわいドレスはいつかサッパリとかわいてしまい、真夏でも夜は毛糸のものがいるからという上田さんの注意で用意してきたセーターをその上にはおつて、暗の原野を走ること三時間、広尾（ビロオ）の駅へついたのは八時ごろでしたろう。

啄木の頃の「さいはての駅」を思わせるような灯火のまばらな駅前に上田さんの令弟土方氏が馬力をひいて迎えにきていて下さいました。氏は御者台へ、低いかこいのある車の上には上田さんと私と、この町へ来合せて、いいついでだから途中まで乗せてもらうという土方氏の近所のお百姓のおじさんとがのりました。車はまもなく二、三丈もあろうかと思うカラ松の林が左右に壁のようにはてしなくつづいている道路にはいりました。

そよとの風もなく、空気はサラリとして肌にこころよく、内地の秋の夜ふけをおもわせる高くすみきつたはがね色の空には宝石のような星がまたたいている。お百姓さんと土方氏はガタン、ゴトンと車のきしむ音のあいまにしきりに熊の話をしている。

「この辺はよく熊の出るところですよ。しかし大丈夫です。人を見ると熊の方でにげますから」

とお百姓さんはなれない私に心配させまいと気をつかう。札幌ではおとぎ話の世界のことのようにいわれた熊の話が、ここでは現実の問題なのです。

左右につづくカラ松のてつぺんが星あかりで見えるだけ、暗い道をおそろしく長く乗つたように思いますが一時間か一時間半ぐらいでしたろう。いつかお百姓さんはきえて、林がとぎれたかと思うとデコボコの広場の奥に黒く屋根らしいものが浮き上りました。車の音に犬の声がすると、暗の中に戸があいてパッとうす赤い光がさしました。カンテラをもつた少年がふたりかけだして来て、身がるにすばしこく馬のまわりをとびはねるように動きまわりました。私たちがにぎやかな声々に迎えられて家にはいるころ、少年たちの手で車は馬からはずされ、馬は納屋へひかれていきました。暗の中にチラチラするカンテラのほのお、たずなをひいたり、馬の背にのつたりおりたりする少年たちのキビキビした動きは、影絵のように見えました。

バラックの中は電灯がなく、石油ランプで照らされていて偶々はくらい。板の間にストーヴが赤々ともえてお鍋が煮たつている。その前でおそい夕飯となり、あつい煮物をごちそうになつて八月というのに汗も出ない冷えこみ方です。板の間とつづく畳のへやいつぱいにつられたカヤの中に、みんな一所にもぐりこんで朝まで何もしらずに眠りました。

目がさめるとすぐ枕もとの窓ぎわで子供たちがガヤガヤ。熊の足跡だ、まだ新しいや、ゆうべここまできたんだね、とにぎやかなことです。しめつた土の上に犬よりは大きくて深い丸い足跡が残つている。ついこの春、ここへすわりこんで兎をたべてるところをみつけたこともあり、近所では馬やら羊やらちよいちよいやられている。十里はなれた日高山脈から夜に乗じて途中の村はすどおりして疾風のように一直線にやつてきてこの村を襲うのだそうです。足あとについて子供たちが家の前の白カバの丘にのぼるので、私もあとからついていきました。恐ろしいブヨのむれで、寸時もたちどまることができない、まるでくいころされそう。こんなに寒いところなのにカヤがいるのもふしぎでない。みな大きな葉のついた木の枝をムチ代りにもつて、たえず左右に動かし、たかつてくるブヨをなぎ払い、なぎはらい、草のしげつた小道をのぼる。

その道にそうて長い草のなぎ倒されたようになつているのが熊のとおつたあとなのだそうで、そのあとも新しくハッキリしており、たしかにゆうべ来たにちがいないという子供たちの証言でした。

家は岡の下の平地にあり、また十間ほどはなれたところに納屋兼湯殿があり、はば一メートルほどの浅い流れにかけてある細い板をふんで、その湯殿にいくとカケヒで山水がひいてある。水はそこからバケツでくんでくるので、山家らしい趣きはあつても大家族の家ではたいへんなことです。

乳牛二頭、馬、兎、放し飼いのニワトリといろいろいますが、この春メスが一羽見えなくなつたので何かにとられでもしたかと気にもしないでいると、やがてピヨピヨ多勢のヒヨコにとりまかれて現れたとのこと。玉子も方々へ生みちらすので、思いがけないところにたまつているのを発見するとか。まことにのんびりしたものです。

土方氏は本来インテリで公務員だつたのを戦争前、感ずるところあつて職をなげうち、この山奥に帰農したので、若い奥さんも土地の人でもないのに、よくしんぼうしたものです。戦時中ご主人は兵隊にとられ、幼児三人と女一人で家畜や畑の世話と、どんなに骨おれたことでしよう。あるときおふろをたきつけたなり、他の仕事に手をとられている間に火が出て、それと気のついたときは手のつけようがなく、家は丸やけ。それまで納屋にしてあつたところに手をいれて住居にしたのだそうで、夏はとにかく、冬の寒さがどうしてしのげるかとおもうようでした。

山の中に一年生から六年生まで、一つ教室で生徒あまり、ご夫婦の先生が教えておられたところもあり、やや成功している開拓農場見学にと町役場の好意で出してくれたオート三輪に上田さんたちとのりこむと、その農場の学校の校長さんだという、まるで俊寛のような人が大きなリュクをしよつて同乗。五里の山道を歩かずにすむと大喜び。しかしデコボコを三里行くと洪水のあとで道がメチャメチャ。車が通れず引返しました。校長先生だけは別れてハダシでその道を奥へ、奥へと。

訓路ではひどいシケということで漁船は港に集まり、魚のかんづめ工場も材料がはいらないのでがらんで作業は休み。わずかにチクワやハンペンの工場で人々がにぎやかに働いていました。テン菜の工場も帯広附近にちよいちよいありますが、収獲のあつたあとだけなので秋三カ月ぐらいしか働かぬそうで、農漁業もそれに関連した工業も季節的であり、現金収入の道の乏しいことがどこでも嘆かれました。従つて牛乳も大メーカーにかいたたかれ、生乳は飼料代がせいぜい、労力費は出ないということでした。

北海漁業がダメになつて根室の方は特に死んだよう。何が何でも漁業が復活しなければ生きていかれぬと日ソ国交正常化の願いは強いものがあるようでした。あれから五年余り、うちつづく冷害に農民の生活がわるくなつてもよくならないとすれば、根本の対策はどうなければならないのか。北海道は寒いとはいつても北緯四五度でユーゴ、イタリーくらい。イギリス、デンマークなどは五〇度なのですから、もつとやり方がある筈と思われました。その前にいつたとき、五月に近いのにまだ氷のはつている稲田を見ましたが、昔屯田兵制度の時代には稲の栽培は、禁じていたとか。しかし今年の冷害は日本ばかりの問題ではないようです。ヨーロッパも不作でイギリスでも夏中寒くて雨が多く、野菜の九割まで輸入に依存するので生活費の値上りでたいへんとのこと。

よい声、明るい声を

——大事な第一変声期——

小《お》倉《ぐら》麗《れい》子《こ》

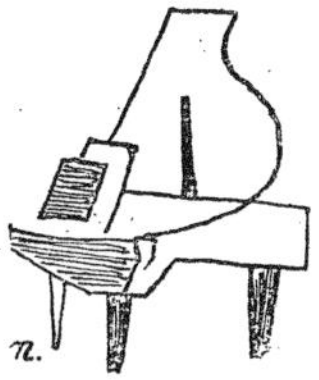

一、音楽と人の声

私達は朝、目をさまし、夜、ねむりに入るまで、あらゆる種類の音の中に、ひたつて、一日を過している。汽車の汽笛、自動車の走る音、飛行機の爆音、犬の声、猫のなき声、小鳥の声、風の音、波の音、こうして数えたてればきりがない。しかし、この沢山の音も、音楽の方では二種類にわけることができ、これらを楽音《ガクオン》と噪音《ソウオン》と呼んでいる。

いつたい音とは何であろうか。難しく云えば、物体の振動が空気振動となり、耳に達したものであるということができよう。そして楽音とはその振動が規則正しく周期的のものであり、噪音とはそうでないものである。つまり楽音とは聞いて気持のよい音、噪音とは、不快なものといえばわかりやすいであろう。そして音楽では主として、この楽音を用いるのだが、オーケストラや現代音楽、ミュージックコンクレート、すなわち電子音楽などでは噪音も沢山使つて面白い効果を出している。しかし、私達が日常、これはいい音だとか、あれは悪い音、嫌な音だとかいつていることは、この楽音、噪音の区別をしていることに他ならないのである。

さらに一歩すすめて、動物の発する音、つまり、声、肉声のみに限定して考えてみよう。鳥もうたい、けものもなく、時期と場所、その状態によつては、高低長短実に様々の声を出している。だがこれらの声の中でも人間の肉声は最も美しいとされている。人間の発声器官そのものが、非常に精密に、完全にできており、まことに自由自在であるためである。

ちなみに、大人では女性の高い声をソプラノ、低いのをアルト、男性の高い声をテノール、低い方をバスと、音の高低の巾、つまり音域によつて、最少限度四つの種類にわけている。俗にあの人はソプラノだとか、テノールだとかいうことは、人間の声の複雑さを証明していることになるのである。最近、たまたま、ドイツのある人が、犬のコーラスとして、録音放送しているのを聞いて、興味深く思つたのであるが、それは犬の遠い祖先である狼以来の、遠吠の習性を利用して、高い声の犬、低い声の犬を、同時になかせたものであつた。だが果してこれが犬のコーラスといえるか、はなはだ疑問であるし、かりにこれがコーラスといえるとしても、やつぱり、人間の二・三歳の子供の方が、はるかに上手に、メロディーもおぼえるし、音のハーモニイを教えるのはさらにたやすいのであるから、人間の声がはるかに、すぐれていると云わねばならないであろう。

ところで、二、三歳の子供たちが、いわゆる舌足らずの甘つたれた声でうたつているのは、確かに可愛らしいし、ほほえましいものである。しかし、その甘つたれ声も度をこすと、いやみに聞えるし、そういう時には殆んどといつていいぐらい、口を必要以上に、横にひらき、のどをつめて力んで歌つているので、これは、決していい声とはいえない。丁度、高い天井の部屋と低い天井の部屋で、うたつてみればわかるように、天井が高ければ高い程、音は共鳴して、快いひびきとなる。口を横に開くことは、天井を低くし、響かせないようにしているのと同じである。また顔の表情も、こういう時は不自然に力んだり、ゆがんだりしているもので、体のどこかに変な力のいれ方をすれば、必ず無理な姿勢や表情となつて出てくるものである。

二、声の成長と変声期

元来、人間の声の成長過程には、二度の変声期があるのである。これは、ちようど蝉や蛇の脱皮と同じで、順調にいけば何でもないことだが、ちよつとつまずけば、その人の一生を支配することになつてしまう大事な時期なのである。第一回目は小学校の終り頃から中学校にかけて、おそくとも高校の低学年位までに変つてしまうものであり、第二回目は老年期、六十五、六歳より七十歳位までに変るものである。第一変声期前までは男子も女子も同じように声を出しているのだが、一旦この時期に入ると、今までらくに出ていた高い声が、急に出なくなつたり、風邪をひいたわけでもないのに、のどがつまった感じになつたり、何となく声が出にくくなる。男の子では急に、のど仏がとび出して来て、太い、おじさんみたいな声になつて、ハッキリとした形で表われてくる。しかるに女の子では、もちろん変化はあるのだが、それが男子ほどはつきりしないために、しばしば気がつかなかつたり、たいしたことはないだろうといつて、無理にうたわせてしまつたりするのである。

現在、豆歌手としてさわがれている人達は、自然な発声を無視した、変なつくり声や、のど声を強いられ、力んでうたうために、このデリケートな変声期を、とかくおろそかにしていることが多い。そこで豆歌手が声楽家として大成することは、映画の名子役が、大スターとして大成するよりも更に難しく、ほとんどその例がないのである。声帯というものは、うすいオブラートのようなもので、無理な発声をすれば、たちまち、ひびがいつたり、ひどい時には血豆ができたりして、話声さえ出なくなることすらあるのである。変声期をうまく通れなかつた人の声は、子供の声と大人の声と、二つの音色を同時に発声するために、まことに奇妙な感じを与えることになる。こういう人の咽喉の一端に指を軽くふれて、発声させると、声変りした大人の声と同じ声を聞くことができる。つまりこの場合には、半分しか変声しなかつたということになり、これが殆んど一生、つずくのである。

第二の変声期では、いくぶん、声が細くなり疳高くなつてくる。しかしこの頃はすでに老年に入つているので、もはや、たいして問題にしなくてよいであろう。そこで第一変声期における細心の注意、無理をして高い音をうたわせたり、長時間、休みなしに声を使つたりしないことが、最も必要なことといえるのである。

三、正しい声を使えば

それでは逆に正しい声の成長は、どういうことになるであろうか。正しい発声により、訓練された声は、五十になつても六十になつても、結局、一生使えるということになる。日本の生んだお蝶夫人、三浦環女史の咽喉は、死後の解剖によれば二十台の、咽喉であつたといわれている。そして事実六十三歳で亡くなるまで立派にうたえたし、同じ六十台の人にくらべて、はるかに若々しい声であつたのである。また近くでは、来日したアメリカのヘレン・トラウベル女史は当時四十八歳、またドイツのエルナ・ベルガー女史も同じぐらいの年でありながら実に素晴しい声をきかせてくれたのである。さらに昨年のイタリアオペラ、一行のメッゾソプラノのシミオナート女史は一行中の最年長でこの人もまた四十八歳とかきいていたのに、実に若々しく、毎日々々の練習も、本番と同じように、大きな声で、力一杯うたつて、なんら疲れた様子もみせず、あれだけの大曲をらくらくとこなして、素晴しい歌を私達にきかせてくれたが、これらは結局正しい発声による永年の訓練の結果を証明しているものに他ならないのである。

それを現在の日本のように、大人のしわがれ声をまねしたり、器用にジャズをうたつたりすればすぐに大さわぎするということはどういうことであろうか。これらの人気歌手というのは全く、マイクのつくり出した芸人であり器用に物まねをしているにすぎず、さらに極言すれば大人の変態心理を満足させているピエロにすぎないのである。それをいいものだとする今日の社会心理に大きなあやまりがあるといわねばならない。ブギがはやればたちまちそれをまねし、いきな黒塀、みこしの松をとうたい、まわらぬ舌で、ジャズをうたつて、クイズの賞金をもらつたりする世の中である。そしてそれを望みそれをすすめるのが大人達なのであるから、幼い子供達への伝播力には恐るべきものがあるといわねばならない。そこで、昔から〃健全なる身体に健全なる精神が宿る〃と云われるように、本当に健康で明るい音楽とは何であるかをまず大人達が、認識することが必要である。そしてすでに、変声期を過ぎてしまつた大人達でも健康で、明るい発声とは何であるかを知りそれには、体をゆつたりとして、顔をしかめたり、肩をあげたりなど、無理な発声をしないことであるが、一方では、よいレコードをきき、よいラジオ音楽をきいて、常によいもの正しいものを認識するように努めるならば、今までよりもなるかによい声を出すことに近づくことができるだろう。

もちろん、全く同じ顔が二つとないように、同じ人間の声でも千差万別、生れつきの、美声もあれば、悪声もあるのであつて、その差別を全く無くすることはできないが、しかしまた絶えざる修練の結果、悪声をすら或程度矯正することもできる。それぞれの個性に応じて、最も自然な声、聞きやすい声で発声するように、そしてそれをよい声といつても過言ではないだろう。少くとも日本の婦人達だけでも、この点に対する正しい認識をもち、今より、よい声、美しい声を出すようになつたら、どれだけ今の社会が明るく、楽しくなるだろうか。そして次代を形成する子供達に決定的の影響を与えるものは婦人達であり、子供達を流行のとりことさせてしまうか、それとも正しく音楽に目覚めさせ、正しい声の成長を導くことができるかは、かかつて婦人達の自覚によることを指摘しておきたい。一方、演奏家達は自分の使命に一層自覚し自重し、少しでもそれが、国民の内面的進歩に役立つようにと一層の努力を払わねばならないであろう。

（筆者はソプラノ声楽家）

（一八ページよりつづく）

思えば十三年間、しかもその大半が入獄や検束や旅行で留守がちの短い夫婦生活でしたが、自分自身は別に苦労とも思いませんでしたし、いつも豊かな気持ちですごしておりました。そしてどんなに困つても自分の意志をまげないという強じんな主活力だけは身につけ得たと思つております。しかしこんな主き方は、今の時代には、はやらないのかも知れません。よくゴケのガン張りだと云われたりするところを見れば。

あの頃（六）

引越しの人生

田《た》所《どころ》八《や》重《え》子《こ》

田所八重子さんは故田所輝明氏夫人。夫君輝明氏は学生時代より、社会主義に共鳴し、第一次大戦後山川均氏を中心に作られた社会主義研究団体「水曜会」の主要メンバーとして西雅雄氏らとともに活躍。後、日労党に属し昭和九年病にたおれるまで一貫して社会主義運動に挺身された方でした。

夫人の「思い出」は大正末期から昭和初年における社会主義陣営の人びとの家族の生活をほうふつさせる、まことに興味深いものがあります。

結婚前は名古屋で新聞記者をしていらしつたという八重子さんは現在東京都庁にお勤めになつておられます。

『あの頃』を語れといわれて、今さらながらしみじみと二十年前の自分をふり返つてみますと、あの関東大震災のあつた大正十二年二月十一日に田所と結婚し、亡くなつた昭和九年十一月十九日迄、年数にして十三年間ですが、まず大井町の家をふり出しに、思い出しただけでも十回ほど住居をかえております。

大井町の家は、五六人の労働組合の人達との合宿で青葉会というグループを作り、社会運動上の色々な問題について討議をしたり、研究会を開いたりしていたようでしたが間もなくここを解散して、依田春夫、金子健太、谷口鉱次郎などという元気な人達は月島の方に合宿を持ち、私達は二人の若い労働組合の人と共に五反田駅の近くに引越しました。この時はじめて山川先生御夫妻の指導しておられる水曜会や、八日会という社会主義婦人のグループに紹介され、出入りするようになりました。その年の六月五日(?)暁の手入れといわれた第一次共産党事件で、田所は七カ月程未決に入れられてしまいました。上京して四カ月、東京の地理もまだはつきりしない状態でしたが、同志的結合の強さは、精神的に何の不安もなく、同じ事件で市ケ谷刑務所に入れられた、西雅雄さん上田茂樹さんたちの奥さんがおられた神田小川町の赤旗社に居をうつして、ここで留守家族は入獄者の差入れや、またパンフレットを売つたり、或は先きに月島へ引越した人達の指導しているある工場のストライキの応援をしたりしておりました。その頃の女の人は、こんな場合もつぱら食事の世話などかげの仕事をしてはげましたものでした。そこへ九月一日のあの大震災で丸やけとなり、まだ足の裏があつく感じる町々をこえて、私たち三人は麹町にあつた堺利彦さんの留守宅に寄り為子夫人の無事を見て喜び、笹塚の市川正一さんや佐野文夫さん方をたよつて行き、そこにしばらく御厄介になつていましたが、やがて目黒の小山に土蔵を借りて住んでおられた野坂竜子さんのところへ移りその時はじめて私は竜子夫人から毛糸の編み方を習つたものでした。そうこうしているうちに未決から皆出て来ましたので私達は田端にあつた労働組合の合宿所、たしかここには杉浦啓一さんなんかも居たと思いますが―にうつり、それから間もなく池袋の建設者同盟にうつり、炊事のおばさんが居なくなつてからは自然のなりゆきとして、私が下手な炊事万端を引きうけることになり、家事をしたり、プロカルト叢書刊行所の仕事など手伝ったりしておりました。その当時、まだ若かりし社会党の浅沼、三宅、川俣、稲村の各代議士や宮井、伊東、関根、北、田中、川村、大原、伊藤さん等元気いっぱいの人々がいて、農村や鉱山をかけまわり、運動のために入獄する人や、出獄する人や実ににぎやかなものでした。そして文字通りの粗衣粗食で、その頃一番の御馳走はヤッコ豆腐であつたことを思い出します。こんな中でも、これらの人々は青年労働者や、農村青年のための機関誌、(青年運動――無産階級――無産農民と改題はしましたが)を全員協力して出しつずけておられました。しかし無理に無理が重なつて大正十四年頃にはみんな経済的に行き詰つて来て狐塚の小さな家に移転をすることになりましたが、その頃の青年運動の巻頭言(大正十四年一月号)に『東天紅(田所のペンネーム)食費滞納七十円。一日棒に当らんと歩き犬に当る。伴い帰りて、ロシアの内務人民委員になぞらえ、ゼルチンスキーと命名し警備に任ず』とあり、また稲村代議士なども炭屋さんをしたりしてずい分苦労されておりました。狐塚に引越してからは、毎日毎日うどんばかりで、しまいにもううどんを見ると全々食慾がなくなる位であつたのを今だに忘れません。大正十五年六月、前の事件の刑がきまつて四カ月間入獄し、十月に出獄した翌月の十一月に建設社は牛込原町に移り、私達は鬼子母神の近くに小さな家を見つけて、結婚以来はじめて二人だけの家というものに住みました。しかし当時の田所は、それまでの運動に対する考え方の相違から第一次共産党事件まで労苦を共にした人々とも、たもとを分ち、貧窮のどん底にありました。そして当時は栄養不良でフラフラになりながらも『社会運動辞典』や『社会科学小辞典』の原稿を書きつづけ、それを寒さにふるえながら分類したり、校正をしたりするのは私の仕事でした。そんな時でも地方の知人が訪ねて来て汽車賃といわれると二人ともなんとかしてあげねばと思つて、私達のセブン・バンク(質屋のこと)にありたけの物を運ぶのでした。鬼子母神時代の正月は実に滑稽なもので、どうせ餅もないんだからともち菜も買わないでいると除夜の鐘のなる頃に友達が『オーイ餅もつて来たぞ』とどなりながらやつて来るのでした。それで青いものなしのお雑煮にありつく始末でした。仕立物の看板なども出しましたが大した収入にもならず、或る日一銭もなくなり、セブン・バンクに持つて行くものもなくなつて、仕方がないから散歩でもしようと鬼子母神の境内にさしかかると、直径五センチ位のそれこそ立派な午蒡が落ちて居るのを見つけ、大切にそれを二三日のおかずにしたこともありました。

写真は昭和六年頃の筆者と夫君輝明氏(中央)

　中野に引越してからも相変らずで田所の交通費をこしらえるのに高円寺の古本屋迄本を

売りに行ったことも度々でした。今は亡くなられた松本淳三さんの先の奥さんが私のところへ来て、まじめに『新聞を売る時には中の方に霧をふいて売ると目方がふえるからやってごらんなさい』といわれて大笑いしたこともありました。

こんな状態でしたから女の人が表立つた運動をするという所まで行かず、夫を少しでも活動出来るように援けるのが関の山でした。

しかしその頃日労党関係の夫人方で家庭会を作り、これには麻生、河上、三輪、河野、浅沼、本田、平野、上条の各夫人が参加して、毎月一回場所は持ち廻りで、党の幹部の人々の話を聞いたり、また山川菊栄先主の訳された『ベーベルの婦人論』を台本にして勉強し合つたり、親睦をはかつたり程度のことはしておりました。

この頃私はどうしても経済的に独立出来るような方向に進みたいと、経費がかからなくて早く出来るものはと考えたすえ、助産婦（当時産婆）になつてみようとして、試験をうけたらパスしましたが、実際の仕事はそのままではできないので、市立の産院に六カ月間実習することになり、田所は私の希望を入れて、本郷の「金の星ハウス」というアパートに移りました。実習が終つて豊島区の堀の内に家を持ち看板は出したものの余りはやりませんでした。田所はよく、犬猫産婆とした方がよさそうだなどと云つておりました。

昭和九年東北地方の冷害視察に出かけ、病を得て帰り実に突然のように他界しました。

（二五ページへつづく）

沖縄だより

―本土の皆さまの激励を―

屋良信子

あけましておめでとうございます。ひさしく御無沙汰いたしました。滞在中は懇談会までおもち下さいまして厚くお礼申上げます。

今、私たちは平和をめざす足並をそろえるため、また祖国九千万同胞の暖い御気持をお伝えするため、各村各部落を走り廻つております。本土同胞が沖縄の土地問題、あらゆる人権問題を自分のことのように心から心配して下さることを、各部落で、懇談会を通じて話しますと、皆涙を流して「それほどまでに本土の皆さんが心配して下さるとはしらなかつた。私たちの力で組織をだんだん強化し、一坪の土地も売るものか」と、覚悟をあらたにするのでした。組織さえできたなら沖縄にもやがて春はかえりくるものと信じて、どんなにつらくとも領土は守りぬきます。

那覇の市長選挙後、いろいろといやなことばかりが続いております。でもお喜び下さいませ。今度沖縄の住民は金で心を売らないというところまで団結力が強まつていることを選挙を通して示したのですから。私たちは今後どんな嵐が来ようとも、本土の領土である土地、祖先が血と汗で築いた土地を守ることをお誓いいたします。

ここで、とり急ぎお願いしたいことがございます。それは、今、中城村が新規接収されようとしていますので、多数の同胞からの激励が頂きたいのでございます。できるだけ沢山中城村へ激励文を送つてあげて下さい。

今や沖縄は火の海と化しています。沖縄が沈むか浮くかのせとぎわです。できることなら九千万同胞一人一人に沖縄の今の実情をおしらせしたく思います。しかしどんなに願つたとて、それは私たちにはできないことです。

どうぞ私の願いをおききとどけ下さいますよう心からお願いいたします。おわりに接収されようとしている部落の住所を記させて頂きます。

沖縄県中城村字北浜三班
区長仲松弥光、青年会長仲松俊男

石橋内閣について

渡《わた》辺《なべ》道《みち》子《こ》

保守政党としては割合にすつきりした形で総裁の公選が行われ、世論もこのことについては好感を抱き、新内閣のすつきりしたたん生に期待したが、世論のこうした拍手にもかかわらず組閣工作は全く不手際をきわめ、組閣本部には七〇名からの閣僚候補の名簿が出され、それをめぐつて数億の現金がとんだとうわさされたり、目に余る分捕り合戦が演じられた結果、ようやく派ばつ連合としての石橋内閣ができた。内閣ができた十二月二十三日の組閣本部での各大臣に対するNHKのインタビュウを聞いていると、どの大臣もどの大臣も喜びをかくし切れず、まるで遠足の前夜の小学主のように落つかず、何をやるつもりかという記者の質問に対しては、まるで、どの大臣もとんちんかんで、何をやつていいか、全然、解らないと答えていた。さすがに、池田勇人氏だけが積極財政にだけかんたんな抱負を語つたにすぎず、お粗末の限りで、政権をたんとうするための、適材適所など全然考えられず、全く各派のハバツの上にのつて、産れた内閣だということがよく解り、一体この内閣は何をやるんだろうという、心細い気がした。しかし、こうした不健全内閣にもかかわらず、この内閣は健全なる積極財政を旗じるしにして出発した。

石橋総理は総裁就任直後の記者会見の際に「健全政策の目標を完全雇用の実現に置く、そのためにはまず、仕事をふやし、経済の規模を拡大させる」と語つた。

日本の勤労階段の中で自分の家族か、もしくは縁故者中に必ず一人や二人の失業者がいるといわれるほど失業問題が国民大衆全体を苦しめている今日、新総理のこの発言は各方面から注目された。石橋総理がいうまでもなく、最近経済界が好況であり、労働省婦人少年局の発表した、婦人の雇用の拡大という統計を見ても戦後最高の雇用数が示されているにしても、石橋総理のこの夢はまもなくとりけされたほどはかないものだつた。雇用の拡大には、現在の劣悪な労働条件をも数段引き上げることを合せて考えるべきである。例えば三〇年度の婦人の雇用の増大を見ても、なるほど一年間に七〇万人に近い婦人が新しく就業しているが、製造業や、公務面の増加は、全体的に一〇%に僅かに余るだけで、商業を中心とするサービス業とか日雇の労務者がふえているのである。これは決して健全なふえ方ではない。総理のいうように仕事はふえたが、資本家は、失業保険や、健康保険のいらない、日雇労務者を臨時工として間に合せ、数字の上だけ立派にみせる雇用の拡大にならないようにしてもらいたい。ぼう大な失業者群がわらをもつかむ思いで、どんな劣悪な条件ででも仕事に殺倒することを幸いに、賃金が切り下げられたり、自由に首を切られたりする昨今の状態を野放しにしないで、できるはずのない完全雇用法よりも最低賃金法をまず制定してもらいたい。さらに総理は「仕事をふやす」といつているがこれは貿易を拡大するということだと思う。

三十二年度予算で防衛費を減少しないよう

にと注文をつけられたアメリカへ、総理としての御挨拶に出向くというこの人によつて、今の、日ソ・日中共貿易に対してどれだけの努力がなされるだろうか、日中・日ソの貿易が、ほんとに拡大されない限り、経済の拡大均衡なぞということは有り得ないのだから、「ココム協定」なぞというやつかいな制限を一日も早くてつぱいするという約束が、総理につて、なされない限り、仕事をふやすということもあんまり期待できない。

さらに総理は「私は私なりにインフレを起さずにすます自信が有る」と抱負を語つたが、私たち主婦が好景気の声に、まず不安に思つたことは物価が上るという不安だつた、しかも「貧乏人は麦を喰え」とか「中小企業の三人や四人は自殺をしてもやむを得ない」なぞと冷酷無情なことを公然と口にする池田勇人氏が経済政策をたんとうする大臣になつたのだから、さらにこの不安はつのる一方だ。果して、年が明けて早々開かれた閣議での、主婦へのお年玉は、「減税はするが、お米の値段を上げる」というご託宣だつた。

ラジオを通じて行われた各大臣の年頭の辞は、吉田内閣や鳩山内閣の大臣には見られなかつたザックバランな気安さがあり、それに気を良くしていた主婦達はこのお年玉に、まるで、ほつぺたをはりたおされたような、思いがしたし、始めて、石橋内閣の本当の性格を見せられたような気がした。減税するといわれても年収三十万円以上の人たちがこの恩恵に浴するだけであつて、三十万円以下の低額所得者は、税金を納めていないから関係はないので、お米の値上げだけが響いてくることになる。また国鉄運賃の値上げについても、十円区内は倍にするといわれているが、十円区内を一番利用している庶民によつて国鉄赤字の埋め合せが、されるということになる。

このように汽車賃やお米ね上りを見てもわかるように石橋内閣の健全財政の確立ということは、大衆をどのように犠牲にしても資本家を守るということに、ほかならないと思う。農村に豊作貧乏という不可思議なことが現実の問題としてあるように、経済が繁栄すればするほど、景気が好くなればなるほど、国民の間の貧富の差がはげしくなり貧乏人の数が増えて生活は苦しくなつて来る。

吉田内閣の底知れない汚職と、ギゴクに対する国民の怒り、しだいに高まつて来る反米思想、こうした国民感情の中で、政権を受けついだ、鳩山内閣は、少しでも吉田内閣と、違つた旗印をかかげて政権を維持しようとして心にもない、社会保障制度の確立なぞという、政策をかかげざるを得なかつた。また世論におされて、日ソとの国交回復にふみきらせざるを得なくなつた。が日ソの友好が深まれば深まるほどこれからの問題として考えられることは、労働運動や政治運動への圧迫と制約が、強化されるだろうということである。ラジオや、新聞の報導はますます一方的になり、国民を、つんぼさじきに追い込む政策は強化されるだろうと思う。さらに、保守政党の住宅政策や、社会保障制度の確立というギマン政策にも国民はすでに愛そをつかし限界に来た今日、保守政権を維持する道は、国民大衆を圧迫する以外にないのであつて、石橋内閣はそれをやると思う。だから石橋内閣は今までにない悪らつな、恐るべき内閣だということがいえそうである。（一・一五）

（筆者は日本社会党婦人部副部長）

＊　＊　＊

思い出の記

(一)

松《まつ》平《だいら》すゞ

いまだに耳の奥に残つているのは

日清談判破裂して品川のり出す吾妻艦

つづいて金剛なにわ艦……

という歌です。明治二十四年名古屋で生れた私の三、四歳の頃、姉の背にいて聞いた子守唄です。ある日、表通りの店先きで、青い服を着た弁髪の清国人の捕りよを見たのが、今も眼の中にうかびます。

その頃はまだ維新当時の名残りを留めて、街には昔ながらの旧家が並び、士族屋敷も所所残つておりました。名古屋城の大部分は第三師団の兵営でありましたが、金鯱をほこる天守閣も内堀も水をたたえ、土堤には老松が生い茂り、昔のままの姿でした。

富国強兵をモットーとして、資本主義、軍国主義の国家を築き上げようとしている時代でしたから、社会施設というようなものは殆んどありませんでした。

私は、今では市の中心地ですが、その頃は片すみだつた南外堀町十三丁目で育ちました。家は頗る貧乏で、日光のほとんど入らない裏長屋住いで、父は車を曳いたり、他家の掃除人夫になつたり、また使い歩るきのような仕事をして、一日働いて十五銭か二十銭位の収入のようでした。これを夕食後必ず記帳し、また買い物もつけていました。母はこればかりで何も買えないとぐちをこぼす、父と母との争いはどうやら貧乏から起るのですが、私はあんどんの暗い灯の下でじつと涙をためていた夜もいくたびかありました。

私には兄一人と姉が二人あり、私は末つ子で全く余計者でした。いつもお前はいらない子だ、生れてくるから悪いと母に言われ、そんならなぜ私を生んだの、と口答えするとまた叱られる。これも忘れ得ない記憶の一つであります。兄と上の姉は尋常小学四年を卒えるとすぐ小僧と子守に行つて、家には両親と姉と私の四人暮しでした。けれども一カ月八十五銭の家賃を払い、その頃米は一升七、八銭くらいだつたと思いますが、月に四、五円の収入では生活は苦しかつたのです。母は千枚はると二銭になる紙袋はりや、一足三厘の足袋の底附けをせつせとしました。もちろんまだ小学校にも入学しない私もその仕事をさせられました。母は内職だけではとても足りないので時々私を留守番として女中代りに出掛けます。これは先方で食べて一日八銭から十銭位になりますので、収入がよいわけです。後年私は学校の裁縫で足袋をつくつた時上手に出来て不思議がられました。また職員として務めていた時、生徒成績品展覧会後、ハトロン紙の利用に封筒をつくりましたが、他の先生方にどうしてそんなに手際よくはれるのかと驚かれました。

明治三十一年四月、愛知県師範学校附属小学校分教場というのが今の大津橋西南角にありまして、その尋常一年生に入学しました。この学校は師範の生徒が単級や複式の教育をする所で、附属の本校はその頃でもよい家庭の子が多かつたのですが、分教場の方は月謝も五銭でどこの小学校より貧しい家庭の子が多かつたので、自然服装もみすぼらしいものでした。天長節や紀元節などの式は本校で一緒にいたしますので、訓導が式の日には必ずよい着物をきてくるようにと、指示されたのでした。また市立の小学校は月謝が二十銭ですから、私共の学校をお助け学校、文久銭といつて帰る途で石を投げつけられたこともありました。その頃は義務教育もまだ形ばかりで、年の二つ三つ多い人もあり、二年ぐらいでやめる人も多く、四年を卒業すれば人なみという時代でありました。

私が尋常二年生になつた夏のことでした。母はどうしてもこんな貧乏暮しはいやだから一人になつて働きたいと父に離縁を申込みました。今までにも度々そんな話はありましたが、こんどはどうしてもひまをくれというので、父も立腹し出て行け、というわけで、私共四人の子供は父のもとに母は自分の衣類その他をまとめて出て行きました。戸籍上の手続きもすぐして私たちは母のない生活となりました。今まで子守奉公に行つていた十四歳の姉が家に来て妹たちの世話をしながら森村組という陶器屋の絵付仕事に通いました。時間制で一時間八厘から一銭位の賃金で、朝も早く夜は十時位にかえることも普通で、一日八銭から十銭位の収入でした。私は姉たちが仕事に行くので帰るといろいろさしずを聞いて、夕食の仕度から明朝の食事、使い歩るき、何もかも私の責任でしたから遊ぶひまはありません。それでも子供ですから縄とびなどしている友だちをみると仲間に入りたくて寒い冬の夕ぐれ、髪の毛はぼうぼう、足袋もはかず垢ぎれだらけの手で縄をまわしたり、とんだりしたことも記憶に残つております。子供たちが寄つて学校ごつこをしたものですが仲間に入れてくれません。私のみすぼらしい姿を馬鹿にしているのです。ある時どうした都合か仲間にしてくれまして尋常三年生の男の子が先生で、他に一年生や入学していない子供四人が生徒でした。何か石ばんに書いたりして卒業式のまねがはじまりました、三人は成績優等で賞与をもらうのに私一人は落第というので、私は泣けて泣けて仕方なく家に帰りました。誰も居ないさびしいあばらやの板の間に座つて火のない火鉢をなでて日の暮れるのを待つておりました、父に話したらそんな友達と遊ばなければよいといわれましたが幼い頃一人だけというのはつらいものでした。

そんなこんなで、私の尋常二年生の時は十四歳と十二歳の姉が仕事に行き、父とあわせて三人の収入があるので、今までよりは幾分暮しはよくなつたのです。しかし衣類の世話や頭髪の仕末を、姉が夜や月二回の休日にしてくれるので、姉はとても恐しかつたものでした。ある時習字で甲上をもらつてよろこんでかえつて姉にみせ、今日の清書はこれ甲上だよ、と申しましたら、「こんな下手くその字が甲上なんて間違つている、先生をつれてこい、わしがしかつてやるに」といわれた時はいつになく去りし母が恋しくて、まさか母ならよかつたね、といつてくれるだろうにと幼心にも思いました。

その頃の名古屋は人口二十五万、三都につぐ大都会で第三師団及び愛知県庁ありというわけでしたが、まだ面積は現在の十分の一にも足らず旧名古屋だけでありました。熱田は愛知郡で郡役所があり、名古屋と熱田をつなぐ道はただ一つだけで、現在の大津町通りは田舎道で途中農家が所々ありました。広小路通りも名古屋駅から(まだ笹島駅といつて途中に畑もあり空地もありました)現在の中区役所でおしまい、そこに西向きに愛知県庁の大きな看板が懸つておりました。広小路通りを電車が通るようになつたのも確にその頃だつたと思います。京都について、名古屋で東京はまだ鉄道馬車が走つていたと聞いています。

社会党婦人部

新役員決定

社会党婦人部第一回全国大会は去る一月十六日参議院会館で朝十時から夜十時半まで開かれました。参加者は北海道から九州にいたる社会党都道府県連合会中二十二連合会より派遣された人々と、党婦人議員、婦人役員等百余名、議題として左の諸件がとりあげられ、これをめぐつて活発な討論や意見の開陳が行われました。

一、三七年度婦人部組織活動方針に関する件
二、消費者米価値上げ反対運動に関する件
三、売春対策に関する件
四、総選挙対策に関する件
五、婦人部役員選挙に関する件

なお、役員には左の人々が選任されました。

婦人部長 戸叶里子
副部長 渡辺道子
全国常任委員 本多シズエ
小川玉子、小畑マサエ、四谷信子、中大路まき子、藤巻美代、船山登美、柳たか子、本島百合子、菅谷直子
全国委員
石橋秋子、蓮見すみ子、吉村とく、横地さだえ、吉田芳子、村田品子、前川とみえ、小林政江、酒井美幸、宮下キヨ子

編集後記

私たちが婦人の解放だとか、権利のようごだとか叫ぶ場合、法治国下の国民として、まず知つておかなければならないのは国家が私たちに何を約束しているかと、いうことではないでしようか。つまり、国民の生活を守り、権利をようごするためにどんな法律があり、制度が設けられているか、を知ることだろうと思われます。

そういう意味からごく初歩的な常識として誰もが知つておく必要があろうと思われる事項をとりあげてみました。

座談会には皆さますでに御存知の家事調停のヴェテラン大浜、佐藤両氏が、お忙がしいなかをとくに本誌のためご出席下さいまして、ご懇切な、しかも明解なお話を賜り、家事調停に対する認識を高めるうえに非常に参考になるものと信じます。

＊　＊

ただ、ここで注意しなければならないのは、このような優れた人びとが、民主主義の推進と人権擁護のため、弱い者の味方となつてひたすら公共へサーヴィスしている一方、中には権力につながり、家族制度の復活を唱えたり、また民生委員の地位を利用して権力伸張の役割を果している人びとも少くない、という事実を見逃してはならないということであろうと存じます

（菅谷）

婦人のこえ　二月号
定価三〇円（〒五円）
半年分　一八〇円（送共）
一年分　三六〇円（送共）
昭和三十二年一月廿五日印刷
昭和三十二年二月一日発行
編集発行人　菅谷直子
東京都千代田区神田三崎町二ノ一六
印刷者　堀内文治郎
東京都港区本芝三ノ二〇
（硫労連会館内）
発行所　婦人のこえ社
電話三田（45）〇三四〇番
振替口座東京貮壱壱参四番

昭和二十八年十一月二十四日第三種郵便物認可
昭和三十二年二月一日発行（毎月一回一日発行）

婦人のこえ　第四十一号

（第五巻・第二号）

定価三十円

婦人のこえ

昭和三十二年二月二十五日印刷　昭和三十二年三月一日発行（毎月一回一日発行）

3月号　特集・婦人と低賃金　1957

婦人のこえ

1957年
三月号

三月号目次

特集・婦人と低賃金

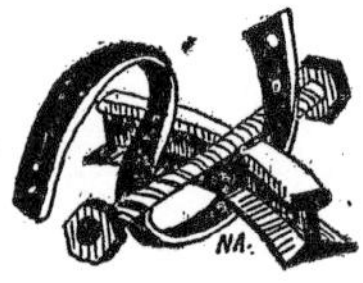

解説

最低賃金法と家内労働法

——社会党案——

編集部

低賃金、長時間のいわゆる苦汗労働は日本において伝統的なものとされてきました。戦後労働基準法がつくられ働く者の権利は一応守られることになりましたが、日本の全企業の九八%、従業員数も全体の五一%を占めている中・小・零細企業に働く人々は法の谷間にいる者が多いという状態です。こうした飢餓賃金といわれる、生活できない低賃金で働いている人々の数を社会党では約三百八十万とつかんでいます。その他労働基準法の外にある人は千二百万から千七百万とみています。

このようなことは、自由競争を建前としている資本主義社会にあつても人道上見逃すことのできない問題です。そのうえ、常に不安定な生活をしている者が多いと社会不安の原因となり、また資本家にとつて労働条件を切下げる口実ともなります。

以上のように低賃金問題は、単にそれらの人々だけの問題ではなく、社会的な問題であり、また一般勤労者にも大きな関連性をもつています。そのため大企業に働く人々はじめ一部の識者から最低賃金制度の法制化が強く要望されてきました。

社会党では左右統一前からこの法案を準備し、統一後は昨年の二四国会に一度提出しましたが流され、今度の二六国会に再び上提することになりました。

低賃金問題は日本の労働者全体の問題ではありますが、全体的に低賃金である働く婦人にとつて、その持つ意義はとくに大きいと云えるでしょう。今度社会党から出される「最低賃金法案」と、それと同時に提出される「家内労働法案」について簡単にご紹介いたしましょう。

最低賃金法案

この法案は八条から成つています。第一条によるとその目的とするところは、いうまでもなく労働基準法第二十八条（賃金）に基いて労働者の最低賃金額その他の最低賃金を定めることとしてあります。そして最低賃金額の基準（第二条）は、生活費、一般賃金水準、その他の事項を考慮して定める、とあつて、第三条でそれを満十八歳で八千円としています。つまり現在の日本では人間一人生活するには最低八千円は必要だ、とする建前に立つて右の金額が定められたわけです。しかし、弱小企業体では、この法律が実施されても直ちにこれに応ずることができない経営状態のところもあるということを認め、二年間は六千円とする、となつています。

四条は除外される賃金を規定しています。それによると臨時に支払われる賃金、賞与、その他これに準ずるもの、時間外、休日賃金及び深夜の割増賃金には適用されません。

その他第五条では最低賃金額に関する報告及び勧告について規定し、第六条で適用の除外、（国家公務員、船員法の適用者）が定められています。

以上が大体最低賃金法案の概略ですが、こ

こで誰しも気づくことは、経営者がもうけているにもかかわらず、働く人々に最低の生活を保障する賃金を支払わない、という場合は監督官庁の措置によつて解決することができるでしょうが、実際に支払えない弱小企業体はどうなるか、ということです。働く人たちの生活も保障できないような事業はやめてしまえ、とは企業の自由を認めている国家としてはいえないわけです。その差額補償について、旧左派は国家補償を唱え、旧右派は社会連帯の立場から組合補償を主張していましたが、国家保障となるとぼう大な額にのぼり、実現不可能であり、組合保障となると、大企業の給料の高い人たちが全部負担することになつてしまうのでいろいろな事情からこれも無理とされ、補償規定は入れてありません。そして社会党ではそういう企業体に対しては「中小企業政策」によつて育成する一方、独占企業、大企業に制限を加え、彼らが中小企業を圧迫しないような方法をとることになつています。そしてそのための諸法案が同時に上提されることになりました。

家内労働法案

最低賃金制度を設けて、不当な報しゅうで働いている人々を保護しようとしても、一方雇用関係をもたず、単に仕事のみを引受けて自宅で働いている人々の賃金をそのままにしておいては、折角の最賃法の精神が生かされず、むしろ、雇用関係のない労働力が求められるということになります。そこで、家内労働法が最賃法と不可分のものとして提出されることになりました。

家内労働法案の第一条（目的）によると、「賃金が例外的に低廉なる家内労働者保護のため最低賃金及びその他の労働条約を決定し経済秩序の確立と、最低生活の保護に資することを目的とする」となつて、第二条（家内労働者の定義）は「この法律で家内労働者とは、他人の委託をうけて自宅または使用者の事業所以外の場所において、使用者の直接の監督をうけないで物品の製造、加工修理、包装等に従事し、賃金を得る者」としています。ですから主婦の内職――ミシン掛、造花、等――も含まれることになります。

この法律が実施されると、使用者は勝手に加工賃をきめられず、一日のりだらけになつて、三十円か五十円にしかならないなどという現在の内職者は非常に助かるわけです。加工賃が上つたら、内職が少くなるのではないか、という心配をもつ人もあるでしょうが、誰に頼んでも同じ賃金となれば、そういう心配もありません。

とにかく働く人々の賃金が下にいけばいくほど低くなるというのは日本経済のもつゆがみが、下へ下へとシワよせされるからに他ならず、そのゆがみを次第になくしていこうというのが社会党の狙いであるといえるでしょう。

―◇―

最低賃金法は現在、世界の文明国はほとんど実施されており、第二次大戦後新たに独立した国々でもいち早くつくられました。そして、始めはその実効を疑われていましたが、今日では好成績を治めていると言われています。

また家内労働法はイギリス・アメリカ・ドイツ・フランス等ではすでに第一次大戦前から問題となり、早くからつくられて、家内労働者の生活を向上させております。その他スイス・ノルウェー・オーストリア・チェコ・ドイツ・オランダ・ボリビア・コロンビア・ガテマラ・パナマ等でも制定されています。

（菅谷）

社会党 家内労働法案

第一条（目的）本法は労働基準法及び最低賃金法の規定と相まつて、賃金が例外的に低廉なる家内労働者保護のため最低賃金及びその他の労働条件を決定し、経済秩序の確立と、最低生活の保護に資することを目的とする。この法律で定める賃金その他の基準は最低のものであるから、労働関係の当事者はこの基準を理由にして賃金及びその他の労働条件を低下させてはならないことはもとより、その向上をはかるように努めなければならない。

第二条（家内労働者の定義）この法律で家内労働者とは、他人の委託をうけて自宅または使用者の事業所以外の場所において、使用者の直接の監督をうけないで物品の製造、加工修理、包装等に従事し、賃金を得る者をいう。

1 前項の規定は労働基準法の適用をうける者には適用しない。

2 使用者は満十五歳に満たない児童を使用してはならない。

第三条（使用者の定義）この法律で使用者とは、委託主又はその事業の経営担当者その他その事業の労働者に関する事項について、委託主のために行為をするすべての者をいう。

2 仲介人又は取扱業者その他の名称で使用者から委託された作業を家内労働者に請渡すものの、その家内労働者に対する関係は使用者と見なす。

第四条（賃金の定義）この法律で賃金とは手間賃、加工賃、その他名称の如何を問わず、労働の対償として使用者が家内労働者に支払うすべてのものをいう。

2 出来高払制その他の請負制で使用される家内労働者の賃金については、最低賃金法第五条を準用する。

第五条（家内労働審議会）（略）

第六条（最低賃金の決定）家内労働者の賃金は最低賃金法第三条に定める賃金に相当する額を下廻つてはならない。

2 前項の賃金を定めるため家内労働審議会は一定の事業または職業に従事する家内労働者の最低賃金額についての意見を行政官庁に提出しなければならない。

3 行政官庁は前項の意見について公聴会を開いたのち家内労働審議会及び公聴会の意見に基いて最低賃金を定めなければならない。

4 地方行政官庁が最低賃金を定めようとする場合においては、第二項及び第三項の規定による手続を経た後に労働大臣の承認をうけなければならない。

5 家内労働審議会は毎月少くとも一回、家内労働者の最低賃金及びその他の労働条件の実施状況について、行政官庁の報告を求めなければならない。

6 家内労働審議会は必要であると認める場合、最低賃金及びその他の労働条件に関する事項について行政官庁に勧告することができる。

7 右の勧告がなされた場合、行政官庁はその勧告を尊重して直ちに適当な措置を講じなければならない。

第七条（委託条件の明示）使用者が家内労働者に仕事を委託する場合、賃金額、製品の引渡し時期その他必要な事項を家内労働者に明示しなければならない。

第八条（委託量の制限）使用者が委託するに当つては、家内労働者の労働が深夜業又は長時間労働に亘らぬよう委託量について十分な配慮を加えねばならない。

第九条（労働時間、休憩、休日、安全及び衛生）使用者は、労働時間、休憩、休日、安全及び衛生について労働基準法の規定を下廻らない基準を保つように努めなければならない。

以下第十条より第十六条まで略

家内労働の実態

家内労働者の実態については一九五四年三月、労働省婦人少年局の行つた調査―家庭内職調査報告書があるので、この中から数個の事例をとりあげて検討してみよう。

第一に内職世帯の一世帯当り平均収入総額についての調査の結果は、四人家族で家族の収入総額一四、五六三円、五人家族で一七、二四九円である。これを同年同月の一世帯当り勤労収入総額（内職による収入を除く）三一、一二七円と比較してみると相当の隔りがあり、内職世帯が一般常用雇用労働者よりも相当に低位の生活を営んでいることがわかる。

次に、内職世帯一カ月当り平均工賃をみると一カ月の平均工賃五千円未満が全内職世帯の八五％をしめる。これを男女別にみると、男子は九、四八七円、女子は一、九一一円、女子のうち女所帯主は二、二四三円となつており極めて低位な月収状況を示している。

これを当時の工場労働者と比較するとその差異はかなり明らかとなる。勤労統計調査による製造業常用労働者の一九五四年二月分の一人平均月額現金給与総額をみると、

総数　一三、二三九円
男子　一六、六二五円
女子　七、〇四一円

であり、その後工場労働者の賃金は年々上昇しているのに対し、内職収入は上昇していない。従つてその差額はさらに甚しくなつているとみられてよい。

一世帯一時間当り平均工賃

	一九五四年七月婦人少年局調 内職	製造業常用労働者(1)
総数	一五円、	七二円、
男子(2)	二八円、	八九円、
女子(2)	一三円、	四一円、

（註）(1)労働省毎月勤労統計調査一九五五年六月より算出
(2)世帯主の主たる内職従事者の性別

製造業雇用労働者と内職者との時間当り平均工賃をみると、以上のとおりである。ここに明らかなように両者の間には甚しい隔りのあることがわかる。

しかもこの安い加工賃は定期的に支払われていないのが実情である。工賃が規定の時期に支払われているかどうかの調査について、大部分のものが支払われていると答えているが、中小企業や零細企業の経営不振、倒産の影響をうけて加工賃の遅払、不払の増えている現象が目だつてきている。

もし不良品が出た時はどうなるのか。賠償させられるものが全体のうち三％、単価を下げられるものが同じく三％、やり直しをさせられるものが三二％あり、問題にされないというものが二七％ある。問題にされないとはどういう意味なのか不明であるが、いずれにしろ極めて悪条件で内職に従事していることは明らかであろう。

これら内職従事者の就職の意思についての調査をみると、全体のうち外に出て働きたい

というものが全体の四六・六%をしめる。ところでその内訳であるが、

病弱で働きに出られないもの	五・七%
家事が忙しく働きに出られない	二八・一%
適当な職がない	一〇・〇%

となつている。

内職世帯の平均一人当りの畳数は二・五畳である。六〜七人家族が六畳一間に雑居しているのは珍らしいことではないと調査は報告している。

次に内職従事者の世帯主の職業を検討してみると、次表のようにいわゆる賃金労働者が大多数をしめ、それについで失業者が高率をしめている。この表で判然とするように、現在の内職〜家内労働の問題が失業と低賃金労働という問題とを結んでいる事実をみることができる。

世帯主の職業別内職世帯数（%）

一九五五年七月婦人少年局調

総数	一〇〇%
会社員	二一・〇
公務員	六・二
工員	一七・一
その他の俸給生活者	五・二
日雇及人夫	五・二
職人	四・八
自営業	九・〇
無職	二六・二
その他	〇・五
不明	四・八

最後に原材料の供給者及び製品の納入先別をみると次の通りである。

原材料の供給者及納入先

	供給者	納入先
総数		
製造業者	三八%	三六%
仲介人	一七	一七
問屋	六	六
授産所	二	三
内職斡旋所	二	一
商店	六	七
消費者	二〇	一九
その他	八	八
不明	一	三

この表からいえることは、公営の斡旋機関が極めて少く、製造業者や仲介人、問屋などを通して内職が与えられる結果、それらとの関係で工賃が低くおさえられるという事実である。内職者のためには、公営の斡旋機関を多く作り、また適正な賃金を与えうるようにすることが必要であろう。

以上の簡単な素描の中から、現在の内職者がいかに工賃が安くいかにみじめな労働条件と生活の中に呻吟しているかが明らかにされる。

（社会党家内労働法資料による）

女子の低賃金

終戦後、働く婦人の数は年々増加の途をたどり、特にここ数年間のふえ方はめざましいものがあるといわれていますが、その裏打ちとして女子の低賃金が必ずとり上げられるのも事実です。戦前は、女子であるからというのが立派な低賃金の理由になつたのですが、男女同一賃金の原則や、教育の機会均等が法制化され、賃金が生活給に重点をおかれるようになつた今日でも、女子の低賃金は根強く残つています。

労働省婦人少年局の調べによりますと、昭和二九年四月現在の男子の平均賃金が一万三千円なのに対し、女子は七千円です。昭和三〇年の平均賃金は男子二一、六九五円、女子

九、五六七円で、やはり女子の低賃金ぶりは顕著です。

外国にくらべると、日本の男女の賃金の差は特にひどく、フランスの男子賃金を一〇〇％として女子が八、九〇％の割合を示しているのに対し、我国では、男子賃金を一〇〇％とするなら、女子は四四％以下にしかなりません。フランス以外のどんな国においても、女子が男子の五〇％以下の賃金であるという例は非常に少いのをみても、我国の女子の強度な低賃金を理解することができると思います。

この原因は、低賃金に甘んじる女性が非常に多いということでもありましょうが、具体的には結婚までのいわゆる腰掛就職が多かつたり、責任ある仕事を避けたりすることが大きな原因であると思います。

もちろん雇用者側の意図により、女子ゆえと銘打たなくても、勤続年数とか、学歴、職種、などを理由に女子には補助的な仕事しか与えず、従つて賃金も低いという状態におかれる場合が多いのですが、これとても働く婦人自身の自覚がなくてもよい理由には決してなりません。

女子の平均賃金を産業別にみますと、一番高いのは金融保険業の一四、九六五円、運輸通信及びその他の公益事業の一三、六六五円女子の賃金の低いのは建設業の七、二五二円製造業の八、二六六円です。但し、この製造業の中には煙草製造業の一五、五五六円のように高いものから、木材及び木製品製造業の五、九六六円のように低いものまで、職種によつて相当のひらきがあります。女子の多い紡織業は七、五〇三円で平均以下の賃金です。

次に、職種別の賃金として、毎月勤労統計（規模三〇人以上）から製造業を例にとりますと、男女いずれの場合も、労務者の賃金は職員の賃金より低く、一九五五年の年平均では、生産労働者の賃金は、管理事務技術労働者にくらべ、女子は六八・五％、男子は六五・九％になつています。男子に対する女子の賃金の割合は、職員が四〇・二％、労務者が四一・八％で、男女の開きの大きくなる傾向は特に職員の方に現われています。

年令と賃金の関係を昭和二九年の個人別賃金調査によつてみますと、一八歳未満の賃金は男女が殆ど同額ですが、年令が高まるにつれて開きが大きくなり、男子に対する女子の割合は一八〜二〇歳で八二％、二〇〜二五歳で七一％、二五〜三〇歳六一％、三〇〜三五歳四七％、三五〜四〇歳四一％、四〇〜五〇歳三七％、五〇〜六〇歳三六％、六〇歳以上四一％です。そして、男子賃金が年令の高まるにつれ五千、八千、一万、一万五千、二万円と上昇して行くのに反し、女子はどの年令でも大体七千〜八千円という状態です。

これを、勤続年数別賃金格差表の示す数字とくらべると、勤続年数六カ月未満で既に男女の間に男一六、九三七円、女七、六三七円という大きな開きが出来ているとしても、勤続二〇年以上で男三〇、七七八円、女一六、四八二円の開きをみせることから、年令の高い婦人が必ずしも勤続年数が長いということにはならず、むしろ中年になつて、あまり賃金も高くない職種に入つていく婦人の多いことを考えさせます。

また勤続年数による賃金の上昇率を、学力別にみますと、男子は学力が高くなるほど、賃金の上昇率がよくなるのにくらべ、女子は学力が高くなるほど、上昇率が鈍く、大学卒勤続二〇年以上の男子の給与が、勤続六カ月未満の給与の四・四倍になつているのに対し女子の場合はそれが二・一倍にしかなりません。このことは学力の高い婦人が長く勤めた場合でも職場の中であまり高い地位は与えられないことを示しています。（田中）

青少年の犯罪と自殺

山《やま》川《かわ》菊《きく》栄《え》

　青少年の犯罪と自殺がおどろくほど大きな数字で私たちをおびやかしています。鎌倉で老外人夫妻を殺した十六少年、結婚に反対されて父親を殺した東北の十九娘など、次から次と毎日の新聞は恐ろしい事実を伝えます。ある人は親が結婚を許さなければ昔の娘なら自殺したところを、今の娘は親を殺すと皮肉らしく書いていましたが、世界一の青少年の自殺をこの上ふやしていいものでしょうか。こういう現象を戦後の民主主義のゆきすぎからと考える人が多く、家庭や学校のしつけをもつときびしくと望んでいるようです。

　戦後、社会全体に規律がゆるみ、青少年のふしだらが問題になつているのは、日本だけのことでなく、西欧自由主義国でも共産国でも同様で、世界共通のなやみとなつています。英国ではこの現象を、二度の世界戦争によつて多くの家庭は父を失い、家庭における男子の影響力が欠乏し、母は家庭のそとで働き、家庭が破壊されたことと関係があると考えている人が多いようでした。といつて昔のように母を終日炊事と洗たくだけにしばりつけておくことは社会的にも不必要であり、不可能であるところから、婦人もそとに出て働くのはよい、しかし朝は子供を見送つてから家を出、夕方は子供より一時間早く家に帰つて子供を出迎えるようにするのが理想的で、子供が家に帰つても固く戸がしまつていて、にこやかに出迎える者のないわびしさは、賃金によつてつぐなうことのできない精神的な損失を幼い子供に与えるものだともいわれています。有夫の婦人で職業をもつ者が五割に達するイギリスやアメリカでも幼児をもつ者は少く、若い未婚者と子供が義務教育を終つた頃からふたたび職場に帰り咲く者が多いのはこの間の事情を語つていると思います。

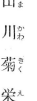

　先年労働党婦人大会を傍聴したとき、問題児は問題の家庭から出るというので、不良児を出す両親の責任がはげしい論争を生み、いかにわが子の教育に無関心で無責任な親が多いか、そういう親たちは厳罰に処せという意見もさかんでした。それに対して、親自身ロクな教育もうけず、不幸な少年期を送つたもの、貧しくて虐られてきたあまり子供のよい指導者、保護者たるにふさわしい資格のない者を厳罰に附しても子供を善導し、幸福にする結果にはならない、親を教育し、指導する努力こそ必要だというもの、この論争に二時間あまりを費して結局諸地区の婦人部から提出されていた厳罰主義の提案は不成立に終りました。

　親、学校、社会のどれもが子供のためにそれぞれ責任を負い、寛厳よろしきをえなければならないことはいうまでもないことで、子供の性格や環境をとわず、一様にきびしくさえすればかたつくというほどこの問題は単純ではありません。私は二、三の少年院、少年刑務所も見学しましたが、そのうちのかなりの部分は知能指数が低く、一見普通の社会生活に堪えない劣敗者で、これは早くその子の知能相当の技能を教え、適当な環境において、世間なみの苦労をさせずにすます必要があり、そうすれば害をなさずにすむ子供たちだと思われました。身体障害者と同じように知能の障害者にはそれに適した教育と環境を与えたならば、犯罪は今の何分の一にへるのではないでしょうか。近ごろではインテリの家庭ばかりではなく、労働者の家庭でもそういう子供の問題を教育相談所や愛育相談所にもちこむ者がふえたそうで、これは非常に結構なことですが、これはもつともつと大いに利用されていい機関だと思います。

知能は普通でも、あまりに不公平な世の中あまりに誘惑の多い中におかれて不良仲間にひきずられるということもありがちで、これは社会全体のゆがみを改めるほかありません。特に性の問題が物質的な欲望とからみあうとき、人間を動物化する恐れが多く、不必要に性的関心をあおる刺戟のつよい文学、映画演劇等が心身の発育過程にある青少年によくない影響を与えることはいうまでもありません。こういうあくどい刺戟がもうけ主義の企業のために益々甚しくなり、ラジオやテレヴィを通じて目から耳から他愛もないお笑いやクウィズにひかれて物をまともに見たり考えたりする習慣がなくなるとき、人間は全く機械的に刺戟に順応する動物になりがちです。

ある少年院では、親との面会は、立会なしでやらせたいのだが、親の方にそれだけの理解や用意がなく、あやまちを犯して隔離されている子にいうべきでない言葉、聞かすべきでない話を口にして悪い結果を来すことがありがちなので立会なしではかえつて危険であること、ある父親は、面会所でいきなりゲンコツをふるつて子供をなぐりにかかつたこともあるとの話でした。

しかし兇悪犯罪を犯した子でさえも、少年院にいるうちに新たに生産的な技術を身につけ、過去を清算して生れ変つたようになり、退所後一人前の社会人として更生している例も多いので、ある少年院の職員は、途中でそういう青年に出あつても言葉をかけては悪かろうと遠慮していると、先方から元気よく声をかけ、なつかしがつてかけよつて今の生活の様子を報告したりするのもある。こうなればしめたものだ、ということでした。女子の方は十四、五歳からあずかつている少女のうち、処女は一人もないといつてよく、性の問題がいかに犯罪と多く結びついているかを証明しています。しかしこの中でも更生して健全な家庭をもち、子供を乳母車にのせて里帰りのつもりでもとのすみかと職員を訪問しにくるのもあるそうです。

いま全国を通じ十五歳未満の児童で新聞配達に従う者が約十万いるといいます。いうまでもなく十五歳未満の、義務教育期間の子供の雇用労働は基準法で禁止されているのですが、これらは貧困のため特に監督署と校長の許可をえて働いているわけです。この仕事は子供に限るわけでなく、安いからこそ貧しい子供の犠牲でおこなわれるので、憲法、児童福祉法、教育基本法、児童福祉法のたてまえからいつて十五歳未満の子供には当然禁止されねばならず、その子の生活は国家が保障する方へ一日も早く進むべきです。春を前に職場に進む子供たちはいつまでそのはじめの希望と感激を抱いていられるでしょう。労働省の調査によれば年少労働者の大部分は中小企業に就職し、その賃金は五〇〇人以上の事業所通勤男五、三八〇円、女五、三一〇円に対し、一五人以上九九人以下は男四、一三〇、女三、八六〇、住込みは三、五八〇対二、二〇〇という風ですし、労働時間、福祉施設等の条件も悪く、離職率も高いのです。働く少年少女の生活や労働状態をよそに、ただきびしくすることで犯罪や自殺を防げるかどうか、私たちは冷静に考えてみましょう。

開かれた道をゆく女たち

――婦人相談員の初仕事から――

川《かわ》口《ぐち》光《みつ》子《こ》

まだ幼い十六歳と十七歳の娼婦を前にして私はとまどつた。

極端な違いをみせている二人である。十六歳のよし子は骨ばつた小さな体で、セーラを着せたらそのまま小学校の門をくぐつてもおかしくない程いたいたしい。じつと下をみたきりである。十七歳の花枝は大柄でむつちりと肥り、胸の隆起もゆたかで、全く女になりきつている。色白のうけ口も男心をそそるのであろうか。チラチラと私をみる流し目もみごとなこびを含んでいる。

「おなじみさんで親切な人には話すこともあるわ。年が足らないつて……。」

「お客さん、何ていつたの。」

「やめなきやいけないつて。Mさんなんか僕が一緒に家庭裁判所へ行つてやる、借金があつてもかまわない、つて言つてくれました。」

「そしてどうしたの。それつきり？」

「いいえ、まだやめないのかい、つていいながらチョクチョク来るんです。年のこと分る前よりよけい来るぐらい……。」

私はハタと考えてしまつた。お客のこころをのぞいた気がした。年の不足をおそれて外出もしなかつたし、一度の検診もうけていないという花枝は、家族との折合が悪く、家出同然にして飛出し自ら進んで売春婦となつたので借金など一文もない。腕には南京虫をつけているし、自分の部屋は螢光燈をつけ、ラジオ、ギターを持ち、タンス、鏡台等の調度も揃え、日掛貯金もしているという豪華な暮しである。ノートにちやんと毎晩の稼ぎ高をメモしているが、みると平均七、八人の客をとつており一カ月収入十万をこえる。楼主と折半し、食費を払つても五万は実収がある。十七歳の少女がである。警察の押収物件の中に、客からのラブレターがあつた。二三通読んで、私は又がくぜんとなつたのである。

近隣の農村の青年が市へ出て来て初めて客となつたのであろう。燃えつきそうな情慾を赤裸々にぶつつけた誤字だらけの手紙である。暗い農家の我身をかこち、明るい街の灯と女体を恋う言葉は、恐しいくらい真剣である。又或一通は歯のうくような美辞をならべた神がかり的なラブレターである。こうした手紙をもらう女への影響もさることながら、これを放置しておいて、貧しい農村の青年の間で犯罪の温床となり得ないと誰が言いきれるであろうか。またどうして勤労女性との健全な結婚に導くことが出来よう。

しつかり者の姉を呼出し、三人ひざつき合わせて話合つて、バスガールになるという方針を打立てて一まず郡部の親元へ返しはしたが……僅かの時間で本人が納得したとも思われない。やはり早く施設をつくつて一年位預つてからでないと社会復帰は無理であろう。

これと全く対象的なよし子は漁村の娘である。漁師の父は中風で倒れ、廃人同様、母が浜で綱をひいたり、魚のふり売りをして、ようようその日ぐらしをしている。下にまだ三人の幼い弟がいる。父の薬代に困り魚の売掛金を費込んだ母が商売が出来なくなつて、親子六人の生活に窮し、従姉の戸籍を詐称して、母と仲介人の手により一万五千の前借で身を沈めた。三カ月位の間にさらに二万近い金を親元へ送金させられている。貧困の度も同和部落であることも同様な条件をそなえた隣村から一名も出ないのに、この村から早、私の手がけただけでも三人目である。この村にT・という老婆の仲介人が定住していることが大きな原因の一つであろう。

呼出された母親は、この寒空に足袋もはいていなかつた。警察では能面のように固いしらけた表情をくずそうともしなかつた母親も相談室へ連れて来て、人間的な話をすると「わつ！」と泣出してしばし顔も上げない。やつぱり人の子の親だ。

楼主に交渉するために稼ぎ高や、金銭物品関係を詳しく聞くと、「できものが出来たりして、なんぼし働きませざつた。」と全くあいまいである。楼主に逢いにゆき、生れて始めて三巾蒲団に二つ枕もそのまま部屋の隅につんである女郎部屋なるものに坐つた。楼主も観念して大福帳をみせてくれた。

算盤を借りて、弾いてみる。一晩に二、三人で、お茶ひきもしばしばある。その金高の一つ一つが、この未熟な幼い体を買つた男の代償かと思うと、同じ年頃の娘を持つ母心はひしとキシんだ。仲居料一割衛生費五分をとつて残りが楼主と本人五分五分である。別に食費三、五〇〇円支払わなくてはならない。掛買の衣料品七点、化粧品代その他間食代、親元送金をひくと、二万近い借金である。客のネマキなども本人の借金になつているのでこれは現物を返して引去り、それに着物を一枚戻しても一万六千円借金となる。

月賦ででも返してくれ、と言う楼主に、水揚料も本人は千円しかもらつてないというし出る所へ出れば未成年者の前借は無効だからといろいろ話して、一切棒引きにしてもらつた。本人の持物も全部返してもらい大きな風呂敷包みとともに、母と本人を連れて戻る。帰る道で、石鹸を忘れた、小遣二〇〇円入つているガマロがなかつた、という娘を口汚く罵しる母親の顔に私はいいようもない無惨なものを感じた。大阪にいる長女の婿の世話で大阪の工場の女工になる方針が立つたが、そこへゆく旅費にも困つている。実家の所在地の福祉司と地元民生委員にアフタケヤーをたのんだが、娘の売春による送金で芋のかゆをすすつていたという実家に、どのような更生が期待できようか。

性病予防週間に抽出検診された女に、かわいそうなのがいた、という係員の一語だけをたよりに訪ねてみた。戦争直後の応急住宅のバラック、畳も壁も破れた一間の家に三十八歳にもなる売春婦がいた。失業中の身体傷害者の夫と、十一歳、八歳、五歳の三人の子を抱えて……。「ええ、四月からもう商売出来ないと親方から聞いていました。早ようどうかせんならんのですが――やめたら今日から食べられません」という。本人の売春の収入が月一万円と認定され、生活保護の対象にもならない。私は公の事業資金貸付の機関を走り廻つたが何れもおいそれと出ぬ。小資本でも手に入つたら、子供相手の駄菓子屋をして焼芋もお好焼も貸本もおいて、夜は夜泣そばの屋台でもひつぱつて、と私は一人でヤキモキする。今宵も小皺を白粉でかくして彼女は出るであろう、夫と子供をやしなうために――。

H郡から逃げて来た二人の娼婦は一人は旅館の女中に落付き、一人は老人の二号に納つた。

狂つた妓があつて楼主が捨てた。

私の手で精神病院に入れた。九州の親元を

職場ルポ

女だけで守りぬいた職場

—京浜デパート—

沼《ぬま》津《ず》みよ子《こ》

国鉄新橋駅のガード下にある京浜百貨店、色とりどりの商品にかこまれて忙しく働く女店員たちをみていると、これが女だけで職場の危機をがんばり通したほどの強さを秘めているとは、ちよつと思われないほど華やかな存在である。けれども、よくみているとここに働く女性たちは皆、いわゆるお客にサーヴィスするだけのお人形的美しさ、古い女らしさを超えたもつとたくましい、健康的な明るさをもつている。それもそのはず、この女店員たちこそ経営の危機を全く女だけで一人の首切もなく見事にのりきつた長い闘争の歴史をもつているからである。

—○—

この京浜百貨店はもと東京デパートという一大阪商人の経営する小さい百貨店であつたが、中小企業の御多聞にもれず、非近代的経営で彼女たちの労働条件も誠にひどいものであつた。地の利を得てなかなか店は繁昌しているのに、昇給も超過手当もなく、彼女たちは一方的に搾取されつぱなしの状態であつた。つもる不満がついに爆発して暮のボーナス要求をきつかけに、女だけの組合を結成したのが昭和廿八年。高校を出たばかりの若い女性だけで封建的経営者を相手に組合を組織するのは、なかなか困難なことであつたけれど、熱意と団結力をもつてようやく組合を組織し、ボーナスも〇・九五を獲得し、残業手当も出るようになつたのも束の間、経理のでたらめから今度は会社側が一億以上の不渡手形を出してしまつた。つぶれる寸前の会社の危機に際して、彼女たちもこの際、他の職場へかわるとか、辞めるとかするのが普通であろうが団結力の強い彼女たちは〝ここで皆が辞めてしまつたらお店もつぶれてしまう。私たちの手で職場を守りぬこう〟という決意をもつて、老練な経営者たちも手をこまぬく危

照会しても該当者なく、孤児らしい。十六、七から十年間朝鮮を始め各地を転々と仲介人の手にわたりわたり売られていたものらしい。案外経過がよくて暫くすると落ついて来た。話してみると意外なくらい素直な女である。そんな暮しの中で思い合つた人が出来、その人が親の反対で別れ話を持出したところから気が狂つたという純情さである。

私はその人を捜して逢つた。まじめな勤労青年で出稼ぎに来ているのだつた。「本気で好きなんです」と目をふせた。入院のことを話すと顔色をかえた。私は早速県外のその人の親へ手紙を出した。どうやら仕方があるまいという消極的な納得をしてくれ、その人もこの娘を再び泥沼に入れぬ、結婚して何とか幸せにしてやります。とはつきり云う。

退院後この二人は結ばれるであろう。私もやつと一つ白星が出来そうだ。

そうそう昨日来た妓は妊娠三カ月だつた。中絶の方法をとらなければ……そして職をみつけてやらなければ……道は遠い、きわまりなく……。

機と闘いはじめた。
まず会社に見切りをつけて品物を引き上げようとする問屋側に対して〝品物を引き取らずお店をつづけさせて下さい〟と汗と涙で必死に説いて廻つた。組合の団結力と店を守りぬこうとする熱意にうごかされ、次第に問屋側も組合側についてくるようになつた。そして組合と一しよになつて経営者を退陣させ、新しい資本家を探した。その間約一年近く、店は相変らず繁昌しているのに新しい品物が入らないので空箱を並べて品物があるようにみせかけたり、何もしらないお客に無理をいわれたりずい分苦しい思いもした。彼女たち自身も不安におそわれながらも一人として辞める者はなく、がんばり通した。二十名の闘争員が家にも帰らず泊りこみ、新聞をしいてごろねをしたこともあつた。婚約中の人も結婚をのばした。そうしているうちに何人も資本家が現れたが、卅年ついに現在の京浜百貨店に統合されることになつた。

苦しい経営を乗越えた彼女たちは新しい資本家に対しても自信と勇気をもつてのぞみ、京浜の出した新しい条件を不利として約一カ月のストライキに入つて闘い、ついに全員採用、賃金据置、組合活動の自由等の条件を認めさせるところまでこぎつけた。

――○――

「親兄弟にもいえないようななやみ苦しみが、ほんとうに赤裸々な一コの人間として仲間にいえるようになりました。見栄や外聞を捨ててはだかで触れ合う場を得たことは闘争というぎりぎりの体験を通してこそ得られるものではないでしょうか。

一体どうしてこんなに強く団結できたのですか？　つてよく聞かれるのですけれど、言葉でよくいえないけれど、何か問題が起つた時自分たちだけでなく、他にも同じ悩みをもつた人がたくさんある、こういう人々と一しよになつて話合い協力してやつてゆく……すなわちオルグ活動のおかげとでもいえるでしようか、男の人はとかく身の出世を考えて女のように純粋に闘わない。協力も反対もしない人が多かつた。かえつて女の方が一度団結すれば強いですね。

そしてねばり強くてこまかいこともじつくり交渉するので、会社もにが手だつたらしい、ともかく人のあとばかりついていればよかつた女の人たちも強くなり職場も明るさと自信がみちてきました」……と元執行委員長佐藤やす子さんは語つておられた。

婦人と組合活動

井《い》口《ぐち》容《よう》子《こ》

「忙しさにごぶさたしていますが、いつも口ぐせにしていました、いつのことかわからぬとさえ思づていた当市職の女子職員の昇給の男女差が昨年からなくなりました。（五割予算ですけど）また産休は昇給にも勤勉手当にもひびかなくなりました。昇給にも身分差（吏員、雇員の）がなくなりそうになりました。出前の禁止も殆んどできました 。どれ一つでも、私がやめるまでにはぜひと長い間願つていなかつたものはありません。私の気持をお察し下さい。しかしこれは、時の流れと根気よく願いつづけたたまものでして、どうして、私などの力ではありません。

また女子職員の殆んど（清掃婦がまだ）が青年婦人部に加入してくれました。しかし井口さん！　その反面、非専従ですので、職場の仕事と家庭（男の子ばかり三人）と組合活動とで、駄馬にむちうちつずけた思いですし、家の中は荒れました。殊に九月末からの自主再建反対闘争ではまいりました。

職場オルグも私などにはなかなかです。これで私は組合にどれだけプラスになるかうたがいをもちました。とはいつても確かに婦人部にはプラスでしたけれど。少々ならず疲れましたので今年はひと息いれるつもりです。」

冷え冷えとした部屋に電燈をつけて私たちはいま帰宅したばかり。夫が冷や御飯を暖めてくれるそばで、すいこまれるように読みおえたKさんの便り。

婦人集合の報告を書くのにも、幾晩も考えつずけたと訴えてきたこともあるKさんの便り。私はにじみ出ているKさんの苦しみや、喜びをじつくりかみしめながら、もう一度読み返しました。

私がKさんとはじめて会つたのは三年前、自治労労働講座が大阪で行われた夏のことである。婦人問題の講師山川菊栄さんを囲んで夕食を共にしながら話し合つたとき、未亡人問題や職場の活動について熱心な意見を控え目にのべていたKさんはまだ若々しかつた。集つた一同は、そのころ未婚だつた私も、

とある会議の片隅で

野瀬治子

「女性にポストを与えよ」「女性の質的向上をはかれ」そうするためには……と、盛んに討論している会議室で、男のために鉛筆を削り、ぬらした筆記用紙をひばちで乾かす女。好意だけでやつているとは受けとれない女の態度、男の態度。私は悲しかつた。

おくれて入つてきた男二人女一人のこのグループは、お供をつれての御出張としかうけとれない。いやしくも、県連代表男女各一名と定められたこの会場に、こんな女性がいることは深く考えざるを得ない。わざわざ男女各一名と定めたのはお付き役を女にさせるためではなかつたはずである。一人の男性の指示によつて、他の一人の男の背広の胸をあけて鉛筆をとり出すこの動作に私はわびしさともいえぬみじめさを覚えた。夫婦間でもこんな姿はみたくない。

女、女、女、もつと強くなつて！　男、男、男、女を甘やかさないで。私用をいいつけないで。

悲しい現実だが、私用をいいつけられて、それをはねかえす力のある女はまだすくない。頭の中でははねかえすべきだとわりきつていても口に出せない女の多いこと

女は強くなつてきた。大きくなつてきた。

人間として生きるための当然の要求をもつ

「一家を支えている。しかも未亡人が組合の指導者になることは、それだけ活動も地につくでしょうし、本当に婦人問題を解決しようとおもえば、婦人みずからが執行部にも出なければ……」と、Kさんの執行部への立候補をうながし、声援した。

　しばらくして、Kさんは最高点で当選し、めざましい活動をはじめた。県下の組合にも婦人部の必要性を認識させ、婦人みずからの組合活動への参加を身をもつて実践しながら高めていつた。そしてKさんからの便りには、「宝塚の夜のみなさんの声援にはげまされているけれど……」と、いつも非専従と家庭のなやみが小さな美しい文字につづられていた。

　昨年四月、自治労婦人集会で久しぶりにKさんに会つて、私はしばらくなつかしげに話しかけるこの人を思いだせなかつた。

　Kさんが余りにも老けこんでみえたのだ。私はこの人の苦しみを一つ一つ心の奥深くきざみこまれるおもいであつた。

　女が組合活動の第一線に出るとき、男には想像もできぬ苦しみがある。それが、生活にねざしたものであればあるだけ……。組合活動それ自体が、どのように苦しくても、家には暖く迎えてくれる奥さんのいる男性とは、ただそれだけで、格段のハンディキャップがある。

　しかもKさんは未亡人である。三人の子供がある。

　男性優位の考え方の中で育てられ、長い間の暗い土の中での生活から頭をもたげてまだやつと十一年にしかならない。

「家の中は荒れました。少々ならず疲れましたのでひと息入れます」

　私はもう一度かみしめてみる。そして、「御苦労さまでした。ほんとに。」そこまではすらすらといつて、「どうぞごゆつくり疲れをいやして下さい。そしてひと息入れたらまたがんばつて下さいね」と、苦しい気持をおさえながら私はやつぱりいつてしまうのです。つまづいても、ころんでも、私たちはみずから立ち上らねばならない。

（筆者は大阪府職婦人部長）

◇　◇　◇

ようになつてきた。だが、それを行動に移すことはまだ少々、いや、中々無理のようだ。

　ことの善悪はともかく、売春防止に関しても、男の厚かましい反対公言に立向えるような勇気を、女性のすべてがもてる日の到来を心から望む。

傍聴席のかたすみで

桑山あき

　あなたはいつも深こくな顔をしている。組合大会やいろいろのところでの発言もつつかかるようなはげしさは、ぎりぎり一ぱいすぎて……。額のしわをのばして、もつと大ようにならなければ……。

　そんなことをまじめに忠告してくれる人のいい分も、「もつともだなあ」と、社会党全国婦人会議の席上、ぎりぎり一ぱいで闘つている人のゆとりのなさをみたときは、私自身もつくづくおもいました。それなのにひきつづいて行われた党大会の傍聴席で、私はまた深こくな顔をし、額にしわをつくつていました。

　婦人の解放をとなえ、婦人の地位の向上をスローガンにかかげる社会党大会で、この種質問も女の口からは出てこない現実、六百名かの代議員の中に婦人はたつた四名

　それを真剣に訴えてくれた一代議員の発言に、「カカア天下！」？　というヤジを私は聞いてしまつた。

（一九五七、一一、一七）

あの頃（七）

赤《せき》瀾《らん》会の人びと

近《こん》藤《どう》真《ま》柄《がら》

近藤真柄さんは日本における社会主義運動の動かぬ基礎を築いた故堺利彦（枯川）氏のお嬢さんで、大正十年日本で始めてつくられた社会主義婦人団体「赤瀾会」の主なメンバーとして活躍された一人です。真柄さんの勇敢な行動は当時の新聞をにぎわしたもの、と伝えられています。

本稿は、社会主義に対する圧迫と、女性に対する偏見と、さらに生活苦という重圧と二重三重の厚い障壁に向つて敢然と闘つた敬服すべき初期社会主義婦人の姿をほうふつさせるまことに興味深い記録です。

私にあのころをといわれると、大正十年（一九二一年）赤瀾会発会当時でしようね。日本で社会主義的思想を標榜した婦人団体の初めてのものであるし、私も女学校を出た年で、数え年十八歳、今でいえば高等学校三年になつた年齢のことで、大人としての動きの第一歩でありましたから、短い年月のものであるとはいえ、忘れられない時代であります。

ロシアでは革命があり、世界大戦は終り、日本は大逆事件の陰惨な沈滞期を隠忍してきた後であるこの時代、あらゆるものが勃興して、労働組合は友愛会、学生運動は新人会、暁民会、建設者同盟、社会主義者は大同団結して、日本社会主義同盟を結成したのですから、これらの空気を吸つて啓発された婦人が動き出すのは当然でありましよう。婦人の解放なくして、真の解放はあり得ない、と叫ばれ、教えられ、同感共鳴したのですから。

赤瀾会

大正十年四月、「私どもは私どもの兄弟姉妹を無知と窮乏と隷属に沈倫せしめたる一切の圧制に対して断固として反対するものであります」という綱領をもつて、赤瀾会が結成されました。日本社会主義同盟に加入できれば、この会は生れなかつたかもしれませんが、治安警察法第五条で婦人の政治結社加入を禁止していました。発起人というべき世話人は、秋月静枝、九津見房子、堺真柄、仲宗根貞代、橋浦はる、となつていました。

赤瀾会は、弥次馬的人種と、そそつかしやからは、赤爛会と書かれることは、当時はもちろん、今日まで相当ありましたし、会員の二三に少々乱行の者があつたとはいえ、淫乱会とよばれたこともありました。キリスト教婦人矯風会ですら、狂風会かとヤユされたとききましたから、この程度の口惜しさは我慢しなくてはなりますまい。第二回メーデーにはじめて飜つた会旗は、黒地に赤でRWと縫いつけてありましたように、赤いさざなみ。女らしい、むしろ文学的な思いつきから命名されたもので、提案者は九津見房子さんでありました。

前記五名のほか岩佐しげ、北川千代、高津多代、高野千代、竹内ひで、中村しげ、中村きみ、中名生いね、橋浦りく、吉川和子、渡辺こう――こんな方たちが、よく活動しました。山川菊栄、伊藤野枝の両氏は顧問格で、講演会や講習会に講師として来て頂きました。会員数は四十名内外だつたでしよう。

会計は北川さんでしたが、十銭の会費すらなかなか集まらず、伊藤野枝さんが、どうしたハズミかに五円くらい寄付して下さつて息をつくようなことでした。講演会をしたり、パンフレット売りをして、ビラ代や罰金納付金をこしらえました。

秋月　静枝さん

明大学生グループ、オーロラ協会の中名生幸力氏と同棲していた妖しき美人で、妊娠中でしたが、その義妹中名生いねさんと一緒にメーデーに参加せよのビラまきで拘留を喰い、罰金四十円を科せられました。このビラの原稿は山川菊栄さんに書いて頂いたのですが、安寧秩序をみだす内容だと静枝さんといねちゃんは、ひどくおどされ、いじめられたときました。赤瀾会初の犠牲者ですが、その後消息をききません。

高津多代子さん

（写真向つて左から堺真柄、高津多代子、同曉子、仲宗根貞代さん）（大正12年）

多代子さんは、現社会党顧問、代議士高津正道氏の夫人で、大正十三年十二月に病歿されました。昨年多代子さんを知る人もなくなつてしまうからと、旧友話し合つて多代子さんを偲ぶ会をひらきました。赤瀾会以後の友人丹野せつ、権藤誠子、近藤ふく、勝目テル、女子医専グループの黒田あい、佐々木晴子氏等が集つて、苦労と不幸のかたまりであつたような多代子さんの二十九年の生涯を偲びました。

高津さんの住居は、早大学生グループ暁民会の合宿所になつていましたから、収入と職のない人の食べ物のくめんと世話やき、暁ちやん（現婦人民主クラブ員）をせおつて、パンフレット売り、筆耕、仕立物などの内職をやり、なおかつ集会には足まめに出かけていきました。そのころ村長さんをしていた実家のお父さんから時折り送つてくる衣類は、たいていすぐ質屋ゆきになつて、合宿のおかずになつていました。合宿や会合にいない多代子さんを探すのは、早稲田大学正門前か、神田神保町通りでよかつたのです。必ずパンフレット売りをしていました。広島弁まる出しでにこにこしながら、いやな仕事をしてくれる多代子さんに、みんなの信望はあつまりました。

日和下駄をはいて、パンフレットの風呂敷づつみをさげ、暁ちやんをダランとおぶつた多代子さんの姿が、大正十年九月からみえなくなりました。不敬出版「お目出度誌」秘密出版の嫌疑で、高津夫妻は暁ちやんもいつしよに東京監獄へ接見禁止で放り込まれました。多代子さんはどうなるか、暁ちやんをどうするかと、実につらい想いをしました。

軍隊赤化事件

大正十年秋、大演習を機会に、軍隊にむけての印刷物と伝単はりが計画され、実行されました。関東が主でしたが、関西もやつて、多数検挙されましたが、女は、仲宗根貞代、堺真柄であり、未決拘留四十数日後保釈出獄、大正十二年、四カ月の禁錮刑になり、二人は、一号さんと五号さんの女囚になりました。

未決のとき、食器口のスキマから、洗濯をしている女の後姿がみえ、それが多代子さんであるとわかつたとき、涙がとめどもなく出ました。多代子さんは、暁ちやんのおしめを洗つていたのでした。声もかけられない、手もさしのばせない。しかし三人は、そとでは仲よしであつた。そして仲よく監獄までお揃いできてしまつたのです。

写真の三人は、お揃いの浴衣を買つて、一緒に写真をとる約束をしたのに、多代子さんだけ、仕立あがらなかつたのです。

橋浦はる子さん

第二回メーデーの赤瀾会の旗手でした。途中いくつかの関所もどうやらみんなに守られて、上野の山下で解散になつたトタン、巡査は、はる子さん目がけてとびつきました。私どもも、しがみつきました。巡査と男の人の間でモミクチャになつていること暫し。どこか風がスウと通るような気がしたとき、周囲の男は、巡査に引つたてられており、私たちは、旗のないむしりおられた竿の根元をにぎつていました。それも束の間、渡辺こうさんも、仲宗根貞代さんも私も、みんな巡査に腕をとられ引つぱられました。当時の新聞に、検束される女闘士という見出しで、あごひもをかけた巡査の前をキリッとして歩く堂々たるはる子さんの写真が出ました。直情のはる子さんの興奮は、なかなか納らなかつたというほどハゲしいものでした。

仲宗根貞代さん

貞代さんは検束されたとき、巡査が「女のくせに何だ！」と嘲つたので、「無産者のくせに何だ！　資本家の手先になつて、そのザマは何だ！」といいかえした状況を、当時の無産者リーフレットに、小気味のいい筆致で書いていました。熊本出身で、小学校の先生もした美人でした。第一次共産党事件以後だんだんに足が遠のき、戦争になつても、戦争が終つても今だに何の消息もきけません。

九津見房子さん

郷里岡山から上京、明治三十九年同郷の先輩大阪事件の福田英子氏宅にもおられたのですが、二人の娘さんをかかえて、大杉栄氏の労働運動社の仕事をしておられたころ、私は知りました。そして今日までつづいている先輩であり、友人であります。字の上手なせいでしょう、筆耕の仕事をし、大阪へいつては印刷工になり、共産党やゾルゲ事件で、長い獄中経験もされました。三十代から「おばさん」とよばれ、今も昔も同じような柄いきの着物をきておられます。運動の上でも「おばさん」という格です。近ごろの九津見さんを見て、バタと粉をねつて、ねつて、薄くのばした、パイの皮のような気がします。意慾と情熱と貧乏と運動経験を、まぜて、ねつて、のばしたような。

さて、あのころは、書いていくと、どこまでもつづきます。少数ではあり、一所懸命にやつたほどの効力はなかつたのですが、次代へのつなぎにはなつたでしょうか。

あのころを立派に飾りたててはいけないのですが、幼稚だの、無知だの、低俗だの、浅薄だのとはいつて下さいますな。婦人が最後の奴隷だとひたむきに進んだのです。

（一九五七・二月）

書評

「伸びゆく子供たちの道しるべ」

父親を敬遠する子、粗暴な子、内気すぎる子、勉強きらい、うそつき、かげひなた、意志の弱い子、劣等感の強い子等、子どもについて多かれ、少なかれ心配がないという家庭は少ない。しかしそれが余り極端でないかぎり、大抵の母親は見逃しがちである。そしてそのような欠点が、どうして起り、またどんなに子供を不幸にしているか、また将来に影響するか、深刻に考える母親は案外まれなのではなかろうか。子供の幸福を願わない母親はないはずである。しかしそのために正しい努力が払われているかどうか、考えさせられる問題である。教育の専門家でない多くの母親は、見当ちがいの努力や苦労を重ねている場合が多いのではなかろうか。

また細心の注意を払つている積りでおりながら「うちの子にかぎつて」という親の甘さで大事な点を見逃している母親も少くない。

とにかく子どもはあらゆる可能性をもつている。それは指導一つでどうにでも変る柔軟な精神の持主である。そこに学校と家庭と社会の責任が問われる。現在成績が良く、素直な子であつてもフトしたことから一変してしまうこともある。このデリケートな、生命は一刻として滞ることなく生長する。これをはぐくみ、育てる母親の任務の重さは今更いうまでもない。

こうした母親たちのために最近はよい指導者や参考書が少なからず出版されている。こんど東京都北区教育課の教育研究所が編纂した「伸びゆく子供たちの道しるべ」はそれらのなかで特にお進めしたい一つである。この書は右の研究所が、母親たちの教育相談に応じた千余件のうち、主なケース二十四を選び、物語や手記や手紙の形式で、一つ一つについて説明しその解決策を示唆したものである。文章は極めて平易で、親しみやすく、誰でも、またどこでも気軽に読める。面白い、と言つては不謹慎のそしりをまぬかれないかも知れないが、生なかな小説よりはるかに興味深い物語でもある。しかも内容はかなり専門的で、細心な注意が払われ、各々の問題について終りに専門家の意見や参考書名が附されている。例えば盗癖のある子どもを取扱つた章では、盗癖の原因を、「教育心理学事典」を引いて詳しく列挙するとか、劣等感についてもまた同様、心理・医学・環境等についての研究を紹介している。

その他、要領のよい子とうそ、勉強のきらいな子、放浪癖のある子、虚栄心の強い子、交友のない子等普通よくみるケースについて周倒な参考が附されている。またそうした問題ばかりではなく、女子の初潮に対する母親や中学生の秘密行為に処する親の態度まで巧みに取入れられている。

この書はもとより子どもの幸福を願う立場から書かれたものであるが、それと不可分の問題として親の生活が厳しく批判され、夫婦の問題についても示唆に富む。父親も一緒に読んで頂きたい書物である。

大人は子供の心をどれだけ分つているか？と本書は世の親に訴えているものと云えるようだ。そして、大人や環境がどれほど子供を不幸にしているかを具体的に証明したものともいえる。

正しい理解を伴つた愛情でなければ、真の愛情とはいわれないし、相手を幸福にすることもできない。そういう点から、世のすべての母親と教師に是非おすすめしたい本である。（菅谷直子）

（筑土書房一九〇円）

生いたちの記

（二）

松《まつ》平《だいら》すゞ

母の去つた後は、父と二人の姉と私の四人暮しで、私は学校から帰ると夕食の仕度と翌朝の用意をしなければなりませんでした。父はその日の買物など書き置きしておくのが例で、二銭銅貨一枚の下にねぎ一把と、のこりでむきみ（生のあさり）を買つておくこと、また二十銭銀貨があつて、麦二升と味噌三銭買え、などとありました。その頃ねぎ一把五厘位でしたから、一銭五厘むきみが買えたのです。麦は一升七銭五厘から八銭位でした。私はその用意をして父や姉が帰ると食事の出来るよう待つているのでした。冬の寒い夜など父の帰りがおそいと、一人しよんぼりとあんどんの下でふところ手して待つていたことも度々でした。父は私にあんどんは灯してもよいが、薪をもすのは用心がわるいからお菜を煮るのは誰か帰つてからにしろと言つておりましたので、どんな寒い時でも火の無い家で夜おそくまで食事をしないでまつているのがならわしでありました。二人の姉は夜業をして帰るので九時半頃になります。

　こうして明治三十二年はくれて三十三年の春を迎え、私は尋常三年になりました。二人の姉は家から仕事に通つても帯一筋買えないから奉公に行くということになり、半年上の姉は四円、次の姉は三円の約束で他家の女中に出てしまいました。そこで父と私の二人きりの生活となり、学校から帰れば夕食の仕度や、朝の用意は今まで通りですが、自分の頭髪の始末や衣服のこと洗濯も一切自分でしなければなりません。そのうえ学校から帰つてから遊んでいてはもつたいないというので、父の仕事に行く京町通りにあつた馬淵さんというはり医の家の使い歩きをすることになりました。

「今日は、お使いをしにまいりました」というような挨拶をして台所に行きますと、奥さんから今日はこれこれ買つて来てくれ、といわれ買物籠と買物帳を渡されます。いつも帳面買で現金は渡されませんでした。時には大きな風呂敷包を渡され、教えられた家に持つて行つて「今晩馬淵さんの奥様が来られますからよろしくたのみます」と、いいつけられた通りにいつてくるのでした。なんのことか分りませんでしたが、後で考えて見ると質ぐさを自分で持つて行くのがていさいがわるいので私に持たしたものでした。三日目か四日目に二銭位お駄賃をいただきました。もちろんその銭を自分勝手に使用したことはありません。父に差し出し、生活の資ともなり、学校の月謝にも用いられたのです。

　その年の六月二十四日のことでした。父は私をつれて門前町の性高院という寺へ参詣に行きました。玄関で父が大きい声で頼もうといいましたら奥から若い僧が出てきて「御用は？」と尋ねました。父は用意して来た紙包と竹皮包の饅頭を出してお経を上げていただきたい旨申しました。上るようにと申され二人は本堂にまいりました。やがて老僧がほつすを持つて上座の経机の前に坐られ、さきの若僧が木魚の前に座り、読経がはじまりほどなく終りました。父と私が焼香をしてさがりましたら、老僧がぜひ書院に来てお茶を召し上られたく、と案内されました。

白い眉毛に白い髭、白い頭髪が少し頭のぐるりに残っている老僧は、茶托にのせた煎茶を私どもの前に差し出し、

「さてもさても今日は不思議な日であるわい、松平家の法要とは、誠に不思議であるわい、あなた達は松平と如何なる関係の人ですか？」父はさも困った風でしたが、

「松平の少々ゆかりの者で、積善院祥月命日と心得て本日参詣にまいりました」といって頭をさげております。私は心ひそかにお祖父様のお経を上げに来たのだとなぜいわないのかと思っておりました。老僧は言葉をつづけ、

「松平には随分困りました、ご承知のようにお墓の台石は全部売却されてあの通りですし、御参詣に来られたのも今日初めてである誠に不思議である。拙僧がこの寺の住職となって間もない或る日のことだったが、檀家に読経に行って帰って本堂の西南隅の上にかけてある半鐘を鳴らそうとしたらない。今朝その半鐘をついたのにおかしい、小僧を呼んでここにつるしてあった半鐘は如何したのだ、小僧は恐縮しながら、実は松平のいんきよが来てはずして持って行ってしまった、という。そりやいかん、すぐ行って取りもどして来い、と小僧を走らしたが半時ばかりして小僧はしょんぼり手ぶらで帰って来て、松平のいんきよは半鐘を屑屋に売ってその銭で米と麦を買って来て、今御飯を炊いているところだ、という始末、あの時は困りましたよ。たしか松平には年頃の美しい娘が四人あったはずだが、みんな売ってしまわれたと聞いているが、今は何処におられるかしらん」父はただ頭を下げているだけでした。お茶をいただいてお墓に行きました。大きな頭が土中に突きさしてある幾本かの石碑に水を掛け、線香をくゆらし手を合せて拝み、その日は三銭でかんざしを買って貰って帰りました。幼心にも何かわけのわからない感じでありました。

その夜、食事がすんだ後で私は父に「お祖父さんてなんてわるい人だね、お寺の半鐘を盗んで売ったり、お墓の台石を売ったり、何もかも売ってしまうなんて」といいましたところ、父は、

「いいやお祖父様はとてもえらい人でしたよ、そのわけを一つ話して上げよう」いつになく父は改まって、「何もかも世の中が変っただけのことさ、お祖父様が若い頃、御殿に出仕なさるにはカミシモに二本差しで仲間二人がお供して参ったものだ。秋の頃のある日、鍋屋町通りを東に向って夕日を背にして自分の屋敷にかえられる途中、佐野屋の店の前を通りかかったら、小僧が道にまいた水がお祖父様のカミシモのスソにかかった。さあ大変、たしか今お通りになったのは城台目前の松平様に違いない、小僧は家の中に飛び込んでふるえている、この時お祖父様は後も振りかえらず常に変らない足取で帰宅され、すぐ平服に着替えて書見しておられた。二人の足軽は主人がなんどもいわないのでついて来たが、さてどうなることかとかたずをのんでいた。

一方、佐野屋では水を掛けた小僧がお手打ちになるのは止むを得ないとしても、主人番頭までどうなるかもしれぬ、と大心配。早速主人に番頭二人、さきの小僧の四人が衣服を改めて松平の屋敷に来て、さきほどの詫び言を申した。足軽は事情を知っているので、今にあの小僧が殺されると思っていたところへ、平服のお祖父様が玄関に出て来て、やあやあ、佐野屋の衆、何かありましたか、と言うので本日は小僧が誠にご無礼をいたしまして申わけありません、ひとえにご勘弁のほどを、と土下座して四つの頭を土につけている。（二九頁へつづく）

座―◇―談―◇―会

調停と人権よう護について

――家裁調停委員を囲んで――
（第二回）

《出席者》

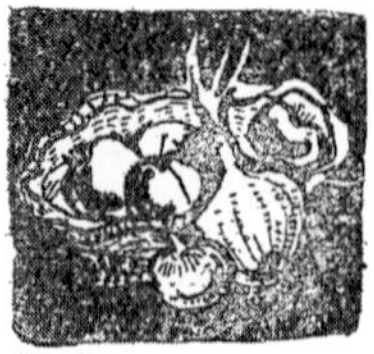

大浜英子（家裁調停委員）
佐藤ふく（家裁調停委員）
小川しづ子
犬丸昭子
戸山和子
二階堂雪子
岡田喜久代
榊原千代
司会　菅谷直子

不満だつた調停の例

司会　（戸山氏に向つて）戸山さんの問題はどうでしようか。

戸山　私の方は片づいたものですけれども……。

大浜　そのときの不満があるのじやございませんか。満足の形でなされましたか。

戸山　満足でなかつたのでございます……。

司会　どういう問題ですか。

戸山　私の舅がなくなつたのでございます。主人の方は前になくなつておりまして、舅が戸主でございました。それがなくなりまして、昨年が一周忌でございましたから一昨年でございますね。

　それで宅に息子がございまして、つまり孫になるわけでございます。一方舅には後妻――後妻といつても、五十何年いる人で、その人の子供も四、五人ございましたが、みんな自分で育てられないで、一人だけ育てて、その子供だけはうちから嫁にやりましたが、あとは養子にやつたり、養女にやつたりで、そんなような関係で、私の主人との間も長年反目し合つていたらしいのでございます。舅と主人の間もうまくいつてなかつたのです。前の母の子供たちはみんな大きくて、後妻とは十か十一位いしか年齢の差はないものですから、うちが円満にゆかず、内輪でボソボソとやつて感情的にうまくいつてなかつたのです。そういう点を私は調べておかなかつたものですから、ひどい目にあつたのですよ。（笑）その後妻というのが、うちで働いていた人を入れたものですから、主人は絶えず父に反感を持つていたのです。年中喧嘩をしてたらしいのです。

佐藤　長男とお父さんとですか。

戸山　そうなんです。直接親子ですから、喧嘩をして、パッと直ればいいのですけれども、手紙なんかで喧嘩したりして、要するにはつきりしない喧嘩で、普通の親子みたいにさらつとするということがないのでございますね。私が中に入つてほんとに困つたのですけれども、舅の仕方もよくなかつたのですね。

大浜　財産をめぐつて……。

戸山　そうでございます。舅が後妻に昭和二十八年頃でございましたか、老後のためとして二十万というのが遺言に書いてございました。あと株券や現金なんかもあるはずでございますけれども、無記名で調べてもわからないのでございます。

それでいままで残っておりました家が二十何坪ぐらいで、大した家ではございませんですけれども、私たちは年寄りと四人暮しでしたが別世帯だつたのです。主人の姉がおつたのでございます。そこでおばあさんというのは、自分がこういう立場ですから、自分の子供にも世話になりたがらず、一人で暮すと言い張つたのです。それでいまは新憲法で相続を得た人は少しでも父の遺産は貰える権利があるから、「あなたたちは家を出てほしい」と言われたのです。私の子供が絶対に出ないと言い張つたんです。それで裁判所に訴え出たのです。名目はおばあさんが年取つて可愛想だから、そちらにあげるというのですが、実際みんながほしいということですね。それで結局私の方は立退料を貰つて、相続を放棄したのですが……。

大浜　させられたのですか。

岡田　あちらの方には弁護士さんがついていらしつやつて用意周到なんですね。

佐藤　そうすると相続人は何人ですか。亡くなつたお父さんの後妻さんと、その後妻さんとの間の子供は養子にいつた方もいれて、亡くなられたおじいさんの孫であるお宅のご子息さんですネ。

戸山　養子にいつたのもいれて後妻の方の子供が四人います。

佐藤　そうすると相続人は六人ですか、配偶者である後妻さんが全体の三分の一、残りの三分の二を五人の子供で均等に分けるのですから、その一人分がお宅のご子息さんの相続ということになつて全体の十五分の二ということになるでしょうか……。

それから遺言があつたのですか？

戸山　おばあさんに二十万円というのが出て来てそれは後妻にやつたのです。

佐藤　遺産として家の外には？

戸山　あとの現金はみんな隠してあるから分らないのです。家だけはありましたが、土地が買つてなくて、借地だつたのでございます。それで借地ですから買つておいた方が売るときに売りやすいからといつて、おばあさんの名義で買取つたわけなんです。それにはみんなの相続者の意見を聞いてからじやなくては、あれは買えないわけなんでございます。それをおじいさんが死んだことについてはふれなくて、おばあさんがいま死にかけているから、自分の名義として安心して死なしてやりたいということで、大騒ぎして交渉して買取つたわけです。そうして自分の名義にしたわけなんですね。

それで、とにかく家の方は分ける。あなたにあげるものは家だけだということで、そうすると、四万か五万ぐらいしかない、それから追出されたら、こちらは何もなくなりますから、それでだいぶあわてまして、よその人もお入り下さつてやつたのですが、結局立退料だけで出たわけです。

佐藤　相続を放棄したのは誰ですか。

戸山　私の子供がしたわけです。あちらはみんなでその家を分けたんでございますが、どのくらいで分けましたか、もうおつき合をしませんから……。

岡田　感情が八分ぐらいでございますね。家庭裁判所に伺つたときには、向うは弁護士がついていらつしやつて、こちらの坊ちやんは大学生でございましたから……。私たちが御相談を受けて裁判所まで行つて申上げるだけの力もなかつたわけです。向うにすつかりお膳立てされてしまつたというわけなんですね。

佐藤　相続の割合は法律ではつきりしているのですから、遺産そのものについて争いがあるのですね……。

岡田　だから、財産をお隠しになつたというのは、そのお婆さんでございましょう。それで、そういうことがあるということを家庭裁判所で申上げても……（あとを受けて）

戸山　全然受付けて下さらないのです。こちらの申上げたことを全然お取上げにならないんで、あちらの御意見をお取上げになるのですね。「いつもひどい目に合わされて、とても一緒に暮せない」ということをおつしやつて、それを全部お取上げになつたのですからね。私家に帰つてから、ブウブウ言つたのですけれども……。

大浜　それを取上げたというよりも、隠されているものは分らなかつたわけでしよう。

戸山　子供の友達のお父さんがいらつしやつて、その土地を何とかするから買取つたらどうかとおつしやつたのですが、とつても高くふつかけて来た。そのとき家だけだと思つてたら、土地が買つてあつて土地の値段がついていたのですね。土地だつても、おじいさんからもらつた金で買つたわけですからね。

榊原　そういたしますと、この奥さんの話では、いろいろ分らないことがあるわけですよ。向うの人がいいように申立てをして、それが全部受入れられたということになつちやうのですね。

気毒だが感情では曲げられない

大浜　それはいま奥さんだけの話を伺つて、ちよつと返事はできないわけですよ……ね。

榊原　ですけれども、そういう場合に、証人が出ることはできるのですか。これはほんとうです。これはうそがありますということを……。

大浜　もちろんできます。だけれども、証人のようなひとが出て「これはほんとうです」「これはうそです」と言つても、調停委員はその通り簡単に信じられないのでございますよ。

やつぱり、そういうこととなると訴訟の問題でしつかりと法律の筋を通さなければならないので、感情的に気の毒だから曲げちやうということはいけないのです。そのへんが一方だけ聞いたのでは、むずかしいんで、「これはお気の毒だから、こちらにあげなさい」ということはいえない。いじめたといつても、たとえばお宅の坊ちやんがおばあさんをいじめたからといつて、「それじや、あげなくてもいい」とはならないのですね。これは別なことなんです。

佐藤　いじめたとかいじめないとかということと関係なく相続分はきまるのですから、それを取り上げるということはないと思いますが、遺産の範囲について問題があるのなら裁判所は裁判所なりの調査をすることもできるのですからネ……

岡田　「調査をして、両方よく見てくれ」ということを申上げたのですよ。こちらは坊ちやんとお二人きりでございましよう。あちらは兄弟から、弁護士までついていらつしやつて、準備が整つているのですからね。

大浜　家庭裁判所は一方に弁護士がついて準備万端整つている。一方は何かしどろもどろだというときに、だいだい見当がつくのですよ。こちらは整つているけれども、こちらはまだまだ整つていないから、こういうふうにすればいいだろうという見当がつくのですよ。そのときに整つていないからといつて、こつちの方の言うことだけを買うということはしないのです。あつちに弁護士がついていて、あなたの方には弁護士がついていない場合、この点はもう少しこうなるべきだと思えば、家裁ではそれぞれの手を尽しますよ。そんなに一方の意見を弁護士がついているからといつて取上げるということは、絶対にないわけです。

有利な証人の申請はできる

榊原　大浜さん、調停のときに、この人を保証人に出せば有利だがなと思つても、その人を証人に申請することはできないのですか。本人がこの人を出せばいいなと思つても、裁判官としては、それが言えないことがあるというのですよ。そういうときには、調停委員なりあるいは判事なりが「この人の意見を一度聞いてみたい」と言うことはできますか。

大浜　それはできます。

榊原　それでは訴訟よりもいいですよ。

佐藤　「詳しい事情を知つている方をつれていらつしやい」ということは十分言えますわ。誰がよいか勿論調停委員会で相談しますが、そうでなくとも当事者がおつれになつた参考人のお話もきくようにしていますよ。

大浜　十分弱い立場の人を正しく保護するということはやつているのです。

佐藤　あなたのご不満と云うのはつまり遺産の範囲をこれこれと決めるのに問題があるのではないですか、例えば株券や現金がまだあるはず、かくされている……というようなことをあなたの方から申立てても取り上げてくれない……というように。この点はかくされている、まだあるはずだ……と云われてもどこにどういう風にということがはつきりしないと調査することもできないし、はつきりしないことの上に立つて調停できないので漠然とした申立は取り上げることが出来ないのですネ、そういう意味では実際の社会ではいろいろそういう事実が行われていて、損をする立場の人もあると思うのですが、どうすることも出来ないのですネ、

納得できなければ承知しないこと

小川　こちらの奥さんがもう一度しなおしていただきたいと言うことはできないのですか。

大浜　決つてしまいますと……ね。だからそれを承知しなければいいのですよ。

戸山　しまいには私がいやになつたのです。

大浜　そのいやになることがいけないのですね。納得ゆくまで承知しなければよいのです。

戸山　気が短いから、しまいには「そんなものはいらない」と言つて、子供に怒られて、やつとあれだけとつたのですけれども………。

岡田　「あきらめなさい、あきらめなさい」と何べんも言われて、しまいには坊ちやんは「金なんかいらない、相続権なんか返してやる」と言い出されましてね。

戸山　調停委員が「君は法律の方を何とかかじつているけれども」と、今度は子供の悪口なんですよ。向うについている弁護士さんと調停委員の方とが御存じなんですからね。

岡田　坊ちやんが「こういうことをバラしていいか」とおつしやつて怒つてらつしやつたですね。

司会　そういう場合、こちらの方が調停委員を拒否するということはできないのですか、よその調停委員に代えてくれということは。

岡田　そういう問題はでたのですよ。しか

しちよつと具合がわるくなるということでやめたのですね。

榊原　そうすると、いまの奥さんの話は調停委員に頼れない形になりますね。

大浜　自分はこう思つているけれども、こうできないのかということを納得いくまでお尋ねすればいいのですよ。ひつこむのがいけないのですね。

私はよく言うのですけれども、当事者が言うには「向うの言うことばかり聞いて、こちらの言うことは聞かないから、ひつこんだ」ということを言われるけれども、それはひつこむ方がわるいんで、どこまでも納得いくまでこういうことがあります、ああいうことがあります」ということをみんな言えばいいのですよ。そう言つても「これはこうなんだから、あなた方の考えはなおさねばならないのですよ」と言われる。そのとき、それを納得のいくまで聞けばいいのですよ。途中でひつこんで抑えられたということは、私はそれはその人がわるいと言いたいのです。世の中のことは全部そうだと思うのです。

榊原　ですけれども、いままで日本の人が自己を主張するということを知らなかつたのですよ。いいかげんなところでひつこむというんじやないのですけれども、裁判所で「何とかこれで納めたらいかがでしよう」と言われると、そこで決めて来てしまうのですよ。そういうことが法律的にどうなるかというような説明が足りないのでしやく然としない点になつているようですね。

佐藤　決つてしまうと確定判決と同じ効果になるそうですから……だめですネ。

あなだのお話を伺つていて考えられることは、あなたのご不満は先方の意見は取り上げて自分の方の云うことは取り上げてくれなかつたということにあるようですが、これは私共もよくきくことなのですが、殊に調停委員が弁護士さんのように法律の専門家などになりますとね、事件の見通しや判断が早くついてしまつて、感情的ないきさつや細かな事を聞いても同じ結論になる……と早く見通しがついてしまつて余り細かなことをきたがらない委員がいます、そんな時に自分の方の事情は何もきいてくれなかつた……と当事者から不満の起る場合が考えられますけれど…。

当事者が納得するまで十分説明して説得するということが調停の技術として非常に大切なことだと思いますネ。

戸山　弁護士だから、裏を知つているわけですよ。

岡田　「そういうことはない、そういうことはない」と言われると、何にも聞いていただけないという感じを受けるのですね。

佐藤　たとえばさきほどの話のように家の建つている下の土地を後妻さんが買取つてしまつてあつたとか、財産が上手にいんとくされているとか、売買をよそおつて既に処分されていたとか……というような問題で詐害行為とか何とかいうのでそれをはつきりさせるのは別に訴訟というような方法があるのですけど、調停ではそこまでやれないのでしよう一応合法的にやつている場合は仕方がないのでそれを前提として運ぶより外はないという場合もありますから、調停以前の問題になるので、調停のやり方の問題でない場合もあると思うのですけれど。

大浜　だから、さつきおつしやつた「あきらめろ」ということは、このくらいであきらめろということでなく、「こういう事実になつているから、この辺で話し合いをつけろ」ということになるかも知れませんね。

岡田　最後はそういうことになつたのですね。ここまでやつて、してやられたのは、よく分るけれども、もう突張りようがないからということで……。

大浜　そうすると、調停への不満じやないわね。

岡田　戸山さんの御不満はあちらのお話をとりあげられて、「こんなことがあつたそうだ、あんなことがあつたそうだ」と言われて、こちらの言うことは聞かれない、それがくやしいということですね。

戸山　「そうじやございません。こうです」と言つても、「そういうことはない」と言われるのですからね。ただ結果がどうあろうと、一応こちらのことも聞いていただいて、「こうじやないか、こうじやないか」と調べていただければ、満足もいたしましよう。それが全然ないわけです。それでうそばつかりを取上げて……。あつちの方がうそが多いのですから……。

小川　そういう場合でございますね。両方一緒にはいませんか。

大浜　普通別々にします。

戸山　一緒になつて、お互いにお聞きにもなりました。

榊原　こういう場合、調停委員の方に不満が残るということはいけませんね。

大浜　残念ですね。

戸山　ほんとに納得して、あれほど言うのならばいいのですよ。それがほんとうでございますが、それがあちらの言うことはお聞きになつて、全然こちらがこうだと言つても、馬耳東風なんです。

佐藤　調停技術の未熟さは私などしよつ中自分で感ずるのですけれども、たしかにそういう不満が残る場合もあると思うのですよ。

岡田　あまりに向うが揃つていらつしやるのですよ。条件が……。

佐藤自分たちたいがいの場合は、弱いものの立場になつて考えてみるということを意識してやつているつもりなのですが……

岡田　あれはずいぶん長いことかかりましたね。

戸山　半年ぐらいですね。いよいよになつて、本裁判になつては、君の方も困るだろうということで、宅の子供の友だちのお父さんに来ていただいて、話が決つたのです。

岡田　それで二十万も出されたわけですね。もつともつとございますけれども、それは隠してしまつたのですから、どうしようもない。

戸山　おばあさんに全部やるということで訴えたのですけれども、姉なんかも全部欲が突張つているから、みんなもらつたのじやないですかね。おばあさんは千葉に行つて、家を建てて、そちらにいるようですけれども……。おばあさんの方も結局なんだかんだで金がいつて、損じやなかつたですかね。

司会　この問題よろしゆうございますか。家事調停の実際と限界というのが出たわけですね。では、次に二階堂さんの問題はいかがでございますか。

協議離婚のできない場合

岡田　先生の場合は、家庭裁判所の認識が浅かつたから……。

二階堂　もつとも、二十五年でございましたから、だいぶいまと違つておりました。

結局離婚でございましたけれども、呼出して両方の話を聞くにしても、本人が出頭しなければ話にならないということですね。私の方が別れたくても、向うは別れたくないから、本人が出頭するわけはない。それで一応行きましたけれども、本人が出頭に応じないという話があつたからやめちやつたのです。それで裁判に持つていつたのです。

佐藤　一度も調停はなさらないのですね。

二階堂　いたしません。裁判に持つていくにいたしましても、こちら（岡田氏）にお世話になつたのですけれども、一応そのまま私は解縁してしまつて、一切捨てちやつたのです。財産なんかありませんでしたけれども、家財道具一切向うにくれちやつて、そこを出まして、三カ月くらいして岡田さんの御紹介で弁護士を見つけて、裁判に持つていつて、大変気持よく片付いちやつたのですが、欠席裁判でございました。

佐藤　慰籍料などの要求はなさつたのですか。

二階堂　離婚だけです。

岡田　こちらから手切金をあげちやつたのでしたね。

二階堂　あげましたね。（笑）

佐藤　経済的な力がこちらの方があつたわけね……。

二階堂　そうじやないんですけれどもね。

岡田　刃物をもつて「女房を返えせ」とど、なりこまれるものですから、池袋署の相談所から手切金を渡してもらつたのですね。それでも来るのでございますから……。

大浜　よつぽど見込まれちやつた。（笑）

岡田　こちらがお医者さんであれでしょう。

司会　調停というのは、片一方が出て来ない場合は成立たないわけですか。

佐藤　話が進められないわけですね……。いまではずいぶんやりよくなつています。出頭勧告に、調査官がいきますから、だいたい出て来るようです。

祖先を祀る者は？

犬丸　前にお話した（前回）年寄りの問題ですけれども、裁判する気持はないんでございます。それで万一どちらかが死亡した場合に、それで喪主になるものがないということですね。

佐藤　喪主というとお墓を守つたりお祀りをしたりする方のことでしょうね。

犬丸　子供たちはおるのですけれども、長男の方はあんな具合ですし、次男は遠くに離れているのです。

大浜　長男は先妻の子でしょう。後妻の息子さんというのは。

犬丸　全然ないのです。

大浜　全然なければ長男ですね。夫の子でしょう。

犬丸　主人が死ぬときに、次男にまかせたといつても、やつぱり長男ですか。

大浜　財産のことでしょう。

佐藤　昔は財産と家と祖先の祀りも一緒に嗣いだのですけれども……。

犬丸　財産といつても、それぞれ一緒にくらしていけるものを分け与えてあつたのです。それが戦災でなくなつてしまつた。

大浜　この場合、長男じやないでしょうかね。

佐藤　指定があれば指定された人、なければ習慣に従うということになつているのではないかしら。

調停申請の場所

榊原　調停を申請するでしょう。その場合遠くにいる人は、そこの裁判所でやるのですか。

大浜　相手のいるところの裁判所でやることが原則なんです。けれども、相手の人が九州にいても、東京でやつていいというならば東京でやつていいけれども、原則としては、相手のいるところの裁判所でやるのです。

榊原　調停に出したいけれども、遠くて、旅費がないという場合どうなるのですか。

大浜　便宜をはかつて、みんなのことを思つてやつてくれる特別の方法もあるのですよ。ちよつとそういう場合には、「こういう事情だけれども、何とかなりませんか」ということ言つて、聞いてみればいいのですよ。そうすると、何らかの便宜をはかつてくれるかも知れない。

榊原　ですから、泣寝入りしないで、話せば何とかなるかも知れません、ということですね。（大浜氏、二階堂氏中座）

慰謝料と親の財産

小川　慰謝料の問題ですけれども、程度はどの程度に決めるのでございますか。

佐藤　能力によつてまちまちですね。資力やら、いろんなものを総合して決めますからね。

榊原　婚姻は二人の自由意志によつて成立するという憲法の精神にしたがえば、親の財産というのは入らないわけですね。たいていそれを斟酌して参考にしているようですね。慰謝料の場合はそれは考慮に入れないでいいはずですね。

佐藤　入れてないんじやないですか。

榊原　現に私の知つている人が調停やつておりますが、「息子さんには能力がないのだから、親御さんがこの場合、お金を出してやれ」と言われたそうですよ。

佐藤　結果としては、そういう格好になる場合があるかも知れません。たとえば親の財産がたくさんある場合に、事件の性質からいつても、どうしても慰謝料を支払わねばならぬ場合に「親御さんから借りてでも出しなさい」ということはよく言いますから。

榊原　そうであれば、そこに基準というものができますけれどもね。普通、夫婦の問題は、夫婦が解決するというたてまえが原則になつて来ていると思いますが……。

佐藤　まだまだ夫婦の間に割り込んで夫婦生活に干渉したり破壊したりする親もあれば、親や家の考えに頼つていて自分の夫や妻を大切にしないお嫁さんやお婿さんもいるのですネ。一般的に云つて家庭裁判所が出来て家事調停制度ができてからそれ以前に較べると婦人の人権は守られているということが出来ますが、まだまだ完ぺきではないということになるのでしょうか。

司会　では、お忙がしいところをいろいろとありがとうございました。

（終り）

（二一ページよりつづく）

お祖父様は、佐野屋の衆、何か思い違いをしていられるのではないか。わしは今日一日中書見していて外出はしなかつた、と言つて奥には入つてしまわれた。その頃の慣わしとして、武士が町人に水を掛けられてだまつているわけには行かぬ、どうしても小僧を殺さねばならぬ、それで外出しなかつた、一日中書見していたと言えば自分の体面も保てるし、人を殺さなくてすむ、とお考えになつたのだ。その後お祖父様の御徳の高いことが知れて皆が敬服していたのだが、維新になつて知行をはなれ、二君にまみえずの精神で、すつかり貧乏され、寺の半鐘だつてその昔寄附したのだから食べることが出来なくなつて売つたのさ。決してお祖父様はわるい人ではない、時代が変つただけのことさ」

私はその夜子供ながら世の中のことをいろいろと思いうかべて、すぐとは寝つかれませんでした。

佐野屋は明治から大正にかけて昔のままあつた大きな酒屋でした。

*　*　*

短篇

結婚

中《なか》村《むら》瑞《みず》江《え》

もし諒一が中流農家の総領息子でなく、恵子が幼時から満州大陸の黄塵を浴びて育つた非家庭的女性でなかつたとしても、二十数年も他人だつた男と女が東と西から近づいて来て突然共同生活をはじめるのだから、全く後悔が無いというはずはない。

まして二人は夢想家ではなく、決まり通りの数だけねじの揃つたリアリストである。恋愛三年目、そろそろ形式を以つて合法化すべき時期が来ているが、いざ結婚となると思つたより厄介なケースなので狼狽している。

もつとも私が恵子と非常に緊密な間柄なので大げさに考えたがるという向きもある。この程度で厄介がるのでは日本中の婚礼に端からケチがつくだろうが、こういう問題は劔呑症である方があとあとのために無難なのではないかと思い書くだけ書いておこうと思う。

一九三三年、厳寒の奉天医大で恵子が生まれた瞬間から私は彼女の「影」になつた。

恵子が産声をあげるのを、私は黒い裸樹の見える窓ガラスの氷花の中で待期していた。それから二十三年十二カ月、彼女の彷う道のすべてを私はついて歩き、いつもこの女の言行に関しては遅ればせながら嗤い続けて来た。しかしこれまでのことは今彼女が当面している問題に比べれば、彼女一人の生活に関わるだけの小事のみで、いわば末梢的なことに過ぎなかつた。乱読・厭世・退校・就職・頽廃・擬似恋愛・転職・etc。

ところが彼女は今、自殺より厄介なことを決行しようとしている。恵子の、ものの重量に対する感覚は既に逡巡する余裕の無いところまで追い込まれた位置でしか働けなくなつている。たとえ計り直しができるにしても彼女は既に一つのつづらを背負つてしまつた。多分重い方だろう。

生みの親とも馴れ合えないで転々と孤の住いを転がして来た恵子である。過剰な自意識のトンネルの中で苦しみ通すことを仕続けて死ぬ、そのはずだつた彼女の諒一に対する心は平凡な恋愛感情ではないようだ。二人の関係は恵子がおおかたのことに嫌気がさして空あげを繰り返した末に初まつた現象である。しかし私には、彼女の生きていく支えが諒一の「人格」だからとはいえ、つづら背負つての山歩きを是が非でもしなければならぬとはうなづけなかつた。

諒一という男を自分のものにする為には彼女は諒一の家族にまず喰われねばならない。二十世紀、日本の結婚の形態とは現実にこれ以外にないのだ。幼稚な形での結びつきは理想境に於てのみ果たせる。それでも結婚したいという彼女——私は恵子の理性を疑う。恵子は自分にどんなことでもできる力があるとでも思つているのだろうか。

これまで自分の力で切り開きつなぎ合わせてもり立てて来た彼女

の非凡さが、けずられ、えぐられることによつて維持できる家族制度、それが二人の結婚の先にある。今から私には恵子の嗚咽の声が聞こえるようだ。そんな時諒一はどちらの側に立つか。諒一と諒一の両親の間には、恵子と恵子の両親の間にあるような客観性ともいうべき溝はない。そんなものを掘つておくには諒一のこれまでの二十八年、昼も夜も彼の両親と密接し過ぎていた。経済的にも彼は家付き息子の典型的な形で過して来ている。

一年と纏めて両親から離れたことのない平穏な過去に生活した諒一がどのくらい「家」に対して冷淡になれるものか。

諒一は「俺だつて〝仲田さんもあの男と結婚したらまるでダメになつたな〟といわれて平気ではいられないよ」といい、「飯を焚かないでも作品の書ける時は書け、一週間出前のそばばかり喰わされるくらいの覚悟はしてるんだから」、そして「これだけいつてもくよくよこまかい仕事ばかりして書くことをさぼつていたら軽蔑してやるぞ」ともいい、「尻をひつぱたいても書くようにしてやる」と笑つた。なるほど諒一は恵子がいわゆる世間的に良い妻君になることなど予期していないようだ。しかし恵子は、夫が汚れたカラーをつけつ放しにしていることに平気でいられる神経は持ち合わせていない。カラーの汚れ位諒一自身がなんとかするにしても布団のすみは鼠に喰われ、二人の汚れた靴下が二十足も溜つて、焦げ飯のこびりついた釜が三日も放つてあるような新家庭ではいかにも興覚めだ。

しかも恵子は諒一のことばかり考えているわけにいかぬ。嫁でもあるのだ。そこで彼女の自由を確保するためには彼女が小説を書く女としての実績を見せ、当り前の嫁ではないと諦らめさせる法はある。しかし二十四にもなつて相変らずボトボトとシーツ一杯インクの涙ばかりこぼしている恵子ではこの企画は当分無理だ。それに恵子が子供を生まぬとはいい切れぬ。女は慾つかきだ。妻にも母にも嫁にもなつて、且つ男と同じように本を読み、魅力を失いたくないと願う。女の「影」になつたおかげで私は三人分も生きる思いがする。

恵子の職場の婦人部長に坂田節子というこのあたりには珍らしい若手の人材がいる。結婚して二年目だがこの地方都市には有料の乳児院もなく子供を産めずにいる。坂田に早く良い母になることを勧めながら、一方ではそのために坂田が家庭に引つ込んでしまうのではないかと、同じ社会に活躍する女性としておそれ、無念がらねばならぬ矛盾を恵子は今自分のものとして痛感している。有能な女をずたずたに引裂いてしまわずにおかない現代の社会機構を、恵子は坂田部長のためにも自分の将来のためにも腹の底から憤り、なんとかしなければと思う。

どれかを断念しなければならないとしてどれを断念するというのだ。女の力にも限度がある。諒一が先日ある友人の話をした。友人は松本の大きな菓子屋の息子であり四、五年前結婚していた。それが此頃、妻君の商才は買うが新潮一冊読むのに三カ月かかるような女じや話相手にならない、と他所に機智に富んだ、表情豊かな女友達を作つて店を留守にしている。

そういう男と恋愛するのは容易い。世間の裏表一通り知つているような顔をしてとぼけた皮肉や奇抜な比喩で文芸批評も映画評もやる、顔も十人並みのこの恵子なら資格十分だ。だがこんなのがうつかり結婚してなまじ家業に責任を持ち舅、姑に尽している中に夫の四分の一も読書する時間はなくなり、夫からは店にだけ大切なカステラ天火の機械でも見るような目で見られるようになる。

諒一はその友人の危機を淡々と話して聞かせた。「貴方も話相手として飽きない妻君といわゆるお嫁さんと両方貰いなさいよ」と恵子は冗談にいい「そんなのたまらないから両方一人でやりたいと気張るんだわ、できもしないくせに――」と真剣に苦笑いしている。

慾つかきは女ではなく男なのだつた。しかも男の慾は自分の体をすり減らす方法をとらない。女の体力や能力を犠牲にして何もかも欲する慾だ。

家族の一人一人が自分の部屋を持ち、心も自から独立できるような家屋建築が日本人のものになり、一方安心のできる老人ホームや託児施設ができぬ限り、女は男の三倍の体力と能力を持つていないならばその若々しい知的な魅力を結婚後数カ月で磨滅させる他ない。さもなければ結婚などという愚かなことはしないことだ。孤りでいる以外に女の「人格」は保持できぬのではないかとすら思える。

男にとつての結婚と、女にとつての結婚がこんなにもちがうのかと恵子は今更ながら意外だつた。つまり、結婚することによつての損と得のことである。ついこの間まで恵子は、結婚すれば男も女も同じように損をし、同じように得するのだろうと思つていた。

諒一は抛棄することを許されないものばかり持つている。椰子の実に乗つて砂浜にたどりついた孤独の男ではないのだから無理もない。従つて諒一が妻と両親の間で苦しむことは想像に難くない。

松花江岸の黒土が私の母胎だ、などと涙を溜めた目でうそぶく恵子を理解する者は諒一ひとりである。二人はお互いに、自分を恋する者は他にあつても愛する者は諒一にとつては恵子、恵子にとつては諒一の、他にいないと考えている。

場合によつては二度目の別居を彼は考えなければなるまい。恵子はただ、寡黙になる一方で、不満をはつきり意志表示したりはせぬだろうが、諒一は敏感にそれを苦にするだろう。「貴方をそんな風に苦しませたくないから」と彼女は忍耐を覚悟してみせるがその覚悟ば自分のものになり切つてはいない。

「ま、取越し苦労もそれだけしておけば結構さ」悪いようにしないから、と彼はいう。「少なくとも一、二年は別に暮らせるよ」と諒一はいつた。これからの長い半生のうち妻だけでいられる期間はたつた一、二年である。その期間が少しでも長かれと願うには、二人は少しでも諒一の両親が老い込まないうちに結婚することだ。

葛原村の恵子の両親が一応は子供の自由を尊重して「おんぶはしないつもりだよ」といつてはいても心中どの位心細いかを思うと恵子もやり切れない気持である。それと同じように諒一の両親も心細いのだ。日本中の五十代の両親がみな心細いのだ。葛原の方は北支青島で結婚し四人の子供を満州で生み育てた二人だから、あれで金さえあれば死ぬ前にもう一度新中国旅行ぐらいして気兼ねない老い方をするだろうからまだ気は楽だが、諒一の家には幸か不幸か無限の平穏さがある。若い諒一夫婦さえが大きな旅行はできぬような状態になるのではあるまいか、と恵子は物憂げに溜息をついた。

誰もが安心して住める社会ができる時までは家の犠牲になる若者もいなければならぬ。諒一の弟が家を継ぐとしてもいずれは弟の妻になる女が苦しむわけである。恵子はだが覚悟はよいか、と聞かれて「ええ」と答えるわけにいかない。また、そんなにまで女の自滅の場合ばかりを覚悟しなければならぬような惨酷なものが「結婚」だとは思いたくないものである。

婦人界だより

婦人団体
売春関係予算の復活に起立る

売春防止法は来る四月一日から実施されますが、現在業者の転廃業も一向はかどらず、また政府の態度にもキ然たるところが欠けており、卅二年度の売春関係予算も大削減をうけています。

昨年十一月、売春法成立後の対策のため結成された「売春対策国民協議会」は去る二月十五日、参議院会館に神崎清、伊藤秀吉氏はじめ各婦人団体、キリスト教諸団体の代表を招き、売春関係予算について、関係官庁の係官から説明を求めました。そして削減された予算のうち、ぜひ共復活させたい費目をただし、婦人団体は政府に圧力をかけてその復活を計ることになりました。

なお、当日は渋谷区鳩森小学校のPTAのお母さんたち十数名が参加、温泉マークの旅館にとりかこまれ、児童教育上放置できない状態にあると訴え、旅館法の改正について出席中の厚生省環境衛生課長に深く要望されました。（旅館法の改正は今国会に提出される旨同課長から説明がありました。）

原稿募集

◇**創作・論文**　一五枚以内（四百字詰）

◇**随筆・コント・ルポルタージュ**（七枚以内）

◇**職場のこえ・台所のこえ**　三枚〜三枚半

◇**短歌・俳句・詩**

本誌は婦人の発言の広場です。婦人の地位を高めるために、明るい生活をきずくために、住みよい社会をつくるために、そして婦人の隠れた才能を発掘するために皆様の活発なご投稿をお願いします。

注意　一般に〆切はもうけませんが、時事問題などは**毎月十日**までにお送り願います。

送り先　本社編集部

編集後記

まつしろな朝の霜にうつつて庭の椿がひとしお真赤に、うす紅のボケも水仙も春らしい色をたたえてきた中で、暮からもちこしのかぜをこじらせ、三九度をこえる熱で氷を相手に寝床にしばりつけられて十日あまりをすごしました。総理大臣でないありがたさ、どこからも文句がこないのをさいわいに怠けたわけではありませんが、本誌に書く予定の家族労働法や最低賃金法の問題にも手がつけられず残念でした。

○毎月書きたいこと、書かねばならぬことは山ほどありながらスペースのつごうで書けず、写真も挿絵もほしいことは山々ながらこれまた財政上の理由で実現むつかしく、それにつけても一人なりと読者おふやし下されば一歩ずつ内容の改善ができますのでどうぞよろしく願います。

○神奈川県藤沢以西の読者を中心に三月二日午後一時半平塚駅前農業会館で茶話会を開きます。お友達おさそい合せぜひどうぞ。（山川）

婦人のこえ　三月号
定価三〇円（〒五円）
半年分　一八〇円（送共）
一年分　三六〇円（送共）
昭和三十二年二月廿五日印刷
昭和三十二年三月一日発行
編集発行人　菅谷直子
東京都千代田区神田三崎町三ノ六
印刷者　堀内文治郎
東京都港区本芝三ノ二〇
（硫労連会館内）
発行所　婦人のこえ社
電話三田(45)〇三四〇番
振替口座東京貳壱壱参四番

昭和二十八年十一月二十四日第三種郵便物認可

婦人のこえ

4月号　特集・母子問題　1957

婦人週間催し

労働省本省行事

昭和二十四年から始まつた「婦人週間」は今年で九回目を迎えることになりました。ご承知のように婦人週間は、昭和二十一年四月十日日本の婦人が始めて選挙権を行使した日を記念し労働省主催のもとに、毎年四月十日から一週間をその期間として、スローガンをかかげ婦人の地位向上のため種々の記念行事が行われております。

今年は、社会の発展のために婦人の力を役立たせる、という目標から、

「とくに近代的な人間関係の確立のため婦人のもつ力を役立たせる」ことを強調して、

まず話し合いましよう
―あかるい人間関係を
つくるために―

というスローガンが選ばれました。

そして、労働省では、右のテーマによる論文を各県の婦人少年室を通じて募集し、せんこうののち全国から六〇名(うち男子若干名)を選び、「全国婦人会議」を報導関係の機関と共催で開いています。今年の会議は第五回目にあたり日本放送協会と共催で開かれます、論文のせんこう委員長は、東大教授の宮沢俊義氏、会場は産経会館で、左のように行われます。

十三日午前　宮沢俊義氏の講演
〃　午後　部会
十四日午前　部会
〃　午後　合同部会
十五日午前　(せんこう委員会議、NHK会館)

部会におけるアドヴィザー
(せんこう委員)
東大教授　宮沢　俊義
弁護士　久米　愛
評論家　松丸志摩三
東大助教授　松島　静雄
都立大教授　磯村　英一

なお会議の傍聴は男女を問わずできますが、人員に制限がありますので前以つて労働省婦人少年局(電(23)〇一四一)へお申込み下さいとのこと。

日本社会党婦人部

スローガン「**あかるい人間関係をつくるために**」加えて

一、母子家庭には母子年金を
一、老人には養老年金を
一、だれでも入れる住宅を
一、町にも村にも託児所を

催し　党員家族のつどい(党員及び没故された党員家族を慰安する)
とき　四月二十日(土)十時〜四時
ところ　山口ホール(東京・台東区御徒町)
内容　午前中講演・午後アトラクション
その他　地方講演会の開催等

東京都公聴
婦人相談開設

東京都広報渉外局公聴部では四月から左の通り「婦人相談」を開くことになりました。子供の教育やしつけについて、結婚・離婚・家庭問題その他一般身上相談など無料で応ずることになつておりますからお困りの方はどうぞご利用下さいますように、と係員は言つております。

時日及び担当者は次の通りです
教育としつけ　波多野勤子(第一月曜午後一時〜四時)
身の上相談　唐崎ヒデ(第三月曜午後一時〜四時)
身の上相談　山室民子(第四土曜午後一時―四時)

このほか、公聴部では午後九時から午後五時まで都民生活一般相談を受けております。

場所及び電話
千代田区丸の内三ノ一
東京都新庁舎内、公聴部
和田倉(20)二二六六番

婦人のこえ

1957年
四月号

四月号目次

特集・母子問題

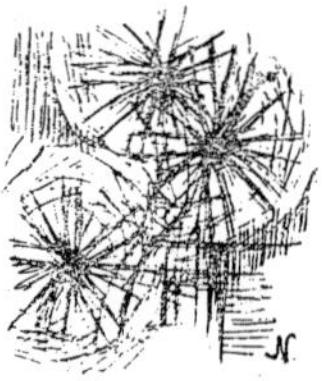

血にうえる保守政権

山《やま》川《かわ》菊《きく》栄《え》

水爆実験やめよ

　やがて満十二年になろうとするのに、あの一瞬の運命にのろわれて、今年にはいつてからでもすでに原爆症で命を奪われたものが十人をこえた。このほか全国に散つている被爆者（横浜だけでも千人以上という）、また人知れず亡くなつた人々の中にまだどれだけ多く同じ悲劇の犠牲者がいるか分らない。そして一昨年のビキニの実験とその犠牲者と。そして日本のみならず、世界の学者が死の灰の人体に及ぼす長期の影響を研究して、有害という結論がしだいに有力になつてきているのに反し、無害という結論も出てはいないではないが、少数であり、絶対に無害という確証は得られていない。にもかかわらず、政治的目的のために無害説をとつて実験を強行することは危険この上もない。

　イギリスでは労働党は原水爆禁止、実験中止を政策の中にかかげているが、何分保守党が絶対多数をしめている今日では問題にならず、次の総選挙をめがけて組織の強化と教育宣伝に全力をあげ、五年や十年で動かぬ絶対多数の政権を確立するよりほか方法がない。保守政権のもとにインフレ景気で金持は大もうけ、物価は上り、社会保障はサボられ、生活の苦しくなつたイギリス労働組合運動は一九二六年、ゼネストにやぶれてこのかた、かつて見なかつたほど闘争意欲にもえ、昨今国鉄、自動車工、機械等重要産業は相ついで賃上げ闘争に入り、造船工二〇万はすでにストライキに入り、五％賃あげに成功した。保守内閣はキプロス、ケニアで植民地民族の血をおしげなく流し、スエズにもその手をつかつて大ミソをつけ、あわてて党首のガン首をすげかえた。そして政策を改める代りに、スエズの失敗から国民の目をそらす気か、米ソの中にわりこんで大国顔をするためか、はるばる太平洋まで出かけてクリスマス島で水爆実験を強行しようとしている。日本社会党は労働党に対して実験中止のための協力を要請したが、その反響は追々に現れるにちがいない。

　東京のイギリス大使館は原、水爆実験反対は共産分子のみのしわざで、恐るるにたりないという声明を出したそうで——これは日本の新聞には発表されたように思わない——タイムズ紙が、その誤りを指摘し、これは首相以下全国民の一致した要望であると認めたのはいいが、こんどの実験はすませた上で米ソ二国と原水爆制限について協議せよという提案はおかしい。しかし三月十四日毎日新聞夕刊によると「来る四月、ジュネーヴの国連科学委員会に提出される世界保健機構（ＷＨＯ）の核分裂研究報告は人工放射能が遺伝学的見地から極めて有害であるという結論を出し、十二日タイムズ紙もこれを大きく報道し、ニューズ・クロニクル紙もこの報告を重要視して水爆実験をすぐやめよ、と主張した」という。このほか自由党のマンチェスター・ガーディアン紙、労働党系のデーリー・ヘラルドも実験中止を要望、労働党議員六名はこの問題について議会で政府に質問を行なつて世論をおこすことにつとめている。

　日本政府はすでに二回、クリスマス島の実験中止をイギリス政府に求めたが二回とも拒絶してきた。岸首相はさらに特使を送つて中止を要請しようとしており、これはイギリスの平和主義者によつても歓迎されている。昨年日本国会の原水爆反対決議をうけて、最も愛想のいい返事をしたソ連最高会議が消えてしまつたわけでもあるまいが、ソ連ではその後五回も無警告実験をおこなつた。これに対し日本政府も、日本社会党も共に同国政府に対し中止を要請した。アメリカもまけずに来年また大規模の実験計画中ということで、大気の汚染は人類の生存をおびやかしている。「水爆実験の期日が切迫するにしたがい、日本の抗議という政治的角度よりも、むしろ放射能の一般的な科学的影響という科学的事実に関心が集中されてきたことは、注目してよかろう」と十四日の毎日新聞は伝えている。

日本では原水爆禁止協議会がクリスマス島に抗議船団を出すことを決定した。いかにも日本人好みの悲壮な決意ではあるが、こういう悲壮な企てに玉砕主義の伝統のない、現実主義、実利主義のイギリス人が、日本人と同じように感げきするか、犠牲者の家族の涙にもろく泣きおとされるか、はもう少し冷静に考えてみる必要があろう。自分で自分の涙に感げきしてひとり相撲をとつていても、さきさまはいつこうこたえないとすれば、もつと客観的に、科学的に訴える方法を考えなければならぬ。三大国のこの地球をわがもの顔のふるまいは七十いくつの世界の小国の意思を無視し、人権をふみにじるものである。ソ連の実験は国内でおこなわれても死の灰はしばしば日本にふつており、他の諸国にもおちていないと誰が証明できるか。他の諸国ではビキニ附近の原住民同様、日本ほどに科学の進歩を見ていないので、抗議するだけの資料に乏しいのではないか。全世界の弱小国民と平和主義者とはかたく手をたずさえて三大国にその無知と横暴を反省させ、地球を人類のためにもつと安全な、住みよいところとしなければならない。

春闘くびきりやめよ

総評の春季闘争はまず私鉄で早い解決を見、炭労も最初五百円しか出せぬといいはつた雇主側が千三百円まで出すことになつて解決し、残る公労協の方も、政府の仲裁申請決定でどうやら第四波以下の実力行使は必要を見ずに終る見こみとなつた。

三月九日、公労協は調停案をのむことに決定したが、政府ははじめ態度を明白にせず、のちに拒否した。政府が諾否を明らかにしないうちにストに入つたのが悪いという説も新聞に出ていたが、何の保障もなしにただポカンとして政府の出方を待つことは無条件降伏にひとしく、最初から要求をだす意味がない。組合はすでに一昨年も、昨年も政府が約束を実行しないことを見てきたのである。東京駅前に数百の武装警官と装甲車をならべたのは国鉄労働者を威圧するほかに何の必要があつたか。政府はふたことめには、斬るぞ、しばるぞ、という血なまぐさいおどし文句をならべるばかりで、調停案は拒否し、仲裁を申請しようともせず、要するに解決を長びかせて事態を混乱させ、公衆に迷惑をかけたことに対して、どんな風に責任をとろうとするのか。ふだんは線路の石ころほどにも国鉄労働者の存在に気をとめず、汽車や電車がひとりでに動いているように思つていた人々が、一旦動かなくなると、なぜか、そして国鉄当局と組合のいいぶんと、どちらが正しいかということは考えずに、ただ自分の便不便という個人的利害の一点からだけしかものを考えない。これはずいぶん身がつてなことではあるまいか。たしかに汽車や電車がとまるのは不便この上もない。だからそういうことのないように政府も経営者ももつと誠意をもつて交渉にあたり、賃あげも最低賃金制も汽車がとまつたから認めるのでなく、正しいことは平和のうちに話しあつて認めてほしい。

東南アジアの国々の母子問題

田《た》中《なか》寿《す》美《み》子《こ》

東南アジア諸国はなんといつても、第二次大戦後独立した若い国々をかかえた、新興の地域である。どこの国にも、民族内部の統一を完成していない苦しみや、経済的にまだ自立してしまわない苦しみがある。だから、民衆の生活も、文化度も日本などとくらべるとはるかに程度がひくい状態にあるのは当然だろう。なにぶん、過去に、植民地支配者たちは、これらの国々の民衆を、貧困と無知と、分裂のままに放つておいたのだから。ただ、希望をあたえるのは、このおくれて出てきた国々の多くが、民族主義とともに、社会主義を目ざしていることである。だから、産業開発がおこなわれて、経済力がついてきたら、文化的には、末梢神経的に高度な文化を追つている日本などよりは、健康に発達するかもしれないのである。こういう状態だから、これら東南アジアの国々では、母子の問題は、先進諸国とは大そうちがつたものであることは当然である。

インドでは、母子の問題といえば、第一に早婚からくる弊害、ごく若い——ときには幼い——未亡人の対策であろう。小児結婚といれていわれた制度がインドにあつたことはよくしられている。それは現在では禁止されているが、独立以前は一般の習慣であつた。ガンヂーによれば、一九三一年に、十五歳以下の少女の三十八パーセントが既婚者であつたということである。幼い少女は、早くから婚家先きにひきわたされて、そこで育てられる。私はデカン大学の人類学教授のカルベ博士から、この話をきいたが、博士の母親は、六歳のとき夫の家にやられて育てられた。それは、インドの大家族制度を守つてゆくのに必要な制度だつたのである。なぜなら、物ごころついたときから婚家先きで生活する少女は、ひたすら夫の家へ忠誠をつくすことをおぼえるからである。

このように小児結婚であるため、事実上の結婚をするより前に、夫となるべき少年が、幼いうちに死ぬことが度々あつた。だから、幼い未亡人がたくさんできたのである。ガンヂーによると、一九三一年に、一歳以下の未亡人がインド中に一五一五人もいたし、十五歳以下の未亡人は、十八万五千人もいたのである。これは全くうそのような話である。しかも、ヒンヅー教のおきてでは、未亡人の再婚はゆるされていない。だから、こういう少女たちは、一生がい婚家さきの労働力となるのだつた。未亡人のために幼稚園が要る、といわれたのは笑い話ではないのである。

現在、十六歳以下の結婚は禁止されているが、習慣としてはまだまだ早婚はひろく行われている。だから少女の未亡人もいる。しかし、未亡人の再婚はだんだん人々もみとめるようになつてきている。家族制度がやぶれて、町では小さな家族がふつうになつているが、こうなると、若い未亡人は自分で生活を支えねばならない場合が多く、いまでは、こういう未亡人たちのために、手内職の技術をさづけることも婦人団体の仕事となつている。但し、インドの内職工賃のやすいことはおどろくほどである。内職工賃のやすいのはどこの国も同じで、日本でも問題になつているが、インドの、手芸・手工芸品、ししゆうなどの家内工業に働く婦人たちの、労働条件のわるいことはお話にならない。

もう一つの母子対策として問題になっているのは、母子衛生である。丁度私が滞在していた十一月に、国民衛生強調週間があつた。新聞紙上では連日、国民健康の増進のための記事がもられていたが、巷には非衛生と貧困や飢えがはんらんしていた。私はインドは大へんな国だとつくづく思つた。そのときの政府の発表によると年々、十五万人の母親と百六十万人の赤坊が死亡する、ということだつた。母親は主として出産で死に、赤坊は主に一年以内に死ぬのである。これに対して保健所設置が急務だと論じられていた。第一次五カ年計画では保健所は七百二十五カ所にたてられた。目下進行中の第二次五カ年計画では二千三十一の保健所をつくる計画である。その他、母子相談所の設置もすすめられている。けれども、三億六千万の人口をもつインドにとつて、こんな数では到底間にあわない。インドの市街にあふれる汚れかえつた貧民をみるとき、まだまだ保健活動の前途は遠いと思われた。第一、根本的な問題である、栄養不良から退治してゆかねばならないのだから。その他、母子衛生のために、また国民の生活水準向上のために、計画出産も政府の手でとりあげられはじめている。ヒンヅー教は産児制限をゆるさなかつたのであるが、いまではそんなことを云つていられないというので、人々が考えはじめるようになつたのである。

インドネシアの方では、母子の問題は、過去の習慣であつた、一夫多妻制から発しているようだ。インドネシアは回教国で、回教では、四人までの妻帯をゆるした。事実上は、よほどの金持でなければ四人も妻はもてないので、四人ももつものはめつたにないが、二人ぐらいは普通だつた。戦後、独立共和国として出発したときこの制度は当然、婦人の側から問題になつた。

進歩的な婦人団体では、回教の聖典であるコーランの解釈を新しいやり方でして、一夫一婦がのぞましい、という原則をたてようと努力しているけれど、保守派の婦人たちは、多かれ少なかれ、回教団体とのつながりがあり、政党にも回教政党が多いので、なかなかこの原則がうちたてられない。回数では財産の相続権は男にだけあり、また、離婚の権利も男の方にあるので、まだまだ男性が勝手なことをしやすい。インドネシアの仮憲法は、人間の平等を規定しているけれども、実際には回教の規則をたてにとつて、妻をつぎつぎに離婚しては新しく結婚するような男性がある。こういう場合、ぎせい者は捨てられた妻で、多くの場合、こどもをかかえている、というのである。だから彼女らは、未亡人ではなくて、捨てられた妻である。婦人団体の主な活動は、こういう妻をなくすために、男女に平等の財産法や婚姻法をつくることであり、また、こういう捨てられた母子の生活を保障する対策をたてることである。これを母子保護とよんでいる。

進歩的な婦人団体では、一方、政府の任命した、婚姻法制定審議会に参加して、男女平等の婚姻法をつくることに努力し、一方、国の予算にこうした母子保護費をとることに努力している。その他、この不幸な母親に内職の技術をさずけるための指導などをしている。

こういうときに、スカルノ大統領が第二夫人をめとつたことは、逆行として非難されている。いま、インドネシアは政治的不安のなかにあるが、あの元気な婦人運動の指導者たちもさぞかし、動乱のなかにまきこまれていることだろう。

座談会

母子寮の人々は語る

出席者

横井みつる（寮母）
梶山はな（四七歳） 自由労働者
金子タキ（四九歳） 同
伊藤てる（四三歳） 家政婦
加藤とめ子（四一歳） 競輪競馬場雑役
家木敏枝（四一歳） 塗装工
市村美代（四四歳） 看護婦

はじめに

現在、埼玉県内には十三ヵ所の母子寮がある。収容母子世帯数は二五六戸、浦和市内の母子寮は二ヵ所である。

そのうち第一母子寮を訪れてみた。今ここには十二世帯、三六人（うち子供二四人）が住んでいる。十二人の母親のうちわけは戦争未亡人二、未亡人五、離婚五。職業は看護婦一、事務員一、自由労働者三、女工三、家政婦一、雑役一。平均年令四一歳。収入は看護婦の最高九千円（手取り七千二百円）、最低は家政婦二千五百円、大体、六千円前後が多い。子供は保育園二、小学校一三、中学九名である。今、東京の標準生活費は五人家族で約二万四千円である。僅かながらも収入があるために、扶助線スレスレのところにあるこれらの人々は生活扶助の恩恵に浴せない人が大部分である。この寮ばかりではなく一般に最も生活困難とされているのがこのボーダーライン階級の人々である。衣類もなく、また特殊技術をもつている人も少ない。しかもどんな条件でも急いで就職しなければならない。そのため施設の人はどんなに安くても働く、という不心得な経営者もあつて、日給二十八円（時間給ではない）という侮辱的な給料で働いていた人もあつたそうである。

部屋はいずれも四畳半一間、そこに母子四人で住んでいる世帯もある。たしかに寮の人人は母子寮制度に感謝はしているようだ。しかし、これでいいのだろうか、雨露しのげて生きていければいいというものだろうか？

母子世帯になつた原因

編集部 はじめにどうして母子世帯になつたか、それから伺いたいと思います。戸籍調べのようになりますが、母子問題の解決のために、なにか参考になればというのが狙いなのですから、無しつつけな質問を許して頂きたいと思います。近くにいる方からお願いします。

梶山 私は生別で、原因は夫の遊蕩です。結婚生活は十年、子供は四人で、私は十歳と四歳の子を連れて三十年の十月ここに入りました。夫の職業は下駄屋でしたが、競輪・競馬にこつて家のことをかまわず、おまけに乱暴するので、とうとうやり切れなくなつて別れたのです。

金子 私も生き別れです。もと夫は造船所の木挽きでした。戦争中応召し、その留守中に私たちは二十年三月の空襲で東京で焼出され、秩父の実家に疎開していたのです。終戦後夫はソ連に抑留され四年目に帰りました。帰つた時は栄養失調ですつかり体をこわしておりましたので、疎開先でしばらくブラブラしていましたが、体が治つてから一人で浦和に来て仕事を探していたのです。ところが仕事につくと同時に酒を飲むようになり、すつかり人間が変つてしまつたのです。別居もいけなかつたのでしよう、戦争でさんざん苦労する、家は焼かれるという有様だつたので、ヤケを起したんですね。そして女をつくつて、「オレは戦争でひどい目に会つたんだ、今は何をしても自由な世の中になつたのだから勝手なことをするんだ」と言つて女と一緒に世帯をもつちやつたんですよ、それで仕方ないから、四人の子供のうち一人だけ引取つて別れ、三十年三月ここに入れて貰つたのです。

家木　私の夫も大工でした。十年ほど一緒にいたのですが、やつぱり女をつくられて捨てられたのです。子供は女の子だけ四人でした、ここへは二十五年母子五人で入つたのですが、どうしても食べていけないので一番下の子を養女に出したんです。今うえの子が女中になつて住込んでいますので、十五と十一の娘と三人ぐらしです。

（写真　向つて左から梶山・金子・家木・市村・伊藤・加藤さん）

加藤　死別です。二十五年に亡くなり、それから三十年にここへ入るまで、どうにか生活していたのですが、につちもさつちもいかなくなつて入れて頂いたのです。子供は十四と十五の娘二人、前の商売は時計屋でした。

伊藤　戦前からずつと洋服屋をしていたのですが、二十二年の暮三人組みの強盗に入られ、夫は惨殺されてしまいました。それから三十年までなんとかやつていましたが、それもできなくなり、子供（現在八歳と十四歳の男子）二人とここに来たのです。

市村　生別でした。終戦前海軍の法務官をしていた男と結婚したのですが、子供が生れても入籍させないのです、調べてみたら奥さんと子供が二人戸籍に入つているのです。まァ結婚サギにかかつたんですね、媒酌結婚だつたんですが。それで裁判を起して二十三年に合意で別れたのです。私は生れた女の子を連れて出たのです。子供の養育費は年三万円送るという約束でしたが、それも一年だけでその後は送つてきません。それぱかりではなく私名儀の財産も少しあつたのですが、それも印を作つてみんな自分のものに書替えてしまつたそうです。

編集部　これで原因は大体分りました、その次に現在のお仕事や収入のことをお話頂きたいと思います。はじめに戻つて梶山さんからまたどうぞ。

どんな生活をしているか

梶山　私は市のニコヨンをしているんです。世帯を持つていた時も、他家の洗濯やお手伝いをしていたんですが、ニコヨンは道路工事や土運びが主で、辛いですね。日給二百五十円で、就労日は大体二十四五日、六千円そこそこで男の子二人ですから、よく食べますしね。

金子　私もニコヨンですが、手取りはそうなりません。毎朝六時に出掛けるんですが、お腹がすいて、どうしても十時と三時には何か食べたくなる。食べなければ体がもたないですよ、十円ぐらいは買いますが、その分だけ夜の食物を減さなければならないんで、ほんとにもう少し稼げるといいんですがね。

編集部　伊藤さんは？

横井　伊藤さんは結核をなさつてストマイを飲んだために耳がきこえなくなつてしまつたんですよ、家政婦をしているんですが、パートタイムで一日百五十円、それも毎日じアないので二千五百円くらいの収入です。それに子供が新聞配達をして二千五百円、生活扶助が二千四百円きています。

加藤　私は一日百七十円で競馬や競輪場の切符売りをしているんですが、月三千円ぐらいにしかなりません。志望者が多くて毎日仕事にありつけないんです。息子が自衛隊に入つているので少し送金してくれますが、ちやんとした仕事がほしいですね。十四と五つの娘と三人ぐらしですが学用品も買えません。

家木　私は塗装工になつてから三年になりますが、未だに日給二百五十円です。五時から六時半までは居残りが五十円つきますが、それでも六千円ぐらいですね。もう少しほしいと思つて残業をするときつと体をこわしてしまうんです。せめて日給が三百円になるといいんですがね。この頃は娘たちがなんでも家のことをしてくれるので助かりますけど親子三人六千円ではどうしてもくらせません。

編集部　塗装とおつしやいますと、建物のペンキ塗りなどですか。

家木　ミシンや機械類の色つけです。重労働ですよ、手をガソリンで拭くので、冬など荒れてしまつてとても痛いんです。

市村　私は昭和十三年に東大の看護科を卒業して看護婦の免状をもつていますので、川口の済生会病院に勤めているのですが、お給料は準看護婦の人と余りかわらず九千円です、それに少し手当がついて一万円が欠けます、それから税金や健康保険や失業保険などを差引かれ手取りは七千二、三百円です。

横井　市村さんは寮費を払つておられるので、その方にも九百円ほど差引かれますね。

編集部　それで足りない分はどうしておられるのですか。

市村　借金ですね、だからボーナスが出てもみなその方に廻してしまうので、お正月一銭もなくて迎えたこともあります。

編集部　お食事はどのようにしていらつしやるのですか。

金子　考え、考え計算して食べなければなりません。夜一回は代用食にしています。

横井　一年三回アメリカの宗教団体から外米一斗が二百八十円——これは運賃だけですが——でくるんです、それでどうやら補つているんですよ。

市村　子供に食べさせ、自分では食べないようにしているんです。

金子　休めば食べられないので無理して働いている人が多いですよ、今日も一人失対の人が死にました。子供が六人あつて病気だつたけどどうしても働かなければならなかつたんですね。

編集部　仕事にアブレた時はどうなさるんですか。

金子　前借させてくれるんですが、あとで一日二十円づつさし引かれるので辛いのです。それでなくとも親子三人六千円ではくらせないので借金になつていますから。

市村　借金しても健康で働けることはありがたいですわ。

金子　ほんとだね、病気すると全くたまらない、働く方が面白いしね、とにかく今は食べるだけでも一人三千円かかるというのに二千円でやるのだから苦しいことは苦しいけれど。それに子供が学用品や何か学校から貰うのをいやがるんですよ。

家木　ほかの生徒にわからないように、教員室に呼んでそつとくれる先生もあるんですよ。

市村　たくさんはいらないが、もうほんのちよつと欲しいですね、それがなかなかできなくつて。

編集部　内職などはなさらないのですか。

市村　現実的にはできないですよ、体をこわしてはなにもなりませんので。

横井　私も始め内職のことといろいろ考えてみたんですが無理ですね、袋張りなど一日十四時間労働で最高百十円にしかならないんですものね。

梶山　子供があつては内職はとてもだめですね。

加藤　私はここに来る前三千円の間代を払つていたのですが、どうして払えたのか今考えるとふしぎな気がしますね、もつとも間代を払うために月三日くらい食べなかつたり、お昼ぬきにしたりしていましたが。

家木　いまだつて子供に何か買つてやる時は食をつめなければなりませんわ。

梶山　親子三人が一食十円のおカヅ代で済すには納豆一つですね。

市村　体を悪くするので貧しいなりに食物には気をつけています。かえつてちやんとしたお家に住んでいる奥さんたちの方が食物はそまつなんじアないかと思いますね、私たちは着なくても食べる方ですから。

横井　でもね、ネギ一本きつてそれで三人分の焼飯をつくつて食べている人もあるんですよ。

母子寮制度について

編集部　母子寮についてどうお思いになりますか、良い点、悪い点、なんでも打開けたところを聞かせて頂きたいのですが。

市村　私はもつとどんどんこんな施設を作つて頂きたいと思います。困つている方がたくさんいるのですから。

金子　寮は開け放しで出掛けても安心ですから、いいですね、子供が学校から帰つて直ぐ部屋に入れるのはありがたいですね。

加藤　母子寮は子持ちが働くにはいいですよ。

市村　小さい子を置いて働くには母子寮はいいですね、アパートや間貸りではとてもそれはできませんけど。

編集部　しかしこの建物は随分ひどいですね、母子寮はどこでもこんなでしょうか。

横井　ここは二十二年に建てたもので、物資事情の悪い時でしたからお粗末なんですよ。でも本年度は建て直すことになつていて、もう予算もとつてあるのです。

市村　子供が十八歳以上になると寮にいられなくなることも困りますね、十八歳ではまだ人並のお給料も頂けませんから。

横井　母子寮は児童福祉法によつてできた制度ですから、母親の生活をみながら子供の指導をするというのが大きな目的でもあるわけです。母子寮の子供をみていると一般家庭の子と非常な差があるんです。それは母親ばかりの家庭の子ですから非常に純真なんですね、たとえばセックスの方面などでもね。それから子供同士が一つの社会性をもつているので、母親が昼働いていても子供の生活にはそれほど支障を来たさないようです。中には並はずれた子もいるし、そういう子は指導がむずかしいのですが。

編集部　みな兄弟姉妹みたいになつているんですか。

市村　そうですね、他処の子に小さい子が泣かされるとみなでかばい合つていますね。親が言わなくとも自然とそうしているようです。

横井　その傾向は男の子の方がいちぢるしいですね。

家木　始め生活保護をうけていた時より自立した今の方が気持がいいですわ、働かなければ食べられないのですが、それでも気持がさつぱりして働く気になれるんですよ。

市村　私は年をとつても子供の世話になりたくないので、あまり無茶に体を使わないようにしているんです。体さえ丈夫なら六十になつても七十になつても、他処の家の洗濯をしても一人で食べていけますから。

梶山　私は夫と別れてから楽になりました。気持のうえだけでも。

金子　今は自由主義だから何をしてもいいと女房・子供を放り出して勝手なことをしている男の傍にいるよりよつぽどいいですよ。

編集部　結婚なさつて寮を出る方もありますか。

横井　これまで二組ありましたが、いずれも死別した人で子供を連れていきました。

市村　四十過ぎてから再婚したいとは思いませんね。

生活の楽しみは？

編集部　みなさんのお楽しみはなんでしょうか。

梶山　映画をみる余裕はないし、お菓子でも食べながらこうして皆さんとお話するのが一番たのしみですね。

金子　そうだね、みんなで食べながらおしやべりでもするのが一番たのしいね。

市村　私は本が大好きなんです。月一回単行本を買いたいのです、自分のものとして新しい本の匂いをかぎたいのです。それが買えないのです、余裕ができたらぜひ本を買いたいと思つています。

加藤　私も本が好きですね、一番楽しみです。

編集部　本はどんなものをお読みになつているのですか。

横井　ここでは婦人雑誌を一冊とつて回覧しているんです。

家木　私は疲れているので眠るのが一番楽しみです。

横井　早い人は四時に起るのです。失対に出るには六時に出掛けなければならないので夜は九時頃寝てしまうのですよ。

編集部　寮の方たち皆さんお集りになつてお話なさることもあるのですか。

横井　二カ月に一回親睦会を開いて生活指導の座談会をしているんです。ああ、そう、皆さん一月百円掛けの無尽をしませんか。

一同　賛成。

伊藤　金子さんはえらいは毎月二百円の貯金をしているんですつて。

金子　苦しいけれど病気になつた時困るので無理して続けているんですよ。

母子寮で困ること

市村　母子寮にいると規定が厳しいんで

す。世間の人は貰い物があつても、就職してもすぐ扶助を減されたり、打切られたりすることはない、その間いくらかの余裕があるのですが、施設にいるとしやくし定規にやられてちつとも余裕をみてくれないんです。私は前に十カ月病気で休んだことがあるんです、そのうち六カ月は傷病手当を貰つていたのですが、あとの四カ月は無収入でした。減す時はそれは厳しく、くれる時はなるべく引延すというやり方に矛盾を感じています。

金子 できるだけ自分でやらせる。いよいよどうにもならなくなつてから助けてやろうというやり方ですね、借金が山のようになつてはとうてい浮びあがれませんのに。

梶山 もう少し余裕をもたせて欲しい。

家木 ほんとにもう一寸とね。

編集部 前議会に社会党から母子年金法案が出され、それは通らなかつたのですが、こんどは政府案として出されるらしく、それが通れば、一世帯月千円ぐらい出るようになるようですよ。

一同 ほんとですか？

編集部 ところが僅かばかりのお金を貰うよりは子供の学資を無料にして欲しいという人もあるそうです。

家木 それは子供の学費を無料にして頂いた方がありがたいですね。

市村 子供は学校で差別をつけられるのをいやがりますよ、貧困家庭の子には新入学の時洋服やランドセルをくれたりするでしよう、あれがいやだという子もいるんです。だからお金で貰つて自分で買つてやつた方がいいですね。

金子 私もお金で貰つた方がいいね。でも子供の学資も問題で、浦和の登録労働者は新入学の費用を市から出してくれるようにデモをやることになつているんです。

ささやかな希い

編集部 最後に皆さん今一番希望していらつしやることはなんですか。

市村 私はあと一時間半くらいの働き口があるといいと思つています。

金子 失対はいつまでもできないから、どこか住み込みで永く働けるところがほしいと思つています。

家木 私は、日給がもう五十円あがるといいんですが。

梶山 私も五十円あげて欲しいんです。

伊藤 私は安定した仕事がほといですね。

（文責・菅谷）

解説

社会党の老令・母子年金二法案

中大路《なかおうじ》まき子《こ》

ひとくちに「人生五十年」といつたのは昔のこと、今日、わが国の平均寿命は、男六十四歳、女六十八歳となつています。これは、人口が老令化してきたことにもなり、厚生省人口問題研究所の推計によりますと、一九五五年に全人口の八・七％を占める六十歳以上の老人は、一九六〇年には九・六％、一九七〇年には十一・六％、一九八〇年には十三・四％にと、年々その傾向を深めていくことが示されています。

政府は、かつて、経済白書を発表し「もはや戦後ではない」という言葉で、日本経済のたちなおり、国民消費水準や所得が戦前を上回つて回復したことを告げていましたが、その反面、高額所得層と低額所得層との差はひどくなり、社会保障施策も不充分で、いわゆる見放されたボーダーラインの人は決して少くなつておりません。古い家族制度が薄れゆくのとあいまつて、このような社会の背景は、国民の老後の問題を、深刻な社会問題として浮び上らせることになりました。

そこで、政府、与党も社会保障政策として、国民年金の調査立案に着手することとなり、さしあたり未亡人年金ともいうべきものの創設を考えているようですが、一方社会党でも、この問題ととりくんで、昨年の第二十四国会には「慰老年金法案」と「母子年金法案」の二つを提出し、これは今でも継続審議になつています。

現在、わが国には年金制度が無いわけではなく、厚生年金や恩給などの制度があり、とくに、恩給については一千億円にのぼる金を国家が負担しているのです。しかし、これらの制度は、零細企業の従業員であるとか、臨時及び日雇労働者、農民などは対象とならず、年金の金額も最低生活を保障するものとして満足できるものではありません。そのうえ、国民各層（公務員と民間の労働者、旧軍人の家族とそうでない母子家庭など）の間の釣合いを失つております。また、個々別々にこの制度が実施されているので、支給開始年令、受給資格期間、年金算定基準にいちぢるしい差があるなど、幾多の欠陥をもつています。

社会党の年金制度の基本的な考え方は

1、厚生年金、恩給、退職金等現在ばらばらに行われている制度を国民年金制度に統合、整備する（但し、既得権は失わないようにする）

2、養老年金額は最低生活を保障するに足る金額とする。

3、現在六十五歳以上の老令者に対して、即時無醵出年金制度を実施する。

4、現在十八歳未満の子女をもつ母子世帯に対して、即時無醵出の母子年金を支給すると

いうのがおおまかな柱になつています。

前にのべた「慰老年金法案」を見ると「国民年金制度の創設までの措置としてこれを制定し、老後の精神的安定をはかり、生活内容の充実に資する」のが目的で、その要旨は次の通りです。

一、慰老年金を受ける資格を有する者

(1) 満六十五歳以上

(2) 日本に国籍を有し、国内に住所をもつ

ていること

(3) 市町村民税を免除されている者（前年中に十三万円以上の所得があつたものは支給されない）

二、年金の額

月額一千円を国が支給する。（本人が金を出さないたてまえから、僅であるが実現可能なものとして年額一万二千円とした。将来は最低生活を保障するに足る金額を支給する）

三、受給手続

本人、扶養義務者、又は民生委員の申請に基いて市町村長が決定する。

四、支給期間

申請のあつた月から死亡した月まで

五、生活保護法との関係については、これと併給する。（生活扶助費から、年金の収入を差し引かない）

六、税金を課さない

と、いうことになつています。

次に「母子年金法案」は、全国で六十九万五千世帯といわれる母子世帯の未亡人と子供の生活安定をはかるのが目的とされています。

現在、母子家庭には、生活困窮者も多く、児童保護法や母子福祉資金貸付で保護、更生の施策がなされているとはいえ、予算も少く完全に実施されない点、更生資金的な面しか考慮されていない点を、より前進させようという考えに立つています。その内容は、

一、母子年金を受けられる者

次の各々の一に該当する者で十八歳未満の児童を扶養している者。

1、配偶者（事実上婚姻関係にある者を含む）と死別した女子で現在婚姻をしていない者（事実上婚姻関係にあるものは支給されない）

2、離婚した女子で現に婚姻していない者

3、配偶者の生死不明の女子

4、配偶者から遺棄されている女子

5、配偶者が海外にあるため、その扶養をうけられない女子

6、配偶者が精神又は身体の障害により、長期にわたつて労働能力を失つている女子

この他政令で定める者もこれに準ずるが、右に該当するものでも女子と扶養児童の所得の合計額が、年に十八万円をこえる場合は支給されない。

二、母子年金の額

母子年金の額は、月三千円であり、扶養している児童が二人以上の場合は、一人を除いた者一人につき月五〇〇円を加給する。

三、母子年金の支給期間

母子年金の支給は、その事由が発生した日の翌月から支給し、権利が消滅した日の属する月までである。

四、母子年金の金額には課税しない

五、生活保護法との関係については、これを併給する

以上が、社会党提案の二つの年金法案の大要です。

社会保障制度が確立しておらず、政治の貧困が常に、子供、病人、婦人などの弱い人々にしわよせされている現状を思うと、この二つの年金制度の実施は私どもの切望するところです。そうして、それは不可能なことではないと思います。国会の決算委員会で問題になつたおどろくべき税金の無駄づかい、ぼう大な防衛費、などに対し、国民はもつと厳しい批判の目をむけ、その金を自分たちの幸福のためにつかうようにさせなければなりません。今年の婦人週間のスローガン「明るい人間関係をつくるために」に関連して、社会党婦人部は、そのスローガンの中に「老人には養老年金を！　母子家庭には母子年金を！」というのをかかげていますが、これは社会党婦人部のみならず、多くの婦人たちの声でもありましょう。

**

北欧にみる母子福祉

編集部

デンマーク、スェーデン、フィンランド、アイスランド、ノルウェーなど北欧の国々は現在すぐれた社会保障制度をもつ福祉国家群としてしられていますが、その中でも母子福祉の面においてはどんな施策がとられているのでしょうか。

一、スエーデン

まず、人口政策の大切な一面として家庭福祉に力を入れ、児童の養育費はすべて社会の責任において賄われるということを人口政策の基本目標としているスェーデンを見てみましょう。

特に母子に関係する保護制度の主なものに

1 妊娠出産時の保護
2 児童扶養に関する保護
3 多子家庭に対する特別の制度
4 公共家政補助事業

などがあります。

妊娠出産時の保護

妊娠出産時の保護として産褥中の診療は無料であり、産院に入院中の産婦は食事補助金として一日一クローネが支給されます。また出産に当っては、スェーデンの市民権を有する全ての婦人に対して出産手当が支給され婦人はそれを出産に要する特別の衣料とかおむつ、あるいは妊婦の歯科治療、乳児の口腔消毒などの出費にあてるのです。

出産手当は任意制健康保険組合の加入者に給付されるもので、給付額は平均一二五クローネ(最低一一〇クローネ)で、そのうち七五クローネは政府資金から支給されています。

これに加入していない低所得の婦人（課税所得額が四〇〇〇クローネ）は七五クローネの出産手当を受給することができます。

これら二種の出産手当は原則として出産予定日以前に給付され、スェーデンの全産婦の九二%がこれらの給付を受けています。

また、これらの給付だけでは十分でないとみなされる者については出産扶助（一九三八年以来実施）が与えられます。これは扶助の必要度について個別調査を行った上、政府資金で賄われるのです。

スェーデンでも従来一般に職業婦人が結婚または出産を理由として解雇される場合が少くなかったのですが、一九三九年に出産・結婚の立場から雇用上の権利を保障される特別の立法が制定され、一九四五年の改正により更に強化されました。

児童扶養に関する保護

児童扶養に関するものとして現在行われている家庭福祉政策の特徴は、生産人口における児童扶養費の負担を全国民に均衡させるための制度です。その手段としては、主として所得の如何にかかわらず一六歳以下の全児童に現金を支給する一般児童手当があり、学童に対する学校給食、教科書その他の教材の無料給与などの現物給付があり、二人以上の扶養児童をもつ低所得家庭に対して、借家料または自己所有家屋の居住者には年間の住宅維持をそれぞれ控除または全額補助する形式をとる住居手当が支給されています。

多子家庭に関する保護

児童の養育に関する経済的負担を全人口に均合をとれるようにすることを目的とする基本制度を補助するものに、多子家庭に対する特別の制度があります。

一九三五年以来政府は多子家庭（少くとも一六歳未満の児童二人以上を扶養する家庭）で低所得の者の住宅事情の改善に積極的措置をとつて来ましたが、一九四八年からは「新住宅政策」が実施され、貧しい多子家庭に対して住宅手当が支給されることとなりました。

また、学令前の児童及び学童を毎日時間的に保護する事業としては、主として国庫補助によつて運営されている施設に、幼稚園、保育所、アフターヌーンホームの三種があります。

幼稚園は三歳から七歳迄の学令前の児童を毎日二、三時間保護して教育的に社会性をもたせるよう補導する施設ですから、環境衛生に十分な考慮が払われ、園児が自由に活動できるような建物、運動場と適当な遊び道具を備えつけて、あらゆる階級の児童を差別なく保護しています。

保育所は働く母親の子供をあずかる施設で二歳から七歳までの児童を一日大体八～十時間保護しています。中には生後六カ月から二年くらいまでを保護する乳児の保育施設を併設しているものもあり、また地方によつては農繁期のための保育所も設けてあります。

公共家政補助事業

一九三八年に法律により全被傭者に年間一八日の休暇を与えねばならないことが定められましたが、経済的理由からこの休暇を有効に利用できなかつた多子家庭の主婦に対し、母子の慰安制度として、「休日を田舎ですごすための旅行」、「児童の夏季キャンプ」、「主婦の休日の家」などの事業が行われるようになりました。このための費用には国庫補助が支給されます。この制度の最高責任官庁は社会福祉庁です。

最後に、家政補助事業とは疾病、出産及び不慮の事故から家政上援助を必要とする家庭に対して与えられるものです。一九四三年からこの制度が実施され、地方当局が運営します。一九五一年政府が補助金を支出した専任の公共家政婦は約二千八百人であり、毎年二百人から三百人ずつ増加しているそうです。

二、デンマーク

次にもうひとつ、デンマークの実情を眺めてみましょう。

デンマークには、国公認の疾病共済組合というものがあつて、これが産褥にある婦人の積極組合員に、次のような給付を行います。

（註、積極組合員とは組合と自発的（任意）の保険を積極的に結んでいる資産のない人をいい、デンマーク人の約八〇％が積極組合員です。）

産婆の費用、一包の衣類、医師または産婆が必要と認める時は医療の費用を負担し、この婦人が疾病保険に入つている金額の現金給付の十四日分を支給します。

この給付は普通出産の日から四週間まで支払われますが、母親が授乳のため欠勤するときは六週間まで継続することができます。また、普通の仕事を続けると母体または胎児に害を及ぼすと考えられる理由のある時は、出産前八週間同額の給付を行うことができます。

疾病共済組合は産褥にいる間に病気になつた場合、または難産のおそれある場合は地方病院入院費を支払います。

これらの給付に加えて、未婚の婦人、未亡人、または離婚になつたり、別居したり、遺棄された妻は、何人たるを問わず無料で、コペンハーゲン（首都）の国立病院の一つ、またはオールフス（デンマークで第二に大きい都市）の産院へ入ることができます。

母親が組合から扶助を受ける権利がない時社会委員会は、その経済的困窮者に対し、必要ある場合には、産婆の費用、医者の費用を支弁せねばなりません。

この他、牛乳を母子に供給することに特別の法律の規定があります。国の公認疾病共済組合の組合員たる資格の経済的要件にかなう婦人に対しては、地方当局または母性援護機関を通じて、半リットルの新鮮な牛乳が妊娠三カ月後毎日支給されます。出産後は、その嬰児が生きている時は、その婦人は六カ月間毎日一リットルの牛乳を得ることができます。その費用の三分の二は国家が、三分の一は地方当局が負担いたします。

また収入の乏しい婦人には妊娠中三カ月間その婦人の居住する都市より、毎日新鮮牛乳半リットル、赤ん坊には六カ月間毎日一リットルが提供されます。このために牛乳クーポンが母性保護センターと云う施設を通じて各都市に分配されるのです。

この母性保護センターは、援助を必要とするすべての母、または妊婦に、既婚未婚に拘わらず援助を与えんとするもので、法律に基き、コペンハーゲンその他の主要都市に七カ所設置されております。これを中心に六七市において相談事務が行われます。

センターは財政的には国、地方当局、民間団体の代表より後援されており、センターの職員は婦人ばかりです。

センターは妊婦に個人的、社会的、法的援助を与えねばなりません。具体的にいいますと、たとえば子供の父親の問題、後見人及び必要の時は養子縁組の問題、分娩についての忠告と指導、子の出生前後妊婦に与えるべき金銭的、医療的援護を与えるのです。

またセンターは妊婦、子持の母、幼児のためにホームを設けたり、産着、乳母車、小寝台、育児費の立替払をしたり、産褥中、産後回復期の満足な看護と家庭的援助を提供したり、さまざまな仕事をもつています。

これらの援助は、そういつたものを購うための私的基金の額により制限されますが、それらの費用の半分は個人に払戻されます。

センターの活潑な活動の下に、デンマークの全婦人は安心して出産できる状態にあり、社会福祉の一つとしての母子福祉を受ける権利は法律によつて保証されています。

デンマークにおいては、最近子供の保護施設は著しく発達しています。二歳までの託児所、二歳と七歳の間の幼児の育児及び幼児学校、学令年令の子供の学校時間外のための保養室がそれであります。大ていの場合は篤志団体または個人によつて設立されたものですが、地方当局独自の施設もあります。ここでは子供は教育的傾向をもつて教育され、また遊戯もします。国及び地方当局はこの設立と維持のために、費用の七〇％まで補助金を出すので、両親はごく安い料金でかなり高い水準の施設へ子供をあずけることができるのです。

子供を託児所および保養所へ入れる最大の理由は、母親が家庭外で仕事をしなければならないことです。だから、これらの機関は社会的理由によつて必要とされています。しかし、現在のデンマークには、目下必要に応ずるだけの数の託児所がなく、今あるのは約六〇の託児所のみで収容児童数約二〇〇〇です。これは二歳以下のすべての幼児の一％の収容力です。

育児学校も社会的理由の下に必要とされ、その大多数が全日制育児所として経営されています。仕事に出ていく母親は、家を出かける時ここに子を託し、仕事が終つて後、迎えに立ちよるのです。デンマークには現在三五〇の育児所兼幼児学校があり、収容力は約一七、〇〇〇人つまり二歳ないし七歳のすべての子供の五％です。ここでは全日制のために少くとも一日一食が給せられ、休養用小寝台が準備されています。

保養所または遊戯所は学令の子供が学校時間外に行つて、その余暇に種々の遊戯に知能を働かしてふけることのできる場所を提供しようと企図したものです。公認のが七〇ほどあり、収容力は約五、〇〇〇人、つまり全学令児童の約一％です。

デンマークの健康法規はすべての子供に適用され、託児所、育児所および保養所は原則としてすべての人に開放されています。

また、デンマークの子供を保護するために児童福祉委員会があり、委員は選挙されます。この委員会は子供に関するすべての保護を仕事とし、現在積極的な活動を続けています。

この他子供を保護するものに子供手当、孤児手当があり、未亡人を保護するために寡婦手当などがあり、それぞれ社会的に有用な市民となるよう福祉の手をさしのべています。

以上、スェーデンとデンマークを例にとつて北欧の母子福祉の現状を眺めました。たしかに母子福祉をも含む社会保障制度は国民所得に依存し、国民所得はその国の生産力に依存する以上、その基本的要素たる人口の問題は、社会保障制度の基底的問題であるとともに、社会進歩の重大問題であると考えられます。この意味において北欧諸国は今後ますます熱心に母子福祉問題を解決して行くことでしょう。（田中）

書評

だれにもおもしろく読める

高橋正雄著　社会主義のはなし

社会主義という言葉は今日小学生でも知つている。しかし社会主義とは何か？　と問われて正確に、また誰にも分り易く説明できる人は少くないし、それを述べた書物に至つてはさらに稀れである。ということは、社会主義は言葉として余りに多く使われているわりに理解されないということである。

しかし社会主義はもはや一部の学者や社会運動家の理論としてとどまるものではない。日一日と実現しつつある現実の問題として、今日に生きる者、誰もが知らなければならないものである。

その社会主義が余り理解されていないのはたしかに学者や、ものを書く人の責めもあつた。むつかしい問題をやさしく書くので有名な、九大教授高橋正雄氏の「社会主義のはなし」はだれにもわかる社会主義への入門書として、従来この種の著者のもつ弊を一掃した良書と云える。

この書は敗戦後間もない昭和二十一年初版を出して絶讃を拍したものに、こんどさらに第二部を加えて再版したものである。働く婦人はもとより、まともに生活を考える人すべてにおすすめしたい本である。（菅谷直子）

（再建社・二五〇円）

原稿募集

◇**創作・論文**　一五枚以内（四百字詰）
◇**随筆・コント・ルポルタージュ**　七枚以内
◇**職場のこえ・台所のこえ**　三枚以内
◇**短歌・俳句・詩**

本誌は読者の皆さまに広く誌面を解放しておりますから、どなたもふるつてご投稿下さい。民主的な明るい社会、豊かなくらしをきずく為に婦人のこえを高めましょう。

注意　〆切はもうけませんが、時事問題など時期遅れになるものは毎月十日までにお送り下さい。

送り先　本社編集部

母子世帯の調査から

編集部

夫と死別、離別し、あるいは未帰還、行方不明、遺棄、未婚の母など、母が生活の中心となり十八歳未満の子を育てている人々、つまり母子世帯の数は三十一年度で約四十五万と厚生省ではいつています。日本の総世帯数は千七百五十五万八千二百八十四世帯（三〇・一〇・一日現在総理府調査）ですから、ごく大ざつぱにみてその二分五厘、すなわち、百世帯について二世帯半が母子世帯となつています。また生活保護をうけている世帯は全体で六十五万一千九百五、そのうち女世帯は二十九万一千百八十五世帯（三〇年度）で四四・七%にあたります。

母子世帯についての詳しい調査は二十七年以後行われておりませんので、左に同年九月一日現在で厚生省が行つた調査結果から主な点をご紹介いたしましょう。

この調査によると、全国母子世帯数は六九四、六六〇世帯。これを子の数による世帯別にみると、

母と子供一人の世帯	一五一、三六〇	三一・七%
〃　二人	一四八、四八〇	三一・五%
〃　三人	一〇一、八八〇	一四・七%
〃　四人	五四、六〇〇	七・八%
〃　五人以上	二九、八四〇	四・三%
子供以外の者を含む世帯	二〇八、五〇〇	三〇・〇%

また年令別にみた母の数は、

二〇歳以下	三八〇	〇・〇五%
二〇歳～二九歳	三三、三八〇	四・八%
三〇歳～三四歳	一一八、〇〇〇	一七・〇%
三五歳～三九歳	二四〇、九〇〇	三四・八%
四〇歳～四四歳	一七六、二四〇	二五・五%
四五歳～四九歳	七四、九四〇	一〇・七%
五〇歳～五四歳	三四、九八〇	五・〇%
五五歳以上	一五、六四〇	二・二五%

三〇歳から四四歳迄を合せると五三五、一四〇名でほとんど八割近くを占めています。

そして母子家庭になつた原因は、夫の戦病死三三・五%、戦災死四・六%、未帰還と行方不明三・八%で計四一・九%が直接に戦争が原因となつたことを示しています。（この統計は竹中勝男著「社会保障」による）

子供の総数は一五九八、七八〇人で女子が五千余名多く、男女ほぼ同じ、年令は七歳から十三歳が八四九、二六〇名で約五三%。

生活程度は、

	世帯	
保護をうけているもの	一八六、〇六〇	二六・八%
保護は受けないが生活困難なもの	一三六、七五〇	一九・六%
どうにか生活しているもの	三四四、〇三〇	四九・五%
生活に余裕があるもの	二七、八三〇	四・一%

で、どうにか生活している以下、つまり生活におびやかされている世帯が九割六分、すなわち百世帯のうち九十六世帯という恐ろしい比率を示しています。

最後に二十七年の調査によると約六十九万もあつた母子世帯が三十一年度になると四十五万と激減し、また、同年一八六、〇〇〇余世帯が生活保護をうけていたものが三一年度になりますと一〇、五〇〇世帯とひどく減つています。これはさきにのべました通り戦争による母子世帯が半数近くあつたためであることはいうまでもありませんが一つには生活保護のワクがせばめられたことにも原因しているとみられます。

いずれの問題も国家や政治のあり方と切りはなしては考えることはできませんが、母子問題は直接それを反映して、まるで計量器のように敏感に反応するということが、これらの統計をみていえるのではないでしょうか。

（菅谷）

あの頃（八）

兵たん部を引受けて おでんや開業

荻《おぎ》 郁《いく》 子《こ》

荻郁子さんは大正末期から無産運動に入つた古い婦人闘士のお一人です。当時の同志の中幾人かは世に出て名をなし、あるいは革新派議員となり、またその夫人となつてとにかく積年の苦労がむくわれた形ですが、荻さんは晩年余り恵まれず、現在東京高田馬場の奥で小さな下宿屋を営んでたつたお一人で暮しておられます。

不幸つづきで借金で作つたお家とのことでしたが、将来児童図書館か老人ホームとして寄附するため、と苦しいなかから建増しをなさつている気概はさすがと心を打たれました。

大正八年、平塚雷鳥、市川房枝さんたちが「新婦人協会」をつくりました時、私は原田さつき、荒木郁子さんたちと共に大阪にその支部を結成いたしました。それが、私が社会に目を開きはじめた最初で、階級的な自覚はまだ持つていませんでした。婦人運動に参加した動機は男子の横暴に対する反抗からでした。当時私は貿易商人と結婚して子供も二人ありましたが、夫の放蕩などで、家庭生活に不安を感じてじつとしていられなかつたんです。それに父や母の影響もいく分あつたようです。父は実業についていましたが、堺（利彦）先生たちが「平民新聞」を出された時、そのシンパであつたということを後で堺先生からうかがいました。私は父が社会主義者とどんな関係があつたか知りませんでしたが、大逆事件の時、父は非常に感動して、「人間生きるからには大勢の人のためになることをしなければいけない、あの中には菅野すが子という女の人も入つている。女でもあんなりつぱな人もいるのだ、お前もああいう人間にならなければいけない」といわれ、「まア、なんというおつかないことをいう親だろう」と思つたことがありました。

こんなことが下地となつていたためでしょう。私は婚家を飛出し上京して山内みなさんや刀帯貞代、岩内とみえさんたちと共に無産婦人解放運動へと飛込んでいつたのです。

上京後私は「万朝報」や「実業之世界」の記者をしながら運動していました。政治研究会（大正十三年六月結成）のなかのサラリーマンユニオンズに属して働いていたのですが、無産政党ができてからは労働農民党の中で大山郁夫さんたちと一緒に演説に行きました。

昭和のはじめでしたか、日労係の婦人同盟（昭和二年）が結成されることになり、当日浅沼稲次郎さんが迎えに来て議長になつてくれと言われ、わけのわからないまま議長をつとめましたが、日労とはそれきりでした。

運動が激しくなると勤めもできなくなり、高田馬場に「のん兵衛」というおでんやを開いて生活を立てることにしたんです。すると新聞で「婦人名議長の発心」などとよた半分に大きく報道されたりして、お蔭でお店は大分はんじようしたのですが、みな運動資金に注ぎ込んで私は着るものもないという状態でした。全くあの頃の社会運動家はひどい貧乏でした。たとえば東京で大会を開くとなると、地方の代表はその旅費がないのです。そこで大阪から十名出席となるとまず三枚くらい切符を買うのです。そして最初に三人だけやつてくる、その頃の切符は今のように鋏を入れず、改札の時ギュッと押してへこませたものですから、それを着くなり湯気に当ててアイロンをかけるのです。するとへこみがわからなくなる、そして速達で大阪で送り返す。第二番の人がそれで乗つてくる、また第三番の人に送るというふうに苦心さんたんして代表を送るという有様でした。そんななかでも三十円だけはみな肌身離さず持つていたものです。これは食物がなく水ばかり飲んでいても手をつけなかつたものですよ。というのは治安警察法に引かかると最大限の拘留期間が二十九日だつたのです。そして保釈金が一日一円でしたから、検挙されても二十九円払えば出て来られたわけです。あとの一円は交通費や食事代ですね。それはネ、金のために大事な体を拘束されているのは恥辱だ、という考えから運動家の身だしなみとしてだれでも持つていたものです。

（昭和六年・東京パンの争議に応援する荻さん）

大正の末から昭和の始めにかけて私は旧労農党関係の仕事と文化団体の方面で働いていたのですが、今とちがつて何でもやらなければならなかつたのです。農民組合、学生運動、消費組合など皆戦線が一本だつたんです。共同印刷のストライキのときは村山知義、柳瀬正夢、橋浦泰雄さんたちと一緒に神楽坂に出て、この三人が似顔を描いて、私たちはメガホンで人寄せをして資金カンパをしました。一枚一円でしたが、いくらも集りませんでした。また浜松楽器の争議には秋田雨雀、村山知義、佐々木孝丸さんたちのトランク劇場に入つて慰問に行きましたが、劇場と言つてもそれこそトランク一つ、着るものもなくてスミ俵をかぶつて出演という有様でした。当時は文化団体が一番おくれていましたね。検束されるのが恐ろしくつて余り行く人がなかつたんですよ。

農村の小作争議の応援にもよく行きました。共同耕作の時、一番先に田に入つた者が責任を取り検挙されるので皆引込んでしまうのです。そんな時私は本部から来た者だというので一番先に飛出し、後に争議団の人を続かせたものです。そして一人で責任を負つて警察に連行されました。検挙ですか、そりあもう、全国の警察に入つたといつては大ゲサですが、数え切れないほどブタ箱入りはしましたよ。テロもすごいものでしたね。よく塩水を鼻から注がれたものです。ところが私は海辺に育つて鼻から水を入れるのは馴れていたので、それはちつとも苦痛じアなかつたですね。椅子に縛りつけられて自転車のタイヤで歩けなくなるほどなぐられたこともありますよ。私は自分のしていることは正しいんだ、これで殺されるなら殺されてもいいと覚悟していましたからテロはちつともこわくなかつたですね。それで図太い奴だというので人一倍ひどい目にあいました。しまいには警察であきれてなげ出した形でしたがね。

　消費組合の仕事は関東消費組合に入つて落合の消費組合長などやつていました。労農党の解散の時、芝の協調会館でしたのですが、大乱闘が起つたのです。その時山花（秀雄）さんの奥さんがちようど妊娠中で大きなお腹をして出席していたので万一のことがあつては大変と、奥さんをかばつて一緒に愛宕署に連れて行かれたこともありました。

　「のん兵衛」は同志のアジトで新聞の発送もここでしましたし、地方から上京してくる同志、稲村隆一、石田宥全さんなども新潟から出てくるとよく泊りました。今の社会党の国会議員の方々、赤松勇、近藤信一、渡辺惣蔵、山花秀雄、重盛寿治さんなども始終出入りしていましたね。あの頃の藤原道子さんは旦那さんの山崎剣二さんの後にひつそりとよりそつていたおとなしい奥さんでした。上京すると私のところに立寄つたものでした。

　あれは多分、第一回の煙突男が出た時でした、当時十八歳くらいだつた赤松さんが、応援に行つて警官に追われ、息を切つてお店へ飛込んで来たんですよ。物干にかくれ、どうも今途中で踏みつけて来たのは赤ん坊らしかつた、としよげていたのは、まるで昨日のことのようです。渡辺惣蔵さんが東京パンの争議（昭和六年）で勇敢に活躍したのもその頃でしたね。

　資金難は、そりあいうまでもありませんでした。十銭の会費や党費を払える人は二、三人だつたでしよう。それで大山先生や山本宣治さんが手拭を書いて一本十銭で大会などで売つたものです。大山先生のは「断鉄鎖」山本さんのは「唯生唯戦」という文字でした。山花さんの奥さんも随分手拭売りはなさいましたね。

　婦人への働きかけとしては、当時加藤シズエさんが有閑夫人相手の産児制限運動をしていたのに対し、貧しい人びとのため「プロレタリア産児制限同盟」をつくり馬島僩、野尻興顕さんに指導して頂きました。それも公然と人を集めることはできませんので、階級運動家の奥さんや助産婦さんたちを動員し、お花や編物の講習会を開いて、その合間にお話するという状態でしたが、それでも無届集会で弾圧されたものです。

　ほんとうにあの頃はみな命を張つて闘つていましたね。いつ警察や右翼団体の人々に、たたき殺されるかわからないという状態のなかで運動をつづけていたのですから、それはみな真剣でしたよ。（文責・菅谷）

本誌三月号堺真柄氏の「あの頃」の中に出ている仲宗根貞代さんはだいぶ前に永眠されました。ここに謹んで同氏生前のご活動に敬意を表し、苦難の中に早く世を去られたことをいたみます。私にはまだ若く生き生きした貞代さんの笑顔が目にみえます。西雅雄氏夫人たい子さんと仲がよくて、二人とも和裁が達者、ミシンもふみ、源和氏の入獄中、一時たい子さんの家へ同居して二人で内職に精をだしていられたのは大正十一年ごろかと思います。源和氏は昔は堺利彦氏の助手、今は反動。「文芸春秋」三月号に那覇市長瀬長氏は「……今度は堂々と仲宗根源和氏が『手紙』という新聞を出し、人民党攻撃とセナガのヒボウ記事を満載した」とかいておられます。

（菊　栄）

生いたちの記

（三）

松平《まつだいら》すゞ

その頃士族で生活に困つている人はたくさんありました。尾張藩は長い間めぐまれた時代を経て維新を迎えましたので、生活の切りかえが出来ず貧乏してしまつたものが多かつたのです。私の近くに田宮如雲といつて、もとは五百石取りの家でしたが孝明天皇の許にはせ参じ、勤皇をちかつたとの功により華族に列せられ男爵となり、もとの屋敷を美しく修繕したとても立派なお住いがありました。父になぜお祖父様は田宮様のように勤皇派になつてお働きにならなかつたのか、そうすればよかつたのにと時折り言いますと、父はきまつて田宮様は田宮様だ、角《かど》の小笠原様だつて七百石だつたがあの通り落ちぶれて今は大松があるだけさ、そのほか、寺尾様だつて四千石だつたが家も屋敷もない、誰様も、彼様も、と聞かせてくれました。後年昭和の頃田宮様が落ちぶれて生活にお困りになつていることが新聞に出た時、父はそれでよい、それでよい、何も維新の時尾張藩一同は中立であつたのに田宮如雲一人が勤皇で子孫永久栄えるなんてありえない、そんなことを云つて自己満足しておりました。

父の伯母にともという人がありました。年は六十七、八歳位だつたかと思いますが、とても上品なおばあさんで貧乏な私の家に来て十日間位居候して、女手のない家の衣類のつくろいなどしてくれました、多分父が来てくれと頼んだのかも知れません。このおばあさん、古物ながらも絹物の衣を重ね、上には黒い紋羽二重の被布をきてすこぶる言葉がていねいでお行儀がよろしいのです。このおばあさんは私の家にいるうちに必ず一度は尾張徳川家に柿の十個位を持つて御機嫌奉伺に行つたものです。すると、おうつりとして五十銭銀貨一つ白紙に包んでおぼんにのせて下さるのがこの人の小使いとなつたようでした。なんでもその頃五銭か十銭位の品物を持参しておかえしをたくさんもらつて来るのでした。女というものは、と口ぐせに御行儀作法の世話をやきます。食事の時の坐り方、箸の持ち方、茶わんや皿などの位置、食事中の心得や家の中で歩くことから、戸障子の開け方など、まことに私の家とはまるでかけ離れた方法を教えてくれるのでした。そして江戸の大奥では、というのが口ぐせでした。この人は十三歳の時から二十四歳まで大奥づとめをして家斉公のお側女であつたとか。位は上臈か、あるいはそれ以下の腰元というのかもしれませんが、とにかく十四歳になつた春将軍様が前をお通りになつて、「そちの名は」とお尋ねになつたと繰返し話すのでした。その頃の私は何も分りませんから聞いていただけでしたが、終戦後大宅壮一氏の歴史の本で将軍が今夜とぎを申付ける女に対して名前を尋ねることになつていて、名を聞かれたらその夜召し出されるとのことを読んで、始めてあのおばあさんが「そちの名は」と申されたと何度も言つたわけがわかりました。十四歳の時初めて家斉公の御用をつとめたというわけだつたのです。将軍のお召しにあづかつたものの子宝を得ることが出来ず、二十四歳で里下りとなりました。なんでも将軍は十四、五歳頃から十七、八歳位までは時折りお召しになつたそうですが、二十歳頃になるともうほとんど御用がなくてお暇を頂いた由です。「十一代将軍御側室の御国帰り」というので東海道は出水の危険もあるから中仙道をと旗本百二十人護衛附きで木曽路を尾張に向い、美濃と尾張の国境内津峠まで来て籠を止め、こんどは尾張徳川家から同じく百二十人の武士がお迎えに出て引継ぎをしたとか。

家に帰りついたものの江戸の大奥で十一年間暮した人には何もかも物足らないことばかりであり、それから結婚しようにも二十四歳、花のさかりはとうにすぎ、今更嫁ぐ先きもなく家でぶらぶらしており、時折は尾張様に御機嫌奉伺に上つてもその頃は元千代様時代の幼君で腰元が御受けするだけだつたそうです。当時内海（尾張知多郡内端の船附場）源三郎という船問屋があつて昔から何かゆかにりがあるらしく便りをしていたのだそうです。ある日家にばかりいても気がふさぐだろうから遊びに行くがよいと言われ、お供もつれずただ一人熱田の港から大船に乗つて出掛けました。ところがどうした都合か船が横須賀（知多郡横須賀）沖にさしかかつた頃から風が出て波が立ち始めたので、船頭が横須賀の人である関係も手伝つて船を一時その港につなぐことになつたのだそうです。いくら港の中でも船は風にゆられるので船頭は多勢の人と一緒にいた女の一人たびのこの客を我が家へといざないいれて休ませました。その後風はないで船は内海に行くことになつたが、一便あとにでもと船頭の家に四、五日止まることになり、何時の間にやら船頭とねんごろになつて内海には渡らず横須賀で暮すこととなり、終いに二人の母となりました。男の子と女の子と二人出来ましたものの江戸大奥で暮した人には船頭のおかみさんとして一生終る気にもなれず、つい二人の子を残して家に帰つてきましたが、両親から許されず、尼寺へ預けられました。まだ世は徳川の末で寺小屋時代のことでしたから手習いに来る子供もあり、習字をしたりして其日其日を送つているうちに明治となり、学校もでき手習に来る子も少くなりましたので、その後は縫い物などして尼寺にいたそうです。維新と共に実家も落ちぶれ、横須賀に残して来た子供たちのことも心にかかり時折尋ねて行ったそうです。しかし船頭は他から妻を迎え、男の子は大工となり、女の子は左官の所に嫁入りしてそれぞれ世帯を持つておりましたので、あちこち十日間位は滞在できてもどうも落ちついていることもできず、所定めずさまよい歩いていたということでした。しかし五十歳位まではとにかく尼寺が居所であつたが、住職が亡くなり若い尼僧が後を受け継いだ頃から折合いが悪くなり、全く放浪生活となつて、知り合いの家を少しずつ泊り歩くという状態のようでした。

このような生活をしていた人が私の家に時折り来て江戸の話をしてくれたのでした。その後このおばあさんが見えないのでどうされたかと思つておりましたところ、横須賀の自分の生んだ子の家でとうとう亡くなられたと聞きました。まことに数寄な運命の人でありました。

私の家では、この頃味噌屋の小僧に行つていた兄が十七銭ごまかしたとかで、兵隊検査まで無事つとめると二十円もらえるという約束でしたのに、僅かのところで暇を出されて帰つておりました。家に来たものの遊んでいるわけにゆかず、何やら仕事に行つたのですが、それも断わられ、そのうちに熱田の登記所の小使兼給仕という仕事で泊り込みで働いておりました。一カ年半ほどで兵隊検査を受けて合格し、明治三十三年十二月一日歩兵第六聯隊に入営しました。見送る人も少なく、兄の友達が二人来て父と私共で一本の旗も立てずに入営しました。後年の入営風景とくらべてなんとさびしいことでしたろう。この時分でも暮し向きのよい家の者が入営する風景は多くの見送り人があつたのですが、私の兄は隣の人も見送つてくれませんでした。父が何時も残念がつて死ぬまでこの時のことを話しては涙を流したものでした。

***

＊＊＊＊＊＊＊＊＊＊＊＊＊＊＊＊＊

随筆

種子ヵ島の春

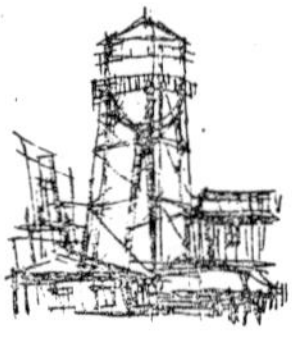

古市《ふるいち》フミ

＊＊＊＊＊＊＊＊＊＊＊＊＊＊＊＊＊

種子ヵ島から新砂糖《にいさとう》が届いた。

この、とろりと舌に甘い茶褐色のお砂糖は、むかしの春を、なつかしい常春の南の島を、わたくしの目の前に彷彿《ほうふつ》させる。

春風の吹く野辺を私達は馬にのつて行つた。ところどころの畠の隅に割つたばかりの薪が、うずたかく積んである。馬の口を取つている男に、それを何かとたずねて見ると、「砂糖たきがはじまり申すので、その用意のための松の薪でござり申す」という。

東京に住んで、春になれば種子ヵ島から新砂糖を送つて貰つて、今年のお砂糖は出来がよいの悪いのと文句をいつて、大切にもしなかつた黒砂糖が、こんなに沢山の薪を使つて出来たのかと思つて、普通の薪の三倍位の大きさに割られたその積み重ねをわたくしは、つくづくと眺めた。

それは、十年一昔という古い言葉で、二昔にも近いむかしの思い出である

〃かめよ車よまわれよ真木《しん》
　汁もたまれよ夜もふけたう〃

これは砂糖たき唄の代表的文句である。

小笠原オーギという砂糖きびの茎を、原始的なしぼり機にかませて、したたり落ちる汁をためて、大きい釜に入れ、火力の強い松の薪をどんどん燃して煮つめる。よく煮つまつて蜜のようになつたところで、生石灰を入れてまぜ合せ、それを樽なり、鑵なりに入れて冷すと黒砂糖が出来上るのである。

村の人々は、今日は浜の彦三じいさんの家の砂糖たきだ、明日は松原のかめぢようばきいさんの砂糖たきだというように、いつ何処の砂糖たき小屋で、誰の家のさとうたきがあるということを、みんな知つているのである。そんな時の、女、子供のたのしみは、コッパスケをしに行くことである。コッパスケとは、さとう液を煮つめている時に、砂糖たきの頭領のところに、木の切れつぱしなどを

。。。中国を訪問する婦人団体代表。。。

このたび中華全国民主婦女連合会（主席、蔡暢《さいちょう》）より招待を受けて、日本の婦人団体から左記の人々が中国を訪問することになりました。期間は四月上旬より一カ月で、主に中国の婦人子供の生活ぶりや、教育、衛生に関する社会施設を見学することを目的としています。

代表団を構成する人々については、各団体より委任された日中友好協会が派遣対策特別委員会を組織して、適当と思われる人を銓衡いたしました。これは全国の一般婦人団体に標準をおき、中央からは五名、各地方からは、北海道から九州までを九つのブロックに分けて、二五名選出したものです。

この代表団は先にあげた目的の他に、今後の日中婦人間の交流を拡大発展させる礎となる使命をも負わされており、そのために今回は専門職域別の希望よりも婦人団体の希望を中心としました。その顔ぶれは次の通りです

久布白落実　日本キリスト教婦人矯風会副会長
春野ツル子　主婦連合会副会長
水沢　耶奈　全日本婦人団体連合会推せん
岸　あい子　北海道渡島婦人団体連絡協議会副会長

もつて行つて、「おじさん、おくれ」といつてそれを差出すと、頭領は煮つめられて蜜のようになつている液を木切れの上に落してくれる。それを大急ぎで清水の中につけるのである。そうすると砂糖は急に固まつて、栄太楼の黒あめを素朴にしたような実に実においしい飴が出来上る。木つぱでないものにのせて冷したものでもすべてコッパスケである。

　このあめの味は、その家の畠の地質と、その家の人々の丹精とを、そのままにあらわしている。出来上つた黒砂糖の味もやはり同じである。土というものの不思議は隣り合せの畠に同じものを作つても全然味のちがうものが出来上る場合がある。

　しかし、出来上つた黒砂糖の味が少しはまずくあろうとも、砂糖樽を納戸に積み上げた日の、ばきいさん（おばさんの意）たちの胸のうちのたのしさ、そのこころもちのゆたかさ、それは都会の奥さんたちが、デパートで欲しいものを求めて帰つた時の満足感などとはくらべものにならない。

　春風の野辺を馬にのつて行つた時、わたくしたちは、あの家この家の砂糖たきの日に、東京から持つて行つた、浅草のりの鑵、かき餅の鑵、その他あらゆる鑵の類を、それぞれの家にくばつた。毎日毎日それは重い砂糖入鑵となつて手許に戻つてきた。

　重い荷物になつて東京に持ち戻られた黒砂糖は、家苞《とつ》として友人のたれかれに配られた。

　二、三年たつて、戦争で甘味の不足した頃、思わぬところで、種子カ島の黒砂糖を今重宝していますと挨拶されたりしたこともあつた。

　戦後の種子カ島は、その黒砂糖の故に闇商人の出没がはげしくいろいろの悲喜劇もあつたが、月日は一切の人生の哀歓をそのままにのせてすぎて行く。

　今日、小さい重い小包を手にして、すぐに新砂糖だなと思つたわたくしは、もう島の南向きの陽だまりには咲いているであろう紫の野すみれと共に温い人の心をじかに感じた。

　梅が香のようやくにただよいはじめた武蔵野の一隅に、二月に春風の吹き渡つている種子カ島の山や川、今日もまだ誰かの砂糖たきの煙がしずかに流れているであろう夕べの野辺をおもいつつ、わたくしは今、にいざとうと共に苦茗を喫している。

阿部としよ　岩手県婦人団体連絡協議会々長
早川　園子　婦風会秋田支部長
市川　つや　全国農業協同組合婦人部協議会会長
梅森　茂美　東京社会福祉協議会保母の会委員長、二葉保育園理事
山田小枝子　働く母の会幹事
森岡　貞香　目黒母親の会々長
小山香代子　婦人経済連盟理事
田中　尚子　大阪府婦人団体協議会副会長
松葉　静子　大阪市婦人団体協議会副会長
村山　リウ　新政経婦人の会代表
城　千枝　下関母の会々長
石川　まさ　大阪母性クラブ会長
馬場　チミ　大阪主婦の会々長
森定　春江　京都生活安定主婦の会々長
野田　利子　兵庫県婦人協議会々長
坂口五十四　奈良県婦人団体連絡協議会幹事
多田　深雪　広島県教懇話会代表
市川喜之衛　高知農協婦人部々長
清水　ハナ　福岡県郡市連合婦人会連絡協議会副委員長
浅井　愛子　日本子供を守る会支部長
山路　澄子　鹿児島県婦人団体連盟理事長鹿児島県農業委員

　なお右のほか評論家の西清子さんが祕書長としていらつしやることになりました。

母の力で中学新設

浮《うき》田《た》久《ひさ》子《こ》

　私たちの住む辻堂は、近年非常な勢で発展しております。ことに戦前は、松林の間に別荘が点在するばかりだつた閑寂な海岸地区は一日に家が一軒ふえるといわれるほどの変貌ぶりで、今ではさながら東京郊外の住宅地の観を呈しております。こうした急激な変化に公共施設が追いつかず、住民が種々の不便を蒙つていることは、御多聞にもれません。中でも、昭和30年頃学童を持つていた母親たちにとつて、何よりの関心事は、中学校の問題でありました。近々十年の間に倍以上の人口増加を示したこの辻堂地区には、中学校は以前通り一つしかありませんでした。それも町の南にある海岸地区から反対側の北の外れにある明治中学校まで三十分以上の道程があります。その中学でさえ特別教室をつぶして、増加する生徒を収容するという状態でした。海岸地区に隣接する鵠沼地区でも事情は同様で、そのため海岸地区の学童に対しては、比較的緩やかであつた学区制のワクが厳重となつて、距離的にはむしろ近接している鵠沼中学への入学が不可能となりました。こうした事態に悩んでいた私たちの前に、問題解決の手掛りが一つあつたことは、誠に幸せでした。それは海岸の湘南道路に面した敷地七千坪建坪四百坪の旧通信大学跡が、正式に藤沢市に返還されたというニュースでありました。この施設を生かして中学を新設して貰いたいと、何人かの母たちが問題を小学校のPTAに持ち込みました。成人教育委員会は折から計画中の夏期学校のプログラムにこれをとりあげ、まず市教育長を招いて、事情を訴え、教育委員会の意向をただすこととなりました。それは七月の末で市の年度予算は編成済みでした。補修工事とはいえ、当初教育委員会側の見積り四百万を超える尨大な金額を、赤字財政克服に悩む市理事者たちがオイソレと支出してくれるものとは思われず、大変な困難が予想されました。しかし母たちの側にもここで引下がれぬ重大な理由があつたのです。私たちは前からの個人的な交渉経過中で、その場逃れの口約束にはもうこりごりしていました。それにこの敷地建物が市の財政立直しのために某会社に売却される計画が内々に進められているという報道をはじめ、いろいろの情報がはいつてきて、もしもこのましばしの間でも放置するならば、折角の施設も永久に、私たちの手の届かぬところに持ち去られてしまう危険が十分にあつたのでした。といつて他に適当な代替地を求めることも、土地の事情を知る者に取つては不可能と思えました。急迫している就学事情と考え合せ、補修によつて十分使用にたえる校舎と敷地とを、新らしい中学のために確保しなかつたら、中学新設の望みは諦めなければなりませんでした。

　そして来年度から中学校の開設を目指すならば、二三日の後に迫まつた市議会にぜひとも請願しなければならないことがわかつたので、私たちは早速署名集めにかかりました。真夏の二日を馳け廻つて二千七百に近い署名を集めることに成功。一方PTAにはかつて中学校建設促進委員会を作りました。地元市議をはじめとして全議員の賛同を得て、請願書を期限ギリギリに提出することができた時には、思わずホッとしたものでした。それから後は理事者、教員委員、市議の人々にほとんど連日にわたる陳情。市役所の階段を何度上り下りしたことでしょう。その間特に誰かの指導に従つたこともなく、事あるごとに額を寄せて相談し合い、母の熱意と智恵の限りを尽して当りました。暗闇を手探りするような不安や、靴を距てて足をかくあせりの気持も、時にはほとんど絶望的な事態の推移にも、お互いに励まし合つてくずれませんでした。

「衆をたのんで陳情するなどは奥さん方にふさわしくない。おだやかでありませんよ。」と私たちが特殊な思想の持ち主か何かのようにきめつける相手に「それでは私たちにどうしろとおつしやるのですか。料理屋に招んだり、裏でコソコソ話をつける遣り方を私たちは知りません。子供を心配する気持一筋に来ているのです。唆かされているどころではありません。」と答えながらいい知れぬ憤りにかられたこともありました。

その間に此方の態勢も余程整つて、促進委員会のすすめにより、市長、要路者、市議等関係者一同と父母が一堂に会して、活発な意見交換の機会を持つことができましたし、また経過を謄写刷りにしてPTAの方々に報告し、一層の理解と援助とを求めたりもしました。

そして最後に、当初の見積りの半額にも充たぬ金額ながら四月から開校するための費用を市で支弁してくれることに決まつた時の私たちのよろこびを今も忘れません。この中学は地元に経済的な負担をかけないこと、施設の不備を優秀な校長や先生方の力量でカバーしていただけるよう特にそれらの点の配慮を強く教育委員会に要望しました。

「根負けがしました。」と市長があとで笑つておられたけれど、そればかりではありません。母の真剣さが問題の重要性を皆に納得して貰うヨスガとなつたのでした。実際あそこで中学を新設できなかつたら、教育委員会では増加する生徒対策にどんな手を打つたでしようか。姑息な手段で一番被害を蒙るのは生徒たちです。

ホッと一息する間もなく、またまた障害に突き当りました。それは鵠沼地区で新中学の学区に編入される父兄の反対運動でした。ことが余りに急速に進展し、私たちにも余裕がなかつたために連絡不十分であつたり、思わぬ手違いが生じたりこちら側にも落度があつたのでした。新聞にその記事が載つた翌日、私たちは教育委員会にとんで行きました。そして鵠沼地区での説明会を依頼し、私たちも力を尽して向うの不安や誤解の一掃に努めました。話し合いで誤解もとけ、昨年四月には無事に開校の運びとなりました。

私たちは約半年にわたる懸命な努力のあとで大きな成功をかちとることができました。問題の意味をほんとうに理解して努力と協力を惜まなかつた母たちの活動がこの成果をもたらしたものと思います。もちろん各方面の善意ある方々の力にまつところも大きかつたけれど、問題を提起し、推進し、その実現のために最大の力となつたのは母たちでした。

この働きかけを通して私たちは実に多くを学びました。母たちにとつてあのような活動以上に優れた社会勉強の機会があるでしょうか。皆あの時期のことを長く忘れないと思います。

静岡母親の会の足あと

秋《あき》沢《ざわ》弘《ひろ》子《こ》

一九五五年、母親大会で結ばれた母親たちが、またひとりひとりに散つてしまうのは惜しい、手をつないで母と子のしあわせを守ろうと集つたのが私たち静岡市の母親の会で、その年の十二月、三十一名で結成。最初のしごとは競輪の車券売場の反対でした。見る競輪でなく、単なるトバクにすぎない車券は静岡市に二組も家族心中を出しています。第一回の反対は成功したものの、廃止せず、隣町に移転し、反対にこりた相手はいろいろ巧妙な術策をもてあそび、全力をつくした署名活動も空しく、いまだに未解決です。

五六年三月には、県下の母親連絡会をつくることを計画して、県教組の助力で三島、沼津、小笠、清水の五つの会とその他のグループで連絡会ができ、これはその後大きな力になりました。次に四月の初めから、教育法案の研究、つづいて反対運動をはじめ、連絡会加盟の各母親の会の他の諸婦人団体によびかけ、十八日には県下婦人の法案研究会をもつことができました。講師について研究の後、反対を決議して陳情書には二十数団体の署名が得られました。代表がそれをもつて参議院文教委員会に陳情、二日がかりで委員を歴訪し母の声を訴えてまわりました。

その間に会員は百名になり、地域グループに分れて、幻灯や話合い、うたのけいこなどをし、県の青年婦人のつどいの時は出場して歌いましたが赤ん坊から六十五歳までの大合唱は大変珍しかつたようです。

七月一日には第二回母親大会をひらき、三つの分科会で、家庭、教育、働く婦人などの問題を語り合いました。第一回の県全体の時とちがつて静岡市だけで、二百人位の参加でしたが、社会教育課の後援、教組の助力、他の会から多数のメッセージ等、寄せられた好意は大きなものでＮＨＫのローカルも放送して下さいました。

六月ころから、全国母親大会と原水爆禁止長崎大会のための募金活動をつづけていましたが八月それぞれの大会に代表を送つて九月にはその報告会をひらきました。参加は三〇〇名。これもＮＨＫローカルの電波にのり、会を催す度に新入会員がふえます。

十二月一周年の総会には、会員一八〇名、七つのグループがそれぞれ活動報告をしました。どこも自己批判がきびしく何にもできなかつたというので今後のやり方を相談して、もつと各グループの個性に適した身近なことで、グループ活動を活発にしようときめました。

十月からの国連総会へ母親代表を送る運動は、今までの活動のうちで最も力を入れたものです。はじめのうちは委員だけでしたが、久保山すずさんが承諾してからは全会員の運動になり、街頭に職場に国連派遣の意義を説いてまわり、募金をしたのです。それだけにこの計画が挫折したことは、残念とだけではすまされないものがありました。しかし、今は立ち直つて、この機会に原水爆と政治の関係を人びとに知つて貰う活動にうつりましよう。

今年の計画の第一は道徳研究会です。毎月講師をかこんで道徳をあらゆる面から研究して、日常の問題を質問討論しながら、母の立場から新しい道徳の形成に参加しようというわけで、第一回を静大の加藤三郎先生にお願いしました。四十数人の出席者は非常に熱心で質問を打ち切つて閉会したほどですから次回が期待されます。

このように小さな会ですが、親たちのささやかな力を合せて、常に何かをやつてゆこうとしております。

〝鳩の家〟をほうむる

山《やま》崎《ざき》亀《かめ》能《の》

昭和二五年、民主婦人連盟（平林、神近、

山川、尾崎、山崎その他参加）の集りを持つていた頃、暮近い特別寒い日の午後民主婦人連盟の横浜部会を私の在任校子安小学校の応接室で開き、強いて山川先生の御出席をお願いしたことがあります。

この日の集りは特にせつぱ詰つた問題をもつていました。そのころ民主婦人連盟の神奈川県支部を支えていた尾崎みつ子さんの在任校浦島丘中学と、私のいる子安小学校の学区域、大口通りの一部に〝鳩の家〟と称して特殊飲食店街が設けられようとしていました。

建築はすでに終り、軽飲食として許可をとり、時機を見て中区の花街真金町からのりこんで来るというところまで進んでいました。

学区内にこんな施設ができては、教育上すてておかれないとあわてて、尾崎さんと横浜部会を開き、山川先生の御指導を仰ぎ、会員皆さんの協力をお願いしようというわけでした。

これをいちはやく問題にしたのは、この地域の県会議員であり、工場主であつた白幡万平氏が中心となつて子安工場地帯の工場経営者と地域婦人会及び弘報会等で、数回集りを持つてこの施設の阻止をはかつていましたが、鳩の家の設立者もこの地域の有力者であり、はじめ工場主の方は工員たちの風紀を案じて、反対運動を思いたつたものの地域の有力者同士の反目はたがいに利がないということで、運動をやめようとしたため私共があわてたわけです。

この日は弘報会員である子安小学校長の遠藤氏と、当時この運動に御夫妻で最も熱心だつた古川病院長の奥様を招いてこれまでの事情をききました。

山川先生はお風を召して御気分の悪いところを夜おそくまで、細々御指導くださいました。その後先生のお世話で神崎先生も訪ねいろいろ手順を教えて頂いて調査をはじめました。私たちはまず白幡氏を訪ねて、鳩の家の規模や事情を伺い、また古川御夫妻や婦人会長の深沢さん等を訪問して、反対運動の再起を要望いたしました。

こんどは地元婦人会が中心となつた形でしたが、古川夫人へは「やみ夜に気をつけろ」というきようはく状がきたり、また私たちには地元のものだけでやるからと婦人会の方から参加見合せの要請があつたりでしたが、運動は急速に進展し、神奈川県青少年協議会の反対もあつて営業は不許可となりました。そこで建築も終り、真金町からひつこすばかりになつていたという鳩の家は、経営者が手を切るという解決を見ましたが、この花街移転問題のうらに革新派市議二名が加わつていたという驚くべき事実もありました。建物は中山鉄工所という工場の家族寮として今も使われています。その寮の家族で子安学校へ来ている子供もいますが、四畳半二間とか、四畳半に三畳とか、二間ずつ使つているが、その二つが壁でしきられていて、いつたん廊下へ出なければ隣の室へはいれないで不便だとか、よそのアパートのように締りがよくないので用心が悪いなどと話しています。

私共は、ほんの刺激を与えただけで解決し、「まあよかつた。」と安心しましたが、しばらくたつと大口通りという商店街をはさんで、東海道線寄り、浦島中学校の下といつた場所に、あまりすつきりしない一ぱいやができました。これは鳩の家に比べて規模も小さく奥行きもせまく、ほんの一ぱいやですが、いつの間にか十数軒でき、そのうちに一軒、温泉マークの家があります。大体日雇労働者の憩いの家といつた風で、お勘定日の月末は賑わい、中間はあまり振わないようです。鳩の家でねばつた私共には、何か一方でおさえたものが別の方にふくらんだような感がします。

第四回

婦人月間の催し

──労組婦人部──

総評婦人協議会

総評婦人協議会では昭和二十九年より婦人月間を設けて傘下組合婦人部に呼びかけて、働く婦人の権利よう護や地位の向上に務めていますが、今年は第四回目を迎えて左のような統一目標を定め、活動のすすめ方を指示しています。

一、婦人月間の統一目標

婦人の職場を守ろう
母体を保護しよう
男女の差別待遇をなくそう
婦人同士が助けあい団結しよう
憲法改悪、家族制度復活に反対しよう

二、総評の提唱する活動のすすめ方

以上の目標をたたかいとるために各組合では、さらに細かい実情にあつたスローガンをかかげて、創意にとんだ活動を行つていく。

①まず婦人同士が話しあい、職場や地域での交流をとおして団結していく。

②婦人の問題を婦人のみでなく、男性にも十分理解させ、共通の問題として協力して解結をはかるようにする。

③そのためにどんな職場でも最低一回は職場会議や懇談会を開き、出された婦人の要求は労組としてとりあげ、春闘の中で闘う。

④組合の機関紙、ニュース等を通じて婦人月間の主旨を宣伝し、啓蒙していく。

⑤主婦、母親たちとも話しあい、物価、税金、売春などの問題についてもともに運動を起す。特に婦人の日（四月十日）を中心とした婦人週間の行事には各層の婦人との提携をすすめるためにすすんで参加する。

また青年団体、文化団体、福祉団体とも連絡をとりあつてすすめる。

⑥婦人が自分の生活をみつめ、向上させていくために生活戦線運動をすすめ、いろいろな学習会も組織していく。

⑦中国を訪問しした人、世界婦人労働者会議に参加した人などの報告会を行い世界各国の青年婦人の状態についてしらせあう活動を行い、その中で六月を目標にくまれている中国青年婦人代表の歓迎の準備もすすめる。

⑧婦人月間の間の各地の活動の集約として四月二〇日、二一日に中央で、働く婦人の中央集会を行う予定である。昨年度の経験をいかして広く各労組によびかけ婦人の労働条件、賃金その他の問題について討論を行うが、その内容は具体的な活動の発展のために最も効果的な計画としたい。

⑨婦人月間中の活動については、各単産、地評がとりまとめ、二月、三月、四月と最低三回の報告を、総評本部あて送つてもらい、本部では、それを機関紙、ニュースなどで全国にしらせて行く活動を行う。

各組合の活動のすすめ方

国鉄労働組合

①総評に協力して働く婦人の中央集会が成功するよう尽力する。

②各地方でそれぞれ行つている労働講座や婦人指導者講習会の成果を知る。

合成化学産業労働組合連合

①各地方毎に「権利を守る婦人集会」を開き地方から討議をもりあげ、さらに地方の代表者を中央に集約して、中央においても婦人集会を開催する。

②合化労連傘下各単組青婦部において、婦人部が青年部の援助の下に、母体保護を中心として職場環境、更衣室、育児所、その他諸施設、作業業着などの要求を話し合う。

③地域の交流を行う。

全国電気通信労働組合

①春闘を行うについても横のつながりの必要性を痛感したので、まず職場交流を行う。
②生産性向上運動に反対し、生理休暇などの問題を日常活動の中へ移入する。
③全労働者の中の婦人として未組織婦人労働者や中小企業の婦人とも話し合う会をもつよう指導文書を発し、それが単に月間のための行事に終らぬ発端とする。

全逓信従業員組合

①総評の線に沿つて、中央集会が成功をおさめるよう努力する。
②例年の通り、今年も働く婦人の生活記録を募集する。

日本教職員組合

①首切り阻止の斗いなど日常活動の延長。
②各地域毎に討議した結果を中央に集め、働く婦人の中の中央集会にまでもりあげる。

全日本国立医療労働組合

①生活綴方を募集する。
②婦人月間のしおりを作り、婦人部が現在行つている産前産後の休暇の問題、断続勤務をやめようという提唱、準看護婦の進学コースを作らせよう、という主張などを掲げる。
③交替備員制の立法化をめざした活動をする

全日通労働組合

①実態調査に現われた問題点（男女差別、母体保護）を全国の各職場で点検する。
②労働講座で男女共通の問題点（婦人自身の努力する点、組合に要請する点、会社に要望する点）を交流し解決策を検討する。
③講座出席者を中心にその報告活動をかねて職場で話し合いを行う。
④婦人問題について会社幹部と話し合う。
⑤月間中の成果並に解決事項で他の参考となることを日誌にまとめ、中央に報告する。

全専売労働組合

①生理休暇、託児所の拡張、託児の看護休暇の協約化運動を行う。
②結婚資金要求運動を行う。

全国蚕糸労働組合

①食事の改善運動を行う。
②地域の交流の活発化をはかる。

全日本自治団体労働組合

①各単組での討論会の結果を、婦人週間前後に開かれる婦人の全国職場討論集会に集め更に検討を加える。

東武交通労働組合

①働く婦人の中央集会の出席に当り、より大きな成果を得るために準備会を作つて悩みを解決してから参加するようつとめる。またどの地方においても東武が推進力となるよう活動を活発にする。
②各支部毎に、家族会との話しあいの会をもつ。
③本部で婦人講座を開く。

東京急行労働組合

①衛生講座を開き母体保護の認識を深める。
②労働講座を開く。
③各職場毎の話し合いの会をもち、最後に集会懇談会を開く。

＊＊

本誌「読者懇談会」

―神奈川県南部―

本誌では去る三月二日午後平塚市駅前農業会館において、神奈川県南部読者懇談会を開きました。小田原市の千葉菊子さんが座長に推され、山川編集委員を中心になごやかな雰囲気のなかに、本誌に対するご批判やご希望が各出席者より述べられた後、身近かに起つている問題についてお話し合いをいたしました。

地方に行つて「こえ」を持つている方に会うと、とつてもうれしくなつてしまう(千葉)という、「こえ」を通じての親近感、「こえ」の記事は自分の考えていることをズバリと言つてくるので愉快だ(野川)という御感想。職業人として胸に応える記事がある(遠田)という御共鳴から、広告をたくさん入れてページを増やし、実用記事も入れてほしい(木塚)、創刊号からの読者で自分では大変よい雑誌と思つているので周囲の方にもおすすめしているが、一般の主婦はとつつきにくいと思うように読者獲得ができない、締めるところはしめて、誰でもとびつけるようなものにして欲しい(山内)というご意見もありました。

その後一般問題について、頭のいいお子さんを持つた方は実力で希望校に入れるし、お金のある方はお金の力で進学させることもできるが、その両方に恵まれない、中間層の悩みをどうしたらいいか、(野川)というお母さんの訴えや、片親の子の就職保証人に知事がなつているが、さらに婦人少年室の賛助員などもなつて頂きたい(浮田)。

大学へ進学する子を持つ未亡人は現在全国に千二百名くらいいる。その人たちで団体をつくつて入学資金問題の解決に当りたい(大津)。

また保健婦をしていらつしやる時田さんは人工中絶の指導がもつとも望まれ、また効果的でもあるが、予算が少く十分な活動ができない、と訴え、煙草屋さんを経営していらつしやる逗子の長谷川さんからは、「お買物には入れ物を持つて」という運動を主婦の間から起して頂きたい。包装紙も結局物価に加算されており、決してサーヴィスではないから、と提案されました。

その他、私学の政府補助金が少いため、父兄の負担が重くなる、防衛費を削つてそれに廻せないものか、(浮田)など、母の立場、働く婦人の立場から御意見百出という活発な懇談が定刻過ぎまで続きました。

そして、この有意義な懇親会を一回きりで終るのは残念、今後も是非続けて欲しいというご希望が圧倒的で、次回は五月十一日(土)茅ケ崎市で小坂ふみ子さんが幹事となつて開くことを申合せました。場所その他は追つて誌上で発表いたしますが、お近くの方はお友だち、お知合お誘合せの上、多数ご出席願います。なお当時の出席者は左の通りでした。

山内妙子(逗子)、長谷川ハナ(逗子)、時田満子(小田原)、遠田キクノ(小田原)、木塚千世子(藤沢)、千葉菊子(小田原)、野川八代子(逗子)、浮田久子(藤沢)、小坂ふみ子(茅ケ崎)、大津りう(平塚)、森(小田原)。

児童福祉法による保育所

全国施設数 八七六五(31年12月1日現在)
総入園児数 五九四、九九四人

厚生省予算	31年度	32年度
施設費	一億六千万円	一億二千万円
措置費	二四億八千万円	二四億七千万円

母子家庭を明るくする運動

昭和二十九年五月九日の**国際母の日**五月第二日曜に始めてこの運動が展開された。日本でもこの日を中心に年間を通じていろいろの催しが行われる。

趣旨　政府、都道府県が施策的に母子定庭の自立厚生をはかる他に、母子家庭に対し、精神的内面的な援助を与えようとするもの、

主唱　厚生省、全国未亡人団体協議会、全国社会福祉協議会

実施主体　都道府県

協力団体　N・H・K、主婦連合会、専売公社、その他多数団体

具体的な活動　母子後援会を組織している。全国母子福祉大会開催（会期十一月）、母子家庭のど自慢コンクール開催（五月第二日曜**母の日**に）

伊藤よし子さん「くらしの会全国連合会」副会長へ

さる一月発足した「くらしの会全国連合会」の第一会幹事会が三月七日衆議院第二議員会館で開かれました。当日は同連合会の加盟団体である家族制度復活反対連絡協議会、売春対策国民協議会、母親大会準備委員会、食糧問題対策委員会、護憲連合等五団体への各責任者をきめ、事業部を設ける係など決定しました。

なを副会長として愛知の伊藤よし子さん（故伊藤好道氏夫人）が追加就任されました。

編集後記

婦人週間をはじめ、四月は婦人の月といえるほど各方面に婦人の催しの多い月です。ことに今月の四月は一日の売春防止法の一部実施という大きな意味が加わります。

＊

ところが最近参院予算委員会における売春対策に関する議員の質問に対して中村法務大臣は「業者の転癈業のための資金を考えてもよい」、また大久保国務相は「長い間の売春の歴史を尊重し、その処置については慎重を期したい」と答えて物議をかもしているという有様です。

＊

政府自ら提案して成立した法律を、今さらなにごと、と誰れしも驚ろくことでしょうが、実態は右の通り。一部実施を目前に控えた現在、転廃業した業者は全国僅かに一%とは、正に政府のこうした態度を反映したものと云えるでしょう。

また保護更生の施策がさっぱり進められていないことなど、実施延期のおそれもあります。

（菅谷）

婦人のこえ　四月号
定価三〇円（〒五円）
半年分　一八〇円（送共）
一年分　三六〇円（送共）
昭和三十二年三月廿五日印刷
昭和三十二年四月一日発行
編集発行人　菅谷直子
東京都千代田区神田三崎町三ノ一六
印刷者　堀内文治郎
東京都港区本芝三ノ二〇
（硫労連会館内）
発行所　婦人のこえ社
電話三田（45）〇三四〇番
振替口座東京貳壱壱参四番

昭和二十八年十一月二十四日第三種郵便物認可

婦人のこえ

5月号　特集・運賃値上げと国鉄　1957

婦人のこえ

1957年
五月号

五月号 目次

特集・運賃値上げと国鉄

座談会

運賃値上げをめぐつて

——国鉄というところ——

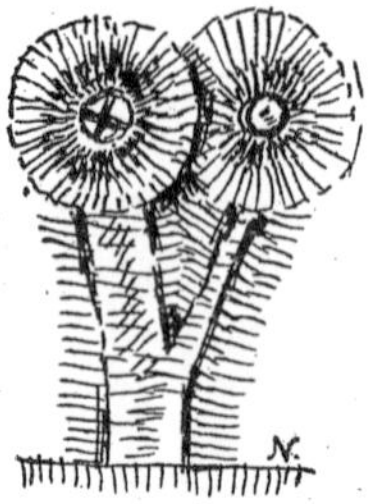

語る人　野々山一三（国鉄労組企画統制部長）
聞く人　大橋春江（武蔵野市々会議員）
　　　　中大路まき子（品川区々会議員）
　　　　渡辺忠子（中央大学々生）
司会　菅谷直子（本社編集部）

司会　今日のテーマは「運賃値上げをめぐつて」という大変漠然としたものですが、要点は、今度の運賃値上げの理由は赤字といわれ、それと共に国鉄労組の賃上げ要求のためと伝えられています。しかし、どうもそれらの理由に納得がいかない、また国鉄というところは私たちにははつきり分らない、経営はもちろん、政府との関係、労働組合などについてもよくわかりません。そのため、運賃値上げには反対だつたが強く打出すことができなかつた、また、例の抜打ストにつきましても、どうもあやしい、政府の常日頃のやり方からみて、よくせきのことがあつたんぢァないか、と思つていても新聞が余りけしからんと書き立てると、ついその気にもなるという状態です。で、今日は運賃問題を中心に、その辺のことを詳しくお話頂きたいと存じます。ではじめに運賃と物価の関係からお願いいたします。

運賃と物価について
——運賃値上げは妥当か？——

野々山　一般的ないい方をすれば戦前に比較して物価は三百四十倍上りましたが、鉄道運賃は今貨物が百七十六倍、旅客が百四十五倍、こんど一三％上げましたからこの数字に一三％が上るという恰好です。同じような電報、郵便料金がだいたい二百五十倍から百七十倍くらいになつておりますので他の公共事業の料金や一般物価に比較すれば運賃は安いわけです。しかし国民生活全体の質が百倍になつているわけではないのですから、私どもとしては国民生活全体の上つてきている比重に照してみて、一人当りの消費額の中で運賃の占めている割合というのは非常に高く、それが生活に直接響いてくるから戦前の価格と今の価格を比較してそのままあてはめなければならんというのは根本的に間違つている、という角度から運賃値上げには反対するわけです。運賃を値上げすると、例えば十円区間が二十円になる、それを理由にして、一般小売商、かつぎ屋というような人たちなどのもつて歩く品物は、十円が二十円になるのに輪をかけて運賃が上つたからというので価格をつり上げる、機械的な数字の上で値上げするということに加えて、それを理由に儲けようという作用が働くわけです、従つて物価に非常に響いてくる、だから運賃などというものはとにかく、他の基本生産資材の価格が上るというよりももつと、国民生活に大きく影響をもたらしていくという観点から、まず第一に私どもは運賃の値上げに反対をするわけです。

話が少しあとの問題と絡むかもしれませんが、こんど一割三分上げた運賃で鉄道収入が幾ら殖えるかといいますと、一日一億、一年に三百六十六億殖えるわけです、国鉄の総経費がだいたい三千百五十億くらいですから約一割の増収です。しかしそういうものを上げなくても鉄道経営はできる、壊れているものがだんだんよくなつてきたけれども、それらを直し、古い線路を代えてスピード・アップして電化をするというようなことはできるという計算を私どももしまして、ご存じだと思いますが去年の二月鉄道経営調査会に私の意見として発表したわけです。

もう一ぺんまとめていえば、鉄道運賃は一般の価格や公共企業の価格よりもずつと安いけれども、それは国民生活に非常に影響をもたらすから、私どもとしてはそういうものを上げなくてもいけるような方法があるのじやないか、純経営的にみてそういう方法でなくても、やつていけるという立場から運賃値上げには反対する、という考であります。

（写真向つて左から渡辺、大橋、中大路、野々山氏）

司会　私どもの立場からみますと、どこへいくにもぎゆうぎゆう一ぱいつめられて、早くいかなければ坐れないという恰好でしょうあれで国鉄は赤字だというのがどうもふしぎなのですが。

経営の魔術
——赤字はどうしてでる——

野々山　鉄道は全国に三百二十四線あるわけです。東海道線、山手線というその線路がこれだけあるのです。その中で皆さんがぎゆうぎゆうにつまつてのつていて、しかも今の運賃で採算がとれるという線路は僅かに十四線しかないのです。一ばんひどいのになると三百四十倍の経費がかかるわけです。つまり収入一〇〇に対して三百四十倍の支出があるというような線路まであるわけです。民間企業であれば、そんな損をする鉄道を動していく必要がない、ということになりますが、そこが公共企業体、国有公営の企業であり、終始国民の利益に結びついて経営する建前上、線路をのけてしまう、というわけに参りません。そこで全国的におしなべてみますと十四線しか黒字になりません。差引き計算をすれば赤字という形になるわけです。

その「赤字」というのが実は一ばん問題の

あるところで、勘定の仕方によつては黒字になるが、勘定の仕方によれば赤字になるという関係です。一ばん大きな比重を占めているのは減価償却費です。この費用は三千百何十億の中で四百七十億を占めている。これは線路を直したり、新しい車におきかえたり、古い品物を帳消しをしたりすることに使うわけですが、それが一体正しい償却額になつているかという点からみますと、私どもは必ずしも正しくないと思つているのです。そんなに多くの償却をしなくてもいいと考えているのです。なぜそんなことをいえるかというと、鉄道は明治五年に敷かれて以来ずつと国が全額投資をする国営であつたわけです。それなのに国が投資した額はわずか八十九億なのです。ところがもつている資産は全国有資産が一兆四千億円といわれています。ところが日本国有鉄道の資産は線路から土地までぜんぶ入れると二兆一千億あるのです。それだけになつてきたのは、結局国民の皆さんから運賃でまき上げて、それを減価償却という名前で資産化した、だから資産がだんだん増えていつたわけです。通常固有資産といわれている部は、会社経営ですと固有の資本が一割二分くらいでしよう、借入資本が二割から二割五分くらい。そして全体の資産を経営していくというのが建前でしよう。十大私鉄といわれている私鉄などの場合にも去年だいたい固有資本が一割から一割五分と資産評価をしました。ところが鉄道は二兆何千億という財産がありながら、たつた八十九億しか投資していないから、そこにまずむりがあるし、そういう大きなものを対象にして直ちに償却費を弾くというようなことになりますから、赤字という計算になるのです。本来あるべき姿という見地からみれば黒字だと思うのです。例えば新しい線路を引き貨車を新しくする、車がたりないから新しい車を買うという時は、本来新しい投資をしてやつていくのが、民間経営の建前でしよう。ところが国鉄ではそれを償却費で賄うという部分が非常に多いのです。だからだんだん資産が殖えていつちやう。そして赤字になる、こういう関係になつております。ですから先ほど申しあげましたように計算の仕方によつては黒字になるし、計算の仕方によつては赤字になるという魔術があるわけです。これを一ぺん裸にしてしまつて、公の財産ですからやたらに儲ける必要がない仕事を大きくしようと思えば国が投資をすればいいのだという角度からみれば黒字になつているというふうにいつていいのじやないかと思つています。

　さて、皆さん方が足をふまれ、手をねじられてのつている電車というものをどうするかというと、僕らにいわせれば新しい投資なり借入資本で車や線路をふやしていつていいのであつて、これはどうせペイをするわけですから。そして車を殖して、足をふまれたり、手をねじられたりする電車を緩和していく、線路を殖す、そういうふうにしていけば国民の疑惑というものはなくなつていく。そこがきつちりわかれば、その部分だけは計算が成立たないのなら仕方がないから運賃値上げをしようという話になつて、わかつてもらえるのじやないという立場なのです。

　ところが何となく満員電車にのつて赤字だ赤字だといわれても、どう考えても計算がなりたちません、というのが国民の皆さんの立場なのですね。そういうものを一ぺん裸にして根本的な運賃政策と国民生活を結びつけてかくあるべきものだという答えがでたなら、運賃が上つたということを理由にして品物をぼんぼん何倍かに上げてしまうということはできにくくなるのじやないかというふうに考えるのです。

政策運賃というもの

大資本の犠牲になつている一般家庭

司会　きくところによりますと貨物の値段がばかに安い、政策運賃というものがあるということですが、一体それはどういうわけなのでしよう。

野々山　鉄道運賃は基本的には運賃法によつてきめられます、特急券にしましても三等の運賃、二等運賃にしてもそうです。例えば勤労大衆の通勤定期は何割までは免除することができる、ということが運賃法の中にあつて、それで割引き運賃というものができるわけです。貨物の場合は基本料金というものがあります。その中に鉄鋼、石炭、木材、米、薪炭、セメント、化学肥料など、そういう基本的なものについては割引き運賃がとられるような制度なのです。運賃には十六等級の等級があつて品物によつてその等級がきめられます。政策運賃がどこに入つてくるかというと、結局セメントとか石炭、木材、或いは鉄鋼、鉄鉱石、そういう大資本に結びつきます。利用度が高いからという理由の下に割引き率をうんと高くする。

中大路　どこへあてはめるかということですね。

野々山　大ざつぱにいえば業者が俺のところは鉄道をうんと使うから、国家産業全体に影響するからといつてくる、そういうことを理由に安い価格をあてはめるわけです。だからセメントなどは宇部でできたセメントを青森で使うという場合に鉄道を利用しますが、これは運べば運ぶほど損になるわけです。それほど安く運賃がきめられている。だから宇部でできたものはせいぜい西日本辺りで使つてもらえばいいわけです。ところが電話一本でどこへ送つてもセメント一俵の中に占める運賃の割合というのはほとんど影響がないわけですから、どこへでもどんどん送ることになるのです。そのために貨車がたりなくなる。こうしたことが何にはね返つてくるかと言えば、小口貨物ですね。一ばん価格が高くきめられることにならぬと貨物全体運賃のつり合いがとれんことになるからです。

大橋　なるほどね。

野々山　皆さんが郷里から野菜一俵送つてもらうというようなとき一ばん高いわけですそういうものは貨車扱いをいたしませんから手数料がかかるというので価格が高くなつていますが、実際はそういうものがほとんど引かぶつている。政策運賃というのはそこにあるわけです。

もう一つは長距離逓減というのがありますね。こんど僕たちが長距離逓減の率を改めろとやかましくいつたのですが、独占貨物といわれているようなセメントなどの八百キロまで幾らと八百キロから千二百キロまで幾らとかけられている傾向線をぐつと下げてしまいました。それを伸すようにちよつと手直しをすると収入が百億ぐらい違うのです。長距離にやたらに鉄道を利用して品物を送るということもなくなる、それによつて輸送の緩和ができる、収益の面からいつても政策運賃といわれているものが解消されて、消費地域というものが固定してくるわけです。それが輸送秩序をやわらげるということになりますから、われわれとしてはそういうことを主張したのです。大資本は猛烈に反対をしまして、結局長距離逓減率というものはずつと下げられて元と同じようになつたのです、資本家は遠くへ送れば送るほど得になる。

こんどの値上げの三百六十億という収入を考えますと三等運賃、小口貨物の価格率が高くなるという恰好になるわけです。

渡辺　国民の日常使う物品と原料を運ぶ割

合とどのくらいの差になつていますか。

野々山　最近は小口は割合に減つてきまして、大口の貨車扱いが非常に殖えてきているようです。大口のものが六割ぐらいになるでしよう。なぜ小口が減つたかというと、車の少いということと、割合に資金がかかつて運賃が高い、それならばむしろ自動車で託送をやつた方が得で、そのうえ家庭まで届けてくれるのでその方へ向いてくる。しかし、結果的には自動車運送の方が相対的には高いわけです。高いから皆さんの生活の方にぴんぴんと響いてくる、業者は時間と手間と便利のいいということで自動車の方へいくわけですから、皆さんの手もとにいくときにはやはり高いということに変らないわけです。そうすると鉄道側からみると儲からない、しかもかえつて独占企業、大手企業を儲けさせるような品物を送つて、国民の皆さんが一般に利用するような小口の貨物というものを送りにくくして、しかもそういうものが自動車輸送になつて皆さんの生活にそれがはね返つてくるから生活費がかさんでくると、これは根本的な運賃政策、交通政策全体の問題なのです。

三等客車はなぜ増えない

渡辺　今一、二、三等というのがありますが、黒字になるのは三等の旅客だけというふうにいわれています。それならなぜ二等を廃止して三等に廻さないのか、或いは特二などを減して三等寝台に廻さないのかということをお聞きしたいのですが——

野々山　私どもは根本的に一、二等を一つにしてしまつて二つくらいのクラスにしろということを非常に強くいつているわけです。混んでいる三等が黒字で、大金持の威張つてのりたい人たちののつている車はむしろ赤字になるような恰好で楽にのせている。だからいけないので三等を殖せと、三等の乗客はコスト一ぱいでいいのですから、これに輸送力を増強して、特等車輌を少くしろという運動を続けているのです。私去年ヨーロッパを二カ月ばかり歩きまして七—八カ国廻りましたが、どこの国でも一・二・三等というのはありませんでした。ぜんぶ一等と二等です、その二つくらいのクラスにすれば、割合に均衡のとれたものが、運賃としてもとれるので、国民の皆さんも嫌な疑いをもつたり嫌な気分でのらなくてもすむのです。これはぜひともやらなければならん大きな問題だと思つています。

渡辺　東海道線は需要度が多いせいかもしれませんが、一ばん優遇されているようで、国鉄というと東海道線で代表されているような感じがするのですが、上野からのる北陸、常盤、東北線というのは東海道にくらべものにならないくらい客車もひどく混雑もひどいのですが、そういうものを平均にして同じ三等の待遇にして上野発辺りをもうちよつと改善できないものでしようか。

野々山　鉄道には修繕を主体にしているものが、全部で三十五の工場があるのです。それは車輌工場もありますけれども、今までの木造車を去年までにぜんぶ鋼製車に造り直せということを組合がやかましくいつてようやく鉄の車になりました。全国で非常に尨大な車をもつておりますから、それから順次同じような水準に高めようということで、これは組合も一つの大きな問題としてとり上げてやかましくいつているのです。相対的な資金の関係、作業工程の関係でなかなか簡単にいきません。殊に客車などは二十五年の寿命があるわけです、一たん造りますと、二十五年かかつて償却を完了する計算になつていますから、途中で新しい車に代えるということは投資の非常な損失になります。そのためにああいう恰好になつているのです。もともとどこの線でも同じ運賃ですから、同じ車で同じ感じでのつてもらう——それが当り前なのだ、これは国民皆さんの全体の声を上げてもらつて、私たちの組合のいつていることと一緒になつて与論として問題を発展させないとうまくいかんのじやないかと思います。これは鉄道経営者のだいたいの考え方じやないかと僕らみているのですが、線路の優位性によつて配置する車輛、電化計画にしてもすべて優先順位をつけてしまうという考え方、さらにそういうものに拍車をかけて改善のスピードを遅らせるという恰好になつているのですから——しかし、そこに着目して経営者の考え方をなおすような声を上げてもらいたいと思います。

運賃は政府の人気取り政策
——政府のスポンサーに有利——

司会　先ほど運賃は遠くへ運ぶほど損をするといつておられましたが、公共企業という立場からそうするのでしようが、それにしても赤字を覚悟で、しかもそのシワよせを一般三等旅客や小口貨物にかぶせる、ということはどうかと思います。国家が保障ということならば分りもしますが、独立採算制であつて、そういう政策をとるということはどうも納得しかねますね。

野々山　運賃そのものが政府の人気とりの政策なのです。今の場合保守党が内閣をとつていますから、保守党のスポンサーである側に有利にするという恰好になります。国家政策として運賃を押えられているために、鉄道経理の方で圧迫をうけている額というのはだいたい昭和三十年で三百六十六億になつています。学生割引き、勤労割引、特定の資材の割引き運賃などによつて国鉄はそれだけ損をしている、コストを割つているわけです。だからそれは国が保障してくれ、全額保障してくれとはいわないが三分の一、つまり百二十億程度のものを、国の一般会計からみたらどうだということをいつたわけです。しかしこれはぜんぶだめになりまして、今見込まれているのは靖国神社の団体旅行と傷夷軍人、身体傷害者の割引き運賃が七億ぐらい、たつたそれだけで、政策運賃で国鉄の経理を圧迫しておきながら、あとは国鉄で稼ぎなさい、という仕組みになつているのです。これは非常にむりなといいますか、時の政権者のためにできているという代表的な例です。

それからもう一つ、その部類のものでは、よく新聞などでいわれる何々代議士が造つた線路というのがあります。そういうのは所詮ぜんぶ赤字なのです。だいたい倍以上の経費のかかる線路ばかりなのです。こんども又だいぶ大きな新線の建設をやることになりました。年間七十五億くらい投資するのですがいつ回収されるかという見通しはぜんぜんありません。それらも皆さんのこみあつている三等運賃からでてくる金によつて、特定の代議士を喜ばせているわけです。

司会　それをきめるのはどこですか、鉄道経営調査会ですか。

野々山　鉄道建設審議会というところできめられたものの答申をうけて総裁がやるわけです。

司会　その審議会のメンバーというのはどういう構成になつているのでしようか。

野々山　内閣からもでます、与党からも野党からも一般からもでて、だいたい二十二名くらいのメンバーで建設審議会はできています。そこで新しくこの線を敷く、経費は幾ら要る、それに国がどうして、鉄道はどうするということをきめて大臣に答申をします。

司会　そのメンバーのうち議員の方の詮衡

は公平に行われているのでしようか。

野々山　与野党の数的比率がそのままきているわけです。だから野党の諸君も自分たちの主張をしていく、与党はもちろん自分たちの数で押しきるということになりますから、与党の代議士諸君の地元の線路の方が多くなるというふうに引張られます。

渡辺　新線を敷いたら、一貨車造れば二十五年で採算がとれるということを目標にして新規の線を設けるようですが、国鉄の場合はどこへいつてもキロ数が同じですね。だから採算のとれないそういう線は一日に何人かしかのらないから一人の運賃というものは非常に高くなるわけですね。もし二十五年で償却しようとする場合には、そういう運賃を別個に設けたらどうでしようね（笑）。

野々山　そういう経営にしますと、それこそ三百二十四線もありますから、三百二十何種類の運賃或いは区間ごとに運賃が異るということになりますからそうはいかんのです。それから公共企業ですからどこでも同じ価格でということになります。線路を引張ればある程度採算の合うものとして線路を引張るのですが、引張つた以上はお客さんがあろうとなかろうと汽車を走らせなければならない。あるいは一定数だけはサービスとしてださなければなりませんね。そのために経費が非常にかかりますから、こんどできるかもしれない十何線というのは、一〇〇に対して三〇〇くらいの計算になるでしよう。それらの損害は都市中心のお客さんが賄つてしまうということになつてくるのです。私どもはこういう政治路線というものに反対をし、そういう政治路線なり新線を建設する場合には採算のあうような路線については借入金でやること、それから採算のあわないような線路、そういうものは最初からわかつていますから、そういうものも国の投資によつてやるべきだ、公社ですからどうせ全額出資をしなければ、国が投資をすべきなので、利用者にだけそれを直接負担さすべきではない、こういうふうに考えているわけです。この点も皆さんにぜひ大きくとり上げて頂いていいのじやないかと思います。

渡辺　新線を設ける場合はまず貨物というのは考えられませんね、まず旅客ですね。

野々山　必ずしもそうではないのです。そういう線路を造る場合の基準となる法律にはその地域の産業開発なり人口分布との関係を考えてやらなければならんというふうに書かれています。ある地域では特定の鉱山或いは森林開発というような名前をもつてやる場合もあります。それから石炭があるというようなことで炭鉱路線というものを造る場合もあります。またバスが交通機関として存在する場合にそれを鉄道におきかえるという、旅客を対象にした建設政策というのもあります。けれども結局は特定代議士の利益に結びついていく場合が多いのですね。

組合はなぜ運賃値上げに反対したか

野々山　それから話は変りますが、こんどの運賃値上りに私どもが根本的に反対したのは——

司会　今までいつ反対なさいました。

野々山　問題が発生して以来二年間費したわけです。古くは組合結成以来の方針です。

司会　去年当り署名運動を街頭でやつているらしかつたのはかすかに覚えていますけれども——

野々山　ずつと継続してやつてきたのですがね。鉄道当局の運賃値上げのいい分は、一つは赤字だと、一つは非常に施設が悪くなつている、近代化しなければならない、それから新しい輸送要請に対する、つまり滞貨やお客が殖えてきたことを緩和するためにということで、運賃値上げを主張したわけです、今までは約七百億くらいの金で品物を入れ改善をするということをやつてきたわけです。その中には例えば東海道線というようなものも入つております。あるいはその中にディーゼル・カーというようなものもあつたのですが値上げの三百六十億そのままが建設費にさらに加つた。だから一千百八十四億ですかの工事費というものがでてきた。これはおそらく鉄道始つて以来の経費でありますから、汚職なり何なりに結びつくおそれがある。そういうものが起るのじやないかと僕らは警戒しているのです。値上げをして新設をしたものが特定の業者だけに利益する建設計画であるというようなことにもなるのです。先ほど申上げたように値上げせんでもやつていけるのに値上げをしているというわけですから、皆さんもぜひ監視をして頂きたいと思うし、僕らも中央委員会でもう一回運賃値下げ運動をやつたらどうだという話がでているほど深刻に考えています。

トンネル会社をもうけさせている国鉄

中大路　鉄道弘済会だとか、駅を造るのに民間の資本を入れた駅というのがありますねそういう国鉄をとりまく団体とそれらの関係というのをちよつとお伺いしたいのです。

野々山　交通公社・日通・民衆駅、民衆駅は別ですが、交通公社や日通などの仕事は外国では殆んど鉄道がぜんぶ吸収して一人でやつているわけです。私は根本的にはそれでいいと思うのです。例えば皆さんが交通公社で切符を買われる場合、駅で買う価格と同じ価格で買われますが、鉄道は交通公社に手数料をやつているわけです。その金は非常に莫大なものなのです。そんなものは特定のトンネル会社を儲けさせるだけなのです。あれが必要ならば国鉄で例えば切符販売所を作つてもいいのじやないかと思うのです。その方が国民に便利だし、そういう角度から鉄道の外部関係というのをもつと洗い直してみる必要がある。しかし非常に大きくなつた日通を潰して今のままでやるというようなことはできませんけれども、企業全体をもつと国民に結びつけるというようなことから、鉄道調査会では外部団体を潰してしまえという意見が非常に多かつたわけです。これには私は賛成をするのです。民衆駅の外に車輛を車輛会社から今一時金で百億なら百億の車を買うわけにいかない、だから十カ年間に月賦で買うというような話です。そういう恰好で特定会社を律しているわけです。会社は金利をとるのみならず、資金回転のためにものを売りつけるにきまつているので、ああいうものは鉄道の直営工場でやつたらいいのじやないかと思うのです。そうすれば非常に安く、しかも明るく経営ができるのじやないかと思います。池袋や新宿、東京もそうですが、鉄道の施設だけなら一階や二階ですむのが、上を遊ばしておくのはもつたいないから、民間資本を集めているのです。これも特定業者に結びついていく。我々一般労働者はとてもそういうところに吸い上げられぬので、高級官僚が吸い上げられているのだから――民衆駅というのは最近になつてようやく一般国民を代表する側の人たち、資本側を代表する人たちを含めた委員会になりまして、そこでこういう規格のものは認めていく、こういうものは認めていけないというところまでやや一歩前進しました。これは皆さんが居住地の活動なり何なりを通して、結局これは特定の業者がつながつているのですから、中小企業の皆さんと一しよになつて反対運動なりを組織的にやつて頂くことを通して国鉄の民主化の一環にしてもらうことが必要じやないかと思います。

渡辺　交通公社の経理が非常にあいまいで国鉄の赤字の大きな原因は交通公社の未払いにあるといわれているのですが、それはどうでしようか。

野々山　交通公社のみならず私鉄もそうでありますが、鉄道の切符を取扱つているわけです。ところが売り上げた額を規定された期限までに納めてなければならんのを、納めるのをサボッてその金をどこかに融通をして儲けてしまう。そういう焦げつきの金がだいたい今百二十億くらいあるでしよう。勘定は未収金で上つていますから一応形をなしているものなのですが、結局そういうトンネル会社の儲けのために利用さしている、国鉄の資金回転を遅らせるという形になつている、したがつて先般の経営調査会でも期限をつけて罰則を設けてそういう金をいつまでも焦げつかしておくことのないようにという決議をしました。今新しい委員会を設けてやつているようですが、しかしこれもなかなか実効が上らないのです。そういう人の金を納めるべきときに納めないで融通をしていますから、何か自分の金になつてしまつたような気になつてそこから汚職など悪いことが起る。これが交通公社などのつつつかれる大きな原因です。

司会　私たち個人は税金を滞納しているとすぐさし押えるとか滞納金をとられますでしよう。それをどうしてそう寛大にしておくのでしよう。

野々山　これは最近の運動の中で非常に大きくとり上げているのです。例えば皆さんが個人で鉄道の引越し荷物などを二日駅にとめておくと滞留賃というものをとられます。日通がとめておくととらないで見逃すのです。それは組合員がサボッているのだ、だからどんどん日通をつき上げろ、規定通りぴつしりとつてしまえ、そうすれば日通も悲鳴を上げるし、車の回転も非常によくなるというのです。名古屋の笹島で一週間ぐらいやつたのです。すると日通名古屋の支社長が、日通の組合員が一週間ストライキをやつたよりも国鉄が滞留賃を一日とるといつた方が痛い、何とかしてくれないかといつたほどに大きな問題なのです。組合員がそういう事務をやつているのですから、我々は組合員を督促して明るい経営にしていこうと、こう考えているのです。

渡辺　それは一つには大きく人事の問題になつてくるのじやないでしようか。しかも高級官吏が横すべりをしていて顔をきかすということが大きな原因じやないのですか。

野々山　そうです。

司会　そういうところを組合はもつと一般に知らせてほしいと思うのです。国鉄の経営というのはちよつと私たちが考えても不合理なのですね。いろいろな面でルーズでありながら、赤字だ、たりない、値上げだということを始終いつている、しかも内幕がさつぱり分らないから強い反対ができないわけでしよう。

野々山　その金が増収の一翼を担うことは間違いないのです。焦げついたからといつて絶対未収金にするわけじやない、一月に一回づつのを二回にまとめてやるのだから、鉄道官僚としては問題はない、親方は日の丸だ、楽な気持になつていますが、民間企業だつたら金利だけでもたいへんです。これは大きな問題としてとり上げる問題だと思います。

ついでにガード下の土地問題などについて附加えておきましよう。

私たちの労働会館の建物をたてる当時の土

地代金はあれだけの坪数に対して十一万円です。それが今では二百二十万になりました。あんな一等地は当時の鉄道の中では只みたいな価格ですね。十一万円で百四十四坪を借りられるのです。ところが皆さんの声によつて評価委員会というようなものを作つて手直しをされて、二十倍に上つたわけです。だから今までのボスがガード下の土地でいかに儲けたかというのがわかるわけです。

司会　公企体として一人や二人で権利をもつているというのは変じやないですか。

野々山　今までは決裁されればめくら判でとれるような恰好になつていたのです。それを最近そういうものを貸しわたししたり何かするときに許可を与えたりするため委員会を作りました。できるだけ公正にという恰好のものができたわけです。公定の価格がきまつているのです。一坪当り幾らと、神田のガード下なら幾ら、有楽町のガード下は幾らと公定価格がきまつています。ところがこれを借りている人間は何も仕事をしないで又貸し又貸しをしている——

司会　それを一人で借り入れるということがおかしいじやないですか。

野々山　それがやはり汚職に連つているのですね。又貸し又貸しをやつている。ところがそんなことをやつちやいけないということを最近きめたのです、ところがそれをある人が許している、その人は収賄され、贈賄される。汚職がでてくるわけです。それから自分の直接使用していないものを独占しておつたとすれば、そういうものはとり上げるということがきめられたわけです。ところがこの人たちは離さないわけです。濡れ手に粟のように儲るから。そこで汚職が起る。ある部分をとり上げたら次のものがせしめたいというので起つてくるのです。ああいうものは今まではただみたいだつたわけです。一年間に土地の使用量の収益がわずか二億ぐらいのときがあつたのです。それが今相当ふえているようです、是正のための委員会もできましたがしかしこれは部内だけで、鉄道部内の部を拡張しただけの委員会ですから、そこらにつながつていけば引続き汚職というものは起つていくおそれはある。おもしろいのは課長や部長以上のものは半年か一年でたいがい転勤するわけです。だから常に自分たちは泥をかぶらないようにしている。問題はこの辺にもあると思います、皆さんの目によつてもつともつと広く監視していただきたいと思います。

国鉄の性格について

——国鉄の問題点——

大橋　国鉄の性格、国鉄と組合との関係というようなことをお聞きしたいのですが。

野々山　昭和二十四年までは国有国営の鉄道だつたわけです。二十四年の六月に公企体という経営の特殊法人になりました。だからごく大ざつぱのいい方をすれば日本銀行と同じような恰好です。国のゼニを発行している銀行なのだが国が全額出資をして、国の監督をうけながら国家政策を引うけてやつているそういう角度からみると日銀とまつたく同じような恰好になつている。だから国鉄には総裁というのがいて、それが経営全体の責任をもつているという形になつています。しかし予算は国会できめられる、収入の源である運賃は国会できめられる。その他予算のやりくりにつきましても大部分は国会の承認をうけなければならん、大部分は総理大臣なり大蔵大臣の承認を求めなければならんというような、半分国の経営であり半分国民の経営である、そういう恰好が今の国鉄の姿なのです。それから最近組合も経営者もいつておりますが、完全な自主性のある企業ではないわけです。

大橋　政府からはそうとう離れてしまつたと思つていたのですが……。

野々山　政府の監督をうけるが、経営については総裁は国民から負託をうけて国民のために国鉄経営をする責任者だときめておけばその間においては総裁が責任をもつて自由にやれるということになれば、今は鉄道の理事会――それには半分は民間の人が入り、半分は鉄道のなり上りの人が入つているので理事会を通じて広く国民層の意見を聞いて経営ができるわけです。その下にさらに全く自由人を集めた国鉄経営諮問委員会というものがあるのです。これには例えば社会タイムスの清水慎三さんなども入つています。藤林敬三さんのような人も入つているのですから、そういう人たちが国民の意見を代表して監査をし、督励をしながら国民ときり離せないような経営をすることができるのです。あとは国会なり国が監督をするというようなことにすれば、非常に自由経営もできるのじやないかと思うのです。ところが最近になつてくると何とか天下をとれれば俺の自由にできるという人たちがたくさんでてきて、一部始終を文句をつける。だから私どもの首を切ることでも法律ではどうなつていようとも政府が考えることが通つてしまうとそんなところに国鉄の問題点があるということです。

中大路　従業員というのは公務員じやないわけですか。

野々山　二十四年までは公務員でした。今は四級鉄道公社の職員というふうになつています、ですから総裁が最終的な任免権をもつています。形の上では完全な経営者であるかのごとくみえるわけですが実際はそうじやないのです。

司会　スト権はどうなのですか？　公企体というのはスト権はないわけじやないのですか。

野々山　法律ではストライキ・サボタージユをやつてはいけない、経営者もロック・アウトをやつちやいけない、やると首切るぞと書いてあるのです。私どもはただそれだけを眺められては大へんに迷惑なのです。二十四年にマッカーサー書簡というのがでまして、当時ストライキ権があつたのですが、結局公企体であるから、他への影響が大きいからストライキをやめろ、そのかわり仲裁委員会の裁定が公共企業体の労働者の生存権を守る手段としておかれるということが原則となつて、当時は国鉄と専売だけが公企体になりました。だから本来仲裁裁定というものが経済要求、経済紛争の最終的な機関であつたわけです。ところが今まで七回ぐらい調停案、仲裁裁定ができましたけれども、ただの一回も完全に守られたことはないのです。少し歴史的なことになりましたが、二十四年の当時、末広さんが会長の時分に六十億の一時金と賃上げの裁定をされました。ところが払つたのはたつた十五億なのです。そのとき四百二十名くらいの人が、わしらにはストライキ権がないからというので、百二十時間にも亘るハンガー・ストライキをもつて抵抗したわけです。その翌年も同じことをくり返したけれども結局だめだつた。二十七年になつて、これじや労働運動にもならないし生活権も守れないということで合法性を拡大して実力行動をやろうじやないかということになりました。二十七年二十八年に今から考えれば非常に小部分の支部が闘争をやつたわけです。最初の年は三人、翌年は十八人首切りをしたわけです。それでも仲裁裁定は実行しないということで、毎年々々抗議を強めるという状態になつてきたわけです。今年の場合もそれにならつて実力行使ということになつたのですが、しかし私どもは調停申請をしまして非常に不満なものだけれども、調停がでたならばその通りいうことをききましよう、政府もいうことをききなさい、それならばいつでもストライキをやめようじやないかということになつたのです。向うはりくつをこねていうことをきかない、そして十二日、十三日のストライキになりました。十六日には金額がまだきまらないけれども、妥結するという事情ができましたのに、そういうことになつたというのが現状なのです。マッカーサーのいつたことをたてにとるわけじやないのですが、ストライキに代るものとして仲裁裁定というのがでたのですから、そういうものを作るために法律を作るのだという提案説明をやつたのですから、政府が守つてくれればそんなことにならない。政府みずからが破つているということになればどうしてもこちらにはそうするより方法がないわけです。

司会　それが国民には徹底していないですね。政府が守らないからだということは余り分つていないようです。ただ自分たちの給料を上げるため国民の迷惑も考えずストライキをやるのはけしからんというのが一般の考えではないかと思います。

抜打ちストはなぜ行われた
――政府の不誠意と右翼の動員――

司会　そこで三月二十三日のぬきうちストの真相についてお願いします。新聞の論調は一般にけしからんということになつていますし、国民もまたそう思つている人が少くないようですから。

野々山　あの日は給料日だつたのです。しかも十六日のストライキで総額三十五億、一人当り平均だいたい九千円くらいの業績手当を二十三日に支払うという協定ができたのでストライキをやめたわけです。ところが二十二日の夜半になつて、あした支払うべきものは支払いませんときたのです。

司会　どういう理由だつたのですか。

野々山　政府の一部が払つちやいけないというから払いませんと、ただそれだけの理由なのです、もう一つそれに加えて、二十六日に最賃のストライキを国鉄では職場大会という形でやるはずでしたのでそれがよくないとこの二つをつけて一方的に前に約束したものをふみにじつて、支払いをとめる命令をだした。ところが月給と業績手当と一つの袋に入れてあつたわけです。両方を含めると全国で八十億くらいになるのですが、それだけのものがあした払うからというので一人々々の袋に入つていたわけです、その中の半分、業績手当だけを払つてはいけないというので、これを出す間に一日すぎてしまうわけです。だから月給ももらえない、業績手当も約束したのがもらえない。月給日に月給がもらえなくなつたというのは鉄道始まつて以来のことでしよう。だから労働者は怒る。たまたま土曜日で、次の日は学期末の日曜日ですから奥さんや子供と約束をしていたという労働者がいる。鉄道作業員のうち、だいたい十六万人ぐらいが一昼夜交代をしているから、朝家へ帰つてから月給をもらいにくるのじやたいへんだと飯ごうで飯を炊いて待つていたのです。ところが晩になつてももらえる見込みがないというので騒ぎだした、これは簡単にいえば労使の協定を破つた、もつとりくつをいえば団体協約権を否認をした行為ですから、これに抗議をするという立場がぬきうちストになつたわけです。もう一つお断りしておくのは私どもは二十三日の朝の九時に支払えるように努力をしましようという相手方の約束があつたので待つていたのです。ところが九時になつても、十時十一時十二時になつてもだめなのですね。午後一時半になつて、二十五日以降でなければいつ払えるかわかりませんということになつたわけです。そこで午後二時になつてほんとうにみんな恐りだしてつつ込んだというようなことなのです。皆さん月給とりの奥さんの方が多いのですから、もらえるだろうと思つて楽しみにしていたのがもらえなくなつた、という気持はわかつて頂けると思います。ところが急にやつたので新婚旅行や団体で旅行にいこうという人が足どめを食つたりして非常に迷惑をかけた、土曜日で早く家へ帰りたいのに帰れない、この点は非常に申訳ないと思いますが、私どもの立場だけは了解して頂きたいと思うのです。

中大路　あのストは下の方の職場でも労働者が非常に怒つて自然にああいうふうになつたのですか、それとも幹部としてああいうふうにやれと指示をなさつたのですか。

野々山　現場長といいますか駅長とかときには局長までが月給が月給日にもらえないのは困るといつてましたし、そういうふうに全鉄道労働者が思つていましたね。したがつて自然発生的にストライキが起りそうになつてきた、それで放つておいたらゼネストになつたと思うのです。やつちやいけないといつたらなおさら火をつけるようなことになる。自然発生的にみんながつつ込もうとするのをできるだけ掌握する、本部が責任をもつから本部がいうまで待つてくれと、そういうことによつてまず第一の混乱を避けようとした。そして相手方に対しては時間を切つて、いつまでにこれこれのことをしてくれ、こういうふうにいつて、もしできなければこんどはやるぞといつたわけです。こういうことをやらないと思いもよらない大混乱になるということで、より国民の皆さんに御迷惑をかけることを少くするために責任をもつて本部が指令をするということにしたわけです。ところが相手方の支払います、という時間が四時半位になつてしまつたので、ついに二時から四時半くらいまではつつ込んでしまつたわけです。あれが、二時に払いますといつてくれさえすればとうぜんあんなことは起きないのです。山猫だとか何とかいいますが、国鉄の場合はいろいろいわれながらも非常に指令はよく聞くところなのです。例えばこの間のぬきうちストでも二時までやつちやいけないといつたために、ついに二時前にやつてしまつたところも二—三の個所ではありますが、大部分が二時までにやらなかつた。その代り二時になつたらぴしやりやつてしまつたのです。一たん職場復帰をしなさいという指令をだしたら本部が指令をだしたのが五時ですが、東京駅では五時十分には職場に帰つております。それなのになぜ八時九時十時十一時頃まで混乱が起つたかというと、それはぜんぜん別な理由があるのです。まつたくけしからんことだけれども右翼がそうとうでたわけです新聞にもでておりましたが、新橋でごたごたがあるというので私が新橋に六時半にいつたら誰もいないのです。五時十分に職場に入つていますから、五時三十分には電車が遅れたままでも通つています。多少酔つぱらいの人もいたからややごたごたしたのですが、六時半にいつたら誰もいないのです。もう大丈夫だというので別なところへ帰つたのです。九時半になつたら浜松町で暴れているでしよう。それはたいへんだというので見にいつたのですが一たん終つてしまつたのに、ああいうことをやるのはけしからんということをいわせるために右翼が二—三百人動員されているわけです。これらの諸君が浜松町でまずやつて、その次に田町へきてやつて、品川へいつて最後に大井へいつたわけです。

司会　右翼が動員されたことは新聞には出

ていない従つて国民は知らないわけですね。

野々山　大宅さんと対談したときに私もいつたのですが、非常に組織的な暴力にひつかかつている。そのためには思いもよらないことになつてしまつた。残念なことなのですが運転をする人たちが電車を動したりとめたりするハンドルを運転中にとり上げる、赤いコックがありますが、あのコックを開けてしまう、電車をとめておいて運転手を線路下へ引張り入れて欧る、百五十人ぐらいが流れて大井などは駅がめちやくちやになつてしまつた。そういうふうな右翼の挑発があつて九時以降二時半まであいう状態が起つたわけです。これはまつたく組合とは無関係なのです。動機は組合が作つたかも知れませんが、もともと汽車をとめなければそういうことにはならないといえば別ですが、そういうふうに私どもの思いもよらないことが起きてしまつたわけです。

田中　当日五時から六時頃まで東京から田町の駅までちよつと動いてすぐとまつてしまつたのは右翼の仕業ですか。

野々山　普通山手、京浜は二分四十五秒間融ですから、一本どこかとまつて動きだすには一分半くらいかかるでしよう。どこでとめたかわからないのか、ということを調べて動きだしたら五分ぐらいはかかりますね。汽車がとまつていますから、とまつたり動いたりになるわけです。お客さんはいらいらするから、又その中で一人くらいやるということになると、いよいよ混乱をしてくるわけです。必ずしも右翼だけとはいいません。中にはいらいらした人もいますし、通常の気持ではそんなことにならないような人でも、ああいうような場合にはやられる方もありますからむりもないのですが、主としてといいますか、あのときの状態からすれば五時以降四十分くらいたてば電車がとまつたり、動いたりというのは皆無といつていい状態なのです。

遵法闘争とは

——法律通りにすると汽車は動かない——

渡辺　遵法闘争という言葉を使われておりますが、それはどういうことなのですか。

野々山　公労法ではストライキ権というものを認めていない。私どもは法律を無視して運動するわけにいかないという筋道だけはきちんとしてきた。それで合法の範囲内で法律を守るという運動をやろうじやないか、法律が守られるのが当り前なのに、なぜそんなことをいうのか、ふしぎな話はそこにあるのですが、鉄道には数限りない法律があるわけです、数限りない規定があるのです。その法律や規定に違反して、もし仕事をして事故でも起つたら、これは完全に刑務所にいかなければならない。それほど規定や法律がたくさんある。ところが実際はその通りにやつていたのじやとても御飯を食べる暇も睡眠する暇もないくらい仕事量が多いわけです。人をくれといつても人はくれない、そこで労働者は自分の熟練度だけに信頼をかけて、ときに法律を破つて仕事をしたり、あるいは規定通りの仕事をしないで自分の感でやつてしまうのです。あるいはふつうならば歩いていかなければならないと書いてあるのを走つていく、貨車の入れかえなどやつています。皆さんがごらんになつていると「ぽい」ととび乗つたりしていますが、ああいうことはやつちやいけないといたことになつているのです。ところがそうしたのじや仕事にならない。そのために手をはさんだり、足をはさんだりしても本人の不注意である、ということで一銭もくれないわけです。そういうようにたくさんのぬけ穴がありますから、そういうものを法律通りにやるということになると汽車はとまつてしまうわけです。

中大路　結局ここでのろのろするということになり、のろのろするとああいうことになつちやうのですか。

野々山　例えば休暇闘争などというのがあります。あれなども基準法の第三十九条に、労働者が要求するときには休暇を与えなければならん、もしその休暇を与えることによつて事業の正常の運営を阻害するという場合には、他に日にちをきめて与えることを約束して断わらなければならん、と書いてあるのです。ところが私どもがそういうときに休暇をよこせというと、向うはりくつぬきにやれませんというわけです。そういうことは理由にならんから、私どもは休む、とうぜんの権利として、労働者が請求をした場合には休暇を与えなければならんと書いてあるのだから休みます、という主張にでるわけです。ふつうはそんなことをいわないのですが、あまりいうことをきかないから子供だつてだだをこねるということになつて反省を求める、それはやはり合法の範囲内です。

渡辺　職場大会は合法ですか。

野々山　いろいろ議論のあるところですが憲法に認めている結社、団結の自由、団体交渉の自由、これは公労法の労働者にも認めているわけです。団体が作られることを認め、交渉をすることを認めているのですから、そのことのために必要な集会というものはあり得るわけです。そのことのために必要な運動というものはとうぜん認められている。こういつているわけです。だから職場大会というのはとうぜん適法なのです。ただ問題は、そのことのために、結果的にスイライキ行為みたいなものになるということが適法なのかどうかということです。政府筋はここは適法じやないというが、私どもは労使関係の中で十何年もの間そういうことをずつとくり返されてきたが賃金をカットされることもなくやつてきているわけです。しかしそれがたくさんになつたか少くなつてきたかというのは争いのあるところだけれども、慣習的にそういうふうにやられてきたものだし、場合によつては集団で行われるということがあり得るのじやないかと思います。しかしこれは運動の考え方の問題なのです。結果論としては、どういう理由があろうとなかろうとお前たちが俺たちの足をとめるのはよくないじやないかということについては、私は申訳ないと思うのです。しかしただとめたということだけをせめてもらつては困るので、なぜとめなければならなくなつたのかということを了解してもらいたいと思います。

経営調査会というもの
——値上げ反対の世論はなぜ起らないか——

中大路　経営調査会はいろいろな点で影響を与えているのですが、どういうような構成になつているのですか。

野々山　あれは形の上では終りました。答申をして終つたのですが、組合にとつてもよくないことがたくさん答申されておりまして経営合理化をどんどんやれとか人を減らせということで、彼らは労働強化の一翼を担つているわけです。僕は経営調査会というものは非常にけしからんと思つていたのですが、入らないで彼らだけの思うままにしておくのはよくないから僕も入つたのです。運賃値上げを合理化するための機関にしたわけです。だから新聞社の論説委員のうるさいのがぜんぶでておるのです。例えば読売・朝日・産経・日経・毎日というのがぜんぶでている、それから私鉄の利益代表者・銀行資本家・三井・

三菱というようなところ、或いは本州製紙というような利用者といいますか、大資本といいますか、そういうものの声をいろいろださせて、新聞は運賃値上げをたたくであろうから、たたかれないようにしようじゃないかというようなことで納得させて、一割一分乃至一割五分の値上げならよろしいということをやつた。だから運賃値上げがあれほど喧しくなつた時期に、新聞は運賃値上げをちよつともいわなかつた。これはことにけしからん話です。僕は総評にも文句をいうのですが、運賃値上げをせずして、こういう方法でやれば鉄道経営もできると、しかも近代化もあるいは輸送力緩和もできるのだというので組合の考えた五カ年計画をだしてこれを総評傘下の組合員の一つの闘争目標にしてほしいというわけで何回も会合を要求したのですが、ちつとも集つてくれないのです。これは総評の力の入れ方もたりなかつた、帰人団体にも呼びかけましたけれども、これは総評と一緒なら嫌だというわけです(笑)。これはまことにおかしな話で、運賃値上げ反対は全国民的なものであつて誰と一緒ならば嫌だとか、誰とならばいいというような好みをいつている問題ではないと思うのです、昨日の中央委員会に私もいつたのですが、私どもの努力のたりなさがそういう好みをいわせるようになつたり、国民的な運動にならなかつたのだ、しかし国民の皆さんも好みをいつて眺めているということではなくて、もつと自分たちの問題として、とつ組んでくれれば国民的な与論として組織することができたのじやないかというふうに考えているわけです。

よく賃金値上げのときにストライキをやるけれども運賃値上げ反対のときにはストライキをやらないじやないかという質問がありますね。私はなるほどそれは真理を追求していると思いますが、さてホームに立つてみたら汽車が動かないということになると、運賃値上げのことであると賃上げであることを問わずなかなか了解してくれない。あとで気がつくというようなぐあいじやないですか。運賃値上げ反対のための会合にきて下さい、といつても好みをいつたり、何かしているということは、まだまだストライキを了解し、運賃値上げ反対のためのストライキを了解するほどに至つていないのじやないか、この種のことは国鉄労働組合が先頭をきらなければいかんだろうが、国民全体が反対していくということにならなければ、国会を通つてしまうというふうになつてしまう。これからもあるでしようが、ぜひ重要な問題として考えて頂きたいと思うのですね。

中大路　与論としては不満であると思いながら仕方がなかつた、ということはありますね。たまたま賃上げをやつたから、あれでストをやつたのなら運賃値上げ反対でやらないのかという結果論みたいなもので――

ヤミ給与とは
――官僚独善の言葉――

渡辺　闇給与というのがありましたね、新聞の解説をみますと、国鉄なら国鉄の中だけで、国鉄当局と労働組合との間で政府に内緒の給与が支払われているのだというようなことが書かれておりましたが、闇給与というのは一体どういうことなのですか。

野々山　本来闇給与などというのはないのです。大蔵省が一銭一厘まで俺たちが了解を与えないものは闇給与だといつたから、闇給与という言葉がでてきたのです。しかしなぜそういうようなことになるのかという点について分つて頂かなければならんですね。公企体には超過勤務手当から宿日直手当、月給はもちろんのこと、そういうものの全額をきめた給与総額というのがあります。この給与総額の範囲内で総裁は組合と相談をして給与をきめてもいいということになつているのです。ところが予算を査定するときに単価が幾らか査定されるが、大蔵省は自分たちがきめた予算の細い単価をはみでたものはぜんぶ闇給与だというわけです。ところが法律では給与総額の中ならこういうことをやつてもよろしい、というふうに書いてあるのですから、一つも闇給与ではないわけですこれがまず、第一。第二には今までに二回、去年と一昨年調停案がでて経営者側も呑み組合側も呑んだわけです。その調停案というのは、賃金が不合理だから労使相談をして直しなさいというのが一回、それから鉄道などの経理状態の確定を待つて、今鉄道の労働者の給与は安いから経理状態がよくなつたらそれを利用しておいてよろしい、こういう調停案がでたのです。それは政府も了解を与えて国鉄は受諾した。組合ももちろん受諾したわけです。そして去年闘争は終つたわけです、その結果一年間かかつて五百二十円くらい予算の単価よりも殖えたわけです。しかしそれは給与総額の範囲内で間違いないのです。その五百二十円をとらえて闇給与といつているのです。労使の間では闇給与ではない、法律の上でも闇給与ではない、ただ大蔵省の一役人が、俺の計算したときの数字とお前たちのやつているのと数字が違うじやないか、それは闇給与だというのであつて、それは官僚独善のいい方なのです。これは私どもの了解できないところです。経営者も、俺たちは調停案を呑むときに了解したじやないか、しかも給与総額の範囲内でやつたのがなぜ悪いといつて文句をいつた。そうしたらそれを掴えて、経営者も同じことをいうのだからアベック闘争だというのです(笑)。これもけしからん話なのだ。そういうふうにきめつけますから労働組合が総裁と約束をしているものを、大蔵省の役人がだめだというと協約を破つてしまう。そういうことを何回もくり返されてあげくの果に闇給与だ、アベックだときめつけるから労働者も恐りますね。経営者も、小倉副総裁がかんかんに怒つて俺はやめてしまうといつたのもそれなのです。大蔵省のちんぴら共にそんなことをいわれるわけがないということになつたわけです。

中大路　公共企業体の人たちの給与というのは、給与の総額の中だつたら公社側と労働者側できめるということなのですね、専売も電々公社でも——

野々山　その通りです、その範囲を越えて協定したり、その範囲を越えて調停案がでたり仲裁裁定がでるというときになつたら、鉄道経費全体の中でこれだけは給与裁額に入れてもいいとか悪いとかいうのを政府の了解を求める。あるいは国会できめてもらうということになつているわけです。だから運輸大臣ときめても悪くないのです。りくつをいえば、団体交渉権を認めている限りはとうぜんあり得ることなのです。もしそうでなかつたら、団体交渉権も半分くらいしかないことになります。だからこれはとうぜんのことが、とうぜんに行われただけだけれども、大蔵省の人たちにしてみれば、俺たちがいいというものを越えてやるのはけしからんと、あれだから汚職が起るのだという生意気ぶりをみせたところなのです。労働問題がこじれた大きな原因もそこにあるのです。

司会　法律上から言うと政府は直接経営内のことについてはくちばしを入れることはできないわけですか。

野々山　経営についてては政府も国会もくちばしを入れる、命令をすることができない、命令をすることができる条項は法律できめられています。それ以外のことは国鉄がやっているわけです。きめられていることは、例えば予算の給与総額を越えて給与を支払うという場合には大蔵大臣の了解を得なさい、あるいは業績が上つて、去年の場合などは約三百億ぐらいおとことしよりもよけい儲けたわけです。増収があつたわけです。増収があつたときは一部を労働者の業績手当として払つていいと書いているのですが、支払つてもよろしゆうございますかという了解を求めなければならんように書いてあるという、そういうことだけです。あとは本来国鉄総裁がやるべきなのです。

司会　その総裁の権限が非常に弱くなつているのですね。

野々山　事実上はつまりお前たちがほんとうはできることであるということは知つているかもしれませんが、ある一角を崩されると折角賃上げしてもらうまいと思つている角が破れてしまう。そういうことをやると労働問題を扱うやり方が悪いと、だから首切るぞという総裁を首切る権限をもつているわけです。その権限が総裁の力を法律以上に弱くさせてしまう。そういう恰好になつているのです。

他組合との提携はできないか

大橋　私鉄など組合によつて随分強弱がありますね、それを助けてあげて頂くということはできないのですか。

野々山　西武なり東武が私鉄総連に入つていますから、私鉄総連の組合本部が指導してそれを更に総評が指導するということになりますけれども、よその組合のそれこそ内政干渉をするわけにいきませんね、だからそういうものを通して強くなつてもらう、こういう考え方で問題としていけば、職場ごとに私の方から私鉄の方に話合いにいく、応援をするそれからがんばろうと激励をする、そういう程度を越えるわけにいかんのです。あそこの組合のやつはけしからん、俺たちの組合をつき上げにきた(笑)という形になるわけです。一人々々の組合員の気持が重つてきて、その度合いに応じて横に結びあつて、自分の組合だけでなく、他の組合とも協力して闘争ができるという形になるわけです。去年と今年の春、大きな統一闘争をやつたわけですが、戦後十年なりは国鉄なら国鉄の企業の中だけの労働者の闘いとして、企業内の運動をやつてきたわけです。相手方はもつと大きな力をもつていますから、それだけではとても要求を満すことができない。そこで、では三公社五現業というものがまとまつて公労協、官公労というものを作つた。あるいは総評というものを作つた。そういうふうにまとまり、しかもそういうものが一緒になつて闘争をやるということでなければ要求が通らないということに気がついてやつたのが統一闘争です。もつと端的な例をいいますと、去年の春統一闘争をやつたときに、日通、鉄鋼、造船の諸君はやらなかつた。秋の闘争には、鉄鋼などはそれこそ神武以来の儲けをしたのですから、私どもでさえも自分たちだけでやつても二千円くらいの賃上げはとるだろうと思つていたのです。ところが敵は幾ら儲つても一つの組合だけではだしはしなかつた。鉄鋼は七百円で妥結しなければならなかつた。もしも鉄鋼が今年の春賃上げ要求をしていたら、国鉄でさえも千二百円上る、炭労は千円上るかどうか心配していたのが千三百円になつたのだから少くとも千七—八百円くらい上つたのじやないかと思います。日経連が代表的にいつているのは、儲つているときこそ資本の蓄積をしなければいけない、だから儲つているからという理由で賃上げをするのは経営者らしくないのだ、日本経済全体が底が浅いのだから、こういうときにこそ蓄積して資本力を高めようと、こういうふうにいつているのですから、小さな力でぶち当つても金を出しつこない、去年の秋の鉄鋼、造船、日通の闘争でよくわかつたわけです。そこでこの春の闘争はもつと大きく強くなつた。同時に大きくなつたから、額は要求よりも下廻つたけれども比較的には非常によくとれた、こういう関係になるわけです。だから今おつしやつている西武の場合も、私鉄総連という領域の中で一しよにストライキを構える、闘争をするという気持ができて、それが具体的な行動になつていくということになれば、おのずから解決していくと思います。

今一ばん炭労が強いのですが、その底力は何かというと、炭婦協という炭労の奥さん連中の組合の力の強いことだと思います。国鉄も鉄道家族組合というのがあります。炭労についで、約十一万くらいになります。この奥さん連中はりくつをいいません。首を切られたらいうことをききませんが、あなたの給料はこのくらいでへたすると離縁します、ということはいいますがおやじが、安い給料や条件であまんじても絶対賛成をしない。だから婦人組合を作つたために国鉄の力も非常に強くなつた。炭労の力の強いのもそれだと思うのです。奥さん方のごく単純な、しかも素朴な要求が組合の力を強くするのじやないかと思います。

司会　こんどの春季闘争はどういう建前でされたのですか。好景気と物価が上つたという理由ですか。

野々山　去年の賃上げのときはよくいいましたけれども、資本家は儲つていると、その利益を資本家は独占している、ところが労働者の賃金はいぜんとしてすえおきだ、労働条件はよくなつていない、世間なみの賃上げを、生活を、そういうところに賃上げ要求の基礎があるわけです。物価が上つたということも一つの理由になりますが、利益が非常にありながらそれを資本家が一人じめして労働者の賃金だけが安い、だからそのわけ前をよこせという建前が非常に大きいわけです。もつと高度ないい方をすれば、文化的にして健康的なというとむずかしい言方だが、つまり世間なみの生活を、ということになるでしよう。

賃上げはインフレの要因となるか

司会　だんだんインフレ的な傾向にあるわけですね。予算にしろ物価にしろ上つてきました。そこへ運賃が上るわけです。そうするとストライキをして賃上げをしたからだと、まるで労働者がインフレを起すような錯覚をもつているわけなのです。宣伝もたりないでしようが――その点をよく説明して下さい。

野々山　経営者がインフレを煽つているという端的な例は、炭労が千三百円上げましたが、かりにこのためにトン当りの人件費が幾らかさむかというと、かずか百二十円ぐらいだと思います。ところが最近経営者は賃上げを理由にして、コストが高くなつたということを理由にして一トン当り六百五十円くらい石炭の単価を上げようとしています。鉄鋼の場合去年の三月にトン当り三千円上つた、そして去年の九月にこれ又三千円上つた、今又新聞でごらんになるようにトン当り三千六百円上げています。去年から今までに一トン当り九千六百円も鉄鋼価格を上げようとしている。ところが鉄鋼産業の労働者の月給の上つた分は一月にわずか七百円ですから、トン当りの価格としては七十円くらいでしようか。それだけしか上らないのに賃上げを理由に物価を煽つて、彼らは儲けようとしているのが今の恰好なのです。そこで、私どもが組合としても国民的な要求としても、きつちりとしておかなければならないのは、賃上げがインフレーションを煽つているのじやないということです、今申上げたように賃上げを理由にして自分たちが儲けようとしているわけです。例えば、運賃が上つたから価格が上るのだということにして、運賃が上つた分以上の価格のつり上げをして儲けようという恰好になつています。

予算は又別です、これは予算規模が拡大し独占に集中して経済活動を活発にして、一方的に儲けようとするからです。景気を煽ること、つまり物価を煽るということになりますから、これも非常に大きなインフレの要素になるわけですが、これはむしろ政治的なインフレーションでしよう。前者の方は大金持がより儲けようとしてわずかばかりの賃上げを理由にして価格をつり上げ、そして消費生活を煽ると、それがインフレーションの要素になつているこういうふうに単純に考えたらいいと思います。

大橋　啓蒙宣伝がたりないのね。

野々山　賃上げをするから物価が上るのだといわれますが、私など二十年務めてその結果三年間の間にいわゆる賃上げとして上つたのはこんどの千三百円を含めて千五百円くらいです。私の給料が今幾らかというと、二十年勤めて二万二百円です。だから皆さんは鉄道労働者の賃金、あるいは一般産業の労働者の賃金というのはとても高いものだとお思いになるでしようが、そんなものじやないということがよくわかつてもらえるのじやないかと思います。高等学校を卒業して鉄道に今ぽつと入つた人は六千二百円です。私は鉄道に帰れば品川の駅長と比較すれば千円低い価値の仕事をしているわけです、ところがそれくらいなのです。だからそんなに高くないと思つて頂けるのじやないかと思います。

渡辺　三等の混んでいる列車にのれば通路に坐らなければならない。ホームには雨もりがしてくる。そういう経営の不手際に対するみんなの不満が、労組がストをやり、足をとめるというときに組合にぜんぶはね返つてくのです。ふだん鉄道を利用している国民の感情というのが労働組合のストに一ぺんにかぶさつてくるのじやないでしようか。

野々山　結局国民に対する啓蒙の不足、あるいは理解、協力の不足が、仕事をとめたという客観的な憎しみが、けしからんということになつてきている。

表面的には鉄道は千二百円の賃金を上げることになりますが、それは去年一年闘つた五百五十円と六百五十円たして千二百円になるわけです。二年分で千二百円でしよう。それで経費が幾ら殖えるかというと、鉄道総予算三千百八十何億という中で人件費が九十億くらい殖えるのです。賃金が上つたから運賃が上つたのだというりくつについて調べてみますと、運賃が上つたのは先ほど申上げた三百六十六億です。賃金が上つたのは九十億ですしかも運賃が上つたために三百六十六億の収入が殖えたけれども、今まで七百億使つていた工事費に三百六十六億がそのまま使われて新線建設や赤字路線をどんどん殖すために使われていく。人件費の方は一銭も殖えていないのです。しかも去年一年間稼いできて、予算よりも百五十億儲つたのです。今年の予算はそれよりも二百八十四億稼ぎだせというわけです。精一ぱい稼いで百五十億儲けたのです。しかもそれより二百八十億も稼ぎだしていかなければ予算的には黒字にならぬ、というのです。その中で九十億ですから、運賃借上げの金が給料値上げにならずに、それよりも何倍かのものを稼がねばならず賃金が上るのはわずか九十億です。だからとても労働強

国鉄とオートメイション

――十年後には交換手皆無――

丸沢《まるさわ》美千代《みちよ》

いま、オートメーションがポツポツ問題になつている。国鉄内のオートメーションはまず交換手が不要となる電話の自動化が占領下時代から組合に知らせずに小刻みに行われていた。それがはつきりと現われてきたのは廿八年からで、ぼう大な予算をとつて無人電話にきりかえられることになつた。組合婦人部ではその頃から、これを問題にし、婦人の職場しめ出しの始まりとして反対してきた。しかし組合自体はこれを全体的な問題としてとりあげず、傍観的であつた。つまり、組合としては職場の機械化は作業関係を良くするし、また時代的なものとして真正面から反対できなかつたのである。

機械化は肉体労働を緩和する。しかしその一方、非常に神経を疲労させ、また冷暖房装置等によつて室内の空気が乾燥しても機械のため窓を開けることができず、健康に悪い影響を及ぼすことが明らかとなつている。

私たち国鉄婦人部が早くからオートメーション化に着目していたのは第一に失業問題で婦人の部署がまつ先に失われるばかりでなく男女ともに失業という全労働者の問題をひき起こすからであり、また第二には体に変調を来すほど質の変つた労働強化をもたらすという理由などからであつた。外国の資料を調べてみると、アメリカでは前から大騒ぎを起しているし完全雇用を国の政策としているイギリスでさえ最近ではオートメーションによ失業問題で騒いでいるということが分つた。

日本では現在ほとんど問題となつていないというのは、一つはオートメーション化が非常にお金がかかり、中小企業などではとうてい手が届かないし、また大企業にしてもオートメーション即失業という形をとらず、余つた人を他の部署に廻す、いわゆる配置転換というかたちで直接の首切りをしなかつたため直接失業問題と結びつけて考えることを労働

化が激しくなり、たいへんな仕事をしなければ帳面ずらが合わないということになるのです。私どもの方に還元される金は微々たるものだということが知つて頂けると思います。

国鉄五ヵ年計画

――仕事は増え人は増えない――

司会　国鉄の五カ年計画は来年から始めるのですか。

野々山　今年が二年目で、もう一回今年から策定をし直して今年から五年というのが五カ年計画です。

司会　あれによると仕事の量は増えて人は殖さないということになつているそうですがああいうのは計画をたてるときに労働者側は参加しないのですか。

野々山　計画をたてるには絶対参加させません。民間産業では経営協議会というようなものがありますが、ところが私の方では公労法によつて公企体の管理運営については一切参加してはならないと書いてあるわけです。だから五カ年計画というのはぜんぶ向うがきめるわけです。ただし労働関係については、人を殖し、減しあるいは首を切つたり配置転換をするという労働条件に関する問題はそこ

者も指導者もしなかつたため問題が表面に現われなかつたからである。しかし配置転換は失業の前提と見られるものである。通勤その他の条件が悪くなり、辞めなければならないという場合が多く、又他に配置転換することは人の仕事を奪うことになり、結果的にはなしくづしの首切りであり、経営者の胡麻化しであつて問題の解決にはならない。

国鉄では昨年秋田、長野、熊本の三カ所で電話が自動化された。今年発表された国鉄の五カ年計画によると─三二年～三六年─仕事は多くなるが人は増さない。これは各系統別の労務がすべてそうなつている。その中でぼう大な予算が組まれ、電話の自動化が企図されている。

国鉄には全国で現在四、五〇〇名の交換手がいる。それが第一次の計画によると三分の一の一、五〇〇名が不要となり、第二次五カ年計画─三七年─四一年─になると全国鉄の電話が無人化され、全く交換手がいらなくなることが明らかにされた。

ところでこの電話の無人化に必要な予算はどこから出すかと言えば、もとより運賃値上げによつてまかなう他はない。つまり国鉄のオートメーションは国民には失業と運賃値上げとなつてはね返つてくる、ということになる。

このように事態がはつきりしてきたために組合でも今度中央機関決定として、電話の無人化によつて

一、失業者は出さない
一、労働者の生活は守られなければならない

という目標で実力をもつてでも人減しのためのオートメーションに反対することになつた

大体、オートメーションは国民の福祉に役立つものでなければならない。たとえば、賃金を引あげ、労働時間を短縮し、物価を引下げるという目的のもとに行われなければならない。それが反対に労働者の神経や肉体をすりへらし、失業者を出し、物価をつりあげるという結果をもたらす。つまり無計画な利潤追求の立場からのみ行われる。オートメーションは、国民生活を圧迫するのである。こういう点を国民はよく理解して頂きたい。国鉄だけが反対しても国民全体の協力がなければ成功しない。そしてこの問題はひとり国鉄だけの問題ではなく、新卒業者の就職や、物価問題等、全般的に国民生活につながつている、ということを考えて頂きたいと思う。（談）

（丸沢さんは国鉄労組婦人部長）

から生まれてくるから、そのことについては団体交渉をするわけです。だからしよせんうけ身なのです。きまつたものをやらされるためにどういうふうにうけ答えをするということになる。だからこの面からも私どもが国民の皆さんの要求をうけてたつて、できるだけ民主的に経営をしたい、こう考えていろいろなことを聞いても具体的な要求を発展させるということは、形の上ではできないことになつているわけです。執拗に食い下つていくということはとうぜんやりますが、私どもは五カ年計画そのものについて、計画的な鉄道経営のやり方をするということについては賛成しますが、今できておる五カ年計画そのものの内容については非常に多くの不満があります。国民の皆さんからもどしどし文句をいつてもらわなければならんことはたくさんあります。だから鉄道当局が話している五カ年計画については研究してもらつて、広く意見をだしてもらうことが必要じやないかと思います。私どももできるだけ皆さんの要求に合うように努力したいと思つています。

司会　永い間いろいろとありがとうございました。お蔭様で大変よい参考になりましたではこのへんで。（於・四一二日）

婦人と憲法

清水《しみず》慶子《けいこ》

それは昨年七月初め、約一カ月のヨーロッパ、ソ連の旅の帰途、北京へ立ち寄つた時のことでした。たしか七月五日の午後北京へ着いたのですが、飛行場へ着いた途端に、北京の対外文化連絡協会気付で来ていた家からの手紙が手渡されました。夫や娘からのその手紙は、異国の忙しい旅の空で、ここ暫く日本のことを忘れたようになつていた私を、たちまち祖国の重大時期、参議員選挙戦の切迫した空気の中へ引きずり込みました。手紙には今度の選挙で憲法擁護の議員を三分の一確保できるかどうか、形勢はどうも楽観できない、夫は北海道へ、九州へと応援のため文字通り飛びまわり、学生である娘や娘の婚約者K君まで、革新派のH氏やK氏の選挙事務所の手つだいをして頑張つている、ということが書いてありました。もし、選挙の結果、不幸にも革新派の数が三分の一を割つて憲法が改悪されることになつたら、と思つたら、今、何一つ手つだうことのできぬ身の私は、ただ胸が痛むような口惜しさを覚えるのみでした。

ところが七月十日の夕方、前から頼んでおいた北京駐在の共同通信社の人が吉報をもたらしました。当選落選の議員名は判らないがとにかく革新派議員は三分の一を占めたので憲法改変は今後三カ年ないと。涙さえうかべておどり上つて喜ぶ私、一緒になつて喜んでくれた接待係の方々や通訳の青年たち。私たちはすぐその場であり合せのジュースで、日本平和憲法擁護万歳と祝つて乾杯しました。

これは去年の北京の思い出ですが、今年、憲法記念日を迎えて、あの時の感激を思い返しています。憲法はなぜ守りぬかねばならないか。それは言うまでもなく、戦争放棄主権在民、基本的人権の三大原理を守る憲法だからです。この三大原理のおかげで今まで永い歴史の中で何時も弱者の地位に置かれていた婦人や子どもや働く人々などが、人間としての権利を保障され、戦争の犠牲者にならないですむことになつたのです。殊に婦人はこの憲法によつて、あの八月十五日まで続いた人権無視の重い桎梏から解放されたのです

それ故、選挙の度毎に、目覚めた婦人の票は平和と人権を守る方向、即ち憲法擁護の票としてその力を発揮して来たわけです。恐らく昨年の選挙の時もそうだつたのでしょう。そして、また、世界の平和を愛し人間の権利を大切に考える人々は、日本の憲法の持つ重大な意味をよく知つていて、日本国民がこれを守りぬくことを期待し、注視しています。

こんなよい憲法を何故、政府や保守党は、改めたいのでしょうか。それは簡単なことです。国民大衆を意のままに支配してゆくのには、主権在民、戦争放棄、基本的人権という民主主義の三大原理が目の上の瘤、邪魔で仕方がないのです。保守党の憲法改正試案というものが、どうかしてこの三原理を骨抜きにしようと工夫をこらしていることは、一寸でも研究してみればよくわかります。婦人の地位を昔の低い所に戻そうと企てる古い家族制度復活の動きも、憲法を守れば阻止することができます。私たちは国民として、特に婦人として、その力を憲法擁護に結集することが夫の、子どもの、そして婦人自身の幸福を手離さぬための重大なカギです。

（評論家）

憲法施行十周年を迎えて

憲法擁護国民連合代表委員
有《あり》田《た》八《はち》郎《ろう》

周知のように新憲法は昭和二十二年五月三日施行されました。当時の政府は新憲法の理想と目的を国民に広く知らせることが必要であるとして、芦田均君を会長とする憲法普及会をつくつて全国的に宣伝をしておりました。ところが再軍備の議論が出るようになると政府はこの普及会をやめてしまつて、会長の芦田君自身が再軍備論の先端を行くというような奇妙な現象を呈したのでありました。そしてこの頃からそれまでは憲法記念日の祝典を政府自ら挙行してきたのをやめて、今日に至つているのであります。

私が片山哲先生らと一緒に憲法擁護国民連合を結成したのは四年前の二十九年一月でした。当時改正論が盛んだつたので、それを阻止するため、つまり仮りに国会で負けて政府の提案が通過したとしても、国民投票の際にわ反対の意向を現してその成立を防げようとしてつくつたものであります。すなわち、一般的に今の平和主義、民主主義を基調とする憲法もわれわれの生活に直結しているものであるから、どうしてもこれを擁護しなければならないという気持を一般国民に与えることを目的としたものでした。

ところが、最近この一両年の間に、衆参両院で憲法擁護派の革新政党が三分の一以上の多数を得たために、国民投票までいかずして改正案を阻止することができるようになつたわけであります。それで改正は当分阻止することができると思われるのでありますが、政府は前の吉田内閣当時から憲法改正なしで、軍備をドシドシ進めていくとか、あるいは人権じゆうりんをやつたり、アメリカとの間に憲法違反の条約を締結したりしているのであります。

これらの事実をみても分る通り、完全に憲法を擁護する目的から云えば、ただ国会で三分の一以上をとりえたということで安心しているわけにはいかないのであります。どうしても革新勢力が半数以上の多数をえて政権をとらなければ完全に憲法擁護の目的を達することはできません。これが現在の情況であります。ただ、政権は案外早くとれるかも知れないが、必ずしもそうとばかり考えられないような情況ともいえます。そうするとそれまでの間はやはり従来のように憲法を無視して軍備を拡張したり、外国の軍事基地を増強したりすることが続くと考えられないこともないのであります。

岸総理は六月頃アメリカを訪問して日米関係を調整するということであるが、われわれの恐れているのは、岸総理などの調整というものが、われわれの考えているところと違つた結果、すなわち、いわゆる防衛力の増強まで持つていかれるのではないか、という点であります。

婦人の立場からいえば、たとえば家族制度の復活反対、あるいは売春防止法の成立とかいろいろありましようが、それらはいずれも婦人自らの力で一応反対の目的は達せられているわけでありますが、今一番重大な問題は世界平和の問題で、これに対する婦人の協力は最も必要であると思います。いかに金がたまろうと、家ができようと、幸福な家庭をつ

長野県「憲法を守る婦人の会」

——会員五百余名の会はこうして作られた——

若《わか》岡《おか》キヨ

日本国憲法が発布されてから十年、五月三日の十周年記念日を迎えるにあたつて、長野県諏訪市の婦人を中心とする私共の「憲法を護る婦人の会」について招介し、今後より一層の御指導と御協力をお願するとともに、全国にこのような会の出来ることを念願いいたす次第です。

昭和二十九年四月四日結成大会を開くまで準備期間一カ年を要し、結成三年後の現在、ようやく世間から認められるようになり、かなり活発な活動をしています。まず結成までの経過から書いてみましょう。私共は、多くの日本の婦人と同様、終戦後日本の建設を心から希つていました。そして平和憲法の制定を喜び大きな誇りをもつておりました。ところが終戦処理も出来ていないのに早くも日本の方向は、私どもの知らぬ間に戦争へ戦争へと導かれようとしていることに、気づきました。

これを知つた私どもは何とかして戦争は防止しなければならないと立上つたのでした。そして〃婦人よ、夫を子供を再び戦争に出すな〃と地域の婦人に訴えて歩いたのです。その訴えのもとにしだいに婦人が集つて来ました。特に二十七年十月の総選挙の際のもり上りは驚くべきものがありました。日本社会党諏訪支部の井上副支部長夫人を中心に、数回にわたつて進歩的な婦人が集まり、戦争反対、再軍備反対について協議しました。そのためには社会党の議員を出さなくてはならない、ということになり、一人一人と協力を求めて歩きました。続いて翌二十八年四月の総選挙には、さらに真剣な運動を転回し、前回にまさる多くの共鳴者を得ることができました。選挙後これら多くの同志婦人をそのままにしておかず何とか組織したいと考え、社会党の方々に相談したり、私は私なりにひそかに構想をねつておりました。そして五月の或る日準備委員会のようなものをもつてみました。何しろ会を作るなどということは皆はじめての人ばかりの集りでなかなか話は進みませんでした。その後農繁期に入つてしまい、そのままなりましたが、七月になつて一寸の閑

くろうと平和が破れて戦争になればすべてがご破算になつてしまうのでありますから、平和の問題は基礎的な問題として、婦人の最も強い協力が望まれるのであります。

原子力兵器を中心とする軍備競争は米ソ間の最も重大な問題であり、これによつて平和が乱さるる可能性について世人は非常に心配しております。私は両国指導者の良識によつて、結局は大事に至らずすむと思つてはいますが、両国の国内事情は指導者の思うようにはいかない恐れもありますので、われわれはこれらの国々の人々に働きかけて途を誤らしめないようにすることが必要です。それには今までの幾多の例にみられたように婦人の立あがりが強く要望されるのであります。

憲法擁護国民連合では、先般政府に対して憲法実施十周年の祝典を催すよう申入れましたが今だに返事もない有様です。しかし、護憲連合では来る五月三日の十周年記念日に当り、民間有志の発起により祝賀のパーティを開いて、憲法の堅実な歩みを示し、さらに運動の一層の発展に向つて邁進することを期している次第であります。（談）（文責・菅谷）

四・一五

を見つけて第一回の準備会をまず開くことになりました。それから数回準備会をもつて組織について話合いましたが、前にも記した通り組織には何の知識もない人達ばかりなので一向話が進展せず、と言つて、私個人の考え通りに進めることもためらわれ、一時私は途方にくれてしまいました。そこで私はまず私の住む町で座談会を開いて皆の意見を聞いて見ようと考え、当時のちの町（今は合併して茅野町）で座談会を開きました。呼びかけたのは選挙の時集つた人々や、その他、私が長い間の運動のなかで知り合つた人びとでした。私はせつかく婦人が立上らうと思つていてもバラバラでいては、何の力にもならない、おたがいの力を生かすためにはまず一つの団体をつくらなければならない、それにはいろいろの方法があるが、中央では進歩的な婦人たちの指導で、〃くらしの会〃というものが近くつくられるそうだが、ここでも何かの会をつくつてはどうか、名称は必ずしもそれにならわずとも、再軍備反対とか憲法を守る何々ということにして、と相談してみました。すると『「くらしの会」なんて遠廻しの云い方は社会党らしくない。もつとはつきり社会党らしい呼びかけをしなさい』という人もあり、またその反対に「私は社会党は嫌いだが某議員の個人的な支持者であるから後援会員でいい」と言い出す人もありました。これに対し、「それならばあなたは戦争のことはどうでもいいですか」と反駁する人などさまざまでした。しかし、目的や性格のはつきりした団体にすべきであるというのが一般の意見でした。その時の会は座談会だつたので結論は出しませんでした。私は始めから憲法擁護の性格をはつきり出した会にすべきだという考えでした。

こうして結成の見込も大体つきましたので早速準備委員をあげ趣意書を作り、結成への準備を進めると同時に、会員の募集を始めました。会の名は「憲法を守る婦人の会」ということに決りました。一番問題であつた会長候補も決り、いよいよ二十九年四月四日結成の運びとなりました。中央から藤原道子参議院議員を迎え諏訪市の社会ホールで発会式を行いました。初代会長に富士見町の小池花代さんを推し、以下各役員が選出されました。

その後第一回の役員会で六、七、八、の三カ月を会員獲得月間ときめ、皆熱心に運動をしました。続いて役員自身がまず憲法をよく知るべきであると、研究会をもち、これには一般会員にも参加して頂きました。

今日までにやつて来たことは山川菊栄先生を迎えて各地で講演会の開催、憲法改悪反対署名運動、原水爆製造実験反対運動、憲法擁護連合の指示に添つた各種の運動、また小選挙区制反対については社会党と共催で街頭演説や署名運動なども行って参りました。また本誌昨年四月号に小池会長が書きましたように昨年三月九日には憲法改悪反対と売春禁止法制定促進について六十四人の代表が上京して国会に陳情し、法務大臣を四十五分間かん詰にしたこともあります。また昨年十二月には砂川の人を招いて砂川基地闘争の報告会等を開くなど　日増しに世間から注目される団体となつて参りました。政治結社の届をしてありますので地方選挙や衆参両院の選挙運動も思ひきつて堂々とやつております。

結成当時は六十二名の少数でしたが、今では五百余名を超え、会員も会議になれて、本当に結ばれあつた同志的団体となりました。やり度いこと、やらなければならないことは山ほどあつて、なかなか思う通りにはなりませんが、出来る限りの運動を続けたいと思います。なお会員に農村婦人が多いこと、会の集りがよいことなどもご参考までに申添えておきましょう。

東京「憲法を守る婦人の会」のことなど

渡《わた》辺《なべ》慶《けい》子《こ》

昨年四月の参議院議員選挙で、いわゆる革新勢力が国会の議席の三分の一を占めてからもうこれで当分の間、憲法を改正することができないだろう、といつた空気が拡がり、平和憲法擁護の運動が、にわかに下火になつたように感じられました。

そうした時期の或日、何かの機会で顔を合せた私たち二三人の間で、このことが話題にのぼり、ほんとうに憲法の改悪を阻止し、あくまで平和憲法を擁護していくためには、何よりもお互婦人が平和憲法をよく理解することが必要なのではなかろうか、ということになりました。

そこで私たちは寄りより相談した結果憲法擁護の運動が、下火になつたこうした時期にこそ、婦人による平和憲法を守る運動を、地味であり、困雑であつても推進めようということになり、九月末から数回の打合せ会をもち、十二月十三日国鉄労働会館で第一回の世話人会を開いて「憲法を守る婦人の会」として発足することになりました。

そのあらましは次の通りです。

▽目的および性格　平和憲法の学習、普及活動および改悪反対の活動に対するサーヴィス並びに連絡

▽世話人会　目的に替同する婦人有志をもつて組織し、当番制とし、毎月一回以上世話人会を開く

▽事業　婦人、子供のしあわせのため自発的に平和憲法を学習、または普及および改悪に反対しようとする婦人のグループの組職および活動の支援

▽経費　世話人の拠出および有志の寄附

いままでのところ、四、五回世話人の集まりがあり、各方面の方々から憲法に関連したお話を伺い、お互にこの会の活動のすゝめ方について話合いをした程度を出ていませんが私たち当面の目標は都内並びに近県の各地域に、五名乃至十名位を単位に組織することであります。

最近になつて、ようやく、あちらこちらに有志の集りがもたれるようになりました。これらの会合を通して感じられることは、一般婦人の自覚こそ平和憲法を守る第一の要件であるということです。

新しい日本国憲法が施行されて、早くもまる十年になります。この憲法は、日本再建の基礎を人類普遍の原理に求め、自由に表明された国民の総意によつて確定されたものであり、日本国民はみずから進んで戦争を放棄し、全世界に、正義と秩序とを基調とする永遠の平和が実現することを念願し、常に基本的人権を尊重し、民主々義に基いて国政を運営することを明らかに定めたものといわれます。

それにもかゝわらず、私たちは戦争の不安におびやかされ、往々にして、基本的人権をふみにじられたりしている現実はどこからきているのかということを、よく考えてみなければならないと思います。私たち婦人がそれを見極めるようになつてこそ、戦争の惨禍を食い止め、専制と隷属、圧迫と偏狭を地上から永遠に除くことができるのだと信じます。

その意味において、私たちは、当面平和憲法を守る運動を、拡く全国に押進めたいと念願する次第です。

関西の旅で

山《やま》川《かわ》菊《きく》栄《え》

平和塔の前

四月十日、西の宮市連合婦人会の婦人週間記念講演に出席。この日、同じ市に未亡人大会もあり、聴衆は両方にわかれたが、どちらも盛会だつた。西の宮といえば阪神間の高級住宅地帯で、経済力が充実しているだけに、婦人会の会員一万五千のカムパで二百万円を集め、市の北端にたつ甲（かぶと）山の頂上に平和塔がたてられたのが去年の四月十一日。毎年同じ日に平和祈願祭をやるそうで今年は私も参加した。

海抜三五〇メートルのかぶと山の山裾にはふるい大師堂があり、そこまででも市からは大分ののぼりで、この辺一帯赤松の林がいりまじる桜の雲につつまれている。この甲山というのがまつすぐにつつたつているような急勾配で、平和塔のために登り道ができたというが石ころと赤土のつま先上りの山道に、木のてすりがついているのをたよりにあえぎ、あえぎのぼる。ところどころで息を入れながら下をみると、稲妻型についたジグザグの道にゾロゾロと、何百、何千とつづく婦人たちの姿がとぎれない。

中年以上の和服の人が多く、白タビに駒ゲタ。傘をたよりにフウフウいいながらのぼつてくる。子供もついてくる。山をとりまく松や桜のむこうは、広い平野に緑の麦、黄色い菜種、赤いもうせんのようなれんげの畑が遙かにつづきそのはては大阪湾から紀伊半島もみえるはずなのだが、あいにく曇つていて見通しがきかない。

山上の碑はあまり高くないが西の宮市のどこからでも見えるように十分研究して設計したものだそうで白い碑面には平和を象徴するギリシアの三女神が浮き彫にしてある。外国のものでなく、日本にこういう思想を象徴するものは何かないかと考えたがどうも思い当らなかつた。物すごい烈風で人間も吹きとばされそう。各地区代表が美しい花たばをささげ、会長桟敷夫人が水爆実験中止を望んでマクミラン夫人及び全英国婦人へあてたメッセージを朗読。これは英訳して、某新聞を通じて先方へ送り、英国の新聞へのせる手筈ができているとのこと。会長は香港に数年滞在したという実業家の夫人。メッセージはまことに行届いた要領のいいものだつた。烈風が砂ほこりをたたきつけて目をあけていられない。大つぶの雨もパラパラおちてきて砂と雨が黒い服にきいろい小紋のように模様をつけはじめた。来賓や地区代表のあいさつや礼が終るとふたたびえんえんたる蟻の行列がジグザグの道をぬつておりる。下の大師堂でお昼の折詰をごちそうになり平和塔建設工事の天然色映画をみる。晴れた日ならお花見を兼ねて申分ないピクニックであつたろうに、残念がりもすれば除幕式の日も物すごい荒れで、平和運動のゆくての多難なことを思いしらされるという人もある。今日は未亡人会の人も多く、この市だけでも遺家族が三千人というから忠魂碑よりも日ごとにこの平和塔を仰いでふたたび戦わない決心を固める方が意義があろうと思えた。

ここの市会議員四十人の中で婦人はただひとりの大庭しまさん、静岡師範の出で十四年問小学教員をつとめ、今は男女二人の子はそれぞれ独立し、退職高校教員のご主人と二人きりの身軽な身だ、という五十余りの元気な方。婦人会のあと押しではあるが、無所属で出て三分一以内の好成績で当選。はじめは市政浄化のために婦人会員が交代で議会を傍聴にいつたが、この頃はその必要もなくなつたほど不明朗なことがなくなつた。何かといえば、市会議員の言動が大庭氏を通じて婦人会へ筒ぬけとなり、うつかりできぬというので議員が謹むのと、男子の中の正義派の議員の動きも活発になり、それやこれやで変なことができなくなつてきたとのこと。

一、二の例をいえばある地区の中学校は昭和六年の建築で、今とはちがい木造で設計も旧式ではあるが、とにかく一応ととのつており、校舎も危険なほど老朽しているわけではない。ところがその学校のＰＴＡの会長がボス的人物でその運動によつてその学校の莫大な改築費が予算に組まれていた。一方、まだ講堂も理科室もない、というような、現実に授業にさしつかえている学校がいくつもあるのをさしおいて、ともかくもまにあつている学校を先にする法はないというので、予算を修正して緊急を要する側を優先することに改めた。また二億円で市の公会堂を新築する予算も改め、各地区のうちまだ公会堂がなくて困つている所へもさいてたてさせることにしたという。何かにつけて大庭さん一人出しただけでたいへんなちがいです、婦人会の人々は喜んでいた。それにつけて思いだしたのは静岡県吉原市で、三階建てのすばらしい鉄筋コンクリートの中学がある地区と、明治時代の遺物らしい腐つた物置然とした中学しかない地区との対照だつた。コンクリートの新築は、市長の出身区でその力だということだつた。

旭カーペットのスト

その夜堺で開かれたいろいろな組合の婦人の集りに高田アルミの東海ヤス子さん、大阪交通の田中一子さんの御案内で参加、なかなかの盛会でした。中小企業の問題に、今闘争中の堺市の旭カーペットのストライキのことが報告されました。ここは、アメリカの中古服を原料にして敷物を織る工場。堺段通として有名なこの種の製品は多く家内工業か、それに毛のはえた程度の中小企業が多く、従つて非常に待遇が悪い。すでに二回争議があり、三〇年一〇月にも前もつてクビキリのある様子を知り、半数をくいとめた。二四五人の従業員中男子は一六人、女子が九割以上で、年令は一六才から五二才以上にまで及び、初任給一日一四五円、最高月収三万円、平均一万円程度で、ウケトリの場合九千円。

三月九日一月平均五百円賃あげの要求をだし、全面拒否にあい、二三日から時限スト。二九日社長から無期限工場閉鎖の通告あり、会社は一切交渉に応じない。組合は工場を占領、作業を続け、出荷もできる。家庭へも三回切り崩しの手紙がきたが組合員の志気はさかんで、工場を釘づけにきた暴力団のような男たちの暴行にも屈せず、かれらは空しくひきあげた。と聞くうちにまた会社からやつてきたというので非常召集のサイレンが鳴り、白鉢巻に灰色の作業服をきた若い娘、白髪まじりの中年婦人が裏の入口へいつせいにかけつけて守りを固める。まもなくカナズチやら何やら、入口をうちつける目的でやつてきた男たちもかなわずと知つて何かののしりながらひきあげたという。新聞にも出ないこういう中小企業の争議が毎日日本中のあちこちでくり返されていることを思う。平和運動も労働運動も行く手の嵐は充分覚悟しなければなるまい。

職場だより

ストライキの中から

——旭カーペット——

坂井かず子

私たちの組合は全員で二二〇人、そのうち男子は一四、五人、あとは全部女子です。私たちは会社の経理面も考えて、わずか五〇〇円のベースアップを要求しました。ところが会社側は私たちのささいな要求を頭からはね返し、今の会社の状態では五〇〇円ものベースアップはできないといい、二四時間ストに対し無期限のロックアウトを通告してきました。そして出荷協定も破棄し、機動隊や私服の刑事を動員し、トラック二台をもつて強行出荷をしようとしましたが、組合員の団結とピケによつてはばまれました。出荷に失敗した会社側は翌日女子組合員ばかりのピケを破りに来、私たちは会社側の一部長に首をしめられたり、足で蹴られたり、髪の毛をひつぱられたり、ひどい目にあわされました。それでも刑事たちは労働者の味方はせずこれが市民の警察かとみんなふんがいしております。

ピケ破りも組合の力ではね返された会社側は、すきをねらつて職場の裏から廻つて、三カ所の職場の入口に釘付けをして引き上げました。まさか釘付けになんかされるとは思いもしなかつた組合員にも多少のスキがありましたが。

しかし協定を破棄した強行出荷やピケ破り釘付けなどに組合員一同、一そう団結を固くし、雄々しく立ち上りました。どんなことがあつてもまけるものか、五〇〇円は必ず取つてみせると、がんばつています。私たちは今までこれを自分たちだけの争議だと思つていましたが、こんどの経験で全労働者があと押しをしてくれているのだということがわかり力強く感じました。総評、中小企業労連や各組合の労働者の皆様が旭の闘争はわれわれの闘争だといつて一生懸命に応援して下さつたり、また陣中見舞を下さつたり、本当に私たちは感謝しています。

こうした労働者の愛情に包まれて、私たちは自分のため、全労働者のため、一カ月続こうと、三カ月、六カ月続こうと、最後の勝利を得るまではあくまでもがんばつて戦い通します。

どうか全労働者の皆様も最後まで私たち旭労組の戦いを御支援下さい。

お知らせ

第二回神奈川県読者懇談会

去る三月二日平塚市において開きました読者懇談会は既報の通り、出席者一同から大変喜ばれ、ご要望により継続的に開くことになりましたので第二回目を左の通り催します。お友だち、お知合いお互合せのうえ多数ご出席下さいますようお待ちしております。

なお当日は山川編集委員を中心にお話合いをいたしたいと存じます。

とき　**五月十一日**（土曜）**一時半**

ところ　藤沢市辻堂北町二四二三
田口不二枝氏宅
交通　辻堂駅下車藤沢市寄りの出口より約五分電報局隣

原稿募集

◇**創作・論文**　一五枚以内（四百字）

◇詰**筆・コント・ルポルタージュ**（七枚以内）

◇**職場のこえ・台所のこえ**　三枚～三枚半

◇**短歌・俳句・詩**

本誌は婦人の発言の広場です。婦人の地位を高めるために、明るい生活をきずくために、住みよい社会をつくるために、そして婦人の隠れた才能を発掘するために皆様の活発なご投稿をお願いします。

注意　一般に〆切はもうけませんが、時事問題などは**毎月十日**までにお送り願います。

送り先　本社編集部

メーデーに想う

高《たか》津《つ》正《せい》道《どう》

わが家の祖父祖宗の文化程度は今日のガス電気器具に比べるとおそまつ千万であつた。労働運動も同じく昔は貧弱なものだつた。

われわれ社会主義者は第一回のメーデーが行われる前に二、三十人でささやかなメーデーの集会を持つていた。

大正九年に行われた第一回のメーデーに上野公園に集つたのは総同盟友愛会、信友会、正進会、時計工組合及び社会主義者などで、その数も八百名から千名程度であつた。私は早稲田大学の学生帽をかぶり、興奮し緊張してこれに参加した。日教組のそもそもの先祖のような当時の教員組織たる「啓明会」の幹部下中弥三郎氏（現平凡社々長）などの顔もみえた。それ以来、大東亜戦争中弾圧されて数年間の空白があつたが、メーデーが戦後いよいよ盛んとなつたことは喜ばしい。

当時は労働運動そのものが小さく、労働組合で事務所らしい事務所をもつていたものはただ二つだけであつた。一つは神戸の海員組合の事務所、もう一つは東京の労働総同盟の事務所であつた。その海員組合の事務所に始めていつた時のことである。コの字型に配置されたテーブルのうえに組合長、会計、書記長などの職名を書いた三角塔がいかめしく並び、一方では印刷物の発送を忙がしそうにしている、その室内の活気に満ちた空気に、若い大学生だつた私は全く圧倒されてしまつて組合長の前に行くのに汗が出る思いだつた。

今日組合員数は総評だけでも三百数十万、全労会議数十万、その他中立等の組合ありと言つた状態で、高橋正雄氏の話では全国の労働組合の納入組合費は月額十億、年額百二十億とのことである。事務所もまた国鉄、総評日教組などは大ビルに陣取り、東交その他も立派な事務所をもつている。

一番始めのメーデーは社会主義者も組合員も一緒だつたが、年々、年を追うように弾圧がきびしくなり、当局は社会主義者のメーデー参加をきらつて行列に入れないように、いろいろな防害をした。当時札つきの社会主義者は皆特高警察に顔を知られていた。そしてメーデー当日の集結地であつた芝公園の入口に特高係が多勢たむろしていて、見つけ次第検束してしまつた。それで上野に向う行列に途中から入ろうとすると、五十人乃至百人おきに巡査や特高が護衛のように行列の中に入つていてなかなか入れなかつた。

のちには警察側も巧妙になり、大衆の見ている前で社会主義者を引張るようなことをせず、メーデーの前夜に保護検束といつて検挙してしまう、そこで翌年は自宅にいず、他所に泊り、そこからこつそり参加する、すると次の年には二日前に検束するというように段々ひどくなつていつた。始めの頃は特高も家の中に踏込んでまでは検束しなかつた、徹夜で家のまわりを取まいて門の外に一歩出たところを取押えたものだつた、が後には家の中にまで踏込んでくるようになつた。

われわれが検束されることを覚悟で苦心さんたんしてメーデーに参加したのは社会主義者の存在を世間に知らせるという目的のためだつた。つまり日本にも資本主義に反対するものがいるのだぞ、ということを支配階級に知らせ、また労働者へ呼びかけるためだつた。だからメーデーにはビラまきはつきものだつた。

今日のメーデーにはれつきとした社会主義者鈴木茂三郎氏や志賀義雄氏などが正面に居列んで祝辞演説をする、これなど感慨無量というものであろう。

スローガンだつて昔は、治安維持法反対、対支那非干渉、植民地解放などというものだつたが、今日は、原水爆反対、民族の完全独立、八千円の最低賃金制要求、社会保障制度の完全実施、と変り、集る労働者も多くなり、要求も発達してきた。個々の社会主義者は問題でなく、労働者大衆それ自体が政治的に大きく成長していく。

わが国の支配階級は相も変らず労組が政治的になることをひどくきらうが財界、保守党政府が三位一体であり、その政府の発言も行動もすつかり財界のそれであるから、労組も資本家との闘いが対政府運動とならざるをえなくなつたのである。

将来メーデー大衆の支持する政権ができるとメーデーはその勤労者階級を代表する政府支持のスローガンをかかげるようになることはいうまでもない。

永い間無産者解放のために闘つてきた稲村順三、三輪寿壮、伊藤好道というような古顔が死んでいつた。しかし、それでもこれらの人びとは近年のメーデーの盛大さを見て死んでいつたが、それ以前に亡くなつた堺利彦、大杉栄、石川三四郎、安部磯雄、麻生久などが生きていてこの盛況をみたらさぞ喜ぶことだろう。

春近しというか、向うの山に火が見えたといおうか、私はメーデーを迎えるごとにこれらの先覚者の苦労を思い出す。(談・文責菅谷)

(高津氏は広崎県選出社会党代議士)

第二十八回(一九五七年)メーデー　スローガン

一、今年こそ労働者の団結で大巾賃上げ、労働時間短縮、最低賃金制を闘いとろう

一、社会保障制度の確立、臨時工制度の撤廃、労働法規改悪反対、労働基本権を闘いとろう

一、不平等条約の改廃、原水爆禁止軍縮で世界の平和を

外人の日本認識

日本人ほど外国へ行つて自国の悪口を言う国民はないといわれている。四月二十一日大田公民館で行われた「働く婦人の中央集会」で訪日ソ連代表団副団長の挨拶を聞いてフトこの言葉が思い出された。ソ連教員組合書記長をしておられるというチュプラコフさんは、日本の婦人が帝政下のロシア婦人と同じような状態におかれていることに心から同情する、すなわち仕事のないこと、教育のないこと、夫の酷使下にあることなど、と話しておられた。私はこれではまるで明治維新当時の日本の婦人ではないか、とア然とした。一体こういう知識はどこから得たものであろうか、英語やフランス語と違つて日本語の書物は世界的に読まれることもないだろうし、また各国語に翻訳される本などというものはめつたにない。とするとこれは恐らく耳学問であろう。なにもかも自国のものが優れている、というぬぼれや排外主義はもとより困る。しかし自分の国のことはすべて劣つているとして事実をまげてまで話すのは卑屈である。交歓はまずお互の正しい認識から出発すべきであろう。(S)

あの頃（九）

心配だつたメーデー

岡《おか》田《だ》喜《き》久《く》代《よ》

岡田喜久代さんは東京都選出参議院議員岡田宗司氏夫人。岡田氏は故稲村順三、伊藤好道氏らと共に東大在学中から社会主義運動に参加された社会党内でも古い闘士。夫人は弁護士さんの一人娘で夫君とは媒酌結婚とのこと。学者という仲人のお話で結婚してみたら……ということだつたそうですが、夫君のよき理解者として共に困難を乗り越えて来られた社会主義運動の陰の功労者のお一人。古くからのお知合平林たい子さんのお話によりますと「あの奥さん、なにも仰言らないけど随分苦労しているんですよ」と。現在夫人は「くらしの会」豊島支部の中心となり地域婦人部のために、また党婦人部のお仕事に献身的な活動をつづけておられます。

〜〜〜〜〜〜

私たち結婚したのは昭和二年でした。何も知らず、普通の生活の積りで岡田のところに参りました私が、社会主義そのものへの理解はともかく、同志の方々にできるだけのことはしてあげたいと思うようになりましたのは当時の闘士というものの純情さに感激してのことでした。

その頃岡田は社会主義の雑誌、「大衆」やその後に出た「労農」（これはのち「前進」となる）の編集同人となつて、その方に力を入れる一方、学生を集めて研究会を開いたり忙がしい生活でした。その傍ら原稿を書いたり翻訳したりしていましたが、大体生活費は岡田の兄から援助を受けておりましたので、食べるのに困るということはありませんでした。しかし地方からでて来る同志が入れ替り、立ち替り宿泊し、多い時は五、六人も泊り込んでいるという有様で、家族だけで食事をするということはほとんどありませんでした。食客にしてもお食事をあげるだけではなく、お小遣や電車賃まで工面してやらなければならない人が多く、そのための質屋通いは絶えませんでした。

食客では北浦千太郎さんが二度にわたつて随分永くおりました。この方はソ連の大学を出たということで「労農」の同人でもありましたが、頭が変になり松沢病院に入れられて病院から私のところに直行していらしつたので、無気味でした。いつも二階に寝泊りしていて外出される時は必ず「奥さん、十銭」とか、「今日は十五銭」とか手を出されるのが常でした。地方から上京される方は大抵片道旅費でやつてきて、帰りは私の雨コートや着物などを質に入れて旅費をつくり、郷里に着いてしばらくしてお金を送つてくる、それで受出しておくとまた別な人が来て質屋に入れるといつた有様で、私の着物は始終質屋と自宅を循環していたものでした。この地方の同志については随分いろいろなエピソードがありました。出掛けた先で電車賃がなくなると銀座を二、三回往復して知合を探し、めぐり合わないと自動車でどこか同志のところに乗りつけて先方に払わせるという手もよくつかわれとか、鈴木（茂三郎）さんのところなど度々利用されたというお話です。

こんな生活の連続でとりたてて深刻な思い出もありませんが、メーデーのことなど、戦後の華やかさをみるにつけ、昔のことが自然と思い出されます。その頃のメーデーには毎年きまつて同志の誰かが検挙されたものでした。今年は誰がつかまるのかと、メーデーが近づくと心配でした。はじめてメーデーの行列をみた時でした。近づくことはできませんので遠くから眺めておりますと、社会主義らしい一群がスクラムを組んでやつてきたところへ、あご紐の騎馬巡査の一団が乗つけて来てそれを蹴散すのです、その光景の凄しさ、歯の根の合わないほどふるえあがつてしまいました。メーデー前夜の保護検束で根こそぎ検挙されてしまつたこともあり、またいつも検束されて一度もメーデーに参加できなかつたという人もありました。そのような状態の中で巧みに警官の眼を逃れて参加した人々が私の家に集つて祝杯をあげるということもありました。私たち女はそのおもてなしで大忙しでした。でも誰かは必ず検挙されたもので、難を逃れた者も、その家族も受難者の貰いさげや差入れでこれまた大変なものでした。

亡くなつた長男がやつと片言がしゃべれるようになつたころ、若い人たちがメーデー歌や「どん底」の歌を教えこみ、肩車にのせわざと交番の前を通り、お巡りさんの姿が見えると長男の足をピョコンと引く、それを合図に「キケ、バンコクノーロードーシャ……」とか「ヨルデモヒルデモ　ローヤハクライ……」と歌い出したものだそうです。その頃は革命歌など大つぴらには歌えなかつたものでしたが、相手が子供ではお巡りさんも文句が言えなかつたんでしょうね、いやな顔をして横を向いてしまうと言つて、青年たちは大喜び、大いにデモつた積りで得意になつて帰つてきたものでした。

昭和十二年十二月の人民戦線の大検挙の時は岡田は池袋署に留置され、のち巣鴨の拘置所に入れられました。差入れや何やらでテンテコ舞いの最中に荒畑寒村さんの奥さんが脳溢血で倒れ、荒畑さんももちろん検挙されたつたお一人だつたものですから、三田の奥山医院にお通いになるのに私がしばらく附添つて参りました。その時でした。三田署に留置されていた大森義太郎さんが御病気になり、特高つきで、やはり奥山医院に診療に来られたところに偶然一緒になつたことがありました。監視がついていますので、お互一言もお話はできず、目礼を交すのみでしたが、そのお痛わしいお姿と、とにかくお目にかかれたという感激で胸が一杯になり、荒畑夫人と共に涙を圧えることができず、泣伏してしまつたことがありました。亡くなられた荒畑夫人についてはさまざまなエピソードもありますが何分荒畑さんがあの通り熱烈な闘士でございましたから随分苦労なさつた方でした。

こんなわけで、何も知らない私がとにかく岡田の後についてこられましたのも、始めにお話しましたようにあの頃の社会主義者という者が名利を求めず、迫害や貧乏をものともせず、ただ一筋に無産階級のために闘つたその高潔さ、純粋さに心を打たれてと、いいましょうか、感激してのことでした。

（文責・菅谷）

今年度予算とインフレ

――家庭の台所はどうなる――

横《よこ》山《やま》泰《たい》治《じ》

1

今年は、好景気のもとで予算の規模も一般会計、財政投融資あわせて一六八九億円もふくれ上り、インフレになるとか、ならないとかの論議がさかんに行われています。そして国民経済という広い次元での論議もさることながら、一般国民の日常生活に直接関係のある諸物価の値上り傾向が、われわれ庶民の台所をおびやかすのではないかとの懸念もたかまっているようです。

事実、保守党政府による長い戦後の治世のあいだ、国民は絶えずインフレ政策になやまされてきましたし、朝鮮事変後のいわゆる、「動乱ブーム」に際しても、好景気とインフレはうらはらだつた訳で、こうした懸念がおこつてくるのはもつともなことです。

世界経済の景気もそろそろ頭打ちではないかとの観測が多くなされている時、わが国ではまだ景気が上昇する余力が残されているといった今の事態を、俗に「すれ違いの悲劇」などと言っていますが、果してこうした事態はどの方向に発展してゆくのでしょうか。

戦後の復興の過程をおわり、資本主義の好況と不況の循環のなかに馬をのり入れながらはげしい国際競争、販売競争に備えようとしているわが国の資本主義は、こうした新しい段階で特有のさまざまな現象を示していますが、ここではとくに政府の三二年度予算を中心にして、庶民生活に今後の経済の発展がどのような影響を与えるか考えてみましょう。

2

政府予算の主な特徴は、第一に一、〇〇〇億円減税の重点が年収五〇万以上の高額所得者におかれていることです。これは納税者の約六%にすぎず、大部分の国民はこの恩典に浴することができません。

第二に、社会保障費の増額は財政の大巾な膨脹にもかかわらず七〇億円の増加におさえられており、低所得層のふところに振りかえられる額が少いことです。

第三に、防犯関係費は経費の量としては去年より若干ふえた程度ですが、質的には、原子機動部隊の駐留を前提として、誘導弾原子兵器の供与等、原子戦争体制へ応ずるような性格をもってきています。

第四に、財政投融資計画では、二年ごしの莫大な利潤をあげている独占企業へ、経済の積極的な拡大、という名のもとに、国民の税金や郵便貯金などを投じていることです。こうした積極策がインフレの火に油をそそぐことをおそれて、一方では金融を引きしめ、中小企業などはそのギセイをしわ寄せされる傾向を強めています。

第五に、ガソリン税や国鉄運賃等の値上げが、バス、私鉄、鉄鋼など関連産業の物価引上げに及ぼす影響は小さくないでしょう。

第六に、地方財政は窮乏した状態のままでおかれるので、住民税の引上げがこれをカバーする手段として考えられていることです。

以上、いくつかの特徴点を拾ってみましたが、これだけみても政府や資本家の考えている方向がほぼ分るでしょう。つまり、インフレという観点からみるならば、一方でインフレ政策をとりながら一方でインフレを抑制するということです。

その結果は明らかで、独占資本家たちは、ふくらんだ財政――国民の税金ですが――からどしどし資金を引き出して、私腹を肥やすことができますが、弱い中小企業家たちは金融引きしめのあふりを喰つて、苦しい立場にたたされます。一般の国民――それは大部分減税とは関係ありません――は、運賃値上りの波紋ををまともに受けて、家計のやりくりに相変らず悩まされるでしよう。今年度予算は、およそこうした仕組みなのです。

3

もう少し国民経済との関連において立ち入つた吟味をしてみましよう。

今年度予算は、言うまでもなく一定の経済計画をキソにして編成された訳ですが、その経済計画は(イ)世界の景気が好水準を維持し、(ロ)輸入三二億ドル、輸出二八億ドル、(ハ)国民総所得が八兆一八〇〇億円を維持してゆくという前提に立つています。計画当時は、スエズ運河の紛争すらプラスになるような甘い観測もあつたようで、全体としては、大そう楽観的な見透しの上に立つていたようです。

しかし、その後の世界の景気は、もちろんいろいろな見方がありますが、概して下期には景気は変動し下降し始めると思われる正しい徴候がみられます。たとえば、アメリカにおいて設備投資や国民の消費支出や建築面の着工件数などの伸びが減つているなどです。

また西欧ではイギリスや西ドイツの金融政策の転換にみられるように、経済活動の下向きという事情が指摘されるのであり、世界景気の今後の動向は楽観を許さない、というべきでしよう。こうした情勢のなかでは、財政のあり方は慎重でなければならない、というのが一般の見方です。ところが、今年度の予算では、公共投資は二割ふえ、民間投資は一割五分ふえ、さらにこれが波及してゆくということになると、現在でも鉄、石炭、電力などの基礎物資は不足がちなのに、これに対する需要ばかりふえ、おまけに輸出が不振になつたりすると、こうした面から投資インフレ的な傾向がつよくなります。つまり、世界的に消費と生産のバランスがくずれて今年度下期には幾分デフレ気味になりそうなのに引きかえ、日本だけは物価高となる――そのような事態が、前に述べた「すれ違いの悲劇」の具体的意味なのです。

政府は、この物価高をさけるため、現在の手持ち外貨一三億ドルを利用して、輸入を多くしようとしていますが、すでに三一年度の国際収支の赤字は一億七〇〇〇ドルもでている始末で（三月末）これでは外貨をくいつぶす心配が先に立つわけです。

以上のようにみてきますと、インフレとデフレの可能性がそれぞれ微妙にからみ合つており、経済全体の予想はむつかしいのですがはつきり言えることは国鉄運賃の値上げにともない、私鉄、バス、都電、地下鉄など、国民の足である交通機関が一せいに値上げの気構えをみせているのみならず、基礎物資の値上りで電気、ガス料金や風呂賃のような、家計の最低必要経費を形づくつている諸物価があがるので、インフレのしわ寄せが、常にそうですが、零細な家計をいとなんでいる一般勤労国民の肩にのしかかつてくるということです。

「神武以来の好景気」などとにわか成金になつた独占資本家たちは騒いでいますが、大多数の国民は諸物価のわずかな値上りにもおびやかされざるを得ないというのが、今の日本の現状なのです。

（筆者は日本社会党政策審議会所属）

生いたちの記

（四）

松平《まつだいら》すゞ

　さびしく入営した兄も一年後には上等兵となり、二年後には伍長に進級して、日曜日には家に来て、私の学校のおさらいをしてくれるようになりました。また兄は尋常小学校四年課程の教育しか受けていませんので、独学で数字や理科の本を買つて勉強し、英語は日曜日に都合のつく時キリスト教の教会に行つてお話を聞き、あとで初歩を教えていただいておりました。今だにその頃のナショナルリーダーが数冊残つています。一日五銭位の給料でしたが、その中からお金をためて書籍を買い、また私に時折小遣銭もくれました。兄は兵隊になつてから学校に行けなかつた自分をかえりみて、せめてまだ小学校に通つている私にだけでも高等小学校に進ませたいと思つたのでありましよう。でもその当時、高等小学校に進学するのは私には夢のような淡い望みでありました。

　その頃、私共を捨てて家を出た母親は名古屋新地という遊廓で仲居をしていることを人の噂で耳にし、会いたくて会いたくてたまりませんでした。しかし父親にそれを言うことはできませんし、許してくれるはずもありませんから、思い切つて父に無断で出掛けてみしたが、どこの家か分らずに帰りました。そのうちにやつと見付けて、その家の前を行つたり来たりして、夕暮れ時軒先きで声を出そうとしたら、中から出て来た人に、まあ、女の子だよ、縁喜のわるい、と塩をふりかけられました。それでも母に会いたい一心でついに会う機会を得ましたが、ほんの二、三分しか話することが出来ずに帰りました。一カ月に一度位は母に会うことができましたが、母はお前のお父さんは意気地がないからいけないほんとうに意気地なしだよ、と父の悪口を言います。また父はさびしい夕食の時など、母の悪口を言います。はな（母の名）は子供が四人もあるのに捨てて出て行つてああして女郎屋に仲居などをしている、今はよいが年をとつたらどうする気持かしらん、馬鹿な女だなあ、わしが女だつたら絶対に子供を置いて出ては行かないのに、とよく言いました。

　父親は実に律義者で、子供の時の武家の教育が身にしみていてどうともならない人でした。ある夜のこと、私は十銭銀貨一つ渡され牛肉のこまぎれを三銭買つて来るように言いつかりました。二三丁ほど離れた肉屋に行つて買物をし、つり銭と牛肉包みを渡されました。帰り道、手の中にあるつり銭が少し多いような気がしましたので、立ちどまつて灯でよく見ると、一銭が四つと二銭が三つ、つごう十銭あるではありませんか。うれしくてたまりません、走つて家に入るなり、今日は運がよかつたよ、もうかつたでしよう、と父の前に差し出したら、父は喜ぶと思いの外とんでもない、なぜよく調べて受け取らないのかすぐ返しに行けと叱られて、手に握つた三銭を牛肉屋の店に置いて来たときの気持ち、何んだか損をしたように思えてなりませんでした。今もその三銭が眼前にちらつきます。父は誠に正直な人で時の相場より安い物を買うべからず、と常に申しておりました。

　家の近くに同じ附属小学校分教場に通う一

つ年上の人でりう様（本名吉田りう）という友達がありました。この人の家は米屋で両親もあり、近所では財産家でしたから子供仲間でも権力がありました。学校に行く時、私が誘いますと都合がよければ一緒に行つてくれます。そんな時は私を女中代りにして、弁当箱や草履袋を私に持たせるのが常でした。私は自分の荷物の外にそれを両手で持つてついて行くのですが、一人ぼつちで登校するよりうれしいので、何を言いつけられても、ようし、ようし、（ハイ、ハイ）と引受けて下女代りの役をいたしました。学校から帰つて用事をすまし、この人と遊べる時はとても楽しみでした。米屋で銭箱が店にある「お母さん一銭頂戴よ」と言つて銭箱から一つかみ握つて来ると七、八銭から十銭位持つて出て来るので、時には氷水をおごつてくれたり、汁粉をおごつてくれます。五厘で四切位ある焼芋の一切をもらつて何の不平も言わずこのりう様という友達の女中代りをつとめて喜んでおりました。後年私が学校に勤めるようになつたのも、この人の影響でした。彼女は小学校裁縫科専科正教員の検定試験を受けて小学校に勤めるようになつた時、私にも是非試験を受けて先生になりなさい、とすすめてくれましたので、後を追つて専正小正中等教員の資格試験を受けたのでした。

女中に出ていた下の姉が健康を害して家に帰りましたので、それまで父と私の二人きりの生活が三人になりました。姉は肺結核で、いわゆるぶらぶら病で寝たり起きたりといつた具合。気分のよい時は家の仕事をしましたが、熱が出たり血痰が出る時は寝ておりました。今と違つてよい治療法もなく、また栄養を充分とることもできない境遇ですから、次第次第に細つて行きました。母は誰からかその話をき聞伝えて魚の刺身を持つて見舞に来てくれました、父の留守中で、私と病気の姉と二人だけの時でした。

こんな生活が、一年半位続き、私も尋常四年の課程を終えて高等小学校一年になりました。今で言えば尋常五年生になつた訳ですが何分貧乏であるうえに病人のある中から私が高等小学校に進学するのは大変なことでした兄が何とか月謝位は出してやるから、というので決心したのですが、一円〇五銭かかる教科書を買うお金は父も兄も出してくれませんので、どうしようかと思案のすえ、例のりう様に頼んでみましたら、心よく貸して下さつたので助りました。時は明治三十六年、日露の風雲はさわがしく、夏にほうき星が西の空に出て戦争は必至であるとの声が高い。学校では世界地図を拡げてロシアの大きいことや日本の小さいことを聞かされ、日清戦争後の三国干渉の話、満州におけるロシアの勢力、軍備等の説明を聞き、臥薪嘗胆《がしんしようたん》十年という言葉に耳をかたむけていたのでした。

この年、伍長であつた兄は聯隊の命令で東京の陸軍戸山学校に入り、間もなく軍曹に昇進しました。除隊の時期は来ましたが、いづれ召集は必至だつたので、再役したのでした。明治三十七年二月日露戦争が始まり、動員が下つて兄は名古屋六聯隊に帰り、間もなく出征することになりました。その際両親がありながら別れ別れになつている家の事情を悲しみ、鳴海（名古屋の東三里）で相当の暮しをしていた母の妹夫婦に後事を托し、母をぜひ父のもとに戻し、妹たちは適当な所に嫁に出してくれと頼み、また父には母の過去はとにかくとして、母が家に戻ると言つたら万事ゆるして家に入れて両親揃つて暮していただきたい、と涙を流して言い残し、見送りもなく、三月末にはダルニー上陸というわけでした。母は、忙しい、忙しいと言つて家にはなかなか来ませんでした。

第二回「働く婦人の中央集会」

総評傘下及び友宜組合の婦人部による第二回「働く婦人の中央集会」は去る四月二十、二十一の両日東京で開かれました。参加者千三百で昨年の約二倍という盛況でした。

第一日目は総評会館、女子会館、児童会館、衆議院議員会館などで賃金、職場を守るために、母体を守るために、職場における婦人の地位、働くお母さんの問題、恋愛と結婚、衣食住、仲間づくり等八分科会が十一会場に分れて行われました。午前中は実態報告、午後はデスカッション、助言者の補足や意見が述べられましたが、今年の特長は、建設的な意見が多かつたこと、科学的な解決をした実例がたくさん報告されたことなどで働く婦人の大きな進歩が認められました。

職場における婦人の地位分科会を傍聴して感じたことは、今働く婦人は大きな壁に突当つているということでした。

とくにここで出た問題のうち、権利を主張するために職場を出される、とオートメイションの二つの問題は、働く婦人にとつては最も大きな問題であろうと思います。婦人が社会に進出した理由の一つは「婦人解放」のためといわれています。男女同権を求めて社会に出て、それ故にしめ出されるこの矛盾。一体これを烈しい利潤追求の資本主義社会でどう解決したらいいでしょうか。交通関係の出席者は、バスの運転時間延長の要望が市民から起つている、すると会社は婦人は遅くまで使えないからと、新規採用は全部男にしていると訴えていました。また学校の先生は生休産休等があつて女はやつかいだから男の先生を望んでいる、と話しておりました。どんな条件でも働きたがつている人は一杯いる、というのが経営者や、職場の長の考えなのでしょう。これらのことをみても、資本主義社会、ことに日本のような労働力の豊富な国では、男女を問わず、働く者同士がよほど自覚し、固く手を結ばないと労働条件はますます悪くなるばかりであり、また、現在のままの政治機構、経済機構ではとうてい解決できないではないでしょうか。大いに考えさせられる問題です。

それと共に第二の産業革命といわれるオートメーションの問題も働く婦人にとつては大きな、むずかしい問題で、ただ反対だけでは解決はできず、真剣に考えなければならない問題です。

第二日は池上の大田公民館で総会が開かれました。訪日ソ連代表団副団長のあいさつなどもあり、会場は活気と自信に満ちておりました。この日は前日行われた分科会の報告があり、後質問や意見などが述べられましたが最低賃金制について多くの意見がでたことは総評春季闘争の目標の一つでもあつたので当然でしょうが、心強いことでした。

分科会に出席していたある日雇労務者は、「私たちは、ニコヨンから抜け出したいのです。それには皆さんの力を借りなければなりません、この大会に非常に期待しています」と眼を輝かせておりました。

地方代表の感想をきいてみますと、「自分の単産内では意見が固定してしまう、いろいろな職場の容子を知つたり、経験をきいたりて随分参考にもなり、勉強にもなつた。しかし助言者の片よりすぎていたこと、ある婦人団体のみがただ一つ運営委員会に入つていたことなど、どうかと思います」との批判もありました。

（菅谷）

多彩な「児童福祉週間」の催し

五月五日の「こどもの日」から十一日までの一週間、子どもの幸せを守る国民の意識をたかめるため「児童福祉週間」が実施されます。主唱体は全国社会福祉協議会、厚生省、文部省及び地方自治体、児童・教育機関で、これに関係各省、民間報道機関が協賛しています。

目標は児童憲章並びに児童福祉法の精神の普及と実践及び昨年から設けられた「世界子供の日」の趣旨の普及で、そのため左のような中央行事が行われ、地方もそれにならつて多彩な催しが開かれます。

△**全国社会福祉大会の開催**
△**「世界子供の日」制定記念、国際児童の集い**
△赤ちやんコンクール
△全国母子家庭のど自慢コンクール
△精神薄弱児作品展示会
△報道機関の協力による広報活動
△記念スタンプ等の設定
△児童福祉、母子福祉に関する作文、絵画の募集
△その他中央団体の企画による各種行事。なお地方一般行事としては
△世界子供の日を記念する標語の募集、
△記念論文の募集
△座談会、講演会の開催、このほか、

一般児童のために
△よい環境を作るための運動の推進、
△好もしくない文化から子供を守る運動、
△児童の人権を守る運動、
△外国児童との交歓会、手紙の交歓等

要保護児童のために
△名士による一日施設長の実施
△児童福祉施設に対する慰問激励
△里親　職親制度の普及
△心身障害児童の早期発見と療育など

編集後記

○青葉の風にひるがえるメーデーの赤旗は年毎に数をまし、参加する勤労者の群もますます勢を加えていながら、一方では春闘の首きりざたが新聞にぶきみな血のにおいを発散させ、鉄道運賃は上り、フロ銭も上ろうとし、減税の恩恵に浴するところまでいかない低所得者には痛いことばかりという矛盾を防げません。これを春闘と賃あげに結びつけてその恨みを勤労者階級へもつていかせようとする傾向が強く、とりわけ風あたりの一番つよいのは国鉄労組ですが、こういう問題について私たち婦人の抱く疑問を解くため、今月は昨年二月の憲法問題特集号以来の増ページを断行することにしました。

○ほかにも大事な問題も惜しい原稿もたまつていますが、毎月この程度にページがふやせなくてはらちがあかず、写真ややわらかい記事をという皆さまの御注文、ご期待にもそいかねております。

婦人のこえ　五月号
定価三〇円（〒五円）
半年分　一八〇円（送共）
一年分　三六〇円（送共）
昭和三十二年四月廿五日印刷
昭和三十二年五月一日発行
編集発行人　菅谷直子
東京都千代田区神田三崎町三ノ一六
印刷者　堀内文治郎
東京都港区本芝三ノ二〇
（硫労連会館内）
発行所　婦人のこえ社
電話三田（45）〇三四〇番
振替口座東京貳壱壱参四番

昭和二十八年十一月二十四日第三種郵便物認可
昭和五十二年五月一日発行（毎月一回一日発行）
婦人のこえ　第四十四号（第五巻・第五号）
定価三十円

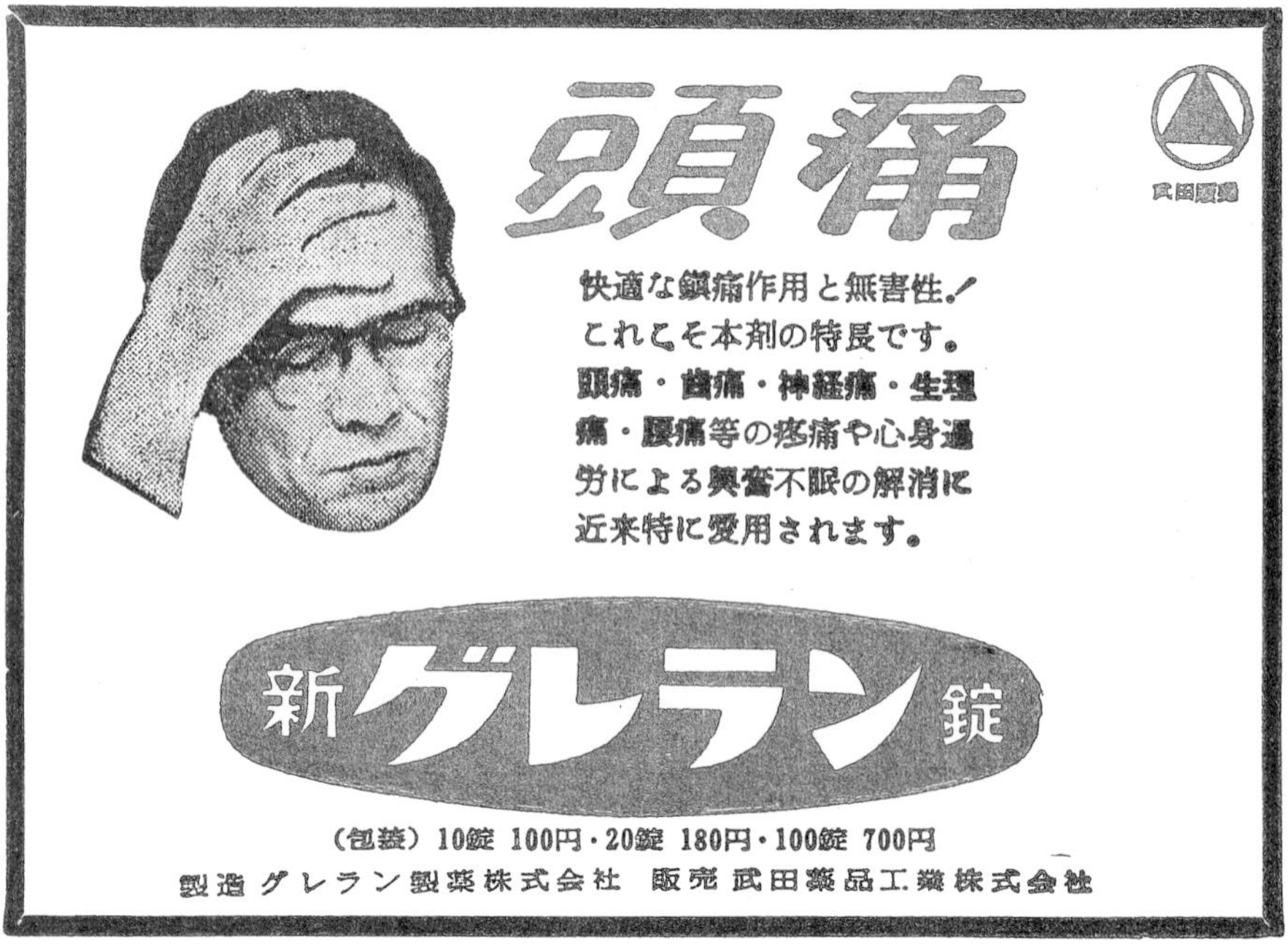
頭痛
武田薬品
快適な鎮痛作用と無害性！
これこそ本剤の特長です。
頭痛・歯痛・神経痛・生理痛・腰痛等の疼痛や心身過労による興奮不眠の解消に近来特に愛用されます。
新グレラン錠
（包装）10錠 100円・20錠 180円・100錠 700円
製造 グレラン製薬株式会社　販売 武田薬品工業株式会社

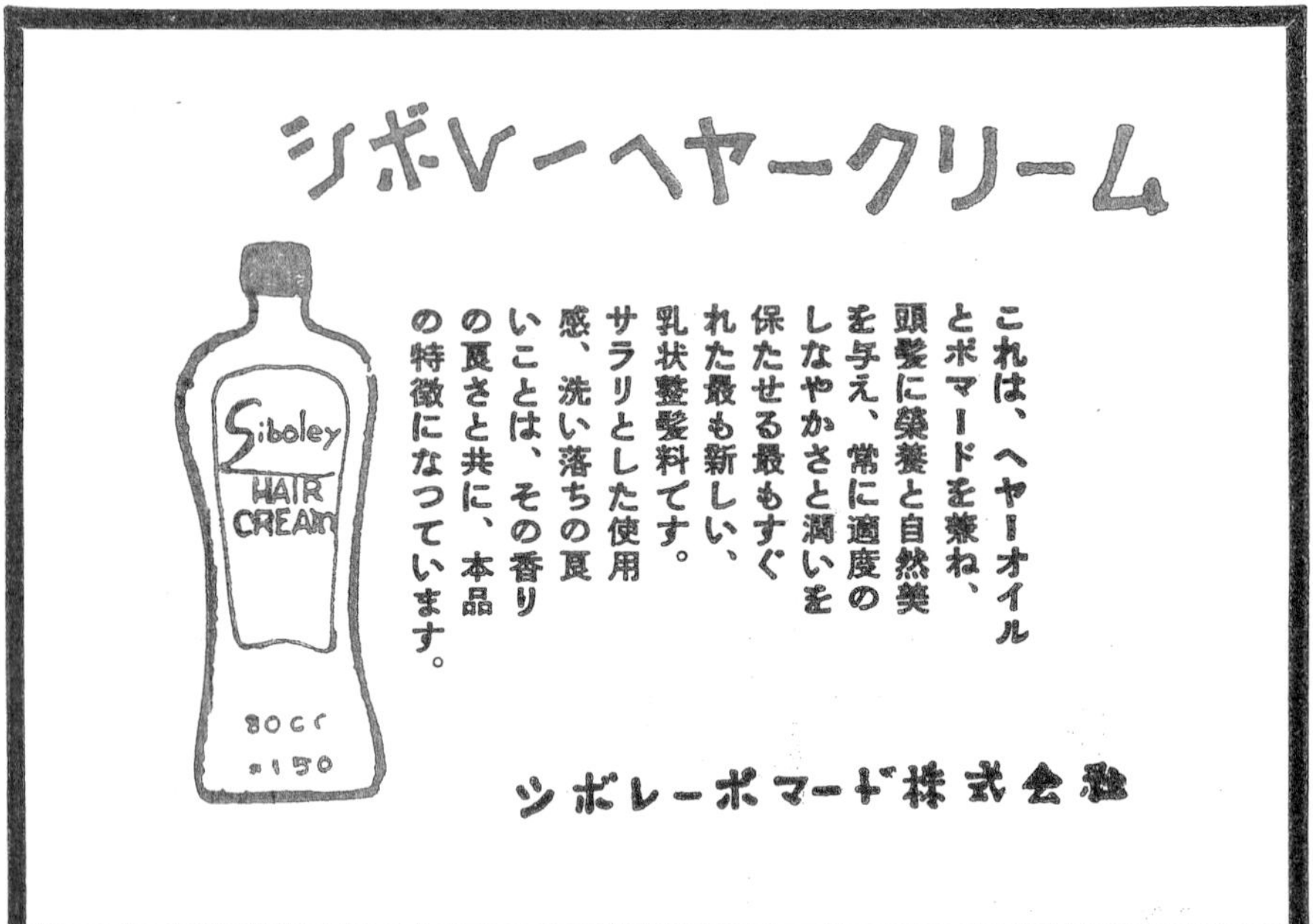
シボレーヘヤークリーム
これは、ヘヤーオイルとポマードを兼ね、頭髪に栄養と自然美を与え、常に適度のしなやかさと潤いを保たせる最もすぐれた最も新しい、乳状整髪料です。サラリとした使用感、洗い落ちの良いことは、その香りの良さと共に、本品の特徴になっています。
Siboley
HAIR CREAM
80cc
¥150
シボレーポマード株式会社

婦人のこえ

6月号　特集・日米不平等条約と日本　195

婦人のこえ

1957年
六月号

六月号 目次

特集・日米不平等条約と日本

ルポルタージュ

基地反対でおしだされた カアチャン町長

山《やま》川《かわ》菊《きく》栄《え》

五月四日、仙台からの帰りに基地問題でもんでいる最中の茨城県小川町による。霞ガ浦にそうて太平洋の潮風をまともにあびるこの地方いつたいはひどい荒れ地で、その大部分は終戦まで軍用地であつたものを、戦後満州帰りその他の入植者をいれて新たに農場を開拓させた。私も昭和二六年の春、神の池とあと一カ所の開拓農場をたずねたことがあつた。満州の開拓農民の特徴は内地の失業者、被災者のような老若ごちやまぜの無経験者や、心ならずも農業に追いこまれた入植者とちがい、一般に年が若く、働きざかりであること、新しい農民としての希望と自信を、もち開拓精神にもえる人々であり、食事も技術も古い様式に執着せず、従つて米にも執着せず、酪農と粉食に依存する方針をたて、共同炊事で洋食風のものをとり入れ、組合でパンを製造し、米は一日一回、あと二回はうどんやパンを利用していること、などであつた。一戸あたり二町歩の耕地割あてのうち、一町五反は共同耕作、あと五反は各戸の自家用菜園で何を栽培するのも自由となつていた。共同耕作は馬耕により、播種、中耕施肥、草とりまでも馬力を利用するので、婦人の労役負担は一般の農村ほど重くはないらしかつた。追つて霞ガ浦から灌漑用水をひく設備がととのうまでは水田なしということで、これも労働軽減に大きな役割を演じていた。婦人たちは協同組合の事務所で育児や家事の講習をうけ、そこで賃金を得て働きもし、一般に老人のない家庭なので迷信や因習がなく、万事事務的、合理的に行動できる様子だつた。

小川町は水戸から西南へバスでも、汽車電車を利用しても約一時間。基地反対を旗じるしに町長に当選したばかりの山西キヨさんの家をたずねると役場からまだ帰らず、折よく居合せた県開拓者同盟委員長、県開拓生産農協連合会長戸谷義次氏から問題の百里原農場の事情をきくことができた。

上にものべたようにこの開拓地一帯は本来ひどい荒地で、太平洋からふきつける物すごい西風のために、せつかくまいた種子や苗までも土ごとむしりとられて一、二里先までふきとばされるほどなので、二、三丁ごとに防風林で畑をかこつているほどである。そして共同作業の発達によつてようやく将来の見こみもたち、生活も安定してきたまじめな入植者もある一方に、女子供が多くて労力が不足だとか、本気に農業とりくまず、転業を望む惰農もあり、菊池繁という百里原開拓組合長がそういう不良入植者の音頭とりで、隣接する小川町の幡谷前町長と協力して基地誘致運動を極秘のうちにすすめたのだつた。何分砂漠のような土地で水不足に苦しんだ余り、深井戸を掘つたがそれがひでりにまにあつた家もあり、まにあわぬ家もあり、その代金も借財として残つている家が多い。とりわけ大きな打撃は昭和二八年の冷害で、晩霜の被害も多く、秋になつても稲が花を開かなかつた。営農資金は政府でなく、金融機関から出ているので、災害のあるときでも延ばしてもらえず、井戸の資金と共に借財がかさんだ。この年から政府の災害補償法もできたが、もともと農業に無経験で開拓精神も乏しい惰農の中には、基地誘致によつて土地を金にかえる誘惑にかかるものがふえてきた。

しかし農場の半分が畑でしめられている開拓地の経験では、温度が五度や六度低すぎても動物の飼料には影響のないことが証明され米を作るより、飼料を作ればさほど骨はおれず、食糧獲得の上からも、現金収入の上からも安全で有利なことが認められた。戸谷氏は満州で十年間苦労した開拓経験者で、その属する新生農業協同組合は四五戸より成り、各戸乳牛二、三頭、豚平均一〇頭、ニワトリ二三〇羽を飼つているが、それだけで所得総額の半分以上になる。牛乳は一頭につき一日一斗ないし二斗を出す。乳をしぼつていれるバケツも、それをうつすカンも、乳をこす布もみなサラシ粉で消毒する。消毒したむしタオルで乳房を温めてからしぼるが、しぼつてから三〇分以内に水と同温度（一四、五度）にさます。これをしないとバイキンが繁殖する。こうして、毎日集乳するのが三七石。これを土浦酪農組合の工場に運び、プラス三度にさげ、ミルク・カーに積んで東京に出荷する。運賃等一切をこめて雪印へ到着払い一升六二円である。

耕地に耕耘機械を利用すると一反歩二〇分手労働だと三人。時間にすれば三〇時間、即ち耕耘機の九〇倍かかるが、保有面積との関係で満州やアメリカのように一律に機械化はできず、作業の共同化についても、インテリと末端との人々と意見が一致せず、複雑でやりにくい面が多い。共同炊事はすでに六年間つづけており、パン食も普及して、在来の農家より生活は安定してきたが、これに満足はできない。結局開拓農場の将来も、日本農業の運命も、米食偏重を改めることができるかどうか、畑作と畜産、酪農による経営如何にかかることが大きいというのだつた。

★　★

午後二時すぎ、町では「山西のカアチャン」でとおつている新町長山西キヨさんは役場から帰つてくるとすぐお昼もたべずに、待つていた農民たちと一所に奥座敷へはいつて入植者のこまごました借財のいきさつについてくわしい話を聞くこと二時間。質問したり、事実を確めたりしながら、片手にソロバンパチパチ、片手に鉛筆をにぎつてサッサと横書きにノートをとる。いかにも仕事なれた様子で要領がよく、ムダがない。しかしこの調子で休息も食事も睡眠もぬきでむちやくちやにはりきって働いたら長つづきはしない。家族も町民も、この人にほんとにじつくり仕事をさせる気なら労働八時間、休息や教養の八時間睡眠八時間の原則を厳守させ、冠婚葬祭のつきあいに精力を浪費させることを考慮しなければいけない。だいじな人間を使いつぶすのは日本人の悪いくせだから。

「カアチャン」年は四七歳。中肉中ぜいで袖の短いカスリ銘仙の古びた着物と羽織。一見平凡な町の主婦にすぎないが、いかにもサラリとしてハキハキした点がズバぬけている千葉県立佐原高女を出たのは十八の昔、小学校につとめたが教育上の問題で校長と意見があわず、半年後辞表を机の引出に入れてさつさとひきあげたという。御主人は五十がつこうの口数の少いおちついた人で、夫が外交を妻が店をうけもつて、腕一本で町で指おりの肥料商になつたくらいだからいずれも働き者でもあつたろう。大部分住みこみの九人の店員と五人の子女をかかえながら婦人会の副会長、ＰＴＡの役員と活動し、こんどは基地反対派におされて町長に出たのだつた。立候補には反対した夫も子女も、当選となると全力をあげて支持し、「店と家事一切をすてて町政刷新にがんばる」というカアチャンを存分に働かせる覚悟というのだからたのもしい。長男は立教大に学び、長女と次女は土浦高校を出て家事を手つだつている。これがまた揃つて美しくハッキリした、近代的な知性をそなえた娘さんたちで、これならカアチャンも安心して家庭を任せ、仕事に打ちこめるだろうという気がする。

　前町長幡谷仙三郎という人物は資産二〇億を越え、自分の山から木材を切出して売りさばく郷和木工、正油醸造、三菱石油、茨城トヨダ、丸通等関係している事業の数は多く、東京に店ももち、信用金庫を経営して短期融資もやつている。こういう土着の財閥で、その地盤は古く堅く、男が相手に立つてはとても勝味がなかつた。

　この地方の軍事基地化問題については（昨年本誌六月号「茨城県の砂川神之池の人々」参照）昭和三〇年八月以来、地元に反対同盟ができて、署名、陳情抗議等はげしい反対運動が行われた結果、一時は立消えになつていたところ、幡谷町長は不良入植者と一部議員と結んで町費をもつて町議を手なずけ、少数の反対を押きつて町議会に数十万円の基地誘致運動費を捻出させた。その結果、昨年末、防衛庁は離作料として四千三百万円を支出した。これに対して基地反対同盟と愛町同志会が徹底的に反対し、町民大会を開いて町長の責任を追求し、三月十五日リコール運動をおこすと、たちまち五〇％の署名をえ、法定数をはるかにこえたので町長は任期一年八カ月を残して三十一日辞表提出。四月三〇日選挙の結果、四二八六対三五一五、即ち七七一票の差でカアチャンの当選となつた。無効投票一五八、投票率八八・七三％という成績にみても、いかにこの選挙が町民の関心をひいたかがわかる。

　愛町同志会とは基地化反対の農民に対する小川町の協力団体で、会員四千三百人、半数以上は主婦で、婦人会とＰＴＡの主力が参加して、昨年十二月に結成されたもの。カアチャンはこの会の婦人部長である。何分町会議員の絶対多数が前町長派、町民の中にもそのボス勢力は根強く働き、暴力をもつておびやかされるので、署名運動にも昼間はあぶなくて出歩けず、夜、くぐりや木戸にしまりをしないようにしておいてもらい、二時、三時になつて有志のもの三十人ぐらいが署名をとつては集まつて報告しあつたほどだつた。いよいよ選挙戦に入るに及んで町民の基地反対の気勢は日毎に高まり、前町長のリコール署名の際は三、六〇〇名だつたのが、カアチャン町長への投票はさらに七〇〇以上を加えた。前町長派の圧迫は見るに堪えないものがあり、前科八犯の某町議は有権者に猟銃をつきつけ、三輪車で投票場にはこんだ。選挙違反の事例はいくらでもあるが、それに手間をとられては大事な仕事がおろそかになるのでしばらくそれにはふれずにいるが、サツビラの誘惑、暴力のおどしが、農民や婦人の正義感をあおつて前町長派には逆効果となつたらしい。社会党からも鈴木茂三郎、松本治一郎氏ら多くの応援があり、県下の労働団体も力いつぱい助けた。しかしカアチャンは無所属で出ており、その支持者がすべて社会党支持者であるとは限らず、地元の社会党はまだ準備会程度に留まり、今後功をあせらず、反動に乗ぜられない用意が、堅実な教育活動と共に必要であろう。

　町議二六名中、革新派は三名にすぎないの

で、いずれ町議会の解散はさけられまい。愛町同志会は一、町議三名のリコール、二、町ぐるみの基地反対、百里原へ軽工業の誘致、小川町立中央病院の増改築打切と内容の充実、待合政治の廃止、役場費の節約等による赤字財政の解消等を当面の目標としている。

中央病院については前町長の最初の計画は予算四千万六千円で国から三千四百七十万、県の短期融資四百五十万、町起債五百万というのだつたが、赤字財政になやむ町として負担にたえず、この大ぶろしきがボスのくいものとなり、ますます町政を腐敗させることは町民の目にも明らかなので、計画を四分一に縮少し、総経費一千五百万円、五〇ベッドを目標として早急実行するつもりだという。

基地計画地域内の賛否割合

世帯総数	賛	否
六四戸	四八戸	一六戸
土地所有者	賛	否
一六〇人	一〇一人	五九人

すでに大部分の賛成者は補償金をうけとつているが、反対一六戸の農家は絶対に土地を動かぬ決心を固めており、補償金をうけとつた者の中にも返上して反対派に参加の意思を示している者もある。が防衛庁は強行の方針をかえず、新聞が「幡谷氏の敗北は基地問題および保守党の敗北を意味せず、山西氏の勝利また社会党および基地問題の勝利を意味せず」といつているように、戦いはまさにこれからである。国家を背景に、中央、地方の保守勢力、暴力まで動かして戦いをいどむ基地誘致派の根強い力は決して侮ることができない。

「何しろたいへんなさわぎで、八十すぎた年寄もこんなことははじめてだ、といつてますよ」という。じやあ天狗さんこの方のさわぎですね、というとその通りといつて大笑いになつた。天狗さわぎというのは元治元年—一八六四年—藤田小四郎ら攘夷党による水戸藩の内乱で、本誌の菅谷氏の郷里もここに近いところから、同氏も幼時から天狗の悪逆無道な流血ざたを、聞き伝えていたというくらい有名な事件である。

その騒動のころ、小川館という水戸藩校の校長も天狗の一方の大将として知られたが、その学校はどの辺だつたかと聞くと、すぐ近くで私たちの母校と同じところということで山西家の長女が案内して下さつた。戦国時代の城あとの山の上に小学校と中学校の校舎が並び、校庭の片すみに碑がたつている。碑文は文化二年—一八〇五年—当時水戸藩の学者としてこの地方の名奉行として有名な小宮山楓軒の手に成り、書は私の母の縁故ときく鵜殿某のもの。初代藩主以来この景勝の地は藩主の別荘になつていたのを六世藩主のとき、典医本間某の願いによつて、小川稽医館という医学校をたてて、医師の養成につとめたとある。本間典医の子孫は後に長崎で蘭科を学び、幕末には外科医として私の祖父なども診察をうけた人物だが、小川館の方は医師よりも攘夷家の養成所に変り、幕末の悲劇に片棒かついだわけだつた。百五十年を経ているにもかかわらず、碑面の文字は鮮かに美しく、昨今彫られたかのよう。北には筑波の連山、南には霞ガ浦をひと目に見はらすこの絶景の高台の下に、今や基地問題をはさんで、保守と革新の闘いが進められ、平和と独立の旗をかかげて、革新勢力の先頭に立つのは私たちのカアチャン町長である。日本の全婦人、全革新勢力は彼女と共に進もう。

*

未解決のままだったが

—「全国婦人会議」に出席して—

武《たけ》田《だ》澄《すみ》江《え》

「人間関係を明るくするために」というテーマの作文に応募して、はからずも遠い北の青森から、はるばる上京の機会を得た。未だ残雪があり、花も程遠いみちのくの四月と桜も散つた東京の季節との違いに驚くと共に会議員の発言をきいて、今さらに東北との感覚の違い、後進県の名を残念ながら思わざるを得なかつた。三日間の熱心な討議は大いに勉強になり、思索をねつたのであるが、問題解決とはならなかつた。

全国からの出席者六十名を作文内容で四部会に分けて、第一部会「都市とその近隣生活」という部会に私は入れられた。会議員十五名の中二名の男性をのぞいては、みな家庭の主婦で、年齢は二十代が最も多く、三十代がそれにつぎ四十代は私一人であつた。助言者久米愛さんをかこんで話がすすめられたが、まず夫婦の人間関係から入つて、女が常に夫によりかかる生活、夫の目を通して世間を見ている、それで精神的独立が果してあるかどうか、経済的独立なくして本当の自主性があるかどうか、この問題提起に対して現在の日本の社会条件の中では、妻が職業につくということにのみその解決を求めることはできない。もつと現状に則して、家庭の主婦としての立場を社会的再生産の役割として認識し夫にも認めさせる必要もあるという意見、男子会議員の発言は婦人のいう男女同権は余りに平面的で形式的である、もつと内容的に掘り下げてはどうか、また女性が一人前に認められるためには経済力は欠くべからざるものと原則論を強調する人もあつたが、この問題は今もなお未解決のまま私の頭の中を去来している。

次に近隣生活についてであるが、近隣における人間関係を繁雑に、しかも暗いものにしているものに、他人のおせつかい、近所のうるささがある。これをなくすためには、正しい個人主義に徹することが強調された。

個人主義とはもちろん利己主義とは違い、自分の生活を確立し、大切にすることと同時に、他人の生活も尊重しなければならないのであるが、個人主義に徹した場合、暖かい人情のある人間関係は消失するのではなかろうか、本年度の婦人週間のスローガンは「まず話し合いましよう。明るい人間関係を作るために」とうたつている。個人主義の理解が真になされない時には、その目的とする閉鎖的な人間関係の窓を開くことをむしろはばむ心配はないだろうか。しかし現在の日本、特に田舎では余りに他人の生活におせつかいをやき過ぎる。また世間体を気に病みすぎている。田舎の婦人は自己を主張することが少ない。それは自己の内容が充実してないとも言えるが、自分の人権を認めさせる勇気は自分の内部に蓄積をもつことである。そして他人の権利を認める訓練は必要であろう。アメリカでは機械化して、うるおいがなくなり、ドライになり過ぎて、逆に人情を求め、ヒューマン・リレーションという言葉が使われるようになつたときくが、日本は未だ余りに感情にも行動にも無駄があり過ぎると思う。その意味においては、現在の段階では個人主義に徹するように努力してよいかも知れない。

最終討論は義理人情に焦点をしぼつてなされた。義理と人情とは異質なものであるというような説も出たが、いわゆる一口にいう義理人情はも早や棄てるべきだとの極論もありまた農村においては義理人情にのみ、人間関係の美しさがあり義理人情をなくせば村八分などのうき目を見るなどの発言があつた。義理人情を合理という物さしで計り、非合理なものは敢然として棄て去るべきだ、自分の行動が社会に役立つかどうかまず考え、それぞれの英知に従つて行動を律しようというようなことで結論になつたように記憶している。

義理といい、人情といい、随分と長い間日本人はこの世界に苦しみなやんで来たのではないだろうか。義理ゆえに命も棄てたし、情にさおさして流された例は無数であろう。それゆえに美しいとも云えるし、馬鹿らしいとも思える。もうこの辺でこの世界から脱却できたらさぞさばさばすることだろうとも考える。しかし合理に徹すること、また個人主義に徹することは、日本人の性格として不得手なことではなかろうか。

俳人芭蕉も「秋深しとなりは何をする人ぞ」と秋ともなればあの達観した芭蕉ですら、人なつかしむ想いが湧いたのは日本の風土の故か、生活からの影響か。コンクリートの壁で仕切られた外国のように隣人とたち切つた生活に徹し切る魂の強靱さが少ないのではないだろうか。茶人利久が庭掃除をして綺麗に掃き清めた露路に、さらに二三枚の紅葉を散らしたように、何か余情を求める想いは東洋的なものかも知れない。現代作家の谷崎潤一郎のものにも「陰翳礼讃」という本がある。人生の無駄な味、それは心のうるおいともなるものであるが、そんな感覚はすでに過去のものであろうか。

（写真は第五回全国婦人会議分科会）

ともあれ、今の日本にはまだまだ雑草的感情が多過ぎる。それは大いに勇気をふるつてかりとるべきだ。若い人達のドライ化が近来盛に言われているがただ打算的に、機械化するのではなく。よい意味での合理化、理性化は大いに期待したい。

三日間の討議で若い人の物の考え方に期待をしたり、またいささか危惧を持つたりして帰青してきたのであるが、第一部会の結論として、人間関係を明かるくするための個人の努力には限界があり、話し合いや、近隣の協力のみで解決できないものがたくさんある。これは社会全体の問題として政治的経済的に解決する方向をとらなければならないといつている。この十年間の女性の成長が今さらに省みられる想いであつた。婦人問題会議も本年で五回、回を重ねる毎に女性が人の話をきく態度発言内容等進歩していることを関係者は話しておられた。年毎に前進する女性、活発に発言した若い会議員の方達を思出し、頼もしく明るい想いに浸つている。

不平等条約改廃の方向

堀《ほり》米《ごめ》正《まさ》道《みち》

一、不平等条約とは何か

「最近不平等条約改廃」の議論が高まりつつあるが、一口に不平等条約と言つても、一体どういう内容のものを指して「不平等条約」というのであろうか。

厳密に言つてこれは法律的な概念ではなく、政治的概念であるが、主として内容の問題であつて、「条約の内容において、一方の当事国のみに特別の権利を認め、もしくは特別の義務を課し、その結果、両国の権利義務内容が一方当事国にとつてのみ有利な条約」であるということが出来る。

その幾つかの類型を求めると、特にヨーロッパ諸国が旧植民地、後進国に軍備上特別の地位を得て来た「後進国条約型」とも言うべきものがある。すなわち一九三六年に結ばれたイギリスとエジプトの旧同盟条約、（しかしこれはナセルによつて廃止させられた）ヨルダンとイギリスの同盟条約（一九四六年締結、しかしこれすら日米安保条約よりはるかに不平等性は少い）一九五一年のアメリカとフィリッピン間の相互防衛条約等がある。このフィリッピンとアメリカの条約の軍隊の特権は実質上日米行政協定の先例となつた。

次に「敗戦国条約型」があるが、第二次世界大戦の敗戦国で今日なお軍隊を駐留しているのは、日本、東西ドイツ、ハンガリー、ルーマニア等であるが、条約上の根拠があるものと単に既成事実の延長にすぎないものとある。

もう一つの型としてポーランド条約（一九五六年）等のポーランドやハンガリーの「十月事件」で問題となつた「ソヴエト系列型」というべき特殊なものもある。しかしそれすらも改訂することも可能としており、条約が暫定的なものであることを明記している。

いづれにしても、独立主権国にとつて、日米安保条約及び行政協定こそはまさに典型的な不平等条約であるといわなければならない。

二、日米間の不平等条約と改廃の方向

①　サンフランシスコ平和条約

今日われわれが改廃を主張している不平等条約は、いうまでもなく日米間の不平等条約、主として安保条約と行政協定である。しかもこれは日本国憲法第九条との関係において明白に違憲の条約である。もちろん、サンフランシスコ平和条約にも安保条約の根源となる不平等性がある。「その第五条c項及び第六条a項但書は、軍事基地の法的基礎をなすもので、主権の圧迫をしているものであり、その意味で不平等の条約であるにかかわらず、条約自体の条規として違憲性をもつことを見出し難い。」（同志社大学・田畑忍教授）従つて安保条約、行政協定を改廃すれば、その不平等性は死文化し、救済されるであろ

う。平和条約で重要なことは領土条項である。（第二条及び第三条）すなわち沖縄と千島等北辺の領土の返還の諸問題である。

沖縄の住民は、日本人としての権利を主張し得ず、米軍政下に正当な諸権利乃至は生活権すら圧迫されている。われわれは一日も早く日本国民として復帰するよう努力しなければならない。同時に、米軍の沖縄基地の原水爆基地化は極東における新たな緊張と脅威を加えていることは事実である。極東の平和を推進し、さらに日本の正当な主張を実現するためにも沖縄の返還は実現しなければならない。同時にこれは千島等北辺の領土返還と重要な関連があるわけである。この関連なしに千島の返還は不可能である。平和条約の改正の問題は、実際上の手続としては、四十八カ国の署名関係国と交渉することではなく、アメリカ或いはソ連と関係当事局間の新条約によつて内容を変るということがとられるであろう。

② 安全保障条約と行政協定

不平等条約の本命は、この安保条約と行政協定である。

安保条約の防衛にあたるのは前文で「暫定措置」と規定していながら、本文では、この条約を終了させるについては非常に難しい条件をつけている。（第四条）。要するに廃止の条件が成立したか否かについては、日米両国の見解が一致しなければならない。これは事実上アメリカが廃止について拒否権をもつと同意義である。しかもこの条約の有効期限の取決めがなく、両者の意見が一致しなければ永久に持続することになるのである。

アメリカと台湾、アメリカと韓国の相互防衛条約ですらも、一年の予告さえすれば、いずれか一方の意志で条約を失効させることが出来る。（韓国条約六条、中華民国条約第一〇条）さらに重要な点は、アメリカ軍は、日本に駐留して国土を使用する権利はあるが、日本の安全を保障する義務は負担していないのである。常識で考えても驚くべきことであるが、これはアメリカ上院の議事録によつて明らかである。（一九五二、三、一四）

その他日本の主権を制限する条項は数多くあるが、以上の諸点からも、日本が既に独立して、国連の正式な一員となつた今日、いつまでも放置しておくことは許されない諸問題であろう。七百カ所に近い基地、総面積四国全土にも及ぶ広大な土地が、日本人立入禁止地域となつているのである。しかもそれがまぎれもなく国連の一員である独立国の出来事なのである。

さらに安保条約の問題点は、具体的な取りきめは総て行政協定にゆずつていることである。（第三条）アメリカ的に行政協定といえば、批准手続を必要としない執行協定を意味するが、内容及びその効力からは、日本国憲法でいう条約であり、国会の承認を得ずこれを政府間の行政協定にゆずつたことは、明かに違憲であるということは、多くの憲法学者の認めるところである。しかもこれに基ずいて裁判権から税金の特権に至るまでの数限りない、国内法上の制限外の特権を認めた特例法に至つて、まさに完璧に近いほど、アメリカ特権の擁護であり、これら一連の独立主権を制限する「サンフランシスコ体制」の抜本的改廃こそ不平等条約の本質的な改廃なのである。この意味で二月二十八日五百数十人の学者知識人の署名になる日米安保条約の再検討を要望する声明書は、その根本を指摘している。

もちろん、一部改正も意味のないことではない。たとえば、条約廃止の条件を他国並みにするとか、無期限条約を期限付けるとかの問題で、非常な進展となるであろう。しかし、安保条約、行政協定の欠点は二、三の条文改正では救済され得ないことは論をまたない。

次にはいかなる方法が残されているであろうか。一は一方的廃棄であり、二は、ソ連や中華人民共和国を含む太平洋の全般的安全保障条約案（社会党はこれを新ロカルノ方式と呼んでいる）である。

一方的廃棄は、原子力戦略体制を強化しつつある現在の国際緊張をさらに強化し、国際関係を悪化するので、日本が共産陣営の一員とでもならない限り出来ない。次に考えられる新ロカルノ方式は、理論上可能であるが、実現不可能の理想案だとして批判され続けて来たが、過般の社会党訪中使節団と中国側との国交回復の話合いの過程で、毛主席の話からもその可能性が強くなつて来たことは事実である。

今こそ日本国民は、一方の国にのみおもねて、卑屈な態度をとり、自国の正当な権利を制限されるという愚を捨てて、全国民的規模において正当な権利と主張を国際与論に訴え不平等条約を根本的に改廃して、完全なる独立をかちとらなければならないと信ずる。

（筆者は日本社会党政策審議会所属）

講和条約と日本の経済

中大路《なかおうじ》　まき子《こ》

今日の日本はサンフランシスコ体制の中にしばりつけられています。

一九五一年、サンフランシスコ会議で、吉田総理が、「和解と信頼の文書で、よろこんで受諾する」と語つた講和、安保の二条約を柱に、これにもとずく行政協定、ＭＳＡ協定、日米通商条約などのとりきめがこの体制の骨組みとなつています。さらに、ＭＳＡ協定に関連して、こまかく、米国農産物購入協定、経済措置協定、投資保証協定が結ばれており、日本の政治、経済の上に大きな影響をあたえています。

講和条約という以上、戦争を終結して、交戦国との国交を回復し、平和な国際間係を確立するものでなくてはなりません。第二次大戦も終りに近ずいた頃、米、英、ソ、の三国は、日本降伏後の講和の準備を、米、英、ソ、中、仏の五大国外相会議にもとずいて行うという考えにたつていました。しかし、その後米、ソの対立の激化、アジア、アラブ、アフリカの各地に起つた民族独立の運動、朝鮮動乱などのめまぐるしい世界の動きは、アメリカをして、日本を自国のために反共基地として確保しておきたいという考えを抱かせることになつたのです。この考え方が、サンフランシスコ条約を、平和を確立する、という講和条約本来の意義とは反対に、軍事的な性格をおび、日本国民が望んでいるという表現でアメリカへの従属と、その軍備の片棒をかつがせる講和条約に仕上げてしまつたのです。その結果、「独立」後も、アメリカの支配は日本のあらゆる分野の上に強まつています。これを日本の経済の面から拾つてみましよう。

例えば「対日援助」というのがあります。

日本が敗戦のどん底から立ちあがれたのは、アメリカの援助のおかげだという声を聞きます。たしかに、終戦後私たちの家庭には、アメリカの缶詰、とうもろこし、小麦粉などが配られたことをおぼえています。これらの援助物資であるアメリカの余剰食糧、医薬品などは、はじめのうちはその処理が明らかにされていませんでしたが、講和後の一九五二年からは日本の対米債務として処理されることがわかりました。

もつとも、これ以前にも、日本は援助をうけたかわりに、その倍以上もの占領軍の費用（終戦処理費）を負担していたのです。その上、「援助」だなどと有難がらせておいて請求書を出されてはたまりません。

安保条約にもとずくＭＳＡ協定が結ばれてから、この関係は一だんと強化されました。「援助」をうけるかわりに「防衛」の義務を負うわけです。協定により日本政府はアメリカの余つた小麦を買う、それを国民に売つた代金は積み立てられ、日本の防衛産業の拡充や米国の海外調達の資金につかわれるのです。この資金の運用についてはアメリカの干渉や監督をうけることはあきらかです。防衛の義務をおつた日本は、国家予算の中に多額の軍事費を組まなければならず、このことが国民の生活を苦しくしていることは既に知られている通りです。おまけに、日本側の「防衛支出金」はアメリカ側の意向がきまらなければきめられないし、これがきまらないと予算の編成ができないとあつては、独立国の自主性も怪しいものです。こんなところにも日本経済の軍事化や従属化がみられます。

政府が掛声ばかりで真剣な食糧計画をたてずに、米国の余つた農産物を輸入することは、日本の農業への圧迫となり、ただでさえ貧しい日本の農村をより窮乏化する方へ向けています。国内、どこにでも自由に米軍の駐留や移動を認めた条約を結んだ日本は、基地提供の義務をもおい、土地を取り上げられた農民、漁場を失つた漁師たちは、日雇や弾丸拾いにその日をしのぎ、子女の身売りさえ行われているというではありませんか。

日米通商条約では、日米両国の商人、投資家が自由に相手国へ入国、在留することを認めています。そうして、会社を組織したり、相手国の会社の株を取得し、これを支配経営することができます。これは、「お互いに」ということですが、現在の日米関係や両国民の経済力の相違からみて、このような権利を得るのは日本人ではなくて、アメリカ人で、アメリカの資本は、日本でわがもの顔にふるまえるようになり、石油、ゴム、電気機械、化学繊維、航空機のような重要産業、一流会社のなかには、資本金の半分以上、或いは全部外資で、アメリカ人が直接重役として采配をふつている所もあります。その他、日本の会社に設備資金を貸付ける場合もあります。貸付を受けた日本側の会社は、たんに労力を提供して加工するだけの地位におちいつてしまつた例もありました。日本冶金（三井系）という会社はニッケル精錬所を復旧するのに、ロックフェラー系の某社から資金を借り、そのかわり製品全部を引渡し販売までまかせる契約をしました。これでは全くの下請けです。

さらに、アメリカ側は資本をかけずに、もうける手もあります。技術提携といわれるのがそれで、日本の主要な重化学工業の中にみることができます。私たちの身近なものでは、ビニール、ストマイ、ＤＤＴなどがあります。これは説明書や青写真をおくつて、高額な特許料をとるのです。こうすれば直接資本を投下しなくても、一定の利益を確得し、産業を実質的に統制することができます。

これでは、日本の労働者たちは、自分が直接働いているところの資本家の上に、アメリカという巨大な資本家がいて二重に搾取されていることになり、低賃金や臨時工という半失業的な状態で働かされている理由もうなずけます。

周囲をちよつと見廻しただけでもこんなことが浮んでくるのです。講和条約が結ばれて日本が独立したら、占領状態も終り、外国との自由な取引もでき、政治や経済に対する束縛も弱まるだろうという考えが、如何に甘い幻影であつたか——。政府の宣伝した「公平、寛大」な条約にはこのような問題が含まれているのです。当時、すでにこの本質を見ぬいて反対した国民も少くありませんでしたが、残念なことに、大きな国民の声として結集されませんでした。社会党が分裂したのも、左派がこの条約に反対、右派は賛成ということで党内の意見がまとまらなかつたからです。

今年は条約締結から満六年目になります。この条約に対する再検討の声は、いろいろな意味を含めておきています。私たちは今度こそごまかされないで、見せかけの独立から本当の独立へ進まなくてはなりません。それは随分けわしい道ではありますが。

安保条約と日本の外交

榊《さかき》原《ばら》千《ち》代《よ》

全面講和か、単独講和か、単独講和によって二つの世界の一方の陣営に巻きこまれ、二つの世界の分裂はさらに前進し、深刻化するような講和をすすめるべきではないという、インテリ層や革新陣営の人々のごうごうたる反対論にもかかわらず、国内に記憶されるほどの混乱も起らずについに単独講和が強行され、いわゆるサンフランシスコ体制ができ上つたのは、ある意味では自由なき占領下の息苦しさに国民がもう耐え難いような状態でもあつたからではないでしょうか。法律一つ、あるいは予算一つ占領軍の事前の承認なしには国会で審議することも許されず、しかも、このようにして成立した法律や予算さえ、占領軍の一片の指令でほごにされてしまうというような仕組み。こういう占領政策に国民が反発しだしたと同時に、海の向うでは朝鮮事変を契機として二つの世界の緊強は一段と加わり、それに加えて当時の吉田首相の秘密外交が講和条件について国会に十分な審議の余裕をも与えず、ついにあのような不平等な、そうして国民にとつては不幸な条約が急いで結ばれてしまつたのです。安保条約は講和条約と表裏をなすものであり、日本の再軍備はこの安保条約の中に芽生え、そうしてはびころうとしているのです。

再軍備する日本、それは世界の脅威でした。ことに日本に近い東南アジアの国々の人々は不信の目をもつて警戒し始めました。オーストラリヤ、ニュージランドとアメリカがアンザス軍事同盟を結んだといつたようなのは、日本の再軍備に反対するこれらの国々を説得するためのアメリカの一つの工作でもあつたといえないことはありません。東南アジアの諸国が軍国主義日本に対して抱いていた憎悪、怨恨というような感情は戦後かんたんに消えるようなものではありませんでした。米人の招待でフィリピンに行つた私の友人が昼間でも護衛なしに街を独り歩きすることを禁じられたということも聞きましたし、オーストラリヤでも赴任して行かれた西大使が対日感情の悪化を解消させるために、相当苦労され、例えばY・W・C・A大会があるといえば非公式に植村環女史に出席されることを懇望したりされたのを知つています。

一方日本の兵隊の軍靴によつて国土を踏み荒されたアジアの国々、例えばビルマのよな、その国民の尊崇の的である立派な寺々を次から次と破壊されたような国でも、この戦争によつて独立をかち得たことはある意味では日本のお蔭と、日本の残虐を許し、同時に何といつても先進国として学問や工業力をもつ日本と協力して、アジアの自由と繁栄を打ち立てていこうとしている国々もありました。

安保条約に連る行政協定は日本国内に七百カ所に余る基地をバラまき、そこに治外法権的な地域を出現させるにいたりましたが、同時にそれは日本人自体の生活の上にも大きな魔手を伸し、政治経済にも強い発言力をもち、国の予算さえ牛耳るほどでありました。アメリカの植民地従属国のような立場に追いこまれた日本に対して、アジアの国々は失望し、その期待を裏切られた思いでした。長い間の植民地としての圧政、自由のない苦悩から解放されたこれらの国々は、今やほうはいとした民族意識に燃え立ち、何れの陣営にもまきこまれない第三勢力、或は中立的地域として、国際社会に自由で公正な立場を確保しようとしていました。新興アジア諸国に見放されるに至つた日本は、全くアジアの孤児であり、そのことはやがては世界の孤児に通じるものでした。

講和条約六年目、日本国民も独立国にして独立のないような国の状態に、厳しい反省の眼を向けるに至りました。安保条約廃棄、または改廃の声が大きく盛り上つて来たのは当然です。岸首相は外遊の途につきました。最初東南アジア諸国を訪問するということ、出立に際して「我国はアジアの一国としてアジア諸国とは地理的、歴史的、文化的に深いつながりをもつており、アジアの繁栄と平和なくして我国の繁栄は望み得ない。アジア諸国はバンドン会議により、世界の平和のために大きな貢献をしたのであるが、国際社会においてもアジア諸国の発言は著しくその力を増した」といつてます。

そこでです、岸さん内政を放り出して出かけたあなたの外遊が日本国民のために、世界の平和のために一つでも成果をもつて帰つて来て下さい。といいたいのは、国連八十カ国の三分の一を占めている「国連の新しい旗手」としてぐいぐいとのしてきたAA諸国、カンボジア、セイロン、ネパールなど東南ア各国の国連加盟を実現し、植民地主義の打倒、従属国の問題等も国連に舞台を移して、一つ一つ解決の糸口をつけ、チュジニヤ、モロッコなどの自治と独立をかち得させた、AA諸国の力、アジアの日本としてこの力を無視して今日の祖国の運命は開かれない。

インドのネール首相は岸首相の訪印を張り切つて待ち、日本がアジア問題でどういう考えを持つているかを聞こうとしています。そうして最近日本で強調され出した「二つのアジア」という考え方についても、ネールは現実の情勢はたしかにそう動いているけれどもその傾向はくいとめなければならない、アジアの基本的対立はアジア諸国の民族主義と植民地主義との対立であつたものが、今また、大国の圧力によつてこの認識が共産主義対自由陣営の対立にすりかえられるに至つた」といい、この問題についてもつつこんだ意見の交換を岸首相としようとしているようです。

安保条約によつてアメリカに従属してSEATOグループの準加盟国とみられる日本とあくまでも中立主義を守るインドとの間に、大きな意見の開きがあるとしても、今後の問題で双方の違つた意見を了解することによつて、相互の理解はかえつて深まるであろうし、他の重要な問題で意見の一致することもある、というのがインドの考え方のようです。事実今日の重要な問題原水爆については意見の一致が見られ、実験禁止の呼びかけが共同声明にもりこまれることは疑いないとインド側は見ていますが、この問題こそ岸首相が主導権をとつて真剣にアジアの諸国に働きかけて決して破れない団結の力によつて世界を動かし、米英ソの三大国にぶつからなければならないことです。アメリカへのお土産的単なる親善旅行なら止めて国費の節約をして貰いたい。法理論では自衛のために核兵器で武装することもあり得るような首相発言について国民は強い疑惑の眼を向けています。

さらに安保条約改廃とからんで首相は国連総会で、カナダが提出した国連軍創設決議案に、AA諸国が拍手を送つたことを想起し、地域的軍事同盟廃止について、外国勢力の撤去を求める共通意識を肉体のしんからもつているアジアの諸国と、しつかり話し合つて貰いたい。アメリカに行く岸首相が日本国民要望の安保条約の改正、日米相互の平等を、憲法改正、軍備増強にすりかえはしないかと国民は戦々競々としています。

行政協定と基地

小《お》畑《ばた》　マサエ

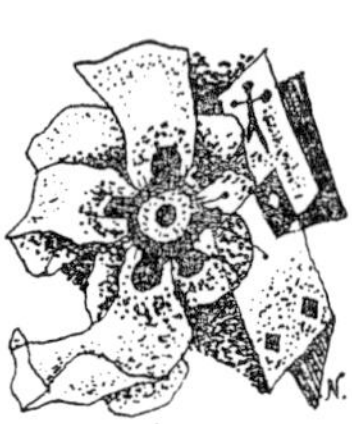

行政協定できめられた基地

一九五一年九月八日サンフランシスコ講和条約締結と同時に日米安全保障条約は両国間において署名されたがその第一条に

「アメリカの陸軍、空軍及海軍を配備する権利を日本国は許与し、アメリカ合衆国は受諾する」

と規定されて、日本国内にアメリカ軍の配備が認められた。次に同条約の第三条に

「アメリカ合衆国の軍隊の日本国内及その附近における配備を規律する条件は両政府間の行政協定で決定する」

と規定している。

アメリカ軍の配備を規律する条件を決める行政協定は一九五二年二月、国会の承認を得ずに、アメリカの特使ラスクと当時の岡崎外相の間で調印されたが、同協定の第二条第一項に、

「日本国は合衆国に対し安全保障条約第一条に掲げる目的遂行に必要な施設および区域の使用を許すことに同意する」

と決められたことが基地の提供を明らかにし、その後国内において幾多の悲劇を巻き起した基地問題の出発点になつたことを考える

必要がある。

日本国内に米軍から求められた基地は七百数十カ所に及んでいるといわれていたが、現在全国に四九〇カ所、面積にして三億一千万坪にのぼり、このほか五九カ所、八万平方キロにわたる海面が米軍の爆撃、射撃、潜水艦訓練のために漁民の立入りを禁じている。これらの土地と海は農漁民に生活の糧をあたえる貴重な財産なのだが、占領と共に、調達命令書により否応なしに持ち去られたままで講和後五年半余を経た今日還つていない。

基地住民の生活

基地住民の生活は耕作農地や畑または漁場をとりあげられた反面、補償金、市町村財政への寄附、駐留軍相手の商売、労務提供など、次第に住民が基地に依存した生活を行うようになつている。

群馬県の相馬ヵ原演習場の場合など、一日わずか、二、三時間の手先労働で五百円から二千円になる弾拾いへの魅力、演習場をもつているから道路や橋の改修が行われ三億円余の金が地元民や町村に入つてくる。東富士演習場の場合年間四千万円の借上料と約一億円にのぼる補償を貰つている。内灘の場合六億三千万円にのぼる特別補償によつて道路や港や畑が良くなつている。

ところがそれだけの補償や施設が行われているところから、米軍がいつたん基地の取りやめを決定すると、住民はそれらの経済からの切り替えを余儀なくされる。新潟の場合は道路や水道の施設を完了して直後に使用しなくなつたし、内灘の場合でもそうである。

基地売春婦の実態も米軍の移動、軍隊の人員削減によつて、日本人相手に転換しているが、その他子供の教育にも問題を引起す基地は日本植民地化の縮図である。

基地闘争

基地の接収については、附近の住民との間にいろいろのまさつを繰り返してきているが、最近米軍は海空軍の高度機械化をはかるために、地上部隊を一個師団にして、演習場、射撃場を整理し、十数カ所の小飛行場を日本に返還、ジエット機の発着できる大飛行場の滑走路拡張を目的として、立川、横田、木更津、小牧、新潟の五大飛行場の拡張を急いでいる。既に接収された横田、接収が進められている木更津、小牧基地などもあるが、新潟では県が反対に立ち、砂川では絶対反対の態度をとつている。

特に立川基地砂川は、調達庁の強制側量に対して一昨年の六月と昨年九月地元民と支援団体が一緒になつて警官隊と衝突した大抵抗が行われて、多数の犠牲者を出した。砂川町基地反対同盟の人達は、祖先伝来の田畑を取りあげられる不合理と、生活権の要求、民族独立を叫んでいる。

昨年来引続き行われている砂川事件の法廷闘争に於ける弁護団の主張は、安保条約、行政協定及びこれに基ずいてつくられた土地収用のための特別措置法が違憲であるという点で

①収用手続の根拠となる特別措置法は、その源の安保条約や行政協定が違憲無効なものであるから当然違法である。

②収用認定は、土地の米軍提供が「適正かつ合理的である」ことを要件としているが、立川基地の拡張は原水爆積載可能な米軍ジエット機の離着陸に便を与えこそすれ「公共の用」に役立たず、日本国民に対し「適正かつ合理的」な行政措置とはいえない。

以上の論拠に基いて裁判が行われている。

米軍の戦略体制の変化によつて原水爆基地にされる見透しの強い現在、激しい住民の抵抗が行われることは当然であろう。

＊　＊

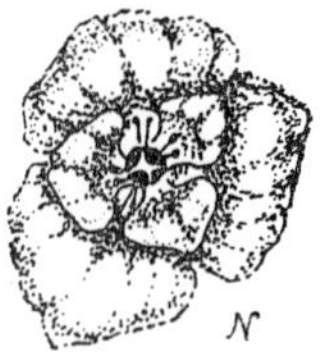

安保条約を廃棄せよ

山《やま》川《かわ》菊《きく》栄《え》

一九五一年九月、吉田内閣はサンフランシスコで連合国との平和条約に署名し、同時に安保条約にも調印した。当時社会党左派はこの両方が日本の将来にとつて不利益かつ危険であるという理由でつよく反対し、右派は平和条約には賛成し、安保条約には反対した。このことで左右両派が分裂し、五五年秋まで対立していたことは誰でも覚えていよう。あの平和条約が安保条約とはきりはなせないものであり、この条約があるかぎり、日本には本当の意味の独立も自由もなく、アメリカの軍隊が自国同様にどこに基地を選ぼうが協力する義務しかなく、原水爆をもちこむことも妨げられず、従つて自国の利益を犠牲にしてアメリカの利益のために一方的に奉仕させられ、米ソの間に事がおこれば戦場にされる危険をまぬがれることができない。かつて日本が、東洋永遠の平和のためと称して朝鮮で諸国とたたかい、また満州を日本の生命線と称して他国の領土に要塞をきずき、強力な軍隊を配置したと同じことが、いま日本において、アメリカのために、アメリカによつて行われており、それを認めたのが安保条約である。

安保条約の前文には「日本国は平和条約が日本国とアメリカ合衆国の間に効力を生ずるのと同時に効力を生ずべきアメリカ合衆国との安全保障条約を希望する」、「平和条約は日本国が主権国として、集団的安全保障条約取極を締結する権利を有することを承認し……」、「これらの権利の行使として日本国はその防衛のための暫定措置として、日本国に対する武力攻撃を阻止するため、日本国内及びその附近にアメリカ合衆国がその軍隊を維持することを希望する」。

つまり平和条約で独立国となつた日本はその自衛の権利を行使して、アメリカに駐兵をお願い申上げ、アメリカはその願いをご嘉納あらせられて兵隊をおいてやる、というわけである。これは事実上占領の継続にすぎないのだが、日本が主権国家としての資格で、その権利を行使して願い出た結果としての、つまり日本自身の責任においての米軍の駐留である点に大きなちがいがある。そして、こういう条約を結んだ吉田内閣は、日本の男女有権者が、その参政権によつて選挙したものであること、日本国民は今日もなお同じ保守政党に政権を与えていることを私たちはよく考えよう。

安保条約第一条には、この条約の効力発生と共にアメリカの陸海空軍を日本国及びその附近に配備する権利を日本は許与し、アメリカはこれを受諾する。とあるが、その期間も、その軍隊の量もその他一切の具体的な条件は明示されていないので、一切はアメリカ次第。全く一方的な不平等条約である。「この軍隊は極東における国際の平和と安全の維持に寄与し」とあるのは中ソの侵略に備えるという意味だが、中ソに対する日本独自の立場なり友交関係なり、日本の自主的な外交政策なりをとわずにアメリカがかつてに中ソに侵略の意思を認め、これに武装圧力を加え、いわゆる瀬戸際政策の危険をおかすとすれば、日本にとつてそれほど危険なことはないといわねばならない。そのために砂川その他数百カ所の基地がアメリカの領土同様に使われ、かれらの必要に応じていつ、どこへでも基地を設け、どんなに多くの軍隊でもおくことができてはたまらない。が安保条約はそれを許したのである。第一条の次の文句は「一又は二以上の外部の国による教唆、又は干渉によつて引き起された日本国における大規模の内乱及び騒じようを鎮圧するため日本国政府の明示の要請に応じて与えられる援助を含めて、外部からの武力攻撃に対する日本国の安全に寄与するために使用することができる。」

これを読んで私はハンガリア問題を思い起さずにはいられない。ハンガリアの動乱は、国民の自然発生的なソ連への抵抗であり、計画的、組織的なファシストの反革命ではなかつたことが時と共に明白になつてきているが、ソ連はあの反抗をあくまで西欧の扇動によるファシストの反革命と断じ、ソ連の武力弾圧はワルシャワ条約による当然の権利にして義務であり、ソ連とハンガリア以外には関係なく、関与する権利もないものであるとし、ハンガリアの共産政権は国連の調査すらうけつけなかつた。日本に何らかの政治的動揺が起り、それが大規模の内乱及び騒動と認められ、保守政府が要請すれば、または要請させられれば、ソ連がハンガリアでしたと同じことを、アメリカは日本でやる権利を与えられているのである。国内に大規模の内乱や騒擾が起ることはもとより望ましくない。がどの程度のものを大規模と認めるか認めないか、誰がそれをきめるかとなると、自主性のない日本の保守政府はアメリカにたより、そのいうままになることだから、国際情勢の緊張ぶり次第では、つまらぬことでも大げさに宣伝され、ときには菅生事件に見られるような陰険で卑劣な挑発によつて、かれらみずから火つけ役を演じないとも限らない。外国軍隊に内政干渉の権利を与え、ほしいままに日本人の血を流すことを許したこの条項は誰のためのものか。日本国民はこういう条約を結び、今なおその廃棄を考えてもいない保守政党にいつまで政権をゆだねておこうとするのか。

第二条はアメリカの駐兵権が行使される間は、日本はアメリカの同意なしに第三国の基地や軍隊の演習通過等を許してはならないと規定している。主権国家ならばそれは当然自主的にきめていいはずで、日本はこれらに類する何らの権利もアメリカに求めず、認められてもいない。全く一方的、片務的なとりきめである。

第三条には、アメリカ軍隊の日本国内及びその附近における配備を規律する条件は両政府間の行政協定で決定するとあり、だいじなことが条約の明文に具体的に記されず、行政協定という陰の取引にゆだねられている恐ろしさが、基地の問題、生活権や人権じゆうりんの問題、その他いたるところに発生するあらゆる問題によつて日毎にはつきりとえぐるような痛みをもつて私たちに迫つているではないか。

第四条には、この条約は日本国及びアメリカの政府が、日本区域の平和と安全のために十分だと認める国連の措置又はこれに代る個別的もしくは集団的安全保障の措置ができたときにはいつでも効力を失うというので、要するに東南アジア防衛機械のような反共軍事同盟に日本が参加し、火中の栗をひろうことになれば勘弁してやる、というので、戦争のためにもつとよく働け、ということにすぎない。（二四ページへつづく）

安政の不平等条約

菅《すが》谷《や》直《なお》子《こ》

汚辱に満ちた不平等条約として半世期にわたつて明治の人々の悲憤こう慨の的となつた安政条約—正しくは日米修好通商条約が時の権力徳川幕府によつてアメリカと結ばれたのは、一八五八年安政五年六月だつた。来年でちようど百年になる。そして今また、日米安全保障条約、行政協定が、日本の独立を冒し、平和をおびやかすものとして心ある人々の間に大きな問題となつている。「歴史は繰返す」ものかどうかは別としても、日本の独立を冒している点で共通したものがあるこの安政条約をもう一度ふり返つてみる必要があるのではなかろうか。次にこの条約の大要と締結のいきさつを簡単に述べてみよう。

　徳川幕府の鎖国主義によつて、日本人は近世に入つてからも暗い封建制度のもとにおかれて海外の事情を知らずにいたことは人の知るところである。

　その間西欧諸国では人類の歴史が大きく変り、人間の生活にもさまざまな変化が起つていた。すなわち十八世紀の半ばイギリスに起つた産業革命は、たちまち発祥国のイギリス始め、フランス、ドイツ、アメリカに波及して資本主義を確立した。そしてこれらの国々は機械生産によるぼう大な商品のはけ口を求めて世界市場の獲得に血眼になつていた。豊富な資源と人口をもち、しかも近代産業の起つていなかつたアジアが彼らから一せいに狙われたのは当然だつた。

　まずイギリスは十九世紀の半ばにインドを植民地とし、中国に武力をもつて阿片を持ち込んで、民族のたい廃を目論んだ。そしてこれを拒んだ清朝と阿片戦争（一八四〇年）を起して勝利を得、南京条約で清国を半殖民地とすることに成功した。これに乗じてフランス、ロシアがまた清国に難題を吹かけて租借地、関税等で苦しめることになつた。

　それから間もない一八五三年（嘉永六年）ついにアメリカ海軍准将ペリーが四隻の軍艦を引いて日本の浦賀にやつて来た。彼は開国を求める大統領の国書を直ちに受取ることを幕府に強要した。これが明治維新の始まりであつた。永い間の鎖国で世界の大勢に暗い幕府の主脳者は狼狽するのみでなすところを知らなかつた。彼らは夷狄を恐れ、急いで品川に砲台を築いたり、それまで禁止していた大船の建造を始めたりしたが、黒船の偉力を認めないわけにはいかず、これに屈伏して翌五四年（安政一年）三月「日米和親条約」が結ばれた。条約の大要は、下田、函館を米艦船の寄港として開き、米艦船に必要な品を売り、両港に領事を駐在させること、また今後日本が外国にあたえる利益はすべて無条件でアメリカに与える—最恵国待遇—ことなどであつた。これを他の諸列強が指をくわえて眺めているはずはなく、イギリス、オランダ、ロシアが相次いでアメリカと同じ条件の条約を要求して受諾させられた。そして神奈川（横浜）、函館、長崎が自由貿易港として開かれることになつた。

　翌五五年（安政二年）アメリカはハリスを初代駐日外交代表兼総領事に任命して、五六年七月下田に上陸させ、自由貿易を目的とする通商条件の締結を迫つた。

一方、当時の幕府は将軍の後継ぎ問題をめぐつて派閥争いがあり、中心勢力から遠ざけられていた諸藩主は京都の公卿と共に天皇を中心とする新興勢力をつくり、尊王攘夷を唱えて反幕的な態度をとつていた。ちようどその年英仏連合軍が広東を砲撃し、清国政府に自由貿易を承諾させた。ハリスはこの事件を利用し、もし日本がアメリカの要求を、拒めば清国と同じ運命に見舞われるであろう、とおどかして早急に条約を結ばせようとした。幕府はこれに抗しきれず五八年（安政五年）一月日米修好通商条約を承諾することになつた。しかし、幕府自身も開国には反対であり、独断で調印する自信もなかつたので、京都に使を送つて天皇の許可を得ようとした。ところが天皇を取りまく反幕、攘夷派に反対され、勅許を得られず、使者は引あげてきた。使者が帰ると突然彦根藩主井伊直弼が大老に就任し、彼の支持する紀州徳川家から新将軍を迎え、六月勅許のないまま調印した。さらに井伊は反対派に大弾圧を加えて（安政大獄）幕府の強化をはかろうとした。これは反つて逆効果となり、各藩の藩士は次第に反幕的になつていつた。そして、井伊自身は六〇年（万延元年）三月、攘夷派の水戸、薩摩の藩士によつて桜田門外で暗殺された（桜田門外の変）。通商条約の締結はアメリカ一国だけではもとよりすまなかつた。ロシア、オランダ、イギリスと次々と同じような条約が結ばれたことは和親条約同様であつた。

日米修好通商条約は十四条と七則からなるものであつた。大要は、在留外人の治外法権を認めたこと、居留地制度を設けたこと、関税協定、無条件最恵国待遇を与えること等であつた。自国内に自国の法律を用いられない地域、治外法権を外国人に与えるなど、それだけでもこの条約がいかに独立国の尊厳を冒したものであつたか、不平等条約として国民が怒つたのも当然だつた。ところが問題はこれで終つたのではなかつた。

当時ロシアは資本主義に立遅れていたが、その強大な武力を背景に極東でイギリスと勢力を争つていた。そして彼に先んじて日本に基地をつくるため、六一年（文久元年）対馬に上陸して永久租借権によつてここを占領しようとした。これはイギリスの干渉でどうやらことなきを得た。ところが、そのイギリスは翌六二年、攘夷派の薩摩藩士が横浜の生麦村でイギリス人を殺傷したことから居留民を守るという口実のもとに翌年フランスと共に横浜に陸軍部隊を駐留させ、なおそれでも足らず、この事件の報復として艦隊を鹿児島に向け、ここを砲撃して焼払い、戦費として十万ポンドの賠償金を要求してきた。

列強の暴戻はさらにつづいた。六四年（元治元年）七月、こんどは貿易の障害を除くという口実で英、仏、米、蘭の四国連合艦隊が長州藩の領地下関に来襲して一日で下関を占領し、おまけに六百万ドルの賠償金を要求するという有様だつた。それでもまだ満足しなかつた。最後に彼らは幕府と朝廷に迫つて「改税約書」を承諾させた。これは主な輸入品の関税を五％に引下げること、（それまでの条約の最低率で、そのため日本の金はドンドン国外に流れていつた）、日本の税関を事実上各国の共同管理の下におくことなどで、完全に属国扱いを受けることになり、半殖民地的地位におかれることになつた。

結局、安政条約は幕府の命をちぢめ、それ以来倒幕運動は活発になつた。そして六七年（慶応二年）徳川慶喜の大政奉還となり、翌六八年一月尊王派は王政復古を宣言し、「御一新」となつた。

座　談　会

中小企業の職場で……

司会　ご承知のように、近頃中小企業に働く人びとが問題になつています。現在日本では中小企業に働いている人は全労働者の過半数を占めていますが、とくにここには婦人が多く大企業に比べてただださえ悪い条件のうえに、さらに婦人の低賃金が重なり、中小企業に働く婦人は一般に恵まれない職場が多いようです。で、今日はその実態をおうかがいいたしたいと存じますのでどうぞよろしくお願いいいたします。

では、はじめに女の方ばかりで組合をお作りになつた竜角散本舗の方から組合を作つた動機、過程を話して頂きましょうか。

女だけで作つた組合

龍・A　ことの起りは昨三十一年度夏のボーナス期に、ボーナスが事務職員にだけ出て、私たち工場労働者には出なかつたことなのです。それまではボーナスのあることなんかぜんぜん知らなかつたのですが、工場からの帰り事務所で偶然それをみて不公平だと思いました。さつそく工場労働者の代表を出してその不満を会社側に伝えたのですが聞き入れられませんでした。その時に、これは組織がないせいだということに気づき、今の委員長と私と二人でこつそり東京大学生活協同組合本部と国鉄へ相談に行きました。そこで東京一般中小企業労働組合連合の倉持さんを紹介され、いろいろ教えて頂きました。

そうこうするうちに秋になり、十月二十一日事務職員だけの会社旅行があるときいたので、その留守の間に結成大会をやろうと準備したのですが、会社側が気づいたのかどうか急にその日は工場を休みにしてしまいました。仕方がないので運動会をやろうということになり、二十人近くの人が集つてフォークダンスやなんかをやりました。それがきつか

出　席　者

龍角散本舗
福士節子（一七歳）
塚原寿子（一八歳）
粟田里子（二五歳）
鈴木晴美（二三歳）

友田製薬株式会社
千島昭（三〇歳）
小出高子（二一歳）

杏林製薬株式会社
井上保子
山田収子
上野洋子

（文中発言者の名前は、竜角散のAさんは「竜・A」というようにいたしました。）

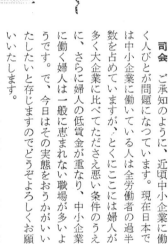

けとなつて以後もよくダンスしたり、歌を歌つたりするために集るようになり、十二月はじめの「日本のうたごえ」へも二人出席いたしました。

一方、私たちはどうしても組合を作りたく先に規約を作つてしまい、同時に組合加入申込書というものを作つて、昼休みにそれを播いたのです。加入して来たのは全部で三八名でしたが、それで十二月六日、国鉄本社支部へ集り準備会を開きました。ひきつづいて翌七日に結成大会を開き、そのあと四、五日中に五二名全員加入いたしました。全員といつても工場労働者だけです。私たちの会社は、男子は事務系職員だけで、現場で働いているのは皆女子なものですから、組合員は女子ばかりということになります。会社側も、私たちの組合へは理解ある所をみせようとするものの、事務職員の加入は嫌がつています。

で、この組合を作つたということを十日に会社側へ通知し、同時に団体交渉を申し入れました。要求内容は、生理休暇を二日、年末手当を二カ月分、交通費全額の会社側負担、親ぼく会の自由開催です。十一日交渉に入りその夜は徹夜してがんばりましたら、十二日朝、私たちの要求が全部通過するということで解決いたしました。

司会 その際、組合員の方々の御家庭から故障が出るということはありませんでした？

龍・B それまでの条件がうんと悪かつたのでむしろ応援してくれました。

給料と昇給状態

司会 給料はどんな具合でしよう。

龍・C 組合を作るまでは、中学卒の初任給が日給一八五円で、定期昇給五円ないし一五円でした。それを組合を作つてからは要求の結果一五円の率のさらに一一％上ることになりました。

司会 では、次に杏林製薬の方にお話し願います。

杏・A 私たちが入社した頃は同じ従業員でも男女の間に厚い壁があり、皆で話し合うなんてこともなかつたのですが、最初の委員長がサークルを作り、そこへ女の人も加わるようになつてからはいろんなことを話し合い、その中から組合の必要性を教えられて来ました。ちようどその頃監督署から来た労働条件のあらましを書いたポスターをみて、私たちの工場ではその中の何一つ実行されていず、ただ監督署の手前だけをつくろつているのだということもしりました。たとえば公のことでも現場監督の私情でことを左右される場合が多く、私たちはだんだんそれに耐えられなくなりました。そうした不満をもちよつて、よく女子従業員の一部（包装従事者）だけの反省会を開いたりしたものです。

組合を作つた当時は全従業員数一〇二名で、うち女子九二名でした。ところが組合を作つたというので二七名の首切りがあり、争議をやつたのですが、結局三名復職しただけでした。その後、第二組合が出来たり、組合へは全々加名しない人が出たりで、現在のところ工場に働く一一〇名の従業員のうち組合（第一）員は五一名です。

司会 友田製薬の方はいかがですか。

友・A 私たちの組合は終戦直後に出来たものです。工場従業員は九〇人で、そのうち役職についている人とか臨時雇の人が一〇名いますから、組合員は八〇名です。女子は五〇名いるのですが、リードするのは男の組合員ばかりです。合成化学労働組合連合へは三一年六月に入りましたが、現在組合活動は不活発です。

司会 どういう原因でしよう。労働条件がいいのですか？

友・A いいえ、そんなことはありません。私たちの所は月給制になつているのですが、初任給中卒で男子五千円、女子四千五百円です。

司会 男女の差がはじめからついているのですか。

A・B そうなんです。それから、同じ仕事をしていても昇給率など男女の差額がひどいんです。

司会 それを組合で問題にしたことはないのですか。

友・B ありません。かえつて組合員はそれぞれ自分の給料の額をかくしています。それというのも会社側のやり方が巧妙で、会社側の気に入つた男の人にだけ沢山給料をやりそれを内緒にしておけと命令してあるのです。他の組合員も、自分の給料、賞与の明細書とか昇給の辞令とか、決して公開しません。

司会 まあ、そうですか。合化労連へ加入後、何か要求を出したことがありますか。

友・B 夏いたしました。昇給率について、半年で女子二百円という要求はそのまま通りました。

組合内の問題

司会 会社の待遇はどうですか。

友・B 悪いんです。厚生施設の点なんかも——生理休暇はあることはあるのですが、誰もとりません。それをとるとボーナスにひびくのです。

友・A 現在、御用組合的な色彩は別にないのですが、組会員の多数を占める女子労働者の意識が低いのです。これは女子労働者の方が多いくせに婦人部もなく、執行委員に女子が出ていないことでもわかると思いますが実際組合のことを深く考えているような女の人は少ししかいません。組合の集会の集りなんかも悪いし……

友・B それというのも私たちの職場には勤続年数の多い女の人が沢山いて、そういう人たちとの間に意見の一致をみるなんてことは殆んどないからなんです。

司会 勤続年数が多いと申しますと、どのぐらいですか。

友・B 三〇〜一〇年です。大正時代から三〇年以上もつとめているつて人もいます。

友・A そういう人たちに限つて保守的な考えをしていますし。

司会 既婚者は何人ぐらいいますか。

友・B 十人ぐらいです。

司会 結婚している人には会社側がいやがらせをするつてことはありませんか。

友・A 別に積極的にやめろとか何とかはいいませんが、女子は年数が多くなるほど昇給率が悪いようにしてあります。その男女の昇給率の差は五割以上です。だから女子の賃金は最高で一万二千円ぐらいということになります。

司会 それはどうしてなんですか。仕事の性質がちがうとか、職制のせいとかあるんでしようか。

友・B いいえ、仕事も全く同じ性質のものをやるのですし、職制だつて別に違やしません。

司会 そりやおかしいですね。そういうことを組合ではどうみているんでしよう。

友・A 組合の中でも男女の利害がちがうと、なかなか思うようにいきません。組合員である男の人の中でも女を一人前にみていない人が少くありません。

杏・A うちでもそういうことがありました。以前、争議中にそんなふうなことをいう男がいましたが——。男の人が女の人を低くみているということは事実ですね。

司会 そういうことを先ず打破しないと、階級闘争の本当の成果は得られないんですけどね。

友・A　男の人つて打算的な人が多いんですね。女の人は気持を揃えてことに当りますけれど。

龍・D　女の人の八割は好き嫌いで動きますね。

龍・C　自主的じやないんです。

龍・D　一面からいうと、女の人は指導者の思うように動かせられるということですね。

司会　いろいろ問題がありますね、いかがですか、会社に対して最も大きい不満は。

龍・A　事務職員と工場労働者との間にはつきり差別がつけられているということです

杏・A　私たちも従業員組合（第二組合）の人たちとの差別がひどいんです。この間もメーデーに七人だけは会社を休んで強引に出ちやつたのですが、残つた人たちはとても辛かつたといつています。というのは、第二組合の人たちだけ集つて、労働歌をうたつたりかしわ餅をたべたりしているんですつて。

司会　友田製薬の方はいかが、現場との差別待遇をしますか？

友・A　立つて仕事するか座つてするかの差はありますが、事務系統と現場系統の差つてのはありません。

司会　その他会社に対する大きな不満というとどんなことがありますか。

友・B　技術者と一般従業員との差別待遇のひどいことが不満です。

就職の動機

司会　では皆様のお働きになるようになつた動機と、お給料の使い道についておきかせ頂きたいのですが。

龍・A　夜間高校在学中なのでアルバイトのつもりでした。給料は三分の一を家へ入れあとは小遣いとして本や服を買います。

龍・C　つとめてから今年でまる九年になるのですが、動機は家計を補助するためです。給料は半分家へ入れます。

龍・D　中学を卒業する時銀行を志望したのですが、片親のため入れませんでしたので、竜角散へ入りました。給料の三〇％ぐらい家へ入れています。

龍・B　友だちが皆つとめるので、それに建物が立派だし、竜角散へ入りました。給料は千円ぐらい貯金して、残りは自分の小遣いです。

龍・B　手どり六千円のうち四千円を家へ入れ残りで自分の身のまわりのものを全部整

えます。

杏・B　私は学校が嫌いでしたので、友だちに誘われるままつとめました。私の家では両親とも働いているのですが、給料の三分の一は家へ入れています。

杏・A　私、中学は私立だつたんです。しじう学校へお金をもつて行かなければならなかつたんですが、私の家は父がいませんので、それを母にいうのにとても辛い思いをしました。だから中学だけでやめ、はじめ九時十時まで残業をさせるような所へつとめ、そこで一年間辛棒しましたが、母が亡くなつたのを契機に杏林へ入りました。給料ははじめ小遣いとして五百円もらうきりで後全部家へ入れていましたが、後に夜学へ行くようになつてその半分をもらうようになりました。大体二千五百円でしたがそれで月謝から身のまわりのものから全部をまかないました。

友・A　私は未亡人なのです。子供が一人おりまして、給料だけで家計をやつています。

司会　御主人がおなくなりになつたのでおつとめになつたのですか。

友・A　いいえ、在世中から働いてはいたのですが、気分的にずいぶんちがいますね。

友・B　私は中学を卒業する時に両親に反対されましたが安定所の紹介で友田へ入りました。家へは給料の三分の一を入れています。

職場での楽しみは

司会　では次に職場での楽しいことを話していただきましようか。

龍・C　楽しいのはおひる休み。

杏・C　楽しいなんて思うこと全々ない。職場に対して愛着なんかもてないし、ただ会合へ出ていろんなことを知るだけが楽しい。

杏・A　気持のいいのは執行委員会を開いて話し合い、職場へ帰るその時。職場ではちよつとお話するにも神経を使いますけどね。

友・A　私たちは四〇すぎた女の人が割にいるのでそういう人となかなか意見があわず、不快なことが多いんです。楽しいことつてあるかしら？

龍・D　給料もらう時。

杏・A　給料を待つ時は楽しいけど、いざもらう時はあんまり少くてつまらない。

龍・A　土曜日の帰りが楽しい。

不安な現状

司会　結局今の職場にいつまでもいいようとは全々考えていらつしやらないのですか。

龍・A　職場がよくなるまでいて、一生懸命やりたいのです。でもまた一方で、自分自身の腕に頼れる何かがほしいと思うのです。その何かが何であるかわからないけれど。

龍・B　わかつていてもできないんです。土台がないし、自信もない。

龍・D　今の職場における自分の身分が不安でしようがないんです。

杏・A　そうです。今の職場での自分の身分を考えると不安になり、つい自信をなくしたりヤケになつたりする。

龍・A　でも、自分自身が生きぬくことによつて、自分の家庭をよくし、社会をよくしたいという望みは失つてはいません。

司会　では、遅くなりましたので。どうもお疲れのところありがとうございました。

（一七ページよりつづく）

アメリカは日本が憲法を改正して再軍備することを条件に撤兵するようにいうが、軍事同盟はその条件であり、必要に応じて彼らのために海外派兵の義務までおわされるのは明白である。安保条約は日本を外国へ売つた。この条約を廃棄しないかぎり日本は完全な独立国ではない。基地問題は解決できない。この条約に手をふれぬ政府は倒さなければならない。

ウェットについて

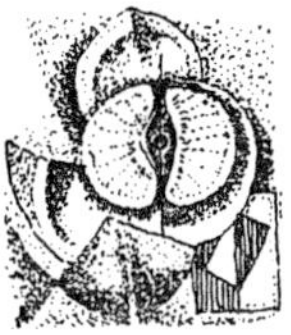

津村しの

長男の高校入試の発表があつて間もなく、上の弟と大学生の末の弟の二人が偶然、私の家で落合いました。

試験の話から、末の弟が思い出したように、

「俺が高校に入る時、あとで気がついたんだけれど、洋服の裏に母さんの写真が貼りつけてあるのさ、参つたよ」

と笑いました。そうすると上の弟が、

「そうなんだ、俺の時だつてそうだつたよ、俺たちにはああいうことは面映ゆくて出来ないね」と苦笑まじりに切棄てる言葉でいいました。

私はそれを聞いて、現に幾日か前、自分の子の試験の日、一通りの心配だけで、母の祈りにも似た態度はおろか、気持さえ持合せられなかつた分別臭さというか、無気力の大人らしさを自分に見出して、母の子供らしい熱情を妬ましく思い、母の行つた愚かしいような愛情の表現に対して二人の弟と私の受取り方の相違を、泌々と感じました。

母はいわゆる、大変なウェット過剰です。

明治大正の時代そのものがウェットな処へ、もて余す程の感情過多の母は当然、ウェットにならざるを得なかつたのでしょう。

そんな母に育てられた五人の子供達も、共々にウェット的です。

戦後のドライ的な世の中で、子供達はウェット過剰な母をも含めて自分達が、だんだんと鼻について来たわけです。

実際現実の生活の中で、ウェット的なものは応々にして愚かさとなつて現れたり、また経済的に必ずと言つてよい程、混乱状態の原因を作り、きつと損をします。

現実の生活の中で、いらないものを切り棄ててゆくのは当然のことと思われますが。

先日母の許を尋ねた私に母は

「健さん（上の弟）がこの頃、だんだんものを割切るようになつて、何だか私は頷けない時が時々ある、ちよつと淋しいのよ」

と言いながら話し出しました。

母にはたくさんの妹や弟があります。

その中で、すぐ下の二つ違いの妹とは双児のように顔型もよく似て、気迄よく合い非常な仲好しです。なんでも、小学校の時、あまりに仲の好い姉妹というので特別学校から表彰されたと何時か母から聞きました。

幼ない子供の時から現在に到るまで、一度も争つたこともなく、妹にあたるその叔母が、母に捧げる愛情は子の私が恥かしくなるほど、深いものがあります。

離れた町に住みながら、長い寝たきりの母の、病床を見舞う回数も、母と同じ町に住む他の妹や弟の比ではありません。

その叔母に婚期を逸した三十娘がおります。母も母なりにその姪のことを案じて、何度か縁談も持掛けてやりましたが結局、現在まで独身で通し、本人も弟に嫁が来てから家に居づらく職をみつけました。

学歴も無く何の取得も無いと本人も思い、囲りでも思つている三十娘に、なかなか思うような処もなかつたのですけれど、二三ヵ月前希望していた或会社の寮母という位置が、見つかりました。本人も叔母も大乗気で喜

び、他の親戚は差置いて、日頃好意を寄せる弟の処へ保証人の印をお願いに行つたというわけです。

　資本主義の世の中では、此方で入りたいと願うような会社は、実に入る条件も厳しく、癪に障るほど尊大です。

　なんでもその会社でも、家庭まで来て内情調査もしたそうです。

　弟は保証人の約束を一通り目を通して、あまりに、高圧的な態度、会社側には絶対不利益にならぬように出来ているその条文に、あきれてとても自分として、こんな約束に印は押せないと断つたというのです。

　母は私を前にして言います。

「健さんには、理窟はつくかもしれないけれど、私はきつと村井（叔母の家）としても、断られるなんてことは万に一つも考えないで、お願いに来たことと思う。私だつて相手に全幅の信頼を置いて来たものに、断る、断る、なんてことは夢にもあり得ないものとして、そういう場合は考えてもみなかつた。

　赤の他人のお金の貸借じやあるまいし、たとえ書いてあることがどうにせよ、親が子に保護者と書くのと同じ気持でいいように思える。幸い、豊田の叔父さんがそんなもの読みもしないで印を押してくれたけれどね。健さんは読まないのはいけないというけれど、私は、本人が入りたい時は読んでも読まなくても同じだと思う、あの子は、叔母にも、まして、その子さん（姪）にも母さんのように愛情を持つてないんだから仕方ない、と突ぱなしているけれど、私はなんだか済まなくて仕方がないよ」と理窟では割切れない人生の情感の微妙さを大切にしたい意味のことを強く言つておりました。

　確かに弟の態度は条《すじ》が通つております。

　わけのわからぬ約束はたとえ、親しい間柄でも印は押せぬという態度は立派にも思えます。私は弟が断つたことを、母のように批難する気にもなりません。けれど、

「母さんは情愛だけ、それだけを大事な尊いものと思つている、それは間違つている」とウェットな母を否定しているというより、自分がそういうものを切り棄てて、ゆくことに、疑いさえ持たないで、傲《ゴウ》然としている態度が一寸気になつてきました。

　洋服の裏に写真を貼つたことを、ただ冷笑を持つて片づけてしまう気持は、どこか私には頷けないのです。

　確かに母の持つている、考え方をそのまま、地で行つたら世の中には誤が多いでしょうし、かえつて混沌として困るかもしれません。

　けれど母の持つている情感を生活から、切棄てしまうと何と索莫《サクバク》たるものでしょう。

　ウェットなものが、そのまま、むき出しに表現されることは、私にも生臭くてやり切れません。弟達が母の写真に感じた気持もわからないではありません。けれどウェットは捨てるものではないのです。

　二三日前弟が家に来た時、私は弟に言つてやりました。

「健さんは、ウェット的なものを切り棄てて行くように思えるけれど、ウェットは切棄てるものじやあないと思うの。ウェットは濾《ロ》過してゆくべきものよ」

　高校の先生が姉の言葉に素直に、

「ふーむ、そうだな」

と言つてくれたのは嬉しいことでした。

生い立ちの記

（五）

松平《まつだいら》すゞ

日露戦争が始つて仕事が沢山あるようになり、景気がよくなつて物価も次第に高くなりました。奉公に出ていた上の姉も家に病人があるのでひとまず帰り、私共は四人暮しとなりました。父はその頃階行社で月九円位の手当で働いておりました。家に帰つた姉は軍人のシャツやズボン下を縫製する仕事場でミシンをふんだり、釦付けや穴かがりなどして、一日能率給で二十五銭から三十銭位稼いでおりました。朝は八時から夜は九時位まで働くのですが、以前陶器屋に絵付に行つていた時のことを思うと倍額以上の収入になります。私は学校に行きますので、帰つてからの食事の用意は当然しますが、なお病気の姉もだんだんわるくなるので、その方の仕事もありました。私は同学年でとても親切に毎朝誘いに来て下さる友達ができましたので、以前より楽しく学校に通えるようになり、その頃は大変朗らかになつて来ました。しかし毎学期の通信簿の学業成績は算術や国語は甲ですが、修身は乙か丙で操行は丙ばかりです。級の中では中位でしたでしようか。とにかく三分の一位賞を受けるのですが、私は三等賞を一度貰つただけ、それも尋常一年生の時でした。あとは精勤賞以外は受けたことがありません。でも貧乏人の子だから当り前と思つておりましたが、操行点が丙というのはどうしたらよいか私には分りませんでした。時間中に話をしたり、いたずらなどはしませんし、他人にわるさをしたり、けんかもいたしません。真面目に学校に通つて先生の命令はよく守るのですが、操行点は丙でした。昔のことですからなぜ丙であるかを尋ねる人もなく聞くこともしません。一、二度先生から着物が悪い、縞柄が大きいからいけない、着方を正しくせよなどと、世話をやかれたことはありましたが、何分私が衣服のよしあしを家で言うわけにはいきませんから先生に注意を受けてもそのまま通学しておりました。ところが毎朝私を誘いに来てくれた横山わさという友達が急に来なくなり、学校で私が話かけても逃げてしまつて少しも遊んでくれないので悲しくなりました。その他の同級生も私と心よく話したり、遊んだりしてくれませんので、一人ぼつちで運動場の真中にいたり、塀にもたれている時が多かつたのです。自分ではなぜのけ者にされているのか、訳がわかりませんでした。翌年になり進学し、担任の先生も変りましたら、横山さんが私に「ごめんね、ほんとうは仲よくしたかつたのだが市川先生（担任の先生）から、あなたのことを家庭がわるいからああいう人と遊んではいけない、と言われたものですから、もうあの先生かわられたからよいでこれから毎朝一緒に学校に行きましようね」とまた以前のように誘つてくれました。この間半年余りでした。その後別に操行点が甲になつたわけではありません。相変らず丙ばかりでした。何んでも家は貧しい、姉は病気、母は離縁してよくない仕事をしているので受持の先生の順送りで操行は丙ということになつていたのかと思います。後年高等女学校に勤務するようになつた時、学期末に操行査定会議というものがあつて、一人一人の生徒につき職員全体できめるのでしたが、やっぱり一人の生徒が丙というので私はどうしてあの生徒は丙ですか、と質問しましたら、しかじかのことがあつたから、卒業まで丙であると、教頭から聞かされ、今から四十年も前のことで、末席の一女教員として意見をさしはさむこともできず、ただその生徒が気の毒でなりませんでした。

父はお酒がすきで毎夜一合五勺位欠かさず飲みました。そのお酒を私が日暮れに二合瓶を持つて買いに行くのがきまりで、始めは一銭五厘持つて行きましたが、二銭となり三銭となり四銭となりました。二合入り硝子瓶の上部の空き工合いでお酒の量が分るので、空間の少い時はうれしくて父に今日はお酒のおまけがあるよと言つて差し出します、父は常滑焼の燗徳利に半分位入れてやかんの湯の中に入れ、小さい盃でちびりちびり舌ずりして飲み、残りを足して燗をし、全部飲み終るとほつと赤味がかつた顔になつて上機嫌になります。この五年間に物価はだんだん高くなつて一丁四厘の豆腐は六厘となり、一銭となりました。一つ二厘であつたこんにやくと油揚は一銭に二つになるというように総ての物が二倍半くらいになつたのでした。

近所に割合上品で他家の仕立物をしている老夫婦がありました。この人は以前木曽屋といつて表通りで味噌溜りの小売商をしていたのですが、明治二十四年に店を他人にゆずり金百円也を郵便貯金にして老後のたのしみ金ともし、万一の場合の用意金として日日は仕立物の代金で生活しておられました。ところが物価が次第に高くなり、年を取つて収入はその割合に多くなりませんので、百円の金が何程になつたか、と郵便貯金の全額払戻しをして見たら二百四十何円かになつていて、たしかにお金は倍額以上にはなつたが物を買うと半分位しか買えない、明治二十四年に一升四銭位であつた米が今は十銭もする。文久銭で大きな饅頭が買えたが、今は一つ五厘である、お上（郵便局）に預けておいたらお金はふえたが物は少しより買えなくなつた、さても、さても、郵便貯金するのは損であるわいと、会う人毎によくぐちを言つておりました。

その頃日本は富国強兵をモットーとして軍国主義国家を築くための政策が強く推進されていたのでした。

強者存して弱者亡び、強国栄えて弱国衰う、天地開けしその時この方、誰か何処かこの理にはずれし、という文章を読本で習つたのは今だに忘れられません。日清戦争から日露戦争までの十カ年間は富国強兵中心で国民は指導されました。

高等小学校一年（今の小学五）の国語読本に貯金の必要という一文がありました。人は常に倹約して貯金をしなければならない、一日に三銭宛貯金すれば一カ月に九十銭、一カ年に十円余となる、十カ年の後には百何十円になる、百円はひともとでなり、之れにて商売もすべし、之れにて子女の教育もすべし、と述べ、なお百円の使途につき、あれこれ説明してあつた。その頃金百円也はたしかに大金で、資本としての価値も大いにあつた。しかし前記の人のように十年後には百円では価値が少なくなつて利子がついても物価がそれ以上高くなる、日本資本主義成長のため正直者は何時の世でも馬鹿を見るのでした。

父の従妹《いとこ》に熱田神宮の宮司で粟田美稲という人の妻となつていた人がおりました。名を「こふ」といい、おこう様と呼んで私共の生活とはかけ放れて上品に暮していました。この人の母は前記家斉公の側女として仕えた人の妹で、尾張藩士木下孝道の妻で一男一女をあげて明治維新を迎え、幾分落ちぶれたが私共の家よりはましでありました。娘が粟田家に嫁したのでその隣に住んでおりましたが、男の子は成長をまたず死亡し、主人孝道氏も明治三十四年他界されて、当時六十余歳で粟田家の世話になつておりました。日露戦争が始つて熱田神宮は武運長久を祈る人で賑い、お供物が沢山あがります。神宮では御神酒や御供物のお下りを宮司の家に使丁《しちよう》に届けてさせますので、粟田家も相当沢山のお下り物で食べ切れません。鯛やぼらで干物や味噌漬をつくり保存して置き、また神酒も沢山あつて使い切れません。そこでおばあさん達の小使銭にと私の父へ酒二升あり、二三日中に取りに来るように、などとハガキをくれます。父はこれを見るといそいで出掛けます。こちらからは一つ五厘の薄皮饅頭十個位買つて持参すると、先方では一升三十五銭位する酒を二十五銭の割で売つてくれますし、そのほか鰹節や鯛の味噌漬なども頂いて来ます。私もこの粟田家には時折り行きました。昔風の家ですから、玄関からは入らないで隣の父の叔母の方から入り、裏口の方に行くことになつておりました。粟田氏は五十歳位で和歌をよくし、神宮では琴を弾じておりました。私に和歌を習うようにとすすめ、なんでも字数をそろえて自分の思うことを書けばよいと教えて下さいましたので一カ月に数首つくりました。下手でもなんとか歌になるよう訂正して下さいました。古風な短歌でしたが今もその時の歌集があります。

夏の夜の　ねむりさめたる　朝まだに
おきよと匂う　あさがほの花

これが最初の歌でした。第四句をおきよと呼ぼうとしたのを匂《にほ》うと訂正して下さつたのでした。

新刊紹介

三瓶孝子編

「日本の女性」

最近は、特に働く女性の間で、女性の地位が問題となつている。現在女性のおかれている地位は、家庭であれ、職場であれ、長い歴史の中で、つくられてきたものである。それを知ることなしには、日本女性の今日おかれている地位をほんとうに理解することができない。

この本は、日本の女性が、過去においてどんなあり方をしたのか、時代とともに女性観がどのように変つてきたかを、原始時代から解きほぐし、男尊女卑の家父長的家族制度が、いつ、どうして形づくられ、それがなぜ今日まで存続しているのか、などの問題に解答をあたえている。現代の章では、戦後の日本女性は如何に目ざめ、社会的進出をなしているかを、職場、農漁村、家庭婦人についてのべ、更に、売春問題については、明治以来の売春禁止運動の努力のあとをふりかえりながら、この問題解決の問題点を指摘している。

女性の地位に、歴史的に理論的解釈をあたえていること、現在の女性のうごきを全体としてとらえていることにおいて、一読をおすすめしたい。美しい本である。なお編者のほかに、現在の女子労働については大羽綾子、明治・大正の婦人解放運動と売春問題については菅谷直子がそれぞれ執筆している。（毎日新聞社**毎日ライブラリー**、

定価　**三〇〇円**）

おしらせ

職場でも、地域でも読者懇談会ご希望の方はご連絡下さい。研究会その他ご相談に応じます。

編集部

短篇

剝離

中《なか》村《むら》瑞《みず》江《え》

秋以来数を増した野良犬は、ぶたれて雪に血を流しながら、城内の裾にたどり着かぬまに死んだ。野犬には、野犬の死ぬ場所が西門《シーメン》の外にあつたのだ。

スンガリーとウスリーが合流する鈍角の一点に県城はあつた。

土匪の声も久しく聞かぬ県城だつた。土匪から守られたそのゆえに、北門《ペーメン》の土まんじゆうは、平和な死をほのめかす墓だつた。ぐるわには、故人の屍に代つていぶされた、紙造りの家畜の四肢などが散つていた。

風雨に土質をそがれ、いつか古い土もりは消えて、かの貴人のしし肥りした肉も金箔黒塗りの棺ごと、土に還元する。

日ぐれに、枝のすくない黒い樹木が、かささぎの帰りを迎える頃、ひとりの哭き女も傭わぬ貧しい葬儀が西門を出ることもあつた。棺を支える男たちも、ともども帰つては来まいとさえ思えるわびしい野辺おくりは、道ぎわの凍つた吹き溜りが月の光を含む時刻に、終る。

赤い棺は城外数粁の曠野に放置され、かたばかり封じた棺のふたは野犬の飢えの力に、その夜のうちに破られる。野犬の咆哮は共喰いにまでおよび、凍てついたまだら雪の地のおもてに、いつかおそい夜明けが来る。

真夜中に行われる小さな葬儀は、一貫匁ばかりのこも包みだつた。幼ないものの死だつた。それは、思いがけないちかまに棄てられた。城壁の溝の、屠られた牛馬の骨が残雪の中の枕になつていることもあつた。

南門の城壁は半ば崩壊し、わだちの痕の深い道は、埠頭につながつていた。いちばん先に春が来る道だつた。

四面未だ、冬の継続だつた。南門を出ると、結氷した江が拡がる。松花江——。

空然、南の上流で氷河が割れる。冬が割れたのだ。日が、少しづつ長くなる。

三日四晩たけびながらぶつかり、轟音を上げて押し流し、押し流される氷塊が消え去つたとき、空間を割つた一線が鮮明にあらわれる。空が明るくなつたのだ。水《みず》が、水《みず》に戻つたのだ。

再び地と水は、嚙み合いながら時をへずりはじめる。

城外の野火は燃えひろがり、枯れ草と霜が失せたあとに、江岸の黒土は蒸気を漂わした。野火のあとの、黒い大地に燃え切れぬ動物たちの骨は、四散する。

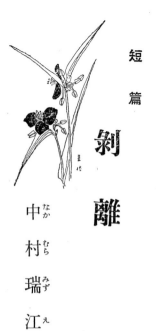

やがて冬の火葬は完了して、異様な気体が地表を覆い始める。大地も江の流れも、活気づいたと見えるがそれは、微生物の棲息の想像も許さぬ、得体の知れぬ活気なのだ。

十二年前、淑薫《シュードン》は十三だつた。私はとうだつた。二人はいつしよに城外で西日を浴び、江面を吹く夜気に触れた。淑薫、あなたは感じたか。大地に突つ立つたびにどこからかやつて来て、私をとり囲んだあの気体を。

あれは、母胎の圧力だつた。私は友と共にあることを忘れて母胎に戻つていた。


曠野の、とらわれ人だつた。あれから私の心は、母胎から剝離し切れぬ悪露のように囚われつぱなしで北満の地を南下し、日本海を隔てて流島され、十二年経つた。


鼻をぶつつけるような北信濃の、山の中で私は転々と学を捨て、職を捨てて再びあてがわれた次の仕事を唯一の時間潰しにした。明日を夢想するあどけなさも感傷も持ち合わせず、私の意志は刹那にのみ熱した。友も恋人も肉親も、ペシミズムを理論づける資料でしかなかつた。生産の無意と探求の無意義を唱え、感動の不能者を装おつて、幾たびか死に損なつた。

だが、生き返りはしなかつた。

私は母胎を、思つた。あの土地に「友」までほしくない。かささぎが巣を作る黒い樹木と、人馬ともどもに骨が黒土に吸い込まれる無情の大地がありさえすれば。

娘々廟《にゃんにゃんびょう》も、積み木のように赤・白・緑で塗りたてた県公署も、なにもない方がよい。

曠野に燃える野火は、大自然の情熱。江岸にはかげろうがもえて黒土の骨を肥料に、透明な花が咲く。だがそれは、「死」なのだ。

私は母胎を想つたけれど、北満の曠野はただ、不可解だつた。不可解な魅力に対しては、抵抗もできなければ、憎むことも愛すこともできぬ。私はただ、威圧されていた。「自然」の形成過程を知らなかつたから、知ろうとしなかつたからだ。母胎の悪露を体にまとつたまま私は、無知ゆえに曽つての環境の、郷愁を愉しんだ。

私は、北満の黒土の発する妖気に、征服されることを我から欲していた。松花江の流れはH_2Oではない、と思いたかつた。その、「不可解」の偉容を、敢えて分析しようとは思わなかつた。

悪露は臭気を発しているのに私は、それをほうり去れなかつた。なおもどろどろの悪露を以つて私の、局所をかくしていたのだつた。意慾を持たぬ限り開かれぬこの無知を私は、ニヒルと称し、がらくたの昏迷を私の文学にひけらかしていた。宗教は勿論、あらゆる哲学と主義思想はどれもこれも、おひかり様みたいなものと嘲弄しながら、いずれ来る、おのれの虚勢に押潰されて窒息する日のために、待期していたのだつた。

淑薫、あなたの日本語はきれいだつた。あなたはわかるだろうか、「恋」と云う言葉の意味を。恋は、不可解の上に成立する。私は幼時から半生の長期を、悪夢のような恋にさいなまれて来たのだつた。


或る日私は、何気なく新しい男Xにぶつかつて行つた。壁のような手応えだつた。これは経験のないことだつた。私の中の、頂点に達していたはずのペシミズムは赤児のように、バブバブ泣きながら玩具の接ぎ目をあばきはじめた。未知数を未知数にしておいては、死に切れぬ気がして。こうなると彼は邪魔ものでしかなかつた。

私には、乗り越えるより殺す方がたやすく思われた。だが刺殺するには私の中の「人間」の力が不足だつた、悩殺するには、私の中の「女」の力があまりにも不足だつた。ひつきよう、私は「力」を自覚できなかつた。

ともあれ、殺すには心臓の所在を確かめなければならぬ。心臓は、どこかしら奥深いところで鼓動していた。手探ることのできぬその心音に私は、なおいらいらする。邪魔者は、壁のように黙していた。

壁はコミュニズムの化身だつたのだ。壁には、私の、母なるふるさとに負けない威圧があつた。科学が姿をかえて私の前に現われたのだ。私は、二つの威力に屈服することは不満だつた。だから私は、挑んだ。壁の前で私は、絶望と退屈のカクテルをかざして気焔を吐いた。

ほどなく私は、自前の酒に飲み飽きた。

まちがつていたのは、私が理解をさぼり殺すことばかり考えていたことだ。一度は私の母胎にひきずつて行つて、ともども野火に焼かれたい……とも願つた。

だが革命の炎はすでに、私の野火を征服しはじめた。炎は腐敗物の灰の上に、新しい世界を建設しつつある。私は呆然とした。

――私の母胎が歴史に先走つたのだ――私は、

白壁を透して革命の炎を見た。壁に、この頭蓋をぶちつけて、頭蓋の破片を手に穴をうがとう、とした。私の凍乾した脳漿は熱しはじめた。やがて私は、科学と云う壁の中から、母胎の正体を苦もなくあばき得た。もはや、自然の脅威に隷属して、母胎の叫び声に惑わされることもない。

あの頃、らばに乗つた巡察は、江岸の部落部落の地下倉の底から、僅かばかりの穀物を、江上では、しおれた帆船から、闇荷と農夫たちが引きずり上げられることもあつた。打擲され、腕をねじられて悲鳴する彼らを、たまたま警察の窓下を通つて隙見したあの日も、淑薫、あなたは私といつしよだつた。彼らにとつては、砂糖きびを大豆を、自らの口に入れることが、死に値いする罪だつたのだ。それでも彼らは、きのうもあすも耕やした。地が、水に喰われることもあつた。前夜スッポンが沼池から這い上り、洪水を予告しても、農民たちは飢餓をしのぐ貯えを持たなかつた。

江河の濁流までが、侵略者に荷担して彼らを、さいなめた。

淑薫、憶えているだろうか。城内の官舎に一度だけあらわれた物売りたちのことを。

雁の卵の籠をかかえて、砂糖をほんの一掴みもらえまいかとかどずけした老婆の目は、そこひだつた。スッポン売りの指は、中風に震えていた。おびえ切つた貧相な老顔は「不潔だ、去罷《チュイバ》……」とどやされてそれつ切り来なかつた。

淑薫、きのうのあなたの身はきようの私だ。淑薫、あなたたちの憎しみがわかる――。だが、母胎は呪わなかつたね。

いつかきようの日が来ることを知つていたからだ。

私はようやく、母胎から剝離し去つたばかりだ。私の、母なるふるさとよ。私の半生を縛し結えたおまえの威力を、今更むげに否定はせぬ。今後もなお、郷愁を馳せよう。

だが、それ以上に私は、おまえに負けたりしなかつた「人間」の力を讃える

死の時、母なる大地に還元するは言うまでもない。幾ばくかの燐酸とカルシュウムになつて母胎に戻る。

その時、おまえは、例の無言で迎えてくれるだろう。強かつたな！と。

第二回「読者懇談会」報告
—神奈川南部—

既報の通り本社ではさる五月十一日、第二回神奈川県南部読者懇談会を藤沢市辻堂で開きました。会場は駅から五・六分の前に畑を控えた静かな田口不二枝さんのお宅でした。定刻の一時半近くになると相前後して皆さんお揃いでしたが、山川編集委員のお姿が見えずお噂していたところへヒョッコリ。

早速浮田久子さんの司会のもとに開会。

まず山川先生から、憲法をめぐる時の問題として、政府の春闘処分と狙い、岸内閣の性格、日米安全保障条約と憲法の関連性など、新聞面だけではわからない時事解説をして頂きました。ちょうどこの日は国鉄のかく首反対の実力行使が行われるはずの日でもあり、一同強い関心をもっていた折角、まことに時宜をえたお話でした。

後、自由懇談に入り、大学に入る女子は毎年多くなっているが、一方女子の入学を制限せよという人もいるが、これはどうなのか(浮田)、女は永く勤めるわけではないから身分などどうでもよいではないか、と正規の採用をしない役所がある(山村)母子福祉資金を貸りるのに内縁の夫の有無の証明を要求され、侮辱的な調査をうけた例(田口)など、身近に起った問題について訴えや疑問が続出。それについて山川編集委員より適切な指示や説明があり四時閉会。

なお当日の出席者は次の方々でした。

川口恂子(伊東)、山田フミ(小田原)、山村幸子(茅ケ崎)、時田満子(小田原)、山下初子(茅ケ崎)、小坂ふみ子(茅ケ崎)浮田久子(藤沢)、佐藤幸子(藤沢)、田口不二枝(藤沢)、大沢ゆう(平塚)、本井仁子(茅ケ崎)、木塚千世子(藤沢)

編集後記

○大阪旭カーペットの従業員二四六名(女子九割)の争議(五月号参照)は四二日間のロックアウトのち、五月一一日雇主側の屈服で解決。この間警察や暴力を用いての雇主のおどしやあらゆる迫害にも屈せず、戦いぬいた労組員とそのご家族に敬意を表し、なお多難な前途を控えて、皆さまのご健康と一層強い団結力を願っております。

○国鉄の小柳委員長以下春闘の大量首きりは争議の責任を一方にのみ負わせる不公正きわまるもの。こうして組合の信用をきずつけ、その力を弱めておいて来るべき総選挙に一挙議員の三分二以上をつかみ、憲法改悪を強行するハラなのです。花火に気をとられている間に財布をスラれぬご用心専一。

○国連では原水バクは実験登録で結構といい、自国では核兵器所持は違憲でないと言明、東南アジアでは原水バク禁止を主張。アメリカでは何という気か。岸さん舌は何枚かおもちですか。

編集委員(五十音順)
榊原千代
藤原道子
山川菊栄
吉村とく

婦人のこえ 六月号
定価三〇円(〒五円)
半年分 一八〇円(送共)
一年分 三六〇円(送共)
昭和三十二年五月廿五日印刷
昭和三十二年六月一日発行
編集発行人 菅谷直子
東京都千代田区神田三崎町二ノ六
印刷者 堀内文治郎
東京都港区本芝三ノ二〇
(硫労連会館内)
発行所 婦人のこえ社
電話三田(45)〇三四〇番
振替口座東京弐壱壱参四番

昭和二十八年十一月二十四日第三種郵便物認可
婦人のこえ　第四十五号

婦人のこえ

7月号　特集・婦人団体　1957

売春問題に関する
世論調査
—赤線はなくしたい、がその見通しは悲観的—

売春防止法の全面実施は来年四月一日からで残すところ一年足らずとなりました。この法律に対し国民はどの程度の認識をもつているでしょうか。このたび内閣審議室で行つた世論調査が発表されましたのでその一端をお知らせいたします。

調査対象は全国満二十歳以上の男女、三千名。無作為抽出法。期間は三十二年五月七日〜十一日。

一、売春防止法ができたことを知つているか

聞いたことがある　七三％
聞いたことがない　二七％

二、売春防止法が今年の四月から施行されたことを知つているか（(一)で聞いたことがあるというものだけに）

知つている　五八％
知らない　一五％

三、売春防止法で業者等の処罰規定は来年四月まで適用されないことを知つているか

知つている　三二％
知らない　四一％

四、業者は厳重に処罰すべきか

厳重に処罰してほしい　五四％
そうは思わない　二六％
わからない　二〇％

五、業者の転廃業の見通しについて

転業するだろう　一〇％
そうは思わない　四九％
わからない　一四％

六、売春業は人間として恥ずべきことか、否か

恥ずべきことだ　七三％
別にそうは思わない　一四％
わからない　一三％

七、赤線地帯がなくなると、こつそり売春するものがふえると思うか、否か

ふえる　六三％
そういうことはない　一四％
わからない　二三％

八、女の人が売春するのは事情によつてやむを得ないか、それともどんな事情があつても人間として許されないと思うか

事情によつてはやむを得ない　四一％
人間として許されない　四三％
わからない　一六％

九、赤線地帯は必要か、否か、またなくすべきか、否か

ある程度必要、なくしたいとは思わない　一六％
ある程度必要だが、できればなくしたい　一六％
必要とは思わないが、ぜひなくしたいとは思わない　一〇％
必要とは思わないし、ぜひなくしたい　三二％
わからない　二六％

一〇、赤線地帯があつてなかば公然と売春が行われていることを知つているか、否か

知つている　七九％
知らない　二一％

この調査によると売春防止法のできたことは大部分知つているが、その人たちでもその適用については正確なことを知らないものが多い。また赤線地帯については、「できればなくしたい」「ぜひなくしたい」という人が、「なくしたいとは思わない」人たちよりはるかに多い。

そして一方業者の転廃業の見通しについては悲観的で、地下にもぐるものがふえるという意見が圧倒的です。これはとりもなおさず、売春問題に対する政府の態度への国民の不信の表明と言えるのではないでしょうか。

つまり、政府はほんとうに売春をなくしようという強い考えはもつていない、という見方によるものでしょう。しかし、こんな政府を誰がつくつているのか、併せて考えて頂きたい問題です。

婦人のこえ

1957年 七月号

七月号 目次

特集・婦人団体

婦人団体の動向

田《た》中《なか》寿《す》美《み》子《こ》

最近、目立つて自民党から、地方の婦人会への働きかけが熱心になつてきた。地方を歩くと、方々でそのことをきかされる。いままでは、選挙のたびに当然、自民党の応援をしていた会長らも、ただ支持者というのにすぎなかつたのが、このごろは自民党の勧誘で、公然と党員を名のり、支部長を名のるものが出てきたのである。自民党はいま組織の拡大をさけび、地方支部の結成をいそぎ、つぎにくる選挙でどうしても社会党に勝つて、憲法改正のできるように地ならししようとしているが、そのために一番に目をつけるのは何と云つても、大きな会員数をもつている婦人会である。だから手をかえ、品をかえての勧誘である。また、村や町の婦人会長も、自民党支部長などと肩がきがつけば名誉職についたような気がして、よろこんで引きうけるものも少くない。

ところで問題になるのは、本来、地域婦人会は、政党的活動を目標にするのではない、社会教育団体として発足したのである。戦後、婦人団体の民主的運営の教育をうけて、少くとも形の上では総会をひらいて、役員の選挙をし、会長をえらぶことになつている。だから現在婦人会長になつている人たちは、そういう民主的な手つずきで、会員からえらばれた会長のはずである。こういう人たちが、会長のままで、自民党の支部長になつたり、支部婦人部長になつたり、あるいは党員になることは、公正なことではない。自民党の政策を婦人会におしつけたり、または、自民党の宣伝を会員にするようなことになる。会長に選挙されるときから自民党員であつたり、党の役員であつたりしていたら、たぶん、会長にはえらばれなかつたであろう。地域婦人会は、政治的には中立、というたてまえで、自民党支持のものも、社会党支持のものも集つているからである。

だから、婦人会の会長や役員をしていて、自民党に入ろうと思うものは、一たび役を退いて、会員にはかつて、役職につくかどうかをきめるべきである。これは社会党の場合でも同じだろう。会員の最高決議機関である総会にかけて、賛成を得たものなら、婦人会の役員が自民党員であろうと、社会党員であろうと、あるいはまた、会自身がどちらかの政党を支持して活動することになろうと、それは会員の意志なのだから結構である。将来、こういうことはおこつてくると思う。現在では、そうした、公正な、民主的な手つずきをとらないで、会長が勝手に入党して、その政治的な影響をぼう大な数の会員に及ぼそうというのだから、ずいぶん非民主的で、策略的である。会員は黙つていないで、総会を要求して、そういう会長の報告をもとめ、討議にかけて、こういう問題ははつきりさせねばならない。戦後十年以上も、民主主義のルールを学んできて、発言も上手になつた婦人会員が、こんなことを黙つていてよいものではない。

従来、どちらかというと、地方では、保守政党は、義理人情の人間関係のむすびつきを地盤にしていて、近代政党らしい下部組織をもたなかつたので、党員数はわずかでも、革新政党の方の組織力の方が目立つてみえた。だから婦人会の活動が、婦人の権利のよう護という立場から、地方議会や中央の国会に働きかけるようなきには、自然、革新派の人々をたよる傾向があつた。すると、婦人会は、政治活動をしてはいけないといつて、地方の教育委員会などからたしなめられることがしばしばだつた。これはおかしいことである。婦人団体は圧力団体として、国と地方の政治に圧力をかけてこそ、民衆のためのよい生活も実現できる。婦人に関係ある問題、何一つとつてみても、政治とはなれては存在しない。母子福祉でも児童対策でも、売春防止でも、あるいは婦人の雇用にしても、婦人会の内部で研究討議しているだけでは一歩も進まないのである。だから、一部の社会教育の指導者が婦人会活動と政治のむすびつきを極力排げきしたのは当を得ていない。婦人は育ち、会の中だけでじつとしていなくなつたのである。

そこへ、このごろの、政党からの働きかけである。二大政党対立の時代となつたいま、この働きかけからものがれられないのが本当だろう。そこで、下部の会員たちの自覚が必要となつてくる。いままでは誰でも、自分の支持政党を、はつきりすべき時である。そして、自分の属する婦人会のなかでも、各政党の政策を問題にし、批判し、要望するところまですすまねばならない。学習ももちろん婦人会の仕事であるが、政治にむすびついていつてわるいということはない。ただ、政治的活動をするときは、旗いろをあきらかにせねばならない。しらない間に会長が自民党支部長になつていた、などというのでは困る。政治色を明かにしたために脱会する人があつたり、分裂したりしてもそれは仕方のないことだ。地域婦人会の県連合会は、いまでは八県をのぞいて中央の全国婦人団体連絡協議会（会長山高しげり）に入つているので、会員数六百万をこえるこの組織はおどろくべき勢力となり得る。それが会員の意志をきかず、いつの間にか保

短歌

萩元たけ子選

季朝の瓶に向ひて言葉なしはかなきことにわづらひてありし　菊地　操

涙のあと頬に残して寝入る子の髪ほぐしつゝ我が心憂し　鶴岡　妙子

さみどりの歯磨をブラシに移しつゝレントゲンに胃を暴すをきめぬ　清水はなえ

泣きなきて情も素気なき冷たさもしかと踏み越え天地に立つ　池上　絹江

心尖り気焦らたちし永病みの若妻の頬は青く透けをり　野口　菊枝

砂浜に子らのよろこび見つめつゝ思い出づることのすべてはるけし　菅原　澄子

我をはなれ遠くゆく子にふるさとのもみがらいれて枕つくりぬ　垣沼　真子

守政党の地盤として組織づくりを手つだうようなことにならないように、注意すべきだ。

地域婦人会の大きな組織とならんで注目すべきものに、毎年行われる母親大会、原水爆禁止大会、などに集る婦人大衆がある。これには婦団連などの民主的婦人団体と日教組などがイニシアテイヴをとり、革新派から地域婦人会員までをふくめた、広汎な婦人大衆が集つてくる。ここに集つてくる母親たちは、常設の組織の会員ではないけれど、一年一回のこの会合に戦争反対、平和を目標にして集つてくるのである。なかには全く素朴な婦人もあり、保守派の婦人もある。それでも、平和を守る、という共通の目的のために集つてくると、話しあいで教育され、視野をひろげ、進歩的になつてゆく。これは革新派の婦人たちの計画として、年々成果をおさめている。労組婦人も合流するし、農協婦人も参加している。その目的とするところには、保守派の婦人でも反対はできないだろう。正に、自民党の地域婦人会かくとくの運動と、革新系の婦人による母親大会への婦人の動員とは保守と革新の、婦人有権者をめざす対決ともいえるありさまである。

この他に、中立的なうごきとして、新しく、婦人団体国会活動連絡委員会ができた。婦人有権者同盟、大学婦人協会など六団体で組織しているが、これには全国地域婦人団体連絡協議会も参加している。国会や政府に対して、婦人のための政策を実現させることを目的とするもので、政党色をもたず、どの党に対しても圧力をかけることになるようだ。この委員会は、国会や政府内に刻々におこつてくる情勢をつかんで、外にいる、一般婦人につたえ、圧力活動をするための材料を提供する点で意義がある。しかし、実際に外で運動するのは一般婦人であるから、結局は、一般大衆婦人がどつちの方向に動くかによつて日本の政治は決められるものである。今後、保守対革新の、二大政党対立の政治は、婦人団体活動をも、好むと好まぬとにかかわらず、二つの陣営に色わけしてゆくだろう。

地域婦人団体

昭和三十年九月十五日現在文部省調査によると、地域婦人団体総数は二二、六〇団体で、団体数の多い県は鹿児島（三、四三三）、北海道（二、〇五九）、宮崎（一、八九五）、長野（九二二）、新潟（八二八）、愛知（六九二）等であり、少い県は佐賀（一三四）、徳島（一五一）、栃木（一六八）、鳥取（一七八）、滋賀（一七九）などである。

団員総数は七、〇七三、七一三人で、年令は四〇～五九歳が五一・三％、二〇～三九歳が四三・三％で、つまり二〇歳から五九歳までの婦人が約九五％を占め、一九歳以下および六〇歳以上は約五％にすぎない。

また地域婦人団体は「姑の会」といわれているが、それについてこの調査は反対の結果を出しているのが注目される。

嫁の地位にある者　一、七九八、四二五名
姑の地位にある者　九六八、四五〇名

で、その比率は嫁二五・四％、姑一三・七％、しかもこれは村落においても嫁が断然多く三一・六％、姑が一五％である。（この調査は同一家庭内で嫁も姑も会員であるものは除かれている）

他団体への重複加入者、代表的な団体として農協婦人部と町内会婦人部のみを対象した調査によると、農協婦人部加入者は全国で二、四九一、九三四人で全会員の三五・二％。町内会婦人部への加入者は一、〇七五、九〇一人で全会員の一五・五％となつている。

婦人団体論

――そのあり方について――

山《やま》川《かわ》菊《きく》栄《え》

婦人がどんなにしいたげられていたところで、男子と共に労働市場にかりだされ、自分の収入を得、自分の賃金で生活する機会を与えられないかぎり団結して解放を要求するようなことにはなりません。そういう力、そういう社会意識は家庭からきり放され、娘とか妻とかいう立場からはなれて、一個の人として、独立の社会的、経済的単位としてふみだした瞬間に芽ばえるもので、そういう新しい地位は資本主義によつてはじめてあたえられたものです。家長の無給の助手として、家族従業員として働く代りに、一人の独立した労働者として職場で働き、その働きに対して一定の賃金を与えられるようになつたとき、婦人ははじめて社会の一員としての自分を見いだし、その社会の中で自分がどんなに不当なあつかいをうけているかに気づき、同じ境遇の婦人仲間と手をとりあつてその地位の改善や解放の運動にのりだすこととなります。

　資本主義の先進国であるイギリスやアメリカに、まず婦人運動がおこり婦人団体がよく発達しているのもそうした理由に基ずくもので、日本でも明治十九年にはじめて婦人矯風会が成立し、明治から大正、大正から昭和、とくに戦後に婦人団体がめざましい発達をとげたことは、婦人労働の進出による経済的独立の可能という事実と歩調をあわせてのことでした。経済的な裏づけなしに婦人解放の要求は起るものでなく、また経済的事実を改めていかない限り、実質的な婦人の地位の向上は望まれないのです。そこではじめは資本主義という新しい事実の上に起つた婦人の地位の変化を無意識的に反映してあげられた婦人解放の声が、次にはその事実をさらに意識的に変えていく運動に発展して行くようになり、従つて婦人団体のあつかう問題やその思想的内容にもいろいろの段階を代表するものが出てくるわけです。

　一九世紀の終りから二〇世紀のはじめにかけて、イギリスの婦人参政権運動が世界の注意をひいていたころ、保守党系の婦人たちはプリムローズ・リーグ（桜菊同盟）という、やまとなでしこの向うをはつたような誠にやさしい名前の婦人団体をつくつて演説に集会に、婦人参政権反対の運動にかけまわり、女の天職は家庭にあり、私たちは政治に関係すべきでないと叫びました。が、賛成にせよ、反対にせよ、家庭を出て選挙権拡張の是非を論ずるのは政治運動たる点で同じことではないか、といわれたものです。やがて婦人参政権が実現したとき、この連中は、婦人は政治に関係すべきでない、といつて棄権し、家庭にひつこんでいるかと思いきや、進んで選挙の応援もすれば立候補もする、大臣にもなる、決して参政権論者にひけはとらない活動ぶりでした。

婦人団体は不必要か

　婦人公論七月号の座談会に、坂西志保さんは、婦人が婦人だけの団体や集会をもつ必要はない。婦人週間もいらない。参政権もみとめられ、男女平等になつた以上は、すべて男子と同じに行動すればよい。婦人だけの集まりは対男子の敵意が強くなつていけない、といつていますが、はたしてそうでしようか。なるほど、法律上の平等はみとめられたが実際の平等には遠い。これを実質的な平等にするために婦人は婦人同士集まるのにふしぎはなく、男子の保守的な意見や態度がそれを妨げていれば、それを改めさせるのに遠慮はいらない。婦人が婦人同士で集まることは陰謀でも何でもないのだから、男子も気にしていないどころか、大いに援助する者が多いし、そういう団体活動の訓練が婦人を進歩向上させる効果は大きいのでそれをヘンに気にするものは坂西さんのほかにないのではないでしようか。

資本主義の先進国はもとよりのこと、男女平等はすでに実現したとほこつている共産国でも、革命後婦人団体が育成され、世界的に婦人によびかけてもいれば、婦人デーや婦人週間の催しもある。一般に共産国は後進国で男子の権力が強く、女子の文盲率が高い点もあるにせよ、特に婦人の活動に重きをおくのはそれだけではなく、やはり女性には女性としての特色があり、その生理的機能の差が社会的機能の差をも生む結果、機械的、天降り的な分業の強制には誰も反対しても、いろいろな面で自然的な分業がおこなわれることは男女各々の特質を活かすことになるので、その意味からも婦人の集団的活動は重要視されているのです。私は男女七歳にして席を同じうせず式の差別には反対する。が、どんな場合にも婦人だけで話しあつたり集まつたりすることが婦人の進歩を妨げるというような機械的な考え方にも反対する。私たちは人間であり、男であり、女である以上、もつと複雑な融通のきくもので、時により必要に応じて自由に行動することを好み、現にそうしてもいるのです。

日本の婦人団体の欠陥

婦人団体は主婦の組合であるといわれますが、今後家事労働がはるかに機械化され、簡易化されても、やはり家庭というものは残り、妻や母の役割はその中心的な地位をしめるだろうと考える私は——これは妻や母が生産的な仕事を兼ねていてもです——婦人団体は残るだろうと思うのです。男女の地位の差別をなくすという消極的な意味からだけでなく、婦人の特色をより多く生かすという積極的な意味からも、婦人団体の機能を無視することはできないのではないでしようか。

従つて私は婦人団体はこうでなくてはならぬとか、こうあつてはならぬとかいうものではなく、必要に応じてどんな婦人団体を作るのも自由だが、官製の団体、または幹部中心の団体は、団体を組織する意義をうらぎるものですから反対しなければならないと思うだけです。ところが日本では戦時中から官製団体一式に統合された遺習で、今でもとかくそういう傾向があり、特に末端の組織に努力する代りに幹部中心になりがちの傾向があります。日教組が丹頂鶴などといわれますが、組合でも政党でも、婦人団体でも、頭のテッペンが赤いか黒いか、どのみち、ほとんどの団体が幹部団体で、末端の大衆は似たりよつたり、どつちにでもなりやすいという心細い状態が多いのではありませんか。

憲法改正、再軍備、家族制度復活などの問題を、真剣に自分たちの問題として考えている婦人団体はまだ少いでしよう。地域婦人団体にせよ、未亡人会にせよ、仕事の専門的分野はそれとして、とにかくそういう本質的な問題にふれずに自分たちの生活をまもることもよくすることもできないことを知らずにいては、戦時中の官製団体と同じく、婦人を盲従させるための団体といわれても仕方がないでしよう。この際自民党が婦人の組織化にのりだしたことは、革新陣営の怠慢をめざます意味で、むしろ歓迎されていい刺戟とさえいえるでしよう。

婦人団体に限らず日本の団体活動の欠点は、団体加入の上に立つ中央組織が多く、一見はなやかに威勢よく見えながら、実質のともなわないことです。小さくとも個人単位で、会員一人一人がハッキリした意識をもつて加入し、会費を払い、仕事を分担し、責任をもつて行動するのが本当ですが、日本の場合、会員は有名無実、幹部だけで何もかもやる、従つて幹部専制でボスが養成されがちなことはどの方面にも見られる通弊です。どこの国でも小数にもせよ、共産党が活潑に動き、多数でありながら社会民主党がおされがちなのは、前者は個人単位に組織され、後者は個人と団体の二本立てで、団体加入の方は労組や婦人団体、協同組合などがまるごとはいつているのですが、この場合、加入者は形ばかりで、個人党員のようなハッキリした政治意識や責任感をもたず、選挙のとき投票するだけのもの、またはそれすらあやしい未教育のものが多いからです。中で最もよく組織化されているイギリス労働党の如きでさえ、労働組合の団体加入による間接党員五百万に対し、直接加入の個人党員は百万程度で、その五百万の意識水準の低い団体加入の勢力が執行部の三分二をしめていることが問題になつているのです。そしてそれが保守的な右派の基盤ともなつているのです。

日本の場合、実体のハッキリしない加盟団体の名を多くならべて虚勢をはる全国組織が何と多いことでしよう。社会党がわずか二、三万の党員で一千万の投票を集めることは驚異的なできごとですがそれだけに浮動票の上にのつている心細さがあり、南極の氷魂のように、風のむき一つで明日はどこへおし流されるか分らないようではこまります。婦人団体に至つては一層確実な組織的地盤がなく、幹部の顔が一切だという傾向すらないではない。中央から思いつきの指令を流したり、大会で十も二十もはでな決議をしたりするよりも、一人でもいいから、選挙のためでもなく、売名のためでもなく、縁の下の力もちになつて組織をそだける献身的なオーガナイザーを育てなければ、保守勢力にくわれることは火を見るよりも明かです。

ある外国婦人が日本の婦人団体くらいいいかげんなものはない。どれもこれも目的は同じ抽象的なもの、規約はズサンでこれまた何の特徴もなく、お座なりだといつていました。団体の規約は一国の憲法のようなもので、民主的な団体ほど綿密に良心的に、会員個々の意見や体験が織りこまれ、古い団体になるほど改正や追加されるので条項も多くなり、規約でその団体の特色や活動がよくわかるのに、日本の場合、似たりよつたり、一見結構だが何のための団体かわからない程度だというのです。これは民主的団体としての実質がそなわつていないせいで、今後この方面を研究し、改善しなければいつまでたつても幹部団体の鉢合せにとどまるでしよう。

以上のべたことを要約すれば、一、婦人団体は、婦人が多少なりとも個人的自由を得、社会的進出の機会を得ると共に発達するもので、隷従のしるしではなく、解放のいとぐちであること、二、坂西さんのように法律上の平等だけが婦人団体の活動目標ではなく従つてそれが達成された後にも、婦人の自主的な社会的活動、その他の教育的目的のためにも、また婦人の特質を発揮するためにも、婦人団体は存在の意義をもち、資本主義の社会でも社会主義の社会でもその必要があること、三、日本の団体構成は個人に重きをおかず、団体加入によるものが多く、名目の会員数を誇るだけで実質がなく、会員の会費によつて運営され、会員みずから活動方針を決定する民主的なものが少い、この点を反省する必要があるということです。

圧力団体に満足するな

日本で婦人に結社権が与えられたのは戦後のことなので、政党加入ということは女らしくないこと、専門の政治家か、立候補希望の人以外に用のないことのように思われているらしい。議会政治は政党の発達しだいで運命がきまるので、今のように政党が毛ぎらいされ、よりつかない工夫ばかりするものが多い間は、政治がほんとに民意を代表する力となりえず、少数の特殊な人の自由になりがちなのです。今日いろいろの職能団体が議会の外から圧力をかけますがそれはよいとしても、ただ陳情や抗議に満足しているばかりで、直接政治を行う政党の一員となつて政策をつくり、それを実行する責任をとる気にならないのでは政治はよくなりつこないのです。

アメリカのように資本主義がまだ繁栄しており、似たり寄つたりの二大政党が競争していられるほど余裕のある国では、婦人の政治活動が圧力団体に留まつてもいられましようが、日本のように資源は乏しく、人口は多く、どう見ても社会主義以外に国を救い、社会問題を解決する方法のないセッパつまつた国で、非階級的、中立的な圧力団体に満足するような政策は実際的でなく、男子も婦人も積極的に政治の改革を企てる以上、もつと多く政党にはいるべきなのです。しかし社会党などが政策の上ではいかにも婦人に理解がありそうでいて、実際には婦人がよりつきにくい点はどこにあるのか、これは党としても真剣に反省しなければならないことだと考えます。社会保障とか母子保護とか雇用の拡大とかは自民党や岸首相でさえも口にすることで、そういうお題目だけでは人々は社会党にそれほど大きな期待や信頼をよせず、問題は実行力であります。そしてよい政策を実行するには、反対派の乗ずるすきのないほど、強い組織をもつ絶対多数の政党が必要なのです。そうでないと、一貫した主義も政策もなく、しばしば目先の利己的な目的のためにすら動きがちな圧力団体のために悩まされて、徹底した改革がおこなえず、弱体内閣がいれかわりたちかわりするばかりです。一九五一年一〇月、イギリス労働党内閣は保守党に負けましたが、その原因がいろいろあつた中に、主婦連合会という保守系の婦人団体の食糧統制撤廃（食肉や砂糖の自由販売）運動も相当大きな役割を演じたのでした。保守党内閣になつて統制撤廃になつた結果、物価は上り貧富の差は大きくなり、大規模の労働争議はたえず、輸入超過でイギリス経済は危機に陥り、社会不安が募つてきたことはご承知の通りです。

社会は将来どう進むべきであるか、という根本的な政策をとりあげずに目先の利害ばかりで時の政府に圧力をかけるという行き方は婦人の解放と逆行しないとは限りません。今日の世界の政治外交は、社会主義を知らずには理解できないところへきているのです。社会主義への道も一つではなく、共産国もそれぞれ国情に応じて独自の行き方をしようとしており、資本主義国や半植民地、植民地の社会主義運動も前進を続けており、婦人の地位も大きく変つています。

婦人団体案内

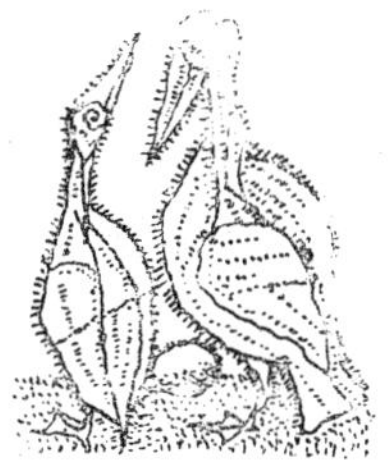

全国地域婦人団体連絡協議会
全国未亡人団体協議会
主婦連合会
日本婦人有権者同盟
日本キリスト教婦人矯風会
全日本婦人団体連合会
全国友の会
日本大学婦人協会
政党外郭団体

はじめに

有志婦人団体の数は現在約四千八百、会員概数百五十万もある。そのうち主だつたものだけでもとうていここではとりあげ切れない。そこでごく特色のあるものをいくつか紹介することにした。平和と民主主義、人権擁護、子供を守るため地道な努力をつづけている婦人団体も少くない。そうしたものをほとんど割愛しなければならなかつたのは残念である。

全国地域婦人団体連絡協議会
（略称・**地婦連**）

一九五二年七月、各都道府県単位の地域婦人団体により、その連絡協議機関としてつくられた。発足当時は二〇都府県が加盟していたが現在三六都府県に増加未加盟県は北海道、岩手、秋田、福島、神奈川、福井、和歌山、高知、大分、鹿児島、奈良。

会員数、約六百万、理事長、山高しげり氏

戦後新たに町や村に小さな婦人会が生れたが、それらの婦人会は市や郡でまとまり、さらに県や都、府を単位にした都、府、及び県婦人連絡協議会（県婦連）というものがつくられた。さらにこれが全国的にまとまつたものが地婦連である。

会の目的は「地域婦人団体の連絡協議機関として、その共通の目標である婦人の地位の向上、青少年の健全な育成、家庭生活並びに社会生活の刷新、地域社会の福祉増進、世界平和の確立の実現のための相互の連絡協力を図る」ことであるとしている。

そして事業として公明選挙運動、覚せい剤防止運動、新生活運動及び売春禁止法制定促進運動、家族制度復活反対運動が行われてきた。この団体の目的や事業をみると別に疑をさしはさむところはないようだ。ところが最近地婦連が戦時中国家目的に添つてつくられた一般婦人の戦争協力体となつていた「大日本婦人会」のようなものになるおそれがあると言われ、また下部の地域婦人団体にさまざまな問題が起つているのである。

大日本婦人会は愛国婦人会、将校婦人会等を中心として、すべての自主的婦人団体を解散せしめてその中に吸収した官製婦人団体で指導権は軍人の手ににぎられていた。戦後この種の途方もなく大きな全国団体、およびある府県の全婦人団体をうつて一丸とする府県の連合婦人会は民主的団体の育成を妨げ、中央集権の弊害の甚しいものがある、というので総司令部の反対するところとなり、戦時中の指導者も追放されていたものが多かつたが講和条約後、これも禁ぜられていた隣組的な組織と共に復活したもので、本質的には逆コース的ふくみをもつていると見られる。

ところで地域婦人団体とはどういう団体を指しているかというと、文部省の見解によると大体左の条件を備えているものである。

一、公の支配に属さない団体であること、
二、社会教育に関する事業をおもな目的としていること、
三、地縁関係を基盤としていることを団体成立のおもな要件としていること、
四、規約をもつた団体であること、

この定義によるまでもなく、大体民間団体は自主性をもつて自由に活動できるというところに生命があり、また魅力がある。しかしこの自主性を保つには経済的な裏付が必要であることは言うまでもない。ところが婦人が社会的になにか運動を起そうとする場合、いつも、またどこでも早速突当るのはお金の問題である。大衆を対象としてつくられる婦人団体はどこでも余り高額な会費は徴収できないし、この運営資金をどうして作るか、ということが会の性格に大きく影響してくる。

一方男子有権者より多い婦人有権者の動向はどの候補者にとつても無視できないし、その獲得に苦心している。これを得る最も手取早い方法は財政的な援助である。経済的に恵まれた者の多い保守党議員が地元婦人会にさまざまな援助をし、便宜を計つて選挙に備えているという事実は今さら言うまでもないほどどこにでも見られる風景である。婦人団体は「めかけ根性をやめろ」という声が男子有識者からあがつているのも決して故なしとはしない現状である。

こうして下部の地域婦人団体は保守の地盤として固められつつあるといわれている。月十円の会費で年幾回かの慰安旅行ができるということは、自前では一生できないかも知れない庶民の主婦にとつて大きな魅力であろう。しかし、憲法改正のために革新派三分の一の切りくずしに必死になつている保守党に加担し、温泉行きや東京見物とわが息子の命を取替える結果となることを、どれだけの婦人が自覚しているのだろうか。

もとより地域婦人団体がすべてこういう性格をもつているというのではない。一般にそういう傾向が深まつてきたという点に注意しなければならないと思うのである。

全国未亡人団体協議会
（財団法人）

一九五〇年一月結成。参加団体四六、会員一〇四万。地婦連、農協婦人部につぐ大団体。各都道府県単位の未亡人団体を構成員とし、全国的な連絡協議機関として未亡人の福祉増進のため日赤・愛育会等七つの社会事業団体の肝入りでたん生。役員は任期二年で各県より一名づつの評議員（大ていは県の会長）を出し、さらにこの評議員の中からブロック毎に一名の理事を選出して理事会をつくりそれによつて運営されている。そのうえに会長一名、副会長三名を置くが実際会の運営に当つているのは事務局長で、設立以来山高しげり氏である。

未亡人団体の会員は夫に死別した人ばかりではなく生別、未帰還、遺棄等の理由から夫に別れ十八才以下の子供を抱えた母子家庭の人も少くない。そのため協議会は母子福祉法の成立に力を注ぎ、選挙も超党派的に母子福祉問題に熱心な人を支持する由。その他の経済問題、社会問題についても他団体と協力、提携して行動を起すことは余りしない。たとえば売春問題にしても、売春婦の三割が未亡

人であるため、売春禁止法の制定より未亡人の救済をまず要求するという態度。米価値上げ反対も同様、値上げをするなら母子家庭に特別措置をとつて欲しい、と言つた調子で、いわば現状是認のうえに立つている。未亡人団体協議会にいろいろ批判があるのもこんなところに原因があるようだ。

主婦連合会

一九四八年九月発足。設立の動機は同年夏、当時のインフレに対し、大阪の主婦たちによる肉の値下げ運動に刺激された奥むめお氏らが、大阪代表との懇談会をもつたことに始まる。九月、東京の未組織の主婦たちに呼びかけ約二百名で「燃えないマッチをもちよる会」を開き、官庁の係官及び製造業者を呼んで責任を追求、これが事実上の主婦連の発会式となつた。

主婦連合会の目標は、「家庭生活の向上と合理化のために必要な活動をすること」となつている。従つて家庭経済問題に重点をおいて運動を進め、消費者のための圧力団体として物価や商品問題では常にいち早く、旗印のシヤモジを持つて立起るので有名。そのほか「主婦の店」を指定したり、主婦会館を設けて諸事業を行うなど婦人団体中では特殊な活動的団体として知られている。

創立以来の会長奥むめお氏は緑風会所属の参議院議員。前回の東京都知事選挙に主婦連が保守系の安井候補を応援したことは周知の通り。そのほか物価値上げ反対運動に労組との提携を敬遠するなど、政治的には保守的色彩が強い。全国で二二四の婦人会を包含している。

日本キリスト教婦人矯風会

日本の婦人団体のうちでは最古のもので一八八六年(明治一九)一二月、万国婦人矯風会の日本支部として婦人運動の先駆者矢島楫子及びその他のキリスト教婦人によつて設立された。そのいとぐちは当時来朝したアメリカキリスト教婦人矯風会の派遣員レピット女史の提唱によつてひらけた。はじめ「東京キリスト教婦人矯風会」と称し、後全国的組織をもつに至つて、明治二六年「日本キリスト教婦人矯風会」となつた。

創立の趣旨は婦人の解放と社会の改良で、始めは一夫一婦制の確立、男女同権の要求が廃娼、禁酒、禁煙運動と共に進められていた。明治二三年公布された「集会政社法」(婦人の政治参加禁止)の改正に最初に立向つたのはこの団体だつたが、日露戦争当時慰問袋をはじめて送つたのもこの団体。その後は廃娼、禁酒、禁煙等、社会矯風へと力を注ぎ、戦後は平和、潔血運動を主とし、ことに売春禁止運動の中心団体となつている。全国支部数一一八、会員七千名。会頭沢野くに氏、副会頭久布白オチミ氏。

日本婦人有権者同盟

一九四五年一一月「新日本婦人同盟」の名のもとに婦人の政治解放を目的として結成された。同年一二月婦人参政権が与えられたのちは婦人有権者の政治教育と啓蒙とを目ざす。五〇年一一月「日本婦人有権者同盟」と改称。初代会長市川房枝、現会長藤田たき氏。会の目的として次のことを謳つている。

一、婦人有権者としての自覚の喚起及び参政権の正しい行使のための政治教育

二、国会、地方議会及び政府、政党を監視し予算、法律、並に政策等に対し婦人の立場

から政治的圧力を加えること
三、婦人の公職への参加を勧めこれが増加に力する
四、民主主義の逆行に反対し婦人の既得権を失わないよう努力する

という婦人の政治的圧力団体。

会の組織は個人加盟で満廿五才以上の婦人有権者であること。全国支部三九、会員数約五千。国際的には「国際婦人同盟」に加盟。機関紙「婦人有権者」発行。

全日本婦人団体連合会（略称・婦団連）

一九五三年四月結成。結成動機はその前年戦後はじめてソ連、中国を視察した参議院議員高良とみ氏の帰国歓迎会が有志婦人団体によつて開かれた。それを機会にお互つながりあつていこうという相談がすすんで婦団連結成となつた。

目的は「婦人の生活と権利、子どもの幸福平和を守る」ことで、同じ要求や目的をもつた団体や個人と一しよに仕事をすることを活動の第一原則としている。従つて政党、宗派、団体の性格を問題にしない、としているが、国内的には日本共産党の外廓団体婦人民主クラブが最も有力な構成メンバーの一つとなつており、国際的にはコミンフォルム系の「国際民主婦人連盟」に加盟している。

構成は団体またはグループによる加入を原則として、現在婦人民主クラブ、生活協同組合など三十六団体が加入している。

初代会長平塚雷鳥氏、現在藤間身可栄氏。

全国友の会

故羽仁もと子氏が創刊した雑誌「婦人の友」の読者の集りとして昭和五年発足

この会はキリスト教の精神に基づく「思想しつつ、生活しつつ、祈りつつ」をモットーとして愛と自由と協力によつてよき社会の建設を目ざすという小市民的婦人団体。全国各地に一五六の分会を持ち、現在会員数一三、二二二名を数えている。

分会はそれぞれ一つの自治体となり一年交代のリーダーによつて運営され、東京に中央部を置いて各地分会の連絡に当り、年一回全国大会を開き、中央のリーダー（中央委員長）は羽仁もと子氏だつたがその没後一年間は空席とした。事業は週一度最寄会、月一回の生活研究会を地域的に開き、読書、衣食住、子供の問題等について研究し合つている。

外部への働きかけとしては、衣食住家計等の講習会を常設的に開いている。

日本大学婦人協会

一九四六年六月創立。

目的は女子の大学卒業者を結合して、女子教育の向上に寄与し、社会生活の改善を計り国際大学婦人連盟と協力して国際理解と親善に尽すこととなつている。

そのため事業の主なものは女子の大学教育推進並びに研究助成のために奨学金を与えることで、三十二年には国内生二十名、国外生三名に奨学金を出している。（国内生二十名に対する総額は二十六万円、海外生には米国大学婦人協会からの奨学金その他のあつせんをする）

現在全国に二十八支部をもち一、六二九名の会員がいる。会員資格は協会によつて承認された大学または旧専門学校の女子卒業者及び、国際大学婦人連盟によつて認められた海外大学の女子卒業者にかぎる。

この団体はまた婦人の地位向上、社会改良の立場から他団体と協力して活動している。

初代会長藤田たき氏、現在は山崎文子氏。

全国農協婦人団体連絡協議会
——その成立と現状——

新《にい》沼《ぬま》静《しずか》

1 生いたち

農協婦人部の生いたちを語るには農業協同組合の歴史と平行して見て行く必要があると思います。

農業協同組合は昭和二十六年に農民の経済的社会的地位の向上と国民経済の発展を目的として発足しました。

戦前、この農業協同組合と同じような機能をもつたものに、農業産業組合というものがあり、地主が中心となつて、農民や農村に住んでいる人々のために、金融や物資の購買販売、その他の事業を行つていました。

それが戦後は農地改革のあとをうけて、農業協同組合として生れたのですが、戦前との大きなちがいは、前のは地主が中心でしたが戦後は農民が中心であることと、この中に婦人も出資して組合員になることができるようになつたということです。ですから農民としてはもつとも民主的になつたとも言えましよう。

こうした農村の黎明は、今まであまり返り見られることのなかつた農村婦人の自覚をたかめ、農協をよりどころとして結集させる契機ともなつたわけです。

次に、現在のような婦人部ができるまでには一度に組織化されたわけではありません。最初の動きとして見られることは、「働く農村婦人の社会的経済的地位を高めよう」というねがいが、昭和二十三年頃から婦人組織についての考えかたが農村婦人の間からぼつぜんとおこつて参りました。

当時は石川、福井、愛知、長野、静岡の各県に農協を中心として婦人部を結成しようとする動きがかなりはつきりしてまいりました。一方当時は占領下にあつたために、こうした農村婦人の組織的な動きに対しても、占領軍当局の警戒するところとなり、これが農村婦人の自主的な動きにもかかわらず、地方軍政部に指令を発してむしろ、組織化をおさえる傾向にさえありました。

政党外廓団体

きさらぎ会（自民党）

自民党婦人党員及び無所属保守系の婦人教育委員、地方議員を中心として五六年二月六日結成。目的は自民党の政策研究とその普及で、全国四六都道府県にそれぞれ支部をもち、現在会員約三千。会費年額百円。

世話人代表　最上英子氏。

婦人問題研究会（社会党、旧右派系）

昭和二六年一一月結成。趣旨は単に男女の性別による婦人の問題だけでなく、広く政治経済、文化の領域にわたる研究と共に婦人解放の実をあげるための運動を行つている。会員組織であるが団体加入も認めている。機関紙「伸びゆく婦人」を発行。会費一カ月二五円、会長加藤シズエ氏。

くらしの会（社会党、旧左派系）

昭和二八年一一月発足、三二年一月全国連合会結成。生活の向上と住みよい社会の建設という趣旨のもとに対内的には生活指導、内職あつせん、時事問題の研究会等を行い、対外的には他の民主的婦人団体の協力機関として活動。会費は一カ月三〇円、会長藤原道子氏しかし、このような条件下においても自覚した農村の婦人の力は次第にもえ上り、昭和二十四年には静岡県で農協の役員となつた三九名の農村婦人が「静岡県農村婦人連盟」の結成をよびかけ、この年の十一月組織の結成にまでこぎつけたのでした。

次いで、二十五年春には「長野県農村協同組合婦人協議会」が結成され、その他の府県にも、相次いで組織の結成をみるに至つたわけです。

この頃、中央においても、当時の全国指導連によつて定められた「農業協同組合生活文化運動要綱」の中ではじめて農村婦人の問題をとりあげ「日本農業の零細性と封建的家族制度により、婦人は従来経済的にも社会的にも常にれい属的な地位におかれ、過重な農業労働を行つてきた。それを改めるには農業経営者、農村の生活改善をするのが前提である」。

以上のように、婦人の地位の向上と、その活動を効果的にするためには婦人が組織化されることが必要であつて農協婦人団体の結成が望まれていることが強調されました。こうして二十五年中央機関で結成した農村文化委員会において農協婦人部の結成促進が採択されたのであります。

また当時は農協不振や、中でも、農家の苦しさの進行は一層これを促進させ、数回の農協婦人部代表者会議の末、二十六年四月第三回全国農協婦人部代表者会議で「全国農協婦人団体連絡協議会」が正式に結成され発足することになりました。

2 活動と事業について

以上のような経過をへて、農協婦人部が全国組織を結成して本年で七年目をむかえ、県組織四十一県、町村組織約八千、会員数は三百二十万というぼう大な数にまで発展致しました。

次に、農協婦人部活動について、これをひとロに申しますと、〃暮しがよくなることを目的〃として組識された経済行為を行う農村婦人の団体といつた方がよいかと思います。

たとえば作物をつくることから、売ることと、買うこと、貯蓄の面、共同施設の利用、広汎な生活改善にまでそれこそ、生産から消費に至るまで巾広い内容をもつているのです。

つまり農村のすべてにわたつているといつてもよいと思います。又一方においては一人ではできなかつた問題（封建性の打破、迷信とかその他農村特有の問題）等についてもみんなの力を集めて解決して行こうというねがいも含まれていることもこの組織の大きな意義をもつているといわねばなりません。

次に農協婦人部の重点目標は　1、農業協同組合意識の昂揚。2、農業協同組合事業の推進。3、農業技術経営の改善。4、農村生活改善と文化の向上。5、農村婦人の経済的社会的地位の向上。以上の五項目をあげることができます。

この組織の主体はあくまでも農業に従事する農村婦人であること。しかも、これらの婦人たちの活動は農協の事業の活用と、農村の生活に結びついたものでなければならないということです。

同時にこれらの事業活用の意義は、日本中の全農家が今当面している、たとえば、農機具とか肥料、その他についても買うものは高く、農産物等は買いたたかれ、いわゆる売るものは安いという全農家の同じ悩みに対してもがつちりと農業協同組合に結集して、闘いとろうという要求も含まれています。

このような点から申しますと、農協婦人部の活動は労働者が、労働組合を作つて一つ一つ要求を闘いとろうとしている運動にも、非常に類似した要素ももつているわけです。

これらの内容を見てゆきますと、農協婦人部は他の婦人団体には見られない特色もあります。従つて、ときには経済行為を強く打ち出した場合〃農協の物売り団体だ〃と誤解されたりするわけです。

もちろん農協婦人部の活動が単に経済行為だけ行つていてはならないことは当然ですがまた、第三者が農協婦人部の本質を見極わめないで〃物売り団体だ〃ということも考えていただかなければならないと思います。

次に、具体的な事業項目を例示してみましよう。

1 **研究活動**

(イ)農協の理論と実際の研究
(ロ)農業技術の経営と改善研究
(ハ)農村生活、文化向上に関する研究
(ニ)農村婦人の教養を高める研究
(ホ)組織拡充と強化に関する研究

2 **実践活動**

(イ)農業共同組合の事業推進に関する活動
　○信用事業　○販売事業　○購買事業
　○生産事業　○共済事業　○文化厚生事業
(ロ)農業技術と農業経営改善の活動
(ハ)生活改善の積極的活動
(ニ)情報活動

3 **農協婦人部の性格**

次に、農協婦人部は次のような性格、目的をもつています。

第一にあげられることは、「農協運動を推進実践する組織である」ということです。

このことは、農協婦人部は農協を中心として、農協事業を推進し、その事業活動の強化と、その事業活用によつて、農業経営の改善と農村生活の向上をはかり、農村婦人の地位の向上をはかる組織であります。

第二は「農村婦人の組織である」

つまり耕作農民としての婦人をもつて組織する職能組織であります。農村の実状からみて準会員たる非農家の婦人の参加も歓迎すべきでしようが、農協活用の組織であることを考えて農協を利用しない、或は利用できない婦人の参加は無意味であり、農民でない婦人の数が多すぎたり、役員の多くがこのような人で占められると目的も性格も変つた組織となつてしまいます。

第三には「自主的な組織」であるということです。

農協事業を推進する組織ではありますが、単なる農協の御用団体ではなく、あくまでも会費制度を原則とする自主的組織であります。従つてこの会は自主的に運営されて行かなければなりません。

また農協は事業協力組織として組合員の教育の場として積極的に経費を支出して協力することが望ましいのではないかと思います。

第四には「同志的な組織である」ということ。即ち婦人であるからといつて強制的に網羅的に組織することは適当ではなく、なるべく多く参加することがよいのですが、自発的に理解をもつて集る同志的な組織とすることが大切です。このことは、事業活動の展開に当つて不活潑になる原因ともなるからです。

第五には「政治的には中立の組織である」

農協運動は一党一派にかたよらない立場をとつてきていますが、農協婦人部もまた政治的には中立を守る建前となつています。

以上が、農協婦人部を支えている、バックボーンでもあるわけです。

なお詳しく、問題点の提起と今後の解決点についてもふれるべきでありましようが、紙面の都合で残念ながら後日にゆずりたいと思います。

（筆者は農協婦人部勤務）

全日通

家族会の歩み

大野はる

　全日通労働組合が家族との提携を強調し、それを年間活動方針の中にとり入れたのは、昭和二七年でした。当時の状況としていえることは、会社は企業を再建させるという立前から再建三カ年計画をたて、この線にそつて組合にも対処してきましたがその中で組合が一番心配したのは人員整理の件でした。そこで組合は世論を味方にすることの重要さを唱え、その手はじめとして、家族の理解を深める努力が必要だといいました。さらに昭和二八年には、過去一カ年の自己批判として、「組合の闘争を十分に進めるためには、家族との提携が非常に重要であつたが、今までのところこの点が、完全とは言えなかつた。組合の闘争がはげしくなればなるほど、最後までその威力を発揮させるためには、生活苦を一番痛感している家族との連携が絶対必要となつてくる。炭労・電産ストがあれ程の闘いをなし得たのも背後に家族の理解と協力があつた事を忘れてはならない。去る三月闘争（昭和二八年の三・一九闘争で全日通最大のストライキ）において、会社は早くもこの事に目をつけ、家庭への働きかけを積極的に行つた。それなのに組合は内部組織を重要視するのあまり、日常において家庭に対する指導育成が欠けていたため、重要段階に突入した際の対策は不十分であつた。従つてわれわれはこのことを深く反省して今後その指導と組織化に積極的な努力を傾注しなければならない」と強調しました。

　このようにして全日通の家族会は、組合員とその家族をもふくむ生活を守るため、組合の闘争を支援する立場からつくられてゆきました。

　婦人部は、当面の活動として「これからの闘いは、家庭生活の苦しさや家庭経済を無視しては、ほんとうの実のある闘いはむずかしくなつた。従つて婦人部は婦人の特殊性を活かして家族との提携を強調し、懇談会の開催やニュース発行、家庭版の発行等を行い、できれば全国的な会合にまで発展させる」とうたいました。

　こうして成長した家庭とのむすびつきを、実際に行動にうつしたのは、昭和二八年の四国、函館の首切り反対闘争でした。

　会社の再建三カ年計画は、具体的にはまずこうして首切りとなつて現われたのです。組合は組合にとつて死ぬか生きるかの闘争の重要さを思つて、臨時大会をひらき、組合の団結をかためてこれに応じました。高松や松山では、首切りされたものも、されないものも、またその家族たちも集会をもつて勝つために全力を傾けました。とくに首切りされた家の主婦は、その原因がわからず、会社幹部を訪ね、「家のお父さんは、どうしてやめさせられたのですか」ときき、会社幹部が答べんにこまつたのも無理はありません。

　こうしてたち上つた家族は、組合の大事なこと、ありがたいことをはじめて知つたのです。大会には、子供をしよつて出席し、むずかしい言葉で論争するのを真剣にきいている婦人たちの姿は今もつて忘れられない光景でした。街頭のデモ行進にもこの人々は下駄ばき、和服姿で参加しました。家族会が大会に参加したのは、この時がはじめてでした。その後、組合は闘争や選挙を通じてますます家庭との提携を深めて行きました。そこで婦人部は、昭和二九年のはじめに、「家族会のつくり方と活動について」というパンフレットをつくり、その参考にそなえたわけです。

家族会はこうして全国各地につくりはじめられ、昭和三〇年、その組織確立状況と共に、組織化困難の理由もしらべました。その理由としてあげられたことは、①居住が分散していること。②費用がかかること。③労働力の不足 ④組織内部や第二組合対策で他に手が出ない。⑤組織に自信がない等々でした。

そこで昭和三〇年から三一年にかけて、さらにくわしい調査を全国的に行い、それを参考資料として組織を進めることにしました。

その対象は、①家族会のできているところ②組織確立途上にあるところ、③未組織のところの三段階に分け、更に内容は、会の名称、会の所在地、加入戸数、役員名、結成の動機、結成までの経過、活動状況、更にスローガン、会則、活動方針、大会宣言等としました。これらの資料にもとずき、またすでに結成されたところの刺激をうけ、いろいろの悪条件とたたかいながら一歩一歩発展してきました。

こうしてつくられた家族会は、全国三四〇分会ある組合組織の中で、完全に結成されたところは約二割、現在結成途上のところも相当数あり、毎月何ヵ所か結成されています。

会社は最近、近代経営の一環として家庭へのPRを積極化し、組合が家族版を出しているのに対し、「日通だより」を発行し、さらに最近は家族計画を提唱しています。もちろん家族計画については、健康保健組合、会社、組合の共催ですすめられることになつており組合は条件を附して認めております。この家族計画は、組合の家族会の協力なくしては実現不可能の状態であります。家族計画は、東京、名古屋、大阪が今年度実施の中心地域なので、これらの地域の家族会組織化は、さらに発展して行くことが予想されます。

組合としては、地域組織を除々に拡大して行き、全国組織を目ざしていると共に、地域における他の婦人団体との提携もすすめるよう発展の方向をたどつております。

このように発展してこそ労働者の生活が守られると共に、家族会を通じて婦人が職場でも家庭でも、人間として同等視され、評価されるようになると考えます。

日本特殊の企業組合が労働者に与えている不利な影響をとりのぞくために、労働者の生活全般を守り、組織化発展させるために、家族会の機能はもつと高く評価され、その発展に努力すべきだと私は考えています。

（三一ページよりつづく）

その人たちは若い時みんな労働者だつたといいました。労働党員の四割、四十万が婦人です。日本の社会党は地域にも、組合の中にももつと組織を伸す努力が必要ですね。

司会　時間がせまりましたので、最後に具体的な労働条件について伺いとう存じます。ここの初任給はどれくらいですか。

東出　交換職務で六八〇〇円です。交通費は六〇〇円まで支給されます。その他勤務地手当が二割つきます。

渡辺　そうしますと、非公共事業関係よりはよろしいのね。

司会　福祉施設はどんなものがありますか

細田　さあ、休憩室がある程度です。尤も磯子にピーチハウス、熱海、塩原に保養所があります。

司会　ではこの辺で。どうもありがとうございました。

（五・三一）

おもな家族組合

国鉄家族組合

五一年四月発足、家族組合として最初にできたもの。労働組合を強化、発展させるには組合員の家族の理解と協力が必要という見地から婦人部長丸沢美千代氏の指導のもとに浜松工場支部に組合員二二一名によつてモデルケースとしてつくられたのを皮切りに次第に発展し、全国の主な都市にひろめられていつた。現在組合員約四万。

日本炭鉱主婦協議会

（略称・**炭婦協**）

五二年九月結成。炭鉱労働者は職場の近くに集まつているところから、はじめその家族たちは地域的に婦人会をつくつていた。しかしこの婦人会は他の地域婦人会とは違つて同一職場を持つ家族であるだけに、利害も一致し、また職場の問題は直ちに家庭に影響する。そういう関係から、組合の強化に家族の団結の必要が叫ばれるようになり、全国的な組織へと発展していつたものが炭婦協である。

各労組につくられている家族組合中最も大きく、また強力といわれ、現在全国に一一八の支部をもち、会員数約九万。初代会長北幸子氏、現会長多島光子氏。綱領として左の三項をかかげている。

一、私たちはすべての婦人と提携して婦人の諸権利と子どもの幸福をまもる。
一、私たちは民主主義と平和をまもる。
一、私たちは炭鉱主婦の社会的、経済的地位の向上をはかる。

合化労連家族組合協議会

五七年八月結成。組合員の家族による地域的な婦人会は各地には早くからつくられていたが、全国組織は遅れ、昨年はじめてまとまつた。新居浜の住友化学、東洋高圧などが活発。概して生活改善運動などをとりあげているのも化学産業が一般に恵まれ、炭鉱労働者の家族の生活とはまた違つた条件下にあるためであろう。支部数二〇、会員数約一万。

社会党の婦人政策

社会党婦人部副部長
渡《わた》辺《なべ》道《みち》子《こ》

日本社会党は、平和的、民主的に社会主義を達成し、日本の独立の完成と、確保を任務とするもので、労働階級を中核とし、農民、漁民、中小商工業者、その他、国民大多数を組織する勤労階層の結合体である。戦争に反対し、国民の大多数を占める働く大衆の利益を守り生活の安定を計ることが党の基本政策である。従つて働く婦人や、農山漁村その他すべての地域の婦人たちの悩みや希望や訴えに耳をかたむけ、そのめざすところを集約して、婦人政策とし、行動目標とする。この具体的な政策として、

一、働く婦人に対して、

1男女同一労働、同一賃金制の確立
2婦人の首切に反対し就職登用の機会均等の実現
3婦人を低賃金より守る最低賃金法の制定
4婦人を不当な搾取より守る家内労働法の制定
5国立療養所等現業員の産休の法制化
6 働く婦人のため保育所、厚生施設の拡充
7労働基準法の完全実施、婦人監督官の増員

二、農山漁村の婦人に対して、

1家族関係の近代化促進
2凶作地、漁村の、人身売買を防止するため生活保護費の拡充
3家族計画の推進受胎調節の指導普及
4家庭生活の改善と合理化の促進

三、すべての婦人に共通して、

1現行憲法を守る
2家族制度復活反対
3売春防止法の完全実施と保護更生対策の確立
4社会保障制度の確立
5環境の浄化健全な文化的娯楽施設の拡充
6養老年金法、母子年金法の制定
7青少年の保護施設の拡充
8義務教育費の国庫負担
9育英資金の拡充
10公営住宅の増設

以上であるが、すでに、母子年金法、養老年金法は第二十四国会に提出され、現在けい続審議となつており、最低賃金法も第二十六回に提出されこれ又けい続審議となつている。

母子年金法の概要

今日全国の母子世帯は約六十九万五千世帯あると云われており、これ等の母子世帯のみを対象として現在実施されている法律は、児童保護法と、母子福祉貸付法である。この二つの法律は母子世帯の経済的自立の助成と、生活意欲の助長をはかるために二十歳未満の子女を扶養している未亡人に資金の貸付をおこなつているが、政府が計上している、予算は五億で三分の二が、国庫負担となつている。従つて、この恩恵に浴する母子世帯はほんの一部であり、しかもある程度、生活の見通しをもつている者に限られ、その日暮しの自由労働者、かつぎや、靴みがき等、ボーダーラインにあえぐ未亡人には縁のとほいものとなるきらいがある。さし迫つた、修学旅行の費用をどうするか、配給米の購入をどうするかと云うことは深こくな問題として目前に横わつているので、党は未亡人、およびその扶養する児童の生活の安定に資するための母子年金法を計画しているのである。

婦人は票か

——保守党の婦人対策——

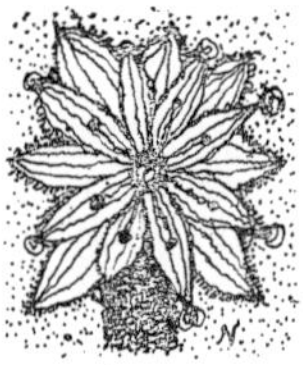

榊《さかき》原《ばら》千《ち》代《よ》

去る三月二十二日首相官邸で開かれた自民党第二回組織会議で決定された昭和三十二年度組織活動方針の中から、婦人対策に関係するものを左に抜いてみる。

「国民組織政党としての真実な発展は有権者の半分以上をしめる、婦人の支持と協力をえて、はじめて清新にして強力な民主的な政党の実をあげることができるもので、この婦人層の獲得はとくに本年度における重要眼目である。

婦人層の獲得ということには、二つの意味がある。

一つは婦人党員の獲得であり、二つは婦人大衆一般の好意的支持の意味である」と。

政党と政治家が選挙に際して婦人の票を逃がすまいとして、どんなに苦慮しているか、婦人の向背が選挙の勝敗を決定する力をもつていることに想到すれば、何とかして婦人の御機嫌をとろうといろいろな手段を弄するのもうなづける気がする。そうして私たちは寧ろここにうたつている「婦人の支持協力を得て、はじめて清新にして強力なそうして民主的な政党としての実をあげることができる」などいう表現に「どういう意味かしら」と首をひねらずにはいられない。果して保守政党が婦人を人間として尊重しているか、婦人を単なる票として数えているに過ぎないのではなかろうか。

それにしても婦人が清新にして民主的な自覚をもつて強力に立ちあがつた時、婦人は今のままの保守政党に止まることができるであろうか。

婦人層獲得ということの意味の一つ、婦人党員の獲得というところで、次のようにその現実を表明している。

「党員数をみる時に、社会党にくらべ高いものがあるが、質の問題においてなお一層に考慮がはらわれなければならない……」と。

卒直に批判して、婦人の質が向上して、或は政治意識が高められた時、婦人は婦人としての、或は人間としての解放は、現実にまた真実に如何なる党によつて実現されるかまた達成されるかということを、眼を見開いて眺め、また真剣に考えずにはいないであろう。その時は無自覚に属していた自分達の党を、自らの自由を求めて立ち去る時ではないだろうか。自民党婦人部に属する婦人の質の問題を考慮しようとする時、自民党はまず自らの党の性格、またそれから生みだされる政策について自己反省をすることを強いられるであろう。そうしてこのことを最もよく承知しているのは党自体である。そうしてそのような危険に敢えて近づこうとしないのも彼らの真実である。そこで私たちは婦人の無自覚層を利益やもてなしをもつて釣り、無知の状態に止めおこうとするような彼等のやり方を常に見聞きさせられている。

婦人層獲得について第二の婦人大衆の好意的支持という点ではまた次のようにいつている。

「政治に関心ある婦人層の支持を得る努力において、革新政党にくらべて立おくれがあつたことは、率直に認めねばならない。母親大会、子供を守る会、母親と教師の会、家族制度復活反対、売春防止法制定促進等々に動員された多くの婦人たちは、保守系でありながらこれら革新系の活動に踊らされた事情を分析し、これら大衆婦人へのアッピールに努力する」と。

ここで私たちは語るに落ちた自民党婦人部自体の性格を見るではないか。婦人の今日の切実な問題において、自民党婦人部が果して指導的立場に立ち得るであろうか。リーダーシップをとり得るであろうか。

例えば保守党婦人部に属する婦人たちは、どうして今日このような無知や貧乏が、自分達の身近かな社会に存在し、そうしてどんなに多くの罪のない子供たちがその中で悲惨に放置され、多くの不幸な未亡人や母たちが貧乏や病気の桎梏の中でもがき苦しんでいるかを知つているであろうか。また我国古来の醇風美俗といわれた家族制度が婦人の自由や人間としての個々の家族の権利を、故なく踏みにじつて来たかを冷静に、また切実に感じ、また考えたことがあるであろうか。

全国婦人部長会議の決議では、

「一、私たちは真の平和と民族の繁栄を期し福祉国家の建設に協力する。

一、私たちは清新なる近代的保守政党としての我党の前進のため婦人の情熱を結集し速やかに未結成等をなくす。右決議す」とある。

私たちは平和と民族の繁栄と福祉国家の建設とは疑いもなく一つだと信じている。戦争によつて我祖国も民族も、見る影もない乞食のような状態に追いやられ、私たちの幸福も健康も欠乏と権力によつてふみにじられたことは、今も私たちの記憶に新しい。私たちは世界に誇る平和憲法をすきあらば改正しようとねらい、かくして軍備を強化しようと企図している自民党の政策に、同調しているかにみえる婦人層の行き方に不審の眼をみはらざるを得ない。また「我党の前進のため婦人の情熱を結集し」というけれど、その情熱を結集する内容をどこに見出そうとしているのであろうか。

さらに今年度の運動として(1)婦人講師団による全国遊説 (2)各婦人団体との交流 (3)自由主義諸婦人団体との交流などうたつているのを見ると、それらの婦人団体よ、眼を覚まして自らの独立を守れ、と呼びかけずにはいられない。かの「憂うべき教科書」のパンフレットが農協婦人部を通じて全国の農村にばらまかれたことや、またその地区地区の有力なボスとして戦前戦時権力をふるつた愛国婦人会や国防婦人会の幹部たちが、再び各地域婦人会の指導者として次々と帰り咲き、それらの団体の主導権の奪回に狂奔しているのを見ると、そぞろ肌に粟を生じる。誰がこれらの指導的婦人に働きかけて、彼等を動かしあやつつているのか、それらの積極分子を通して婦人団体の独立がどんなにおびやかされつつあるか、婦人の自覚が高まつたとはいつても、未だに婦人は権力や金力の前に弱い。わずかな費用で豪勢な遊覧旅行や観劇の招待に喜んで応じ、そうして招待者になびく。自民党の婦人党員が革新政党の婦人党員より数が多いということ、また地域婦人団体や旗色のはつきりしない婦人の会の大多数が、いつとは知らず権力の座にある自民党支持に傾く事実を無関心にみていていいのだろうか。婦人がエサに釣られ、金力、権力の前に膝を屈しるような事大主義的態度でいたら、婦人団体の行えはいずこ?

婦人が自らの足で立ち、自らの力で考え行動する努力をしなければ、この社会に救いはない。

広瀬試案における
「家」の問題

家族制度復活反対連絡協議会では去る六月七日参議院議員会館で、いわゆる「広瀬試案」を出して問題を投げている憲法改正論者、緑風会所属参院議員広瀬久忠氏を招いて、同試案中四三条の「家の問題」について説明を聴きました。集つた婦人たちは婦人人権擁護同盟はじめ加盟団体の代表五十余名。当日は大雨にもかかわらず、問題が問題だけに婦人側の関心が高く、超満員の盛況でした。

広瀬試案は「天皇を元首とする」をはじめ全体的に明治憲法のにおいが強く、反動が注目されています。

「家の問題」（試案四三条）も巧みな言葉を用いて家族制度の復活を狙うものとして婦人団体側は警戒し、不信の眼を光らせています。

広瀬氏の説明によると、家の問題について現憲法は「**婚姻**」を主としているが、試案では「**家を主とする**」ということです。そしてその家とは先祖から続き、子孫に伝わるものと規定し、これを国家の基礎として国家が保護するという立前をとる、そしてその保護は経済的な面から税金、金融措置、あるいは社会政策などによつて行う、農地の均分相続に特別法を作つて分割を避ける、等で、要するに「家」は自然の集団単位として自然のまま保持するという思想のもとに家族関係を規定するというわけです。

二項では一応、個人の尊敬とか両性の平等とか謳つていますが、広瀬氏は「個」より「総」に重きをおくと言明していました。すると、「総」である「家」を主とする思想と、「個」である「個人」の尊敬を重んじる思想とこの間の矛盾をどうするか、それらの点について鍛冶千鶴子、渡辺道子、大浜英子さん等をはじめ、女流弁護士や法律家より専門的な鋭い質問が行われましたが、「そこに含みがある」というさつぱり要領を得ない答えでした。

また家庭婦人や勤労婦人からは現憲法以前の家族制度の遺習に悩まされている実状が訴えられ、結局、広瀬氏は現状の認識も不足であり、また現憲法の意味も真に理解していない観がある。憲法改正よりむしろ現憲法の普及徹底こそ婦人にとつて望ましいところ、再考をねがうという発言者の言葉に拍手して終りました。

なおこの試案について東京教育大教授磯野誠一氏は「広瀬試案は、ちよつとみると、一九四八年国連総会を通過した「人権に関する世界宣言」からとつたように見えながら実は昭和一二年五月支那事変勃発直前文部省から出された「国体の本義」に非常に似通つているのは興味深い。この国体の本義に示された内容、或はそれに近いものこそ、広瀬氏並に家族制度復活論者の意図するところと思われる…」と言つております。

広瀬試案中「家の問題」（家の保護）

第四十三条　婚姻又は血縁に基礎を置く生活協同体を家とし、国は、家が社会組織の自然的な単位集団として日本国の存立の健全な基礎となるように、これを保護する責務を負う。

2 家に関する事項については、法律は、個人の尊厳と両性の平等に立脚し、かつ、家族の和親結合と家の持続発展に資するように制定しなければならない。

3 婚姻は、両性の合意のみを基礎として成立する。

最近の文芸映画

荒井　修

このところ、日本映画界はちよつとした旧文芸物ブームといつた様相を呈しています。五月以降のものを辿つても、「多情仏心」(東映)、「雪国」(東宝)、「糞尿譚」(松竹)、「あらくれ」(東宝)といつた具合です。更にこれから封切られるものをみると、「舌を嚙み切つた女」(大映、映画名「地獄花」)、「高野聖」(日活)、加えて東宝では黒沢明がゴーリキーの「どん底」の飜案物を撮影中です。

このように文芸物の映画化が盛んな原因はいろいろありましようが、最も大きなことは二本立という殺人的興行方法のためにネタが底をついたことでしよう。事実二本立興行制のための企画はひどいもので、それは歌謡映画という愚にもつかないものが四月と五月で八本もつくられていることでも判ると思います。またそれが結構ウケているというのですから一層恐れ入ります。

旧文芸物のブームの波はひいては古典物と直結してきます。「源氏物語・浮舟」「大阪物語」(いずれも大映)などがそうです。映画だけでそうした古典を理解しようという安易は勿論排斥すべきですが、古典物自体を映画化することはいいことだと思います。だけどそれはあくまでもカメラというメカニズムで捉えた文学とは異次元の芸術ジャンルであることを忘れてはなりません。そうした傾向の中で最も恐れなければならないのは、古典に憧れる心理が復古調と結びつくことです。そこのケジメをはつきりとつけておかないと、自分自身が知らないうちに反動的気分が自分の中に巣喰うという結果を招来します。その具体的あらわれが新東宝の「明治天皇と日露大戦争」でしよう。「右翼でも左翼でもない」と社長プロジューサーはいつていますが、あれは完全に右翼的といわなければなりません。そういう映画に「君の名は」以上の観客が集つたというのはどういうことなのでしようか。

さて、そうした文芸物の中で女性というものを最も真摯な眼で捉えたのは徳田秋声原作成瀬己喜男演出の「あらくれ」でしよう。ヒロインお島(高峰秀子)は小さいときから養女にやられて苦労した女。このお島が三人の男(上原謙、森雅之、加東大介)とそれぞれ関係をもち、そのいずれもの関係の中にも幸福を見出せなかつたのですが、それでもこれから訪れるかも知れない幸福を求めて彷徨つてゆくというストーリー。

成瀬演出は「浮雲」以来、従来の抒情一本槍から脱却して冷い眼で現実を見ているようですが、殊にこの映画はその点が成功しているようで、封建的な女の立場の弱い時代にあつて、お島の生き方は痛快ともいえましよう。日本版「居酒屋」とでもいうべきでしようか。出演者も上原以外はそれぞれ佳演です。

あの頃（一〇）

『人民戦線事件』の前後

山内《やまの》　内《うち》　兼《かね》　子《こ》

山内兼子さんは故山内房吉氏夫人。夫君山内氏は大正末年同志社大学在学中より社会運動に参加、著作家組合、日本プロレタリア文芸連盟、文芸戦線等により文筆をもつて闘うと共に政治研究会に入り、無産政党結成後はさらに活発な政治運動をつづけてこられた方です。戦後も理論、実践両面で活動されておりましたが、二十九年、五十六歳で惜しくも亡くなられました。

大正一五年七月母方の従兄だつた山内房吉と結婚してから、昭和二九年七月山内が肝臓癌で亡くなるまでの三十年間は苦しいことの多かつた中でも、昭和六年頃から、いわゆる「人民戦線事件」の頃がとりわけ苦しかつたように思います。

昭和七年、私どもは神田に住んでいました。ここに住む前は池袋でしたが、その頃は（昭和の初期）左翼文化運動のさかんな時代で、運動も活潑でした。結婚当時の山内は、勤めていた弁護士故山崎今朝弥氏主宰の左翼文芸雑誌「解放」の編集長をやめまして、以来文筆をもつて社会主義運動に参加しておりました。私が社会主義運動に関心を持ち始めましたのは十五六歳の頃からで、当時京都の同志社大学の学生だつた山内の影響によるものでした。山内も池袋時代は出版の機会に恵まれ、同志と共に啓蒙雑誌「無産者教育」を発刊したり、その頃訳したナルチヤルスキーの「フアウストと都市」が、築地小劇場で上演されたり、またある雑誌に「イデオロギーの元祖」と紹介されたりしたのもその頃でした。私が当時発行されていた「文芸戦線」の同人や、権藤誠子女史、「女人芸術」同人堀江かど江女史とお近づきになり、また内田百間氏の奥様と目白の援産場で知り会つたのもその頃でした。

ところが満州事変をきつかけに血なまぐさい事件が相ついで起つた頃には、運動は非常にやりにくくなつていました。山内もその間平凡社の社会思想全集第三九巻（社会思想史）と同四十巻（社会問題辞典）の執筆と、向坂逸郎先生のお世話で、改造社から出版されたレーニンの「何をなすべきか」を翻訳した他はほとんど筆を絶たれていました。（この「何をなすべきか」の翻訳に従事したのは昭和八年頃で、中野の小堀甚二氏と平林たい子女史のお近くに一寸の間住んだ時で、私が平林たい子女史にお目にかかつたのはこの時が最初で、大変お世話になりました）当時池袋時代より生活は苦しく、私もこの頃からある時は白木屋の洋裁部に、ある時は印刷会社にと働き続けたものでした。

昭和九年二月、山内は各方面の同志の方達の支持のもとに、「日本労働問題研究所」を創立し神田神保町に事務所を置いて雑誌「労働者評論」を発刊する運びとなりました。戦時中獄死された三木清、戸坂潤の両氏も維持会員として援助して下さつたのでした。私は毎月維持会費を集金するかたわら、印刷会社の校正係として働いていましたが、経営はなかなか困難でした。

翌十年四月、研究所の仕事もやつと軌道に

乗つてきたところ、山内は突然西神田署に検挙されました。検挙の理由は、「先に壊滅した『日共』の再建を援助している」こと、「アメリカ共産党を通じて発せられる、コミンテルンの指令は全部山内の手を通じて入手されていた」こと等でした。私はこのデタラメな理由には全く驚きましたが、ともかく山内は西神田署に八カ月留置され、その年の暮に釈放されましたもののその時には数人の所員は行方不明、研究所は完全につぶされていました。私はその間勤めていた印刷所の昼休みを利用して毎日差入れに通つたものでした。

　翌十一年二月、当分何もできなくなつた山内は、仕方なく、今川小路のあるタバコ屋の二階二間を借りて、英語と独語の個人教授を始めました。ついでに当時多かつた中国の留学生に日本語も教えていました。

　ご承知の通りこの年の二月には、選挙公営が始めて実施され、総選挙の結果、現衆議院議員加藤勘十氏が、全国最高点で始めて当選され、その選挙の直後二・二六事件が起つたのでした。

　こんな時期に中国の留学生と親しくなつた山内は、留学生の間で発行されていた「留東新聞」に頼まれて、一文を書きました。それが、「日本プロレタリア文化運動史話」と中国語に訳され、五回に亘つて載せられたものでしたが、このためまた、錦町の憲兵隊本部に二週間ほど留置、取調べを受ける結果となり、帰つた時には個人教授もできなくなつていました。

　が幸いその頃現衆議院議員高津正道氏が「日本英雄列伝」全集の執筆を始めていられましたので、その執筆を分けて頂くことになり私は久しくぶりでホッとしたのでした。運動が不如意で何も書けない時の山内は全くユウウツそのものでしたから。……この全集はこの年の十一月出版されました。

　この年の七月、先に当選された加藤代議士を中心に「労農無産協議会」が結成され、山内もそれに参加しましたが、これが政治運動への第一歩でした。翌十二年二月、芝の協調会館で開かれた第一回全国大会は、翌三月行なわれるはずの市会議員選挙に多数の候補を立てることを決議しました。そして山内も京都時代からの親友太田典礼先生はじめ有志の方々の援助で立候補し、蒲田区に移つたのは選挙の始まる一カ月前でした。このときには加藤代議士を始め、現社会党委員長鈴木茂三郎氏以下幹部の方たちが、くつわを並べて立候補されましたが、当選は加藤勘十、鈴木茂三郎、北田一郎、安平鹿一の四氏でした。

　この選挙の真最中、山内の応援にきて下さつた荒畑先生（寒村）は演説会に臨席の警官から、なんども「弁士中止」といわれながら最後までガンばつて中止せずにおし通された時の感激は今日まで忘れられません。またこの選挙で私の手伝いに頼んだおばさんは、加藤氏の選挙をいつも手伝つたという人でしたので、兵たん部のやり繰りが下手だつた私はこのおばさんから「加藤さんの奥さんを見習え」と何度もしかられたものでした。

　市会の選挙が終つた翌四月にはまた総選挙となり、この時には「労農無産」は「日本無産党」と改称し、加藤氏は再び当選されました。この頃から党の動きは活潑となり、山内も文化団体対策部長として活動していましたが、この年七月「日支事変」が起り、やがて大本営が設置され忘れもしません内務大臣末次大将に変つた翌早朝には（十二年十二月十五日）あの全国的な「人民戦線派なるもの」の大検挙となり、「日本無産党」は解散され、加藤委員長始め、党員は根こそぎもつていかれ、全国では検挙総数四百八十余人でした。

山内も蒲田署の刑事五人で家宅捜査の上、車で連行されましたが、その時は何故の検挙か、見当がつきませんでした。四五日たつたのち、差入れのため蒲田署に出かけた私は、歩きながら耳にはいつたラジオのニュースで始めて事件の「内容」というものを知つたのでした。差入れを終つて家に帰ると、玄関に紙片が入つていて、取り上げて見ると「お父さんを連れて行かれて淋しいのでおばさんを訪問しましたが、お留守なので帰ります。英子」と認めておりました。正道氏の娘高津英子さんでした。それを読むと、英子さんがいじらしくて、急に涙があふれ、たつた一人の家の中で長いこと泣いてしまいました。翌日牛込矢来の高津氏のお宅へいくと英子さんも暁子さんも思つたよりお元気なのでホッとしました。

翌十三年三月頃から私は神田の印刷会社に勤め蒲田から朝六時半の電車で通いました。そのころ山内は早稲田署で大内兵衛先生と一緒でした。大内先生の奥様は毎日お宅から先生のためにお食事を運ばれました。私は日曜ごとに面会にいきましたが、先生の奥様にお目にかかるのも楽しみでした。

そのうちに梅雨時となり、降り続いた雨から出水となり、大森、蒲田は床下浸水で、その夕方、駅の前から深い濁水に小一時間も浸つて家に帰つた私は四日目に赤痢となり、大森の雪ヵ谷病院に収容されてしまいました。（七月四日）山内はその頃浅草蔵前署に移されていました。入院一ヵ月で八月九日に退院した私は、九年目に郷里（岐阜県恵那郡岩村町。下田歌子女史の出身地）に帰り、三ヵ月静養の後、帰京。牛込矢来の高津氏の留守宅に同居し、高津氏と山内が帰るまで英子さん、暁子さんと一緒に暮しましたが、お二人ともしつかりしたお子さんたちで、よく働いておいででした。

私が郷里に帰つている間に、一緒に検挙された皆様と共に山内は巣鴨に移されていました。私が毎月一回面会許可証を貰うため裁判所に通つた頃、裁判所の控室で山川菊栄先生にお目に掛り、力づけて頂いたことも忘れられないことでした。

そのころ私は平凡社の大百科辞典の原稿の整理を手伝つたり、京橋の千代田館の中にあつた朝鮮の大邱印刷の支社に校正係として臨時で三ヵ月程勤め、大邱小学校の教材六科目七冊を一人で仕上げて、無事大邱小学校に納め、日給二円の外に金一封（三十円）の謝礼を貰つて、うれしかつたものです。もちろん半分は山内への差入れとなりました。

そこが終ると大崎の中屋三間印刷の内校係（男子六人女は私一人でした）に勤め、昭和十五年十二月二十八日山内が保釈で出所するまで働きました。

写真は保釈で帰つた直後英子さんと三人で神宮外苑を散歩した時、同行の山内の友人が撮つて下さつたものでございます。

六月の行事

本社では去る六月二十二日、本社神奈川県読者有志と小田原市「婦人問題懇話会」会員とで同市の職業補導所及び宝安寺経営の愛児園を見学。午後は小田原市中央公民館分室で本社山川編集委員より「イギリスの社会保障」についてお話して頂きました。参会者七十余名で、充実した内容に大好評でした。

座談会

電話とオートメーション

――横浜・市外電話分局――

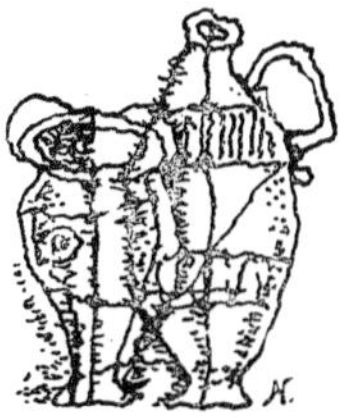

出席者

神奈川婦人少年室長　渡辺加寿子
主婦　浮田久子 他
教員　山崎亀能
労組側　中大路まき子
本社側　東出良子 他
山川菊栄
司会　千葉菊子

既婚者はふえる

司会　今日は横浜市外電話局の方々にお集りいただいたのですが、電話局へ勤務する者特有の問題、悩みとか、ここで働く人たちの労働条件、また産業のオートメーション化の先頭に立つ電話局としてオートメーション化の職場への影響、また今後そのために新しく生ずるであろう問題などをおきかせ願いたいと存じます。まずはじめに職場の概要をおしらせ願うことにしましょうか。

山川　ここの平均勤続年数はどれぐらいですか。また平均年令は？

細田　従業員の層を勤続年数別にわけますと一番多いのは七〜八年で、年令にして二二〜三才です。三〇年程度は一二〜三名、数は少いですが中には四〇年以上勤務している人もいます。

中大路　既婚者は全体の何割ぐらいですか

東出　約一割の七一名です。

中大路　そのうち赤ちゃんのある方は？

武次　四七、八名です。

中大路　保育所とかそういう設備はあるのですか。

東出　それをいま交渉している最中なんです。授乳室はあるのですが設備として不完全なために誰も利用するものがありません。働く母親の一番切実な悩みは赤ん坊をちゃんと保育する所がないことだということです。

山川　たとえつとめ先に保育所があつたとしても、あのラッシュアワーの電車ではつれてくるのが大変でしよ。

東出　ええ、ですからラッシュアワーをさけてつれて来てくれる人を雇つても、子供を職場へつれて来たいという声が高いんです。

司会　それじや、現在、母親の方は子供をおんぶして職場へつれて来ているのですか。

東出　いいえ、それぞれ人にあずけて一人で出勤します。何しろ混んだ電車ではつれて来ることは絶対に不可能ですから、授乳室なんかあつたつて何の役にも立たないんです。かえつて田舎の電話局へつとめている人の方がよく授乳室を利用しているようです。

山川　これはやはり各地域別に保育所がなければ無理ですね、住宅の近所に。

渡辺　それについて二つの例があります。一つは小田原専売局の保育所のように、大ていの人が専売局の近くに住んでいるため、保育所を非常によく利用している場合。もうひとつは東京の印刷局で、局の傍にせつかく保育所を作つてもちつとも利用する人がないんですね。子供を遠くからつれて来てあずけるのはかえつて大変だといつて。

山川　勤め先を住宅の近くにかえるというふうに融通がきくようだといいんですがね。

中大路　生理休暇、産前産後休暇など皆さんとつていらつしやるのですか。

東出　生理休暇は一月に一日は必ずとります。

司会　そのとり方なんですがね。自分で申し出てとるのですか。

東出　ええ、そうです。大体予定日を一月前に予告しておき、その予定日前後にとります。生理休暇がとり憎いなんてことは今はありません。

中大路　産休の方はどうですか。

木村　それは確実にとれます。

落合　その点は女ばかりの職場ですから圧迫はありません。

斎藤　私は小さい課に所属しているのですが、他の大きい課ではお産をすると夜勤をせず、日勤だけになつたりしますのに、私どもの所ではそういう融通がききません。

中大路　母体保護問題はどのように扱つていらつしやいますか。

武次　うちではもうその問題はすぎましたか。

東出　十月の母体保護月間中にいろいろ催物などをやりました。

司会　それは母体保護月間の行事ですね、母体保護運動というのは一年を通じてやらねば意味がありませんものね。

東出　私たちもそれを反省しています。一年を通じ、皆でちやんと自覚してやろうと話合つています。

山川　保育所の問題は単に一組合の力だけでは解決できません。地域でそれを作る場合は国や自治団体から補助金が出ることはご存じでしようね。現在ではそれが悪用されて、社会事業を看板に、補助金で私腹をこやす例さえよくあることです。一般に有権者が地方の政治、自治団体のすることに無関心なのにつけこんでやられるのですね。われわれの税金が正しく使われるように、地域の婦人団体なり政党なりと一緒になつてよく事実を知らねばなりません。地域の人がよく注意してみていれば、いかに巧妙に悪いことをやつてもわかるものですから。地域の人が協力して、いろいろな方法でもつと保育施設を十分にする必要がありますね。

組合と婦人団体

渡辺　婦人団体と労働組合婦人とのつながりがどうもかけているようですね。

司会　働く婦人の中に問題が起つても、地域婦人がそれを守り、応援するということはないようです。

山川　女の方は組合にいると教育されますが家庭に入ると職場をやめ、従つて組織から全く離れてしまうのですね。家庭に入ると社会と没交渉になります。

司会　でも近頃地域の婦人もだんだんよくなつて来たようですね。

中大路　ですから地域婦人がこういう職場を見学し、働く婦人に対する理解を深めるのも有意義というわけですね。しかし懇談会なんかしようと思つても地域婦人と働く婦人とでは集まれる時間がズレてちよつと不可能ですね。

勝木　しかし一体、保育所など、いくら望んでもなぜできないのでしよう。

司会　他の職場での話ですけど、既婚者が保育所の問題をもりあげようとしても未婚者が協力しないというんですね。

東出　たしかに既婚者と未婚者との間に溝ができかけているようです。既婚者も自分たちだけでワクを作つてしまいます。未婚者にくらべ休む率も多いし、時間的にも窮屈だからかもしれませんが、しかし私たちは将来の自分たちの姿として眺めていますし、あくまで行動をともにしたいと思つています。

勝木　こんどの合理化で希望退職者を募つたのですが、その際、子のある人とか既婚者がやめました。こういうことが当然だという状態をもう少し考えなければいけないんじゃないでしょうか。

東出　それから、こういうこともあります。川崎　東京との即時電話が開通した時、即時課では大量に不要人員が出ましたので、同じ局内だけの配置転換になり、その時にみな変るのがいやだ、とか何とかつて大騒ぎしたんですね。しかしそういうことは婦人の職場をみずからせばめるようなもので、そんなことをせずに、固い意志で新しい仕事を続けるのが本当なんじやないでしようか。

山川　そうですね。雇う側からいうと、女の人はどうせすぐやめるんだからといつて、新入当時と同じ仕事にいつまでもとどまらせる。女は保守的で一つところにしがみついていたがるということが男女不平等の口実となるんですね。女子に新しい機会を与えたがらないのですから、女子の地位向上、社会的進出という意味では、進んで新しい職場につき、いろいろな経験を積む方がいいですね。

勝木　こんどは即時課が一番問題になつたのですが、根本的には合理化に反対できない状態なんです。必ず合理化は進ませるということが前提となつているんです。

山川　配置転換とは口実で、実際上はやめさせる意味をもつ場合と、そうでなく、昇進を意味してさえも女自身が消極的で、ちよつとでも動くことを好まない場合もありますね先年大きな銀行業者と話し合つた時、将来幹部となる大学出の人は男子ばかり募集し、女子をとらないのは、男だつたら全国各地の支店へ配置して、各地の事情に通じ、幹部として必要な経験を積ませることができるが、女だと地方歩きなどは問題にしない。同じ東京の中でさえ転任はいやがり、家から遠くへは行こうとしない。だから始めから大学出の女子はとらず、下級事務員だけにしておくのだといつています。実際男子は新しい仕事や職場に順応して何でもやりますが、女の人はとかく消極的なんですね。これが雇う側の男女不平等の口実となるのですから、これはどうしても自分たちで改めていかなければなりません。また、ただ単に人員を減らす口実として配置転換をもち出された場合は、もちろん組合の力で、それに抵抗しなければなりません。アメリカでは銀行の高級職員の中に六千人も女子がいたのは十年前のこと、今はもつと多いので、それ自体女子に不適当ではなく、日本でもおいおい変つてくるでしよう。

中大路　そうしますと結局ここの組合では合理化自体はやむを得ない、しかしそのために不当な首切りや配置転換は困る、という態度をとつていらつしやるのですね。

東出　そうです。

オートメーションをどう見るか

山川　オートメーションになつたため健康が損われるということはありませんか。

川合　ここではまだそれは現われておりませんが、聞くところによりますと、高崎の無人局では機械の具合を良くしておくために温度を調節するので、そこに働く人はとても苦しい思いをするそうです。そして白髪が多くなるとか聞きました。

細田　無人局といつても少しは人の手がいりますから、結局その中で働く人間は機械の犠牲になるわけです。なんでもその機械には一定乾気とか一定湿度が必要なため人体に非常にわるい影響を与え、鼻血が出たりお産にも害があるということです。当組合としてはそういう問題についてはいま調査中なんですが。

司会　この世の中の流れをとめることはできぬ。しかしそこにいろいろな不都合な点が生じてくる。こういう問題はどう考えるべきでしょうか。

山川　これはやはり働く者の立場に立つ政党や組合が、その弊害をくいとめなければなりませんね。力関係です。何しろ一方は人間の幸福よりも利潤の追求に重きをおいているのですから、働く者の側としては災をくいとめて、生産をあげるという幸福を増す方だけをはからねばなりません。

オートメーションの問題は工業の進んでいる国ほど大きな問題でアメリカでもイギリスでも、労資間の大きなトラブルをおこしている。イギリスでは一週四十時間労働を労働組合会議（組合員八百万）が要求しています。機械が進むにつれて労働時間を短くしなくては、もうけは資本家のふところにはいり、労働者は失業し、社会不安はひどくなる一方ですから。労働組合会議と労働党は一身同体ですから、次の総選挙で労働党が勝てば、四十時間制を実行するだろうと思います。今でも労働時間は日本より短いのですが。産業国有化をもつと徹底的にやるのと並行すれば、一週四十時間制に対する使用者側の反対を無力化することもできましょう。労働階級が強い組織をもつて議会の絶対多数を制すればオートメーション恐るるに足りないどころか、大いに歓迎していい。けれども今のままの状態では労働者は機械にくわれてしまう。

日本の場合、勤労者の組織が弱いので使用者のなすがままの有様ですが、電話その他の公共企業体は営利のためではないのですからもつと働く人のことを考えなければなりませんね。資本家はともかく、日本全体として考えた場合、人間を機械に従わせるよりも機械を人間に従わせるようにした方が得なんですから。けれども革新的政治勢力が強くならない限り、第一次産業革命の時と同様、機械が進歩すればするほど人間が犠牲になる憂き目をみます。

勝木　本当に今でこそ局内だけの配置転換ですみますが、将来は首切りにまで発展する恐れがあるのです。そのとき、実際には首切りに反対できない状勢になるのではないでしょうか。

細田　組合は今までいつも追いつめられた場所でさあどうするという問題を与えられてきたのです。そういう問題を考えるにつけても、公共企業体だからストはいけないとかいうのは不都合極まると思います。働いている人としてはどうしても納得いきません。いずれにしても組合としては、一、労働時間を短縮する。二、生理休暇、年次休暇を自由にいつでもとれるような体勢にする。この二つを根本目標として運動し続けるつもりです。

既婚者とパートタイマー

山川　今、実働時間は何時間ですか。

細田　実働七時間半、拘束半時間。週にして実働四四時間半、拘束四六時間半です。それを二時間ぐらいずつせばめて行く方針です。

山川　産休をとつた人の穴うめには、臨時雇の人をまわすのですか。

細田　そうです。局長は合理化のための操作雇員として臨時雇を扱つていますが、組合では臨時も職員も同じ働く者として取扱いを同じにしようとしています。

山川　イギリスでもアメリカでも働く婦人の五割近くが既婚者ですからパートタイマーが非常に多い。しかしイギリスのパートタイマーは、みな正規の雇用者で組合員であります。労働時間が短いというだけで労働者としての権利は同じことです。臨時雇で何の保障もないということはありません。子供のある婦人は、子供を育てるのに気を使い、からだも使わなければなりませんし、それも社会的に必要な仕事なのですから、それだけのことを認めるのが母体保護というもので、日本のように母体保護といえば生理休暇一本槍というのはおかしい。もつと労働時間の短縮や母親の生活全体にゆとりをもたせるのでなくてはいけないと思います。共産圏では母親をそうじやない人と同様いつぱいに働かせているところもありますが、ユーゴーなどは子供を中心に考えて産後六カ月間授乳中の母は四時間働いて八時間の賃銀をもらい、さらに三じ月間は六時間働いて八時間分もらえる。べつに子供のために生活費が出ますから、母親はむりに働かなくても生活には困らない。

中大路　ここでは何割がパートタイマーですか？

細田　四九〇名の職員のほか、パートタイマーが二五名です。合理化以前は五〇名ぐらいいたのですが組合員でないために首切られました。臨時組合を私たちからいつて作つてもらつたのですが……

中大路　パートタイマーの雇用形態はどうなつているのですか。

細田　契約は二カ月更新ということになつています。パートタイマーの中にもいろいろありますが。

山川　その人たちには保険や厚生年金がついていますか。

細川　失業保険、健康保険は一般職員と同じです。しかしひどいのは日雇なみの扱いです。

渡辺　一般職員の方の勤務形態はいかがですか。

武次　交換勤務者は皆九名ないし十五名ずつの組に編成されて、一組は六日に一度夜勤をすることになつています。私たちは仕事の性質上一人一人といつてもよいぐらい皆出勤時間がちがいますが、この一組の者は大体同カ時間に働くことができます。

渡辺　子供のある方は夜勤から除外するのですか？

東出　そうです。しかし今後数がふえて来たらどうするかを考えなければと思います。

渡辺　夜勤の交替は？

東出　五時間交替です。

司会　このお仕事は神経的に大変ですね。

東出　ええ、台に入つている間中緊張していますから。

山川　夜勤は疲れるでしよ。

東出　無意識のうちに、疲れているのですね。夜勤を終えて朝そとへ出るとふらふらします。それに夜勤ですと、生理休暇がとりにくいのです。夜勤は最小人員で予定をくまれますから一人休むとほかの人に迷惑かけますし、夜勤を休むと二日休暇をとつたことになるんです。

中大路　職員個人の勤務時間のちがう組合活動は、支障が多いんじやありませんか。

細田　残念ながら今の所そこまで組織力が浸透していないんです。しかし毎週一回執行委員会を開いて、だんだん活潑な職場運動をしようと努力しています。

中大路　組合の役員になり手がないというようなことはありませんか。

細田　実はその例にもれないんです。

社会党と組合大衆との間

山川　社会党婦人部などからの呼びかけはありますか、地区の政治運動との連絡とか。

斎藤　全くありません。

細田　形だけの集団入党はありますが、実質的ではありません。

山川　イギリス労働党の婦人大会にいきましたら、お婆さんの出席者が非常に多いんですね。（一七ページへつづく）

夏のお料理

田口不二枝

暑気を感ずるようになると、何となく採りにくい油を使つたものも、主副食を共に頂き易く、口当りもよいマカロニサラダもよいものでございます、飾り方によつては豪華な感じも盛られて客料理としても利用できます。夏みかんのジュースを添えて、その絞りかすの皮を利用した菓子は油ものの食後の口当りに一層すがすがしさを味わせます。

マカロニサラダ（五人分）

マカロニ　三〇〇g
玉　葱　一〇〇g
きうり　一本
トマト　二個
卵　二個
ハム　三枚
椎茸　四―五枚
マヨネーズソース　五勺
塩、酢、胡椒、サラダ油、パセリ

マカロニは長いものでも、カットしたものでもよい、たつぷりの熱湯を用意して沸とうしたら塩一つまみ入れ十五、六分茹でる。すぐ水をかけて冷やし、水を切つたら塩と胡椒で下味をつける。

玉葱はみじん切りでも縦うす切りでもよく布巾にとつて塩をふり、包んでもみ、よく流れる水にさらしてさらし玉葱にする。

キウリは洗つて塩をふりさつと熱湯に通してすぐ冷やし消毒と色をきれいにする、輪切りにして塩をふるトマトは湯むきして六ッ割にする。

卵は固茹でにして、卵切りで輪切りか、たてせん切りにして軽く塩、胡椒ふる。

ハムはせん切りにする。

椎茸は水に戻して石付きをとり、せん切りにしてサラダ油でさつと炒めて塩、胡椒ふる思い切つた大ぶりの[illegible]を用意すると盛り付けがはえるし取り分け[illegible]時にすべり出さないから良い。

ボールにマカロニを入れ玉葱とまぜ合せて塩、胡椒、酢、油で下味をつける、それからマヨネーズを少し残して入れてまぜ合せ器に丸く盛高に盛りつける、その上に残りのマヨネーズを塗りつける。

キウリを軽く絞り、塩、酢、油で下味をつけてからマヨネーズを塗つたマカロニの上に貼りつける様におく。

トマト、卵、ハム、椎茸を夫々配色を考えて貼りつける様に飾り、パセリを添える。

放射線状に盛りつけしても、順々に上に立体的に盛つても、器と見合つた似合う盛付にする。

夏みかんジュース（五人分）

夏みかん　1/2個（ジュースにして五〇cc は出来る）
湯（水）　十倍～十五倍
砂糖　八％～一〇％（大匙一1/2）

ジュース絞りで絞りとつたジュースをコップに盛り分けたら、砂糖を入れ、湯をそそいで攪拌してから供すればよい、好みでレモンの輪切りを浮かしてもよい、皮は次の菓子にする。

萩の露

夏みかんの皮　一個分
砂　糖　七〇％～一〇〇％
ふり砂糖

夏みかんの皮は五ミリ巾、八センチ長さ位に切り揃えてから一晩たつぷりの水につけ数回つけ水をとりかえる。たつぷりの水をとり替えて火にかけ充分柔かくなるまで茹でる、その実量を量つて砂糖の量を定めて鍋に入れて皮と共に最初は中火で煮る、煮詰つて泡が大きくなつたらさつと強火にして一気に仕上げをして別に用意してあるふり砂糖をからめて急激に冷やす。

保存させる時には百％近い砂糖を使う。

本誌・社友（五十音順）

淡谷のり子　阿部艶子
有田るゐ　安部キミ子
磯野富士子　石井桃子
石垣綾子　圓地文子
大谷藤子　小川マリ
大内節子　小倉麗子
川上喜久子　神近市子
桑原小枝子　久米愛
久保まち子　芝木好子
清水慶子　杉村春子
田所芙美子　田辺繁子
高田なほ子　戸川エマ
長岡輝子　新居好子
西清子　西尾くに子
萩元たけ子　深尾須磨子
古市ふみ子　福田昌子
宮崎白蓮　三岸節子
米山ヒサ　渡辺道子

日本労働組合総評議会傘下
各労働組合婦人部
全国産業別労働組合（新産別）
連合傘下各労働組合婦人部

原稿募集

＊**論文・創作・ルポルタージュ**（四百字詰一五枚以内）
＊**職場のこえ・台所のこえ・書評**（三枚〜七枚）
＊**詩・短歌・俳句**

本誌は広く読者に誌面を解放しております。皆さまの活潑なご投稿をお願いいたします。

送り先　本誌編集部

編集後記

市川房枝氏が国連の婦人の地位委員会に谷野せつさんが日本代表として出たことに抗議している。どうやらミス・ニッポンに当選した人物のほかにも美人はくさるほどいるのに、というご不満らしい。が人の好き不好きは致しかたのないもの。私は岸さんも池田さんも好きとはいえないが、日本の有権者が彼らに三分二の議席を与えた以上、彼らが総理大臣となり、大蔵大臣となり、鹿島組の大将が北海道開発庁の長官となることさえしんぼうしている。いわんや婦人代表をや、といってはわるいでしようか。

○前二回、当時の婦人少年局長藤田たき氏がオブザーヴァーとして同委員会に政府の任命で出たとき、他の婦人団体の同意を得なかつたといつて、こんどと同じように市川氏からはげしく抗議が出ていたなら、今回は政府も考えたかもしれないが、二度とも黙つていたから、婦人少年局長が出てさしつかえないものと政府も谷野さんも思つていたのではないか。

○公務員が代表に出て悪いというなら人口問題の舘稔博士も問題にしていい。女は弱いからかみつきいいのかしら。代表は公選によらず任命によるので、どこの国でも政府与党かそれに近いものが出る。いずれにせよ終身官ではなく政府のつごうでいつでもかえられる。どの政党も男女とも優秀な持駒をそなえておくこと。

編集委員（五十音順）

榊原千代
藤原道子
山川菊栄
吉村とく

婦人のこえ　七月号
定価三〇円（〒五円）
半年分　一八〇円（送共）
一年分　三六〇円（送共）
昭和三十二年六月廿五日印刷
昭和三十二年七月一日発行
編集発行人　菅谷直子
東京都千代田区神田三崎町三ノ六
印刷者　堀内文治郎
東京都港区本芝三ノ二〇
（硫労連会館内）
発行所　婦人のこえ社
電話三田（45）〇三四〇番
振替口座東京貳壱壱参四番

昭和二十八年十一月二十四日第三種郵便物認可
昭和三十二年七月一日発行（毎月一回一日発行）
婦人のこえ　第四十六号　（第五巻・第七号）
定価三十円

婦人のこえ

8月号　特集・再軍備の現状　1957

般若苑

東京都港区白金猿町67
電話（44）代表1256番
経営者　有田てるゐ

婦人のこえ

1957年
八月号

八月号 目次

特集・再軍備の現状

岸さんのおみやげと再軍備

木《き》原《はら》実《みのる》

アメリカの恐怖―共産主義

「君、ぼくのみたアメリカは二つの恐怖においかけられて動いているような印象をうけたよ……」

ちかごろアメリカから帰つてきた友人は深刻な顔をして私にこんなふうにいいました。

友人のいうアメリカの二つの恐怖とは、ひとつは共産主義にたいする恐怖、それからもうひとつは原水爆の恐怖だというのです。

政府の役人はもとより、大学教授とか、ときには新聞記者のようなリベラルな立場にある人々も、共産主義やあるいはソ連や中国について語るときはガンコな敵意を表明するか、用心ぶかく口をつぐむというのです。それがだんだんこうじて、数人よれば政治むきの話は自由にしたがらないというようなふうさえもみうけられたといいます。民主主義と自由の祖国のようにいわれてきたアメリカが、まるでわが国の戦時中のひところのように不自由で暗いかげにつきまとわれているというのは、そういわれてみても何だかほんとうのように思われません。

私たちも共産党や共産主義にくみするものではないし、ソ連や中共がそのまま天国だなどと考えているわけではありません。しかしすくなくとも共産主義国と、ことがあれば武力をもつて戦わなければならないとまではとうてい考えておりません。それどころか、ソ連とはともかく国交も回復をしたし、隣邦として何とか平和につきあつてゆきたいと考えているし、大陸中国については、多くの日本人がもつと親近感をもつていて、早くお互いにラクに貿易もでき、ゆききもできるような状態になつてほしいと願つているのではないでしょうか。

だから共産主義国の侵略の恐怖というようなことが、つよくいわれれば、そうかと思う人があつても、それだからといつていまさらソ連や中国と銃をとつて闘うなどとは、普通の日本人なら、夢にも考えていないと思います。多くの日本人は、お隣りのソ連や中国との関係において、安定した平和なまじわりを願いこそすれ、こちらからそれを破つてゆこうとするような気持はないと思います。同様にソ連や中国が、よくいわれるように、このような日本人の希望をひきさいて侵略をしてくるとはとうてい考えられませんし、そのような具体的な要因がかの国々にあるというふうには、私たちの分析や見透しのなかからはでてこないのです。私たちは日本人として、もつと平和ということについて自信をもつてもよいのではないかとさえ思つております。

ただ中ソとのあいだに万一の不幸な事態がおこるとすれば、それはこのような日本との関係においてではなくて、朝鮮とか台湾とかとの関係において動乱の過程にまきこまれるか、あるいは直接アメリカとの関係において、沖縄や国内の基地、基地に駐留するアメリカ軍、アメリカ軍に従属をする自衛隊（日本の武力）というインガ関係から、あるいは恐ろしいことになる可能性がないというわけではありません。

これを要するに、私たちはソ連や中国を恐れなければならない何らの理由もない、ただおそるべき破局があるとすれば、アメリカと中ソとの関係において、日本がそのなかにまきこまれていくという一点だけだと思います。そしてこの恐怖は、日本がいまのようにアメリカの戦略的要具として従属しておればおるほど、恐怖と不安の度合がふかいといわねばなりますまい。

ご承知のように、昭和二六年にサンフランシスコ講和が成立したとき、産婆役のダレスさんは講和条約の中で日本の自衛権とその行使、日本が自衛のために集団的安全保障に加盟することができるという権利を与え、その条項にもとずいて日米安保条約を成立させました。この安保条約でアメリカは、日本は自衛権が与えられたがこれを行使する武力がないから、アメリカの軍隊を日本に駐留させるということで、アメリカは日本を自国の前進基地として使う権利をもちました。そしてこの条約がはつきりいつていることは、日本はやがて自分の責任で自衛できるように武力をもつようにならなければならない、日本がそのように武装するか、あるいはアメリカのみとめる集団安全保障に加盟するまで、この条約によるアメリカ軍隊の駐留はやめないということです。

これではまるで日本はアメリカの軍事的保護国のようなものです。また国内の基地問題をはじめ、アメリカ軍隊の駐留にともなうさまざまの悲劇が生れ、日本人のこれにたいする抵抗が高まるにつれて、このような条約をむすんだ張本人の保守党政府の人たちは、このような条約は不平等であるし、改訂しなければならない、そのためにはまず日本が充実した防衛力＝再軍備をもたなければならないなどといい出しました。この理クツは、アメリカの意志として、安保条約のなかにはつきりうたいこまれている通りの文句であるのも笑止ですが、ともかく、岸さんがこんどの渡米にあたつてこのことをきり出すということで出かけていつたのでした。

ところが岸総理とアメリカ政府の会談の結果を公表した日米共同声明によりますと、日本の総理大臣はまず共産主義の脅威を強調し、アメリカと手をくんでこれと大いにたたかうと宣言し、日米安保委員会というのをつくつて安保条約や行政協定がもつとうまく運用できるように協議する、というおみやげをとりつけました。

このようなアメリカでの岸さんの活躍？を批評してある外電は、「岸はダレスがいうようなことを同じ口調でしやべつている」といいましたが、とりようによつては、岸さんはわざわざアメリカへいつて、アメリカの気に入るように、共産主義国にたいする戦意昻揚運動をやつたということもできるでしよう。そしてこのことは共産主義諸国との間においても、おだやかな平和を期待する善良な多くの日本人の気持に反するものでした。

岸さんは、アメリカにたいする日本の忠誠をちかうことによつて、共産主義にたいするアメリカの恐怖を日本に輸入する役をはたしたというわけです。

アメリカのスリラー映画が、屢々日本人の頭を恐怖と不安に狂わせるように、この岸さんのスリルの強いおみやげは、正気の日本人にはとてもそのまま頂けそうにありません。

アメリカの恐怖―原水爆

岸さんのおみやげはこれだけではありませ

ん。アメリカのもうひとつの恐怖、原水爆についてのおみやげを、私たちはみのがすわけにはゆきません。

私の友人によりますと、アメリカの男といわず女といわず、原水爆にたいする恐怖は非常な勢いでひろがつていて、中には一種の終末の感慨にとらえられ、とても正気とも思われないような原水爆恐怖症にかかつている人をしばしばみうけたということです。これもうかつな話ですが、あんなにハデにどんどん実験をやりその威力を誇つているアメリカのことですから、そんなに市民の間に原水爆恐怖症がひろがつていようなどとは、ちよつと考えられないことでした。しかしいつかのアメリカ議会での科学者たちの原水爆の被害についての証言が全米に異状なセンセーションをおこしたということですから、それはおそらく真実でしよう。原水爆のことを考えると私たちだつてノイローゼになります。ノイローゼにならないためには、理性の力でこれをやめさせてゆくように働くしかないのです。

ところで、わがアメリカの岸さんは、この点でも恐るべきアメリカの恐怖を、そのまま日本に持こむおみやげを貰つているのです。

アメリカ政府は岸さんに、日本からアメリカの地上軍をちくじ撤退させると約束をし、すでに駐留軍部隊の異動が始まつております。これはいちおう結構ですが、これとひきかえに空軍は充実され、原子核兵器によつて武装された軍隊におきかえられるという情勢があるのです。

すでに岸さんが「核兵器の日本持込みは憲法違反ではない」と、この春の議会で口をすべらせて問題になりましたが、これは決して失言ではないのです。ちようど日本と同じような立場にある西独のアデナウワア首相は、アメリカにいつてアイクから、アメリカの核兵器によつて西独を武装することを承諾させられています。それとも符節があうのです。

岸さんはアメリカでダレスさんから、憲法改正の必要をとかれたと新聞は報じておりましたが、日米安保委員会の仕事について、朝日新聞はつぎのように報じました。

「……ダレス米国務長官は、ワシントン会談で、『核兵器の持込みについてもこの委員会で協議してゆきたい』と述べたといわれる……」（七月二日夕刊）

核兵器の日本への持込み、あるいは原子力部隊の日本への駐留は、その素地はすでにできつつあるのです。第一にいまの安保条約や行政協定がある限り、アメリカが日本へ核兵器をもちこんでも法的には日本にこれを最終的にことわゆる根拠がありません。第二は、すでにオネスト・ジョンとか、あるいは沖縄へのナイキ基地の建設とか、あるいは日本の基地の原爆基地化を予定しての拡張の強行とか、核兵器うけいれの体勢は着々と日米合作のもとにすすめられているのです。

しかしアメリカの核兵器によつて日本が武装される、という事態が出現したとすれば、それは日本の軍事的な立場が、質的な変化をとげ、ある意味では重大な危機の出発点となるといつてもいいすぎではないのです。

核兵器は、いまの世界情勢では、もしそれを攻撃用にせよ防禦用にせよ使うということになれば、それはそのまま世界戦争への道につながるという「兵器の論理」をもつているのです。核兵器といつてもいろいろあつて、これは限定された効能をもつ小型のものだとか、局地的な戦術兵器だといつてみても、その偉力の連サ反応のおよぶところ、原水爆のうちあいという最悪の破局に、たやすく導かれてゆくのです。みなさんはあの朝鮮戦争の末期に、原爆使用をマッカーサー元師が考えたとき、米英両国のあいだにおこつた深刻な意見の対立、そして第三次大戦への前夜的な恐怖、あげくのはてにはマ元師自身の解任、本国召還とつづいた息づまるような一時期をおもい出して下さい。原子兵器はどんなものでも、それ自体として局地的な紛争をいつでも世界戦争にまで拡大する導火線をそなえているると考えてよいのです。

　もうひとつ。イギリスの有名な物理学者でブラケットという人は、原子戦争がおこつたときにまつ先に原子兵器によつて破壊されるのは、本国よりも出先の基地であるといつています。原爆基地は、原爆基地であるがゆえに安全でなく、反対にそのゆえにもつとも破めつ的な土地となるのです。そういう事態になつたとき、アメリカの前線基地としての日本の運命は、思うだに暗たんたるものです。

　岸さんはそんな約束はしないし、核兵器の持込みには反対するといつています。しかしこれはどうやら日本の保守派の政治家の、国民の指弾を一時的にのがれるいいぐさにるいするコトバとしてしか聞けません。

　岸さんは、こんな恐怖のカタマリを、アメリカから「共産主義の恐怖」という戦意昂揚物とセットで、日本へ持込もうというのです。

　そのために多少おそまつでしたが内閣改造をやり、岸体制をつくつて社会党と対決をするのだ、などといさましいことをいつています。何のための対決か。岸体制は国民にとつて恐怖のカタマリでなければさいわいです。

× ×

　さいごに。私は岸訪米と日本の再軍備へのあゆみについて、歴史的な展望をこころみてほしいという編集者の菅谷さんの御依頼をうけたのでしたが、何しろ原爆のおみやげ話などを出してしまつたものですから、もうスペースがなくなつてしまいました。

　ただ岸さんが渡米するにあたつて日本の防衛計画をもつてゆきました。当時新聞でもひやかされていたように、大へんズサンなもので、目のこえているアメリカさんからは相手にされず、「まあ憲法改正でもはやくやるんだネ」などと軽くあしらわれたようでした。

　しかし私たちは、保守政府がつねに日本の再軍備計画の青写真をもち、つぎの段階では決意を新たにして憲法改正を国民の前にいどんでくるということを軽々しく見逃すわけにはゆきません。ダレスさんにとつては軽口であることが、私たちにとつては国と個人の運命を左右するようなことだつてあるのです。

　それからもうひとつ。日本の自衛隊が警察予備隊としてマッカーサー元師の指示で生れたのはご承知のように朝鮮戦乱とのつながりにおいてでした。この「戦力にあらざる軍隊」は、その生れおちる時から、生長の全過程をつうじて徹底的にアメリカ的であつたということ。つまり、一部の人たちは日本が独立をするために自前の軍隊をもつのだと主張しますが、それは昔の夢を追う老人のくり言だということです。いまの軍事的、技術的な条件の中では、日本がどんなに逆立ちをしても、アメリカの影響をうけない、自前の軍隊をつくるなどということは科学的に！　できないのです。私たちは武装独立を夢みる人たちもふくめてそれほどに深いアメリカへの従属について、思いをいたさなければならないと思います。

　やがて灼熱の八月。あの原爆記念日と八月十五日がまためぐつてきます。この月は、私たちには何にもまして平和を強調し、胸をはつて、世界に平和を訴える月です。

　この時代に生きた日本人の悲しみと思いをこめて、みなさんが随所に御活躍になることを、心から祈つております。

（筆者は日本社会党本部企画部副部長）

再軍備と国民経済

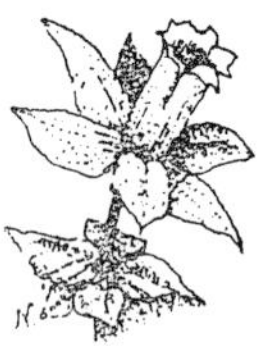

岡《おか》崎《ざき》三《さぶ》郎《ろう》

日本の再軍備はもうかなりの程度に進んでいる。いまできている軍備を思い切つて全廃したら、どういうことになるか。

まず二十万余りの自衛隊員が職を失う。軍需産業もいらなくなるから全部つぶすとして、ここでもかなり大量の失業者が出る。ついでだから特需専門の工場などもやめてしまうし、駐留軍にも帰つてもらうとすれば、失業者はもつと沢山になる。それから一般産業でも、自衛隊や軍需産業に製品やサービスを供給していた部分は、それが全部売れなくなるから、それだけ生産の規模を縮小することになり、ここでも少からぬ失業者を産み出すことになる。これらすべての失業者を合計してみると、その数は決して小さいものではないだろうと思う。

生産の規模が国民経済全体として小さくなり、それだけ失業者が出るということになれば、そのことは就業者をも圧迫して、その労働条件を悪くする結果をもたらす。こうして、いまできているだけの軍備を全廃しても、それが国民経済に及ぼす影響は決してささやかなものだとは言い難い。

しかし他方、軍事費が二千億円位いらなくなるから、それでまず大規模な失業救済事業を起せば、失業者は救済される、と言われるかもしれない。しかし失業救済というものには限度があり、失業者の生活を就業者なみに永続的に保証するというわけにはいかない。軍事費を減税に当てるということも大変結構なことであるが、いまでも低額所得者はあまり税金を払つていないのだから、その恩恵は主として中位以上の所得者に振向けられることになる。だから減税はやめて、これを社会保障費や義務教育費に当てるとすれば、これもまた大変よいことであるが、しかしそれによつて大量の労働力を吸収するというわけには行かない。こう見てくると、二千億の財政資金をどう振り当ててみても、軍備の廃止が国民経済に及ぼす影響を完全にカバーすることは、ちよつとむつかしい。

中国貿易の拡大とか、その他の経済拡大の方策が同時に行われれば、それはカバーされるであろうが、それは軍備の廃止ということとは直接に関係はない。つまり軍備を廃止したから、それが直ちに急速に展開されるというものではない。

このような軍備廃止の経済的影響という問題を逆に見れば、再軍備とか軍備の拡張とかいうことは、一定の限度内で行われれば、経済振興策としての役割をもつということである。一定の限度内でとは、著しいインフレを引き起さない範囲でということである。

よく再軍備は国民生活を圧迫するから反対だと言うが、これは選挙演説としてはよいかもしれない。選挙演説というものはたいていごまかしなのだから。

問題は、再軍備が直ちに国民生活を圧迫するということにあるのではない。むしろ逆に、それが経済振興策としても、しかも即効的な経済振興策としても、作用するところにある。もし再軍備や軍備の拡張が直ちに眼に見えて国民生活を圧迫するのであれば、再軍備反対運動は非常にやりやすくなる。事実はそうでないから、運動がむつかしくなるのである。

労働者階級がこれまで再軍備に反対してきたのは、本当は、再軍備や軍備の拡張は経済振興策として役立つにしても、なおそういう効能だけでは覆い切れないもつと大きな危険性をふくんでいるからである。いまできている軍備の全廃を要求するのも、軍備の廃止がもたらす直接的な経済上の影響を承知の上で、そういう影響よりもさらに大きな大局的な利益を考えるからである。

それはほかの例でも同じことである。たとえば駐留軍が撤退すれば、いやでも駐留軍労務者は失業しなければならない。しかしそれだから駐留軍にいてもらつた方がよいという結論は出てこない。売春を禁止すれば、何十万という売笑婦の大部分は衣食の途を失う。しかしそれだからと言つて、決して大いに売春を奨励した方がいいという結論にはならない。問題はほぼこれと同じことである。

そこで、それではなぜ再軍備に反対するかということになるが、これは既に言いつくされているので、ここではぶくとして、なおもう少し経済上の問題について考えておく必要がある。いまも述べたように、再軍備は一定の限度内では経済振興策としても即効的な作用をもつ。しかしそれがそういう作用をもつためには、絶えず、少しづつでもよいから、軍備が、したがつて軍需が増大されて行かなければならない。同一の規模に止まつていたのでは、経済を拡大する作用をもたない。そこで、一度軍備の拡張が経済振興策として利用され始めると、それは限りなく拡大して行く傾向をもつ。ことに景気が下降してくると、そこに不況対策を求める傾きが強く出てくる。それも租税収入でまかなつているうちはいいが、それには一定の限度がある。その限度を越えると、赤字公債に依存することになり、必然的にインフレを招来する。そうなるとこれは次第に眼に見えて国民生活を圧迫するようになる。軍備の拡張は常にそういう傾向をはらんでいる。そしてそこに、経済上から見ても、非常に大きな危険性がある。

しかしこういう危険性は、それが眼の前に具体的に出てこないと、だれにも痛切に感じられないものである。そしてそれが具体的に出てきた時には、もう簡単には手の付けようがなくなつている。そこでそれを防ぐには、当初から軍備をつくらないか、できるだけ早期に軍備の拡張を阻止するか、あるいは軍備を廃止するかしなければならない。今日ではもう軍備の廃止が相当に著しい影響をもたらす程度になつていることは、いま述べたとおりである。しかし今後、軍備の拡張がさらに進んだ時には、その影響はさらに大きくなるであろう。

そこで今日、あるいは近い将来の問題として、軍備の拡張を阻止し、また既存の軍備を全廃しようと思うならば、それは非常に困難な問題であるということを覚悟してかからなければならない。予算面でいわゆる防衛費を削減または削除すること、これも決して無意味なことではないが、ただそれによつて、財政面だけで操作することによつて、問題がかたずくと思つたら、大間違いである。もつと広範で、根本的な経済体制の変革と関連して行われなければ、それは決して実現されるものではない。再軍備反対の運動は、それとして必要であり、非常に意義をもつているが、しかし今日ではもう基本的には、それはもつと大きな運動の一環として理解され、取上げられなければならない。（筆者は武蔵大学講師）

時事随想

だまされないように

山《やま》川《かわ》菊《きく》栄《え》

カビのはえた人口論

岸首相はいつこう変りばえのしない大臣のガン首をすげかえて、汚職、暴力、貧乏の三悪追放の放送で大いに人気をわかす気らしいが、いくらお人よしの国民でも神武景気で笑いのとまらないのは誰か、そのおこぼれにはあずからず、あとしまつをしよわされるのは誰かぐらい感ぜずにはいられませんし、憲法改正、労働三法改悪、小選挙区制採用などの物すごい反動攻勢がおそいかかつてくるのを見てとらずにはいられません。

七月十一日読売新聞紙上が「新内閣に望む」という町の声を紹介した中で、ある主婦はこういつています。

「わたくしはサラリーマンの妻ですから保守党に大きな期待はもつておりません。といつて現実無視の観念論ばかりふりまわしている現在の社会党にもあきたりませんので、せめて三悪追放をさけんでいる岸内閣の実行力に望みをかけているものです」

これでは事実上「保守党に大きな期待をもつている」わけですが、「三悪追放」などというていさいのいい言葉につられて、それを意識しないところにおとし穴におちこむ危険がひそんでいます。社会党の現実無視の観念論とは、具体的にはどういうことをいうのか、質問されたら、この主婦にハッキリ答えられるでしょうか。保守系の政治評論家やジャーナリズムが「社会党は現実無視の観念論でダメだ、まだ子供だ、早く大人になれ、でないとあぶなくて政権は渡せない」と、と口ぐせのようにいうので、その暗示にかかつてそう思いこんでいるだけではないのでしょうか。いわゆるマスコミの威力で自分で直接に社会党の言分を知つたり、考えたりする前に、無意識のうちに保守に有利な意見をつぎこまれ信じさせられている人々が多く、これもその一例でしょう。なおこの人は「新内閣は第一番に人口問題をとりあげて頂きたい。日本の貧困はみな人口問題から来ているのですから政府がもつと人口問題の解決に力をいれて頂きたいと思つています。そして家族計画の徹底や社会保障制度の確立などに力をいれてほしいと思つています」といつています。

「日本の貧困はみな人口問題からきている」というのは、食物の増加は人口の増加においつかぬという、一五〇年も昔のカビのはえたマルサスの人口論に目つぶしをくわされている結果にすぎません。人口過剰だけが貧乏の原因なら、岸首相のいう「貧乏の追放」は、家族計画で子供さえ多くうまなければできてしまい、賃あげもいらず、社会保障制度もいらないわけで、こんなうまい話はありません。

文明国なみとなつた人口増加率

明治のはじめ、今と同じように四つの大きな島の中に三千万の人口しかなかつたころと九千万の人口を抱いている今とくらべてみて国民の生活水準はどちらが高いでしょう？国民の九割近くが農民で、工場もなければ飛行機はおろか、汽車、汽船、電車もなく、小、中、大学もなければ、病院もなく、助産婦も看護婦もなく、牛乳も牛肉も口にはいらなかつたあの時代とくらべて、人口が三倍になつている今の方が、どんなに豊かな、安定した生活をしていられることでしよう？　そしてそれはひとえに鉱工業、農林水産業や貿易等、経済の発達したおかげでした。なるほど人口は三倍にもふえましたが、ふえた人口は居ぐいをしている役立たずの寄生者ではなく、よく働き、よく学ぶ活動的な国民で、生産力は人口の何百倍の勢いでふえたのですから、いろいろの欠陥はありながら、全体としての生活水準は著しく高められたのです。

　人口の自然増は一九四九年の一七五万人——増加率人口千につき二一・四——を絶頂として、それ以後年々下り坂にむかい、一九五五年には一〇三万人——増加率一一・六——となりました。最近の日本の出生率はアメリカ、カナダ、オーストラリアなどより低く、イタリア、イギリス、フランス、西ドイツよりやや高く、人口の増加率はそれらの国々よりやや低い程度で、戦前及び戦争直後のような速度でふえているわけではありません。しかも出生率は急速におちていながら、衛生状態改善のために死亡率、特に乳児死亡率が低下した結果としての平均寿命の延長と人口の自然増なのですから大に喜んでいいことなのです。戦後世界各国とも死亡率が低下していますが、中でも日本は一般死亡率は一九四七年の千人につき一四・六人に対し、一九五五年には七・八人、乳児死亡率は出生千につき七六・七人から三九・八人に低下するという世界で一番いい成績を示しています。一般死亡率は先進諸国にくらべても最低ですが、乳児死亡率は出生千につき東ドイツ四九、西ドイツ四二、フランス三八、イギリス二五、スウエーデン、ノルウエー二〇程度で、日本は現在の半分以下にへらすことができるはずです。また結核やガン、脳出血の予防治療の方法が進歩するに従い、一般死亡率も一層へることでしよう。

　最近の日本では、出生率は急速に低下しながら、死亡率のへり方が一層急なので、人口が増加しているのです。これは世界中の文明国が必ずたどる道で、現に英仏等では家族計画が普及して人口増加の速度がにぶり、老年人口の割合が多すぎることから、民族の将来が案ぜられ、母子保護の制度を完備して産児奨励と人口の若返りにつとめているのです。

神武景気にたたられて

一九四一年に七千万だつた日本の人口は五六年には九千万に達し、二八％の増加を見ましたが、戦後の経済の発展の方はどうでしよう。

　一九四八——五五年の間に鉱工業指数は三八から一一七へ、即ち四倍に増加し、先進諸国の増加率をぬいていますが、そのうち特に工業の進出は目ざましく、綿糸布各四倍、人絹スフ二〇倍、造船一〇倍、鉄鋼は一九四二年の二四四万トンを最高として敗戦直後は四〇万トンに落ちたのが、一九五六年には八二三万トン、一〇年間に二〇倍となり、これらの増産率はいずれも世界第一位をしめています。

　一九三四—三八年から五四—五五年に至る間の農業生産指数をみると、日本の増加率は一〇％、他国にくらべれば高いのです。米は平年作七千万石といわれますが、恐らく実際はそれよりはるかに多くとれているものと見られ、一九四八—五五年の間に肉類は約五倍、牛乳は五倍半の増産。ただし総額においては肉類は人口五千万のイギリスの七分一、牛乳は九分一、(イギリスではそれと同量くらいを輸入している)、人口五百万のスウィスと比べてさえ日本牛乳の生産高は二分一です。終戦直後、日本人の肉類消費量はヨーロッパ人の四〇分の一、玉子は一〇分の一、牛乳は一%ということでした。こういう食生活の不合理を改めることが日本の農業に課せられた任務でもあり、その行詰りを切りひらく道でもあります。

過剰人口はたしかに日本の経済にとつての大きな負担ではありますが、日本の貧困の原因をそれだけと簡単にきめてしまうことが大きな誤りであり、危険な迷信であることは以上簡単な説明でも分ることです。面積は日本の倍に近く、人口は二千万に満たないビルマの国民所得が日本の二分一、面積は日本の三分二、人口五千万の西ドイツの国民所得が日本の三倍であるのはなぜでしよう。産業の進歩、経済の発達の段階がちがうからではありませんか。

人口は戦前の三割たらずしかふえず、生産ははるかにふえ、神武景気という物すごい景気の中で、岸首相でさえ知らん顔ができないほど、貧乏がハバをきかせているのはなぜでしよう？　労働法を改悪し、反動的な道徳教育をおしつけて再軍備に肩をいれることが、貧乏を追放する役に立つか、その反対に、働く人々をますます貧乏にするか、おたがいに本気に考えなければなりません。

ビルマ人の怒り

岸首相が官僚特有のこおりついたような笑顔のお面をかぶつて東南アジアの諸国をまわり、アメリカの金と日本の技術でそれらの国国の産業を開発する構想をのべたとき、ネールはことわり、ビルマは原則的に同意しただけでハッキリしない顔つきでした。アメリカへ渡つてからの首相の態度はこれら中立主義の諸国に絶縁を申渡したにひとしく、今まで以上に露骨に反共と向米一辺倒を明らかにし、帰国後の内閣改造では、親米主義の資本家代表藤山愛一郎氏を外相にあげて、中ソに対立するのみか、中立主義の諸国にうしろをむける外交政策ののろしをあげました。その藤山氏はしきりに東南アジアとの親交を説いています。

五年前、アジア社会党大会の準備会のためビルマに寄つて、ロンドンの労働党本部で開かれた社会インタの理事会に参加した藤原道子さんはこんな話をされました。

「ラングーンではちようど日本帝国主義打倒の記念日でね、私たちもデモに参加したの。日本の代理大使はやめてくれつていいましたけれどね。日本の帝国主義、侵略主義には私たちも反対なんだからといつてかまわず出ました。でも何万の大衆が集まつた広場の正面に、日本の兵隊がビルマ人を銃剣でつきさして、あたり一面血しぶきの絵のかいてある幕のはつてあるのは、さすがに見るに忍びませんでしたね」

その後私は日本にきていたあるビルマの婦人から、あなたは敗戦前後、日本の兵隊がビルマでなぜあんなにたくさん死ななければならなかつたか知つてるかときかれ、何も知らないと答えると、こんな話をしました。

「日本人はビルマを英国人から解放するといつて吾々をだましました。日本人を信じて国内に入れた吾々は日本軍が英国軍よりもつと悪く掠奪暴行をほしいままにしたのに驚いた。現に私の目の前で一人の若い娘が日本兵にひきずられていくのを、年老いた父親が追いかけていく、兵士はふりむきざま、その老人をピストルでうち殺して泣きさけぶ娘を運んでいつてしまつた。英語のできるものはみな日本軍に使われることになり、私もタイピストとして働いたが、私の兄も徴用された。が、死んだものやら生きてるものやら、それきり今日まで音さたなし。若い妻は再婚し、幼い子供は年老いた祖父母の手で育てられている。私が日本へ来たのち、母は安否を気ずかつて何度も手紙をよこし、本国にいる日本人もビルマに侵入した連中と同じではないか、命に別条はないか、といつてくる。私が本国の日本人はあの悪魔のような侵略軍と同じ民族とは思えない、そんなにも正しい親切な人ばかりだと書いてやつても、母には信じられないらしい。あの「ビルマの竪琴」に出てくる通り、日本の敗残兵は山にこもり、黄色いケサをまとつてビルマの僧にばけて托鉢に歩いた。仏教国ビルマでは僧侶は敬い信ぜられるので、人民は乏しい中でも必ず食をささげた。ところがどうだろう、全くビルマ人と見わけのつかぬ日本の敗残兵は、戸をあけてうやうやしく食をささげる老婆を殺し、婦人に暴行を働いて物を奪つた。だからこそいかに温良なビルマ人にせよ、欺かれ、うらぎられた憤りがばくはつして敗戦前後、日本兵に大きな犠牲を払わせることになつたんですよ」

ビルマ人はたしかに温良で誠実です。だからといつて愚かでも鈍くもない。チャンと見るところは見ているのです。私は戦時中の日本軍の暴状、人をバカにしきつた裏切り行為、そして思いあがつた行状。今は口をふいてひとかどの進歩主義者ぶつている某文化人の司政官としての行状などを、ありのままに書いた当年のビルマの宣伝相、後の首相の著書を貸してもらい、日本人として恥かしさに顔のあげられない気がしました。

先年ラングーンのアジア社会党大会に日本社会党の婦人部がもつていくメッセージの草案の中に、当時二〇万と伝えられた混血児やパンパンの問題についてアメリカをはげしく非難し、東南アジアの社会主義者に訴えた条項を見たとき、私は、これはアメリカに持参するものと感ちがいしたのではないかと思い党幹部の男子の方の同意を得てその項目を削除しました。ビルマはじめ東南アジアの諸国に日本兵がすてていった母や子は数しれず、欺かれたとは気ずかずに、必らずまた来るとか日本に迎えるとかいつた男たちの言葉や、でたらめな住所氏名をだいじに守つて再会の日を待つている無邪気な娘たちは、この十年余りをどうしてすごしてきたことでしよう。藤原さんはそういう人々にたのまれて、帰国後だいぶ父親をさがし求められたのですが、分つた人も少しはあつた様子。しかしほとんど分らずじまい、またはすてて省みられなかつたようです。そういう人々が数かぎりなくいる東南アジアの諸国へ、日本男子のことはタナにあげ、アメリカ兵を責めるメッセージを送ることは余りにおかどちがい、かつ日本の恥のうわぬりと思つて私はその部分を消したのですが、それを私がアメリカを恐れてのことと思いちがえた人もあつたようです。かつて経済使節として来日されたウチェニエン氏の夫人と社会党婦人部の数名がおあいしたとき、こちら側から日本軍侵略当時についてのおわびのことばがのべられ、夫人からなごやかなあいさつのあつたことは快い思出ですが、私たちは東南アジアの人に接するとき、いつもああいう謙虚な気持でいたいと思います。旧軍部の人々のように日本の侵略が独立をたすけたとか、彼らの感謝に価するとか、軍国主義時代の思いあがつた夢を忘れないものは、平和な国交を妨げる反動にほかならず、そういう気持を反省し、根こそぎすてなければ、ほんとの友交も経済提携も不可能なことを知りましよう。

核兵器について

――実験今やめても被害者百万――

武谷三男（談）

核兵器の恐ろしさについては誰しも大体のことは知つていると思います。しかしそれが実際にどんな影響を人体に及ぼすかということについては余り知られていないようです。知れば知るほど恐ろしくなるというのが核兵器であり、しかも今後の戦争は核兵器によるといわれる今日、平和を守ろうとする人々にとつて核兵器についての知識は欠くことのできないものでありましょう。そこで本社では一人でも多くの方に核兵器に対する関心を高めて頂くため、物理学者武谷三男先生にお話をうかがつてみました。武谷先生は大変ご多忙な方で、インターヴューもかなり強引にお願いした次第。大体お話通り記述いたしましたが、あと先生の御閲覧は願えませんでした。従つて文章内容の責任は一切記者が負うことにいたしました。ご了承願います。

放射能が人間の体に恐ろしい影響を及ぼすのはご承知のことと思います。つまり放射能からはセシウムとかストロンチゥム九〇などの放射線が出て、それが人体に入ると細胞を侵したり、骨に沈着したりしていろいろな作用を起すわけです。

放射能は片輪と早死の原因となる

まずセシウムですが、それが生殖細胞を通過するとその細胞を破壊して遺伝の要素を片輪にします。従つてどんなに微量でも、その量に比例して次の世代に片輪を作るということになります。ただし遺伝の問題は、両親の持つ同じ形質のものが対《つい》になつて子供をつくるので、片方の細胞に欠陥があつても、他方が完全であればそれで補うことができます。（記者註アメリカでは原子力工場や研究所で働いている人たちには職場結婚を禁じていまにす。）このように放射能を強く受けた人の子供が必ずしも片輪になるということはありませんが、多くの人が放射能を受けると片輪が現われて来ます。そこで一番恐ろしいのは国民が一様にある水準の放射能にさらされるということです。

天然にも放射能はありますので、生物はアミバー時代から放射能を受けているわけですから天然の片輪ができております。そのうえ放射能をバラまくことは天然の片輪にさらに人為によるものを追加する結果となります。天然の片輪は自然淘汰によつてふるい落されていますので、生物は自然の放射能とバランスをとつています。そうした自然現象に対して人工の放射能がどのようにバランスをこわしているかは明らかではありません。このバランスがとれなくなると人類は破滅するかも知れません。従つて放射能はできるだけ追加しないほうがよろしいということになります。

現在の放射能の程度では一億人について数万人の片輪を発生させるとみられております。セシウムの影響による遺伝には精神薄弱、色盲、虚弱、早死、その他ありとあらゆる片輪があります。

ストロンチゥム九〇はおもに骨に沈着して造血細胞を侵し、白血病を起したり、骨ガンの原因をつくつたりします。これらの病気は統計的に早死すると言われています。現在ストロンチゥム九〇は人類にとつて危険量に近づきつつあります。すなわち今原水爆の実験をやめても、地球全体では約百万人ぐらい白血病や骨ガンで死ぬ人がでると予想されています。そしてセシウムとストロンチゥム九〇とはちようど米と小豆をゴチャまぜにして吹飛ばしたようにバラまかれているのです。

　ストロンチゥム九〇の一般人の許容量は一平方マイルについて五五ミリキューリーといわれていますが、それが現在二〇ミリくらい降つており、なお上空に二〇数ミリとどまつているので、それが全部降りると地球上で約百万人くらいの人が白血病や骨ガンに侵されると予想されているわけです。しかもこの上空にただよつているストロンチゥム九〇は人類が多く住んでいる温帯にたくさん降つてくる傾向をもち、半減するのに二十八年かかるという厄介なものです。

　アメリカ政府の原子力委員リビー博士は、昨年までは原水爆の実験は人類に害はないといつていましたが、今年は、害はあるが戦争で敗けるよりはよい、というようにその意見が変つてきています。

キレイな水爆は絶対につくれない

　最近、キレイな水爆が作られるから余り危険はないという宣伝が行われているようですが、学問的に言つてキレイな水爆などというものはなく、強いて言えば普通にキタナイ水爆か、極端にキタナイ水爆かしか存在しません。アメリカは昨年キレイな水爆で実験したので放射能が少いと言いましたが、それでもかなり放射能は降つてきました。また、いわゆるキレイな水爆でも広島に落した原爆の五〇倍ほどの威力をもつものであり、またアイゼンハワーの言つた九六%キレイな水爆というのが広島の二十数倍のもので少しもキレイなものではありませんでした。アメリカは絶対キレイな水爆を作るといつていますが、絶対つくり得ないと言えます。ウラニウムの核分裂のない放射能をつくつても放射線はでるのです。

　たとえ、普通にキタナイ水爆ができたとしても水爆は決して使つていいものではありません。それは原爆も同じことで、死の灰がこれほど問題にならない前からわれわれは科学者の立場から訴えていたわけです。大量殺人の兵器を使う理由はないし、いわゆるキレイな水爆ができた場合でも、相手国だけ死の灰で襲うという可能性もでてきます。

日本の自衛と核兵器

　今後の軍備は核兵器が中心になると言われています。従つて日本が再軍備を進めれば、当然核兵器をもつということになります。しかし、日本のような国で核兵器をもつことは決して国を守ることにはなりません。なぜなら、こちらが核兵器を使えば先方は幾千倍かのものを使うことは言うまでもないし、また、たとえ使わないまでも、核兵器を持つていれば相手が恐がつて手出ししないだろうという考えの人もあるようですが、これは全くナンセンスです。日本が持てる程度のものは相手にとつては恐らくものの数ではないでしょう。従つて日本が核兵器を持つことは戦争を誘導する以外のなにものでもないと言えるでしょう。

　岸首相はこんどのアメリカ訪問の結果、日本の中立を放棄し、日本をアメリカのワクの中に入れることにしたと伝えられております。そうなると当然日本も核兵器を持つことになるでしょうが、非常に危険な話です。

（菅谷）

××××××××××××××

再軍備の足どりと
ニュールック戦略

編集部

××××××××××××××

第二次世界大戦に敗れて日本国民はひとしく「もう戦争はこりごりだ」と思い、時の首相吉田茂氏も昭和二一年六月二九日の衆議院本会議の席上で、

「いかなる名目でも戦争は行わない方がよい。自衛のための戦争を認めることは有害無益だ」

といつたほどでした。しかし吉田内閣はその舌の根も十分乾かぬうちに国民を裏切る行為を平然としはじめました。皮ぎりは、昭和二五年七月八日に朝鮮動乱が原因となつて発せられたマッカーサー書簡です。吉田内閣はこの書簡に基づいて警察予備隊なるものをつくりました。規模は隊員七万五千人にカービン銃が一丁ずつ渡された程度で、有名無実な存在にしかすぎませんでしたが、これが保守内閣の徐々に軍備をすすめる発端とも憲法違反の行為をごまかそうとするより所ともなつたのです。

こういう事態に対する国民の激しい反対をよそに、二七年四月には海上保安庁に警備隊が置かれ、八月には保安庁が作られ、警察予備隊と海上警備隊とが統合されて保安庁と名乗りをあげました。それというのもこの年の四月に「日本との平和条約」および「日本国とアメリカ合衆国との間の安全保障条約」が発効したため、その具体的な措置として防衛庁の設置および自衛隊の創設を実施しなければならなくなつたからです。

二九年になると、今まで「戦力にいたらない自衛力」などとうそぶいていた政府の態度がもつと露骨になり、七月には保安庁が防衛庁と改称されて、部隊も自衛隊と呼ばれるようになりました。この時航空自衛隊が新設され、陸、海、空の部隊数は三一年三月三一日現在で一七五、七一三名でした。

装備の点においても、小銃、自動小銃、機関銃、バズーカ砲、無反動砲、直撃砲、榴弾砲、特車砲などその大部分はＭＳＡ協定により米軍から供与されたものを、次表のとおり、だんだん整備していきました。

武器保有数量表

各年度末＼種別	小火器	火砲	特車	航空機
26〜28	一三六、五八〇	一、三六九	二四四	四七
29	二一九、九六九	三、〇九一	六三九	一九八
30	二四二、九三七	三、六〇六	七六六	二〇八
31	二四三、七八八	三、九五三	七八三	二〇八

次に予算の面でその推移を眺めましょう。通常防衛庁費と防衛支出金とをあわせて防衛関係経費と呼んでいますが、ここでは防衛庁の費のみをとりあげることにします。防衛庁の予算は防衛力漸増の方針に沿つて毎年増加する一方ですが、これを表にしてみますと次のようになります。

防衛庁予算の推移（単位百万円）

27年度	五九、一五一
28年度	六一、一一〇
29年度	七四、二八五
30年度	八六、八〇一
31年度	一〇〇、二〇〇

このようにしてだんだん既成事実を作り上

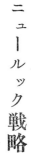

げて来た自衛隊は、三二年度にいたると、年間一千億円以上、国家予算の一割を使うほどになりました。防衛庁側はそれでも不足だという面もちで諸外国の例をあげ、防衛費予算をもつとふやすようにと主張しています。しかし彼らの例にあげる諸外国にくらべて一人当り国民所得、特に税引後の可処分所得が著しく低く、尨大な潜在失業者をかかえた雇用問題の解決と、海運および輸出の振興により国際収支の均衡を一日も早く達成せねばならぬ日本経済にとつて、防衛費を負担する余地などまつたくないことは明らかです。

　現在、我国には米国流の三軍方式をとり入れた陸、海、空の隊員約二〇万四千名（三二年度定員）と、戦車、駆逐艦、ジェット機をもつどうみても軍隊としか思えぬしろものができ上つています。装備も次のようになかなか立派です。

陸上　戦車（自称特車）八六二両、大砲四千三〇門、小銃一八万丁、飛行機二一五機。

海上　警備艦（駆逐艦）二八隻、潜水艦一隻。警備艇五〇隻、その他掃海艇、魚雷艇など計三七二隻、飛行機は一機六億円もするP2V対潜機を筆頭に十型対潜機、水陸両用機など全部で九六機。

空は主力であるF86Fジェット戦闘機一九四機、T33ジェット機一九四機、T33ジェット練習機、C46輸送機など総数六二〇機。

在日米軍大幅撤退の正体

　こうしてあれよあれよというちに軍備計画を勝手に推し進めてしまつた保守内閣は、今度の岸首相の渡米に際して持参したいわゆるキセル計画（長期防衛計画）のおかえしとして「在日米軍兵力の大幅削減」なる約束を頂いたとしきりに有難がり、こういう立派なものを頂けたのもひとえに岸首相の腕がよかつたからだと吹聴しています。しかし世界の動きに少しでも関心を持つている人なら誰でも岸首相の有難がるおみやげの中味が実は流行後れの古衣裳であることぐらいは知つています。

　アメリカではすでに四年も前から今日こうなることが計画されていたと聞きます。つまり一九五四年一月一二日の米国外交協会においてダレス国務長官が演説した「即時大量報復政策の構想」は、原子兵器で武装された機動部隊を中心とする強大な戦略予備軍をつくり、融通自在の反撃体勢を確立するといういわゆるニュールック戦略を予想したものと考えられるからです。

　当時アメリカでは冷戦の長期化を予想して長期持久の国防体制をとることが賢策とされ他方国防と財政の調和が強く考慮されて、冷戦の長期化の財政上の制約に対応しながら国家目的を達成するためには、原水爆兵器による大量報復が最も能率的で合目的的な戦略と考えられたのです。

　このような情勢判断に基づいて生れたのがニュールック戦略であり、その特徴は

1　陸軍をへらし、空軍を増加する
2　通常兵器は極力少くし、原水爆、航空機に重点をおく
3　海外派遣地上部隊は逐次現地部隊と交替し、本国に機動戦略予備軍を控置する
4　対ソ包囲基地を整備強化する

などです。

　だから、日本から米地上軍全部を撤退させるという約束は、岸首相がわざわざ渡米するまでもなく、先方の都合上すぐにでも実現されることであり、日本の防衛力を増強するという計画は、アメリカの戦略に加勢するために「現地部隊」を年々ふやそうとする岸首相にとつてはどうでも、平和を願う日本国民にとつては実に迷惑な憤ろしいことであるといえましょう。（田中記）

再軍備反対勢力

編集部

保守党政府がアメリカの要求と援助のもとに憲法と国民の良識を無視して着々再軍備を進めていることはご承知の通りです。このような政府の動向に対して、真剣に日本の自主独立と世界平和、および国民の生活を守ろうとする人々はそれぞれ団体をつくつて真剣な反対運動を起しています。

以下その主なものを御紹介いたしましょう。

憲法擁護国民連合

はじめ片山哲・有田八郎・風見章の三氏を中心に再軍備反対の立場に立つ学生、文化人、国会議員が個人的に集つてサロン的な「平和憲法擁護の会」を一九五三年（昭和二八）八月つくつた。

当時国内では保安庁が防衛五カ年計画をつくるなど日本の再軍備がアメリカの要求と援助のもとに本格的な軌道にのりつつあつた。それでも吉田首相は「現憲法の第九条によつても自衛のための戦力はもてる、憲法は改正しない」と言つていた。ところが五三年秋ニクソン米副大統領が来日、「戦争放棄の憲法を制定せしめたことは誤りであつた」と憲法改正を要求、これに応じて自由党内に憲法調査会が設けられるに至つた。

このような情勢に対して、国民の中に再軍備反対の声も高くなり、労働組合内の護憲運動も活発になつた。そして平和憲法擁護の会が表面上の世話役となり、総評が実質的な推進となつて、憲法擁護の民主勢力を結集するため、その年の十二月に「憲法擁護国民連合」の準備がすすめられ、翌五四年一月発足した。

国民連合の構成は団体加入であり、社会党、総評、新産別、全繊同盟、中立組合など大部分の労働組合、農民組合、婦人団体、青年団体、宗教団体、文化人団体など約百二十団体が参加している。

運動は年間活動方針を立て、全国講演会、街頭演説会、原水爆禁止運動（原水爆映画の作製その他）基地反対闘争への参加等の対外運動をはじめ、憲法の基礎理論並びに啓蒙宣伝のための研究会等を開いている。

その他パンフレットの発行、ポスター配布、講師の派遣などかなり活発な運動を展開し、政府の再軍備推進の強化に逆比例して年と共に発展している。

現在全国ほとんどの県に支部を持ち、機関紙「平和と民主主義」を発行している。

議長　片山哲氏、代表委員　有田八郎、海野普吉、風見章氏。

事務所　東京都港区芝田村町二の六

原水爆禁止日本協議会

一九五五年九月一九日設立。一九五四年（昭和二九）三月アメリカが太平洋のビキニ島で行つた大型水爆の実験のため、立入禁止区域外にいた漁船第五福竜丸が強い放射能を受けて多数の乗組員がその被害をうけ、中の一人久保山愛吉さんがその年の九月遂に原爆症で亡くなつた。この事件は全国民に非常なショックを与え、各地に原水爆禁止署名運動が起り、久保山さんが亡くなられた頃には署名者一千万を越えた。そしてこの運動を協議する中心が必要となり、同年八月原水爆禁止署名運動全国協議会がつくられ、事務総長に杉並公民館長であり、法政大学教授であつた安井郁氏が選ばれた。

翌年二月、協議会は八月六日の広島の被災記念日に国際的な集会をもつて、全世界に強く訴えることを決め、同年六月ヘルシンキで開かれた世界平和大会へ運動参加者が多数出かけていつた。この大会で日本代表団の提案とインド代表団の協力で八月六日を「原水爆禁止と軍縮のための国際行動の日」ときめ、かつ広島大会が紹介された。

第一回原水爆禁止世界大会広島大会は五五年八月六日広島で婦人団体、宗教、平和団体、労働組合等が参加して行われ、「ヒロシマ宣言」を発表した。大会実行委員会と原水爆禁止署名運動全国協議会はヒロシマ宣言にもとづいて、全国運動に対処するため発展的解消して「原水爆禁止日本協議会」となつた。

五六年長崎で開かれた第二回原水爆禁止世界大会は世界各国から多くの参加者を得て盛大に行われた。

今年の第三回原水爆禁止世界大会は東京で八月十二日から十六日まで五日間開かれるがその前に六日から十一日の間に二つの専門家会議が神田の学士会館で持たれ、「放射能汚染とその影響」、「原水爆禁止のための国連の役割」について討議される。

大会は代々木の体育館で日本代表五千名、外国代表百数十名が参加して催される。

日程は、第一日総会、第二日階層別協議会第三日分科会（五分科会）、第四日集約会議と各種集会、第五日閉会式。

日本原水協加盟団体には、婦人学生、青年、平和、宗教、学術、文化諸団体及び総評傘下の各組合、中立組合その他国民救援会、自由法曹団、民医連など百数団体が加入している。

全国軍事基地反対連絡会議

基地問題は敗戦と同時に起つていた。しかしこの問題が民族独立、平和と生活を守る運動の一環として世間に認識されるようになつたのは講和条約以後であり、ことに昭和三十年度において鳩山内閣が防衛分担金の削減とひきかえに小牧、横田、立川、木更津、新潟の五大飛行場の拡張をアメリカに約束し強引にこれを実行しようとした頃からであろう。

全国軍事基地反対連絡会議が設立されたのは一九五五年（昭和三〇）である。この年立川基地拡張のため砂川町が大きく接収されることになつた。これは東京都下のできごとであるため、再軍備反対の社会党及び総評、全学連などの強い支持を得、かつ、全国基地問題のテストケースとして各地の基地反対同盟からも応援にかけつけてかつて見ない猛烈な反対闘争が展開された。この後闘争強化のため全国基地反対の連絡機関を設け、かつ国民的本闘争へ拡げようという要望が起り、社会党、総評が中心となつて作られたものである。

代表委員は海野普吉（弁護士）、青野季吉（文化人）、松本治一郎（社会党）、野溝勝（農組）氏らであり、事務局長は総評政治局長が兼ねている。

沖縄問題解決国民運動連絡会議

一九五五年八月発足。プライス勧告反対、四原則貫徹、施政権の回復、沖縄救援の四つの目的をもつてつくられた。

団体及び個人加盟で、文化人、婦人、労働組合、自治団体、文化、平和、学生青年団体及び社会党等がこれに加わつている。

資金及び救援物資のカンパが活発に行われているが、沖縄問題に関する世論喚起のための運動も盛んである。機関紙「沖縄連」を発行。

回想・戦時下の生活

生血をしぼった学徒動員

中《なか》島《じま》和《より》子《こ》

きちがいじみた世相

あれからもう十二年にもなるというのに、私は今でもまだ空襲の夢にうなされます。戦争中、私は阪神間の郊外に住んでいたので、頭上にショーイ弾はあびずにすみました。それなのに自分の実際に経験しない、物すごくはげしい恐ろしい空襲の夢に今もつてときどきおびやかされるのですが、こういう夢はさめればそれだけのことで、静かな星空をあおいで冷たい夜気にふれると、安心してもいちど眠りに入ることができます。

ところがA子の夢を見たあとはそういかないのです。それはパッとA子の顔が画面いつぱいにうつるとか、A子といつしよに歩いているのにふと気がついて驚くとかいつた、実に何ごともない夢なのですが、さめたあといつまでも心が重く、やるせない思いがつきまとつてはなれないのです。A子は数学に非凡な能力を示したほか、あとは未知数で終つた私の親友で、そのころ私たちは伝統のふるいあるミッション・スクールの生徒でした。学徒動員とはいつても、前線で散つた青年ではなく、いわゆる銃後の花で、工場で働きながら同じ運命にさらされていたのが、今から十二、三年前の私たち女学生でした。

「鬼畜米英」のことばは口にするのも汚らわしいというわけで「ゴー」、「ストップ」の代りに「とまれ」、「進め」、電車やバスは「発車」、「停車」ということばで動かされるようになつたほど、排外気分の高い時分でした。

ある朝、スシ詰めの電車の中で、私の隣の人が新聞をだしてよみはじめました。すると「スパイ」、「非国民」という声がみだれとび、人々の顔つきがこわばつて殺気だつた空気が流れだしたのでおどろいて見ると、それは横文字の新聞でした。「米鬼、うちてしやまむ」と寝言にまでさけんだころのことです。車内は騒然。今にもなぐり殺されそうなけんまくにおどろいたご当人。「これはドイツ語だ」と弁明。トタンに「アアドイツ語か」、「ドイツ語ならよし」というわけで、車内はもとの静けさに返りました。その間じゆう、息をのむ思いでいた私は気がつくと、手が汗ばむほどシッカリ、カバンをおさえていました。カバンの中には英語の教科書がはいつていたのです。

そのころ中学ではすでに英語は廃止され、細々ながらもつずけえたのは私立だつた私たちの学校ぐらいのものでした。従つてアメリカ人の創立した学校というだけで、ひそかにアメリカと通じているのではないかとへんな目で見られました。そのころ「非国民」とよばれることは致命的な問題で、どろぼうや人殺しより悪い、あぶないもの、スパイ同然に見られていました。こういう戦争道徳のもとでは誰もかれもが自分は、かくもアメリカとは無縁であり、且また、かくもアメリカを憎んでいるのだということを競つて歌に歌い、詩によみ上げて、たがいに愛国心と敵愾心を証明し合つたものです。体操までが、ゲンコツを固めて、エイッヤーとなぐりつける形に変つてきました。

そこで、このような事情から最も不利な立場にあつた母校は、今から考えてみると、どうしたら社会の偏見をくつがえせるかという死活のせとぎわにあり、「たとえ創立者はアメリカ人でも、敵愾心と忠君愛国の精神においては、決してひけはとらぬゾ」というところを目に見せて証明せねばならぬ苦境においこまれていたのです。

しかも、その成否は、一に学生の勤労奉仕や工場での献身的な奉仕ぶりにかかつていたわけでしたから、学生を校門に見送る校長のまなざしには、他では見られぬ悲壮なものがあつたにちがいありませんでした。

二学年、三学年の間は、近くの農村へ、よく勤労奉仕にやらされました。夕方、どろだらけ、傷だらけになつて帰つてきて「よくやつた。これで少しは社会の偏見をくつがえすことができた」という校長の感謝の言葉を聞くと、私たちもまた、一点かせいだ、という気になつたものでした。

「靴をだいて死ね」

工場へ動員されていた上級生の肩には、一層大きな期待が、かけられていました。「あのお嬢さん学校が」「あのアメリカの学校が」という偏見をくつがえすには、どんなに悪い待遇で、どんなにはげしくつらい仕事の中でも、常にとびぬけた能率と成績をあげ、愛国心のホトバシリを如実に示さねばなりませんでした。

ちようど、それにふさわしい工場へ、私たちが動員されたのは、四年生の春——終戦の前年でした。ある小さなゴム工場で、そこでは軍靴や地下タビ、長グツを作つていました。

工場へ行けといわれて、私たちはこれで自分が直接お国のために役立つのだという、出征軍人のそれにも劣らぬ感げきにあふれ、「このいつそく、このいつそく」と若い情熱を靴の中へうちこみ「死んでも靴を離すまい」と決心し、靴と共に死ぬほど名誉なことはないと思いこんでいました。

すべてが神がかり状態にあつたのです。指導・監督には女工さんが配置されました。ところが女工さんたちには、いわゆる「お嬢さん」である女学生に対するひがみと反感があつたのですが、家庭と学校しか知らぬ少女だつた私たちには、そんなことはまるきり分らなかつたのでした。

工場長は口を開くとお説教で、学徒が来てから能率が下つた、学徒はすべての点で女工の範たれ、死んでも靴をはなすな、というのでした。

何かあると、それはつまるところ学生が悪いのだということになりました。なぜそういうことになるかは私たちの理解をこえた問題で、私たちはただただ、より一層奮いたち、全精力を靴の中へ注ぎこまねばならぬと自分をむちうつのみでした。学校の先生も交代でつきそつてはいたものの、ただひとり、親身になつてくれるはずの先生が、実は労働者や工場長に頭が上らなかつたのです。

何かいうと「だからお嬢さん学校は困る」、「だからアメリカだ」といわれまいとする点では教師も学生も一致していたばかりでなく更にその上に、先生には現実の生活の問題が、つきまとつていたからでした。その背後の事情がおぼろげながら若い私たちにものみこめるようになつたのは、その年の暮ちかいある日、憲兵が視察にやつてくる（工場側にとつては甚だ不名誉な）騒ぎがあつてからの事でした。

憲兵は、学徒を受け入れる工場側の待遇や設備について不審な点があつたので調べに来たのです。不意うちをくつて工場長はビックリ仰天、オロオロしていました。しかし私は心ひそかに喜びました。「やれやれ、これで万事解決。明日からは明るい気持で仕事ができる」と。

犬もソッポをむくたべもの

というのは、当時の私たちの待遇が次のようなものだつたからです。

昼食は工場で出ました。女工さんと一緒に食堂へ行くと、茶椀の中には、黒くて固いブリキのような海草の間に大豆と麦が散在しているといつた食物でした。しかもベークライトのいれものがへんにくさくて胸がムカつくよう。それでもまだあつい間は夢中で食べられますが、時々こつそり残して持つて帰つてみると、まるでインキに漬けたようなにおいが中身に移つていて、犬にやつても横を向いてしまつたものです。しかし、この場合にも「学生は女工の範たれ」でした。こんなものは人間の食べる物ではないと思つても、そんなことを口に出すと、非国民！ と呼ばれるにきまつていました。食べ残すと「やはり、お嬢さん学校だ」、「アメリカ」だといわれるのがいやで、何とか食べる努力を続けました。それに、もし、それを食べなければお昼ぬきになります。

父兄は心配して、せめておかずをもたせてほしいという投書が、何通となく校長の下にとどき、じか談判に乗りこんだ父兄もあつたようでした。しかし、ふしぎなことに、あれほど神の愛と祝福を説いた校長が、学生や父兄のこの切実な声にはいつさい耳をかさず、最後まで、きこえぬふりでおし通したものです。

食事と同時に換気の問題もありました。靴の底をつけるには、幾枚かのゴムやシン地を合わせねばなりませんが、そのゴムは、タバになつているとき、密着を防ぐために、石灰か何かの白い粉がはさんであるのです。それをパッと一枚づつ剥がして、薬をつけ、トッテン、カッテンと靴型にローラーでたたきつけるのですが、ゴムを一枚めくる毎に、パッと白い粉が飛び散つて髪の毛はおろか、まつ毛までまつしろになるのです。昼食はろくに食べぬ上肩のこる仕事をのべつに続け、しかもしめきつた網戸の中、昼でも暗い電燈の下で、この粉を肺にすいこむのだからたまらない。胸をやられて休むものが続出。年が明けると、長期欠席者が全体の三分の二をしめるに至りました。

工場長は三分の一にへつた私たちを集めて「気がゆるんでいるからだ」、「だからお嬢さんは処置なしだ」と逆にしかりつける始末。

私たちの工場は、特別にひどいようでした。他の工場へ行つた学生の話を聞くと、学徒に対しては食物や日用品の配給が度々あつて、昼食も副食の持参は許されている所が多かつたようでした。

同じように配給品があるはずなのに、私たちの場合は、それが途中で姿を消してしまうらしく、ただの一度でももらつた覚えはありませんでした。それでも、国家存亡の危機にあたり、待遇が悪いの配給品を呉れのとはいえるものではありませんでした。それを主張しうる人は先生以外にはなかつたのですが、先生は専ら工場側と一緒になつて「どうすれば学生の能率をあげ得るか」に智慧をしぼつていたのです。

そこで、私はひそかに意を決して、憲兵隊

へ、この事情を投書したのです。「国家のためには倒れるまで、靴を放さぬ覚悟で働いてはいるが、そういう学徒であることを見越して、工場側は、しぼり上げるばかりで、待遇がなつていない。学生の純真な愛国心を正しく伸ばしうる状態にしてほしい」というわけで。そこで、憲兵がやつて来たのです。

靴で買われた憲兵

ところが結果は、期待を裏切つて全く逆転してしまいました。憲兵は、作業場の入口をのぞいたにすぎず、工場長は改めるどころか、一層不きげんな顔になつて学生を目のかたきにする様になりました。こんなはずはない。一体、どうしてこうなつたのか。と狐につつまれた思いをしている所へ、たまたま事務を担当していた学生が、憲兵の来訪と共に長靴何足かが消えていることを報告してくれました。明らかに憲兵は、靴で買収されたのです。

私たちはハッと目がさめました。単に憲兵に対してだけでなく、終始この事態の中にありながら、絶えず、工場側に対してまことに相すまぬといつた表情をしている先生方の背後の事情も一度にさつと分つたからでした。

憲兵に見切りをつけた私は、こんどは県庁へ直訴してやろうと決心しました。今から考えればふきださずにはいられませんが、そういう教育を受けていたそのころの私は、県庁は、絶対に正しく、国民の利益を守つてくれるものとばかり思いこんでいたのです。

投書ではダメだから、二三人で行つて一つぶちまけて来ようというその決意は、佐倉宗五郎のそれにも似てまことに悲壮なものでした。

しかしこの計画は実行されぬうちに逆宣伝に先をこされてしまいました。ゴム工場に働くあるキリスト教学校の女生徒は、怠け者でだらしがなく、出勤者はいつも三分の一程度だとか、とにかく非国民だということが、某新聞の朝刊の社説にデカデカと書きたてられたのです。

これは、お前たちのことだ、こんな不名誉なことはない、学校の恥だ、工場の恥だ、としかられ、私たちは、何が正しいのやら、ますます混屯としてゆく思いで、ただただ目先の靴生産の能率を上げること、これさえ効果を上げれば間違いないという考えに追いこまれて行くばかりでした。

しかし、学生はいかに国家のためとはいえ、奴隷になりきることはできません。第一、学生には進学の問題があつたのです。卒業後の道を考えねばならず、そのための準備を捨てることはできませんでした。

私は生物学に、A子は数学に進路を定めていました。女高師へ進むには、今に劣らぬきびしい試験地獄を通らねばなりませんでした。しかし、来る日も来る日も靴また靴で、授業はなく、その間、独学するほかはなく、しかも、入学試験には、工場での仕事ぶりや出勤率が大きく物をいう、というので、受験生は、工場でも人一倍、ずばぬけた働きを強要されたのでした。

空襲がはげしくなり、日に何度となくとびこむ防空壕の中で、手から靴が離れた瞬間、頭は数学、歴史、国語……。文字通り、爆弾の雨の中を、片手に靴、片手に参考書をつかんで走つていたのでした。ただ、これこそが、お国のためになるのだという信念のもとに。

それでも受験生はまだ気がはつていたせいか比較的倒れる率は少ないようでした。私も、あんな無茶な生活を倒れずに最後まで貫き通し得たのは、全く生物学に対する情熱の然からしめる所でした。しかし、その無茶は、全部、身体の中へ織り込まれ、身体をすり減らすことになつていたのでした。この苦しい一年間のむくいは、余りにも残酷なものでした。

女専や医専を受けに行つた友達は、くやし涙にくれて帰つて来ました。「あなたはアメリカ人のたてた学校の生徒だから愛国心などもつていないだろう」という（当時としては最も侮蔑的な）言葉が、口頭試問の時、試験官の口から平気で流れ出ていたのでした。

女高師へ提出された数人の願書は、全部、書類詮衡ではねられ、受験の機会に接することもできませんでした。どんなにがんばつてみせたところで、「アメリカ人の学校」に対する偏見は強まる一方でした。

仕方なくA子は、家をはなれて東京の有名な私立女専へ入学しました。卒業後四、五カ月で終戦となりましたが、空襲に代つて食糧事情は極度に悪化し、寄宿舎では、家からの尊い持参品、いり豆やハッタイ粉（関東でいうコガシ）のいれものが、押入れの中でいつの間にか空になつていることもたびたびで、実に奇妙千万だという手紙がA子から来ました。誰も彼もがうえていたのでした。それでもA子は腹を立てる様子もなく、数学に対する変らぬ情熱をこめたたよりをくれました。

A子は冬休みになつて帰宅しました。ある朝、風邪をひいて寝ているのを起しに行くともうこの世の人ではなかつたのです。

A子だけではなく、終戦後、数人の同期生が相次いで同じ症状で亡くなりました。いずれも工場でまじめに働き続けた人たちです。特にA子は、工場を皆勤の成績でした。一日の休みも十分の遅刻もなく、懸命に働き続けた模範生であり、また一方、女高師への準備にも精魂を傾け、先生に見放された私たちは彼女について数学を学んだものでした。

私にはまだ、憲兵へ投書してやれとか、県庁に直訴してやれといつたむほん気がありましたが、彼女は真実、一言の文句もいわず、コツコツと働き続けていました。私はときどき熱を出して休みました。そこで一段下つて勤勉賞でしたが、彼女には、最高の栄誉が与えられたのです。その栄誉を象徴する賞品は地下足袋に使う黒いキャンバス（表布）何メートルかでありました。私の分の一倍半ほどあつたそのキャンバスが、恐らく私のと同様、今なお使いみちのないままに、彼女の家の押入れの片隅にホコリを被つていることでしよう。若い命とひきかえのあの布が。

長い間、私は彼女の死を信じることが出来ませんでした。今でも甲子園の彼女の家へ行けば、かならず会えるような気がしています。そのくせ夢で彼女に会うと、かえつてその死をハッキリ思い出さずにはいられないのです。そして彼女を死へ追いやつた当時の事情もまた。国家と神との二つの名の下に若い純真な生命が、すりへらされて行つた過程を思い出さずにはいられないのです。すると、思わず「人殺し！」とさけびたい衝動にかられます。しかし、一体誰に向つてさけべばよいのでしようか？

あの時の学校の先生に対してでしようか？確かに、校長や先生に、今少し学生への愛情、教育家として信念があつて副食の持参や換気の設備に、また受験生の苦境に対する思いやりがあり、正当な要求を工場へ申し出る勇気があつたなら、おそらくA子を死なせずに済んだことでしよう。

労働者や工場長も、無報酬で働く献身的な学生の純真さを逆用して、あれほど根こそぎにエネルギーを収奪しなくても済んだ筈です。憲兵だつて、いかに長靴がありがたかつたとはいえ、そうあつさりと、学生の訴えを一蹴してしまわなくてもすんだはずです。しかし、私たちがうらんでいたつきそいのM先生も、A子と前後して、同様に亡くなられたことを思うと、その生活は、あれでも、精一杯だつたことが分ります。

誰もかれも、自分ひとり、また自分の家族だけが、何とか生きのびることに精いつぱいな時期でもあつたのです。ただそのような校長や先生の態度が、私たちにとつては「人間」というよりも、戦争へ戦争へと駆り立てていた巨大な強制力（国家権力）の「伝導機」としかうけとられなかつたのでした。

学校の先生に人格を感ずるのではなくて、国家権力を感じていたわけで、国家権力を感じるという点では、先生も工場長も憲兵も、みな同じことでした。

学校では敬愛の的であつた先生に、私たちはいつの間にか本能的な敵対心、警戒心をさえ抱くようになつていたのでした。それが、ただ「国のために」、「死んでも靴を放すな」の前におさえられごまかされていたにすぎませんでした。こう考えると、組織づけられる力によつて人間は変るものであることを知ります。個々の人間としてみれば、いかに信仰深く善良な人間であつても、人間を方向づけ組織ずける力（とそれを可能とする組織）の中へ組み入れられてしまうと、平気で（むしろ、信念をもつて）人を殺し得る人間へ化してしまうことが分ります。

戦争に反対する理由は、ただ単に、水爆が恐ろしいからだけではなくて、実に「人間がこわい」からなのです。戦争になれば、すべての人間が変る。平気で人を殺しうる――これほど恐ろしいことがあるでしようか？

これは戦場で敵と戦う兵士のことではなくて、戦争という体制に置かれた、すべての人間の問題です。私は最近になつて、これは戦争に関することだけではないと考えるようになりました。一つの主義、主張に基ずく運動が、「人間の尊厳」の問題に基づいているものでないならば、そのスローガンが、いくら正しいものであつても、決定的な段階に至ると、それは、人を抹殺することを平気で（むしろ信念をもつて）為し得るものであることを知りました。

A子がこの世を去つたのは、満十六歳、女学校を出て早々のことで、どうすることが、A子の志を継いでやることなのか、私には分りませんが、あのような状態に、再び人間をおかぬために、私が命をかけることに、A子は必ず力を借してくれるに相異ないと、私には思えるのです。

近頃の「婦人会」

阿《あ》部《べ》艶《つや》子《こ》

婦人会の活動が最近は目ざましくなつている。私は地方に講演に行つたりした時、その地の婦人会の人たちと話し合うことがあり、活潑な動きを見せている女性に逢つてたのもしく感じる。

戦前は、婦人会というものが天下り式であり、有力な夫を持つ夫人がその夫の地位にしたがつて婦人会の中で役を持ち、今考えると随分おかしいこともあつたようだ。しかし、今ではそれぞれの地いきから民主的に選ばれた人が役員となつて、じつくり地に足のついた活動をしているところが多くなつた。

けれども一方、近頃になつてだんだん昔の婦人会の様相を呈して来たところもある。それはところによつて、婦人会の会員が昔の愛国婦人会のような「うわつぱり」を制服のように着ている姿からもうかがえる。

着るものと、している活動の内容は違うという人があるかも知れないが、私は婦人会の会員が一つの制服に身を固める精神に危険なものを感じないではいられない。民主的になつたとはいえ、またいろいろといい仕事をしているとはいえ、やはり女の人の集りである婦人会には昔の気持が多分に残つている。役員一つきめるにも、やつぱり夫の地位に或程度こだわらないところはないらしく、また会合に出席する着物を意識する人も多いらしい。そこで誰でもうわつぱりを一枚引つかければ同じになるから、という気休めから制服が復活して来たのであつたら、根本的に間違つているだろう。

婦人会は、ほんとうに一つの町、一つの部落から盛り上つたものでなくてはならないはずだ。またそれにはいりたくない人ははいらないでもいいだけの自由な気持がみんなになくてはいけない。全町、全村を挙げて会員にならなくてはというようでは、お座なりなものになつてしまう。

私は地方の漁村や農村の片隅で、身近なことをみんなで少しずつ改善したり、政治のことを話し合つたりしている、地味でまじめな婦人会を知つている。が一方講演会の会場での並び方の順序とか、発言の分量に気をとられて本質から遠いところでごたごたもめているような婦人会が沢山あるのも知つている。

その土地のボス的政治家の思うように動かされている婦人会もある。女性の地位を認めない（うわべはそう言わないが）保守党が、選挙の票を得るために婦人会を利用しているところは多い。私は女性が憲法の改正をとなえ、軍備に賛成するなんて、ほんとうに不思議だと思つている。一人一人は決して賛成していないのに、婦人会の上の方がそういうものに結びついている場合があるのは何より苦々しいことだ。苦々しいよりも将来恐しいことになる。

婦人会は、会として大きな目立つことをしようと思うよりは、一人一人の自覚が大切だということを、何より先に考えて欲しい。

（二五ページよりつづく）

そして本当の生活の苦しさはそこから始まると思います。その点、この映画は抒情に流れて失敗。三幕の舞台物を二時間の長尺にしたのも水ましという印象です。池部は演技が固く、森繁は面白い味をだしています。志村、杉村、浪花、田中のベテランは流石だと思います。

映画時評
—裸の町—

荒井　修

今月の問題として邦画六社の所謂〃六社協定〃なるものを採上げてみましょう。これは従来の五社協定に新たに日活が加わり、今月の十八日に出来るものですから、この雑誌が出る頃は、その正体を現わして、いろいろ物議を醸しているることだろうと思われます。

一言にしていえば、今度の協定の眼目は俳優専属制の強化です。すでにフリー・スターは一際使わないなどと言明している会社（大映、新東宝）などもあるくらいですから、協定の意図も大体察しがつくというものです。

それでは何故このような個人の自由を束縛するような協定が必要なのか……ということになりますと、①折角育てあげた新人を他社に引抜かれないため、②出演料のバカ気た値上りを防ぐ、③フリー・スターにまつわる悪質ブローカーの排除、④会社のカラーをだすということが会社の言い分のようです。

だけどもう少し突つこんで考えてみると、そこには俳優を単なる商品にしてしまう、という考えがひそんでいるように思われます。これまで専属会社を離れて、フリーになつたスターは、一部例外はあつたにしても、大綱において会社の商業主義遍重の企画にあきたらず、飛出したものです。あの女優にはお姫様をやらせておけば絶対にうけるのだ、というような考え方で俳優を縛るのは芸術家としての彼らの創意性を無視しているということになるでしょう。まして、フリー・スターに良心的俳優が多い現状で、フリー・スターを一切使わぬなどと会社の利害だけで協定をつくるのはもつと国民的な問題となつていいと思つております。

×

さて、今月の映画として、真船豊原作、八住利雄脚色・久松静児演出の東宝映画「裸の町」をみてみましょう。

金に憑かれた悪質高利貸（森繁久弥）が結局は金のために敗残するという主題に、音楽好きの男（池部良）の中の芸術的良心と生活的な妥協の葛藤がこの映画の副題となつており、われわれが考えさせられるのはその副題の方です。

池部は音楽好きの男、高利の金を借りてレコード屋を始めたのですが、古典物しか扱おうとしないため、たちまち破産、ついには妻（淡島千景）が別れ話まで持ちだします。それで男は「生活のためにベートベンを浪花節に、バッハを〃若いお巡さん〃にかえ」て再び夫婦の生活を築こうというのです。問題なのは、生活はそのように強く非情なのですがそのため夫が芸術的良心を売ることに妻は手放しで感激していいのか、ということです。生活というものは物質的持続力と同時に、精神的な深さがなかつたら満足できないものではないでしょうか……。ですから、夫が古典物レコードを浪花節にかえるといつたとき、妻は安心感と同時に、淋しさが出て来なければいけないと思います。（二四ページへつづく）

衣服のうつり変り（一）

衣服の起源

三《さん》瓶《ぺい》孝《こう》子《こ》

人類が地球上に現われたのは約五十万年前といわれている。およそ五万年以上もの昔の氷河時代に、ヨーロッパに住んでいたネアルデルタール人は、石器を使い、火を用いていたといわれている。火の使用を発見したばかりの時代には、まだ人類の身体は毛で覆われていたことであろう。それから数万年の歳月がたつうちに、人類は万物の霊長として発達した。人類は物を調理して食べ、木や草の葉や皮、または獣類の毛皮、鳥の羽毛などを身にまとうようになつた。こうしたことは、人類を他の動物から区別する最初の、そして偉大なる成長であつた。

その後、長い長い年月を経るうちに、いろいろの経験を積みかさねて、ようやく衣服らしいものを着るようになつた。それはどのくらい古いことなのか、いまのところハッキリと言うことはできない。ただ、今から六、七千年前にかかれた洞窟の壁画や、その頃のありさまを伝える物語などから、六、七千年以前に衣服のようなものがあつたと言うことができるとされている。

例えば、スペインのコグール洞窟の壁画の男女は衣服をきているということであるし、中国では木の上に巣を作つて住む人種が衣服をきていたといわれている。これは南方で見られるように、樹上に家を作つて住んだ種族のことであろう。一九一一年に発見され、現在イギリスのロンドンに保存されているサッカラの遺跡のミイラは、約五千五百年以上のものであるが、ミイラの巻布は麻織物でできている。それからみると、五六千年以上の昔に、人類が衣服のようなものをきていたということ、麻織物もあつたことが考えられる。もつとも、こうした時代の衣服は、現在のような形のととのつたものではない。

獣皮や草木の皮や葉であれ、それが身体を包む材料にするには、人類は裸から、初めて何かを身につけよう、身を包もうという考えをおこしたり、そうしたことが必要になる原因があつたろう。そこに衣服の起源があるわけである。

衣服の起源については、いろいろの説がある。

(1)　一つは暑さ、寒さを防ぐために草木の皮や葉、または毛ものの皮、鳥の羽などをもつて身体を包んだという説である。人類が山火事から火の利用を考え出してからは、人類の身体の毛も次第に退去して、寒さ暑さを、何かで防ぐ必要も生ずるようになつたのであろう。

(2)　他の説は、原始人であつても、美しいものを好んだにちがいない。自然界の美しいもの、鳥の羽や草木の葉などを身体の装飾にしたことが衣服の起源であるという説である。

(3)　更にもう一つは、右の装飾説と関係のあることだが、性慾起源説である。原始人の慾望といえば性慾と食慾である。性慾は生物としての人類の種族繁栄の本能である。そのことから、生殖器、乳房、臀部に装飾をほどこして目につくようにし、アッピールする、これが衣服の起源になつたという説である。

(4) 人類が他の動物と異なる点は羞恥心が生じたことで、この点から身体を包むようになり、それが衣服を発達したという説もある。

旧約聖書の創記にはこんな物語がある。

神エホバは神の像にかたどつて、人間をつくつた。まずアダムを作り、つぎにイブを作つた。二人とも裸であつた。神はエデンに園をもうけ、その人間をおき、そこに食物のなる木を植え、またその中に生命の木および善悪を知る木を生ぜしめた。そして神は、この園のすべての木の実を食べてよいが、善悪を知る木の実は食べてはいけないと禁じた。

ところが悪智恵のある蛇は、イブにこういつた。

蛇 なぜこの木の実を食べないのですか。

イブ 神がこの木の実にさわつてはいけない、食べると死ぬといいました。

蛇 そんなことありません。この木の実を食べれば、あなた方は神のようになつて、善悪を知るようになるでしょう。

そこで、イブは、かしこくなろうと思つて丁度食べごろの木の実を食べ、アダムにもすすめて食べさせた。ところが、アダムとイブは眼が開け、自分たちが裸であることを知り、いちじくの葉をもつて裳を作つた。

聖書の古い日本語訳には裳とあるが、実はいちじくの葉で性器を覆うたのであつた。私達は人体の図でこうした絵はよく見かけたことである。これは生物としての人間の目ざめ、羞恥心の起源の説であつて、このいちじくの葉をもつて衣服の起源というのが、(3)、(4)などの説と共通したものである。

以上のどの説も一つだけが原因ではない。いろいろの原因のうち、人類が生きていたその土地の気温や自然界のありさま、または人類同志の関係などから、前にのべた説のうち、どれかが最も大きな原因となつたのであろう。例えば、北国では寒さを防ぐ必要がより多くあつたろうし、南方の年中裸で暮せる地方では、気候の関係から早熟なので、性慾が大きな原因となつたであろう。

こうして人類が、いろいろの原因から身体を覆うようになつたとき、最初の材料は自然界に存在するそのままのものであつた。草木の皮は比較的暖い地方で用いられ、寒い地方では獣皮が用いられた。現在でも南方の土人の中には木の皮をたたいて柔かにして、つなぎ合わせたのを腰布にしているものがあるとのことであるし、氷原にすむエスキモーはアザラシの皮をきている。

人類が、自然物をとつてそのまま身にまとつた時代から長い年月を経るうちに、植物からセンイをとり、それを紡ぎ、獣毛を紡ぎ、糸をつくつて織ることを考え出した。最初は織ることは編むことと同じであつたろう。ここで初めて、非常に粗末ではあるが織物らしいものがつくられ、それがきられるようになつた。北国の人間は、寒いために獣皮を用いたが、皮をそのままきるのではなく、皮をなめすことを工夫するようになつた。エスキモーは現在でも、同地方に生えているある種の植物の汁で獣皮をなめしている。こうした植物の発見でも長い長い歳月を必要としたのであつた。

このようにして人類は衣服をきるようになつた。それは万物の霊長として人類を他の動物から区別する重要な点であつた。

最初に人類が身につけた衣服は最も簡単な型で世界共通のもののようである。それが、気候の相違や産業の発達やその他の事情の差異のために、いろいろの衣服の型に分かれるようになつた。

あの頃（十一）

鉄鋼の町八幡の印象

古《ふる》市《いち》フミ

古市フミさんは故古市春彦氏夫人。古市氏は京都大学在学中河上肇博士の社会主義理論に共鳴し、現京都市長高山義三氏らと共に「労学会」を組織して活動、以来社会運動をつずけ、大正末期から昭和初期にかけて北九州における労働運動に挺身されておられました。

夫人フミさんは本誌社友のお一人であり、また本誌出発当時編集を担当されておりました。現在母校である日本女子大の庶務課長で同校敷島寮の寮長さんを兼ねておられます。

あの頃といわれても別に「あの頃を語る」などというほどのことは、わたくしにはありませんでした。

「婦人のこえ」の菅谷さんからお電話で『「あの頃」をよんでいらつしやるでしょうか』とのことで、もちろんおもしろく毎号拝見しておりますとお答えしました。するとおつかぶせて、「何か四五枚書いて下さい」とのこと。忙しい事務所で受けたお電話で、むげにことわることも出来ない気持で、何となく「はあはあ」とお受けした形になつてしまいました。わたくしに声がかかるということは、菅谷さんがよくよく困つてのことだろうと、お人よしのわたくしは柄にもなく、何か書こうと思つたのです。

がさて、いつをあの頃というべきかなどと思いまどつているうちに、忙しさに何も書かないで時がたつてしまいました。

春彦の郷里もわたくしのくにも、一月おくれのお盆ですが、東京に住んでいる今、一応今日もお盆の気持で日曜日を送つていて、ふとお約束を思い出したのです。たしか「十五日に送つて下さい」といわれたようでした。今夜書かねば間に合わない。約束の原稿の届かない時の編集者の気持を思うと、やはり何か書くことにしようと、今お盆の十四日の夜を机に向っているのです。

□

古い城下町のねりべいに囲まれた古い家で封建そのもののような生活の中で人となつたわたくし。長屋門には、いつもおまわりさんがいて、おまわりさんというものは、何となくたのもしいものと思いつつも、半面、おまりさんに連れてゆかれる人は何がなんでも悪い人と思いこんでいたわたくしが、結婚して間もない或る日、玄関でまことにいんぎんに「御主人はいられますか」といつて、警視庁特高係の名刺を差し出した客に出合つたことは、相当のショックでした。

そのうち、そんな訪問者が時に来ることにはなれてしまいましたが。

その頃、たしか「建設者」といつたと思いますが、その雑誌の原稿か何かの用事で見えた（まだ早稲田大学の学生でいらしたかと思いますが）浅沼稲次郎氏に私が取次に出たことを覚えています。氏にはその時一度お目にかかつただけですが、長く印象に残つていました。大正日々新聞の争議を扱つた、河東碧梧桐さんの「没落」という小説が改造の正月号か何かに載つたのもその頃ではなかつたでしょうか。共産党の野坂参三氏のお名前を野坂鉄君として記憶しているのもその頃のようです。

□

昭和十八年一月に長逝した古市の、お通夜に来て下さつた鈴木茂三郎さんは、その時たしか或る件で保釈中だつたと思います。その後戦争がはげしくなつてから、子供のないわたくしは、春彦に残された両親のない彼の幼い姪と甥とを連れて生家に帰つて暮しているうちに終戦となりました。その暮に用事があつて上京した時、知人を訪ねて読売新聞社へゆきました。そこで読売新聞の争議を指導していられる鈴木さんのお名前を見て、何か力づよい思いをしたことを今もはつきりと覚えています。

その故里の生家で、敗戦、その後の農地改革、その他いろいろのことで打ちのめされていたわたくしも、甥の成長につれて、東京に戻る決心をしたのです。

そのねりべいに囲まれた古い家には、春彦の残したいろいろのものがありました。

本は伏字の多い資本論その他、引揚者の一家族がそれを売つて一年を過しました。

今思えば惜しいものばかりですが、その家を人に譲るために、すべてのものを始末しなければならない破目になり、何もかもその家屋敷のいのちと共に、人にやつたり焼き捨てたりしてしまいました。何かものがなしい気持で焼いたものの中には、森戸辰雄氏の例の事件に関する調書の写しなどもありました。

山本宣治さんの御最後の時の血のついた脱脂綿もありました（これは、あの時なぜ御遺族の方にでも申上げて、要ると仰云ればお送りするという気がつかなかつたかと、今も申わけないような気がしていますが、あの時には、それだけの気持の余裕も時もなかつたというのが実情でした）

□

大正の末年頃、古市は福岡にある今の西南学院大学、その頃の西南学院商学部の教授でした。「法学通論」と「経済原論」かを講義していたようでした。

その頃九州大学では、新進教授の佐々弘雄、石浜知行、などという古市と交際のある方々がおやめになつて、古市もまた「好ましからざる人物」ということになつたようです。

その頃、国際連盟の総会に、労働代表で出席される鈴木文治氏を送るべく門司に行き、

短歌

萩元たけ子選

とり入れし大豆すくへば手にあまり
　ころころすべるそのまるき豆　石橋　松子

草とりのすみし青田に風湧きて
　我が湯上りの裾のすゞしさ　中村トキヨ

一本一本我が織りなせる花莫蓙を
　何処の人の敷きて憩ふや　徳永無名子

夕焼けの面に映ゆれは何となく
　幼き頃のなつかしきものを　大塚カオル

とつぐ子の晴着一枚縫い上げて
　女暮しのかぼそさをおもふ　平木はぎえ

浅原健三氏に引き合わされたのがキッカケで、北九州の労働運動に参加する事になつたようです。その時代の労働運動にたずさわつている人々に対する世間の目のけわしさは、今の人々は一寸想像もつかないことでしよう。ことに地方では一口に社会主義者と呼んで、それは、幸徳秋水のいわゆる大逆事件に関連して考えられていたようです。

学校に好ましからざる人物と目されて、そこにそのままいることは、その時の古市には、堪えがたいことでした。わたくし共は、私は自分の生家に行つて生活し、春彦は存分に自分の道を進む、ということにきめて福岡を去りました。それは大正十五年の晩春でした。

□

私がはじめて九州八幡の土をふんだのは、昭和二年の初夏だつたと思います。わたくしは、その年、殊更に見事に咲いた自園のけしの花を、手に余る程沢山切つて、切口を水にしめした脱脂綿に包んで大きい花束を作りました。

お召の着物に絽の帯をしめて、大輪のけしの花束をもつて、八幡駅に降りたわたくしは、間もなく、私の姿がいかにこの町にふさわしくないものであるかを見出しました。

駅から程近い町の十字路にきた時、私は、はつとしました。どこから出てきたのか、そこには黒い服を着て黙々と歩いてゆく人々の群があつたのです。それがどこまでも続いているのです。

今もわたくしは、その時の事を思い出すと一瞬、八幡の町のあらゆる活動がヒタと止つて、黒い人々の列が無限に続いていたような錯覚におそわれるのです。

それ程、その時のわたくしには、それは異様な光景でした。

申すまでもなく、それは八幡製鉄所の交替時間で製鉄所の各門から家路につく職工さん達の姿だつたのです。

神戸照子著「残された奥さん」

YMCA同盟　一五〇円

著者は東京生れ。兄の親友で誠実優秀な学徒東大経済学部助教授神戸正一氏と廿歳で結ばれ、申分なく幸福な六年の結婚生活の後、夫は応召。フィリピンとだけでどこで、いつどうしたとも分らず、かえらぬことだけ確かとなつた。

涙の中から立あがつて若い身そらで只一人ソカイ先の農家の子もりから台所の手つだい生れてはじめてクワカマとつて田畑の仕事までしてしだいに農村にとけこみ、亡夫の遺品までありたけのものを売つて手に入れた二室の家を集会所として開放し、図書館、日曜学校、青年男女のクラブとし、洋裁、あみもの、生花等の授業、生活指導、キリスト教の布教等にあたり、村人にママさん、おふくろさんと親しまれ、教育委員に選出され、お母さんや青年たちの相談役、子供の遊び相手となつて村に深く根をおろした。同じ信仰をわかたぬ人々も、その聡明、謙抑、そして勇気に学び、かつはげまされることが多い。自分の体験から社会問題に目ざめていく誠実さが、一層の前進を期待させる。「残された奥さん」たちが再婚によつて幸福を得ることも喜ばしいが、心から尊敬し愛しあつた夫の思出と新しい使命の中に生きがいを見いだす姿も美しく貴い。不幸な人も幸福な人もこの書を読んで涙に清められ、心を高められる喜びを感ずると共に、この書からこの夫を奪い去つた戦争をのろわずにはいられまい。

×　×

うら山の芽吹き明るき中にいてかえり来まさぬ夫（つま）をおもえり

みんなみにつづく海かも海見れば遠き日の如く還らぬ夫よ

丘ぞいの野菊の花の涼しさを声たてて告げん夫すでに亡き

み骨さえ残さず消えしわが夫ようつつ生命の絶たれしは何時

これの世の一世の寂に耐え難し草かげる裏の山を歩きぬ

亡き夫があこがれゆきし一すじの真理（まこと）求めて生き抜かん吾れ

指太き夫が蜜柑をむきくれし初の一日のおののきは今も

あわただしく別れしものをこのあたり夫と踏みしがうつつに残る

夫のこと忘るるにあらね年の瀬も迫りて今日は背広を売りぬ

かかえ来し背の背広はわずかなる札束となり古着屋を出る

J・S・ミル著「女性の解放」

大内兵衛
大内節子訳

原書はJ・S・ミルの名著、婦人問題の古典として誰でも目を通すものになつている。私がはじめて原著を読んだのは五〇年近い昔のこと。その息の長い分りにくい文章にウンザリしたものだが、この新しい訳を手にして目のさめるおもい、実に分りよく、内容までもスッキリと新鮮な魅力をそえたよう。約百年の昔、イギリスの女性のおかれた地位の低さ、当時の最も進歩的な自由主義の社会の偏見に対する戦いがどんなものであつたかをおもうとき、私たちはこの書の中に新しい希望とはげましの言葉とを感ぜずにはいられない。（岩波書店一〇〇円）（山川）

「女は誰のために生きる」

平林たい子著

婦人問題その他内外の政治社会等時事に関する短い評論や感想を集めたもの。一句一章ごとに著書の強い性格、体当りの生き方が迫つてくるおもいがする。男女関係についてのものが過半数をしめているが「男女の三角関係は人類永遠の宿題であつてこの問題をわりきる処方箋はない」と著者はいつている。たしかにその通りでそれをきれいにわりきるのは身の上相談の専門家に限る。わりきれなければこそ詩も小説も永遠に主題に事を欠かないのでもあろう。戦前、戦中、戦後とそのときどきに御時勢にあうように衣がえをしていても第一線に立つ指導者の立場にいる「女の指導者」は面白い。婦人団体の会合でもあけてもくれても嫁姑論議ばかりでなく、時にはこんなものを話題にしてみたらねむけもさめ本気に日本の民主化、民主的団体の行き方を考える上に役に立とう。（村山書店二二〇円）

（山川）

第三回日本母親大会

第三回日本母親大会は来る八月三日から五日まで三日間神田の専修大学及び中央大学で左の通り開かれます。

第一日分科会（会場・**専修大学**）

テーマ

一、子どもをしあわせに育てましょう

子どもをめぐる問題を明らかにし、子どもの生命を大切に育てしあわせをはかるにはどうすればよいかを九つの問題に分けて話し合う。

二、みんなでしあわせになりましょう

古いしきたりの中の苦しみや経済生活の不安、息子、娘、年寄りの問題など九つの問題に分けて話し合う。

三、平和を守りましょう

平和な世の中をきずくためにどうすればよいか四つの問題に分けて話し合う。

四、母親の運動をさらに発展させましょう　運動をすすめるために

第二日**全体会**（会場・**中央大学講堂**）

パネル・ディスカッション、（それぞれの分科会の代表が分科会の問題点を出して話し合う）

第三日**全体会**（会場、**中央大学**）

なお時間は第一日九時半～五時、第二、三日は十時～四時

「近代日本恋愛史」

石垣綾子著

婦人公論に連載された明治大正の有名婦人の列伝で、特に恋愛や結婚のいきさつに照明をあてたもの。いろいろな人々のいろいろな恋愛や生活の経験が多彩に描かれているが、二、三の例外を除けば心中や自殺という暗い破局においつめられず、自由に強く生きぬいた点で共通しているのが目につく。心中や自殺に終つた人も、封建時代のようなぬきさしのならぬハメにおちいつたためでなく、恋愛以外の問題で死をえらんだにすぎない。この書は恋愛のほかでも戦つて生きぬいた強い婦人、有能な、解放された婦人の記録として読まるべきであろう。（角川書店二七〇円）

狙われている婦人と青年

改憲のため恐るべき物量攻勢

婦人問題研究所では、最近婦人団体の自主性が、政党、文部当局及び教育委員会によつて脅かされる傾向が全国的に強くなつているという問題を重大視して去る七月二十日新宿中村屋で婦人評論家や婦人運動家を招いて懇談会を開き、都立大助教授三井為友氏からその実状をうかがいました。

その最も極端な一例は滋賀県地域団体婦人協議会に起つた問題です。ここでは去る三月会長の改選がありましたが、前会長森つるさんが自民党側から好ましからざる人物とにらまれ、その策謀によつて会長選挙のために召集された団体長会議は混乱に陥り、社会教育課長に会長推せんを一任、結局森さんは敗退、自民党系の吉田ナミさんが会長就任となりました。

また愛知県ではこの度名古屋の婦人会長に社会党県議の横地さだえさんが一票の差で前会長を破つて当選、県婦連の会長にも当選可能となると前会長であつた自民党員の馬場いよさん一派が猛烈な反対運動を起し、役員選挙の総会で県婦連の解散をさせてしまいました。

このような問題は大なり小なり全国的に諸所に起つており、また婦人団体に限らず青年団にも露骨な圧力が加えられています。

これについて市川さんは、憲法改正反対派を婦人や青年層が支持しているので、政府はその目的を達成するため、これらの層に着目した結果とみておられます。

また、三井さんは、このような傾向がはつきり現われてきたのは昨年九月の教育委員会法の実施以後で、教育の政治支配が露骨になつてきた。つまり文部省はこうして国民の自主性を眠らせ上意下達を可能にしようとしているようだ。社会教育が順調に育ちつつあつた県では課長を変えたり、主事や主事補を配置転換したりしている、たとえば愛媛県では青年団に人望のあつた課長が転任させられ、土木課長がこれに替つた、こういうことは方々に起つている。その他講師の選択に注文をつけたり思うようにならない団体の分裂をはかつたりかなりはつきりした態度を示している。

そして注意しなければならないのは、婦人団体や青年団体の獲得やきりくずしのために恐るべき物量が流されているということである。一般に民主的な団体ほど経済に乏しい、この隙を狙つて物量攻勢をかけようとしている。

要するに、国民が自由にものを考えたり、自主的に行動することは現在の権力によつて好もしくないので「うけたまわり型」をつくろうとしているようだ。

婦人のこえ　八月号
定価三〇円（〒五円）
半年分　一八〇円（送共）
一年分　三六〇円（送共）
昭和三十二年七月廿五日印刷
昭和三十二年八月一日発行
編集発行人　菅谷直子
東京都千代田区神田三崎町三ノ六
印刷者　堀内文治郎
東京都港区本芝三ノ二〇
（硫労連会館内）
発行所　婦人のこえ社
電話三田（45）〇三四〇番
振替口座東京貳壱壱参四番

昭和二十八年十一月二十四日第三種郵便物認可
昭和三十二年八月一日発行（毎月一回一日発行）
婦人のこえ　第四十七号　（第五巻・第八号）
定価三十円

婦人のこえ

9月号　特集・新興宗教　195

売春防止法の危機

売春防止法完全実施要求全国協議会開く

余すところ僅かに七カ月後に迫つた売春防止法の完全実施の期日を控えて、転廃業した業者は一〇％に満たず、この有様では一体どうなることか、とは心ある者ひとしく憂いているところです。しかも業者及びそれに連なる一部保守党議員の動きは微妙です。政府は愛知官房長官唐沢法相など期日通り実施を表明していますが、自民党内に設けられた、風規対策特別委員会（会長川崎末五郎）は実施延期の策戦本部とも云われ、楽観を許さない情勢です。即ちこの特別委員会の中心をなしている勝又実・真鍋儀十・椎名隆・須藤新八の四氏が起草委員となり、去る七月二十三日業者の転廃業補償百三十五億を党三役に申入れました。彼らの狙いは、目下のところ表面的には防止法の延期をうたわず、業者の転廃業の促進という口実のもとに、業者の利益をはかり、政府及び世論がそれを受付けない場合を見越して準備不充分の理由で延期に持込もうという巧妙なもの。一方、岸首相は党内勢力のバランスのうえにその地位を保つているという関係から自主的な態度表明ができず、売春問題に関しては誰れにも面会しないという頼りない状態で、このままでは期日通りの実施があやふまれるに至りました。

婦人団体側はこれに対し、去る八月十五日夜参院会館で、売春対策国民協議会主催のもとに参加団体有志及び、折柄原水爆禁止世界大会に出席のため上京していた地域婦人団体の代表など約二百名が参加して「売春防止完全実施要求全国協議会」を開き、神近市子、市川房枝、神崎清氏らから情勢報告をうけ、今後の対策を協議しました。

その結果、一、売春関係予算の大巾増額、二、業者の転廃業に対して国家補償はしないという政府の断乎たる決意表明、三ヒモつき議員を断ち切るための特別措置、等について回答つきの要望書を岸総理に提出することをきめ、さらに左の三項を申合せました。

一、業者とつながりのある議員には絶対に投票いたしません。

一、各種婦人団体を以て各県に売春対策協議会をつくりましよう。

一、売春対策推進委員を各県に必ずつくるよう、関係当局に働きかけましよう。

なお、防止法の見通しについて神崎清氏は左の三点をあげ、完全実施の成否は一つに婦人及び世論の力あるのみと言つています。

一、法律の延期（世論及び婦人の圧力の弱い場合）

二、法律に手心を加えて業者の擬装転業を認める（圧力の中程度の場合）

三、一時実施（世論の強力な場合）ただし予算面等で圧迫し破たんを待つてきき返しを計る。

売春防止法は婦人の力によつてできた法律といわれています。これを実効あらしめるのもまた、婦人の責任と云えましよう。業者はしきりに九月がヤマと言つているそうです。皆さまの地域の活動はいかがでしようか。幸い選挙の噂もチラホラしています。議員に圧力をかけるには絶好の時期と云えましよう。

婦人のこえ

1957年
九月号

九月号 目次

特集・新興宗教

新興宗教について
――その性格と問題点――

小《お》口《ぐち》偉《い》一《いち》
（東大助教授）

戦後の特長

　戦後のドサクサにまぎれて起つた問題の一つに宗教の問題がある。宗教は社会的な危機や不安がその土台とされている。集つてくる信者も年令から言つて中年以上の人で、とくに女性が多いという感じであるが、支持層は学問的に明確にはつかめない。しかし一般的には中年の女性が多く、教育程度が低いということは言えよう。ところが、戦後は若い女性や青年が多くなり、年令層や学歴の巾が拡まつてきている。なぜそうなつたか、はつきりしたことは分らない。が、その点が今日の問題の一つであろうと思う。考えられることは日本の昔からの伝統で宗教的なものへの参加を家庭が許していたということ、そして、そのことが家庭から逃れる口実となり得るということである。もちろんこれには戦後の解放感が大きく影響している。つまり新興宗教は話し合いに重点をおいており、レクリレーション的な要素が多分にある。話し合いの内容は井戸端会議的で低調なものであるが、それが一つの気晴となり、普通近隣同士では話し合えない家庭や個人の秘密を話し合つている。それだけに結合力が強く、一度参加すると抜けられなくなる。

　大体、拡大し発展していく宗団は下部組織が強固になつていくものである。普通の宗教は、指導者と信者の縦の関係が強かつたが、新興宗教では横の結びつき、信者同士の結びつきが強い。それが特長の一つと言える。

新興宗教の性格

　新興宗教には全く新しい宗教はない。大抵既存宗教の影響を強く受けているし、そういう伝統の上に乗つている。大体神道と日蓮宗が多い。そしてこの二つに共通している点は神がかり的な要素である。

　日本人は一体に「神がかり」的なものを好む――と言つてはおかしいかも知れないが、神秘感や威厳を認める傾向がある。（ただし神がかりは異常なもので、神秘的なものではない）しかしそうした民衆の気質が基盤になり、多くの新興宗教がそのうえに乗つかつているわけである。

　インテリの場合は、素朴な、原始的なものはそのまま認めはしないが、それが転化して心霊とか、霊魂として認めている。霊魂の問題は自然科学の分野に属するもので、自然科学者の中でこれを認めている人も多い。しかしそれは宗教とは関係がない。

　新興宗教には呪術的な信仰が強い。お呪いで病気を治したり、お金をもうけさせたり、ご利益を説く行動がとられている。もつとも立正交成会などは「鑑定」と称して姓名判断をやつているが。

創価学会も教理を重んずるというよりお肉芽、ゴヒフというような呪術的な面を多分にもつている。（註・お肉芽（御生骨）富士の大石寺にある宝物。七〇〇年前の日蓮の歯と称し、これが今日でも生きていて、その根についている肉がだんだんもりあがつてきて白い歯をほとんど包んでしまつた。完全に包み終つた時、日蓮正宗が世界にゆきわたる「広宣流布」と称している）。

そういう点で、大体新興宗教は呪術が中心であると言える。外国では呪術と信仰が一緒になつて宗団ができるということは考えられない。ところが日本ではこれが一つとなつて宗団ができるのである。これからみても新興宗教は民衆がもつている呪術的なものへの信仰のうえに乗つたものと言える。これはどの新興宗教にも言える一般的な性格である。

もう一つの共通した性格は、大部分の新興宗教が――創価学会は少し違う――家族主義を利用しているか、家族制度の温存をはかつていることである。たとえば教祖をシンバシラ（天理教）、オヤサマ（大本教）などと呼び教団の構成を家族制度に合せ、昔で言えば家族国家的で、天皇制国家を形どつたものが多い。そして教団内部を批判せず外部に目を向けさせていく行き方をしている。

創価学会の場合は、個人の信仰を家の信仰より重要視している。個人の利益や幸福を通して一応家族主義より抜け出しているようであるが、また一面、それを通して家族主義に戻るようにしている。

いずれの新興宗教も信者数を世帯数で現わしているのは、家族主義を示すものであり、全般的な特長である。

問題点・権威主義

新興宗教で問題になる点は権威主義でありその場合の権威主義は二重三重の形をとつてくる。その一つに、信者の中に偉い人がいるということを宣伝し、世俗的な権威を利用していく形がある。日本の宗教の場合を考えると国家権力と結びついたものが栄えている。踊る宗教は天皇制に批判的で、一見権威主義を否定しているようにみえるが、教主がアメリカに行くと、アメリカは自分たちを認めたという宣伝の仕方をする。

立正交成会に安井東京都知事、その弟の参院議員安井謙、花村元法相などが関係しており、霊友会には木村篤太郎などという政治家が顧問として関係し、鳩山元首相は生長の家にというように大きな宗団にはそれぞれ「偉い人」が関係している。政治家の方では宗団を利用しているのであろうが、宗団もまた彼らを利用しているわけである。

創価学会の信者にはインテリが多い、東大の学生も相当入つているという噂であるが、調べてみると実際は十名内外であつた。

いずれにしても信者の社会的地位が大きな宣伝材料となるのは、日本人の中に権威主義的なものがあるからに他ならない。

なぜ強引な布教をするか

創価学会などの布教方法が問題になつているが幹部が押えていることを下部でやつているという場合が多いようである。従来でも布教方法には暴力的とまでいかなくとも強迫的な面は少くなかつた。たとえば入信しないと病気になるとか、災害がくるとか、ひどいのになると、幾日に死ぬというようなことを言つておどかすという手はよく使われる。一体に布教には強制が伴うものであるから、そういう面がなければ、布教そのものは問題にはならない。

日本人の宗教的地盤は神道と仏教で固められている。たとえば、仏教では檀家という組織をもつているように。この地盤に新しい宗教が入つていく場合は従来説かないものを何か持つていかなくてはならない。その一つが呪術である。言わば既成宗教は老鋪であり、新興宗教は行商である。その行商の中にたまに押売的なものがでてくるので問題になるわけである。また布教は保険勧誘と同じようなものであるから、いろいろなご利益を並べて押付けるわけである。

新興宗教の共通点

非常に具体的なご利益（病気治癒・金もうけ）を説くというのも新興宗教の特長であり、各宗団に共通した点である。

たとえば、創価学会の場合、価値を説いているのであるが、真、善、美の価値のうちに真の代りに利という価値をいれて、端的にいえば、金持になることそれ自身に価値があり、それが一つの目的になつている。その金の話も幾億という金を単位にして話しているので信者は魅せられてしまう。

新興宗教の共通点としても一つあげられることは、宗教的な力を目に見えるもので現わそうとする点である。そのため、どの宗団も建造物に力を入れている。世界メシヤ教、霊友会、大本教等いずれもりつぱな建物をもつている。会費をとらない、金のかからない宗団といわれている創価学会も富士に寺院を造るため、末端の信者まで一人千円の寄附を申渡しているためニコヨンの信者の間には大分不満が起つているということであるが、幹部は一日三円ずつ貯蓄すれば一年でできると言つているそうである。

新興宗教はなぜ栄える

新興宗教は庶民の宗教といわれ、社会主義や共産主義に似た教理を説くものもあるが、もとより、これは全く違うものであり、幹部や信者の意識にも保守的な色彩が強い。

布教は一番低い層に呼びかけ、階層的に上にのぼつてきているし、未組織層から組織層へと入り、社会党の左派層へと喰入つてきている。未組織層の場合、病気、失業、事業不振、家庭不和などで悩んでいる者が大部分であり、組織層の場合は危険率の高い、炭坑、鉄鉱、機械等の職場に働く人々が多い。また投機的な仕事をしている人、株屋などにも多い。いずれにせよ、はげしい苦難の中で出口が分らない時宗教が入り込む。

新興宗教が病気治癒や災害除けや金もうけをうたつて栄えているのも、いろいろな人生の不幸に対して社会的な保障が欠けているからであり、結局は社会保障制度の不備が新興宗教を繁栄させる根本的な原因と言えよう。医療制度その他の社会的な救済や保護施設が充実すればこのようなはなはだしい現象は恐らく起らないであろう。

批判を高めよ

新興宗教は種々な問題をはらみ、ファッショ的な傾向をもつたものもあり、多くの害悪を流している。しかしあの大きな組織力を無視することもできないし、ただ非難するのみでも駄目である。一般の批判を高めることが大事で、社会的な批判が強まれば、大衆を対象としている以上変らざるを得ないのである。そのいい例が世界メシア教で、今年の原水爆禁止大会にこの宗団から出席していたのはなんと言つても大きな変化である。

（談・文責・菅谷）

ごあいさつ

私こと、中国視察のため九月下旬より約一カ月間留守いたすことになりましたから、どうぞよろしく御願い申上げます

編集部　菅谷直子

宗教と政治と生活と

山《やま》川《かわ》菊《きく》栄《え》

児童と宗教教育

児童憲章の最初の草案が、厚生省の事務官によつて当時労働省に勤めていた私のところへもつてこられたのは一九五一年春、まだ余寒の頃でした。だしぬけにもつてきて賛成を求められた私はどうして急にこういうことを思いついたのか、すでに憲法に認められている人権その他の条項を、特に児童憲章としてうちだす必要があるかどうか、というような点をききにかかつたものの、事務官はただその場ですぐ同意を求めるばかりで、儀礼として、形式的に一応原案を見せにきただけとしか思えない態度でした。足もとから鳥がとびたつような話ではあつたものの、しいて理屈をいうほどのこともないと思い、せつかれながらザッと目を通すと、項目が多すぎ、相当ゴタゴタした長い文章で泥くさかつたので、もつとスッキリ簡潔に要領よくすること、児童に宗教教育を与える、という一項はぜひ省いてほしい、という申入れをするにとどめて別れました。恐らく厚生省児童局あたりの審議会の委員の中には社会事業家が多く、社会事業家の中には宗教家が多いところからこういう意見が強く出たことと察せられました。

ある日、文部省の社会教育の審議会は児童憲章の議案について討議し、当時その委員の一人だつた私も参加しました。草案を見ると厚生省からはじめて持参された時より項目はへり、全体が簡潔ですつきりしたものの、児童に宗教教育を与える、という項目はもとのままで、削られていなかつた。そこで私は、すでに憲法は信仰の自由をみとめている、信仰の自由をみとめる、ということは、宗教を選択する自由だけでなく、宗教を信じない自由をも意味しているはずで、児童に神や宗教を教えることを児童憲章で主張することはまちがつている、といつて宗教教育云々の項目削除を強く主張しました。これには相当反対が多く、私はここでも宗教関係の委員が相当有力なことを知りましたが、神崎清氏が削除に賛成され、そのほかにも削除論がどうやら多数で、結局削除に決定しました。この草案を最後に全国の社会事業団体大会にかけたときは、宗教教育の条で相当な波瀾があり、宗教関係の人々は大に憤慨したということですが、遂にこの項目は削除されて、今日のような児童憲章が成立したわけです。

当時神道は超国家主義、軍国主義の宗教であるとして排斥され、教育から追放されたばかりの時で、一般に神道家は社会事業にあまり関係していないので、宗教教育を児童憲章に結びつけようとした人々は、仏教とキリスト教との社会事業家であつたろうと思います。

宗教と社会事業

どこの国でも社会事業が国の仕事となつたのは新しいことで、第一次大戦前、純然たる自由経済の時代には大体において個人、いわゆる慈善家や宗教団体のほどこしの一部にすぎなかつたものです。教育でさえもとはそうで、日本でも寺小屋という名の示すように庶民の教育は有志の坊さんがはじめたものですし、ヨーロッパでも学校は教会に附属し、教師は坊さんだつた時代が長く、今もそういう伝統をとどめているものが少くないのです。

資本主義時代に入つて新しい社会的必要に応ずるために義務教育制度が確立され、教育は国家の負担となりましたが、社会事業はなお個人や寺院のほどこしに留まつていました。しかし資本主義の発達と共に貧富の対立ははげしくなり、また貧しい階級の自覚も高まつて大規模の、組織的な社会事業が国家の手で営まれることを要望し、財政的にもそれを必要としたので、結局、そういう傾向へ進んできたものです。が今なお国家の施設が不十分で、予算措置が不備のために金持の寄附や宗教団体の財力にたよることの大きいのは事実ですが、将来貧富の差がなくなり、国家による社会保障制度の拡充によつて、追々にその必要をなくしていかなければなりません。

今日でも社会事業、教育事業に対する宗教関係者の活動は大したものですし、孤児やよるべのない年寄のための施設、問題児や犯罪人を収容する少年院や刑務所、療養所などで働く人々の中には、公務員の中にも熱心な宗教信者が相当多く、その犠牲的、博愛的な精神にはたしかに尊敬に価するものも多いのは事実ですが、その人々自身、それ故に信者以外にそういう任務に適したものはないと考えたり、宗教教育が国家権力と結びつく必要があると考えることは好もしくありません。カイゼルのものはカイゼルに返せ、という言葉のように、宗教は魂のことだけ考えているべきでしよう。宗教が地上の権力と結びついて地上を支配しようとするとき、小さくて魔女狩りの悲劇、大きくなれば宗教戦争という、最も深刻で最も残忍な流血ざたが起ります。昔はいうに及ばず、第二次大戦でもファッショと結んだローマ・カトリックは、ヨーロッパでひどい残虐行為をやり、たとえばユーゴにおけるギリシャ正教に対する迫害虐殺のごとき、中世紀の宗教戦争を思わせたほどでした。

ロシアは革命後新憲法のはじめに信仰の自由をうたい、国連憲章もそれを規定し、今では多くの国がそれにならつています。ヨーロッパ大陸では今なおキリスト教、特にカトリックが圧倒的に優勢でそれ故にこそ特に信仰の自由をくり返す必要があるのです。ユーゴでは指導的役割をもつ共産主義者同盟には信者ははいれませんが、大衆団体で男女有権者の八割までを入れている社会主義者同盟の方には、カトリック、正教徒、回教徒がいずれも自由に加わることを許されており、政、教は完全に分離し、寺院は大きな財産や荘園や特権を失つても礼拝や説教の自由は失つていません。

ポーランドでは国民の九割までがカトリック信者であり、昨年十月の反スターリン闘争のとき、この勢力がゴムルカを支持するかどうかで大勢はきまつたのですが、明敏な大司教がここで混乱を起してはハンガリアの二の舞をやり、ソ連に武力弾圧の口実を与えることを恐れてゴムルカ支持を決定し、両者の妥協の上に秩序が保たれたので、新政権はその根を固めたのでした。つい三年前、イギリス労働党左派の議員がポーランドを訪い、ポーランドには自由があるその証拠に教会には信者がいつぱいおまいりしている、と書いたところ、すぐ次の号にポーランド人の批判が出て、その教会の僧職はみな政府の任命によることを知らないか、とありました。昨秋の政変後ゴムルカのもとに教会は政府の監督をうけず、自主的に運営され、学校で宗教教育をすることまで許されたようです。この点ハンガリアはさほど寛大でなく、表面宗教は自由といわれながら内面では不満がいぶつている様子です。西ドイツの現政権キリスト教民主党もカトリック党、他の国々も保守勢力は同時にカトリック党といつていいでしよう。

労働組合と宗教

イギリスは新教が国教となつているだけにさほどうるさくないようにみえるものの、カンタベリの大僧侶が王室の結婚に口出しする図は、日本では想像できないものです。その大僧侶は原水爆禁止に反対し、死刑廃止にも反対していますが、イギリスの世論がもつと変つてくれば、大僧正の態度も変るでしよう。今はこれらの問題について宗教家の態度も一致していないのです。こういう点でキリスト教は進歩的でもなく、世論をリードする力もなく、世論にひきずられている有様です。

イギリスでは労働組合も、労働党も宗教のために分裂はしていませんが、組合の中でもカトリック教徒は、共産党と同じく独自のグループを作つています。フランスでは組合もカトリック系(保守系)社会党系、共産系と三つの全国組合に分裂しています。そのカトリック組合の人たちに、なぜ宗教的立場のために独立の組合を作る必要があるのか、と私がききましたら、フランスはイギリスとちがつて組合の宗教に対する圧迫が強いから、と答えましたが、これはその宗教がカトリックであるために、信徒も排他的で強いせいでしよう。が組合としては、賃あげ闘争もストライキもやり、よく活動している点で御用組合ではないのです。

キリスト教を看板にしているＭＲＡ――道徳再建運動――は日本にもだいぶ信者がいるようですが、これは創価学会の西洋版ともいうべく、社会主義やストライキにはまつこうから反対する反動色の強い団体で、アメリカの億万長者いわゆる独占資本をうしろだてにして世界的に網をはつている団体です。思想的に無節操な日本人が革新派とＭＲＡとの両立しない両陣営に両足をつつこみ、国内では革新を唱え、一歩国外へ出ると忽ちＭＲＡのさしだす手にのつたりするのは、日本の恥というべきです。

日本人と佛教とキリスト教

仏教は六、七世紀ごろの日本に新しい、はるかに高度の文化を導き入れて飛躍的な進歩をうながした功労は大きかつたものの、すでに国内に育つていた階級的な権力と結びついたためにその助けた上からの革命が早く成就したと同時に、政治や社会の腐敗堕落を来し仏教それ自体もそれをまぬかれることはできなかつたのです。奈良朝時代のあのすばらしい古美術や建築が、あの時代の幼稚な技術で営まれたかげには、どれほど大きな労働力が動員されたか、その労苦、その犠牲はどんなであつたか。今でも日本で指おりの貧乏県、乳児死亡率の物すごく高い奈良地方の住民のみじめなあばら家と、仰ぎ見る古代の大建築とを比べてみるとき、誰でも同じ惑慨にうたれずにはいないでしよう。

昨年も奈良県水平運動の先駆者である旧知の坂本清三郎氏のお宅にとめて頂いたとき、その話が出ましたが、氏は「しかし奴隷労働とばかりもいえないでしようね。宗教的情熱で、心から喜んで働いたものも多いでしようからね」といわれました。主観的に見ればたしかにそうでしよう。私は法隆寺のあの大きな丸柱を見て、深い山奥であのいう大木を切り倒し、けわしい山道をおろして、木津川を舟ではこび、カンナもない時代にチョウナでけずりあげ、一切を手労働でやつた古代の農民が、荘園の領主たる寺院や皇族貴族にかりだされて無給の人夫として奉仕し、粟かヒエのおかゆを施されては手を合せ、自分たちもこの奉仕の功徳で仏に導かれ、美しい浄土に生れる日をおもつて夢心地になり、感涙にむせぶ姿をおもいました。

藤原氏の最盛期、「この世をばわが世とぞ思ふもち月のかけたることもなしと思へば」と歌つた御堂関白の時代には一層露骨な権力と宗教とのなれあい、取引が行われ、人民はその犠牲となりました。

私はビルマやタイで金銀なり七宝をちりばめたピカピカした寺院や塔や宮殿がそびえたつかげに、草ぶきの掘立小屋のような人民の家畜小屋をかねた住居が群がつているのを見て、古代、中世の日本をそこに見る思いがしました。そして清盛といい、信長といい、超国家的、反社会的な暴力団、宗門の私兵と化していた山法師や寺法師をたたきつけた勇気と決断力には、その後の日本の運命に大きな意味があつたと思われます。さらに徳川時代に入つては幕府は儒教の合理主義、現実主義をもつて政治の原則として寺院の介入を防ぎ、岡山の池田光政、水戸光圀のように淫祠邪教を斥けて堕落僧の追放、迷信の打破につとめた名君もありました。維新の排仏毀釈に政治的意味が強かつたにせよ、徳川時代にはなお残つていた寺院の政治的、社会的勢力を一掃した点で成功だつたと私は考えます。

宗教とても社会的産物であり、社会の進化と共に移り変つていかなければ生命を保つことができません。キリスト教は時代の推移に順応し、古い衣をすてて、次々と新しい衣をつけたので、時代にとり残されず、殊に後進国にのぞむときは、先進国の新しい技術や思想を代表する、進歩的な意義をもつものとして迎えられました。戦国時代の終り、徳川初期に一夫一妻を説き、天上の福音を説いたキリシタン邪宗門が熱烈な殉教を多く生んだのは、そういう新しい理想を代表していると思われたからでした。

明治時代の自由主義者、初期の社会主義の中にクリスチャンが多かつたのも、儒教や仏教の沈滞した封建主義や迷信に対して清新な正義を説き、平等を主張した魅力によるものでした。大正以後の社会的発達は、少数のインテリ理想家の手からはなれて、現実に資本と顔をむき合せている職場の労働大衆の運動となつたので、宗教的宣伝は消え去つたのです。もとより個人的にはキリスト教を信じ、仏教を信ずることも自由ですが、それをもつて運動の重要なクサビとすることはできません。社会運動はあくまで現実の利害と将来の理想を共にするものの団結の場で、信仰は問題となりえません。この点、宗教にこだわらぬ日本人は世界でも最も恵まれている民族だと私は思うのです。

東洋の植民地化にはいろいろ原因もあげられましようが、古代または中世の宗教のカラをそのままもちつたえ、それによつて社会の進歩を自分で抑えていたことが、白人の侵略を容易にし、白人の侵略がそういう固定した宗教や階級制度を利用し、ますますその進歩を妨げ、社会を固定したという、相互作用の悪じゆんかんによつたものと思われます。第二次大戦後、独立をえた東南アジアの諸民族は、仏教、回教、ヒンヅー教をすてないまでもその解釈を改め、時代に応じた道徳思想に進化させようとしています。女性の自覚が一夫多妻を追放しつつあり、その社会的活動が、新しい国づくりに寄与している大きな力もその一例であります。この際日本の労働者、日本の女性が創価学会にひつかかり、インテリがＭＲＡに走ることは大いに反省すべきではないでしようか。

新興宗教と労働運動

菅《すが》原《はら》　浩《ひろし》

日本炭鉱労働組合（炭労）が、ことしの春の定期大会で、組合運動に不利益をあたえる新興宗教——とくに創価学会——とたたかうことをきめたため、最近新興宗教と労働組合の関係についてやかましい論議がおこされはじめてきました。創価学会では炭労のこうした方針を〝憲法に反する〟とか〝民主主義を無視するもの〟とかいうことばで非難していますが、これについてわたしたちの考え方や立場——とくに組合活動に直接関係ある面についての——をつぎにのべたいと思います。

いうまでもなく労働組合は、働く人びとが団結し、その生活と権利をまもり、さらにこれを向上発展させるためのものです。さらにこの運動をつうじて世界の平和をきずきあげるものであります。わたしたちはそうした目的を達成するため、組合結成いらい努力をかさねてきましたが、そのたたかいのあいだにわたしたちは、つぎのようなことを知りました。

かんたんにいうとそれはこういうことです。いまの社会の不幸の原因は、この社会のしくみが資本主義だからだ、ということです。資本主義社会は、資本家——そのなかでもとくにひとにぎりの独占資本——がすべての働く人びとをしぼり、それらの人びとのギセイのうえにたつて自分だけが大もうけすることができるようになつています。失業者がたくさんでたり、中小企業がつぶれたり、貧しい人がたくさんいるのは、つまりこの社会のしくみがそうなつているからです。だから、わたしたちが自分たちを貧困から解放するためには、どうしても不幸の原因である資本主義をたおさなくてはなりません。そしてこの考えは、非常に多くの働く人たちに支持されています。

ところが、創価学会はこの社会の不幸の原因をつぎのように説明します。つまり、社会がみだれ、人びとが苦しい生活をしているのは邪宗のせいだ、と。彼らが〝邪宗〟というのは、創価学会（日蓮正宗）以外のすべての宗教をさしています。だから、すべての人びとが創価学会（日蓮正宗）を信心しさえすれば世界は平和になり、人びとはゆたかでたのしい生活をすることができる。というのです。ここにわたしたち労働組合の考え方と根本的なちがいがでてきます。

労働運動は社会の不幸をなくするためにあります。創価学会もまた社会の不幸をすくうのだといつております。そのかぎりでは両方とも同じ目的をもつているのですが、ではどういう方法で、というと全くちがつてしまいます。このちがいはたとえてみればつぎのようにいえます。

わたしたちが山にのぼる場合、あらかじめいろいろな準備をします。身のまわり品から食糧、ピッケルや綱、地図などをそなえたうえ、山のぼりの経験をつんだ先輩や友人からいろいろ注意しなくてはならないことをまなびます。そして準備完了となつて出発です。ところが、これにたいしてこんなことがあつたとしたらどうでしょう。地図ももたず、綱もピッケルもない、ふだん着のままで下駄ばき、こんなかつこうで、ただナンミョウホーレンゲキョウだけをとなえて登山する。労働組合が社会をよくしようという方法と創価学会のそれとは、ざつとこのくらいのちがいがあるとわたしは考えます。

　しかも創価学会は、たんにこうした考え方のうえだけでなく、日常のわたしたちのたたかいにまで悪影響をあたえています。

　――ストライキなんかやらなくても信心すれば賃金はあがる。

　――信心さえしていればケガはしない。病気もなおる。

というようなことをふりまいているのです。

　わたしたちは過去何年ものあいだ、まいとし賃金闘争をたたかつてきました。そうしたたたかいがあつたからこそ、わずかづつでもそのつど賃金があがつてきたのです。わたしたちがたたわかないかぎり、資本家はビタ一文でも賃上げしようとはしません。そればかりか、わたしたちがいままでかちとつたいろんな労働条件さえとりあげようとしています。ことしの春の賃金闘争でも、炭労の二千円賃上げ要求にたいし、会社側ははじめ五百円の回答しかしませんでした。（わたしたちの組合がたたかわない組合だつたら五百円さえもおそらくださなかつたでしょう）。しかし、炭労はそれをけとばしてストライキに入りました。だから資本家側はしぶしぶその金額をせりあげ、ついに千三百円までだしたのです。この賃上げ成功はもちろん日蓮正宗のおかげではありません。わたしたちの団結のたまものです。

　また、炭鉱は坑内労働という特殊な条件にあるため、他産業にくらべて災害が非常に多くおきています。しかしこの災害も、資本家が十分設備に金をだし、保安第一主義でやればふせげることです。だから、わたしたちは「設備をよくしろ」という保安のための闘争を積極的にやつています。創価学会のオダイモクでは、たとえ何百万べんとなえたところで災害をなくすることはできません。また病気にしても同じことです。

　炭労が創価学会とたたかうことをきめたのも、このような正しい組合運動の発展をさまたげる非科学的、非合理な活動をみすごすことができないからです。もちろん信教の自由は憲法にみとめられた基本的人権ですから、わたしたちはたとえ組合員がどんな宗教を信じようとそれを統制するものではありません。ただそれを信ずる結果、わたしたちのいちばんだいじな統一と団結をみだし、組合のすすむべき方向をあやまらせるような活動をすることには、正しい方向へひきもどす努力をしなくてはなりません。

　しかし、わたしたちの組合員のなかに創価学会を信じるものがたくさんでたということは、とりもなおさずわたしたちの組合活動がいままで十分でなかつたことの証拠でもあります。――このことは労働運動、階級運動こそが社会を正しく発展させ、わたしたちの幸福な社会をつくることができるのだ――というはつきりした信念をもつていない組合員がまだたくさんいたということです。それにはいろいろの原因がありましよう。しかし創価学会に入つている人の多くは生活困窮者であり、病人であり、主婦です。本来そういう人たちをすくうためにある。わたしたちの運動が、そういう人びと個人のなやみや苦しみを十分にとりあげ、親身になつて解決してやらなかつたから、それらの人たちの組合にたいする不信がそのまま創価学会のデタラメな宣伝にまよわされる結果になつたと考えます。

　創価学会に入つた人たちにも入るべき原因があつたのです。私たちはこの点をよく考え、日常の世話役活動や教育活動、さらに不断の向上の為のたたかいを通じて、全組合員に信頼される組合をつくりあげることがだいじだと信じます。そのことがやがてまちがつた人たちの目をさまさせ、正しい労働者、組合員としての自覚をもたせることになるでしよう。（筆者は炭労組織対策委員会所属）

なぜ女たちは宗教に走るか

菅《すが》谷《や》直《なお》子《こ》

日本人は一体に無宗教だと言われている。キリスト教信者や今はやりの新興宗教の信者を除き、神道や仏教の熱心な信者は少いようである。しかも神道か仏教か、いずれかの宗教に属さない家はまれのようである。つまり日本には「家」の宗教はあるが、個人の宗教はほとんどないと言えるのではなかろうか。従つて私たち日本人にとつて宗教は祖先の祭祀とか葬式などのような「家」が行う祭式を通してのみつながつているだけで直接の連りはないようだ。そのため宗教は家族個人に強い影響力は持つていない。ここに私たちが宗教に対して比較的ドライな態度をとれる原因があるように思われる。

一体、人間にとつて宗教は必要なものかどうか、という問題は大きな専問的な問題で、素人の口ばしを入れるところではないと思われるし、この稿の目的でもない。ここではただ婦人と宗教の関係について考えてみたい。

既成宗教にしろ、天照大神はじめ女性を祀つたものは多い。ことに新興宗教の教祖には女性が断然多い。天理教（新興宗教のさきがけと言われている）の中山ミキ、大本教の出口ナオ、霊友会の小谷キミ、立正交成会の長沼マサ、その他爾光尊の長岡良子、踊る宗教の女教祖等いずれも女性である。そしてこれらの人々はほとんど中年以後の四十台、五十台になつて「神様」となつたり、教団を創立したりしたという共通点をもち、また、その出身は貧民層が多く非常に困難な生活をしていたという点も似ている。一口にいえば、大変不幸な女性たちであつたわけである。

教祖とか、狂信者とかになる人は医学や心理学の見地からすると精神分裂症とか異状心理とかいう人が多いそうであるから、婦人一般の問題として取上げることは誤りであろう。問題は信者にもまた中年以上の婦人が多いということであろうと思う。

この問題を解くカギの一つは、人はどんな場合に宗教を求めるかという点の考察にあるのではなかろうか。そしてそれについては本号で小口助教授が「非常な苦悩の中で出口のわからない時宗教は入り込む」と述べている。「苦しい時の神だのみ」は諺にもなつているほど一般的な心理である。危機に際して理性を失わず、冷静に事態に処するにはよほどの知性と精神的な深さが必要である。「賢者は惑わず」と孔子は言つたが、凡人や愚人はたちまち劣等感におちいり、無力感に悩まされ混乱してしまうのが普通である。ことに経済的能力をもたず、夫に依存した生活に馴れ、自主性を失つている婦人にとつてはその度合は一層はなはだしい。それまでの唯一の支えが一たん崩れ去つた場合、人間以上のものにこの危機からの脱出の手がかりを求めようとする。生れた時から一つの宗教的雰囲気の中に育つた人なら、直ちに自分の宗教にすがりつくであろう。しかし従来信仰する「神」をもたないものは、何か特殊な、また具体的に効果を現わす「力」を求める、新興宗教の機関紙が病気が治つた例とか、災難をのがれた話とかを満載しているのも、こうした迷える人々の心を捕えるには最も効果的な方法である。

こう考えてくると、婦人が宗教に入り易い原因はものの考え方の非科学性と、婦人の他力本願的な生活態度にあるとしか思えない。パスカルもくれぐれもいましめているように人間の傲慢さは確かに悪徳には違いないし、けん虚でなければない。また人間の知識はまことに貧しいものではあるだろう。まだまだ人間のうかがい知りえないものがこの宇宙には充満しているかも知れない。しかし、そういう自然科学の未知の世界と人間の頭脳の所産である「宗教」とは別問題であろう。ただ言いうることは、精神の作用がある程度の物理的変化をもたらす場合もあるということではなかろうか。たとえば回復を信じている病人は意欲的に食物をとるが、絶望した病人は食事を拒み、自ら回復の機会を放棄するというように。貧困の場合も同じことで、いつか豊かな生活がくるという希望が持てれば生活にも張合いがあるだろう。しかし働けど働けどわがくらし楽にならざり、としてじつと手ばかりみつめていたら、ますます生活は苦しくなつてしまうだろう。問題はこれら不幸や困難の原因がどこにあるかを考える態度である。宿命論者は「運命」というだろうし、何かの宗教の信者は、「神」や「仏」の試練とか罰とか思うであろう。そして科学者は、「生活」や「社会」や「政治」にその根源を論理的に探つていくであろう。そしてそれは各々その人の思想と知性に従つて違つてくる。

宗教を持つも持たないもそれは個人の自由であろう。しかし、人間の生活や社会におこつている諸々の不幸の原因は人間が作り出しているものであるということ、これだけは確かであり、これを剋服するものは人間の力以外にない、というのが少くも唯物論の立場に立つ社会主義者の宗教に対する基本的態度でなければならないと思う。

短歌

萩《はぎ》元《もと》たけ子《こ》選

鶴岡妙子

秋の陽に紫苑は高く咲きいでて傍に姑は小さく老い給ふ

愛し子を不意に逝かせてその母の背寒々と籾干しており

野口菊枝

間引きせし小葉揃へをれば一群の雀は吾をかげらせて過ぎぬ

おのが理想もゆるがぬ如き瞳して抱負を語る齢となりし長男

徳永はなえ

鴨池は吾子の住む町新聞の季節写真にしみじみ見入る

駆け来りわがエプロンにのせゆきし熟柿よ稚き愛を証す

石橋松子

大阿蘇は煙なびきて草原に横たはる牛草を喰む牛

立正交成会の非道を訴える

中野《なかの》　富士枝《ふじえ》

戦後雨後のたけのこのように、今までかつてないほどあちらにもこちらにも新興宗教なるものが敗戦後の混乱と、国民の不安な生活の中に頭をもたげ、たちまちのうちに根強い勢力をはびこらせてきた。

家を焼かれ、夫を失い、子を戦死させ、或は病気にと一家バラバラの中に多くの人は生活の中心を失い、お先真暗になつた人々が、何か友を求め、心の支えになるものを要求していたこの混迷の時代に、こうした群集心理をいちはやく利用して、多くの信者を次から次とだまし、集め、三拝九拝させてしまつた。

大切な虎の子の金を惜しげもなく、ささげて喜んで帰つてゆく信者達を眺めて、どんすの座布団の上で、心ゆくまでほくそ笑んでいるのは、いとも商売上手な教祖たちだろう。

だがここに集つて来る信者たちはどんな悩みがあるにせよ、慾ばりで人に頼り過ぎる人たちが多いのではなかろうか。

毎日お詣りしなさい、お導きによつて病気は治るし、金も神様に上げれば上げる程倍になつてかえつてくる、悩みはたちまち解消する、もしその通りにならないなら、それはまだまだ信仰が足りないからですよ、という。全く正気の沙汰ではない。主人が汗水流して一生懸命働いてきてくれる貴い金を、家の掃除も何も放たらかして朝早くから教祖や会長にささげにくる。法座がすみ何か食堂に入つて食べ、また交通費を払つて帰つて行く頃はもう昼である。お詣りに来る暇があつたらせつせと内職でもして働き、家中はさつぱりときれいにして子供のめんどうをみてやり、夫の帰る頃は冷たいビールの一本でも冷して御苦労様でしたとにこやかに迎えれば家庭は円満、夫は女遊びなぞしないで明日もまたうんと働こうという気になつてくれるでしよう。毎日お詣りしただけでどうして金がたまるか、病気が治るか、だから慾ばりだというのです。なすべきこともしないで、勝手な願いだけをかなえようとするのですから。

混乱した社会状態がこうした新興宗教を生み流行させたとはいうものの、一人の僧さえいない水商売出の教祖が、金もうけにやつているこんな邪教に迷わされて喜んでいるとは情ないことではないでしようか。

さて昨今こうした新興宗教のトップをゆくといわれる立正交成会という宗教団体がある。信者は全国的で資産は凡そ二十億円、所有地は十七万坪といわれている。こうした繁栄の蔭で如何に非人道的な行為が行われ、数多い人達が恨みをかみしめ泣き、迷惑をこうむつているか――。

私もその被害者として、ここ三年来住民一同と反対同盟を作り結束して戦つているのです。それは昭和二十六年解散、消滅してすでにない土地区劃整理組合を、二十八年十二月交成会が勝手に緊急会議と称し、出席しない地主の氏名を書き並べ、偽造した文書に偽造した印鑑で捺印し、これを都知事へ届けて許可をもらつたのです。くわしくいうと消滅して無い組合の名を引ぱり出して、他人の土地を強奪しているのです。地主が承諾しないのにいきなり何百人というゲートルに地下足袋の勤労奉仕隊（信者）を動員し、畑をうめたてたり、土地に柵を立てたり、道路を作つたりしてしまつたのです。その上こうしたインチキな土地整理組合と、交成会の本堂及び学

おもな

新興宗教

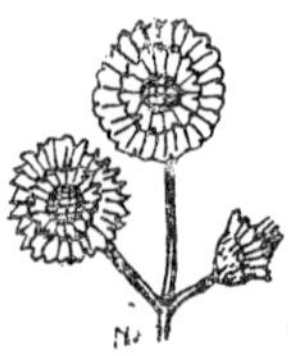

編集部

生長の家

教祖、谷口雅春。彼ははじめ大本教に入信したが、後に「神が自分で悪を創造しておきながら人間をさばく、そんな不合理な話はない」といつて大本教を脱会した。生長の家は「すべて心だ」という仏教の唯心論を根本にキリスト教的有神論やフロイド精神分析をもとり入れ折衷したものなので、実は寄せ集めの「宗教百貨店」あるいは「抜刷り宗教」にすぎぬ、などといわれている。「神啓」と称する教理は、生命の実相をしれ。人間神の子。今即久遠。天地一切のものと和解せよ、などで、「生長の家の仕事」は「心の法則を研究し、その法則を実際生活に応用して、人生の幸福を支配するために実際運動をおこなう」ことである。生長の家は新興宗教のうちで、もつともインテリ的要素が強い、といわれているが、それでも、病気の治療に当つて「先祖の霊」をもち出したり、谷口自身の著書「甘露の法雨」をふつうのお経やお守りに使つたりしている。現在宗教団体法による宗教結社として本社建物を完成し、支部三三（外地四）、布教所一七八九（〃九六）、教師二五六二（女子四一七）の陣容を整えて、信者数一四六万九八四四人を誇つている。

霊友会教団

会長、小谷キミ。一九二五年、久保角太郎によつて開創されたもので、日蓮宗の末法思想を足がかりに、祖霊、万霊をまつつて家族と国家の安泰、幸福を得るという指導理念をもつている。霊友会の現世利益の人格化した思想は社会の下層にあつて、常に生活の不安にさらされている人々の心を掴み、現在信徒数は二、二八四、一六四人ということである。この信者たちはジユズをぶらさげ、「南無妙法蓮華経」のお題目を唱えて、小谷キミ会長を生仏様と仰ぐのであるが、この生仏様は神

校などの中を通つている個所のみの高圧線鉄塔移設を東京電力と結托して、凡そ工事を始めたので私達が反対し、戦い東京地裁に訴訟を起し、執行停止の仮処分が下され、以後三年反対同盟の固い結束で、この宗教団体と戦つている有様です。この静かな住宅地の中へ危険な六万六千ボルトの高圧線を、突如持つて来られようとした私達はどうして黙つていられよう、使つても使い切れない金に物言わせ、権力と政治力に結ついて、「この世の中で自分達の思う通りにならぬものはない」と豪語しては弱いものより金を集め、のさばりちらす邪教に、私達は正義の力を持つて立ち向つたのです。皆様まだ記憶されていることと思いますが一昨年から昨年にかけて、読売新聞に大々的に、次から次と内容をばくろされていたことを——。私の所へも二度ばかり信者になれといつてきたことがある。私はあべこべに信仰について少しばかり話してやつたら、「貴女はとてもお出来になるらしいから入るならすぐ組長格にすいせんしましよう」ということだつた。もちろん断つた。悪が栄える世の中であつてはならない、正しき者は最後は勝つの信念を持つて、この大きな魔物に対抗を続けてゆきたいと思う。

がかりを活用して吉凶をうらない安否を知づたり、「お慈悲のムチ」と称して信者に激しいムチを加えたりする。布数方法も狂信的で岩手県では貧農の間にできた霊友会の組織が病魔を退散させるために、皆で患者を踏み殺すという悲惨な事件さえ起つた。この数団は一九四九年頃から巨額の脱税、三〇キロの金塊や二ポンドのコカインの隠とく、信者への変態的なリンチ、赤いハネ共同募金の中から百万円のピンハネ等々ジャーナリズムの相手になり通しであつたが、今なお受難の生仏様への信仰を失わない人は少くない。

立正交成会

日蓮系信徒団体として、一九三八年三月、現会長、現副会長が霊友会から独立して創設した教団である。会長、庭野日敬。副会長、長沼妙佼（女）。教旨は「下がる心」、つまり妻は夫に、嫁は姑にへりくだれ、結果においてそれが幸福への道なのだ、祖先をおろそかにすれば「お悟り」すなわち病災の形で警告が与えられるのだという。祖先を崇拝し、供養をささげ、考順をつくして、崩壊しつつある家族をささえる。それには自分の心根性をなおすことがすべてだと救いを仏壇の神仏や家族制度の中に見出そうとする。入会者の大半が婦人で、男には妻や母などの影響で入会する者が多い。入会の直接の動機は病気が圧倒的で（六八%）、素行不良（一六%）、家庭の悩み（六%）がこれにつづく。布教活動として寒中唱題修行他年中行事を行い、機関紙「交成」（月一回発行）や講演、映画などをもつて成果を収めようとしている。会員数一一二二九七三名。

PL教団

もとの「ひとのみち」。PLとはPerfect Libertyという英語の頭文字をとつたもので「真の自由」という意味である。御木徳近教主は「ひとのみち」教祖御木徳一の長男であるが、これらの思想内容は、仏教（特に真言密教）と神道から受けたものを「商人」的に方向づけたものである。現実はすべて神・仏の現われとして肯定する。その神（仏）は、貨幣がすべてを動かすようにもとは一つで一切にゆきわたつている。人間はみな仏性（神の分霊）をもつので、平等の立場で社会生活を営むのが正しい、とする。「ひとのみち」以来幾多の波をくぐりぬけて来たPL教団は一九四六年、「人生は芸術である」をはじめとする二一条の「処世訓《みおしえ》」をつくり、積極的に運動をすすめ出した。この教団の特徴は、「お振替」で、世人の「神示」(苦患)を「自分に一時振替えてもらう」ことである。つまり病気、災害、金づまりなど急場の苦患を、教主に肩代りしてもらう、という便利な構想である。ただし、これは応急手当で、あとから自分で始末をつけねばならない。だから、「転象願遂断の詞」をとなえ、苦患（すべて自分の心得ちがいから生ずるとされている）を処置する。また金はすべて神から「めぐまれた」ものだから、感謝してその一部を「神様の御用に献上」し「教団の発展の費用としてなるだけ多く宝生芸術をさしていただく」ことが奨励される。信者教、五四万三六〇四名。

世界メシヤ教

教祖岡田茂吉。二代教主岡田良子。

一九四七年七月に結成された日本観音教団すなわち「お光りさま」は一九五〇年二月、世界メシヤ教と衣がえをしたが、ご神体は相変らず仏教式の「大光明如来」で、儀礼にはカシワデやノリトなどの神道式を使つている。教祖は現代科学の欠陥をクローズ・アップして科学全体を猛然とたたき、独自の療法を説いた。つまり病気とは体の浄化で、薬は浄化をとめて毒をかためるだけでなく薬そのものが毒ゆえ用いてはならぬ、人間には霊魂があつて肉体と相関している。毒があれば霊が曇り霊が曇れば毒ができる。だから病気の元である毒を浄めるのが浄霊で、そのために「光」の一字を半紙に走りがきしたお守りを千円ないし二千五百円で頂き、それを患者の局部にむけててのひらをかざすと、お守りから腕を伝つた放射能が指頭から発して、奇跡的な作用を現わす、という。

創価学会

新興宗教の最新型である創価学会の会長は戸田城聖。初代会長は故牧口常三郎である。

これは日蓮正宗の信徒団体であるが、もとは創価教育学会（一九三八年創立）という研究団体であつたのを一九四六年「創価学会」なる宗教団体にかえたものである。本尊（**板まんだら**）の御利益と罰とが中心で、病気なおしや金もうけの奇蹟を行い強引に狂信的に良識を無視して活動するなど、どの点からみても新興宗教のナムバーワンである。しかし日蓮正宗という既成教団と密接に結びつき、教学を重んじ、教祖が生神様としてはあつかわれず、神がかりの傾向がない、などの点は普通の新興宗教とちがつている。最近労働組合にも影響があらわれて来たし、一九五六年の参議院選挙ではすさまじい進出をとげたので私たちの注目をひいたが、この宗数の最大目的はいわゆる成仏（ブッダになること「さとりをひらく」こと）である。それには自分だけでなく、衆生（万人）とともに成仏することが必要で、「個人の生活に幸福を実現する」ということが創価学会の中心目標となつている。折伏（とき伏せること）のたたかいも教学の勉強も結局はそのためという。要するにこの信仰は個人の幸福を犠牲にすることなく、ただちに酬いられるところがあると保証しているのである。現在の会員六四万世帯教学部員五〇〇〇と称している。

注意　ここにあげた数字はすべて三一年度発行文部省の宗教年鑑によつたものですが、教団からの届出のままとのこと。一般に、新興宗教の信者は新陳代射がはげしく、しかも宗団は退会した者の数は除いておりませんので、実際は発表数の数割に過ぎないといわれています。

映画時評

〝裸拒否事件〟「夜の鷗」

荒《あら》井《い》修《おさむ》

今月の問題として、日本裸女優第一号として名高い前田通子の〝裸拒否事件〟をとりあげてみましょう。

問題の発端は去る六月三〇日、前田が「金比羅利生剣」（加戸野五郎監督）に出演中、立廻りの際に監督から裾をまくつて、大腿をあらわに露出することを要求せられ、それを拒否したことから始まります。台本を見ると、前田のお俊という役は〝純情娘〟ということになつており、だからこそ、「ストーリーの上から裸になる必然性のあるものならば、よろこんで裸にもなりましょうが、無理な裸は醜悪だから……」という前田のいい分も納得がゆきます。

実はこれは前田という一女優の問題だけにとどまらずして、製作者側と俳優側または現在の映画企業者たちがどの程度に観客を評価しているのか、という問題をも内包していると思います。結局、前田は「金比羅利生剣」からはオロされて、八日の大蔵新東宝社長の発表によると、前田はあるいはスクリーンから消えるかも知れないのです。この場合、前田が新東宝以外の作品に出演しようとしても、六社協定の申合せによつて五年間はそれもできません。いろいろの点で俳優が芸術的良心を折らざるを得ないような仕組みになつているのです。一種の暴力行為といいましょう。この問題について同じ肉体女優である松竹の泉京子は「判りません、知りません」という以外何もいいませんが、女優とはカイライにも似て、弱いものです。ただ日活の筑波久子は「前田さんと同じような悩みは私にもある。だからできるだけ前田さんは自分の意志を通してほしい」といつておりますが、その前に彼女たち自身、所謂〝グラマー・スター〟なる称号の下にかくされた侮蔑をどうすべきか真剣に考えてもいい筈です。

（写真は「夜の鷗」の一シーン）

△　△

今月の映画は東宝作品、佐分利信監督の「夜の鷗」。

封建の中に生き、また己れの中の封建性故に周囲にも可愛がられていた女性が真の愛情を自覚して、一切の他人の情愛を排撃し、一人の男性のもとに走るというテーマです。

彼女（新珠三千代）はこれまで三人の亭主をもつたが、三人とも死んでしまう。それで彼女は「自分には死神が憑いている」と考えます。だがそんな彼女にかつて夫の家族だつた人たちはいつも可愛がつてくれます。彼女とはそんな女なのです。だが彼女は画家（佐分利信）を知つたとき、一切の系累の情愛を振切つてその男に走り、本当の自分の倖せを掴みます……というようにこの映画はチェホフの「可愛い女」の翻案ともいうべきものです。新珠が日活時代にない熱演をし、成長を示し、佐分利演出は、まじめで好感がもてます。

衣服のうつり変り

日本の先住民の衣服（二）

三《さん》瓶《ぺい》孝《こう》子《こ》

カット・縄文土偶

先住民の衣服とは、日本列島で最初に住んでいた人の衣服のことである。

日本の島々に人間が住みつくようになつたのは新石器時代（凡そ西紀前二千年）頃のようで、現在、遺跡の出土品から明かにされているのは縄文土器文化時代からである。

この頃の住民は衣服をきていたか、どうかについて考古学者はこういつている。

日本列島は、その頃、温暖多湿の気候であつた上に、大陸との交流の影響もあるので、裸でいたとは考えられない。中国の古代文献には裸とあつても、それは古代中国が、四方の国々をみな野蛮であると考えたことから生れたものである。また、たとえ裸であつてもそれは一地方の特異な場合である。当時の自然環境から考えて、衣服のない文化が、日本には存在したとは考えられない。

しかしまた、衣服があつたとしても、当時の自然環境からして、北方アジア大陸の各地で見られるような身体にぴつたりとした衣服ではなく、むしろ南方アジアの温暖な地方で着られるゆるやかな衣服ではないかと想像することができる。ところが、意外にも先史時代(縄文時代)文化には、この想像を裏切るものがある。この点は特に衣服の有する興味深い事実である（樋口清文「日本原始文化史」）

この興味深い事実について他の考古学者はこう説明している。

縄文中期以後、さかんに作られた土偶《でく》、すなわち人体を表現する土製の人形に表わされているところを見ると、何か衣服らしいものをきている形跡がある(カット参照)。もちろんこれは、かなり自由な表現をとつたものであるから、細かい点まで写実的なものとは言えないが、もしこれが衣服をきているさまを示したものとすれば、それは筒袖の上衣と短いズボンであろうと考えられるのである。けれども、縄文時代には織物があつたという確かな資料がまだないのであるから、衣服があつたとしても、毛皮の類を主な材料にしたものと考えなければならない。そうすると衣服はただ冬期に用いられたものか、または寒い地方で特に用いられたものであつたかも知れない（小林行雄「考古学概論」）。

縄文式時代のものとして、シュロ、シダ類、その他の植物繊維を編んだ敷物が発掘されているから、身体を覆うのにこうした植物繊維で作つたものも用いたかも知れないが、動物の皮をもつて衣服を作つたであろうと思われるような皮の断片が青森県是川遺跡から発掘されている。これは衣服として裁断され縫われたと考えられるような皮である。

日本書紀の中にも北国では毛皮をきていることがしるされている。

弥生式文化（紀元前二〇〇年より約二〇〇年）になると、糸を紡ぐ紡錘が発掘されているので、織物が作られ、衣服がきられたであろうと想像されている。考古学上、当時の生活を想像させるものとしてよく引き合に出されるものに銅鐸《どうたく》（これはつりがねに似た形のものであるが、現在のところ何に使用したのかはつきりしていない）の表面に描かれている絵である（カット参照）。

これは三角をさかさにして、その底辺から両腕をかき、下の方に脚をかいている。ある考古学者は、この絵の肩のところが二本の直線でかかれているが、これは身体と着物とを現わすものだろうと解釈することができる。そうしてみるとこの絵の人間のきている着物は、貫頭衣（かんとおい）といつて、長方形の布の中央に穴をあけて頭を通し胴のところで縛つたものではないか、だから絵に書くと三角形の形に見えるだろうというのである。

もしこの見方が正しければ、弥生式文化時代の日本の住民はギリシアのチュニック型貫頭衣（よくぎりしや彫刻にある衣服）を着ていたことになる。これは南方の気温の高い方の衣服である。

ここで非常に興味ある点は、この貫頭衣という長い大きな布を中央から二つに折つて、中央に穴をあけて頭を通すこの衣服が、東西共通の衣服の原型であるということである。これに袖とエリをつければ現在のワンピースになる。

もう一つこの時代に着られたと思われるものにけさ衣というのがある。これは大きな布で身体をつつんで、一方の肩の上で両端を結び合わせたものである。南方の僧侶の服装に似ているものであり、印度婦人のサリーなどにも共通している。

中国で三世紀頃に書かれた「魏《ぎ》志《し》倭《わ》人《じん》伝」（倭人とはやまとの人の意）によると、倭国の男子の衣服は「横幅で、結束して相連ね、略々縫ふこと無し」とあつて、これは前にのべたけさ衣のようである。女子の衣服は「衣を作ること単被の如く、其の中央を穿ち頭を貫きて之をきる」とあつて、貫頭衣らしい。

この倭国にはいろいろの説があつて、まだはつきりしないが、おそらく九州の一部であろうといわれている。だから、三世紀頃の日本の九州地方では、けさ衣や貫頭衣がきられたであろうと考えられるのである。

前にのべたように、縄文時代には、寒さに適し、狩猟牧畜に適した北方アジア文化の中心に発生した衣服が現われたのに対し、弥生式時代のけさ衣、貫頭衣は南方アジアの農耕文化の中に生れた衣服の型であることは、興味ある問題であり、また日本文化の系統、民族の移動などに関連して文化史的に重要な問題である。

日本の古典である古事記、日本書記の中に書かれている神々の衣服は上下ツーピースのものであるが、これについては次の項でのべることにしよう。

では、この時代の衣服は何でできていたであろうか。獣皮以外のものは植物性繊維と推定されるが、どんな植物か、現物は出土していないからわからない。日本の神話にかかれている時代――おそらく弥生式文化時代であろう――になると、麻や穀（かぢ）などの植物繊維が用いられたことが物語られている。

（二一ページよりつづく）

その内田定五郎さんも、数日前に亡くなられ、渡辺と共にかけつけて（ちょうど渡辺が外国視察を終えて帰朝するので出迎へに上京していましたので）最後のお別れを致しましたが、納棺された内田さんにお目にかかつて二十余年前の苦しかつた当時の生活の一つ一つが昨日のように思い出されて思わず涙を落しました。

（八月四日記）

あの頃

（12）

思い出ふかい「東京パン」の争議

渡《わた》辺《なべ》ヒロ

渡辺ヒロさんは、社会党代議士（北海道四区選出）渡辺惣蔵氏夫人。渡辺氏は学生時代から無産運動に投じ、烈しい弾圧のなかに幾多の争議を指導して来られましたがことに「東京パン」の争議における果敢なご活動は有名。社会党内でも古参闘士のお一人です。

夫人ヒロさんもまた闘士の妻として永い間苦難の道を歩まれた方で、現在北海道にお住いです。

私は昭和三年頃、姉家族と一緒に目白に住み、姉の仕事を助けながら、そこから英文タイピストとして会社に通勤していました。その頃、渡辺も同じ町内でまだ学生時代でしたが、独学青年や苦学生達の集団として日本独学青年連盟を組織して、その本部が目白にありました。私も台北の女学校を卒業後日本女子大学講義録を読んでいたりしたのでこの団体に参加したわけですが、ここには、今は社会党代議士の日野吉夫さん、山田長司さんや、西（石原）清子、渡辺（伊倉）道子、本島百合子さん達も参加して、時折会合に出席しておりました。私が思想的なものを感じはじめたのはこの頃のことでした。私どもが結婚したのは昭和四年十月のことですが、結婚と同時に、杉並区の馬橋に居を構えました。杉並には新居格さんを中心として西郊消費組合があり、早速それに加入しましたが、この消費組合には橋浦時雄さん、小堀甚二さん、橋浦ひろ子さん、平林たい子さんたちがおられました。年末の賃餅の宣伝ビラを平林たい子さんや橋浦ひろ子さんたちと一緒に高円寺駅附近で撒いたりしたのも今は遠い思い出の一つです。その頃日本の無産政党は四分五裂の状態で、渡辺は宮崎竜介、阿部茂夫氏らと共に、社会民衆党分裂派の全国民衆党に参加してその本部につめることになりました。

宮崎家では白蓮女史が若い者の面倒をよくみて下さつて、いろいろ御迷惑をかけてもいやな顔一つされずに本当によくして下さいました。私の宅へなども気軽にちよこちよこやつて来られ、原稿を書いたりしておられました。一昨年でしたか「悲母の会」のお仕事で北海道へ来られた時、久しぶりでお目にかかつて大変なつかしく存じました。

それと同時に表谷泰助さんたちと中央一般労働組合をつくり本格的に労働運働に入つて行きました。そのために間もなく私たちは、再び元の古巣の目白にもどることになりました。渡辺と最も親しかつた日野吉夫さんも仙台に帰つて宮城大衆党に参加しました。

目白に再び戻つたのは昭和五年の春ですがここで岡田宗司さん夫妻が同町内に住んでおられることがわかり、それ以来二十七八年の永い間、岡田宗司さんや、喜久代夫人とは姉妹のように親しくおつき合いを願うようになり、渡辺もまた岡田宗司さんの思想的影響を受け、政治的にも思想的にも、今日まで永い間行動を共にするようになりました。

目白の二十年に近い生活の中で私達の一番の思い出は〃東京パン〃の争議です。東京パンは目白に本社と工場があり、新宿、丸ビル、上野、大塚、池袋などに多数の売店を持つていましたが、昭和六年三月に、百二〇余名の男女工員が全員組合加入と同時に一斉に争議に入り、七十余日に亘つて闘い、遂に十余名の人々が投獄されるという、当時としては最も激烈な争議になつてしまいました。本誌の六月号で、荻さんの思い出話に東京パン争議応援のことが書かれていて、大変なつかしく拝見致しましたが、私も熱心に応援したものです。争議団員は工場寄宿舎に永い間籠城しましたが、女工さんは私の宅に分宿しました。そこでこの女工さんや、町の若い婦人たちを中心に、無産婦人同盟の支部をつくることになり、岡田喜久代さんや、岡田さんの義姉服部玉枝さんや私共が中心となつて、何度も集会を持ちその都度帯刀（織本）貞代さんや堺真柄さんが講師としてお出で下さいました。この争議中岩内とみえさん、松村喬子さん、菊川君子さんたちとも知合うようになり、岩内とみえさんは特に争議の応援をよくして下さいました。この争議中には検束されそうになりましたし女工さんたちと一緒に他の争議団や集合に寄附金募集や宣伝運働にも出かけました。この七十余日の争議を通じて、私は官憲の弾圧に心から怒りと憎しみを覚えました。

昭和十三年二月一日、渡辺が人民戦線事件に連坐して、目白署に一年半近く拘置された時も私は差入れの品を持つて警察の裏門をくぐる度に当時の警察の弾圧に激しい怒りを感じたものでした。そうした反撥が、私たちの苦しい生活に新しい火を燃え立たせ、今日まで三十年近い間あゆみ続けて来たわけです。

（写真は「あの頃」の筆者ご夫妻）

東京パン争議の後も、渡辺は映画従業員組合をつくつてトーキー化のための首切反対争議を各地で闘つていました。組合運動者家族として何の慰安も、特権もない私共の生活でしたが映画館だけはおかげで木戸御免で観られたので、会社の帰りに時折友人を誘つて映画を見に行つたものでした。

労働争議で一番困つたのは神田のカフェー争議で二十人近い女給さん達が私の宅へ集つて一週間近くも私の宅を争議団本部にして籠城してしまつた時です。家の二階には赤旗を立てられますし夕方勤めから帰つてみると、私の坐る場所もなく、鏡台の中までかき廻されているのには、ホトホト困つてしまいました。その後も神田の泉橋ダンスホール争議だの、順天堂病院の看護婦さん達の争議だの、渡辺の関係する争議は何時も若い婦人たちを中心とする華やかな争議で、よく新聞種になつたものです。こうした闘争の中で、佐々木更三さんや、松井政吉さん、内田定五郎（都議）さんたちとも深く知り合い、また佐々木さんの夫人すい子さん、松井さんの夫人愛子さん、内田さんの夫人しま子さん達とも親しくなり、結婚のお世話をしたり、気をもんだりしたものです。（一九ページへつづく）

社会主義への歩み

——私の半自叙伝——

伊《い》藤《とう》よし子《こ》

今はなき夫、伊藤好道を知るまでの私は、外見は極めて、平凡な普通の娘にすぎなかつた。名古屋の椙山高女を卒業後、嫁入りまでの間を挙母市の生家にあつて裁縫とかお花、お茶、お料理などを習わせられていたが、とくにそれに反抗していたわけではない。

しかし読書欲はさかんだつた。手当り次第何んでも読みあさつていた。その頃から真理の探求というか、何か自分の心にほんとうにふれるものを求めて、わからぬながら哲学書を読んだり、宗教関係の書物を読んだりして人生の意義は何ぞや、と悩んでいた。今考えてみればずいぶん生意気な娘だつたと思う。

その頃挙母の町には、たつた一軒の本屋しかなかつた。そこから西加茂郡中に毎月出る「改造」は四冊だけだつたそうだが、そのうちの一冊を私がとつていた。ほんとうによく読みこなせなかつたと思うが、とにかく「改造」や、もう少し左よりの「解放」など、その頃にすれば高級な綜合雑誌を読んでいた。その後私が伊藤と知り合い、ひたむきに社会主義運動の道へ入りこんでいつて、一生の進路をきめたのも、決して偶然ではなく、これら当時の進歩的な雑誌を読んでいて下地があつたからのことと思う。

女学校を卒業した翌年、小学校の同窓会があつた。その席上で、当時東大の学生だつた伊藤がロシア飢饉の救援カンパに来て講演した。これが伊藤を知つた最初だつた。壇上で感きわまつて涙を流しながら、有名な北極探検隊長のナンセン博士の「知つていて助けないのは見殺しにするのと同じだ」という言葉で最後を結んで降壇した時、私は感激して、財布に入つていたお金を全部募金箱の中に投じたものである。家にかえつてから、また母からもらつた小遣を「解放」誌上で読んで知つたといつて無名で伊藤のところへ送つてやつた。

ところが「解放」誌上で見たという手紙の文句で、小さい町のこと、本屋で聞いてすぐ私ということがわかつたらしく、それが機縁となつて文通が始まつた。伊藤はすでに東大の新人会に入つて学生運動をしていたので、同志獲得のために意識的に私のところへいろいろな社会主義関係の書物を送つてきたり、女の友達などを通して届けてきたりした。そのなかにはベーベルの「婦人論」や、山川菊栄さんの「女性の反逆」、金子洋文や小牧近江さんたちがやつていた「種蒔く人」などが入つていた。何か心の糧を求めていた私はむさぼるように読み、はじめて自分の求めていたものにぶつかつたように思つたものだつた。

伊藤と始めて話をする機会を得たのは、その年の冬であつたろうか。場所は姉の友だちの森しづ子さんという方のお宅だつた。森さんのお宅は当時としては進歩的で、開放的だつた。ちようど伊藤が新人会の学生として、全国の高等学校を黒田寿男さんや志賀義雄さんらと講演して廻つていた、その帰りに郷里の挙母へ寄つた折、森さんのお宅を訪ね、私も呼ばれて森さんと二人で合つたわけである。

その日伊藤は私たちにいろいろ社会主義の話をして、「われわれは、歴史の歯車の一つになつて、この世の中を、まじめに働く人のために、プロレタリアートのために、住みよい社会にしなければならぬ。それには社会主義社会を建設することだ。そのためわれわれは捨石になるのだ」と情熱をこめて説いていた。私はそれを正しいことだと思つた。正しいと思うことをやらないのは卑怯だ。たとえどのような弾圧や困難があろうとも、と考えた。私は単純だつた。しかし、いまでもその単純さが間違つていたとは思わない。

それから私は随分勉強した。エンゲルスの「フオイエルバッハ論」なども当時読んで記憶に残つている本の一つである。「前衛」に載つた山川均さんの「無産階級運動の方向転換」なども熱心に読んだものである。数年後伊藤と結婚して東京へ出て、堺利彦さんのお宅などで研究会に出席したとき、その方面のお歴々の婦人たちに会つてみて、案外自分が田舎にいても勉強している方だつたのに驚いたくらいである。

私の家は格別財産もなく、ハデなことやぜいたくなことは決してさせてもらえなかつたが、母の深い愛情につつまれ、世間並のことは一応不自由なく育てられた私が、何故一途に社会主義の道に入つたかというと、私の場合は端的にいえば素直で純粋なところがあつたからだと思う。しかし一面非常に激しいものをもつていたので、人から誤解をうけ易い。一口にいえば馬鹿正直すぎるのだろう。三つ子の魂は、五十になつたいまでも変りがない。

私の家は厳しくて男の人との交際は許さなかつたが、何分にも非常に忙がしい商家であり、母は商売熱心で、お店に打ちこんでいたので、子供に対して深い愛情で育ててはくれたが、子供がどんな本を読んで、どんな傾向を持つているかというようなことは一向に無関心で、父もまた干渉しなかつた。私は表面普通の娘と変りない日常をすごしながら、夜二階の自分の部屋へ上ると、おそくまでこつそりと読書をした。伊藤との交際も家の人に気付かれないよう、極秘にしていたので、何かの用事で外出した時会うようにしていた。もつとも、伊藤は学生であるから、夏休みとか、冬休みでないと挙母に帰らないので、あまり人に気付かれずにすんだ。しかし私たちの交際は、普通の若い男女の交際とは違つていて感情的な面は少しもなく、人目にたたぬように明るい街中をさけて、暗い田舎道を歩きまわつたが、話はいつも未来の理想社会について真剣に語り合うという状態だつた。そして別れる時は「お互しつかりやりましよう」とはげまし合つたものである。

当時、社会主義者などといえば泥棒より悪い、というのが世間一般の通念だつた。しかし伊藤については、社会主義者であるということは一部の人に知られていたが、あまり一般的ではなかつた。そのため幾多の曲折はあつたが、結局、伊藤の卒業を待つて、大正十四年三月結婚して上京することになつた。

それから昨年十二月伊藤が病でたおれるまで、私たちは最初に誓い合つた通り、社会主義運動のために、ということを生活の中心において暮してきた。伊藤は結婚前、いつも口ぐせのように「煮味噌だけの貧しい生活だ」と私にいい聞かせていたが、私たちの生活の信条は、運動のためには清貧にあまんじるということだつた。

今後私の進む道は、やはり唯一つ、今まで進んできた方向へすすむより外にない。伊藤の死後、日がたつに従つてその決意はいよいよ固まるのみである。

婦人の雇用と「共稼」

佐《さ》藤《とう》きぬ

労働省の婦人少年局の資料によれば、女子労働者の中で結婚しているものの割合は昭和二三年の九%に対して、三〇年には一五%となつております。ごく大まかな、しかも多少問題のある数字ですが、わが国には、いまだ「共稼」をそのものとして捉えた統計がないので、いくらか「共稼」の実態を反映するのではないかとおもつて取上げてみました。

第二次大戦の間に、多くの婦人たちが否応なしに職場で働く経験をもつたことは御承知のとおりです。その婦人たちが働きに出るにいたつた理由はもちろんいろいろあるでしょう。しかし家の外で働いたという経験は、それまでの日本の婦人に欠けていた独立の気風を養うことを、大いに助けたことはたしかです。その上この時期には多くの男子を戦場に送り出して、婦人たちは平和な今日では考えも及ばないような職場にまで進出しておりました。

終戦と同時に多くの婦人たちが戦時中命に代えて守つた職場をふたたび男子にゆずり渡しましたが、戦後の民主的な雰囲気と新しい教育が婦人の職業観を一段と成長させたこととならんで、日本経済の再編成は戦時中の経験の積み重ねの上に、戦前の婦人の職場を一そう拡げることに役立ちました。

そのご十年のあいだに、昭和二三年には全産業で二三・五歳であつた婦人労働者の平均年令もわずかではありますがたしかに高くなつたようです。嫁入り前の短期間就業という婦人労働の常識にも、若干訂正が必要になつてきました。年若い婦人労働者の低賃金労働から大きな利潤をむさぼつてきた大紡績工場でさえ、婦人たちの勤続年数が会社の意図に反して年々増加しております。綿紡十社の婦人労働者の勤続年数は、紡績協会の調べによると、昭和二七年五月の二年九カ月に対して三〇年一二月には五年三カ月になりました。はじめにあげたように「共稼」の婦人の割合が増えてきたのも、婦人が職場を容易に去らなくなつたことの一つのあらわれにほかなりません。

もつともこのような傾向は、私の手元に資料があるアメリカではもつと明瞭な形をとつています。アメリカの婦人労働者の平均年令は一九五六年には三九・五歳で、わが国とは大分ひらきがありますが、そのアメリカでも今世紀のはじめには二六歳、一九四〇年には三二歳にすぎませんでした。そこでもやはり戦争及びその後の経済の膨張が、婦人の雇用をいちじるしく促進しました。したがつて一九五六年の数字を一九四〇年に比べて見ますと、とくに三五歳から六五歳の高い年令層の婦人の進出のいちじるしいことが目にとまります。日本の場合には婦人労働者の八割近くが三〇歳未満で、しかもその多くが未婚であるのに、アメリカでは四五歳以上の婦人労働者が全体の三分の一をこえ、未婚婦人の割合は三割にも達していないようです。これを婦人の人口と比べてみると、一八歳から二四歳までの年令層で雇用労働者の割合が四五%乃至四六%を占めていてもつとも高く、家事や育児に追われる二五歳から三四歳ではその割合が三五％に減りますが、三五歳から五四歳になるとふたたび四〇％代に戻ります。この数字は一九五六年のもので、一九四〇年には一八歳から二四歳を頂点として人口に対する雇用労働者の割合は年令の多くなるにつれて減少しておりますから、この方がわが国の現状とはずつと似通つております。

なおここでついでにアメリカの働く母親の割合をしらべて見ましよう。一九五五年の数字ですが、全婦人労働者に対して、夫と同居している既婚労働婦人の割合は五二％で、その半ばが一八歳未満の子供をもつている母親です。また未亡人その他で現在夫と同居していないものの割合は二三％で、そのうち一八歳未満の子供のある母親が七％を占めております。わが国にはこれに相当する資料がありませんが、働く母親の問題は母親大会での討議や、働く母の会等の活動にも見られるように、働く母親の増加とともにとみに活溌さを加えて取上げられるようになりました。

このような「共稼」の問題、働く母親の問題は、わが国でもけつして新しい問題ではありませんが、さいきんいろいろの場所でそのことについての発言や主張や要求が聞かれるのは、何といつても一つの新しい動き、新しい勢力を反映するものにほかならないでしよう。従来は結婚することで簡単に職場をはなれた娘たちが、妻になつてもさらに母になつても職場にふみとどまつて仕事をつづけてゆこうとする努力が、まだ統計にはあらわれて来ませんがかなり大きな拡りをもつて芽生えてきたという現実には、大いに注目する必要があるようです。「共稼」の理由として第一に取上げなければならないのは、何といつても経済的な必要からということでしようが、こうした「共稼」によつてある程度生活の基礎をかためながら、新しい教育と戦前とは大分ちがつてきた新しい環境の中で、自分の能力を狭い家庭の枠にとじこめる代りに社会のために生かそうと努める婦人たちが増えてきたこと、妻が経済力をもつことによつて社会の一つ一つの細胞である家庭の中に、民主化の傾向が育ちはじめたこと、社会の動きを直接的に吸収することによつて夫との間に新しい知識や経験の交換が可能になり、新しい協力体制が一般化しつつあること等はたしかに「共稼」のプラスの面だとおもわれます。

しかし妻や母となつた婦人が職場で働くためには、一朝一夕では片づかないさまざまのむずかしい問題にぶつからなくてはならないのも事実です。同じ中学卒業生でも、男子の賃金は四〇歳から四五歳には一八歳から二〇歳の三・四倍になるのに対して、女子の同じ場合には一・八倍にしかならないという統計は、男子と女子の仕事の上での差別を端的にあらわしております。同じ仕事につけない婦人、同じ賃金をえられない婦人、同じ昇進の道を約束されない婦人の問題は、現在でもほとんど解決の糸口を見出しておりません。多くの婦人たちは、雇われたときと同じ単純な作業の繰返しを、しかも男子と比べればずつと低い賃金で、五年でも十年でも、あるいは勤めている限り耐えてゆかなくてはなりません、もしかするといくら悪い条件でも勤めていられるのは仕合せで、絶えず失業の心配におびやかされつずけなければならないといつた方が適当かもしれません。男子の青壮年労働者でさえなかなか思うような仕事にありつけない日本の国では、よほど徹底した政治が行われない限りは、妻や母が職場のじやまものにされるようなことがないという保証はないのです。

さいきんデパートや銀行でボーナスをもらつた途端に結婚を前にした女子職員の退職者

が続出したために、ときならぬ新規職員採用の大量募集が行われたという記事が新聞に出ておりましたし、ある週刊紙では「共稼はもうごめん」という特集で共稼批判をしておりました。これらの現象に対しては、ただ単に国の経済が幾分落着きを見せ、個人の収入も世帯主が一家を養うに足るようになつてきたことのあらわれだという楽観的な見方もあるでしょうが、それだけでは全く不十分です。仕事をはなれてゆく婦人たちの中には、結婚したらやめるという一札をとられていたり、産前産後の休暇でいやみをいわれたり、託児所の要求にそつぽをむかれたり、将来性のない仕事にいや気がさしたりして、もし条件がよければよろこんで仕事をつづけてゆく意志があるにもかかわらず、仕事を捨てなければならなくなつた人たちが大勢いることを私たちは私たちの周囲にみております。もつとも比較的将来性のある仕事にたずさわつており、経済的にもめぐまれた婦人たちの場合と低賃金の単純労務者とを「共稼」という言葉で同一視することができないのはいうまでもないことです。

「共稼」の問題はわが国ではようやく提出されたばかりです。この問題にどういう結論を導き出すかということは、まことに抽象的ないい方ですがむしろ今後婦人労働者が「共稼」を実践してゆく場合の個人的社会的なさまざまな努力とかたく結びついているのではないでしょうか。

簡単な夏のお料理

田口《たぐち》不二枝《ふじえ》

急激な暑さや、子供達の夏季休暇等普段の生活の線が崩れ易く、台所仕事も罐詰の間に合せが悪く利用されてはいないでしょうか。こんな簡単なお惣菜と水菓子はいかが?

◎ 炸《ツアー》茄《チエ》盒《ホウ》

材料

茄子(少し大きい目)四コ
豚挽肉 三〇匁(一一〇瓦)
塩 小匙1/2
正油 大匙一
葱 五センチ
生姜 一片
小麦粉 大匙五
卵(小) 一コ
水 大匙二

作り方

① 茄子は皮の硬いのは少しむき、新鮮なのはそのまま少し斜めの七粍位の輪切りに、一つおきに切り離さない所を作る

② 挽肉はみじん切りの葱と卸し生姜をよくすりまぜ調味して茄子の切口の間に等分に挟む
(挽肉が手許に無い時等は魚の罐詰をほぐして葱生姜と混ぜてもよい)

③ 卵を水でほぐし、よくふるつた粉を入れてさつくりと混ぜ、肉を挟んだ茄子につける

④ 煙が立つ一歩手前の油で揚げる
酢醤油か、辛子醤油で食する

◎ 麦ようかん

材料

麦こがし 二五匁
砂糖 三〇〇瓦
寒天 一本
水 五〇〇cc

作り方

① 寒天はよく洗い二合五勺(五〇〇cc)の水に浸けておく、

② 麦こがしは定量の1/2量の砂糖(一五〇瓦)とよくふるいまぜておく、

③ 寒天を火にかけ煮溶けたら砂糖を1/2量分入れて共に煮溶かす、少し冷ます

④ 砂糖とふるいまぜてある麦こかしの中に③を入れて手早く混ぜる、十分まざつたら流し箱の中に入れて冷やし固める
適宜の形に切り上げて青葉をあしらうと涼味と郷愁が伴つた水ようかんができあがる

創作

訪問

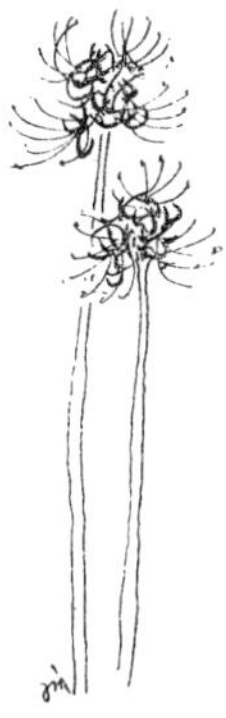

楠《くす》里《ざと》 東《あずま》

珍しくひまな日曜がめぐつて来たので、今日こそ松井老夫妻を訪ねてあげようと思いついた。雨季の前ぶれのような、冷やかな曇天で、少し風邪ぎみの私は、体の調子からいえば気が進まなかつたが、どうしても行こうと決意して家を出た。

二十年ほど前には、母に連れられてしばしば訪ねたことのある家なので、その近辺の様子は記憶の底にしみこんでいる。北千住の駅からうろおぼえの道をたどつて行くと、駅前はだいぶ繁華にかわつていたが、訪ねる家のあたりはほとんど昔のままに、場末然とさびれていた。

松井夫婦は私の親たちの古い古い友達で、母の死後年久しい今日でも、親戚以上に親しみ合つてつきあつている。しかし私は長らく先方を訪う機会を失つていた。それは子供だつた私も、成人していろんなことに出会ううち、親同志の交際などからは知らず知らず遠ざかつていたのである。

先方にも、色々変りごとが起きていた。分裂症で、入院したり脱出したり、老母をなぐつたりする長男と、応召中結核になり、整形手術を受けて今なお清瀬にいる次男、男盛りであるはずの二人きりの息子が、親をみるどころか、とんだ負担をかけている。私が奇異に感ずるのは、こんな息子たちにもそれぞれ嫁がいる。嫁二人の内職で、三家族がどうにか生きているのである。

おまけに、松井老人も近年軽い結核をわずらつていた。また老奥さんは持病の喘息で、冬ごとにこれが最後かと思わせるほど弱り果てる。相年《あいどし》の二人はもうじき喜の字を迎えるが、医療扶助と生保と内職にたよる暮しの中で、心の灯となるべきただ二人の孫にさえ、暗い遺伝の宿命を想つてふつとおびえねばならないのだ。

「松井さんから見りや、うちなんか恵まれたもんだね」と、私は父とたびたび話合つた。そうしては私たちの能力にふさわしい同情の表現をおこなつて、こつそり満足を味わつていた。

三月一日に、水爆実験阻止大会から夜ふけ帰つた時、

「松井さんが来てね、ずいぶん待つてたんだよ。これをあんたに着て貰いたいつて持つて来た。ほら」

父の差出すボール箱からは、青灰色のカーデイガンが、思いがけなさに私の目を打つて現われ出た。

「こりやあ、こんな立派な。――私にはもつたいない」

「次男の嫁さんていうのはね、編物で内職してるんだつてさ。これは特に、理枝子さんに着て頂くためつて、色や形をさんざん考えたんだつてさ」

「だけど、こりやあ大変だよ。糸だけだつてずいぶんするよ、気の毒だ」すると父は声を小さくして

「これはね、長男の嫁さんには内緒だつて。だから決してね、うち

へおいでになつても、このことは口に出さないで頂きたいつて。しいて何なら目配せだけにして下さいつて云うのさ。――いや、気の毒だねえ、一軒の家でも、そんなにまで気がねしながら人に義理しなけりやならんなんて」

「うーん」

私は溜息をついて贈物の前にうつむいた。どつかしら穴でもあいていないと自分の着物らしく思えない不精者の私は、こんな真更《まつさら》な、丹精の品を見ると、どんな時に着たらよいか見当がつかない。大切にタンスにしまいながら、

「こんど一ぺん、松井さんとこへ行つて来るわ」と父に云つた。

しかし都合のよい休日がなかなか来ずに、二カ月半もすぎてしまつた。そこで今日こそは、少々気分がすぐれなくても、と私はタンスからあのボール箱を出し、カーディガンを初おろししたのだつた。

「そうだ、それを着て行きや、黙つてても向うに通ずるからな。それにちようどまた、あんたにぴつたり合つてるよ」父がほめたから、私は鏡も見ずに家を出かけた。軽くて上々の着心地だ。

松井さんの家は、見覚えのまんまに塀があつてくぐりがあつた。古ぼけて煤けた木の色だが、昔どんな色だつたか、そこまでおぼえてもいないし、気にもとめず、ぐるぐると低い音をさせて開けると、小庭に向いた狭い縁に中年男が腰かけていて、私を見るとはつと暫く目をみはつた。意外なので、とつさに誰か思い出せないが、未知の人ではないという確認を既に抱いた目の色だ。

「暫くです。美奈夫さん。調布の小川です」

「あ！」、脳天に何か閃いたような叫びを発して、彼はあわてふためき、縁からはい上がつて両親に告げに行つた。

私は老夫妻から、まるで目上扱いされるので困つてしまう。お嫁さんがあいさつに出て引き下がつたあと、老奥さんは両眼にユーモアをただよわせながら、

「大変によくお似合いでいらつしやいます」と、なかなか意味深い会釈をして見せた。

「ほんとにな」と老主人も有難そうにあいづちを打つ。

「おかげさまで。ちようどのものを」

私が頭を下げた時、次の間ではミシンのどぎつい音が立ち始めた。その時、美奈夫さんがこそこそ出て来て、母親の背に半ばかくれながらかしこまつて挨拶をした。それから、少年じみたまなざしを私に向け、わき目もふらず質問を発し始める。

「お子さんは、もう学校ですか」

「ええ、五年生なんですよ」

「御主人はどこへお勤めですか」

「いないんですよ離婚しましたから」

私は笑いながら答えていたが、ひよいと見ると、老人がひどくいまいましそうに息子の横顔をにらめていた。

「どうして別れたんです？」

「お前は向うへ行つてなさい」

カンシャク玉がのど元につかえたようないら立ち声で老人が命ずると、美奈夫さんはすぐにこそこそと引つこんでしまつた。

「仕様のない奴だ。いらん所へ出しやばるのが好きで、よその人には猫を被つて、家の者には横暴で、ああいう風に二重人格を使い分けやがるんだ。ずるいんだ」

息子に対する口癖の悪口を、松井老人はまたもこぼす。

「でも、それがつまりお加減のせいなんですから。お腹が悪くて下痢する、喘息で咳が出る、それと同じじやありませんか」

私が慰めると、老奥さんは恥ずかしそうに微笑しているが、老人は首をふつて、

「いや、いや、そういうことは考えて解つていますが、一緒に暮していては、我慢ならんこともありましてね……」

言葉を濁し、苦々しく、自嘲するような笑いを含んでうなだれる。

「お察しします。ただ、美奈夫さんも、病気になられるまで、どんなにか苦しまれたのでしようし、今だつてそうだと思いますよ。体の、他の病気と同じに考えていいんじやないんですか。普通の人より精神的に抵抗力が弱いんです。些細なことでも強い刺戟になつて、感情の敏感な線にチクチク刺さつて行くんです。でも、御本人は懸命に努力してそれに堪えようと苦しんでいらっしやるんですよ」

老人はうなだれたまま答えなかつた。月三千円の負担金が持ち切れずに、先頃精神病院から止むなく美奈夫さんを退院させたという事情を、私はうつかり忘れていたのだつた。老人は軽く咳き、片手伸ばして小さな痰壺を取りよせる。壺の底に痰が落ちこむ微かな音が私の耳の神経をかき立てた。

そこへ折よく次男のお嫁さんが訪ねて来た。その人の手に成る品を着用に及んでいる私は、目に物を言わせるという馴れないわざにぎごちなく初対面のおじぎをした。老夫婦からかねて聞き及ぶ所では、次男の嫁は気立てがよく、長男の嫁はえらく悪者とされている。だが、私は一見して、どちらも同じようにけなげな妻たちだと思つた。弟嫁の方がしゆうとに覚えめでたいのは、近所とはいえ別に住み、適当に機嫌を取つてあしらい易い立場だからだろう。それにしても、子供もなくてよく十年、胸を病む夫を捨てずにいる。それは或いは兄嫁を手本とし、自ら慰め励ましているのかと思う。彼女等とも近づきになりたくて、私が次の間をのぞきに行くと、二人はミシンを囲んで熱心に話合つていた。二人にはミシンとか編物とかが最大の関心事かに見えた。しゆうと等の愚痴など聞くひまもない、という態度で二人はがつちりと団結し、手内職を唯一の武器に生活を闘つているのだ。色とりどりの水着の部分縫いが、傍らに山と積まれている。そして、ミシンの蔭になつた隅つこに、美奈夫さんがアルマジロみたいにうずくまり、小さな本を一心不乱に読んでいる。それがどうも、読むふりの恰好をつけて申し訳を立ててるつもりに見受けられる。妻たちは美奈夫さんのその姿を眼中においてない。おかぬそぶりが一種の残酷さを帯びるほど。

細面の、すらりとした弟嫁と比べても、兄嫁は若さの点で劣らない。中学と小学生の二人の子持ちで、そんなはずはないのだが、どうも若い。肩のまる味に生活力が溢れている。内気な美奈夫さんが神経衰弱気味になり、時々変になつて暴れたり泣いたりする、そりや早く嫁を当てがわなけりやと近所からすすめられ——、というような話を聞いたその昔、知らずとは言え分裂症へのいけにえにあてがわれてしまつたこの女性は、非情な運命に屈服せず、自らを非情の女にきたえあげたのだ。私にも、「こんな仕事で忙しくしてますもんですから」と露骨な敬遠を示す。胸を張つてずばりと言う。ミシンを扱う肉附きのよい、しつかりした腕。

別れ際に、私は老夫婦への慰安にもと、

「お好きな讃美歌何番ですか」と誘いかけたが、老人達は当惑顔だつた。

「嫁たちはね、信者でないし、関心を持ちませんのでね……」老奥さんがおずおず弁解する。

「ああ悪いですね、働いてらつしやるわきで、歌なんか」

私は、もの哀しい、重苦しい気分で口をつぐんだ。

帰り道、駅まで送つてくれながら、松井老人は、

「孫までが、もう母親のスパイですからね」と、のろうような口調でいつた。どんな時にも夫の激情につりこまれないコツを悟り切つた様子の老夫人は、野の花のようにかわいい風情で袂からこつそり讃美歌を取り出し、

「この歌をね、あなたのお母様がお好きでしたよ」と開いて見せた。母の葬式に泣きながら歌つたその歌を、私は歩きながら小声で歌つて行つた。

いつくしみ深き　主の手にひかれて
この世の旅路を　歩むぞうれしき

然し私の声は段々よろめいて、咽喉がきゆうつと痛くなつた。

いつくしみ深き　主の友となりて
み手にひかれつつ　天に昇り行かむ

この夫婦が、七十何年の生涯をたどつて共白髪の今、こい願う唯一の救いが死であるのは自然のことであるとしても、自分等が世に残し行く愛のかたみにほほえみを投げかけることができず、恨みを呑んで死に追いこまれて行く姿を思うと、きたえられていない私の心はどうにも堪らず泣けて来る。

それぐらいのことで、「さようなら」も満足にいえぬほど溺れてしまう私の弱さ甘さを、むしろ老人達の方が、いたましそうに見送つてくれるのであつた。　（完）

第三回
母親大会から

編集部

　前号でお知らせしましたように第三回日本母親大会は去る八月三日から五日まで三日間にわたり、東京神田の専修大学及び中央大学講堂で開かれました。今年は第一日の分科会出席者六千名、第二、三日の全体会議の参会者は四千名を数えるという盛大さでした。これまで批判的であつた社会党も今年は党員は積極的に参加するようにと踏切つて多数出席しました。

　専修大学で開かれた第一日目の分科会は、「子どものしあわせ」、「みんなのしあわせ」、「平和」、「母親の運動」等四つのテーマで二十四分科会にわかれて話し合いましたが、最も深刻で、感動的だつたのは「体の不自由な子ども・知恵のおくれた子ども」の分科会と「父親のいない家庭」分科会であつたとは傍聴者の一致した感想でした。記者は「父親のいない家庭」分科会に列していましたが、強い者勝ちの自由競争のこの資本主義社会で、女一人で生活を支え、子供を育てる厳しさ、困難さを訴える出席者の言葉は胸の痛くなるほど悲壮なものでした。ここで最も大きな関心は片親の子の就職問題と夫に生死別した婦人――中年婦人――の就職問題でした。おそらくこれは父親のない家庭の主婦にとつて最も大きな悩みでしよう。しかし日教組、全自労等の人びとから活発な発言があつたにもかかわらず、その根本的な解決について、意見が出なかつたことは、残念でした。

　中央大会講堂で開かれた第二日目の全体会議では議長団に伊藤よし子（くらしの会副会長）、金子はつ（全鉱主婦協）、久布白オチミ（矯風会）、関根敏子（草の実会）、千葉千代世（日教組）、羽仁説子（子供を守る会）、真庭はま（農協）、丸岡秀子の諸氏が選出され、前日の分科会の代表によつてパネルデスカッションが行われました。

　第三日目は最初に四十七項目の決議の承認を求め、陳情団を組織して、議長伊藤よし子さんに引率されて三台のバスに分乗して関係各省に陳情に向いました。

　なおこの日は第三回原水爆禁止世界大会に出席のため来朝されたイギリス、フランス、インド、中国、セイロン、オーストラリヤ等の平和団体、婦人団体の代表、日本原水協事務総長安井郁氏、護憲連合代表委員有田八郎氏、茨城県小川町の婦人町長山西キヨさんの挨拶がありましたが、ことに山西さんの熱誠あふるるばかりの基地闘争の報告は聴衆の心に強い感銘を与え、雄弁者揃いの発言者の中でも、大会第一の熱弁でした。（菅谷）

第三回の日本母親大会決議

一、子供をしあわせに育てるために

1 公立幼稚園をもつとふやして下さい
2 学令前の子供を守るために、保育園や乳児園をたくさんつくつて下さい
3 すしづめ教室をなくすために、先生と教室をふやして下さい
4 事務職員、養護職員を必ずおいて下さい
5 義務教育の教科書を無料にして下さい
6 公立の児童図書館をふやして下さい

7 小中学校の給食の徹底と無料給食の実施をのぞみます

8 肢体不自由児、精神薄弱児、盲ろう児の施設の拡充の為、特殊教育の予算をふやして下さい

9 母子寮入寮者の子供の年令をひき上げて下さい

10 入学難緩和のため、公立の高等学校の数をふやして下さい

11 片親の子供の就職、自治体および公共団体等の保証の徹底をのぞみます

12 一学級の子供の数は五〇人以下にして下さい

13 すべての父母と教師によつてPTAの民主化をはかりましよう

14 映倫審議会、放送審議会にもつと母親の声を反映させましよう

15 新しい道徳教育を確立しましよう。

16 産休補充教員の完全確保をのぞみます

17 母親が中心になつて、教育予算増額の国民運動を起しましよう

二、みんながしあわせになるために

1 働く婦人の生活と権利を守るため、同一労働同一賃金をのぞみます

2 最低賃金制と家内労働法の制定をのぞみます

3 労働者の犠牲によるオートメーション化に反対します

4 日雇労務者の常傭化と就労日数をふやして下さい

5 働く母親の授乳時間が守られることをのぞみます

6 母体保護の運動をすすめ、すべての母親が十分に産前産後の休養ができるようのぞみます

7 すべての働く婦人及び農漁村の次、三男の完全雇傭をのぞみます

8 生活保護費の基準引上げと、内職で得た収入を保護費から引かないで下さい

9 養老年金や未亡人年金、国民保険の完全実施等の社会保障制度をきめて下さい

10 保育園、乳児園の増設と、託児費の国庫負担を増やして下さい

11 保母保健婦の給料の引上げと身分保障を確立して下さい

12 育英資金の増額と、母子家庭への優先貸付けをのぞみます

13 準保護家庭の医療保護費をふやして下さい

14 母子家庭の諸税を全免して下さい

15 庶民住宅をもつとふやし、安い家賃で誰でも入れるようにして下さい

16 米価の値上げと統制撤廃に反対し、二重価格制の維持をのぞみます

17 米価審議会に農村婦人を入れて下さい

18 子供に悪影響を与え、生活をはかいする競輪・競馬・マージャン・パチンコ等のかけ事を、社会から追放しましよう

19 硅肺病犠牲者の療養と生活の国家保証をのぞみます

20 硅肺病犠牲者の遺家族の生活保障をのぞみます

21 子供と婦人のしあわせを守る婦人代表を議会におくりましよう

22 売春防止法の完全実施をのぞみます

三、平和を守るために

1 世界の平和を守るため、米英ソ三国の原水爆製造、実験、使用禁止の国際協定を結んで下さい

2 戦争を絶対になくすために、憲法改悪に反対します

3 安保条約、行政協定等の不平等条約の破キをのぞみます

4 世界中の国の軍備縮少を国連総会に訴えましよう

5 世界中のお母さんとの交流が自由にできるよう、旅券と入国の制限をなくして下さい

6 科学研究費をもつとふやして下さい

7 世界婦人大会に私達の代表を送ろう

8 八月六日を国民記念日にして下さい

読者のこえ

八月号のなかで私が一番ひきつけられたのは「再軍備と国民経済」です。この種類のものは（カピの生えた人口論にも同じことが云えますが）〃こえ〃の中で最も欠けていたものではないでしょうか。再軍備はイヤだ夫や子供を戦場に送りたくないといつた、かなり感情的な表現であらわされる考え方では日本の現実の前にはひどく弱いのです。ではオレたちをどうしてくれる、とつめよられた場合、ガクンとなつてしまいます。表面を手ぎわよく撫でながらつめよつてくるマス・コミに負けないためには、水の下にかくれている氷山の大きな部分のことがわかつていなければいけないのです。〃こえ〃が私たちの生活の支え手となつてくれるためにはどうしてもこの種類のバックボーンが必要だと思います。……むずかしいという声が出るかもしれませんが、この文はかなりわかりやすく書いてありますし、短いので読むのもらくだと思います。このお話、もう少し続けていただけると嬉しいのですが……（下略）

（九州・こがのぶこ）

原稿募集

＊論文・創作・ルポルタージュ（四百字詰一五枚以内）

＊職場のこえ・台所のこえ・書評（三枚〜七枚）

＊詩・短歌・俳句

本誌は広く読者に誌面を解放しております。皆さまの活潑なご投稿をお願いいたします。

送り先　本誌編集部

編集後記

八月一八日綾部の夏期講座に出席。革新派が強く市長以下市議にも社会党の党友が相当あるとのこと。婦人たちも熱心でまじめに協力し、福知山地方本部連合に属する国鉄家族組合の方たちはプリントの機関誌家族組合情報まで編集出版し、集会や見学と、よく活動しておいでです。綾部は大本教総本山の所在地。駅を圧するみろく殿は総建坪六百坪、千畳敷と称する畳じきの大ホールは昭和二八年の新築。五千人をいれることができ何かといえば市でも集会に利用するとか。二度の「大弾圧」、「御難」ののちますます信徒はふえ、信念は強くなつたという事務所長のお話。このごろは平和運動や原水爆反対に活動しているという。昨秋京都を訪うたときは天理教の記念祭とで関西は宿屋も乗物もみな満員の盛況でしたが、その天理教下部では宗教は政治から独立すべきものとし、宗団として議員を出すことには反対の声が高まつているそうです。

（菊栄）

婦人のこえ　九月号

定価三〇円（〒五円）
半年分　一八〇円（送共）
一年分　三六〇円（送共）

昭和三十二年八月廿五日印刷
昭和三十二年九月一日発行

編集発行人　菅谷直子
東京都千代田区神田三崎町三ノ六
印刷者　堀内文治郎
東京都港区本芝三ノ二〇
（硫労連会館内）
発行所　婦人のこえ社
電話三田（45）〇三四〇番
振替口座東京弐壱壱参四番

昭和二十八年十一月二十四日第三種郵便物認可
昭和三十二年九月一日発行（毎月一回一日発行）
婦人のこえ　第四十八号（第五巻・第九号）
定価三十円

婦人のこえ

10月号

195

《読者の手紙から》

なんとかならないものでしょうか

——住宅事情——

　昨今台風十号が各地で大あばれですがご被害ありませんでしたか。私たちのところは昨夜も大風雨で六畳ひと間のボロ室で雨もりが四、五カ所もして大さわぎ。さいわい短時間でふりやんでほつとしましたが、けさの新聞に同じ板橋での倒壊家屋の記事がのつていたのでぞつとしました。今から約二〇年前にたてたとか、倉庫を改築したとかいう私たちのアパート。名前はかわいらしい花の名ですが、平家で一六世帯。子供をまじえて五六人住んでいるのに、屋根のない井戸が一つ。毎年夏になると水が出なくなり大さわぎ。三年前など特にひどく、板橋一帯給水さわぎで、七〇こした私の母などは水もらいに精こんつくして三カ月も病気になり、ずいぶん苦労しました。そして区民の声で昨年やつと近所まで水道がひけるようになりましたので、私たちのアパートでも大家さんに水道をひいてもらうように交渉したのですが、頑固な大家は井戸があるとの理由で応じてくれない。再度交渉してやつと三千円出させ、あとは店子が戸数割でお金を出し、届も五世帯で使用すると称してやつと一本水道をひくことができました。こんなわけで長い間にくちはてた軒や雨どいもそのまま、修理は全然してくれない。修理を申し出ると家賃をあげればなおしてやるという押問答です。何から何まで店子が戸数割でお金をだしあつて解決している。今度も洗たくものをほすためにそとからアパートをながめたらびつくりした。アパートの屋根がくぼみちようど私たちの室の上がおちよこがたになつているんです。だから昨夜の雨もアパート全体の雨もりが天井をつたわつて一番低い私たちの室の天井に集まつてポタポタおちてきたんだなあと。もう一時間ふりつずいたなら私と母は雨傘をさして夜明しする事態が起つたかもしれないと前の奥さんと話しあつて大笑いしました。

　ほんとうに住宅難には困つたものでどんなむりをしてもいい室へこせたらこしたいと思つてはいますが、雨後のタケノコのようにふえた貸アパート、貸間も畳一じよう千円ー千五百円の相場では、とても私たちの薄給で、すみかえることはできません。世間は電化生活とかグッドホームなんとか宣伝していますが、雨がふれば屋根のない井戸ばたで、いたんだレインコートをかぶつて水くみをやつているアパートの人々や老母の姿をみると腹がたつ。

　寒くなれば冷たい風がふきこむせまい炊事室で、朝早くからまきや炭で手をあらして炊事をしている皆を見ると腹が立つ。戦災にあわずば私たちだつてまがりなりにも家の中で水道も、そしてガスもつかつて不自由しなかつたのに。といつて十年の間に終戦成金になつた人々もあると思うとまた腹がたつ。

〇婦人のこえ九月号、大いに心をうつものがありました。私が信者(クリスチャン)になつた動機だつて人間改造をのぞんでだと前に何度もお話したことがありましたね。お人よしのために年中貧困生活をしていた私の両親でも愛情だけは豊かに成長させてくれたのです。その中で私はキリスト物語にたいへん興味をひかれたのです。権力や悪と戦い、弱い人、貧しい人のために苦難の中にとびこみ、昇天したキリストの生き方が私の心にきざまれ、私もこんな生き方をしたいと願い、この希望を胸に抱いて歩いてきたのです。

(阿部琴子)

婦人のこえ

1957年
十月号

十月号 目次

豊作に なぜお米は値上げする？

芹《せり》沢《ざわ》よし子

「越後やさんのお米、この頃おいしくなくなつたと思わない？」

「この暑さですもの、なにもかもおいしくないわ」こういいながら私はたきたてご飯のあの何ともいえない香りを久しぶりで思い出しました。そういえば、お米がおいしいことなどずつと永い間忘れていました。質より量のことばかり気にして暮した十年間に、たまには白米ストレートでいただくにしても、以前程の感激もなく、環境になれたというのでしょうか、悪いものを悪いと感じなくなつたことは恐ろしいことです。

結局よそで御馳走になつたヤミ米が、うちでたべる配給白米にくらべものにならぬ程おいしかつたのだということがわかりました。

またまた年中行事の米価引上げ問題がやかましくなつてきました。農林省案によると、完全精米、一キロ当り八五円―升一二一円、（現行七八円―升一一三円）。東京、大阪は八七円を最高として以下五段階にわける予定だとの話です。

これが消費者の家計に与える負担増は、全都市平均一カ月五人家族九九円、東京では一一七円とみて、一カ年一四〇四円になります。これに諸物価の値上り、フロ代の値上り、理髪、美容其他サービス料の値上り、医療保険値上げの問題なども出てきていますし、今後家計の負担は相当重くなるはずです。それで困る家庭は、徳用米なら「品質は多少おちるが栄養の点では内地米と変りがない」から家計の赤字はこれで埋めあわせろということのようです。これでは「貧乏人は麦を食え」とおなじではありませんか。

それに、新旧米価の表でもわかるように、徳用米は二等米以下のお米ですが、この分は三一年度でも、準内地米が全体の九％たらず、外米が一三％ちよつと、結局八〇％前後は今度値上げになる内地米を、私たちは否応なしに売りつけられることになります。

新旧米価比較　（単位円）

順位	現行価格 1キロ（1升）		農林省案 1キロ（1升）	等級	農相訂正案	
①内地米	79（113）	値上	85（121）	1等	同	
②陸稲五等米	77（111）	据置	77（111）	2等	74（106）	徳用米
③準内地米(上)（アメリカ、スペイン、イタリア）	75（109）	値上	77（111）	2等	74（106）	徳用米
④準内地米(並)	75（109）	値下	70（100）	3等	74（106）	徳用米
⑤外米(上)（タイ、ビルマ）	63（90）	据置	63（90）	4等	同	徳用米
⑥外米(並)	63（90）	値下	58（83）	5等	同	徳用米

註　(上)とは輸入1年以内(並)は1年以上たつたもの。

それに最高の値段でまぜもの入りのまずいお米をたべさせられる心配もあるわけです。が、それはそれとして、農林省案をおしつけられた後のことです。

今の私たちにとつては、それよりもお米が高くなることの方が目の前の大問題です。今日も何となく集つた女同士二三人が、例によつて例の如く世間ばなしから、いつとはなくお米の話になり、おしやべりはようやく熱を帯びてきました。ちようど夫がその騒ぎのさい中にかえつて来ました。

「先生、お米はどうしても引き上げられるんですか」

「お米の値上げ問題は、今年にはじまつたことでもありませんがね。しかし、どうやら今度は農林省も、食管調査会のおえら方の『お米の値上げはやむを得ない』ぞよという御託宣で値上げ断行の決心がついたようですね。

農林大臣は九月三日の記者会見で十月一日から値上げを実施すると言つています。（九月四日、朝日）

「こんなに、生産者も消費者も絶対反対をしているのに、大臣にそれほどの自信をつけさせた御託宣とは一たいどういうことですか」

「つまり、それは食管の赤字の穴埋めのためのおまじないですね。食糧管理特別会計ということから話さないとわからないのですが。

米の統制をするについて政府はそういう別勘定をもつているのです。戦争前から始まつた統制というのは、大体物価を抑えるために考えられたものです。御承知のように、戦後十二年、いまではほとんど統制がはずされたのですが、お米だけ残されているわけです」

「どうしてなんでしようね」

「そんなこと、わかり切つてるわ。お米が高くなつたら困りますもの」

「そう、消費者の立場からは、その通りです。しかし、お百姓の方では、お米が安くなつたら困るというので統制撤廃反対なんですよ」

「何だか話がわからなくなりましたわ、だつて、同じ統制撤廃反対というのに理由が全然反対なのはどういうわけでしようか」

「それは、主食統制が二重価格制度をとつているからです。つまり農家からはできるだけ高く仕入れて、消費者にはなるべく安く配給しようという考えから出発しているのです。ですから、食管の取扱う米の量が大きいほど損が大きくなる。これを食管の赤字というのです」

「では、問題の赤字というのはどのくらいになりますか？」

「さあ、二四年から二八年までに、一般会計――主に税金が賄う普通予算――から合計一五〇〇億円ほどそそぎ込みましたね。商人でいえば、米仕入れの資本と考えてよいでしよう。もつとも商売をするたびに損をしていくんですがね。それが、どうやら二九年まで残金があつたんですが、三〇年からスッカラカンになつたのです。それでも赤字は年々ふえて三一年度一六一億、三二年度には一四二億円となり、前年度赤字を加えると、本年度末には二五六億円、三〇〇億円ちかくの赤字になる勘定ですから、国会でもウルサイことになるわけです」

「輸入食糧の方はどうなつているんですか」

「この方は、いくらかもうけがあつたんですが、もちろん、赤字の穴うめに全部注ぎ込んでいます」

「それにしても黄変米を喰べさせられたんではたまりませんね」

「その上、黄変米の損がどのくらいか、まだハッキリしないんです」

「そうそう、去年も国民のスキを見て、良い米に混入しようとして、問題になりましたつけ。大臣方が試食会を開いて、その写真が新聞にのつたりしてコッケイでしたわ」

「農林省としては、いくらかでも赤字を少くしたかつたことはわかるが、われわれの胃袋をよほど頑丈だと考えたのでしよう」

「でも、二五〇〇〇人からの食糧庁のお役人をかかえているので『中間経費』とかいうのが高くついて、それも赤字の原因になりはしませんか？」

「いや、三〇年の計算では、米やさんの手数料が一石当り七六三円、運賃や倉敷料が四一七円、銀行に払う利息だけでも二四五、六円とられるんです。お役人の月給は一九七円だけです。それを合計して一〇七五円。全体の一八・四％弱です。一寸高いようですが、戦前の自由販売のときの米やさんの口銭は二三―二四・五％でしたから、自由販売にもどすと、もつと高くなるでしよう」

「それにしても、銀行からお金を借りるなんて、おかしいような気がしますけれど」

「そうですね、政府の遊んでいるお金を使えば、無利子になるというので、この点も考える必要がありますね。それに、いまの数字でもわかるように、いろいろの費用の中にハッキリしないものが多いのです」

「ドンブリ勘定だつてなにかに書いてありましたわ」

「そうです、もつと国民にその実態をわかるように説明してもらいたいという声が強いわけです」

「それで、今度はどうなるんでしよう」

「とにかく必要にせまられた値上げの理由をつくり上げるため、わざわざ臨時食管調査会をつくつて、どうでもいいような議論の末予定通りの、政府にとつては、都合のいい、だが、国民には納得しかねる次のような答申となつたわけです。

一、生産者価格は抑える

一、消費者価格は、買上げ価格へ中間経費を加えてきめる。

そうすれば、政府は損しなくてよいというわけ、ということで、消費者価格は八五〇円ぐらいが適当だろうとなつたんですね」

「それ位なことなら、誰だつて考えつきそうなことですわ。それで政府のフトコロ勘定はわかりましたけれど、私たちには、そのおまじないはききませんよ。自分の都合ばかりで、一たい私達国民のフトコロはどうしてくれるんでしよう。日本経済は曲り角かも知れませんが私たちの前は袋小路ですわ。神武景気のおこぼれどころか、低物価政策が、まるで値上げ競争じやありませんか。三年つずきの豊作に、せめてお米だけはと思つていましたのに、それも望みうすなら、上らないのは旦那さんの月給ばかりということになります」

「ほんとうに、そうですわ、『私鉄運賃の値上げを認めてもらいたい』と発言した大臣さえ三日後に『朝起きてメシを食べれば米代が上つている。会社に出かけようとして電車にのればこれも値上げ、疲れて帰つてフロを浴びようとすればこれまた値上げ』（朝日九月一一日）などと値上げ反対論をぶつているのですものね」

「いや、運輸大臣の本当の腹は、お米を値上げするなら運賃の方も上げなきや筋が通らないといいたいんですよ」

「そのくせ、大臣さんなんか月給も上げるべきだ、なんてけつしていいませんからね、それどころか賃上げ闘争は犯罪あつかいですものね」

「それが、政治というものかしら。そういえば、今度の米価も政治米価だといわれていますが、どういうことですか？」

「米の値上げをするには、米の生産費とか農民の所得とかを基準にして面倒な計算をして新しい価格をきめることにしているんです。

しかし、実際には政治家が腰だめで新しい値段をきめて、後から役人に算式をつくらせることになつています。だから政治価格というのです」

「では答がさきに出て、あとから式をつくるんですね、随分政治家つてきようですね」

「もつたいぶつた数式をならべると、家庭の主婦にはいかにも値上げに、ちやんとした理由があるように見えて、おとなしく引下がつてもらえるという功徳があるらしいですね」

「それで、腰だめにしても値上げをするのは食管の赤字をうめるためには仕方がないというわけでしようか」

「それには問題が二つありますね。第一は一体食管の赤字はどのくらいかということ、第二に赤字がやむを得ないとして、値上げ以外に方法がないかということですね」

「第一の赤字があるかどうかということは?」

「いろいろ政府も数字は出していますが、結局ドンブリ予算で、何百億赤字があるといつても、節約すればもつと少くなるのではないかという疑問が大きいんです」

「節約ね、主婦にはピンと来る言葉ですわ、つまり、消費者としては、第一に食管の費用を思い切つて節約した上で、どうするかということを取り上げるのが筋だというわけですね」

「そう、その上で、どうしても百億円なら百億円の赤字が出る。それをどう埋めるかということになる」

「どのみち、今度の値上げでも、赤字が全部うまるわけではないのでしよう」

「そうです。その分はやはり一般会計でうめ合せるわけです」

「一般会計は結局国民の税金だから、なるべくそこに負担をもつてゆかないようにという考えでもあるんですか?」

「大蔵省あたりの考えはそうです。たしかにこの分だけ予算がふえますからね」

「でも、米の値上げで一番苦しむのは、生活の貧しい人たちですからね」

「その通りです。だから食管の赤字は一文も負担しないという筋を通すなら、その前に、再軍備費やアメリカの兵隊の方には二千億円近くもわれわれが負担しているのをどうしてくれるかという問題が先決です。かりに二百億円食管の赤字を負担したとしても、防衛費の二千億円の負担がなくなれば、国民全体としては、千八百億円だけ税金が安くなるわけでしよう」

「ほんとうに。二千億円の方はほおかむりして、国民の主食のための赤字が百億円出ても大騒ぎするのは、何だか考え方がさか立ちしていますわね」

「つまり旦那様のお道楽のための費用はたつぷりとつて、家族の口はしぼるというやり方ですわ。これは、だまつてはいられません。旦那様のお小使いの整理、カントクは私たち主婦の役目ですものね」

こつちの口をしぼられる前に、旦那様の財布をしぼりあげなければということで。

「今日はいい勉強をさせていただきました。ありがとうございました」

とおたがいにうちの旦那様のことを思い出したのでしよう、みんな元気にわかれてゆきました。

（九月一二日）

日本農民の生活水準

宮《みや》崎《ざき》礼《れい》子《こ》

何が農民の生活水準をきめるか

私たちがそれぞれの家庭で個別的に営んでいる生活が、社会的立場から問題としてとりあげられはじめたのは、欧米では一九世紀後半からであり、日本では一九一八年（大正七）の米騒動を劃期としています。

各々の国の生活水準は、その国が封建社会から近代社会へ変る時の状態がどうであつたかによつてちがいます。すなわちその時に徹底的に封建的な諸関係を打ち破れたか否かによつて「生活」の仕方や内容はちがうのです。しかし生活水準はこのように歴史的な伝統をもつものであると同時にまたその時々の文化的水準によつてもちがいます。そのために、封建制を打ち破るのが徹底した国の生活水準は、国内的にみてはそんなに高いとはいえないにしても、不徹底であつた国からみれば近代化した高いものとなつているのです。これに反して不徹底であつた国では生活水準は近代化がおくれ、封建性的なみじめな低い生活が長くまで尾をひいていることになります。

賃銀労働者の場合は、労賃はその労働力の代償として支払われる訳です。しかし資本主義社会では労賃はいつも労働力の価値通りに支払われていないことは、皆さまよく御存じの通りです。こうして私たちは労賃の範囲内でやりくりするように強要されるわけです。――『労働力の萎縮的な再生産』（資本論）――このように賃銀労働者の場合は生活水準は賃銀によつて「わく」づけられてきますが、日本の農家の場合は経営と家計が未分離の状態にあるので、生活水準をはつきりつかむことがむずかしいのです。

日本の国民所得に対する農業部門の割合は約$^{1}/_{5}$弱にすぎないのですが、農業人口は約$^{1}/_{2}$を占め、あいかわらず狭い農業経営にしばりつけられながら、しかも一方では半プロレタリア的に従属せずにはいられない状態におかれています。このように本来的にはたがいに相いれないはずの資本関係と封建関係とがぴつたりとかたくくつついていることから、日本の生活水準＝農民生活水準の問題もこの二つの観点からとらえねばなりません。さらに地域的には水田単作が主である東北と、田畑二毛作で商業的農業が発達している近畿の二つを代表的にとりあげ（日本を大体一〇のブロックにわけています）、階層的（農民の場合は何といつても経営面積が決定的な要因です）には経営面積五反未満層、五反～一町層、一町～一町五反層～一町五反～二町層、二町以上層の五階級にわけて、農林省農家経済調査にもとずいて価値（お金）と、物量との二つの面から考えてみました。

農家経済調査とは毎年五、八〇〇戸ほどの農家を選んで農業経営の面から家計の面までくわしく調査集計されるもの。各階層に及んでいるとはいえ、種々の制約によつてどうしても上層にかたよりがちです。しかし現実には下層農民が圧倒的に多いわけですから、この調査を一般的に平均化してしまうと現実よりも幾分高めの水準を示してしまうようです。このような欠点もあるにはあるものの、何といつてもこのようにぼう大な全国的調査は他ではとてもまねられません。そこで私はこれを活用しながら、上層にかたよらぬように修正計算をしたりして注意しました。

さて生活水準を示す指標としていくつかありますが、皆さまもご存じのエンゲル法則について、これが農家の生活に適用できるかどうかをしらべたのですが、その結果はいわゆるエンゲル法則が農家にも一応あてはまると分りました。すなわち経営面積が広くなればエンゲル係数（食物費の割合）はだんだん低くなつています。しかしこれにも二つの例外があることがわかつたのです。

東北と近畿―上層と下層とのちがい

エルンスト・エンゲル（一九世紀後半にドイツのプロイセンの統計局長をし、家計調査を分析した人）が「一つの家族が貧乏であればあるだけ、総支出のうち飲食物の調達のために充当されねばならないわけまえが多くなる」ということをいい、このエンゲル法則が、東北農区は一町未満、一町～二町層、二町～三町層、三町～五町層（昭和二六年までの階層わけ）の四つの階層、近畿農区は五反～一町層、一町～一町五反層、一町五反～二町層、二町以上層にはあてはまりますが、東北は五町以上層、近畿は五反未満層には適用できなかつたのです。

エンゲル係数にこのようにあらわれてくるということは、その本質においてこれらをきめている諸条件があるからといえましょう。

一九五〇年センサス（世界農業センサスといつて五年毎に調査が行われます）では農家一戸あたり平均経営面積は東北一町一反五畝、近畿六反一畝と近畿農区は東北農区の約半分の広さです。しかし家計費のうち、飲食物費のしめる割合は、どの年も近畿の方が低くなつており、エンゲル法則にしたがつてみると、近畿の方が生活水準は高いといえます。近畿は東北に比べて一戸あたりの経営面積が少いにもかかわらず、生活水準が高いというのはなぜかというと、やはり本来的な農業技術の水準が高いことと天候などの自然的な条件にも恵まれているからです。しかし東北も農地改革によつて農地を解放され、自分の土地になつたことから大いに張り合いができて生産が上り、どんどん進んできていますから、東北と近畿のへだたりは追々少くなつてきてはいます。

このように地域的には東北農区よりも近畿農区の方が高い水準にあり、階層的には上層になるほど高くなつておりますが、ただし東北の五町以上層と近畿の五反未満層に特徴的にあらわれてくることを各家計費目について分析を試みたところ、どの費目にでもこの傾向がみられました。

㈠**飲食物費**　飲食物の質的な面については、熱量、蛋白質、脂肪それぞれ階層的には下層から上層になるほど増大しています。エンゲルは「収入があがると食物の中の動物性蛋白の割合がふえる」といつています。地域的には、東北よりも近畿の方が内容的によくなつています（カロリーだけからみればむしろ重労働な東北の方が多くなつてはいますが、これを内容からみれば雑穀が入つており、肉や卵などは近畿の方が多くなつている）。農家の特徴の一つである季節的な変化をみると、食物費率や現物自給率（生活費の中の自給部分の割合）また栄養摂取の状態も季節によつて大へん波があります。農繁期は長時間の重労働で「食うこと」にせい一ぱいの生活を強いられるので食物費の割合は七〇%(地域と階層の差はあるが)にも達しています。現物自給の割合と食物費の割合の季節変化の波は同じような傾向をみせています。農民が農繁期は忙しいから「ありあわせの物」ですまし、冬には「骨やすめ」にうまいものを食べるという食生活の慣行は、ただ単に農業がいそがしいか、ひまかということからだけできめられてくるのではなくて、本当は日本農業の歴史的な「のこりかす」としての自然経済的関係(自給部分が大きい)によつているのです。もし農民の生活が全部お金を通して行われるようになれば、この季節的な波はある程度なくなりましよう。嗜好品費(菓子、果物、清涼飲料水、煙草、酒類)は大部分が現金で買われるもので地域的には東北よりも近畿が高く、階層的には上層にあるにつれて高くなつているが、ここでも近畿の五反未満層は高い水準を示しています。中間層はむしろ低くなつていてこの層の農民的性格をよく示しています。

(二)**衣服費**　地域的には近畿の方が高く、階層的には上になるほど高くなつていますが、ここでも東北の五町以上層は低く、近畿の五反未満層は高くなつています。一口に衣服といつても質的には違うわけです。絹や毛はやはり近畿の方が高く、階層は上になるほど高まり、とくに上層は高くなつていますが、これは絹が奢し的・趣味的なものとしての性格を示しています。わたやもめんは寒い東北の方が多くなつており、もめん類や農作業衣は、農業生産と直接の関係をもつていますから、大体経営面積の広さに比例しています。既製品類は中間層で低くなつてこの層の農民的な性格がみられますが、近畿の五反未満層は、消費数量(買つた数)が一番多くなつていて特徴的ですが、しかし価格からみると近畿の上層が一番高くなり、この層が質的には最もよいといえましよう。そこでよく政府の発表などで「衣服の消費水準は高くなり戦前を越した」などといわれますが、いちがいによくなつたとはいえないようです。なぜなら上層の示す内容と下層のそれとは当然のこととして質的にちがつているのですから。すなわち上層は手持ちがあつてさらに買うということで豊かさを表わしていますが、下層はギリギリに追いつめられて買わずにいられなくて買うのです。下層の農民は農業収入だけでは生活できないで、賃労働へ出るようになると通勤用や職場用の衣服や必需品が必要となり、また下着類や子供用衣服にしても今までのわずかばかりのありあわせをすつかり使い果してしまつてどうしても新しく買わねばやつてゆけないから買うようなわけでもありましよう。ですから下層も上層も同じぐらい買つていてもその意味や重要さの度合いはグンとちがつています。このことはこの分析によつて衣類の消費数量は下層が多くなつているが、価格では上層が高くなつているということでもよくわかります(紙面の都合で毛類や和装品と洋装品の比較など省略)。

(三)**住居費**　階層的にはもちろん上層ほど高くなつていますが、住居費の場合は食物などとちがい、長い期間にわたつてそれをつかうので従来の調査ではよく知ることができませんから、その方は今後の課題として残すことにし、ここでは住生活の面についてだけみますと、家族一人あたりの生活圏の広さや照明(電燈数)などからみても、地域的には近畿が高く、階層的には上層が高くなつていますがここでも東北の五町以上層は大へん低く、また近畿の五反未満層では高い水準がみられます。

(四)**光熱費**　地域的には寒い東北が多くなり、階層的には上層ほど高くなつてはいますが、光熱費の中でも電気代と薪炭代とは内容がちがいますのでその傾向もまたちがつているのです。ここでも東北の五町以上層と近畿の五反未満層の特徴がみられ、中間層の性格も大へんはつきりしています（電気代について興味ある問題が出たが、残念ながら省略する）。

㈤**保健衛生費**　一口に保健衛生費といつても「衛生に気をつける」のと「気をつけなかつたから病気になつて」という場合とちがつています。ですから治療費と衛生費とをわけて考えねばなりません。治療費は東北も近畿も大して差はないのですが、衛生費は近畿の方が多くなつていて病気の予防に積極的であるといえましよう。

㈥**教養文化費**（修養娯楽費、学校教育費、交通通信費を含む）　地域的には近畿が高く階層的に上層ほど高くなつてはいるが、ここでも東北の五町以上層と近畿の五反未満層の特徴がみられます。修養娯楽費は家族員の個人性の確立と関連をもつていて、このことは住生活にみられるのとつながりがあります。学校教育費は、上層農では家のあとつぎでない子供への「財産分配」の形で行われ、この結果次第に古い大家族のなごりが少くなり、近代的な家族の形へ近づいていつていることはよろこばしいことです。しかし一方下層農は、経営面積はせまく農業以外の労働部門で働かねばならないのですからなおのことそれに必要な教育や技術を子弟の身につけさせたいところですが、現実にはなかなかそれだけの教育費が出せないのです。せつかく新教育制度で教育の機会均等をうたつてはいてもその経済的基礎がなく、それが農村の二、三男問題を一層深刻にしています。

㈦**交通通信費**　これも同様な傾向ですが、上層は見物や遊びに出かける交通費であるのに、下層はやはり生活のために必要な交通費が大分入つているのではないだろうかということです。ですから交通費がふえることは遊びのためならいざしらず、それだけ生活は圧迫されるのです。

経営形態でちがつてくる生活水準

これで一通り主な家計費目についてみたのですが、どの費目でも、東北五町以上層と近畿の五反未満層とは例外的でした。これについては東北の五町以上層は、家族人数が一三・四人と大へん多く、これは古い大家族制度のなごりであります。農業の生産が低いとどうしても多くの人数でそれだけ生産を保持してゆかねばならず、家族員（二、三男やおよめさん）はそのための労働力として必要であつたのですから、家族員の個人性はきわめて低かつたのです。このような関係の「のこりかす」が生活水準の上にも反映しているわけです。これに反して近畿の五反未満層は、家族数は四・八人前後で、家父長制家族としては大変すつきりした形です。この層は農業だけでは生活してゆけないで他の仕事をしますから、農民的な性格をもちながら、片方では労働者的になつているのです。これらのことが生活水準の上にも反映しているのでエンゲル法則の適用でもちがつた形としてみられるわけです。

それではこれらの生活水準を規定しているのは何でしようか。それは生産＝農業生産です。手労働が主である日本農業では、土地が決定的ですから一戸あたりの収入も経営面積が大きいほど大です。しかし下層は農業だけでは全然生活できないので兼業をしなければなりません（東北は農地改革後すばらしい勢いでのびていますが、やはり比較的自然条件にめぐまれた近畿が収入も多く、また兼業も

四周年をむかえて

昨年の秋は淡谷のり子さん、小倉麗子さん、萩原智子さん、本山昭子さん等、音楽会の明星であり、同時に本誌の社友、支持者である方々のご好意で満三周年記念音楽会を開き、非常な成功をおさめましたが、今年、満四周年に当つて編集部の菅谷氏が中国へ行くことになりましたので行事は見合せ、追て新興社会主義国の姿をご報告申上げることによつてご期待にそいたいと思います。

女子人口、女子有権者は男子よりはるかに多い日本で、専門的な文筆家はさておき、毎月各新聞の投書欄に寄稿する女子は男子の一割にすぎず、それでも特に婦人のためのささやかな投書欄のもうけられている新聞のあることがお気にめさないのか投書夫人という名をつけて、女が何かいうことに水をぶつかける人たちもあるらしい。しかし「おもふことといはぬは腹ふくるるわざ」とむかし兼好法師のいつたのは男に限るわけでもないと思います。本誌は都市から、農村から、職場から、台所から母から娘から、あるがままの婦人のこえを聞き、それを広くおつたえするのが使命なのですからどうかどしどし声をおよせ下さい。ただ残念なことにこの種の雑誌の常として経営がむつかしいので、御寄稿へのお礼、紙面をにぎやかにおもしろくという計画はたてても先立つものに事をかくのでどうぞ読者の増加、誌代払込みにご協力のほど切に願いあげます。

四年前、地平線のはてにもやもやしていた雲のかたまりが、憲法調査会、労働法改悪、教科書問題その他物すごい台風の姿で私たちの頭上におそいかかつてきました。この際おたがいにかたく手をとりあつて反動の嵐と戦い、平和と進歩の世界につき進もうではありませんか。

近畿の方が、東北よりも近代的な賃労働の条件をそなえていてこれらも生活水準の上に近畿が優位であるとみられます）。

農業経営と生活との関係は、農家の特徴である経営と家計の未分離という点から大へん深くつながつています。ですから農業経営の改善によつて生活をよくすることもできますし、生活を合理化してその時間や労力を経営へふりむけることもできるわけです。たとえば食生活のために菜種の作付面積がふえれば脂肪をとることが多くなりますし、家畜（役畜でなく）がふえれば動物性蛋白質をより多く子供たちにたべさせることもでき、また緬羊によつて衣生活（毛類）を豊かにすることもできるわけです。また男性方の理解のもとに台所がよくなればそれだけ家事に必要な時間が農業へふりむけられてその分がまた生活をうるおすという相互関係をもつているのです。

以上、生活がどうであるかをみてきたのですが、私たちの「生活」は根本的には「私たちが今日働いたと同じように明日もまた働くことができ、更に次の世代をになう子供たちも健かに育つていく」ということでしょう。

その国の生活水準は、その国の労働者や農民の生活によつてきまつてきます。労働者や農民が自分たちの生活がどうであるかを客観的に自覚することによつて、賃銀の問題や農産物の価格のからくりを見破つて、明日のために、子供たちのしあわせのためにがんばつてゆかねばなりません。

本稿の筆者宮崎さんは日本女子大学農家生活研究所員。先ごろその御労作に成る「日本農家の生活水準」というまことに有益な興味深い資料をお送りいただきましたが、原文そのままでは余りに専門的で分量も多いため、おいそがしい中をわざわざ本誌むきにあらましだけご紹介ねがいました。紙面のつごうで多くの統計表を省いたことは残念です。（山川）

映画時評

——芸術祭参加作品——

荒井修

残暑もすぎ、本格的な秋が到来するとともに映画界もいよいよ〃芸術祭〃のシーズンとなりました。この雑誌の出る頃は参加作品も出そろつていることでしよう。

ここで考えさせられるのはその殆んどが文芸作品だということです。早いとこ公開になつた御存じ「挽歌」（歌舞伎座プロ、五所平之助監督、久我美子、森雅之主演）、「どん底」（東宝、黒沢明監督、山田五十鈴、三船敏郎、香川京子主演）、「女体は哀しく」（宝塚、稲垣浩監督、乙羽信子、田中絹代、淡路恵子主演）などみなそうで、それぞれ原田康子、ゴーリキイ、北条秀司などの原作物です。その他、日活の「誘惑」（中平康監督、左幸子、葉山良二主演）、大映の「地上」（吉村公三郎監督、川口浩、香川京子主演）にしても伊藤整、島田清次郎の原作です。その中にあつて東映の今井正監督の「純愛物語」（中原ひとみ、江原真二郎主演）だけが水木洋子のオリジナルという状態です。

〃芸術〃と名がつくと、すぐ文芸物を持ちだしたがるのはどういうわけなのか……。考えようによつてはシナリオ・ライターを蔑視しているとも見られるわけで、そんなところに或る種の映画人たちの文学に対するインフエリオリティ・コンプレックスがうかがえるのではないでしようか。文芸物を抹殺しようというのではありません。映画人はもつと自信をもつて自分の芸術ジャンルを開拓していつてもいいと思うのです。色をつけたり、大型にするだけが、能ではありません。そのいい証拠が「挽歌」で、確かに画面には異国的な感じ、所謂「北欧的ムード」があつて、それはこれまでの日本映画になかつたものですが、あの映画は単に小説のストーリーを映画に再現したにすぎなかつたのではないか……久我美子の力演があつて、僅かに単調になるのを救つてはいますが、映画としての個性を忘れてしまつたようです。小説「挽歌」が余り爆発的人気を持つたので、演出で怖気をもつてしまつたような作品です。それでも「君の名は」をうわ廻るイリだというのですから、結構なことですが……。

写真・「挽歌」の一シーン

「挽歌」で思いだしましたが、主人公の怜子と、もう一ついま大入りを続けている「昼下りの情事」でオードリー・ヘップバーン扮するアリアーヌに共通した点が多くあります。一言にしていえば小悪魔、別な表現をすれば若い女性の露悪趣味とでもいいましようか。そんな少女の策略にかかつて、今のマスコミや大衆がウツツを抜かしているのですから……随分現代人の人間把握は甘いものですな。

もう一つ、「挽歌」をつくつた南鷗プロが二五〇万円の赤字だということ。それは配給系統を提供した松竹が作品を三千万円で売つて、それ以上いくら儲かつても南鷗プロには利益を分配しないからです。松竹ともあろうものがもう少し太ッ腹であつて貰いたいと思います。

ある保健婦の記録

「おめえは何の恨みがあつて」

時《と》田《た》満《みつ》子《こ》

　昭和二九年一二月に、小田原市に合併した上府中村は、御殿場線下曽我駅より約一五分。富士山を西に眺める平和な農村で、村の約八割は「勤め」等による兼業農家である。微力な私が、この村の保健婦として、保健衛生の重い任務を担当してから一五年の歳月が夢の間にすぎ去つた。二人の子供を年寄つた両親にたのんで、夫は、小田原郵便局へ、私は村役場への一五年の歳月は、苦しい日々の連続で、決して平穏な行程ではなかつた。

　戸数四五〇、人口約二、七〇〇の小さな村役場にかよい、その上毎日々々家庭訪問をして、療養の指導や母子保健の相談に歩きまわつていると、村の年寄も、片ことをいう赤坊も、誰も彼も言葉をかけてくれるし、夫婦けんかの仲裁や、嫁姑の間のぐちも、きかされるし、本来の保健指導の仕事以外の雑用に追いまわされることさえ多かつた。

　昭和一八年神奈川県で最初の保健婦養成所を卒業した私は『確固たる信念をもつて社会の人々の保健衛生の向上に努力するように』との村山衛生部長の祝辞に送られて、草深い上府中村へ赴任した。それは戦争もたけなわの頃で、農村の保健衛生の向上、それがどんなにむずかしいものであるか、いつたいどこから手をつけたらいいのかをおもい、私はひろびろした足柄平原の一角にたつてため息をもらした。何一つ施設らしいもののない農村にほうりだされて、空襲警報下、横浜の養成所で勉強したことや、臨時訓練で経験した事柄を、どんな風に活用したらいいのだろう？

　その頃村ではまだ結核を遺伝病だと信じていた。小田原保健所の協力によつて、千代小学校で結核の集団検診を行つた数日後、供米の納入に忙しい農協広場の前で私は呼びとめられた。

「おめえは、何の恨みがあつて肺病すじを、ほり出すんだ！」

　あから顔、ぶしようひげの、ずんぐりした農夫は、憎しみを瞳にあらわして、荒々しい声をはりあげてどなつた。

「肺病すじ？」

　私はとつさに何の意味か解しかねて繰返した。

「とぼけんない。ほつときやあわかりもしねえもんをよお。注射なんかしやあがつてよお。おらがのがきはよお。腫れちやつたで学校へ行かねえぞお」

　倉庫へ俵をはこび入れる人、牛車から俵をおろしている人、台秤に俵をのせている人、農協倉庫にいあわせた五、六〇人の人々は、私の周囲をぐるつと取りまいて、何やら口々にわめいている。私もさけんだ。しかし人々の喧騒は余りにも大きく、私の説明は通らなかつた。

その時の集団検診の結果は学童五〇〇名余りのうち要療養者が四名あり、彼はその一人の父親だつたのである。もちろんこの当時、その家庭の人たちは、私が話しても最初は耳をかしてくれなかつた。病気でもない子供を、病気の汚名をきせたといつておこつている。役場の人々さえも少々もてあまし気味になつて、「人におこられることはやらぬ方がいい。保健婦の仕事はもつと村民に喜ばれる仕事であろうに。何てことをするのだ」などと忠告された。

私は自分でまちがつたことをしたとは思わなかつたが、いやな日々が続いた。村の人々が白い眼をしてみているのに会うのはつらかつた。私は思つた。私がやつた仕事はまちがつてはいないけれど、村には早すぎたのだ。私が村にいること自体が、まちがつているのだ。『村がいやになつたら、いつでも帰つていらつしやい。何とか考えてあげるから』と言われた村山部長の言葉を思い出して、もう一日も村にとどまつていられないと手紙を書いたのもその頃だつた。

「自分の周囲の衛生環境を改善できない人間は、どこへ行つても無用のものだ。そんなことが解決できないようでは、どこの職場でも働くことはできない」という言葉が、私の胸の中にうちこまれた。

これ以後も周囲の無理解に、ほとほと手をやいたことが何度かあつたが、私はいつもこの時のことを思いだして、自分のおかれた環境を住みよい社会に改善しようと努力して来た。

あれから一五年余り。気胸に通つていた四人の子供は、すくすくと成長したのもしい青年になつた。

「あの時はよお。わかんねえからおこつたけどよお。おかげさまだあに」

もはや誰れひとり「肺病すじ」というものはいなくなつた。早期検診、早期治療、おたがいに注意して明るい明日が来るように努めましようとはげましあつている。

家族計画から乳児死亡率の低下へ

この上府中村も、戦後の食糧難からインフレ、諸物価の値上り時代を経て水のアワのような一時の農村景気が消え去ると共に農業に依存する生活は昔の苦しさにかえつて来た。

一方、新しい時代の流れにそうて、農村とはいえ、近代化した物の考え方、近代的な生活のあり方、新教育制度等が私たちの生活の中に浸透し、村民も徐々に文化的な生活に前進したい希望を持ちはじめ、婦人は参政権を得、婦人解放が叫ばれるとともに根本的な農村の文化生活確立へ積極的な要求がもたれるようになつた。

上府中村は昭和一九年一二月母子愛育指定村となり、婦人会や女子青年団で愛育班をつくり、母子衛生教育を行つたり、受持地区をさだめたりして、母子保健の指導に力を入れた結果、乳幼児死亡が減少し、昭和二四年には乳幼児の保健衛生の指導につき厚生大臣賞を受け、そこで母子保護の問題に村の人々も進んで関心をもつようになつて来た。

しかし農村の主婦は育児にかかりきつてはいられず、小さい子供は誰からも面倒を見てもらえず、子供たちだけで遊んでいるような状態であるし、殊に春秋の農繁期には、過重労働のために子供の世話どころか、母親は少しぐらい体の調子が悪くとも無理な労働をしなくてはならぬし、乳児をかかえている母親は授乳時間すら取れないので、そのため母乳があがつてしまつた人さえあるほどで、文化的生活の理想は持つていても、どこからはじめていいのか迷つていた。

そのころ村では、母子愛育会、及び横浜医

大森山教授の好意により、医大産婦人科医師による妊婦と産婦人科の相談日を毎月第一土曜日に行つていた。たまたま昭和二五年六月国立公衆衛生院古屋院長、横浜医大森山教授等より家族計画の指導について種々提案をいただき、これは村民が内心痛切に求めてやまないことであつたから、私はさつそく実行にうつす努力をはじめた。

その頃、村では、家族計画の指導に対して、表面に立つて可とも不可ともいう人はなかつた。しかし、六、七〇歳の老人の中に、マーガレット・サンガー夫人が来朝された頃、一時国をあげて産児制限がとなえられた当時から避妊を行つていた人もあつて、大いに協力して下さつたことはありがたかつた。

また優生保護法の施行と共に、人工妊娠中絶を行う人も二、三あり、その母体に及ぼした悪影響について聞き及んでいたので、私が家庭訪問をして個人々々に面接してみると、受胎予防をぜひ実行したいと切に望んでいる人が非常に多かつた。

村長もまた、この家族計画の指導は、農村経済確保、教育向上、健康増進、体位向上などと関連の深い問題であるとして協力して下さつた。

昭和二六年一月には、母子保健の相談と家族計画指導のために七坪半の保健婦相談所を国庫補助金と村費で建設することができた。

そこで私はまず村民全般に対して衛生教育を行つた。家族計画の指導を始めたころには反対するものはなかつたが、農村では従来よりの、思想、習慣を固執し、家庭内での生活ー特に性生活については、それを口に出すことすら恥しいと思つている状態だつたため、積極的に相談に来る人は稀であつた。

衛生教育としては、講演会、映画会、展示会等しばしば開いた。指導開始のころ、国立公衆衛生院長古屋博士の講演会のとき、参集された方たちはほとんど全部更年期の方であてがはずれたものの、家族計画のことについて農家の中心人物である姑の間に理解を深めたことは、それ以後の講演会に若い母親や嫁たちに出席をすすめて下さる好結果をもたらすことができたのであつた。

映画会は、サンガー夫人より寄贈された、「受胎の生理に関して」及びペッサリー、ゼリその他避妊法の映画を、最初の頃は男女別に催した。

衛生教育とならんで、実地指導も行い、これは個人指導に重点をおいて保健婦相談所における指導と、家庭訪問とによつて行つた。

或る日私は家庭訪問をして次のような質問をしてみた。

「あなたは何度人工中絶をなさいましたか」

「流産、早産をなさつたことはありませんか」

「今まで避妊をなさつたことはありませんか」

「あなたの行つている現在の避妊法に満足ですか。不満足でしたらどんな点が不満足なのでしようか」

こんな風に立入つた質問をしたので、まだ衛生教育の徹底していなかつたころのことで無理解な人もあつて、

「あなたは私のことを何でそんなに根ほり、葉ほりきくんだね。ほんとに大きなお世話だよ」とやられたこともあつた。

私は物好きに訪問しているわけでもなし、情ない気持になつてしまうことも再三あつたが、部落公民館等で座談会等を度重ねるうちに、おたがいに理解し実行できるようになつてきた。

この上府中地区で家族計画の指導をはじめて満七年になるが、主婦たちは勿論夫だちも協力するようになり、またこれと同時に他の一般衛生事情も自然に向上、好転して来て、

乳幼児の死亡率等にも著しい好結果をもたらした。そして主婦は自分自身の時間をもち、新聞雑誌にも目を通すことができ、編物や料理の講習に出る人も、多くなつてきた。

私が何よりも嬉しいと思うことは、人工中絶を行う人が大変少なくなつたことで、全国平均年間出生数一二〇万、人工中絶数二〇〇万と推定されているが、上府中地区では年を追つて人工中絶数が減少してきた。小田原市と合併後、私は上府中以外の地区の、家族計画の相談に家庭訪問を行つているが、人工妊娠中絶を五回も、七回も経験している人や、一年間に三回も人工中絶を行い、そのために、いろいろの障害を受けている婦人の多いことを知り、家族計画指導のために熱情をかたむけて行かねばならぬことを痛切に感じている。

最初のころ器具、薬品は公衆衛生院から無料でいただいていたが、現在では各自購入して使用している。私のうけもち地区の受胎調節実行数は一〇八世帯でこれは受胎調節が必要と認められるもの、一一〇世帯の九八%に相当する。また受胎調節実行中の一〇八世帯は閉経更年期前で夫婦同棲しているもの二四四世帯の四四・二%に相当する。その方法としてはコンドーム、四三%、ペッサリー、ゼリ、三〇%、その他となつている。一カ月の器具、薬品に要する費用は、一〇〇円前後、経済上無理がないので、自主的に継続して行つている。

上府中地区の人口は一九四三年二、〇四四人、五六年二、七三〇人。同じ期間に出生は五六人から四一人に、死亡は三二人から二六人にへり、乳幼児の死亡及び伝染病、結核による死亡はゼロになつた。

また三〇年度の日本の乳児死亡率全国平均は千人につき三九・八。都道府県の最高は岩手県の六四・六、最低は東京都の二七・三であるが、小田原市は一六・六であつて、これは同時に世界最低の記録でもある。外国ではスウェーデンの二〇が最低。小田原市の例が日本の全国平均となれば世界一の栄冠は日本の手に帰するのだが。

上府中地区の家族計画の指導はこのようにして続けてきたものの、ふり返つてみる時、何とあぶなげな歩みであつたことか。しかしこの努力は公衆衛生院、神奈川県庁衛生部、横浜医大産婦人科教室、母子愛育会、小田原保健所、市役所、村役場等の協力のもとに、行われて来たのだつた。

保健婦の歩みは小さい。保健婦の仕事は、地味な人目に立たぬ仕事なのである。労多くして報いられることの少ない仕事だけれど、家から家へ、部落から部落へ、健康な村づくりの第一線に、昨日も今日も、また将来も、住みよい明日が来るように、うまず、たゆまず努力を続けて行くことにしよう。

藤田たき氏国連総会へ出発

九月一七日からニューヨークの国連本部で開かれる第一二回国連総会へ、前労働省婦人少年局長藤田たきさんが日本政府代表代理として出席するため、去る九月一四日羽田を出発しました。藤田さんは代表代理という資格ですが、代表の団長の指名があれば代表と同じ資格になりますので、当然代表として活躍されることになるそうです。

社会党婦人部代表中共へ

社会党婦人部ではさきに中共の民主婦女連合会から招待をうけておりましたがこのほど左の十名を婦人部代表として送ることに決定。一行は約一カ月の予定で九月二二日羽田を出発しました。

団長　渡辺道子　副団長　船山登美
事務局　柳川久子（神奈川県連）村田品子（大阪府連）　団員　渡辺和歌子（北海道連）菊川君子・菅谷直子（東京都連）飯田きぬを・伊藤よし子（愛知県連）中島せき（京都府連）

衣服のうつりかわり（三）

神話の中の衣服と「はにわ」の衣服

三《さん》瓶《べい》孝《こう》子《こ》

日本の衣服の形や材料について書かれてある最も古い文献は古事記、日本書記及び魏志《ぎし》倭人伝《わじんでん》である。魏志倭人伝は中国で書かれたものであるし、そこに述べられてある衣服の型は、前にのべたように、貫頭衣、けさ衣で今日私達がいう衣服の型をなしていないものであるが、古事記、日本書記に書かれてある衣服は、衣服としての形式をととのえたもののようである。

ただ、古事記、日本書記は、奈良時代和銅養老年間（七〇七〜七二四）にかけて、それまで口伝えに伝えられていた物語（神話、伝説、天皇の業績）を初めて文字による文書に編さんされたものであるから、古事記、日本書紀に書かれてある衣服が、果してそれらの物語が作られた当初のそのままのものであるかどうかはわからない。物語が伝えられている間に、その時代、その時代の服装がはいってこないとも限らないのである。

それにしても、古事記、日本書紀以外にたよるものがないから、これらの古典から、西紀元年前後における日本の衣服を想像してみよう。

古事記のいざなぎ、いざなみの二神の国生《う》みの物語の中にこういうのがある。

女神いざなみが日本の島々を生み、最後に火の神を生んで焼け死んで、黄泉国《よみのくに》(死の国)へ行つた。男神いざなぎは女神に会いたく思い、黄泉国にいつてのぞいてみたら、大へん汚らしいものであつた。それで死の汚わしさを祓《はらう》ために、帯、御裳《も》、御衣《みけし》、褌《はかま》、冠、腕輪をなげた、とある。

ここに書かれた衣服は、帯、裳、上衣、褌（ズボン）の上下ツーピースになつている。

もう一つの物語では、春山之霞壮夫《はるやまのかすみおとこ》に、母親が、ふじ（葛のこと）でもつて衣、褌、したぐつ、沓《くつ》をつくつてやつたところ、みなふじの花が咲いたというのがある。これも上下ツーピースである。

古事記、日本書紀に物語られている時代はおよそ彌生式文化時代に相当しているから、日本列島（あるいは中心部では）の住民は西紀元年前後頃、ツーピースの衣服をきていたように考えられる。このツーピースは、古代の中国の北部で、胡服といわれたものと同じである。おそらく大陸から伝わつてきたのであろう。日本全土の住民がみなこの上下ツーピースをきていたわけではない。南部の暖い地方では貫頭衣もきていたことであろう。

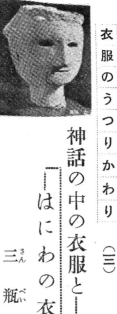

右にのべたツーピースの衣服を、古代の服装そのままの姿で見られるのは、はにわである。

いつの頃からかわからないが、身分の高い人が死んだとき、その人の用いた刀剣、装飾品、日常生活必需品といつしよに、召使、家来たちが、生きながらお墓にうめられた。これは死者が生前と同じ生活を死後もつづけることができるようにとのことであつた。この生き埋めにすることを殉死といつた。日本で実際これが行われたかどうか明らかでないが世界中にこの習慣があつたようである。

垂仁天皇（三世紀頃か）の時代に、殉死の人々が昼夜泣きさけんだので天皇はあわれに思つて殉死を禁じ、その代りにはにわ人形をつくつてお墓にそなえることにした、と伝えられている。だからはにわ人形の服装は、大体日本の古墳時代（三〜四世紀）の衣服とみることができる。

はにわの衣服は、男は上衣と褌《はかま》のツーピースである。褌は裾口の広いズボン形式で、足くびのところを紐でしばり、膝のところをふくらましてある。上衣は筒袖で、前で合わせえりくびと胸もと二カ所を紐で結んである。女の衣服も筒袖の上衣と、裳のツーピースである。上衣は男と同じく前で合わせ、紐で結んである。ちようど今日の朝鮮服のようである。裳はスカートのように輪に合わせたものではなく、南方土人のさろんのように広巾布を腰にまいて、一端をはさんでとめたらしい。

はにわの衣服の型は、前にのべた古事記の衣服と同じである。

はにわは召使、家来の衣服であり、古事記のいざなぎ、いざなみ二神の衣服は、いわば支配者の服装である。国生みの物語はあとから作つたものであるから、神々の衣服は彌生式文化時代のものと考えたい。この二つの衣服の型が同じであることについて、私は考えさせられることが一つある。

彌生式文化時代には、すでに支配、被支配の関係が発生していたであろうことは考古学が証明している。この身分の差が、三〜四世紀頃には、まだ衣服の型にまで表われていなかつたのではないか、ということである。

貧富の差、支配、被支配の上下の差は衣服の型にでなく、刀剣、耳輪、腕輪等の装身具によつて現わされていたのであろう。三〜四世紀ごろ、氏族連合の国家＝やまと朝廷ができ上り、氏族国家の統一と平定、繁栄とを基礎として、応神朝に朝鮮征伐したといわれている。それ以後、やまと朝廷としての正式の大陸との交渉がおこり、大陸から裁縫師、織物師が献上され、帰化し、支配者たちは大陸風の衣服をきるようになつたようである。新しい大陸風の衣服の型は支配者のものとして取り入れられた。これからのち、衣服の型及び染織における身分の差が生れた。衣服は必要からきるだけのものではなく、支配者の威厳を現わし、きる人の身分をあらわすようになつていつた。

衣服の材料も、衣服の型に身分の差の生ずる以前には、みな粗末な麻及び栲布《たくぬの》であつた。栲布は穀木（かちの木）といつて、現在和紙の原料に用いられている楮《こおぞ》と同じ種類の植物である。栲布は麻よりも粗末であつたらしい。そのほかにはしなのき、葛などが用いられた。

材料が粗末な上に、染色も発達しないので多くは植物センイの生地のままの衣服をきたであろう。それでも大陸からは、浸染法が伝えられたらしく、茜草も栽培したことが次の歌の中にある。

ぬばたまの黒き御衣《みけし》をまつぶさに取り装い……山かたにまきし茜つき染木か汁に
染め衣をまつぶさに……

これは大国主（だいこくさま）がすせりひめに向つて歌つた歌の一節である。黒い色はタンニン質を含む枝皮を煮て染料としたものであろう。

神功皇后が朝鮮征伐の時、兵の衣服を赤土をもつて染めたとあるから、いつぱんには浸染は及ばないで、赤土、黒土などをなすりつけて色合をつけた衣服をきたものであつたろう。

総評の賃銀闘争はどのようにおこなわれるか

―第九回大会の決定と中央賃銀討論集会の経過をめぐつて―

村《むら》瀬《せ》敏《とし》子《こ》

総評は第九回定期大会（八月三日―六日、東京杉並区立公会堂）で、秋季闘争の突破口として鉄鋼、造船、日通の三民間労組の賃上げ闘争をきめました。この賃銀闘争は従来のように〃単に賃銀をあげる〃という考え方から脱皮して「生活と権利を守る」闘いにまでおしすすめようとするもので、昨年とはその質と内容において大きく変化してきています。

すでに鉄鋼労連は大手五社が平均三千円の賃上げ、その他が二千円から三千円を要求して十月からストに入るのをはじめ、全造船は最低千五百円を要求、十月以降の実力行使には今年はじめてスト権を中央に集約して闘うまた全日通も要求案を二千円にして十月闘争にはストも辞さないという状勢にあります。

このなかでの特徴は、

①賃上げの要求が国民の生活と結びついた重税、社会保障の切下げ、物価値上げ、地方財政圧迫などに反対して闘われること。

②また教育擁護、原水爆反対、基地反対の政治闘争にまでひろげられること③さらに職場の要求―中小企業の操短、臨時工の首切りなどの支援など巾の広いものであること、です。

ではこのように賃銀闘争が前進した考え方をもつに至つた理由はどこにあるのでしょうか。それを簡単にのべてみたいとおもいます。

＊　＊

それは第一に、さいきん岸首相の渡米によつて、日本が対米従属の体制を一段と強化してきたことです。例えば日本の軍事基地体制は核兵器基地体制におきかえられようとしています。これはアメリカ独占資本の力をかりて、日本の独占資本が新しい段階に入つたことを示します。

第二は、アメリカの独占資本と日本の独占資本は総評を骨抜きにしようとしていることです。春闘以来、日経連や政府、自民党は総評の主要な労組に徹底的な弾圧を加えてきました。国鉄労働者に対する弾圧、日教組の佐賀県教員のタイ捕、起訴、全国税、全林野の各労組に対する大量処分さらに国家公務員、地方公務員の政治活動の制限（事実は禁止）をねらつての国家公務員法、地方公務員制度の改正など数えあげればキリがありません。このことは明らかに、総評が行わおうとする秋の闘争を骨抜きにしようとする意図なのです

第三に、経済状勢の変化もまた無視するわけにはゆきません。すなわち、さいきんの国際収支の悪化は、金融の引締などによつて一部の産業部門鉄鋼、繊維産業、および弱小電器メーカーの一部において操短や倒産をひきおこしています。また金ゆう引しめといつても一部の独占企業にはよくても、中小企業は閉めだしを喰うことは確実です。そうすればこの中小企業、弱小零細企業の倒産も当然予想されることで、景気は後退する一方でしょう。政府や資本家はまた誇大な不況宣伝をして労働者の賃銀要求をおさえ、逆に労働条件を切下げてくることは間違いありません。

以上は主として政治、経済状勢の変化です。

さてここでもう一つつけ加えなければならないことがあります。それは大会やその他の中央賃銀討論集会（九月二日―五日、松本郊外浅間温泉）でだされた問題です。

これはいまのべた主として外側の客観状勢にたいして、内側の組織的活動の問題なのです。それは賃銀闘争も一つのカべにつきあたつているということでした。鉄鋼の労働者はこの問題をつぎのように指摘しました。

「日経連や政府、自民党の賃銀政策が次から次へ打ち出されているなかで、たとえば職階制賃銀制度とか、職種別賃銀をどう考えるのか、組合員が職能別の格差を要求するのは単純に否定し切れない問題ではないか」

この第五の問題―賃銀要求の形態については、これまで総評は一律プラスアルファーと最低保障賃銀と二つの要求方式を主に採用してきました。だがこの二つの方式にもそれぞれ欠かんがでてきました。また賃銀問題は生産性向上運動と切り離して考えられなくなりました。いままでは四十歳代で組合運動に熱心な人は少なかつたのですが、生産性向上運動やそれにともなう機械の導入によつて、そういう年かさの人たちが、組合を頼つてくるようになつたからです。もう一つ相対的な原因ですが、腕のある若い技術者が、自分より仕事のできない人の賃金が割合に高いという不満をもつてきているからではないでしょうか。こういう問題に対して、総評はまだ十分に回答しうる結論をだしたわけではありません。ただつぎのような基本的考え方を決めました。

①生産性向上運動が強まつてきているなかでの賃銀闘争をかちとるためには、賃銀総額の引上げに力を注ぎ、配分をきめるまで闘う②利潤分配制度、年間臨給、定期昇給制度などは労資協調をつよめる一方、闘争力をよわめる側面をもつているから、このような賃銀制度に対してはその実情を明らかにしていく③賃銀要求方式は労働者の実態を十分にかん案して決める④要求額は職場討議によつてきめるか、その場合は、不況にそなえて労働条件を高く維持できる額であること、また自分たちの力量を考えて大巾なものとする。

賃銀問題に対する下からの意見はまだまだあるのです。その主なものをひろつてみますと、全造船の「基準内賃銀の巾はせまい、残業が賃下げのブレーキになつているのはいなめないが、もう少し賃銀形態に検討を加えてみたらどうか。組合が生活給を云々するなら、なぜ六、七人世帯中年級の中だるみをそのままにふせておくのか」という意見、「いま職階制賃銀に賛成するのは向う側のレールにのせられることではないか。われわれはともかく賃銀が安い。生活給ということでなければ、生活を要素とした賃金が必要ではないか。そのうえではじめて学卒だとか、能率給を考慮したらどうか」という反論。また能率給の面から「神風タクシーとまでいわれるまで働かねば喰える賃銀をもらえない、それは能率給によつてあくまで低賃銀を維持しようとする会社の政策にほかならない」（全旅客）「われわれは残業しなければくえないではないか。自分のところは残業の割増賃銀と増員闘争を併行させて闘つている」（秋田の中小企業）闘いの経験などいろいろです。

総評は、こうした組合員の要求を吸いあげて、ことしもまた賃金闘争を全国民的な、統一行動のなかですすめようとしています。この闘いはまた、きびしい「世論」を味方にしなければ闘えません。戦後十年を経た日本の労働運動のなかで、総評もまた一つの転換期に立つているといえましょう（労働機関紙クラブ）

座談会

中国青年の生活

この座談会は去る六月社会党青年部代表が中共を訪問した際上海市において中共各層の青年と共に開いたものですが、代表団のご好意によりとくに、本誌に掲載させて頂きました。中共側の出席者はいずれも模範的な人々であり、かつ中国で最も文化水準の高い上海にお住いであることもご考慮のうえ読んで頂きたいとのことです。

なお、貨幣換算率は日本の一円が中国の一五八円にあたり、土地は中国の一畝が日本の約七畝に当ります。

青年労働者の賃金は最低三二円(日本円四、八六〇円)から最高一〇二円(旧本円一二、四〇〇円)というところだそうです。

司会　今晩は雨の中をお集り下さいましてありがとうございます。私どもは皆さんの中国での御生活をいろいろとうかがいまして、日本の青年婦人にそれを伝えたいと思つております。私たちも公式的な問題についてはすでに大体のことは各地を廻ります間に聞いて来たのでありますが、私生活、とくに青年の皆さんの家庭生活について、恋愛とか、結婚、あるいは職場でのいろいろな問題についてまだわからない点が多くあります。今夜はこのような点を中心に話し合いたいと思います。

職場と給料のつかい方

それでは最初に、働いておられる方ばかりですので、給料をどれだけお取りになり、どのようにお使いになつておられるかということから入つていただきたいと思います。また、どういう所で、どんな仕事をしておられるかをもお話し願います。

周　私は上海市中国機械工場で働いており、今は機械工の中の四級になつております。(注　中国では賃銀は八等級になつている)中国では時間制と出来高払制の二つの賃銀形態がありますが、私は時間制の方で、時間に基いての基本給は月六八円、助成金を入れて実際もらつている賃銀は七六円です。私の家族は父母と、最近結婚した妻との四人で、父も仕事についており、月給は百円ぐらいです。

出席者

周根而(二四才・男・中国機械工場勤務)
黄宝妹(二五才・女・国営紡績第一七工場)
黄祖貽(三二才・男・上海ＹＭＣＡ)
英国経(二六才・男・同)
桟民健(二四才・男・上海市建設銀行)
韓徳鶴(二三才・男・夏且大学学生)
沈倩君(二五才・女・財政学院学生)
尹阿妹(一八才・女・上海八一棉担机歴)
瀋興碧(二四才・女・農業)
黄富琴(二三才・女・農業」
宗月玲(二三才・女・文化工作員)

司会　上野建一(社会党千葉県連青年部長)

速記　三家丸和郎(社会党香川県連青年部長)

僕は毎月母に四〇円を渡し、残りは僕個人で使います。実際は、父の給料が多いから僕が母に渡す四〇円は貯金をしております。父の給料だけで家族の生活はできるのです。僕は僕個人の貯金もしています。結婚の時、その一部を使いましたが。僕は地方劇が好きなので月に二回見に行きます。一回に四円から五円使います。

黄(宝)　私は国営紡績第一七工場で働いています。私の賃銀は出来高払制ですので月九七円、夫の給料は七七円で、それをあわせて、その中から一二〇円を毎月母に渡します。もちろんこの一二〇円の中に、私たち二人の食費も入つています。そのあとのは夫と夜や休日に時々町へ遊びに行つたり、買物をしたりするのに使います。母に渡す一二〇円は生活費としては余裕がありますので、去年は一年に三〇〇円貯金をしました。今年は部屋を修理するために使いました。そのほか私個人の貯金として国債を買つています。また洋服やラジオなど家庭用品を購入しています。

司会　ラジオはいくらぐらいですか。

黄(宝)　一二〇円です。(日本円で一九、七〇〇円ぐらい)

　また私は越劇が非常に好きで、工場でも文化越劇業余団に参加しているくらいですので月二回見、映画も月一回見に行きます。ダンスとかオペラとかの文化活動が好きです。これにはかならず参加するようにしています。

司会　行かれる時は御主人と御一緒ですか。

黄(宝)　そうです。一緒に行きます。

黄(祖)　私は、上海市YMCAで働いています。解放前からずつとそこで働いていました。ふりかえつて考えてみますと、解放前の一月にもらう給料の具体的なことは忘れましたが毎日二食しか食べられなかつたのです。少しも余裕がなく、靴下とかワイシャツとかも買えず、非常に窮屈でした。(笑)　今は一月の給料は一〇三円です。私の妻も今YMCAで働いており、給料は僕と同じです。私たちは母と一緒に暮していますので、百円母に渡します。その残りで私の生活の面をやつて行くのです。二週間前に子供が生れました。私たちには子供の物が何にもないので、貯金のほとんどを使つてしまいました。そのほか妻が映画を見るのが好きで、毎週ほとんど一回は見に行きます。公園や町へも遊びに行きます。町へ行つて、食べたいものも食べますし、宗教新聞とか雑誌も買います。貯金はその残りを、大体月二〇円ぐらいしています。

司会　映画は高いのですか。

黄(祖)　いや、いろいろありますが、平均して一人三五銭ぐらいです。妻と三回か四回見にいきます。だから月五円ぐらいこの方に使います。子供には大へん金がかかります。なんにもありませんから——。

英　私は上海市YMCAに務めて、宗教青年工作をやつています。同時に文化教育もやつております。私は解放後ＹＭＣＡに入りました。今、月給は七五円です。私は自分の生活の面は計画をたててやつています。毎月母に三〇円ぐらい渡します。これは僕の給料の四〇％に当ります。一〇％は、僕はキリスト教の信者ですので、カンパをします。また一〇％は解放前の生活が苦しかつたため新しいものがありませんので、身の廻りの品を買うのに使います。そのほか、僕は割合に友だちが多いから、映画をみたりいわゆるつきあいに支出します。これが約二〇％、あとの二〇％は貯金します。

棱　私は上海市建設銀行の中で働いており、二〇級幹部です。私の月給は七四円です。家には母と妹がおりますので、毎月三〇円ぐらい渡します。私の食費は大体月一五円ぐらいかかります。毎月本や新聞、雑誌を買うのに六円ぐらい使います。私は運動が好きですから水泳に行つたりします。その残りの一五円ぐらいは貯金をします。

韓　私は上海夏旦大学中国文学部三年です。家は解放前は小作農民でしたが、解放により一三畝（中国の一畝は日本の九・七二〇畝であるから約一町二反）の農地の配分を受け、今は農業合作社になり、その社員です。家族には父母と二人の弟と一人の妹があります。妹は医務衛生班で看護婦をやつています。両親と妹の収入をあわせて、大体月七〇円ぐらいですが、農村では七〇円も生活費はいりませんので私は両親から月三円ぐらい小遣いを送つてもらつています。中国の大学はどこでも同じですが、寮費、書籍費など全部無料ですので、生活は割合し易いのです。私は月一六円五〇銭、国家からの奨学金をもらいます。その中で一二円五〇銭が食費にいります。その後は残つた四円を日用品に当てます。

司会　そうすると、三円が小遣いということになりますが、三円で十分ですか。

韓　十分です。映画とか劇とかは毎週学校でやりますので、その方に使うのはわずかです。五銭か十銭で映画や劇がみられますので、小遣いの大部分は参考書とか新聞雑誌などを買うために使つています。

沈　私は財政学院三年生です。私は大学に入る前は機関の幹部でした。機関幹部が学校に入る場合に適用されます奨学金は別の規定に基きますので、私たちは月二五円もらつているわけです。その中で一二円五〇銭は食費にかかります。これは他の学生と同じです。残りの一二円五〇銭のうち、六円で新聞雑誌を買つたり映画をみにいつたりします。私の家は上海市にありますので、大体毎週一回家に帰りますので、その交通費にも当てます。さらに残りの六円は、弟が西安の航究学校の学生ですが、普通の人民奨学金では少いので、その六円を弟に送つています。

尹　私は上海八一梱担机歴で働いています。賃銀は時間制に基いて月四五円二〇銭です。私たちは解放前、生活は苦しく、生れて二カ月目に父が亡くなり、母と二人で生活は本当に困りました。服も着られないし、毎日の食事は一回か二回、それもコウリャンかトウモロコシのオカユを食べていました。今は一月四五円二〇銭で、そのうち一〇円くらいは、家へ毎週帰りますので、野菜や豚肉などのおみやげに使い、ごちそうをして食べます。また去年は貯金をおろして古い家の屋根をなおしました。

どういう映画をみているか

司会　大体のお話をうかがつて、皆さんの生活の実体がわかつたような気がいたします。皆さんは月に二、三回映画をみにいかれるようですが、どういう映画がお好きですか。こういう映画はかならずみにいくというのがありましたら、おきかせ下さい。

尹　私はもとは映画に対する興味がぜんぜんなかつたのですけれど、一回二回とみるうちに興味が出て来ました。好きな映画は、朝鮮の戦争での英雄行動を主題としたり、中国解放前抗日戦前の、歴史的背景を主題としたもの。または解放後の鋼鉄戦士とか鉄道遊撃隊、ソ連のコルホーズをとつた幸福な生活の映画が好きです。

黄(祖)　私は上映された映画はほとんど見ましたけれども、好きなものは古典音楽関係、そしてまた文化映画とか生活をえがいたもので、日本の「狼」が好きです。

英　私は映画が好きですので、良い映画はほとんどみました。その中には外国のものも少からずあります。ソ連あるいは日本のもので、とくに日本のもので、私に深い印象を与えたものは「どつこい生きてる」、そして「狼」です。労働者の苦しい生活には感動しました。

恋愛と結婚について

司会　結婚された方もおられるようですが、どういうふうにされたかひとつ……。また普通いくつくらいの年令で結婚されるのか、今までは結婚年齢は早いと聞いておりますが。

周　私は一八歳の時結婚しました。

黄(宝)　私も一八歳の時です。

英　二四歳です。

黄(祖)　私は解放前は結婚することは考えられなかつた。なぜかといいますと、生活が困つていたからです。解放後は仕事の安定と生活改善により恋愛も自由にできます。

司会　結婚の仕方ですが、見合、恋愛結婚といろいろあります。ここにいる人だけではなく、中国の青年はどういう結婚をしているかを……。

黄(祖)　私は結婚していますからお話ししましよう。私は解放後恋愛をし、結婚しました。この恋愛は仕事の中から出て来たものです。妻は昔からＹＭＣＡにつとめていましたが、私と仕事の連絡が多いので、次第に友だちとなり、恋愛に発展したわけです。

周　私は今年の六月に結婚したばかりです。私たちの交際の動機は、二人の家庭の間の往来が多かつたことです。私は無意識ながら五三年から交際していました。その人は農村で働いておりましたが、おたがいに強い愛情がありましたので六月に結婚したのです。

司会　学生さんで結婚されている方はありますか。

韓　僕の大学では結婚している人もありますけれども、今日は来ておりません。学生は結婚している人は非常に少いです。

司会　奥さんが働かなくとも生活してゆけますか。

黄(祖)　みんな同じわけではないのですが、また生活水準にもよりますが、二人だけなら三〇円か四〇円くらいでくらせます。子供がいれば金はかかりますが——。

司会　日本の場合ですと、恋愛結婚をしようとも考えている青年が多いんですが、交際の場所が少いんです。中国の場合、男性ばかりの工場で、女の人がいないという場合、どういうようにしているのでしようか。

濡　これはいろいろです。私は社会青年だから仕事はないんです。だから社会活動の中で男の人と知り合い、その知り合うことから発展させて恋人にする方が多いです。

黄(富)　私は二五歳です。私は解放前、封建的といいますか、両親同士で決めた人があつたのですが、その人は私より若く、気がすすみませんでしたので解消して、私の隣の子供の時から年齢も同じぐらいなので自然に行き来の多い人と婚約しました。その人は解放後、農村から町へ出て、公安局で働いています。

彼は文化水準も私より高く、農業知識とか文化の本を買つて来てくれるというようなところから交際をはじめ、一年以上になりました。来年の春、結婚することに大体きまりました。

司会　自分のことじやなくともいいですからそういつたことをもつと話していただけませんでしょうか。

沈　これは自分のことではなく、私の学校の友だちの状態を簡単にお話したいと思います。中国では大学生の結婚は非常に少いんです。とくに一年二年は、結婚とか恋愛はやつていません。どういうわけかと申しますと、一つは年齢が若いのと、生活に慣れないので、そこまでいかないのですが、だんだん生活にも慣れて来ますと、学生活動、ダンスとか演劇運動を通じて交際する場ができ、友だちの程度から恋人に発展する人が多いんです。卒業前の四年になると、学生たちはほとんど恋人がおります。それも同級生同士というのが多いんです。それはおたがいの性格、そしてまた趣味がわかるので、そうなるのでしょう。

　これは普通の場合ですが、私のクラスは幹部、機関幹部での入学が多いので、大学に入る前にほとんど結婚しているのです。三年になる間に二人も子供ができた人もあります。そういう人は子供ができたことにより、自分の生活その他に影響を受けます。一月、二月も休んだ場合には学生はおたがいに援助しておくれないようにします。また生活が苦しい時には、補助金を出すことにもなつています。大体子供一人につき月二〇円の補助金が出せるのです。このように結婚している学生も、おたがいの助け合いの中でともに勉学に励むためにべつに悪い影響はないようです。

結婚は本人同志できめる

司会　日本の場合、まだ親の反対で結婚できないということがあるんですが、そういうことはありませんか。

黄(宝)　今そういうことはありません。解放前は両親が賛成しなければ結婚できないということがありましたが、新婚姻法が発布されて以来それが許されなくなりました。重要なことは、解放後の娘は男と同じように仕事に参加しており、交際の場所も割合に広いし、経済的にも力があるので正しい恋愛ができるようになつたことです。男ばかりが働いている工場と女性の多い工場はおたがいに工場同志、青年団同志、労働組合同志がおたがいに共同でダンスパーティをしたり、いろいろな行事を通じて交際の場を持つことにより解決しています。

司会　それでも反対があつたら?

黄(宝)　私は反対されたということは聞いたことがありませんが、もし反対があれば、婚姻の保証がありますし、自分の意志に基いて結婚します。

共稼ぎは夫の協力で円滑に

司会　共稼ぎといいますか、結婚している二人が働きに出たとき、家庭の仕事の面でうまくいかないことがあると思いますが。

黄(宝)　家へ帰つてどのようにやつているかは人によつて事情がちがいますが、私の所は母がおりますので、家庭の仕事は母がしてくれます。私の場合は割合幸運なのですが、もし母がなく、子供がいたりしたら、家庭の仕事が多いですから子供は託児所へ入れて、工場から帰る時つれて帰る設備があります。また、保母を雇つて家庭の仕事をしてもらう方法もあります。工場や機関で、夫婦一緒に働いている家庭では夫婦が一緒に帰り、一緒に家事をやつている例が多いです。たとえば買物や対外的な連絡などを男がふ担し、女は家の中の仕事をするなどの方法です。

青年の活動はどのようにしているか

司会 いろいろとお話をうかがいましたが、最後に青年の活動にどんな形で参加していらつしやるかをおきかせ下さい。

黄(祖) 私はキリスト教の信者ですから、キリスト教青年会に参加しています。具体的な活動としては毎週日曜に礼拝をやつております。そのほか聖歌隊にも参加しています。

周 私は工場の労働組合に参加しています。労働組合では青年労働者を養成するため各種の講習をもよおし、とくに技術講習班を作つています、一方では理論学習もやつています。私は技術と理論の学習グループに参加しております。その他休暇に旅行します。また、演劇が好きなので、業余劇団にも参加しています。

黄(宝) 私の工場の労働組合は青年団と一緒に文化活動をします。私の方では、地方から出て来られた人が非常に多く複雑ですから地方劇がいろいろあります。それは上海とか北部とか地方によつて劇がちがうからで、業余劇団も各種あるわけです。また運動もさかんです。バレーボール、バスケットボール、テニスなど。また独唱グループ。また時事問題、政治問題のグループもあります。それらに自由に参加していますし、定期的ではありませんが、若い女性が多いので、編物、洋裁なども勉強します。

韓 学生はほとんど全部学生会に所属しており、文化、体育、政治研究などの各活動をやつています。この文化活動の中には演劇団や楽団を作り、活動するのもあります。その費用は全部無料です。また、旅行と見学のグループを作り、工場見学などにも行きます。

宗 私は生れるとすぐ小児マヒにかかつて足が不自由になり、親にさえ死んだ方がいいとまでいわれました。その後少し良くなりましたが、社会へ出ても、学校へ入ることも許されず、自分の前途に対して希望を失つてしまいました。解放後、私は、漁民組織委員会に参加し、文盲一掃運動にも参加して自分を文盲でないようにしました。また託児所活動にも参加しています。そして自分の生活が安定するのをまつて夜間学校へ入りました。今は三年になります。去年、全国青年積極分子大会に出席し、非常に光栄に思いました。

司会 いろいろと卒直にお話し下さいましてありがとうございました。皆様の御生活を理解するうえに大いに参考になりました。ではこのへんで終りたいと思います。

あの頃（一三）

せい惨な戦災の想い出

浅《あさ》沼《ぬま》享《きよう》子《こ》

浅沼享子さんは社会党書記長浅沼稲次郎氏夫人。浅沼書記長のご経歴については改めてご紹介するまでもないと存じます。勇敢な活動家ぞろいの社会主義者の中でもとり分け活動家として知られているご夫君の蔭に、永い間夫人のご苦労も並大抵のものではなかつたことと思います。しかし享子夫人は書記長同様いささかのお疲れも見せず、ますますお元気で社会党婦人党員として活溌な党活動をつづけておられます。

あの頃の想い出、それは夫と共に社会運動者として信念をつらぬいて来た、いばらの道をさしていわれたのかも知れないが、社会主義社会建設のための苦しさには、希望も理想もあるので、その苦しさをのり越すところに一つの喜びがもてるのです。しかし私に最もふかい印象を与えたおもい出として一生忘れることのできない思い出は何といつても戦争中のできごとです。

日本の資本主義が国内の矛盾を戦争によつて解決しようとして、昭和一六年一二月八日に大東亜戦争を始めて以来、明けても暮れても軍艦マーチにあおられながら日本軍の行くところ外敵なし、といつた具合に連戦連勝がつたえられて来ましたが、昭和一九年の暮もせまる頃には配給を取るために長くつずいた行列に並んでいる人々の中にも、戦局の余りかんばしくないうわさがあたりをはばかる小さな声でひそひそささやかれるようになりました。その頃の銃後の生活は毎日モンペに明け、モンペにくれ、ひつきりなしの敵機の来襲に夜床に入るにもほとんど大人も子供も、モンペはつけたままで防空ズキンを手許におき警報が出る度に表にとび出し、防空壕に子供や隣組の病人を避難させたり、張りつめた水漕の氷をわつたり、バケツに水をくみたしてならべたり、それが明け方までに三回も四回もつずいた後では寒さと疲れと空腹にヘトヘト。それに今夜はどうやら助かつたがいつ死ぬかわからないという不安、それも子供と一緒に駄目になるならまだしも、この小さな子供だけ残すようになつたら、一体子供はどうなるかしら……等々という取こし苦労。新聞ラジオでは毎日一億一心火の玉だ！ などとあおられればあおられるほどいもがゆのお腹はしぼみ、戦争への不安はつのつて疲れはてた人々は、目ばかりキラキラ光らせて笑いはだれの顔にも見られませんでした。B二九などという巨大な飛行編隊が上空をとぶ時などせなかにしつかりおぶつた子供と引きはなされるような気がして全く生きているきもちはしなかつたものです。

軍部の指導者に対しては屈しかねるものがあつても、夫を子供を兵隊に取られている方々の気もち、また帝国主義の犠牲にされながらただ一筋に日本のためと信じて前線に闘つている純真な兵隊さんの労苦を思い、くぢけかかる気もちをかろうじて支えていました。そうこうする内に今思い出してもぞーつと身ぶるいの出るくらいおそろしい二〇年の三月九日、十日の大空襲になつたのです。

九日の夜、低空飛行でやつて来たB二九数十機の編隊のばらまいた焼夷弾によつて深川一面たちまちに火の海となつてしまいました。私たちの住居は鉄筋だから火事には大丈夫と日頃から自他共に信じこんでおりました。そのため木造家屋の人たちは火のついた自分の家をにげ出してアパート目がけて避難して来ました。ところがその鉄筋アパートも一度火が入るや、窓という窓からは悪魔の舌をおもわせるような、ほのおがものすごい勢いで吹き出して、もえさかり、そのうえ、恐ろしい風速で火のついたものをふきまくるので地獄絵図そのままでした。爆音、救いを求める声すさまじいという以外言葉もありませんでした。風は益々はげしくふきすさび、電気は消え真つ暗なはずなのに室の中は真夏の太陽がさし込んだような明るさ、今夜こそいよいよ最後の別れかも知れない、どうせ助からないにしても敵の火に焼かれるのはいやだ！がんばつてみてどうしても駄目だつたら屋上から子供をおぶつたままとびおりようと決心いたしました。何にも知らない子供は母の背にあるために安心しているのか、それとも恐怖に声も出ないのか泣きもしないで小さな手でしづかり私の肩にしがみづいている。このかれんな子供の顔をのぞき見た時に私は絶対に死んではならないという気持になりました。私は子供に気づかれないように火はたきをふりながら、涙をぬぐつていましたら背中の子供はまどに火のついたことを知らしてくれるのです。その頃は硝子一枚買うにも中々わけてもらえないで割れた硝子の後には板を打つけてまにあわしてあつたので、それに火がついてもえ出してくるのです。私は無我夢中でわずかに残つた水を大はたきにしめし今夫の秘書をしている青年に手つだつて貰つて一生懸命全身の力を出して消火につとめました。その頃彼は中学の三年生ぐらいでした。その内に町会の防護団に出ていた浅沼も手のほどこしようのない表から命からがら帰つて来て外まわりの火のついた材木など取はらつてくれましたので燃え始めた住居を戦災から守ることができました。夜も白らじらと明けかかつた頃表の火も大分おとろえて来たので外に出て一息ついたのですが、それまで自分の家の火をくいとめるのに一生懸命で表のことはわからなかつたのですが隣もむかいも全部のアパートのまどは焼け落ちぽつかりあいたまどからはまだ火をふきだしたり、もくもくとけむりが流れだしていました。道路には電線がずたずたに切れてくもの巣のようにみだれ、あちらにもこちらにも子供をしつかりだきかかえたお母さん、警防団の服もそのまま長ぐつをはいた足をぐーとのばしてはしりながらたおれたような人、待避所にきめられていたアパートの一角では約百五十六十名の方方が折り重なつてむざんに死んでいるのです。わずか数時間の内にこれほど自分達のまわりがでんぐり返つたのですから私は火にかこまれた時以上にいいようのない驚きで足がすくんでしまいました。昨日まで親しくして来た友達や同志の人達もこれじやどうなつていることかわからない。やつと風も火とともに静まりかけてきましたが、深川は見渡すかぎり一面の焼土と化し、くすぶる煙の中に石川造船所あたりの煙突らしいものが見えるぐらいでした。十日の六時七時頃になるにつれて、どこからともなく肉身の名を呼ぶ老人、放心したように子供の死がいを、顔をのぞきこんで行く人、深川全焼ときいて妻や子供の安否を気づかつてかけつけて来る人びと。私達が住居もろ共助かつているのをきいて集まつてこられる方々で、せまい家の中はたちまち身うごきも出来ない位一ぱいになりました。

深山に子を想う

永井《ながい》マチ子《こ》

私が黒部峡谷の奥、仙人谷の発電所建設工事場に栄養士として雇われてきたのは本年の一月末でした。嶮しい山々と美しい渓流で有名な黒部峡谷の中でもここは山岳公園地帯の秘境といわれるくらい全山花崗岩でなり、山ヒダは互に相接し、文字通り眉にせまる感じです。峡谷を縫つて流れるみどり色の水は岩にくだけて白玉となつて散り、その美しさはたとえようもありません。標高八百メートル余で、信濃高原の大町市と同じ標高といわれていますが、山深さはとうてい比較にはならないでしょう。

私は赴任する時宇奈月から欅平まで約六里の山里を歩いて来ました。道といつても黒部川筋にある幾つかの発電所やダムで働く人たちが積雪期に崩雪を受けずに宇奈月との交通ができるように昭和の始めに作られた舗道ですが、トンネル道でカンテラの光をたよりに歩くのです。私は転んだり、つまづいたりしながら、この道を六時間かかつて歩きました。この六里の間に二五〇も標高差がついています。

生きるためとはいえ、まだ義務教育期間中の四人の子を残して出て来たことが悔まれ、ただ念仏のように長男の名を、次男の名を、そして長女、次女の名を唱えながら登りました。

一筋に生きなん道はけはしけれ
　子等を離れて職をもとめぬ

山は明けても暮れても吹雪だけです。樹々は樹氷の花を咲かせて、眼を見はらせるものがあります。だが、私にはただ里の子らが恋しくてなりません。思い始めると自分の皮膚で子供等の存在を確めて見たくなるのです。

年たけて職場を得んと来し山の
　風は冷たく里の恋しき

十六歳の長男が産まれて以来、どの子かが私と添寝をしていました。久しい間一人でねることのなかつた私は最初の夜寝床の広いのが苦痛でした。ふとんの中を無意識の中に探り、手ごたえのなさにハット目を覚ましたことも一さいではありませんでした。

はらからは夢路たどるか目覚めゐて

命からがら、はいだして来た友は、口もきけないぐらいやけどの重傷、防火用水の中に顔をひたしたり、こげた衣類で涙や汗をふくので誰れが誰れやらわからないまつ黒な顔が集り、口もきけずに涙にむせぶので、それまで死んだようにだまりこくつていた子供は、初めてこわいよこわいよと泣きさけぶ始末。子供の泣くのはあたりまえ、私も余りに変りはてた人々の顔や姿に只ぼう然としました。時間がたつにつれて被害者の数もおびただしく近所の小学校、工場の地下室に、公園の防空壕に軒下にも川岸にも黒こげになつた死体が地面に油をにじませて言語に絶する有様でした。このせい惨な戦禍の光景は想い出す毎に血の凍るのをおぼえます。

満洲事変がおきた当時社会運動家が帝国主義戦争反対……戦争絶滅と叫んだことが本当に正しかつたのだと心の中で叫びましたが、表にだすことはできませんでした。

三月九日、十日の大空襲で人口十五万人もあつた深川は八千余りの人になり、ほとんどが地方に疎開してゆきました。数万のものはその生命を失つてしまつたのです。

以上は私が身をもつて経験した焼夷弾の惨状ですが、昭和二〇年八月六日の広島、八月

夜半にとどろくハッパ数ふる
発電所建設工事は吹雪でも隧道堀サク工事を一日も休みません。景勝をうたわれる秘境も一日一日と姿を変えて行きます。亡ぶるものへの追慕の情を次のようにうたつた日もあります。

はがねなす男の子集ひて峡谷の
山容変る発電所建設

建設工事にはまた昼夜の別もありません。吹雪の止んだ夜などは恐ろしいくらい深い静寂が訪れ、寒気も一入です。こんな夜は一人ふとんの中で転々反そくするのも哀しい母の運命《さだめ》でしょうか。

春の夜の山峡ふかくこだまして
・発破の音の長きトレモロ

三月新聞紙上には桜の便りも載りますが、黒部は冬の名残りで吹雪が時折り谷々峯々を駆けめぐり、木々の梢は赤味さえ帯びません。それでも春は少しずつ訪れて、最初に空の色が変ります。

山ふかく春さり来らしヒワ色に
空はかすみてつゞく尾根尾根

大伴家持は「栗はめば吾子思ほゆ……」云々と詠いました。私も離れ住むと一片の菓子一つのみかんにすら吾子がしのばれ涙がこぼれそうになります。

離れすみ子等を思へば大雪も
とかすばかりに胸熱きかな

共同生活も日を重ねるにしたがつて馴れては来ましたが、ただひたすら子等への思慕が血を波立たせるのです。

声高に語れる人の話にも
置きて来し子らの恋しき夕べ

二月末に末子が入院しました。盲腸炎だつたのです。四人の子供らが相談のうえ、山で働く母に心配かけまいとて入院を知らせず、退院後報告して来ました。神ならぬ身の吾子の病気も知らず、一夜の看護、一枚の見舞状すら出さなかつた運命に幾夜も枕をぬらしながら、おそい夜明けをむかえました。手紙を受取つた日は雪が低地より高地へと風におし上げられている荒天でした。私は吹雪に身を横たえて泣いたものです。

頬をつたふ涙にぬれし顔あげて
吹雪のなかに吾子の名を呼ぶ

三月二〇日長男が足首を折りました。急ぎ帰るにしても、六里の道を歩かねばなりません。魂は千里走つても、現身はやはり数時間をかけねばなりません。子供らをせめて高校へ行かせるには、少しでも増収を計らねばな

九日長崎での原爆の惨禍を思うともういいようのない気持になります。

戦争が終つて敗戦という冷厳なる現実の中に戦争への批判は日本国憲法の制定となり、憲法第九条に『国際紛争を解決する手段としての戦争は永久にこれを放棄する。従つて陸海空軍はじめ一切の戦力はこれを保有しない国の交戦権は行使しない』と戦争放棄の平和憲法を制定したことは本当に心強く感じました。しかしその後警察予備隊が設置され、警察予備隊は保安隊に、保安隊は自衛隊へと発展して日本の政治は憲法改正、再軍備の方向にむき、最近はオネストジョン、核兵器の持込み原水爆の実験と言つた戦争準備におびやかされております。原子力が発見されて戦争の為に用いられることは甚だ遺憾で全人類の生活向上のため平和的に利用されなければならないと思います。日本は何れの陣営にも属さずその独立と平和を守つてゆかねばならぬと思います。主権者となつた婦人の任務の重大性を自覚して今後も平和のために働いてゆきたいと思います。

戦争本当にいやです、これが絶滅のために闘います。

りませんでした。子のためこれが私の生活設計の根本なのに、次から次へと襲い来る災難に私は身心共にヘトヘトです。子供の不慮の不幸を計算しなかつた愚かしさ、笑えばよいか泣けばよいかただ迷うのみです。

　子のためか己がためかは知らねども
　　山路越えきて世の無常知る

四月末やつと黒部鉄道が開通しました。里では吹流しが空に踊り、矢車の音が紺碧の空にこだましている頃なのに、山には雪が消えやらず、残雪の肌を陽にさらしています。

　いたゞきは未だ雪にて木々くろく
　　麓の煙は郷愁を呼ぶ

　みやまには春をもたらす霧降りて
　　子ら恋ふ胸をしとどぬらしぬ

夏が来る！　を感じ始めると自然の変化は全くかけ足です。雪と若葉のハーモニーをながめて

　奥山も五月の末となりぬれば
　　雪をかすりにみどり萠え立つ

と詠んだ日もあります。若芽が急激にのびると木の間もる光も緑に冴えます。

　山深き若葉の緑もえたてば
　　子らの生命も斯くぞと願ふ

健やかに育つてほしい！　心美わしい子になつてもらいたい！　という願いが離れていればいるほど日毎に深まります。諺に「去るものは日にうとし」とあります。だがそれは母の情には通用しないものではないでしょうか。

　昼休みの日光浴びの際必ずながめる雲切谷という長さ百米ほどの三段階になつた滝があります。

　雲切谷階なす滝の水しぶき
　　百米にも及ぶ雄々しさ

　山肌相迫まる谷間に蟬の声がこだまする頃病床につく身となりました。誰もいない部屋同室の人が出勤した後で、一人風の音と堰堤の堤瀑を落下する水の音とを聞きながら、五体を子等恋しさにふるわせました。仕事に熱中しているときは忘れるともなく忘れていてもペンをおく瞬間、目の前に子のまぼろしを見たりする私ですから、仕事もなくふとんの中に身を沈めていますと子らへの思いのみで体が大きく、ふくらみ浮くような感じさえ起ります。

　病床に打ち臥す孤りの母なれば
　　十年さきの子らの夢追ふ

　前に子等が母に心配させまいと末子の入院を知らせなかつたように、私も私の病気を知らせませんでした。長びくまま下山する途中欅平の駅で電車の到着を待つ間にヒグラシが突然一せいに鳴きました。

　カナ〳〵と鳴き合ふやまの蟬しぐれ
　　人恋ふ胸を千々に乱して

　藪うぐいすと蟬がともにコーラスするのも奥山の一景でしょうか。

　旬日余の休養を終え上山しました。台風が来るという報道に山に馴れない私はただ恐れるばかりです。

　峯々をすぎゆく雲の足繁く
　　風ははざまを縫つて吹きゆく

語葉に乏しいということは情ないことです。この歌のとき程、それを強く感じたことはあません。微風程度の風ならば狭間の木々は山襞に保護されて梢を微動だにさせません。風が強くなるに従い、どんな風道の盲点にいても木はざわめきます。その木々のざわめき立つ全山黒ずむときの姿を歌いたいとの慾望のみで歌になりません。苦吟してこんなに弱い調子のものが出来てしまいました。

　山は相変らずハッパがなり、そして一日一日と山容は変りますが黒部の水は今日も悠久を流れております。

（添削・**萩元たけ子**）

生い立ちの記

（六）

松平《まつだいら》すゞ

日露戦争で世の中は景気がよくなつても私共の生活は別によくなることはありません。以前のままの裏長屋で入口の室が六畳次ぎが三畳と押入、その奥が六畳で三間続いて一方が土間で裏まで続いております。四軒向うの家の裏に共同の車井戸がありますので、手桶を提げて水を汲みに行き、台所の仕事も洗濯もするので、幼い者に取つて水汲は重い労働でありました。土間には煙出しのない竈があつて火を炊けば家の中一ぱいに煙が広がります。カマドの隣に水がめ、次ぎに食器戸棚と洗い物を置く棚があり、裏に出た所に流しがあります。汚水は溝に流れてその溝はまた大きい溝に流れる仕組になつておりますが、なかなか流れず、汚水はたまつて悪臭を放ち、中には虫が沢山うようよしておりました。

室の中に日光は殆んどささず、毎日火を炊いているのでどこもかしこも真黒くすすけています。押入の中に小型の長持が一つ、その上に毎日使うふとんがのせてあり、脇に定紋入りの鋏箱が一組あつて、奥の六畳の間に仏だんと焼桐の箪笥と、はめはずしと言つて高さ五尺位で一尺五寸角位の箱がありました。これはよろいびつのなれのはてで、戸ぶたの裏に「元祿八辛巳」と上手に書かれてありました。その頃は中に棚を作つて雑物の入れ物になつておりました。この室に結核患者の姉が床についていて、少し暖かければ蠅はいくらでも飛んでおりますし、溝から出る悪臭は室中に満ちています。なんと不衛生な状態だつたことでしょう。

箪笥の上の引出しに一つ葵定紋付の麻ガミシモと、大中小三本の刀がうこんの袋に入れて大切に保存され、これのみは父が死ぬまで時折り出して手入れして楽しんでおりました。小引出しの中にサントメ皮の紙さし、錦の袋に二朱金が十二個一分銀が五つ、鳥目といつて銀の蚕豆位の大さのかたまり二つ、いずれも奉書紙に包んで入れてありましたが、昭和十四年と十八年に供出して今は二分銀一つが名残りをとどめております、誠におしいことをしたと思います。

なお面白いことに今の百円札位の白い布切に、銀二十匁と墨で印刷した西郷札というのがありましたが、これは西南の役で薩摩方が軍用金調達に使用されたものとか、後年戦地で使用された軍票と同じ価値をもつたものだつたのでしょうか。戦争にはつきものの貨幣価値下落に一役買つたもので、西南役後物価は一段と高くなつたと聞いております。供出した二朱金の中に少し型の大きいのがありました。幕末に世の中がさわがしくなつて薩長の勢力が大きくなつた頃、多くの武士が江戸へ下る時、特に熱田の宿では薩摩様の御武家様はお金使いが派手であるが、チャラ銭をお使用になるから要心しなければならない、と言い合つたの由。その少し大きかつた二朱金がチャラ銭で、明治政府ができ、通貨が改められる際銀行から返されて来たものでした。金の含有量が少い悪貨というわけです。紙さしの中には藩士時代の往復書類その他、大方は奉書紙の半切に記された書翰があり、松甚之進様え、松平大隅の守上などの頗る達筆なものがありましたが、他のものはその頃は一字も読めないものばかりでした。松平甚之進という人は、私の父の祖父で尾張藩で学問のよくできた人とのことであります。松とのみしたのは略字の礼で大隅守である人も敬して用いたと聞いております。今もその書類は保存してあります。

押入の中にある道中長持は、内側は雲形模様のある鳥の子紙で張り、外は漆塗りで彫刻のある赤銅の金具がついておりました。その頃はきずだらけになつていましたが、新しい時はさぞ美しかつたことと想像されます。父は折にふれて「はな（私の母）は馬鹿なやつだ、この金具を一つ売つてしまつた」とこぼしていました。父の収入は少く、子供は小さい、お金がほしい、お金が、お金がと思つていたところへ屑買いが来たが何も売るものはない押入の戸が開いていて中の長持が見えた、金具の一つ位なくてもよいからそれを売りなさいと言われ、母はなる程と思つて、その彫刻の美しい赤銅の金具を一つ取りはずして屑屋に売つたのでしょう。私はいつも父は正しい、母はわるいとのみ思つておりましたが、今になつてその頃のことを思うと母のみ責めるわけにはまいりません。その頃の社会では女は夫に従うことのみ、自活する道はほとんど何もありません。ただわずかに内職として袋を貼つたり、足袋を作る仕事はありましたが、夜を日についで働いても僅かの収入しか得られません。

そして子は父親のもの、母は腹をかしただけであるとの思想に支配されていましたから離縁する時は全部の子供を父のもとに残して行くのは当然でした。母は子の親ではなくて夫の子を育てる人で、夫と分れた妻は同時に子とも分れることになつていたのです。

貧乏な生活に耐え切れなくなつた私の母はせめて子供のなんとかなるのを待つて離縁して出て行くつもりでいたのでしょう。私の幼い時、母はこの子さえなければ思い切つて出て行くものを、と私の生れたことを悔い悲しむので、私はなぜ生んだの、などと言つて叱られたものですが、母はお父さんが悪いのだよというだけでした。

とにかく日本の家族制度は家長中心でその人が全権をもち、他の家族はこれに従えばよかつたので、明治の代となつて文化が日に日に進み、それに応じた生活力のない場合、家族はまことに悲惨なものでありました。

姉の病気は快方に向う望みもなく、日一日とおとろえてゆきます。気分のよい折は外をぶらぶら歩きますが、もう仕事をすることはできませんから、台所の煮炊き洗濯等一切私の受け持ちであり、また病人の看護その他も私の手でしておりました。医者にもかけておりましたが治る道理もなく、近所の人たちがあれがいい、これがいい、というので姉も父も何んとか入手してのみたい、飲ませたいと気をもむのでした。その頃肺病にはイボタの虫（イボタという木にいるいも虫のようなもの）がよいというのでこれも入手して飲ませました。葉らんの実の黒焼きがよいと聞いてそれも用いたのですが、いずれも気休め程度で何の効果もありません。姉はもうあんな虫は食べることはいやだと言い出してイボタの虫も中止してしまいました。その頃のこととて病人の排泄物を消毒するでもなし、暖くなるにつれて蝿は家中を飛び廻つています。一匹ずつ蝿たたきで殺したところで、またすぐ近くの汚物の中で蛆《うじ》が成育して、つぎつぎと病人も台所も分けへだてなくとんで来ます。以上は私の今の尋常小学校時代の事で明治三七年春から夏にかけての状態でありました。

本誌・社友

（五十音順）

淡谷のり子　阿部艶子
有田てるゐ　安部キミ子
磯野富士子　石井桃子
石垣綾子　圓地文子
大谷藤子　小川マリ
大内節子　小倉麗子
川上喜久子　神近市子
桑原小枝子　久米愛
久保まち子　芝木好子
清水慶子　杉村春子
田所芙美子　田辺繁子
高田なほ子　戸川エマ
長岡輝子　新居好子
西清子　西尾くに子
萩元たけ子　深尾須磨子
古市ふみ子　福田昌子
宮崎白蓮　三岸節子
米山ヒサ　渡辺道子

日本労働組合総評議会傘下
各労働組合婦人部
全国産業別労働組合（新産別）
連合傘下各労働組合婦人部

原稿募集

＊論文・創作・ルポルタージュ
（四百字詰一五枚以内）
＊職場のこえ・台所のこえ・書評（三枚〜七枚）
＊詩・短歌・俳句

本誌は広く読者に誌面を解放しております。皆さまの活潑なご投稿をお願いいたします。

送り先　本誌編集部

編集後記

○日本の乳児死亡率はめざましい速度で低下していますが、中では小田原市は一九五〇年には出生千人につき三九・五から五五年の一六にまでさがり、世界一の記録を作りました。日本中がこの記録においつき、ひいて時田さんの地もとの上府中（フナカ）地区のようにゼロにまでこぎつけたいではありませんか。時田満子さんは同市の保健婦としてその誠実と、優秀をもつてきこえた方。別項は村々をかけ歩きのお忙しい中で、特にお願いして書いて頂いたものです。

○松平すゞさんの手記は、明治時代の貧困家庭の少女の生いたちをありのままに語るものですが、あの日清、日露の戦勝の夢はなやかだつたかげにすき腹をかかえて一銭や五厘の銅貨に一喜一憂した少女の姿をたれが涙なしに読みすごすことができましよう。戦争のかげの犠牲者は今も昔もかわらないのです。

○婦人民主クラブから同クラブは共産党とは一線を劃さないがその外廓団体ではないという御申入れがありました。（山川）

婦人のこえ　十月号
定価三〇円（〒五円）
半年分　一八〇円（送共）
一年分　三六〇円（送共）
昭和三十二年九月廿五日印刷
昭和三十二年十月一日発行
編集発行人　菅谷直子
東京都千代田区神田三崎町二ノ六
印刷者　堀内文治郎
東京都港区本芝三ノ二〇
（硫労連会館内）
発行所　婦人のこえ社
電話三田（45）〇三四〇番
振替口座東京貮壱壱参四番

昭和二十八年十一月二十四日第三種郵便物認可

婦人のこえ

11月号

1957

婦人のこえ

1957年
十一月号

十一月号 目次

表 紙……小川 マリ　カット……中西 淳子

なぜ憲法は守られねばならないか

渡《わた》辺《なべ》美《み》恵《え》

憲法をささえる三つの柱

一昨年の衆議院選挙、昨年の参議院選挙で憲法改悪反対、平和憲法擁護を主張する革新勢力が、それぞれ議席の三分の一を確保して憲法の改悪をふせぐことのできたのは一応の成功であつた、といつてよい。しかし憲法を形の上で改悪することだけは阻むことができても、憲法違反という声の高い法律がつぎつぎと制定されたり、憲法の規定を実施することがサボられていることを考えると、憲法はゆがめられ、すでに実質的に改悪されており、最近さらにこの傾向が強くなつてきている、といわねばなるまい。

現行憲法が完全なものだとはいえないが、明治憲法にくらべればはるかに進んだものであり、資本主義体制をとるいわゆる自由主義諸国の憲法にくらべても大体標準に達しているといえるし、絶対平和主義を定めた点は最も進んでいるといつてよい。現行憲法が忠実に実行されればすべての問題が解決される、とまではいえないにしても少くとも現状よりずつとよくなることは疑いないので、形の上の憲法改悪を阻止するだけでなく、憲法がほんとうに実施される政治の行われるようにすることこそ憲法を守ることであるといえる。私たちは、憲法改悪反対からさらに一歩すすめ、憲法の完全実施を行う政治の実現を望みたい。

以下に、問題になるものをいくつかあげてみよう。

憲法とは、国民の権利の保障、よりよき生活を実現させるための政治の仕組をきめたものでなくてはならないが、このことを日本憲法は、**基本的人権の尊重、平和主義、国民主権の三原則**であらわしている。いうまでもなく、ふだんどんなに人権の尊重を強調していたとしても、一度戦争になれば、言論の自由などはもちろんのこと、財産も生命さえも奪われてしまう。してみれば、ほんとうに人権を尊重するためには絶対に平和でなくてはならないし、国民多数の意思をふみにじつた政治によつて人権が尊重されることはありえないので、**三つの原則**—三本の柱はたがいにきりはなせない関係に立つていることがわかる。

ところが、戦争放棄、再軍備禁止の絶対平和主義は警察予備隊↓保安隊↓自衛隊と変つてくるにつれてはつきりと無視されてしまつている。保安隊や自衛隊が実質的に軍隊であること、従つて明らかに憲法に違反することは、国民誰もが疑いをもつていない明白な事実であるだけに、憲法違反の非難をまぬがれるための憲法改悪を企ててきたのだが、岸首相の訪米唯一のおみやげといわれる日米安全保障委員会の発足とほとんど時を同じくして、憲法調査会を発足させようとしていることは、徴兵制度でも、海外派兵でも、核兵器持込みでも何でも、米国の注文通り行えるような体制へはつきりふみきろうとしているといえそうである。

大量殺人兵器としての核兵器の出現は、一度戦争になれば人類を亡ぼしてしまうだろうと心配され、世界の良識ある人々によつて原水爆の実験禁止だけでなく製造をも禁止し、また絶対にどんな戦争でも起さないようにしなくてはならないと主張されている今こそ、憲法で高らかに宣言した絶対平和の主張を、世界に、人類に向つて強く呼びかけるべき時ではないか。

生存権、労働基本権とは何か

平和主義が無視されているように、人権の尊重も不十分であり、それを制限する傾向が目立つてきている。

言論や学問の自由、集会、結社の自由などの自由権にしても、また憲法違反として強い反対をうけた破壊活動防止法や教育二法にしても、公安条例等にしても、違憲判決をうけずに存続しているし、思想調査に類するようなことも行われている。自由の価値は、人々が自分自身の考えをもち、その考えを自由に発表しあつて批判、検討しながら、よりよい生活を築いてゆくところにある、といつていいのに、現実にはむしろこれらの自由を阻む封建的な要素があまりにも多いところに問題があるのである。自由権を実質的には認めないような政治や教育が久しく行われてきた日本では、自由の価値への認識が足らず、それが身にもついていないので、特に自由権を十分尊重し、強く保障すること、自由を妨げるものをとり除くことが必要なことであつて、あべこべにそれを制限してはならないのである。

資本主義下の人権

自由権をみとめれば、人々がめいめい自分の責任で生活してゆけるし、それが社会の発展のためにも最もよい方法なのだ、という考え方は、経済面での自由競争が資本主義経済へと進み、高度に発展するにつれて、ある程度修正を求められるようになつてきた。基本的人権を尊重するということは、すべての人を同じように尊重するということでなくてはならないのに、資本家にはあらゆる自由や権利が保障されながら、無産階級の人々には生きる自由や権利さえない、というのでは自由権で現わされてきた人権の尊重は無意味なものとなつてしまう。自由主義或は資本主義を否定するのではなく、それを前提として認めながらその弊害を多少なりとも是正するために主張されてきたものが、生存権的基本権、或は社会的基本権と呼ばれている権利である。これは一九一九年、ドイツ共和国のワイマール憲法に始めてとりいれられ、第二次大戦後の自由主義諸国の憲法に相当広く規定されるようになつた。日本憲法も同じ傾向にあり二五条の生存権、二六条の教育をうける権利、二七条、二八条の労働基本権についての規定がこれにあたる。

社会的基本権は、無産階級の生活苦を取除くことは国家或は社会の責任であるという、社会主義を背景とする生存権の思想にもとずくものではあるが、前にも述べた通り、自由主義或は資本主義を前提として認めながらある程度これを制限または修正しようとするものであるため、自由主義或は資本主義の立場からは決して好ましいものでなくむしろ邪魔なものといえる。このために、社会的基本権が憲法上認められるようになるには長い年月を要するし、一応認められるようになつても、十分に実現されず、或はいろいろの妨害をうけることは当然のことといつていいかもしれない。日本憲法の規定する社会的基本権の現状もこのことをよく現わしている、といえそうである。

生存権を規定した二五条は、具体的な権利を定めたものではなくてプログラム規定である、といわれている。つまり、生活のできない人が国に対して生活保障を要求する権利がある、という意味ものではなく、国家としては、国民が健康で文化的な最低限度の生活ができるように立法をすすめてゆくべきであるとの方針、即ちプログラムを示したものである、とされている。このような方針を憲法で宣言したことは、国民はそれぞれ自分の責任で生活してゆくよう努力せねばならないことはもちろんだが、国家としても積極的に国民の生存権を保障するための措置をとる義務を負うことになるので十分でないにしても意義は大きい。

では現実はどうであろうか。社会保障の拡充は、保守政党といえども政策としてかかげているし、生活保護法、健康保険法、児童福祉法等一連の社会保障や社会福祉のための立法もなされている。しかし、これらの立法そのものがまだ十分でないうえに、予算面の措置が一層不十分であるため、生活保護を必要とする多くの人が保護をうけられないでいるし、国民皆保険がとなえられながら何千万もの未加入者がいる。児童福祉、身体障害者福祉等の社会福祉にしても、申しわけほどのことしか行われていないことは、一々いうまでもなく、毎日の新聞なり私たちの周囲なりを見れば明らかなことであるし、老後の生活保障については全く手もつけられておらず、すべて貧しい家族の負担とされている。

このような状態で、生存権保障についての国家の義務が果され、或は果すよう努力されているといえるであろうか。憲法が理想としてかかげるこの義務を果すことを遠慮する必要はない。むずかしいことかもしれないが、不可能なことではない。人間を尊重するという意味で生存権保障は最低線ともいうべきことであるだけに、これを完全に実現することを強く主張したい。

教育をうける権利は?

二六条の教育をうける権利も十分には尊重されていない。すべての国民は、能力に応じてひとしく教育をうける権利を有し、保護者は子供たちに教育をうけさせる義務を負い、義務教育は無償であると規定されているが、経済的理由のため義務教育をうけられない児童生徒は相当の数に上つている。これらの児童生徒に対するほとんど何らの積極的措置もとられず、高等学校以上についての育英制度にしても、教育の機会均等を保障するには不十分である。義務教育の無償は、公立学校で月謝を払わなくてよいという程度にすぎず、教科書その他の学用品は自弁であるため、これも極めて不完全である。義務教育の完全な無償に努力するかわりに、教科書が高い、兄や姉の教科書が使えなくて不経済、転校の時教科書を買いかえなくてはならない、等を教科書固定化への理由の一つとして使うに至つては、本末転倒も甚しい、といわねばならない。義務教育の無償、教育の機会均等の完全な実現、そして、教育を何ものにも支配されない真実を知るためのものとして確保することは、国民すべてにとつて大切なことである。もつとも広い世間には、真実を知らされては具合がわるいからなるべく隠しておきたいとか、大衆は権力者のいいなりになつていてくれる方が都合がよい、などと思つている人もあるかもしれないが、私たちは真実を知りたい。そしてその機会を十分保障する政治であつてほしいと主張したい。

労働基本権、団結権

二七条、二八条の労働基本権と呼ばれるもの、特に団結権、団体交渉権、争議権については、他の社会的基本権にくらべて具体的な権利としての保障ははつきりしているものの、使用者すなわち資本家に直接対抗する権利であるだけに、なるべく制限しようとねらわれている。憲法は原則として、すべての労働者に団結権以下の権利を認めてはいるが、公共の福祉のため、という名目により、公務員法、公労法、スト規制法などによつて、それらの権利には多くの制限が加えられている。

争議行為はもともと使用者に対抗するための手段であるから、使用者に損害を与えることもあるし、時には使用者以外の第三者に損害を与えることもあり、普通の市民生活的な考え方では好ましくないどころか許されないこともあろう。が、このような対抗手段を認めることによつてのみ労働者の立場を使用者のそれとようやく対等にまで引上げ、労働条件の向上、労働者の生存権保障が行われると考えられるようになつたので、憲法でもそれが保障されるようになつたといえる。漠然とした「公共の福祉」というような名目によつて労働基本権の制限が行えるのだ、ということになれば、労働者の地位が著しく引下げられることはさけられない。

すべての労働者に原則通り団結権、団体交渉権、争議権を認め、特に問題となる争議権については、労使の社会的対抗関係のなかから自然に生じてくる労働慣行にまかせるべきである。争議行為が使用者以外の第三者或は国民一般にも影響を与えるような場合には、当然いろいろの意見がもちこまれることになるであろうからこれらの意見をも反映しながら労働慣行がつくられてゆくとみればよい。

前にも述べた通り社会的基本権の確立は非常に困難であり、現状も不十分なものである。このなかで、憲法上の規定としては、労働基本権のうちの労働権（二七条一項）を除いた団結権以下の権利だけが、権利としての実質を与えられている。労働基本権はいわば社会的基本権の代表ともいえるものだけに、それが現実にもしつかり守られているかどうかは、社会的基本権全体に影響を与えるといつてもよい。労働者の権利を守る闘いは、国民の生活と権利を守る闘いにつながるといつてもよい。

渡辺美恵氏―昭和一六年明大法学部卒、同年女性として日本で初めて高文パス。当時厚生省在任中でしたが無資格の男子より下位におかれたのでその理由を問うと「いくら高文をパスしたつて女に高等官の待遇をしたのでは国民が承知しません」といわれ、同省を去り、労働科学研究所に入る。戦後文部省に入つたが官労の執行委員としてもつぱら組合活動に従う。労働省婦人少年局、法務省人権擁護局を歴任、現在国立大分大学助教授。

憲法調査会の性格

中大路《なかおおじ》満喜子《まきこ》

最近、憲法調査会が発足し、社会党はいままでの主張をくりかえし「これには参加しない」という態度を明らかにしたため、この会についての疑問、関心が高まつたように思います。

憲法調査会法案は、昭和三〇年の第二二特別国会に民主党から提出されたが、審議未了となり、ついで三一年の第二四国会に、ふたたび自民党から提出されました。この時自民党は、「この法案は超党派の立場で審議したいから、社会党と共同提案しよう」と申入れましたが、社会党は「党の方針として憲法改正に反対であり、したがつて、憲法改正を目的とするこの法案にも反対である」といってこれを拒絶したために、自民党だけの提案となつたのです。自民党側は、政府と協議し、この法案の取り扱いや質問に対する答弁について、両者で食い違いのないように打合わせ憲法調査会は「憲法を改正する必要があるかどうかを検討し、改正するとすればどの点をどう改めるかについて再検討するために設ける」という答弁を用意しました。こうして三月の衆議院本会議で二三九対一三九で可決、五月には参議院本会議を通つてこの法は成立し、憲法調査会の設置が法的に決まつたのです。それから現在まで一年余り、調査会は会長になり手がありませんでした。政府は宮沢俊義、森戸辰男などの学者達にも会長の就任を頼みましたが、いずれも断られ、開店休業のまゝ店ざらしになつていたのを、今回、高橋会長を迎え出発に踏み切つたのです。

この経過を振り返つてみると憲法調査会は果して文字通り「憲法を改正するか、しないかを調査する機関」と甘く解釈するには大きな疑いがあります。

憲法改正に反対の立場をとる人々は、この会の発足が岸首相のアメリカ訪問直後であることを重視し、日米共同宣言にもみられる両国共同防衛体制の強化、そのための憲法改正再軍備という一連の関係に立つものだとの見方をしています。

今日の岸内閣が、労働組合に対し露骨な干渉や弾圧を行い、修身教育、家族制度の復活などを意図して、その目的を達成するためには、最大の障害である現行憲法の改正をできるだけ早く行いたいと考えていることは間違いありません。その人々が、一番熱心に、しつこく、強引に憲法調査会の設置を推進したことを思えば、これは「調査」に名を借り、憲法を改正しようとする一手段ではないかと考えられます、また、事実この調査会のメンバーにはかねてから積極的に「憲法改正すべし」という意見を持つた人が多いのです。

国の基本方針をきめている憲法は、その改正手続が一般法律と異り、衆、参議員の全員の三分の二以上の賛成を得て発議し、さらに国民投票で過半数の賛成を得なければならず、あくまでも国民の考えを基礎としています。今度の憲法調査会が内閣に置かれたことについて、ある憲法学者は「改正原案の調査などは国会が行うべきで、内閣に置くべきではない」と述べています。

去年の夏行われた参議員選挙は憲法改正についての国民の意向を示すものとして重要な意義がありました。選挙の結果は、社会党を中心とする革新勢力が、かなり進出して、衆議院のみならず、参議院においても憲法をまもろうという勢力が三分の一以上を占めました。つまり、国民は前よりも憲法改正に反対の声が強くなつた、少くとも消極的であるといえましよう。にもかゝわらず、政府が憲法調査会を設けて、その活動を開始し出したことは、国民の意向に逆らうものであり、何も知らない国民に対しては、憲法を改正しようとの考えを植えつけ、宣伝せんがためだと思います。また、安定した反動政権を維持するため、憲法改正を急ごうとするあせりだとも思われます。しかも、そのことをカモフラージュするために、反対党へも参加の誘いをかけているのでしよう。だとすれば、異る意見と疑義を抱いているものが、参加を拒否したからといつて、あながち「量見が狭い」ときめつけるわけにはいきません。

この間憲法調査会は総会を聞き「社会党の参加を要望する決議」を行い、同党に申し込れましたが社会党は、ほゞ前述したような考えの上に立ち、参加しない理由を明らかにして回答しました。その中には逆に「憲法調査会を廃止する法律案」を用意して、現にこれが国会で継続審議になつていることも書かれてあります。

一方片山哲氏を議長とする「憲法擁護国民連合」でも声明書を発し「憲法擁護の義務を負う政府が、国民多数の反対を押しきつて憲法調査会を発足させたことをきわめて遺憾とする」抗議を岸総理大臣宛に送つています。

これらのことを考えると、調査会は「調査」という言葉をつかい、民主的な運営をよそおいながら、憲法改正への一歩をふみ出したのだという感じをぬぐうことができません。

私たちも、調査会の正体をよく見つめ今後どのような動きをするか、十分注意したいと思います。同時に、憲法をまもろうとする人々と手をつないで、人として与えられた数々の権利が侵されるのを防がなければ古い殻の中に閉じ込められた不幸を再びくりかえすことになると思います。

憲法調査会に対する公法学者の意見

憲法擁護国民連合では九月中旬、公法学会会員約三〇〇名に対し、憲法調査会と憲法改正問題についてのアンケートを求めていたが十月二一日現在の第一次集計結果は次のとおりである。

一、政府機関で調査審議することの可否

(イ) 不適当　五七名　**(ロ)** 妥当　一八名

二、委員の構成について

(イ) 国会議員と学識経験者との比率

(A) 国会議員は不要(学者のみがよい)　一三名
(B) 現在の比率でよい　九名
(C) 国会議員が多すぎる　一三名
(D) 議員と学者半々にする　一五名
(E) まつたく委員の構成に不満　二二名

(ロ) 学識経験者の選任の方法

(A) 学会を中心とすべし　一七名
(B) 各界諸団体も加えろ　一六名

三、すでに公表された政府与党の改正案をどう思う

(イ) よろしい　三名　**(ロ)** 反対　五八名
(ハ) 批判

(A) 天皇制問題　賛—ナシ　否—九名
(B) 再軍備問題　検討の余地あり　四名　なし　四名
(C) 基本的人権問題　反対　五名

四、憲法改正の時機

(イ) 直ちに改正すべし　八名
(ロ) 現在は必要でない　二一名
(ハ) 当分必要としない　三三名

五、憲法改正の方法について

(イ) 国会に改正勢力が2/3以上になつた時　六名
(ロ) 完全独立ができたとき　七名
(ハ) 改正の世論が高まつたとき　一四名

—時評—

売春防止法と経済立法

山《やま》川《かわ》菊《きく》栄《え》

世にぬすびとのたねはつきまじと歌つたとかいう石川五衛門氏も頭をかいてひきさがるだろうとおもうくらい、次から次と汚職の種がつきないのに感心しますが、どうせきたなくない汚職事件はないにしても、こんどの売春汚職ほどきたなく、くさく、不愉快なものは少いでしよう。売春婦といえばどのみち社会のどん底にあえぐ弱者中の弱者です。それをしぼつて財産をきずいたりする上に、さらに何千万円の運動資金をとりあげて業者のために奴隷売買業を永続きさせようとし、堂々たる議員がその足もとにひざまずいて御用を承るとは、まことに浅ましい限りではありませんか。

明治五年に公娼が廃止されてから八五年、マッカーサー指令でもいちど公娼が廃止されてから一二年、売春防止法がしかれて二年に近く今なお同じ問題がくり返されているのも、そういう議員がいるからであり、明治の昔から議員、警察、業者は一つ穴のむじなといわれ、たがいに力をあわせてこの制度を維持してきた相棒だつたからです。明治時代、娼妓の自由廃業を助けた救世軍の人たちは暴力のぎせいとなり、病院にかつぎこまれるほどのケガをしても、警察はそしらぬ顔、娼妓は警察で説諭の上、楼主人にひき渡され、つらい稼業をつずけ、かせげばかせぐほど借金がふえるというふしぎな世界の中にカゴの鳥の生活をしいられていたものでした。あの関東大震災のときは、吉原が丸やけとなり、そういう人々の生きながら焼き殺された死体の山は、写真をえはがきなどにして、忽ち禁止にはなつたものの、人間の良心に訴えずにはおかなかつたものです。

その血なまぐさい焼灰がまだいぶつている最中、早くも楼主たちが復興のクイをうちこみ、テントやバラックのかげで生き残つた女たちに商売をさせ、震災で失つたものをとり返し、さらに新しい富をきずこうとしていたのです。

これに対して東京のいろいろな婦人団体がはじめて震災後の対策と将来の協力とのために連絡をとる機関としてつくつた東京連合婦人会の中の有志は公娼廃止期成同盟をつくつて吉原その他遊廓の復活を不許可にするよう内務省に陳情し、向う六カ月を期して全国の公娼を廃止することを建議する運動をおこすことになりました。この時まで公娼廃止は矯風会の専売特許のようでしたが、このとき山高しげり、三宅やす子さんなども熱心に参加され、はじめてキリスト教団体だけでない大衆的な規模の運動になりました。といつてもまだそのめばえのようなものでしたが。そのとき委員の一人として創立趣意書を起草した私は、猶予期間を六カ月でいいものかどうか分らない。多勢の討議にかければいずれ意見が出るだろうと思つてそのままにしておいた。ところが会議にかけてみたら何一つ、質問も出なければ異議もきかれない。一字一句の修正もなしにうのみにして通過したので、あつけない気がしました。今から三五年も前のことで、具体的、実際的な問題についてては私たちはみなそのくらい何もしらず資料も手うすで不用意でしたが、とにかく遊廓を復活させてはならない。これを機会に明治初年からの問題である公娼廃止を一挙断行させなければならぬという決意にもえていたことは事実です。

そのころは社会主義者でさえもこれには疑いをもち、いつたいそんなことができるものか、性病をどうするのだということを有名な指導者さえもいいました。私はずつと古くからスエーデンでやつているように性病の治療は国民としての義務とし、政府はそれを強制する代りに国費をもつて治療すべきだと答えましたが、そんなことが日本で問題になりますかね、と私の世間しらずをあわれむような微苦笑で話はうちきられました。

今日、ともかくも保守党でさえ売春防止法を真剣にとりあげ、性病の治療が国の責任として次の国会にはそのため四億の予算計上が売春問題審議会によつて要望されるということですが、日本もともかくもここまでこぎつけたか、と長い過去をふり返つて感に堪えません。

一昨年私は、信州飯田市で警察署長が職をとしての大奮闘で復活したという遊廓にいきましたが、昔の貸座敷そのままの大きなかまえの遊女屋の主人は、自分はこの女たちが、親や子供をかかえながら生活の方法がないのをみて、同情のあまりこういう商売をはじめたので、全くよるべのない婦人を救い、職業を与える貴い犠牲的精神から出たことで、女たちも自分に感謝し、よく働いてくれると誇りました。がそういう口の下から、実は戦災のため四度もやけだされて無一文になり、資本なしで他の商売はむずかしいし、東京の大学に学んでいる息子たちの学資も必要だからこの商売をはじめたと本音をはきました。つまりこの人肉ブローカーが救つたのは女たちでなく、彼自身とその家族だつたのです。かれが救つたという不幸な娘たちは、かれのためにその大きな家を買つてやり、大学生の息子たちの学資を負担し、かれ一家の生活費と財産とをかせぎだした上、何千万円という議員買収費までしぼられているわけです。この商売が許されるかぎり彼らは不幸な女たちの生血をしぼつてますますふとり、いよいよ富みさかえてお抱え議員をふやすことでしょう。

労働運動と売春問題

しかしたとえ汚職事件は徹底的に追求され、更生施設も拡充されるとしても、それだけで安心はできません。要するに根本には生活問題・経済問題がよこたわつているので、労働運動がしつかりしなければ、サイのかわらの石つみと同じことです。

このところ婦人労働者はふえる一方ですが、そのふえる方向は消費的、寄生的なサーヴィス業、接客業方面に多く、そうでなくとも相変らず不安定な不熟練業に集中しているので、たえず失業と転落の危機におびやかされているわけです。できるだけ多くの人に職業の機会を与えることと共に、最低賃金法、家内労働法の制度を一日も早く実現することが、売春防止法の片棒をかつぐことになるわけです。いいかえれば労働運動の圧迫、組合の強体化は売春防止法反対運動と同じ意味をもつているのです。

妾は売春婦であるかないかということも問題になり、売春婦とはきりはなすことになりましたが、これは昭和二四年、婦人少年局の審議会で売春問題がはじめてとりあげられたときもいいだした方がありましたが、売春婦の定義外においたのでした。いわゆるカコイ者だの、女事務員、女店員が土曜日曜に （一六ページへ続く）

――現在の教科書――

「教科書は子供のものであり私たちみんなのものです」

山《やま》本《もと》あや

母親が一番望んでいることは、子どもの豊かな成長です。そのために、苦しい家計の中から、何をおいても可愛い子どもの教育にかける費用を出しています。その教育費のうち教科書の費用だけでも小学校一年生で四百円余り、中学校一年生で約千円となつています。しかも現状は、各学校はもとより、各学年まちまちの教科書を使つているし、ましてや転校、進級などの際には、そのつど変つて兄や姉などの古本が使えず、不便でしようがない。国定教科書のときにはこのようなことはなかつたというような非難めいた言葉が多くきかれます。さらには「よい教科書を」というのと同じぐらい「安い教科書を」という母親の声が強く、このような空気を敏感に利用して文部省の役人や古い考えの政治家たちが、このような欠点を改める方法と称して、教科書の国家統制をはかろうとしたのが、昨年の国会で国民がこぞつて反対してつぶした「教科書法案」でした。教育の自由や創意、進歩や発表をゆがめ戦争への道をひらいた国定教科書のおかした罪の歴史の証明と苦しい体験を私たちは忘れていなかつたのです。

この際私たちはもう一度「教科書」というものについてこどもの幸福のための教育を守る立場から考えてみたいと思います。そのために以下、現在の教科書はどんな制度になつているのか――ということを、少し味気ない文になりますが書いてみたいと思います。

検定教科書は、民間の教科書会社で編集した原案を、文部省が準備した検定委員会の審議を経て、合格したもののみが発行を許され展示会に出品陳列されて、各学校の選択にゆだねられ、こどもの手に渡るものです。

したがつて何よりもまず教科書会社は「検定」に合格し「採択」されなければなりません。ここに、検定・採択・販売・ということが現在の教科書制度の中でもつとも重要な意義を持つことになりますので、これをもう少し具体的にくだいてみたいと思います。

一、検定について

検定においては「基準」と、「調査官」が教科書の死活を握るもつとも重要な意味をもつています。検定の基準には絶対条件と必要条件の二つがあり、絶対条件には

(1)教育基本法、学校教育法の目的と一致しているか。

(2)特定の政治(政党)、宗教(思想)にかたよつてはいないか。

(3)各教科の指導目標と一致しているか

の三項があり、そのうち一項でも「否」となれば不合格になることになつています。このことはしごくあたりまえのことですが、現状は逆であります。とくに第一項ではたとえば教育基本法や学校教育法では「真理と平和を希求する人間の育成」「自主的精神の育成」などを主なねらいにしていますが、現今の検定では、これを忠実に守ろうとすればかえつて不合格になる危険性が多分にあるのです。(日本国憲法第九条戦争放棄の意義を強調などすれば、全面書直しか、大巾削除をよぎなくされています)。それも調査官の一方的判断で決定されています(いわゆるF項パージと呼ばれているのがこれです)。

また必要条件には客観的基準はありませんが、「内容」「児童生徒の発達段階への適応」

「組織・配列の適切性」「表現の正確」「その他製本、体裁」などの項目にわかれており、各検定調査官の主観的判断によつてきめられます。

二、採択について

教科書の採択は都市、農山村といつたように、その「地域」の実状によつて、また大きい学校小さい学校といつた「学校」独自の教育計画にもとずいて、子どもの成長と発達にもつとも適したものを、一人一人の直接教える現場教師が責任をもつて自由に行うべきです。

文部省は「採択権は教育委員会にある」といつて教師の手から奪おうとしていますが、教育委員会は単に採択の事務を取扱うものであるにすぎません。

また教科書法案にもられていた、地域を広げた統一採択（或は共同採択――これは郡市単位または郡市を二三位合併したもう少し大きな単位）の指導が強くなされ、おそらく八〇％ぐらいは統一採択の形で行われているのではないかと思われます。

文部省や任命教委の多くは転校の際の便宜や、兄姉の古本の使用、地域での研究会開催の都合などを口実にし、教科書の種類を減らし、採択の面からも国家統制、国定化の方向を促進しようとしているのです。

三、販売宣伝について

限られた時間に行われる展示会（全国で約七〇〇カ所の教科書センターで二〇日間）では、教科書の良否を見わけることは困難なことです。そこに喰込むのが教科書の見本の献本、講習会開催、駐在員の暗躍などでありま す。文部省は口を開けばその不備を是正するのが法案である、といいがかりをつけていま す。教科書の内容を副一化するからこそ、不当な宣伝が顔を利かすので、いろいろの内容をもつた教科書の出版を自由に許したら、いま行われているような販売競争や悪質の宣伝は、もつと正しい意味の競争（内容で競争する）に形が変ることでありましよう。

次期通常国会には「採択」を中心にした、いわゆる教師の手から自由に教科書を選ぶ権利を奪う法案が出されることは必至です。

私たちはさる九月一四日に、出版労組懇談会や、民間教育団体、学者文化人、婦人団体、日教組などの巾広い国民層が集つて、「教科書問題協議会」を結成し、教科書法案に反対し、憲法や教育基本法の精神にもとずいたよい教科書で子どもの幸福を守るために、

1 教科書の検定を役人にまかせず、国民全体のなつとくのできるものにしましよう。

2 教科書は一人一人の教師が責任をもつて自由に選ぶようにしましよう。

3 教科書出版業者の不公正な販売競争をやめさせましよう。

4 みんなで教科書の研究をすすめ、よい教科書を子どもに与える運動をおこしましよう。

5 教科書を無料で子どもに与えるには、どうすればよいかをみんなで考え、その実現に努力しましよう。

の五項目を決定し、お母さん方にも十分わかつてもらえる単行本「教科書はだれのものか」―（B6版、一二〇頁、五〇円）を発行することになつています。

教科書は教師だけのものでも、子どもだけのものでもなく、ましてや文部省の役人のものでは絶対になく、国民みんなのものなのです。私たちはよい教科書を安く（できれば無料で）子どもに与え、自由に、明るくしあわせに育つてくれるよう固く手を握りましよう。

それをはねのける第一歩は教師はもちろんのこと、父母をも含めて日頃より教科書の内容の比較研究を行うことでありましよう。すでに婦人団体の中には自主的に教科書研究を継続的にやつているお母さん方がたくさんあることを是非ともつけくわえておきたいと思います。

（日教組婦人部長）

中小企業で働く年少者の問題

熱《あつ》田《た》優《ゆう》子《こ》

働く少年少女の書いた生活文を読んでいると、くもの巣にかかつて必死にもがいている蝶のすがたを思い浮かべます。

「朝三時の時計が鳴るととび起きて自転車で店にゆく」という一五歳の牛乳配達の少年。「早い時には三時ごろ、ふつうでも四時までには起きる」という手打ちうどん屋の小僧さん。二交替制の八時間労働とはいいながら、「先番の時は午前五時から、おそ番の時は夜の十時半まで」ほとんど立通しで働かされるという一七歳の紡績女工さんの訴えが胸をうちます。

この年ごろといえば、まだまだ育ち盛りでいくらでも食べたいし、眠りたい年ごろです。そして同じ年ごろの他の部分では、これらの生活文の筆者たちが、ほとんど例外なくといつてよいほど希望してはたされなかつた学校生活が、ごく当然のこととして行われているのです。まだ心身ともに保護されなければならない少年少女たちではありますが、家計の補助として、あるいは学費や小づかいを得るために職業を求めて働かなければならないのが、日本の現実のすがたなのです。

現在、職業について働いている少年少女の数はどのくらいあるでしょうか。総理府の統計によると昭和三一年一一月現在で一四歳から一七歳までの就業者数は二七七万人となつていて、同じ年齢の人口の二七パーセントにあたつています。この数は労働基準法で労働力として認められている年齢についての数ですが、実際には、義務教育中の児童が、このほかに相当数働いています。その大部分は新聞配達の少年だそうですが、最近このような低年齢層の労働が増加する傾向にあるということで、将来の国民の学力・体位などに大きな影響をもたらすのではないかと思われます。

年少者で特に問題となるのは、七割までが一〇〇人未満の中小企業に、そして約半数が三〇人未満の零細企業に働いているということです。このような零細企業は経営の基盤が弱く、労働組合の組織されていないところが多いので、労働条件が悪いのは必然です。こういうところから例の生活文に見られるような嘆きが出てくるのでしょう。

年少労働者に関する労働基準法違反の件数の九〇パーセントは中小企業であることからみても、年少者の大部分のものが、ひどい労働条件のもとにおかれていることがわかります。そしてまた、零細企業の中には、小売商・飲食店・理髪店・浴場など、住込みの職場が多く、こういう職場には、労働時間や休日などの労働基準法違反が特に多くなつています。昨年労働省で行つた東京都内の調査によりますと、住込みの年少者の実働時間は、八時間のところは一六パーセントにすぎず、約二〇パーセントは一二時間を超え、中には一五時間というものもあつたそうです。休日も労働基準法による週一回の休日を与えているものは二〇パーセントくらいしかなく、月二回が六〇パーセントを占めているという状態です。もちろん保障制度なども十分行われず健康保険に加入している事業場が五〇パーセントで、労災・厚生・失業保険などに加入しているものは、ほんの僅かしかありません。ですから、このような悪条件に耐えかねて離職するものが非常に多くなつてきています。ある食品工場では九九名の新規採用者のうち三カ月以内に二五名が、またあるゴム工場では七三名のうち二一名が、さらに二八名のうち二五名までの退職者を出した例さえあります。こういうことは就職者の側から云つても雇用者の側から云つても大きな損失です。

このような状態ですから、最近では年少者たちは中小企業に就職することをきらうようになり、大企業に求職者が殺到する傾向を、ますます強めています。ところで、今年三月の中学校・高等学校の卒業生に対する求人数は中学校では二三万余、高校では一〇万余、求職者数より上まわつていましたので、待遇の悪い中小・零細企業者まで就職者がまわらないという現象がおこりました。そこで、中小企業の雇用者たちも、頭の切りかえをせざるを得なくなつたのですが、それは年少者たちが敬遠するような労働環境や労働条件を改善する以外に方法がありません。と云つて、中小企業の経営上からみて、個々の事業場がばらばらにやつても、たいした改善はできないので、同業者が協同したり、地域的に商店街などが連合したりして、集団的に改善を図ろうとする気運が全国的に起つてきました。ある織物協同組合では、中学校新卒者の初任給を定めたり、週休制の履行、時間外手当を労基法に基ずいて正確に支給すること、健康保険・失業保険・労災保険に加入することなどを誓約しました。又ある所では、栄養士をおき共同炊事場を設けて食生活の改善をはかつたり、集団健康診断などの福利厚生の共同施設や、養成施設、退職金の積み立てなどを始めました。このようにして、前近代的な殻の中で団結力を持たない最も弱い労働層をしめあげていた中小企業の経営者たちも、労働者の側から見切りをつけられて始めて、待遇改善に第一歩を踏み出したのですが、このような中小企業に対して、労働組合の指導者たちは、どのような対策をもつているのでしょうか。

ここに述べたような中小企業経営の共同化の方向は、それ自体としてはよいことだと思いますが、と云つて、まだ極めて低い程度のものにすぎず、その上、一歩まちがえば、最低の線での業者側の協定ということにもなりかねません。この際、組合側としても、このような経営者の動きを冷い目で眺めるだけでなく、このような協同体の中に積極的に参加して、よい芽をのばしていくと同時に、経営者に対する見張りの役をつとめ、少しずつでも近代的な水準に近づけていくように、働きかける必要があると思います。日本のように中小・零細企業が企業の大部分を占めている国では闘争一本槍でいかないで、おくれた経営者をも含めて教育していくということが、労働組合の任務として取りあげられてもよいのではないかと思います。労働組合が大企業にだけ組織を集中してこのような弱い面への指導を怠るなら、大企業と小企業との労働者の地位のバランスはますます失われ、年少者や婦人の労働条件はいつまでも改善されないのではないでしょうか。

せめて義務教育中の年少者だけでも、全部国費で就学ができ、その間に将来の職業の基礎的な知識と技術が身につけられるような組織にならなければ、年少労働者の低い労働条件は、完全になくすことができないでしょう。しかし、それまでだまつているわけにはいきません。皆で手の届くところから始めたいと思います。また国としては、労働基準法で決められている線だけは必ず守られるように全力をあげてもらいたいものと思います。

—資料紹介—

大阪府の内職者実態

編集部

労働省婦人少年局では家庭内職者調査の結果、内職者の要望により、国庫の補助をえて一九五五年以来東京、大阪、愛知、神奈川等八都府県に内職公共職業補導所を設け、内職あつせん、相談、苦情処理に当らせています。内職者の実状は総評や社会党が主張している最低賃金法、家内労働法がどんなに急を要するかを語るものですが、左にご紹介するのは大阪府立職業補導所—所長小林喜代氏—のまとめられた「大阪府における内職従事状況実態調査報告」のあらましです。

この補導所では大阪府下の内職従事者が比較的濃密に存在すると考えられる十カ所を調査区域として、一九五六年七月中旬より八月にわたる約一カ月約八千世帯について聞き取り調査をしました。調査時期がちようど七月から八月にかけての内職の夏枯れ期に当つていたせいか、七、〇一五の調査世帯のうち、内職従事世帯は一八・四%(一、二九〇世帯)です。しかし非従事世帯八一・六%(五、七二五世帯)のうち、内職をしたいと希望している世帯は二一・九%(一、五三六世帯)もあり、この潜在的内職者世帯をあわせて、直接、間接内職と関係ある世帯数は四〇・三%ということになります。

これらを収入階層的にみますと、それぞれの平均収入が次のようになります。

内職者世帯		一七、一八八円
非従事世帯	希望あり	二〇、一〇八円
	希望なし	二二、一三七円

はじめに内職希望世帯についてその内容を知ろうと思います。

内職希望世帯について

内職希望世帯は、内職に従事していないという点で、内職を希望しない世帯と表面は同じ型に入れられますが、しかし実際には内職を希望しているという点で内職者世帯と深いつながりをもつています。戦後、勤労者の生活がひどく苦しくなり、生活水準が低下するにつれて、希望世帯の中から内職者へ転化する者がふえる一方です、そこで内職希望世帯とは内職者世帯へ移つていく途中にあるものであり、潜在的内職者世帯であるといえます。このような沢山の内職者予備軍の存在は、内職工賃をだんだん低下させる原因であり、その意味から、希望世帯の検討はゆるがせにできないのです。

そのため、まず第一に内職希望者の性格、第二にその収入階層的分析、第三に内職希望理由について考えようと思います。

(一)内職希望者の特質

戦前戦後の内職調査を通じて、内職者の圧倒的多数が女子であり、男子は極めてわずかなのですが、内職希望者についても同様で、男子が三・五%にすぎないのにくらべ、女子は九六・五%です。

年令的には、男子の場合、六一歳以上の老令労働力の比重が高いのに、女子の場合その大部分は二六歳以上六〇歳以下のもので、これが総数の八七・三%を占めています。また内職希望者の家庭内の地位は、主婦つまり家計の支出面の担当者が大部分です。

(二)収入階層的、社会階属的分布

内職希望世帯の平均月収入は、前にのべたとおり二〇、一〇八円で、希望しない世帯より小、内職者世帯より大であります。この内訳は一二、〇〇〇円以上二四、〇〇〇円未満ですが、この階層の多くは工場労働者、下級サラリーマンです。希望世帯のうち、工場労働者世帯は三三・八%であり、下級サラリーマン世帯が二六・七%を占めます。そして従来内職ともつとも深く結びつき、それによつて生活を支えていた未亡人、失業者、日雇労働者などは、わずかに一〇%にすぎず、内職労働力源としての意識は薄らいでいます。

(三)希望理由

希望理由は、「世帯収入不足」「不時の支出に備えるため」「暇がある・技術を身につけるため」の三種類にわけられます。

このうち「世帯収入不足」と答えたものが一番多く、総数一、三八一の中七〇七件で、五一・二%を占めています。これに「不時の支出を補うため」と答えたものを加えるならば総数の六五・九%となり、希望世帯の三分の二は、多かれ少なかれ家計の破綻におびえ内職を切実に希望しています。

内職従事世帯について

次に現在内職に従事している人々について考えましよう。

わが国の勤労者階級の賃銀水準は戦前から国際的にみても非常に低く、しかも疾病、失業、生活破たんなどに対しても社会保障の諸制度が整備されていなかつたので、半失業状態が広く存在していました。内職はこれら未亡人、失業者、日雇労務者などの都市下層民と分ち難く結びついていたのですが、戦後はいわゆる中産階級にまでその範囲が及び、現在ではかえつて後者の比重が高いという状態です。

(一)内職従事者

内職従事者の圧倒的多数は女子であり、内職者総数一、二六六名中一、一五六名で、九一・三の多数を占めています。男子はわずか一一〇名にすぎません。

年令別にみると、女子は総数一、一五六名中、その八五%の九八四名が二六歳以上六〇歳以下であるのに、男子の場合六一歳以上及び一五歳以下の老令または幼少年令のものの比重が高くなつています。

次に、内職者の家庭内における地位をみますと、主婦が七六・七%、未亡人五・九%、母親七・八%となります。

これらの内職者を社会階層的にみるなら、工場労働者をも含むサラリーマン家庭がほぼ1/3の三〇・五%を占めています。未亡人、失業者、日雇労務者は合わせて一八・二%にすぎません。これを業務別にみれば、大体単純労働では工場労働者、窮民層の比重が高いのに技能作業ではサラリーマンの比重が高くなつています。ともあれ以上の点から内職者の大多数は工場労働者及びサラリーマンを中心とする勤労者家庭の主婦からなつているといえましよう。

(二)内職に従事した動機

大体次の三つの型に分類できます。

1 世帯収入だけではどうしてもたべて行けず、直接生計費にあてるために。

2 内職収入の補充なしにかろうじて生計を維持できるが、たとえば文化娯楽費、教育費などを内職によつてひねり出そうとするため。

3 家計不足分の補充とは別の理由をあげたもの。「暇がある」「技術を身につけるため」「趣味でしている」「義理でしている」など。

従事動機のうち、1は一一七六件中、七六五件で六五・一%を占め、2は一二六件で一〇・六%です。2も本来なら家計費の一部に含まるべき娯楽費、教育費などを補充するという点では1と生活費不足の深刻さの度合が少しちがうだけで、本質的には異なりません。

㈢内職労働時間と内職工賃

一日に何時間内職をするかは、内職者の多くが家事のあいまをぬつて内職をしているために厳密にというわけにはいきません。大体単純作業と技能作業に分けてみると、平均して前者が七・〇三時間、後者が六・五三時間となります。これは仕事の量にもよりますがもつと根本的には単純作業と技能作業に従事するそれぞれの内職者の所得階層的性格によると考えられます。つまり単純作業をする内職者の方がより深刻な家計の破綻にうながされて、内職労働時間を延長しなければならないのでしょう。

この時間は工場労働者にくらべて一見さして重労働でないようです。しかし内職者の多数が主婦であり彼女らにはその他に複雑な家事労働がまつていることを考えるならば一日六〜八時間に及ぶ内職労働時間はけつしてなまやさしいものではないことがわかります。

内職工賃についてもさまざまですが、これを単純作業と技能作業に分けてみますと、単位時間当り工賃（一日平均労働時間に月平均従事日数を乗じた積で月間内職収入を除した数値）は前者が一一円一八銭、後者二一円二六銭です。

これを内職業種別にみますと、ミシン加工の二八・八二円、毛糸編物の二七・二〇円がもつとも高く、これに続いて和裁の二〇・二七円・洋裁のまとめ、ガラス玉加工の二〇・〇〇円などがあり、低いところではグリコのおまけ入れ七・二二円・玩具づくり八・八二円などがあります。

内職収入の月間の総平均は二三六九・四四円で、そのために要した総平均時間は一五〇・五時間です。つまり一日に六・九七時間ずつ二一・四二日働いたことになります。

内職工賃がこのように低くおし下げられているのはなぜでしょう。ひとつには内職従事者が孤立分散していて内職労働市場の形成がたちおくれているためでしょう。また内職は家計補助的であるという事情も見逃せないでしよう。だがもつとも決定的な要因は、内職を求めている人々が異常に多いという事実です。さきにみたとおり、勤労者の生活が苦しくなる度合につれ、家計の赤字を埋めるために、内職に従事しようとするぼう大な内職労働予備軍が、内職者の周辺をとりまいているという事実こそが、内職低工賃の根本要因なのです。

（九ページより続く）上役の温泉行きのお供をすることも売春行為ではないか、という意見もありましたが、そこまでワクをひろげれば、結局、業者の搾取行為を禁止し、その犠牲者たる不幸な女たちを守るという、最も緊急痛切な当面の問題がボカされてしまい、現状を放任する結果になるので、それらは一応きり放すことにしたのでした。

こんどの売春法完全実施の延期説や、それにからむ汚職事件に対し、どの新聞も一致して強硬な態度を見せていたことは極めて有利でした。ここまでこぎつけるには半世紀以上にわたる多くの人々の人しれぬ苦心や献身的な運動のあつたことをおもい、さらに家内労働法、最低賃金法、及び社会保障制度など、売春防止法の裏づけとなる経済立法のためにつよい組織をつくり、世論を味方としなければなりません。この運動は、総評や社会党だけのものでなく、全婦人の支持すべきものです。

◇映画時評◇

〃純愛物語〃

荒井修

今日は爽秋の話題を賑わせるにふさわしい東映の「純愛物語」（監督・今井正、原作脚本・水木洋子）をとりあげてみましょう。これは、〃純愛〃というタイトルからも判るとおり、今井監督は愛の本質は最も単純化された清澄なものだという意図で、ともすればドライ全盛になりがちな世相に対する警告を社会的な視野をもつて描いたものです。

大体のストーリーは……

与太者の貫太郎（江原真二郎）がチャリンコのミツ子（中原ひとみ）と知り合つたのは彼が二年ぶりで上野の山に戻つて来た晩であつた。ミツ子が愚連隊の私刑をうけようとしていたところを彼が助けだしたのだ。それが契機となつて二人は共同で一稼ぎすることにしたが、失敗し、貫太郎は久里浜の少年院にミツ子は聖愛女子学院へと送られる。だが護送される途中、貫太郎は脱出、ミツ子に逢いにくる。その時分から二人は互にひかれるのを意識しはじめていた。

やがてミツ子は病気になる。それが恐ろしい原子病であることは誰にも判らない。園内の教官たちも、それを仮病とみている。ミツ子はそんな冷い眼に耐えなければならなかつた。

幾月かたつて、少年院を出て、ミツ子のために更生を誓つた貫太郎はビスケット工場で働きだしたが、その頃、ミツ子ははつきりと自分の病気が原子病だと知つた絶望から学園を脱出していた。

二人が再会したのは上野のすさんだドヤの中であつた。ミツ子は捨て犬のように寝ていた。そしてミツ子は死んでいつた――。

というストーリーから判るとおり、これは見ようによつては大甘のメロドラマです。それをこんなに密度のあるモノにしたのはやはり監督の力倆でしょう。美しい大型の画面から静かな今井監督の社会の不正や原爆に対する憤怒がひしひしと胸をうちます。

賞讃にあたいするのは江原真二郎で、「米」以来、また飛躍的な演技力を身につけています。殊に与太者、更正を誓つたとき、ミツ子と一緒にいるとき、ミツ子を失つて落胆したときなどの感情のニュアンスを表わす表情は卓抜。これ一作で新人王を約束されたといつても過言ではないでしょう。和制ディーンを狙つたようなポーズが気になるといえば気になりますが……。

中原も好演。あの小さな体一杯で、演技して、原爆患者の苦痛など、リアルに表現しています。

とにかく今年のベストテン作品たることはおろか、種々のコンクールなどでも常にトップを占めるでしょう。

またこの作品は芸術祭参加作品ともなつていますが、「どん底」（黒沢明）、「喜びも哀しみも幾歳月」（木下恵介）との競り合いが見ものです。

衣服と社会（四）

大陸の裁縫師の渡来と絹の衣服

——衣服による身分の差の初め——

（縄文土偶）

三《さん》瓶《ぺい》孝《こう》子《こ》

国内の政治が安定し、生活が落ちつくにつれて、美しい衣服をきたいという人間の心理は古代においても、現代と変りはない。

日本の列島で、多くの氏族を統一し、その連合の上に立つやまと朝廷、すなわち国家が氏族から納められるみつぎ物でもつて、経済的基礎をきずき、その上に朝鮮征伐によつてやまと朝廷の威力を海外に広めたのが、紀元四世紀頃といわれている。

こうして政治的・経済的に安定してみるとやまと朝廷の人々は美しく、そして新しい型の衣服をきたくなつたことであろうと想像される。朝廷の人々は、自分たちが今まできていた衣服の型でなく、自分たちより優れた文化を持つと考えられるところの大陸の衣服の型をとりいれた。これによつて朝廷の人々は彼等が支配する氏族の人々の衣服と、自分たちの衣服とを区別し、自分たちは一般のひとびとより、より優れたものであることを示そうとしたのであろう。衣服の型によつて身分の上下を示そうとしたのであろうと私は考える。これは私の独断かも知れない。

だが生活が安定し、美しい衣服をきたいという欲求は、この時代の住民一ぱんに起つたのではなく、また起り得ようがなかつたろう。なぜならいつぱんの人々は、自分の生活をするために働き、更に朝廷に納める物の生産にはそれ以上働かねばならなかつたから、そうした欲求の生れる余裕がなかつたのである。朝廷の人々のように、最高の支配権と最高の富をもつた人々によつてのみ、美しい衣服への欲求は起りうるのである。

日本書記によると、応神天皇時代（四世紀頃）に、天皇は阿知使主《あちのおみ》、都加使主《つかのおみ》という二人を呉《ご》国（いまの中国の国名）に派遣して、縫工女《きぬぬいめ》（裁縫師）を求めた。これに対して呉王は機織女とともに、兄媛《えひめ》、弟媛《おとひめ》という二人の女裁縫師を朝廷に献上した、とある。私はこの伝説を、前に述べたような事情での朝廷の欲求とみている。

更に同じく日本書紀に、雄略天皇時代（五世紀ごろ）に、百済《くだら》（いまの朝鮮の一部）王から朝廷に衣縫部《きぬぬいべ》を献上したとある。部《べ》とあるから、あるいは裁縫師一人でなく、数人の集団が献されたのかも知れない。

こうして伝えられた新しい裁縫技術、新しい衣服の型は、朝廷の独占であつた。こうした外来の、より権威あると見なされる衣服の型は後には政治と密接に結びついたことは後にのべる衣服令によつて示されるものである。

このころ大陸から伝えられたものに、衣服の型だけでなく、絹織技術もあつた。

蚕は日本に原産したかどうか、まだはつきりした説はなく、蚕の起源に関する伝説もいろいろあるが、これらの伝説にある蚕は柞蚕《さくさん》ではないかという説もある。すくなくとも、蚕を自生するものとしてではなく、人間が飼うところの養蚕法は中国大陸から伝えられたものであろう。そして日本にいままであつた粗末な絁《あしぎぬ》に対して、養蚕によるきぬ織物が起つたのもおそらく中国大陸から絹織法が伝えられてからのことであろうと推定される。

前にのべた応神朝や雄略朝に大陸から絹織の乙女が日本の朝廷に献上され、それらは部《べ》（古代の職業集団）となつて、朝廷や神社専属として奉仕した伝説が日本書記にある。

大陸的養蚕法が朝鮮をへて伝えられたらしい物語が古事記の仁徳朝の条にある。

韓人《からびと》（いまの朝鮮の人）の奴理能美《ぬりのみ》（人名）が飼つてる虫は、一度ははう虫になり、一度は殻《かいこ》（まゆのこと）となり、一度は飛ぶ鳥（蛾のこと）になつて、三色に変るふしぎな虫である。それはめづらしいと天皇が見に行かれたので、奴里能美はこの虫を献上したという物語である。

いままでの粗末なあしぎぬや麻布、栲布《たくぬの》のごわごわしたのに対して、養蚕による絹はやわらかく、あたたかだつた。仁徳天皇（五世紀の初めころ）は、「絹の織物は朕《ちん》の服として柔かく、肌ざわりよく、あたたかい、これをもつて波多という姓を賜ふ」とあつて、朝廷に絹織物を献上する氏族に波多の姓を与えたと姓氏録という本にある。これも伝説にすぎないが、この波多から機織のはたが生れたといわれている。

絹織物はこうして朝廷の衣生活の中にはいつたのであろう。代々の天皇が養蚕や絹織を奨励したとあるが（これは中国の古事に習つてあとでつけた事蹟でもあろうが）朝廷の需要のための奨励であつた。

このようにして朝廷の人々は、大陸的な型の絹の衣服をきるようになつた。中国の古代の絵にあるような上衣の丈が長く、裾をひきずり、袖が大きく行が手くびまでも長い衣服であろう。古事記や日本書紀をみてもこの衣服の型はわからないが、「聖徳太子像」に見られるような型であつたことだろう。

いままでの、はにわに見るような、短い上衣に褌《はかま》をはき、袖口と足くびを紐でくくつた活動的な衣服は、いつぱんの人々の衣服の型として存在したであろう。支配者としての基礎ができ上り、みつぎ物の上に安定した生活ができるようになつた朝廷の人々には、上衣の短い活動的な衣服は不用となつたものと考えられる。いつぱんの働く人々の型と区別した型、すなわち非活動的な衣服の型となつたと考えられる。婦人の衣服の型は、前と同じく裳（スカート）をつけることには変りないが、それにひれのような装飾がつけられたようである。男子の衣服の型の方が女子の衣服の型より大きく変つたようであるが、それは朝廷の人々が直接戦場に出なくなつて、専門的な武将ができるようになつたせいかも知れない。古事記や日本書紀の中で衣と書いてきぬと読むことは、おそらく絹が支配階級の衣料として用いられるようになつてからであり大陸から伝えられた衣服の型が支配階級の衣服となつて、いつぱんの人々の型と区別されるようになつてからのものと私は考える。

衣《きぬ》と読むことは型の上でも、材料の上にもいつぱんの人々の衣服とは区別される衣服のことを意味したのであろう。

いつぱんの人々の衣服は、材料は栲《たく》あるいは麻などの植物繊維で、これはぬのと呼ばれこれで作つた衣服はぬの子と後世まで呼ばれ庶民の衣服であつた。ぬの子は衣服であつても衣《きぬ》とは呼ばれなかつたのである。

ここに、絹と衣《きぬ》は支配者の衣服において一致していたことが考えられるのである。

――随筆――

結婚について

川《かわ》上《かみ》喜《き》久《く》子《こ》

最近知人の娘たちの縁談に少しばかりかかわつて思つたことだが、結婚を自己の責任において考え、実行するということが、若い人の間にもつと重んじられてよいのではなかろうか。

母親たちは人物本位、本人次第など口ではいいながら、結局有名大学出身、一流の官庁会社銀行へ勤める候補者でなければ乗気にならず、娘にとつても収入の多寡や容姿の美醜などが第一条件となつて、むろん人格を問題にしてはいても、ほんとうに見抜く眼はまるで持ち合わさない。同時に自分というものが自分にわかつていない。

そうしたいいかげんな覚悟で結婚した老若の奥様方も幾人か、私の所へ不平不満を訴えに来る。やはり無自覚な結婚の故に苦しんできた私に親近感を持つからだろう。そして過去の私がそうだつたように、不幸の因は親の無理解であり、責任は全部夫の側にあるもののごとくに語る。

妻の方は出発の際の愚かさとともに心の純粋性はわりに保つていて、内的の成長をも志すに反し、夫の方は常識的で、精神の成長も女のように単純に深くはいかないし、その均衡の破れが次第に口をひろげ、女にとつては心と心の結びつきをなおざりにしての夫婦生活は耐えがたいものとなる、といつた訴えが案外多いのである。

それでもたいていは何のかのいいながらいつしか孫の顔を見てニコニコするようになつて、結婚生活では幸不幸の決算を急いではならないことを、改めて私も考えさせられるのだが、しかしはつきり離別を望んでいた人が、自分の娘を縁づける時になつて、初めに書いた母娘ほどではないまでも、性懲りもなくいい加減な選択をしているのをみると、どうもなつとくがゆかない。

なぜせめて娘だけには真に幸福な結婚をさせてやりたい、という祈りを持たないのだろう。それはその母の苦悩がほんとうにぎりぎりのところまでいつていなかつたということかもしれないが、無自覚を娘の代にまで伝えるようでは、母の責任も完うできなかつたことになる。結婚に際しみずから責任を持てるような娘に育てあげることが、早くからの母の祈りでなくてはならない。

要するに一番大切な自己省察が不徹底だということになるであろうか。個々の事情の相違、先の見込みの有無にかかわらず、どんな場合にも必要なのは、自己の不明が不幸な結婚の原因であることを、出発点にまで立ち返つて反省してみることである。そして神と人との前に一日一刻を自分としての責任を負うて生きることをはじめた時に、きつと明るい日ざしはさし初めるであろう。

以上私自身の愚かな結婚への悔いを芯に、手近な母娘の範囲で書いてきたが、むろんほめられてよい結婚をした婦人たちの例もたくさん知つている。現に私の娘も嫁も、心の結びつきのたしかな相手を自分の眼で見て、迷うことなく結婚へ進んだ。

愛しあえる夫婦は他人の場合でも見ていてうれしいものである。私自身は結婚の失敗者らしいが、身辺に幸福な夫婦を見ることができて、しあわせを感じている。

終りにくり返していう。結婚は自己の責任においてなせ、一たん結婚生活へ入つた上は幸不幸の決算に性急であつてはならない。

（筆者は作家）

働く母と子供の問題

山《やま》川《かわ》菊《きく》栄《え》

全勤労婦人の四八%が既婚者

イギリス全国婦人評議会は、その支部や加盟団体を通じて、一九五七年六月、モントリオルにおける国際婦人評議会の三年毎に開かれる会合の討議のために、子もちの既婚女子の雇用が、家族に及ぼす影響についての特殊研究をおこなつた。

こまかい質問事項が、全国婦人評議会のすべての支部にまわされ、大工業都市、大学都市、半農村及び農村地域など、全国のあらゆる地方から回答が送られてきた。学校教師、保護観察司、児童官、少年裁判所判事及び医師等社会事業のいろいろの方面の専門家にも回答を求めたが、その中には全国婦人評議会の会員が多かつた。

質問は四つの項目にわけられていた。

㈠ 婦人が働きに出る動機は何か

㈡ どんな社会的影響があるか

㈢ 婦人の雇用を助けるため、またはの妨げるためにどんな手段がとられているか

㈣ 子供の学校教育に及ぼす影響はどうか

この質問はイギリス婦人の極めて広い層にわたつて出されたが、非常にはなれた地域の婦人同士の答が事実上一致していた場合、それは一般に共通の意見と見てよかろう。

この問題の大きさは最近の数字によつて明らかにされている。即ち一九五五年五月現在イギリスには（未亡人もふくめて）三五七万の既婚女子が雇用されているが、これは全女子雇用者の四八%に達している。

幼児または学童をもつている既婚女子の割合を示す統計はないが、働く婦人の非常に大きな層が若年グループに属し、幼児または学童をもつ母であると考えてさしつかえないことは認められている。既婚女子の数は戦前の時期から著しくふえ、衰える様子は見えない。たいていの娘たちは学校を出ると何らかの職業につき、従つて結婚前働いて経済的独立を楽しむことになれている。完全雇用のイギリスの現状では、いい職業がたやすく得られ、婦人労働の需要はたえない。非常に多くの女子は、この形勢を利用したいと思つており、恐らく利用しつづけるだろう。

質問表㈠の回答は、**女子を働かせた動機**は経済的なものが圧倒的である。生計費の値あげ、今日の家庭で当然となつている生活水準の向上、地方公有の近代的な住宅やアパートの高い家賃等は、すべての回答の中に出ている。家族のためのいい衣料品、子供のためのおもちゃ、およびテレヴィがほとんどすべての回答の中に指摘されている。多くの場合、きのうまで贅沢品だと思われていたものが、きようは生活必需品と思われるようなこともあやしむに及ばない。回答中非常に多く出てくるのは、多くの既婚女子が何らかの形の経済的独立を望んでいる点である。結婚前に自分自身の金をかせいできた婦人たちは、その個人的支出を一から十まで夫に頼ることは望まない。新家庭をもつ若夫婦が月賦払いで必要品を買うことがひろく行われていることも目につく。さみしいとか退屈だということは就職の動機としてあまり問題にならない。

社会的影響

社会的影響の項目のもとには、母親の能力や組織力と共に、夫の善意の協力や結婚が安定しているかどうかによるということで、その答えが極めてまちまちであつた。そういう点がよくいつていれば、表面に現われた悪影響はない。家事労働は日曜にまわすことをよぎなくされ、教会行きをぎせいにすることになるという回答もいくらかあつた。母親が働きにいくからとて、家がなげやりになつていたり、食事をかまわず、子供たちがきたないなりをしているようなことはないという点ではみな一致していた。子供たちは、母親が留守中の注意をチャンとしておけばこまることはないが、母親がごく幼い子供の世話をすることができない場合にどういう影響があるかについては相当心配しているものが多い。

こういう答をまとめてみると、家庭の状態、結婚の幸福、及び子供の世話は、母親が勤めをもつているかどうかよりも、その性格や能力によることがよくわかる。母親の勤務時間が、子供の学校にいつている時間と合つていれば悪い影響はないという点では皆の意見が一致している。問題は子供が学校から帰る時刻よりも母親の帰る時刻のおくれるときに起る。家の中に身内の者がいるか、親しい隣人がいるかでなければ、子供の監督をするものがいない。がこの事実にもかかわらず、母親が働きに出るために不良少年少女がふえたことはないというのが皆の一致した意見である。たいていの場合、夫はたいていの場合妻が働かねばならない事態を承知しており、家事を手つだうことに協力的である。母親自身については、健康にさわりがあるという証拠はないが、長い間には影響するだろうと思うものが非常に多い。他方、母親が一日のうち何時間かを、家庭外の仕事と交友とを相手に家庭のそとにすごす心理的利益を説くものが多かつた。そして仕事をもつかどうかということよりも、実際に働く時間次第というように思われる。婦人が働きに出るという事実だけがその家庭と家族とに不利益な影響をあたえるという場合は一つもなかつた。

子供に及ぼす影響

政府または自治団体が婦人の雇用を妨げるようなことをしている事例はないが、それを助けるような公共の手数は何一つとられていない。それは大体個人に任されている。そして雇われる既婚女子がふえており、民間の企業の中には戦争以来女子従業員の子供たちのために保育所をつくつたものがあるのに、予算の関係上、地方当局の経営していた保育所がへつてきたのはおかしな話である。

すべての学校の既定の仕事となつている給食制度は、本来子供の利益のためではあるが実際に母親が家をあけても差支えないようにした大きな要因である。母親が昼食の用意をする必要がなく、子供たちが学校で栄養と調和に富んだ温い食事を供給してもらえば調理のための時間がはるかに省け、これが近代的な住宅やアパートでは家事の雑用がへつてずつとひまができることは事実である。

子供の学校教育に対する影響については悪影響がないというのが一般的な回答である。もつとも母親が家事の手つだいを望むので、時には年上の娘の負担が重すぎることもあると答えた者も何人かある。またこのよぎなくされる家事の訓練は少女の責任感を発達させ本人のために有益だと答えたものもある。働く母親たちの子供らが欠席がちだとか、遅刻するとかいう証拠はない。かえつてその反対に学校へ早く来すぎる、という答えが多かつた。

学童に起る問題は、学校で起るのではなくてひけてから、または休暇中に起るものである。教育担当者は学童が校舎を出てから後のことには責任がなく、すべての回答からみて極めて必要だと思われる校外監督の任に当つているものは稀である。クラブもあれば地域によつて運動場もある。けれどもそういうものが児童の家庭の近所にあることは少く、必要をみたすにたりない。

結論としてこの調査の結果、二つの著しい事実が明らかとなつた。

Ⓐ　学校がひけた後、および特に休暇中、学童のために計画的な監督をする必要。

Ⓑ　母親が単に働きに出るということよりも、現実の勤務時間の状態が家族に不利な影響を与えかねない。

そこで産業が、働く母親の家族の必要に応じて調整できないものかどうかという問題が起つてくる。もし母親の勤務時間が、子供が学校にいつている時間と同じになれば、学校がひけてからの監督という問題は解消する。しかし休暇中をどうするかという問題はまだ未解決のままで残される。

(国際婦人ニュースから)

◇最近の結婚の傾向◇

〝男にも結婚難はある〟

編集部

結婚の歴史をしらべるとその時代の特徴がもつともよく現われていて面白いとある人に聞いたことがありますが、たしかに結婚はそれぞれの時代の傾向や風習を敏感に示すようです。そういう意味で、現代の結婚は資本主義社会の階級の差ということをはつきり現わしているように思えます。しかし私たちが関心を寄せるのは、一部のお金持の結婚にではなく、大部分の働く庶民の結婚に対してです。私たちの仲間がどんなふうな結婚を望んでいるか、また、しているかを知ることは、現代の男女のそれぞれの男性観、女性観を知ることにもなると思うのですが。

編集部では、結婚に関する多くのなまの声をお聞きになつている東京都結婚相談所長田中孝子氏、東京都立新宿生活館長塚本哲氏に最近の結婚の傾向をうかがつてみました。

結論からいうと、最近結婚に対する女性の自覚は非常に高まつて来たということです。それを実証するひとつの例としてこんな話があります。

新宿生活館を訪れて、結婚の紹介をたのんだある男性が、

「現在は女の方が男より倍も多いんだからよりどりみどりだ。ことに俺なんか学歴も将来性もあるんだから」

というほどのきもちで女性に接しました。ところが紹介され、つき合う女性のすべてから結婚を拒まれるのです。というのは女性が「いくら学歴があり、将来性があつたつて女性に対する正しい理解のない高慢ちきな人なんかと結婚したくもない」と彼を相手にしないからです。彼はしみじみ嘆息して、

「男にも結婚難があるんですねえ」

といいました。

このように女性の新しい時代に対する自覚は結婚の面にも現われ、夫を選ぶ場合、決して金や学歴だけに幻惑されないようです。唯一の条件は人間として信頼がおけるかどうかであり、将来性があるか否か、女性の権利を尊重するかどうかは重視されています。

しかしまだまだ結婚即就職という考えも残

つており、封建的な時代から新しい時代への過渡期としての現代を痛感させます。もちろんその中から新しい息吹がだんだん強く濃く出ることは必至です。

女性にくらべると男性の方が封建的で、いまだに妻は夫に従順であるべきだなどという人がいます。しかし新しい点もないわけではなく、たとえば女性に対して人形のような白痴美を望む人はほとんどいず、全部が全部といつていいくらい内面の輝きのある人を求めています。

最近の結婚で、ああかわつて来たなと思わせるのは男女の年令に対する認識です。第三者によつてとりきめられた昔と違い、自由に恋愛し結婚する現代の青年男女は年令にさほどウエイトを置かないようです。相談所で紹介の際「男が年上」ということにこだわるのはきつと男性の方ですが、それもだんだん数少くなつて来ました。中には六つ年上の女性と結婚した人もあります。女性が年上でなくとも、両方の年令が近接化して来たのは大きな特徴であり、これは結婚の民主化のための一要素となつています。

結婚後の生活設計においては、男女とも着実に足を地につけています。それは多分に経済的な事情によるのでしようが、それにしてもよい傾向だと思います。労働白書によると結婚適齢期に当る二四・五歳の男子の月収は一万円ないし一万三千円です。ところが東京都での生活費は、四人世帯で平均一人七千円かかるのですから、とても妻を養うことはできません。だから共かせぎしてでも結婚しようということになります。子供についてもなかなか堅実で、自分たちの能力に応じて、計画的に生む傾向が強くなつて来ました。

第三次大戦をきつかけに女性が各職場へ大量に進出したことは、結婚の場においても、女性の地位をひきあげたようです。男性は女性に、そのやさしさは望んでも、忍従はしいません。それどころか女性の実力を認め、平等の立場で家庭をつくろうとしているようです。またここ数年の傾向として、姑も嫁が職業婦人であることをむしろ歓迎し昔のように共稼ぎをきらう人は少くなつて来ています。

戦争のために男女の数のバランスがくずれ結婚難は深刻なものだといいますが、それと同時に女性の自覚が高まつて、戦前の古い形の結婚生活を排撃しようとする動きを見逃すことはできません。女性の職業につくことによつて得た自信と、社会の動きを注意深く見守る眼が、自分たちの結婚に対しても合理的な正しい意義を求めるのは当然のことです。

共稼ぎの生活記録

——明日をつくるための つらさと楽しさ——

もう少しゆとりを

仲井勝江（電話交換手）

私たちが結婚してから八カ月になる。一人の時とは違つた、楽しいことやつらいことがいつぱいあつた。一番つらいことは、二人で働いてもなかなか楽にならない生活のことである。貧乏を追放するという岸さんが首相になつてから、交通費があがり、お米があがり醤油があがり、風呂代があがろうとしている。職場では、最低生活を要求する労働運動すら押しつぶされようとしている。そして一方では「既婚者は家庭に帰れ」という声がまことしやかに流されている。戦後十余年の間に築かれて来た女性の地位を再び古い家族制度の中にとじこめようとする意図がかくされているのではないだろうか。でも、私たちの職場にはどんどん既婚者がふえて来ている。実に心強いことだ。経済的な面と、女性の民主的な権利を守るという立場から私たちは働かねばならないと思う。

しかし一方では共かせぎを困難にしている問題がいつぱいある。家事労働はどれだけ妻の負担になつているかしれない。洗濯と台所だけでそうとうなものである。電気洗濯機があるとはいえ、それを求め切れるものではない。子供ができてもそれをあずける完備した保育所のないこともみんなの大きな悩みであろう。こういう困難もできるところは二人で協力すればどうにでもなる。私の場合、洗濯物の多いときは洗うのを私がやり、すすぎを夫がする。食事を私が作れば、掃除を夫がするというようにしている。それでも疲労度は私の方へ来る。夫は仕事の都合で遅く帰るがそんなこともつらいことの一つだ。男の人の理解ということをいわれるが、理解だけでなく行動も必要だ。私のアパートにも二人で働く人は十組ほどいるが、家事労働を分担しているのは私のところともう一軒だけである。「どう？　結婚生活の感想は楽しい？」と聞かれる。何が楽しいと聞かれて、これが楽しいということはないけれど、どんなに負担でつらくても楽しいということになりそうだ。

女ばかりの職場の中で、話題は常に結婚のことになり、共かせぎのつらさやよさをみんながみつめ、これからの生活のためにいろいろ知つておこうとしているのがわかる。みんな条件は違うけれど私たちのように二人で働いて、なんにもないところへ、一つ一つ家具を入れたり、衣服をそろえたり小さなことであつても楽しい。はじめの計画は毎月少しでも貯金をしようということであつたが、どうやら今年中はむりなようである、まず必需品を揃え、それからはじめるより仕方なさそうだ。今の政治のままで若い二人が働いて家を建てるなどということはできそうもない。毎月の家計で一番こたえるのは家賃である。六帖一間のアパートが月五千円で私たち二人の収入の四分の一が消える。月一度ため息をしてこれを支払うのです。勉強する時間も作り出したい。夕食のあとかたづけをしてなにか読もうと思つてもねむくなつてしまう、こんなことが女の人の立ち遅れの原因になるのだと思う。行き当りばつたりでない、生活設計をそろそろ打ち立てたいと思う。

　私たちは若いという自信が毎日を楽しくしてくれる。世の中をよくすることもこれからの生活の一つであるとすれば楽しいことになつて来る。そしてもう少し、働くことと生活することにゆとりのある世の中になつてほしいと願わずにいられない。

組合活動を続けながら

大野はる
（全日通労働組合専従）

日通で働く婦人が結婚しても職場で働き続けるには、まだまだ多くの困難が伴う。職場の施設も悪く、機械化、近代化の名のもとに労働の量と質と責任度を求められる最近では非常な体力と気力がいる。その上周囲の理解や配偶者の協力がなかつたりしたら、共かせぎは非常に困難なこととなる。

　一昨年日通に働く婦人全員の綜合調査を行つた時、約六割の集約で、未婚者が約六一％しかも年令平均二九・六歳、勤続年数約八年という結果が出た。また経済的にも家族と同居して生計の一部を支えている婦人が五二％で、自主生計者が三二・八％となつているのをみると、働く婦人が三〇歳近くで、独身で自分で生活していることがわかる。

　私は戦後の組合結成以来、組合こそはもつとも人間性豊かな、婦人の不幸を幸福に転化させる近道の仕事をする所だと考え、組合の仕事に限りない情熱をもやして来た。そのため私はこの仕事を度外視して、恋愛や結婚を考えることはできなかつた。組合活動のための基礎教育も受けていない私には、体験を通しては学び、学んではそれを体験にいかすという以外方法がなかつたので、周囲からいろいろなことをいわれもした。「嫁のもらい手がない」「女のしあわせは結婚だのに」「女らしくない」「生意気だ」などのかげ口を何回となくされた。女の私が着物や化粧のことをあまりかまわず、年がら年中組合のことや女性の権利について読んだり、語つたり、研究会へ出かけたりしていたのだから、そういわれるのも無理がないかもしれない。しかし限られた体力と経済力で時間を費すにはどうしてもまず仕事に主力が注がれてしまうのである。

　そんな私が突然結婚したことに周囲の人は驚き、ふしぎがつたようである。皆に三者三様の批評をされ、喜ばれもした。もちろん私もこうするまでにはいろいろと考え、そのために三年以上の年月をついやしている。私の従業員としての籍は東北にあるので、組合本部の専従をやめれば東北へ帰らなければならないし、そうなると組合事務局にいる夫と別れてくらさなければならなくなる。私が転勤できるとしても今の仕事ができなくなる。このことは婦人部の人たちにも相談する必要があるし、仮に組合業務を続ける場合、妊娠、出産も予想して対策を考えておかなければならない。親戚関係の理解も必要である。こんなことについて幾十回となく話し合つた。情熱だけで生きられない女の道に幾度か悲しみもした。けれども青春の苦労を無駄にしたくなかつた。彼は今の社会で女性が不利なことをよく理解したが、私の心境にはとても及ばなかつた。このような中でも私は結婚の為に活動をやめようとはけつして思わなかつた。

慎重に慎重を重ねて入つた結婚への懸念もどうにか通過してきたが、私が結婚して感じたことはいろいろある。第一に通勤時のラッシュが与える苦痛。それまで私は組合事務所の二階で寮生活をしていたので、こうまでひどいとは想像もつかなかつた。これでは組合の集合に集まらないことも、なぜ集らないかをもつと分析する必要があると思つた。第二に住宅難のこと。一間だけのアパート生活は読書も満足にさせない。

結婚と仕事の両立しにくい現在、多くの婦人活動家が独身を選ぶのはやむをえないとしても、人間の自然な生き方から離れた生活環境が指導者意識と結びついて、大多数の婦人の生活実態からかけ離れた、特殊な存在の婦人としての活動家となることに疑問を持ち出した私ではあつたが、結婚による悩みも数多くもつている。十日近くも出張した時や、夜おそくまでの会議や、研究会で帰りの時間がきまつていない時、彼はわがままを通せなくて大変なことと思つている。しかし、こんな時、男性の理解と協力がなければ、婦人は結婚してから外で働いたり、一人の人間としてその力を伸ばすことはできないのだ。洗濯、掃除、買物などについても、男性の頭のきりかえはできていても、周囲とのギャップがある。この日常生活が二人でどこまで理解され協力されるかが問題である。私は結婚によつて、男が犠牲になつたり、女が犠牲になるべきではないと思つている。結婚は男性と女性の天分が十分発揮でき、しかも人間として対等の立場でその才能を伸ばし合い、そのことが二人の家庭にも社会にも生かされるべきだと考えている。

共かせぎは単に家庭経済の支えのためだけではない、大切なのはここだと思う。現在の共かせぎは多くの苦しさや悩みをもつているが、この苦しさや悩みが未来の希望につながつていると考える時、私は明日のために生きる喜びを見出す。

わたしの生活

桜井弘子（公務員）

職場でのこと

「結婚したいけれど生活出来ないの。共かせぎだとやつてゆけるけれどあんなになりたくないし」こんな蔭口を耳にするたびに収入だけを目標にして勤めを続けたらどんな結果になるのかしら、もつと仕事に愛着を感じ、仕事の中の自分を見出せないのかしらと、結婚生活七年、今の職場に入つて五年、そろそろ家事労働も苦にならなくなつた今、やつと気のついた事柄だ。しかし四カ月近い産時休暇と、一日三〇分二回の授乳時間による空白はどうする事もできない。「ここの仕事以外に大きな事業をしてるのだもの、あせらない方がいいわ」とはげましてくれる人たち。「もうそろそろ時間よ」と帰る時間を教えてくれる人たち。やっぱり共かせぎなのだと思いかえす。「既婚婦人と職場」が問題になる此頃、常にまわりにいる人、及び直接の上司の考え方がその人の職場生活を大きく左右するかぎなのだと思う。幸い私は恵まれている。なるたけ他の人に負担をかけないようにとは思つていても、皆の重荷となつている現状だ。

家庭でのこと

私の場合姑が孫のむつきを洗い、乳をのませ、嫁の食事仕度までしてくれる。

五時半頃帰る私は、その日の子供たちの状況を聞きながら着替えをし、口をもぐもぐさせながら掃除をして母と四人で銭湯に行く。少しでもきれいな湯に入りたいから。帰つて授乳、夕食。八月から幼稚園に通うようになつた上の子は四時頃に正規の夕食をすましてしまう。片附けは後まわしにして子供の話を聞き、本を読んだり歌をうたつたり、今日一日の幸福を何かに感謝する。子供たちが寝静まつてから台所の仕末。さらにからだの調子のよい時は洗濯したり裁縫したり編物をするのがこの時間である。しかし最近はあまり無理をしないようになつた。疲れるとヒステリー症状を起すママは子供にやつ当りとなる。家事労働と子供を天秤にかけ、子供と遊ぶ時間をふやし、休養の時間をふやすように心がけている。自然家事労働は母の肩に、そうでない時はためておく。日曜日に家族全部で機械の手をかりて片づける。これでも結構やつてゆけるものだ。「奥さんいいですね。文化生活が出来て」といわれる時がある。何が文化生活だ、働かなければならないから機械化するのだと心の中でいつている。

私の今一番おそれるのは、私の疲労の蓄積である。たのしい休日を暗い日曜日にする力を持つこの魔物を作らないことが、家族全部の健康につながるのだと考えている。

夫とのこと

夫は毎朝一緒に出かけて帰るのは八時から十二時の間。広告屋が本業の彼は録音や放送の立合いで毎日遅くなるらしい。その点私自身気らくである。掃除、洗濯、炊事、子守など時たま思い出したようにしてくれる。決してするのがいやなのでなく、手を下す必要がないからだと自分では思つているらしい。

子供とのこと

「ママどうして相談所やめないの。ママつて出るのずいぶん好きなんだなあ、僕さびしいよ」上の子が最近こんな事をいうようになつた。「なんにも食べなくてもいい。なんにも欲しくない。子供と毎日一緒に居たい」と思う時がある。子供と遊び子供の話を聞く。病気の時はいつもそばに居て折紙をおつたり歌をうたつたり。

しかし子供の中にだけ自分の生活を見出す多くの母親がおちいりがちなおとし穴――子供の才能を過大評価しすぎ、自分のできなかつた希望を、夫もかなえてくれなかつた夢をかなえさせようとする。そしてはては養育の報酬を求める――を上手にさけることは家庭にいる私にはできないと思う。子供の生まれるのは神の摂理であるかもしれないが、むしろ私たちの生活を豊かにするために生み出したのが、いつわりのないところだ。

子供たちが成人した時は、もう私たちのアクセサリーではなく一個の人間だ。もはや私の希望や夢をおしつける相手ではない。むしろこの世に生れ出た幸福を自分の手で見つけだしてもらわなくては困る。私たちは育てる喜びとともにそのお手伝いをしないといけない。そのために私の力で夢の限界を知り、自分のために生きる時を持つ。

こんなことを話し合える年代までどうかまつすぐに育つていつてほしい。子供には子供の世界がある。子供には子供の環境を作らねばならない。そこに次の時代が待つている。

すれちがい結婚生活

小野文子
（看護婦）

お見合のあと八カ月の交際をして結婚式をあげた私たちは、何かと曲折はあつたものの どうやら無事に一年をすごすことができました。私の夫は民間の一会社員にすぎませんので、サラリー袋もびつくりするほど軽く、はじめに、生活安定のメドがつくまで働いてほしいといわれました。多少ガッカリもいたしましたが、他に芸のないただ人なみに働くだけが取柄の私だからと、共稼ぎをすることにきめました。

共かせぎは今ではもう珍らしくなくなりましたが、それでもまだまだまわりの人たちに注目されているようです。とくに私どものように特殊な職業で、夜勤もすれば早出もあるという者は他からみればずいぶん大変なようですが、私自身はさほど苦痛に感じません。これは良き協力者の故とうぬぼれてもいいでしようか？　私の場合、洗濯は朝三〇分早く起きて、御飯のたける間に一、二枚洗うとかまた夜の食事がすんだ時、その後片付けを夫にしてもらつて私が洗濯をするというふうにしています。夜勤時の食事ですが、これは一番気になつたのですが、私が前半夜（大体午後五時から午前一時までの勤務）の時は家へ帰れませんので、夫が自分で食事ごしらえをしたり、外で食べたりします。世の御主人方のようにあげ膳、すえ膳で食べられない夫は多少苦痛を感じる時もあるのでしようが、口には出しません。それだけに、私は家にいる時はよその奥様方に負けぬよう家庭的にします。ですから食事には一番心を使い、勤務が終つてからする夜の食事は、作るのに約一時間、食べるのに一時間かけます。食事をしながらその日にあつたいろいろなことを、グチ話になつたり、自慢話をしたりして、おたがいの一日を想像し合います。

私たちが一緒に休める日は一カ月に一度ぐらいしかありませんので、二人共休という日の前日はつとめが終ると若い人たちのように駅で待ちあわせ、二人だけのささやかな娯楽に時を費します。

さて、今まで書いたようなことだけなら大変のんびりした暮しですが、世帯をもつて一番痛手なのは住居費です。最初、私のサラリーはそつくり貯金できそうな見積りでしたがそんな考えは本当に「とらぬタヌキの皮算用」でした。私たちがはじめに借りたアパートの四畳半は四千円。これは相場だといえばそれまでですが、私たちの安サラリーの約三分の一に当り、家計の重要なる第一の出費で、払う時のうらめしさ、もつたいなさは口でいえないほどです。ああこれが自分の家だつたら貯金できるのにとしみじみ思います。現在は将来子供のできた時のことも考え、八畳に移りましたが、値段は四畳半と同じです。

昔風な考えの人は、よく共かせぎすればずいぶん残る、今に倉が立つでしよう、といいますので、私は赤字家計を説明するのに一苦労です。

私は嫁姑という問題に心配はありませんがそれだけに責任を感じます。家庭をよくするのも悪くするのも女の手一つということを考えるからです。今日のようにやれ米の値上りフロ代の値上り、といわれるたびに、赤字面の家計簿を思い出して心細くなることもありますが、働くということは私の自信をとり戻してくれます。人間働けるうちが花と、毎日明日をみつめて働いています。

結婚の機会を与えるために

中原《なかはら》邦子《くにこ》

心から理解し合える人とよい家庭をきずきたいと願つているにもかかわらず、機会にめぐまれない人たちのために、公立結婚相談所はいろいろな仕事をしています。ひところは結婚はお仲人によつて口がかかつてからするものとか、お役所の世話になんかなるのははずかしいとかいつて、封建時代の遺風をかたく守つている人が多かつたのですが、近頃は相談所を利用するのは文化人の特権だと堂々と訪れる人が多くなりました。これは自分の力でしあわせをつかもうとする若人の近代的合理的な判断のあらわれに他なりません。東京都結婚相談所では毎月一五〇〇人ほどの男女を迎えて結婚に関する相談をしています。この全部が相談所の紹介によつて結婚するというわけではありませんがしかし相談の間に結婚に対する知識を得、また異性に対する眼が開けて、他に良縁を得る場合も少くありません。

公立結婚相談所では、紹介の申込みを受けると、長い経験と社会意識をもつた相談員が当事者の幸福を考えて、適当と思われる相手をみつけて紹介します。また相談員は成立までの間におこる種々の問題について指導をします。東京結婚相談所の場合、申し込む人のほとんどは、まじめで、堅実な考えをもつ良家の子女です。学歴は中学から専門、大学卒で、職業は会社員、官公吏、教育家、商業、工業関係など様々です。女性も職業をもつ人が年毎に多くなり、会社員、銀行員、タイピスト、女医、教育者などが多数利用しています。

年齢は、男子は三〇歳前後が多く、女子は二〇歳から三〇歳までが多くそれより年長者はすくなくなり、再婚者などになります。しかし相談所の指導方針として婚期は問題にしません。

相談所では、戸籍謄本、履歴書、写真をもつて本人が申し込みにくると、相談員は申込書に所要事項を記入させ、申込人に面接し、その人の希望にかない、また先方でも望みそうな人を探してから、まず書類によつて紹介します。こうして双方の気が向いたなら、日を定めて本人同志の紹介をします。紹介後どちらも縁談を続ける意志があれば当事者同志にまかせ、清浄な交際、綿密な調査、健康診断などして、たがいの満足を得れば結婚成立となります。

相談にくる人は一日五〇～八〇人もあり、結婚成立をみる組は一月平均一〇組です。

これらの業務のほかに、相談所の大きな仕事のひとつとして懇話会の世話があります。これは申込者間で結婚問題を研究し、同時に相互の認識を深める会合です。申込者の互選による男女数名の幹事の立案と司会のもとに諸種の問題を討議し、活潑な発言、反駁、挑戦が続出します。毎月多少の相違はあつても議題の中心は何といつても恋愛と結婚、理想の相手、新家庭の設計、経済問題、共かせぎ、姑、小姑との同居の可否、その他若い男女の関心事である、諸種の問題が多く出ます。この会合には職員も同席して質問に答え、ともに意見ものべます。

このような仕事を続けながら、公立結婚相談所は常に男女相互の親ぼくと福祉の増進をはかり、家庭生活の向上と合理化につとめ、新しい夫婦の倫理をうちたてて、新しい家庭が新しい社会をつくり出すよう努力しています。

生い立ちの記

（七）

松《まつ》平《だいら》すゞ

日露戦争は旅順口の封鎖で広瀬中佐や杉野兵曹長の名が日本中に広まり、朝鮮に上陸した第一軍も満州に入り、ダルニーに上陸した第二軍は南山得利寺大石橋と戦勝のニュースは国民をわき立たせました。

八月に入つて学校も夏休みになつた二日の朝、私の家に達筆の表書きで兄の筆跡とは違う一通の軍事郵便が配達されました。べつに不審もいだかず開封してみたら、七月二四日夜の大石橋戦闘で敵のコサック騎兵に槍で腹部をつき刺され、名誉の戦死をとげられた旨記されてありました。その頃私どものような無智な者は、君死にたもうことなかれ　などのようなことは少しも考えず、ひたすらお国のため命を惜しまず戦つてくれ、と父も私も書き送つたのであります。しかしこうして戦死の便りを受けた父の姿はまことにいたましいものでありました。私も姉も泣けて涙がとまりません。ほんとうによい兄でしたものですから。

九月一日遺髪を受け、葬式も身分不相応に盛大におこなわれ、この時は母も家に帰り、兄亡きあとの一時はとにかく家庭らしい日が少し続きましたが、結核であつた姉もとうとう看病の甲斐なくその秋に世を去りました。私は幼かつたので母に関してはべつに関心なく、ただいてくれればうれしかつたのですがその時二〇歳であつた姉は、長い間母のいない家で妹の世話をしたり、働きに出たりして家の心配して来たのに、今さら家に帰つてもらわなくてもよい、という考えで母の家に帰るのを反対しました。また母も姉娘がいては家にいにくい、我が生みし子ながら母と姉は結局対立して同居をこばみました。母の妹夫婦が仲に立ち、その長男に姉を嫁として迎える話が出、姉は翌年二月叔母の長男の妻となつたわけであります。つまり、いとこ結婚で自分の意志による結婚ではなくて、親の都合による、また一方では他人の都合による結婚でありました。今になつてもそのことを時折りいい出して、ほんとうにあの時は、とぐちを申します。でも今日七〇余歳、七人の子の母であり、夫婦そろつて健康であるのは私よりずつと幸福のように思われます。しかし結婚当時はうまくまいりませんで、姉は時々家に帰り、離縁も一時はしたのであります。それというのも姉は自分の意志でない結婚をしいられたといい、婿もほしくない妻だというところに、ごたごたが起きたのではないかと思います。でもつぎつぎと子供が生れて、三人子持ちの時完全に離縁して別れたこともありましたが、またもとのさやにおさまつて金婚式の年が来た次第であります。平凡な女としてどこにもあることですが、現在の若い人たちには一寸理解できないことと思います。

一方私の方では父と母と私というまことにめぐまれた日が来ましたが、姉の婚家先、つまり妹夫婦と母との間にいろいろ話のくい違いもあり、姉もよい嫁ではないし、また母も長い間わがまま生活をしていたので思うようにも行かず、家にいても暇のあるため外に出がちになり、父は二人の子に気に入らぬ女を置く必要はないとまた完全に離縁して、母は私の家を去りました。幼い時と違つて、その頃では母がいないとてべつに不自由を感じませんからそれでよいと思つていました。

兄の、とにかく女でも高等小学校ぐらいは卒業させておくようにとの遺言があつたものですから、私はその課程を終えることができました。ところが附属小学校分教場というのは複式教育を目的としていたので、高等小学校三年（今の中学一年）を終えると、本校で四年をやることになります。本校の生徒は分校と違つて家庭もよいし、生徒もみんなそろつてよい子ばかりですが、分校から四年に進学するのは数人しかありませんでしたので、それは本校の者には馬鹿にされるし、またこちらでもひがんで小さくなつている状態でした。私はとにかく四年生に進学できるのがうれしいのでよろこんでまいりました。やつぱり本校には当時の閣下の娘さんも師範学校の校長さんやその職員の娘さんも一緒ですからいくら私が気張つて行つても小さくなるのは当然でした。さて授業が始まつて算数や国語などを勉強すると、けつして本校の人たちだつてとりわけよくできるのではない。分校から来た数人の方がはるか優秀のような気がするので、つい私たち何かぼそぼそ話した中に、級長の友斉《ともなり》かなさんはと悪口をいったらしい、なんといつたかそんなことは深く考えたのではないが、私を時間中に訓導の伊藤鍵次郎という先生が別室に呼んで、「あなたたちは級長の悪口をいつたそうですね。人の悪口をいうような者は、学校をやめなさい。やめなければ学校から退学を命じてもよい」まだいろいろ、分校から来た生徒のわるい点や特に私の悪いことをあれこれ訓戒されてちようど一時間半おりました。開放されてから私は何を悪口いつたのかしらん、一時間半も授業を受けないで叱られて、なぜあやまらなければならないのかわかりません。けれどせつかく進学できたのに退学させられては残念ですから、訳もわからずただこれから気をつけて正しくやります、と頭を下げたのですが、先生に訓戒されてもなんとも合点がまいりませんでした。高等小学校卒業の時はなんでも下から数えた方がよほど早いらしい、修身と択行点は丙でその他も乙と丙がいくつかありました。小学校の成績点など全く先生の感じでつけられているような気がします。その時の裁縫は内木玉枝先生で現在中京短期大学総長であります。伊藤鍵次郎先生もその後地方に出られ、私が愛知県第一高等女学校教諭として勤務していた時、丹羽郡布袋小学校でその娘がやはり県一の生徒として居りましたが、私は昔のことはすつかり忘れて居りました。今は亡き人の級長だつた友斉かなさんは、卒業するとまもなく桂夫人をゆめみて芸者として左褄を取つておられたやうに耳にしておりましたが、よきパトロンもなく田舎まわりをしておられたらしいが今は知りません。

高等小学校四年生を卒業した女にその上の教育は不必要というのですが、何分お裁縫ができなければというので、一年ぐらいどこかにと父も申すので、同じ裁縫を習うのなら学校に行きたい、裁縫女学校ができて、その一つに、中京裁縫女学校というのがあり、附属小学校の時の先生、内木玉枝先生の学校であるからその学校にと、先輩の吉田リラさん、私の仲よしであつた友だちが行つているのでさつそくその手続きをして明治三九年四月普通科一年に入学しました。月謝は五〇銭、他に校友会費五銭、二カ年で卒業なのですが、一年も行けばと私はそこの一年を終了しました。五〇銭の月謝も五銭の校友会費も私の内職で十分間にあいました。

本誌・社友
（五十音順）

原稿募集

＊論文・創作・ルポルタージュ
（四百字詰一五枚以内）
＊職場のこえ・台所のこえ・書評（三枚～七枚）
＊詩・短歌・俳句

本誌は広く読者に誌面を解放しております。皆さまの活潑なご投稿をお願いいたします。

送り先　本誌編集部

編集後記

○女ときものはいつの時代にも縁の深いものですが、とかくきものの話といえばデパートのお先棒をかつぐ流行談義ばかり。しかし女流経済史学者として定評ある三瓶孝子さんが特に本誌のために書いて下さるきものの歴史はそのまま女性の生活や地位と結びついており、まことにおもしろくて有益な科学的研究として好評ですが、歴史教育に力をいれようという文部大臣はまず第一にこういう歴史から勉強して下さいといいたいところです。

○終戦直後、広島県の農村で大洪水にあつた私は、畳にも柱障子にもきものにも茶色の塗料のようにスベスベしたこまかい粘土がベッタリついて洗つてもふいてもとれず弱りぬいたものですが、この川底の土は昔から染料につかわれていますと地元の人の話でした。前号三瓶さんの記事で土を染料に使うことがあり、なるほど、と思い合わせました。

○戦後日本へくる外人がこれが敗戦国かと驚くほど、日本の女のきものは美しい。そのくせ前号阿部琴子さんのお手紙のように勤労者の住宅はいつまでたってもみじめです。住宅問題の特集号のため、皆さまのおすまいの地方の住宅事情、県なり市なりの対策、それに対する社会党や婦人団体の活動をおしらせ願えたら幸いです。（山川）

婦人のこえ　十一月号
定価三〇円（〒五円）
半年分　一八〇円（送共）
一年分　三六〇円（送共）
昭和三十二年十月廿五日印刷
昭和三十二年十一月一日発行
編集発行人　菅谷直子
東京都千代田区神田三崎町三ノ六
印刷者　堀内文治郎
東京都港区本芝三ノ二〇
（硫労連会館内）
発行所　婦人のこえ社
電話三田（45）〇三四〇番
振替口座東京貳壱壱参四番

昭和二十八年十一月二十四日第三種郵便物認可
昭和三十二年十一月一日発行（毎月一回一日発行）

婦人のこえ　第五十号
（第五巻・第十一号）
定価三十円

婦人のこえ

12月号

1957

婦人のこえ

1957年
十二月号

十二月号 目次

対談

労働組合と婦人

——今年の労働界をかえりみて——

総評副議長　太《た》田《た》薫《かおる》
本社編集委員　山《やま》川《かわ》菊《きく》栄《え》

編集部　政府の労働組合に対する圧迫は年毎に露骨になつてきています。ことに岸内閣の労働政策、つまり石田労政といわれるものは、総評に対して極めて挑戦的で、その分裂、弱体化を狙つていることは誰の眼にも明らかになつて参りました。働く者の権利を守るために作られた労働組合の中核であるこの総評に対する政府の態度は、全勤労階級への挑戦だと思うのですが、残念ながら一般婦人の自覚はそこまでいかず、ストでもすれば政府や資本家と一緒になつて総評を非難しがちです。これには、いろいろな原因があると思うのです。ことに今年の春闘などは大分批判もあつたようです。こういう点について総評としてはどうお考えになつているか、また一般的な今年の労働界の動き、政府の攻勢の状況、それから婦人労働問題などについて話し合つて頂きたいと存じます。

ストはなぜ理解されない？
——貧乏と個人主義——

山川　大体女の間では、組合に直接関係して、殊に積極的に闘つている方は別ですけれども、一般の女の方でしたら、争議といつたら頭からわかろうとしませんね。なぜ起つたか、とにかく自分は迷惑だ、その一本やりですけれど、そういうことをわからせようとする努力も、まだ少し組合の方で足りなくはないか。女の方でも働いている人は今五百万からおりますね　日本中で……。それから、勤労者の奥さんも多いんですけれども、自分が直接問題にふれないし、中小企業が多くて春闘なんかに直接関係がないという点もあるかもしれませんけれども、大きいところだけますますうまいことをして、われわれは迷惑するだけだという気持が非常に多いと思いますね。

太田　まあね、総評なんかでも、この春闘の時に、抜打ちストといわれるようなストライキをしたわけです。感じなんかで申しますとね、やつぱし総評なんかも間違つていたところがあると思いますね。やつぱし理念的に、原則論的に正しいと思つたことが、みんなもこう考えてくれるだろうと思うことが、そう思つているというような感じでやつたということが、いろいろ総評のストライキが世間に評判を悪くした理由の一つだと思いますが、もう一つは、やつぱしヨーロッパなんかと違うとぼくら思うんですが、おのおのの人権というんですかね、権利を尊重し合うというんですかね、そういう習慣がついていないんじやないかと思いますね。一番大きい原因は、みんなが貧乏だからひとのことは考えられない……これは大内力さんなんかこの間話されておつたんですが、農民は即物主義だという

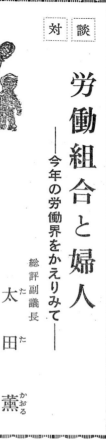

んですね。従つて、その人たちと目前の利害関係が一致しない場合一緒にやつたら社会主義になるのだとか、自分たちのプロレタリアの世界になるのだとかいうようなことをいつても、なかなか労農提携はできないのではないか、こういうようにいわれておつたんだが、ぼくらも婦人の人なんかでも、やつぱしみんな給料が低い人だと思いますがね、その中で苦労されているから、目の前の自分だけのことしか考えるひまがないというか、考えられないのではないか。だから、自分に直接利害関係が、例えば私鉄がストライキする、国鉄がストライキする、炭労がストライキして石炭がなくなると、それだけで実際風呂賃も上つたような気がするから、やつぱし厭になつちやうというような考え方が、あるんではないかと思うんですよね。それを総評なんかもやつぱしストライキの前になつてしかああだこうだとしか、いわないと思いますがね。労働者はなんといつても、十何年間労働組合の中で、労働者が団結しなきやいけない、ストライキしなくちや賃金が上らない、資本主義の中では賃金が上らないというようなことを体験しておりますから、これは相当理解が深まつていると思うんですが奥さんまでそういう理解はないと思います。余りにも貧乏だから、毎日毎日の生活に追われているから、目の前の障害になるものは厭だ、即物主義というんですかね、そういう考え方がやつぱし大きい。ストライキに対する考え方、ストライキするのは困るというような考え方で、その上商業新聞が労働組合をよく書かないから、そういうことから作用してぼくは人気がないんではないかと思つているんですがね。そういう点については日本の労働組合も外国に学ばなくちやいけないと思うんですが、やつぱしそういう世論が事実今のような状態にある時には、ああいうストライキをやつて世論を克服するとかこういう考え方だけではいけんような気がするですがね。総評も考えなおしてやろうと思つているんですが……。それがやつぱしわかりかけたのは春闘やつて、国鉄が五月から弾圧反対闘争をやり、新潟闘争をやつてみて、自分の力量というものがわかつたのではないか。頭でも体でも、今いつたような事情がわかつた、こういうことじやないかと思うんですがね。だから、ついてこない人たちがいけないというよりも、その人たちが貧乏だから、その人の目の前のことしか考えられないのだという考え方で、労働組合の方も考えていかないと、やつらわけがわからんのだというような考え方でゆくと前進がないと思つているんですがね。

（写真は向つて左山川氏、右太田氏）

山川　貧乏のために闘争が必要だということは、やつぱり教育しなければならない……ヨーロッパなどを見ても歴史の長い点も大きいでしよう。百年もたつているのと、こちらは戦争前はあつてもなかつたような運動でしたからね。

太田 ぼくらはよく地方へ行つてこういう話をするんですよ。ぼくらでもそうなんですがね、労働者階級というものをかわいがろうとしないんですね。余りにも今の日本の労働者階級が惨めだから、ぼくらでも子供は大学卒業さして社員にして、労働工員にしたくないとか、よく例にあげるんだけれども、歌がちよつとうまかつたら美空ひばりにしようとかバレーを無理して習わして芸能人にしようとか、みんなそんな望みをもつているんですよ。

外国の場合なんか、資本主義の中では労働者というものは労働者にしかなれないのだ、従つて、労働者階級というものの権利を強めておくこと、労働者階級の賃金をあげておくことが、自分の子供のことであり、兄弟のことであると、こう思つていると思うんですよ。

ところが日本の場合、半農の人もおるし、まだ近代工業国になつて間がないですからね。労働者も親子何代も続いていないから、そういう話をしてもわからないわけですよ。目の前の、部課長がいい目をしたりしよると、やつぱしそういうことにならない。階級をかわいがろうとする気がないんですね。おれの子だけはこんな惨めな生活からなおさせたい、こういう考え方が強く働いているんではないか。そういう点が、ぼくは第二組合ができたりなんかする一つの大きな原因なんだと思う……ぼくはまずひとのことをいうよりも、組合員自身が、労働者階級ちゆうものは一緒に団結しないといけないんだということを、自分の子のことだ、兄弟のことだと考え出すまでにいかないとダメだと思う……そのことが最初だと思つているんですがね。奥さんもそうならないといけないと思うんですがね。

山川 その点は女の場合は、どうせ嫁にゆくまでだ、つまり足を洗うというような考え方がありますね。それは大分共稼ぎもふえてきましたけれども、まだまだ……。それで結婚すれば生活難なんてなくなるかというとならないんですね。どうせ同じ階級の人と結婚するのだから、同じ問題がついてまわるんですけれども、そこんところがはつきりしない。結婚すれば組合なんぞに用がなくなるというような……。それから、悪いことにどこでも話が出るんですけれども、冗談半分でしようが、おれは組合の婦人部長なんかなつているやつは嫁さんにしないというようなことをいう……それは男の人は冗談にいうかもしれませんけれども、若い娘さんの意識水準の低いものほどペシャンコになりますね。

太田 ぼくらもそりやあ女房が余り権利を主張すると、貧乏な上に月給が少い、職制にいじめられる、それで家庭に帰つてからまた奥さんにやりこめられちやしようがないじやないかという……。(笑)

山川 でも、そういうゆき方では奥さんがストライキを理解しないことにもなりますね。

太田 炭鉱の婦人の人たちが炭婦協作つてなぜ強いかということは、いろいろあるんですがね、全体的に低賃金だということだと思うんです。奥さんが月給をとりにゆくんですよね、あそこでは。社宅だから、おやじが汚れて山から出るから、月給をほとんど奥さんがとりにゆくんですよ。だから、月給袋をじかに握るから、月給に対するへつた、ふえたはものすごい関心事なんだ。なんぼ方働いていくらの単価でというようなことがわかつているんです……。

ところが、普通の工場だつたら、離れていて通勤ですから、奥さんが給料袋を見ること

はないんですよ。おやじはまた残業で稼いでパチンコやつたり、焼酎飲んだりしてるでしよう。（笑）

だけど、そういう話を社宅へ行つてすると奥さんの方が生活が苦しいことは痛切に感じていますね。しかし、最近は十大紡なんかを見ると、三年前よりは勤続年数が三年くらいふえておりますね。三、四年が、五、六年になつていますから。全体的に賃金が上つたところでは延びていますね。だけど、余りにも自分の故郷の生活が惨めだから、そういうことに対する、賃上げに対する意欲は少い。

だけど、新しい教育を受けた婦人の方はそうでもないんですよ。例えば富士フィルムなんかでも、十大紡なんかでも、相当男よりは権利意欲は強いんじやないですか。だから、今山川先生がいわれたようなことは……。

山川　どこでもあるんですよ。男の方の前じやいわないかもしれませんけれども。組合運動をしているような人とは結婚しないというものは、こつちからも断ればいいじやありませんか、そんな人に無理してもらつて結婚しなくともいいでしようといいます。けれども……。（笑）若い組合員はよくそういつておりますよ。若い指導者が後援続かずで出て来ないのは、男の方にも責任がある。……。

太田　職制が強いということが一つでしようね。労働組合の幹部がいうくらいだから、世間ではもつというでしよう。組合活動をやるような活溌なものは女房にもらつては困るということをいうわけです。そういう雰囲気がやつぱり支配するのでしようね。

山川　炭鉱など坑夫の場合は、男天下だと思つたらそうじやないんですつてね。一日坑内労働で夜もやつたりするでしよう。だから、一切奥さんにまかせておくんですね。よそでももう少し女房天下になつたら組合運動に熱心になるかもしれませんですね。（笑）太田さんももつと奥さんを尊重なすつたら……十分尊重なすつていらつしやるでしようけれども……。

太田　ぼくらやつぱし組合全般見てね、奥さん天下の方が割に強いですね。組合に熱心ですよ。（笑）奥さんの弱いところの方が、どつちかといつたら会社の職制にやられる形が多いですね。ところがその奥さんがものすごう見栄が強い場合にはやられますけれども、普通の真面目な奥さんの場合は、嬶天下の方が組合は強いです。これは大体ぼくらが全般的に見た感じではそうですね。それは奥さんの方が生活に対して男よりも意識が強いからですね……。

シワよせは主婦のうえに

山川　これは日本人ばかりじやないらしいですが、奥さんの方が自分の身を詰めて家族のため、旦那さんや子供のため、一番辛い立場にいるんですね。これは日本の女の封建性じやないらしいですよ。自然の本能らしいですね。女の方が家庭をもつている時は自分の生活ですからね。イギリスあたりでも医療国営になつて、一番助かつたのは主婦だというんですね。やつぱり主婦が最後に医者に診てもらう……今はただになつたからみな診てもらう。食物でも何でもそうらしいですね。

太田　こういうことなんですよ。今頃、例えば八時間労働で新しい工場を作つた時に、定員を減らすわけですね。古い考え方で、今まで一二時間労働していたら八時間では、生真面目な人は怠けているような気がするのですよ。だからやつぱし減つてもいいではないかという意見が、組合の中に一つは出るんですよ。

もう一つは、賃金が低いから人が減つたら連勤ができるからそうした方がいいではないかという考え方が、素朴な意見として強いんですよ。

結局、ぼくはそれを見ておりますと、低賃金に一つは慣れているわけです。もう一つは今の給料じゃ食えないでしょう。それで、日本の主婦の人が犠牲になつている。実労働時間はだんだん強化されているんです。密度がふえているんです。だから、今の給料で家族全部平均に食つたら、主人の体がもたないですよ。炭鉱なんか特にそうだと思うんですがとくに主人にカロリーを与えるということになると思うんですね。子供も学校に行くから余り子供に惨めな思いをさせたくないということで、主婦の生活がだんだん切詰められていると思いますね。

とくにぼくら見ておつて、社宅なんかへ行つて奥さんたちと話してわかるんですが、結局この頃は、東京なんか見てもみんな着物を着出したですね。着物を着ると、ぼくが計算してみると、五人家族でやつても、浴衣を奥さんの夏帯まで買うと、四、五千円いるでしよう。そうすると、月平均五百円収入がふえなくちやいけない。夏浴衣でもそうですから冬の袷物なんか作ると、やはりどうしてもこの三年間の生活様式の変化によつて、月にあれでしような、洋服代が二千円ぐらい違うんじやないですか。それだけ賃金が上つていませんよ。それだけ生活がどつかで切詰められていると思うんですね。奥さんの生活というのは、神武景気になつて派手になつても、内容的には食生活というのは一般的に下つたんじやないかと聞くと、その通りですというんですよ、社宅の人は……。おやじは焼酎飲んでパチンコやつているから割に感じていないけれども、奥さんに聞くとその通りというんですね。賃金はこの二、三年間に平均二、三千円は上つていますがね。今いつたように生活様式全体が派手になつてきておるから、食生活で切詰めておるんじやないですか。

山川　しかし、やつぱりそう和服をこしらえる階級は限られているんじやないでしょうか。

太田　いや、やつぱし社宅へ行つてもそういうのはありますね。

山川　そうすると、社宅というのは問題ですね。

太田　日本のように一間か二間の社宅というのは人権を蹂躙されますね。

山川　社宅にまで職制の影響が及んでくるでしよう。上役とか下役とか……。

太田　宇部窒素の方の組合なんか強いですから、組合の主婦と会社側の主婦が分かれて喧嘩しておりますね。会社側は自動車持つてきてどつかへハイキングに行く時、友の会なんか作つて、会社の主婦の会に入つておらない子供は乗せないんですよ。それだけ虐待しておりますね。それでもやつぱし半分以上は結束して頑張つておりますよ。

山川　今盛んに政府の方から資金を貸出して安い社宅を建築している。政府の方で補助金出して社宅がどんどん建つておりますね。ひもつきですね、つまり……。

太田　ひもつきつても今組合があるからそんなに差別待遇されませんよ。上の方の人がいい社宅へ入るということはありますけれども同じ労働者で差別されることはありませんね。だけど、社宅というのはやつぱりみんな貧乏だから余裕がないから、今の世論と同じように却つて団結を阻害するような面も出ますよ。

労働法規の拡大解釈についてどう思う

――弱いところをつかれている――

山川　家中寄宿舎へ入つているようなもので

すからね。

いましきりに政府の方で労働法規の拡大解釈などでおどかししておりますね。法規そのものを変えるということはやっぱり相当面倒臭いと思うからやらないでしょうが、あれのお見込みは如何ですか。

太田　ぼくはこう思っているんですよ。やつぱし日本の労働組合の弱いところをつかれていると思うんです。なぜなら、やはり日本の労働者は、外国の労働者みたいに……外国では、賃金値上げをするためには、労働者が団結してストライキをしなくちやいけないというので、団結してストライキをして、いくら弾圧されてもそれでストライキ権というものをとつてきたわけですね。政府も資本家もストライキ権というものを認めてきたわけでしよう。従つて、生活を守るためにはストライキ権というものが必ず必要なんだということを身にしみて知つているわけだと思うんですよ。ところが日本は、終戦後団結権を与えられたから、どうもそのへん、団結権が自分の生活の問題に密着していないんですね。だから、少しぐらい侵略されても目の前に賃金上つてるじやないかという、こういう感じで、生活と団結権の問題とを密着して考えないから、そういうところをねらわれてこうやられてきたんですね。法律は守らなくちやいけない、民主々義の国においては守らなくちやいけないという、こういう考え方で労働法も、泥棒を捕まえる法律も、市民法も、同じように考えて、その理解が不十分だから、法規を守らないものは民主的でない、こういわれてしまえば……というのは、やつぱし労働組合の団結権というものの理解が不十分だ。そこをねらわれて政府にやられているんですよ。だから、それがいけないというたかて、やはりこちら側は団結しないと生活が守れないのだという、大体そういう法律を侵害されることは自分たちの生活も侵害されることだということをわからすようにしないと、ただ非難しただけでは駄目ではないか。向うがいつていることは弱点をついてきているのを思つてやはりそういう教育をして巻返さないと、ただ幹部だけで非難しておつても駄目なんじやないかと思つているんですよ。

だけど、ぼくは石田労政というのはこう思つているんですよ。最近、法律を守れ、その代り、最低賃金作つてやる、こういつていますがね、なかなか最低賃金の方にゆくと経営者が納得しないんですよ。だから、石田労政というのも、ぼくは矛盾がくるのではないかと思う。石田さんも反動だけど、もつと資本家の方が反動性が強いんじやないかと思いますね。だから、最低賃金が次の国会へ出ますけれども、労働大臣が考えているよりまだ資本家の方がしぶい。どうも作るべきでないという見解が強いですね。そこらへんに石田さん矛盾がくると思うんですよ。

山川　今朝のラジオで聞きましたら、審議会ですか、あそこで出ていた最低賃金の全国一律公認はやつぱり政府でも反対しているでしよう。

太田　政府どころじやない。これは公益の人も反対しています。学者先生も、経営者なんかも問題なしに反対していますね。だけどぼくは、最低賃金というものができないと、あとでもお話になると思うんですが、女子の人なんかの雇用、男女同権というんですか、同一賃金が実現できない。これを確保するためには、最低賃金設けにやいけんと思うんですがね。

中小業企労働者の問題

山川　今基準法が守られていないのは、最低賃金制のないせいもありますね。あれがなければどうしたつて食える賃金をとろうと思つたら時間を延ばす一方になるんです。実際最低賃金で抑えておかなければ、八時間労働なんて守れないと思いますね。

太田　そうですね。どつちにしてもぼくはこう思うんですがね。最低賃金ができても、基準法が立派であつても、もつと中小企業の労働者を組織しないと、それから特に組織労働者がもつと中小企業の労働者のことを考えるようにならないとね、守れないんじやないかと思うですね。無関心ですよ。だけどぼくは大河内さんが今度読売なんかでもいつているように、全部の説に賛成じやないけれども、やつぱし労働市場として安い労働者がおると自分たちも安くなるのだという、こういう考え方が理解されないといけないんじやないかと思いますがね。ぼくはそういうことは婦人の方がよく理解がつくんじやないかと思うんですよ。買物する時に、りんごが豊作の時は安くなるんだし、たくさんあると安くなるのだからというようなこと……そういう話からゆけばよくわかるんじやないかと思いますがね。

山川　今中小企業の労働者を組織するというお話ですが、その中小企業に働いているものは女と子供が多いんですね。一番組織がむずかしい。どうせ女は、子供は、という考えがあるでしよう。組織したところで闘争力も弱い。だからまああというような気分が非常に強いんですね、昔から……。

太田　今はそんなことないですよ。近江絹糸の場合でも女の人の方が強かつたし、終戦後の争議を見ても女の人が団結した方が男の人よりも強いですね。強い理由はいろいろありますがね。一つはいつやめてもいいという悪い方の条件もありましようが、もう一つは、一ぺんこうと筋を納得したら、よそ見せずに通してゆくという純情な気持と、二つあると思うんですよ。ぼくは純情な気持の方が勝つていると思いますがね。

おととしでしたか、繊維労働者の人がストライキをしたでしよう。ぼくはこう思つているんですよ。その一つの一番大きな原因は、新しい教育を受けて、自分のすべての権利に対する構えができたと思うんですよ、心構えが……。それで、紡績の女工さんというのはあれでしよう、請負給ですから、三年ぐらい経つと頭打ちするわけですよ。大体五千円から八千円ぐらいになつて……。ところが、三年ぐらいすると、自分もいろいろ工場にも慣れてくるし、田舎から出て都会にも慣れてくるから、自分でいろいろ遊ぶ……遊ぶといつても悪い遊びじやないけれども、いろいろなことがしたいという意欲が出るわけですね。ところが、賃金はそこで頭打ちになるんですよ。そこで初めて賃金に対する意欲が出る。昔だつたら三年ぐらいでやめてしまつたんですが、今は五、六年になつたから、そういう線で女工さんが強くなつたということと、それから、戦前の女子労働者の人と最近の女子労働者とどこが違うかというと、遊ぶ権利というんですか、わたしは貧乏なんだから仕方がないんだというよりも、やつぱり団結していえばもつと自由な生活もできるのだというこういう意欲が強いんですね。富士フイルムなんかに行つて女子労働者に会つたつて、それから婦人の機関紙みたいなのを見ても、そういうことが強いですね。

山川　富士フイルムは特別ですね、高等学校出が多いし……。

太田　ところが、最近は富士フイルムは高等学校を出たのをとらないようになつたんですよ。最近は中学卒業したのをとるようになつたんです。

山川　それは方々で、大学出よりも高等学校出の方がいいとか、それから若い方が長く勤めるから。

太田 いやそうじやないですよ。

山川 向うでそういつていますけれど……。

太田 日本銀行なんか、ぼく行つて聞いたら、やめんで困るつていうんですよ。昔は頭のいい子をとつた。ところが最近は器量のいい子をとるというんですね。そうすると嫁さんの口が来るから回転する。給料が四、五年で一万四、五千円になるでしよう。やめないというんですよ。

山川 そういう場合に、男の人がやめないことは問題にしない。男も結婚したらやめさすならそれでもいいんですけれども……。(笑)遊ぶ権利があるくらいなら、結婚する権利はなおあつていいわけですよ。

太田 ところが、こうなんじやないですか。日本全体の慣習として、女の人に企画みたいな仕事とかマネージメントの仕事はできないと規定してるんじやないですか。できる人もありますがね、ぼくら会社におつて使つてみてね。

山川 それはやつぱりどこの国でもそれを突破していかなくちやならないんですね。日本でもそうですし……。それから、非常に日本は職場が狭いから、男の職場を奪うという、そういう感じが多いでしようね。

太田 いや、そんな感じはないですね。やつぱし同一労働同一賃金という問題が、女子の就職をせばめているんでしようね。

山川 つまり、能率が低いわけですか。

太田 低いと見ているんですよ。肉体的にも弱いですから、そういう点でも一般の工員という立場でいうと、やつぱしそういう見方ですね。

だけど、富士フイルムなんかでみれば、全然あれですね、ほとんどの仕事は女子の方がいい。そういう場合には給料が満一五歳で八千円、満一八歳で一万円ですから、それだけ出していますから、やつぱし職業によるでしようね。

山川 あそこでは三年ぐらい前まで男と女と違つたんですよ。それで私よばれたことがありますが、ストライキまではいかなかつたんですが、地労委までもつていつて解決したんですよ。

太田 あれだけ女の人が多くて団結するとちやんと上りますよ。女の権利は守れますよ。

編集部 よくこの頃は、女を傭わないというような職場が出てきて問題になつているようでございますが……。

太田 だけど、進歩しているものだけが労働組合員なつているわけじやないですからね。女はちよつと劣つているという日本全体の考え方が、労働組合の中にもあるだろうし、使用者はもつと遅れているからもつとあるでしよう。だから、そういう考え方が相当支配しているんじやないでしようか。

これは山川先生、外国なんかどうですか、ソヴィエトなんか抜けば……。

山川 やつぱり同じ問題を三〇年、五〇年前にやつてきたでしよう。日本が今そういう問題にぶつかつた。今までは、女の働く人が少なかつたから問題にならなかつたんですが……。それから、今でも資本主義国にはありますよ。イギリスなんかでもそういつていました。郵便局や電話局、ああいつた所でも責任のある地位には女はつけない。

太田 だけど、外国の場合には完全雇用ですからね。日本のように一千万人の失業者がある場合に、感じだけでなしに、女の人もほんとに同等の能力をも発揮しないと、結局使わないんですよ。やはりぼくら組合におりながら見ておつても、なかなか。男の劣等なのと較べれば別ですが、大学なんかで較べてみたら、機会均等であつても女の子の方が、東大なら東大で一番にたくさんなつているかというとそうではない。それは今まではそういう習慣をつけておつたからで、これからはどうだかわからないけれども……。

山川　イギリスあたりでも、婦人の隷従が地位を得るのに何千年つずいてきたのですからここ二〇年や三〇年でそうは変らない。ほんとに変るには数代を要するといわれています……。

太田　ぼくはこう思うんですがね。女の権利でも、一つの人間の権利を主張する場合に、全体的な生活をあげることが第一問題だと思うんですよ。そうしないと、奥さんの権利を主張するといつても、今いつたように、おやじはようやく家族のほかのものに骨身を削つて食べさして、ようよう体がもつぐらいまでそうしないといけないという立場、全体的に両方の立場を尊重しようとすれば……総評なんかが権利闘争、権利闘争とよくいうんですよ。残業やめて一時間あたりの賃金をあげなければならないとか、ほかの権利の要求をしなければならない……その通りだと思うけれども、労働者はこのように考えていると思うんですよ。やはり今の単位時間の賃金が絶対的に低いから、残業してでも東京でいえば七五三、田舎でいえばお正月の晴着を作つてやりたいという気持があると思うんですよ。残業を希望するのはそういう時に単位時間の賃金を上げてやつて、労働強化されているのだからといわないと、今のように絶対的に低い賃金で権利を主張するといつても、ぼくは生きる権利がすべてに優先すると思うんですがね。それができてからいろいろなことを話をしないと、ゆとりがないと思うんですが、山川さんなんかどう考えられますか、その点……。

山川　勿論そうですね。ただ、女の権利という場合に、生きる権利を主張するにも、女は引つこんでいろじや権利の主張ができないのでね。

太田　だけど、ぼくら今若い人なんかが結婚したのを見ると、全部奥さんが天下とつているような気がするわけですがね。ぼくらの時はあんなことしたらすぐ離婚しようと思うけれども……。（笑）

山川　大変な違いですね。私の友だちに地方の大学の総長している旦那さん……若い時分京都大学の教授だつたんですけれども、若いうちは、あすこの家は女天下だと言われていたそうです……御自分は外国から帰つてきて自分の家も女天下といわれるようなら不幸じやないと思つておられたそうです……それから四〇何年もたつて、この間会つたんですけれども、今は日本もよくなつて、男天下が三分の一、女天下が三分の一、平等が三分の一位だろう、そう言われました。それから私、いろんな友だちに聞いたら、それどころじやない、八割は男天下だと、そういう人が多いのです。

太田　ぼくは男の方へつくわけじやないんですけれども、ぼくら給料高い方ですよ、平均……。一般の庶民住宅におつて、よく奥さんに着物買つてやれると思いますな。二万円か三万円の人は相当多いと思うんですがね。二万円で奥さんに着物買つてやるといつたら大変なことだと思うんですよ。

山川　ふしぎですね。

太田　ふしぎですよ、全く。

だけど庶民住宅でも着物着ておりますよ。そういう点で、日本の婦人は見栄ぼうというんですか、その点よくわかりませんけれどもぼくらそういうのは全部奥さん天下じやないかと思つてるんですが。

山川　新聞なんかで婦人の地位がどうのこう

のという一方で、その何倍か流行の記事が出ますもの。この春はどういう生地でこういうものをこしらえてみましようとか……。それに対しては社会党でもなんでも、もう少し易しくて皆が読む新聞、もう少し役に立つ新聞があればいいんですけれども、ストライキの記事ひとつでも、本当の声が出るような言論機関がないでしよう。そういう機関紙を是非ひとつ欲しいと思いますね。

太田　ぼくはこの間読書週間で見ると、「家の光」が雑誌で三位にあつたですよ。

総評なんか、労働者には機関誌でやつぱし週刊朝日か婦人雑誌的なものを出したらいいんじやないかと思うんですよ。週刊女性というようなのでも……やつぱしその方が労働者の理解が深まるのではないかと思います、日刊紙を出すより。日刊紙出せば三〇億いるんですよ。三〇億でも足りない位なんですよ。それよりも婦人雑誌を出して、普通の婦人雑誌と同じでいいと思うんだけれども……やつぱし筋だけははつきりしたものを出して。婦人雑誌が一番よく売れるんですからね。

総評の低姿勢について

太田　だけど、この十年の間に、それでも成長していますよ、全体的に……。ぼくらそう思つて低姿勢とか総退却とか言つているけれども、これは戦術的な問題であつて労働者は一歩一歩前進しているな。ぼくはここで総評が低姿勢をとらなくちやならないのは終戦後向うが痴呆状態にあつて、今まであまりにも虐げられておつた労働者が騎虎の勢いでずつと出てきて、ずつと出てきた力というのは本当の大衆の力ではなかつたからそこに無理があつたところを、今向うに叩かれていると思うんです。

今日向うが叩いている気持というのは、ぼくはこう考えているんです。やつぱし今年の春闘で、このまま労働者をほつといたら自分たちの資本主義陣営が危いと思つて背水の陣を布いてこつちのいびつなところを叩いてきているでしよう。しかし、最近労働者が春闘を経て弱くなつたんじやなくして、昔、向うが弱かつた時代の考え方が未だに残つているから、そういう無理なところが残つているから、従つて、労働者全体は成長しているけれども戦術的には退却なら退却、低姿勢をしてやつぱし大衆の力に見合つたところまでやれば……。そういう形は全然どんなところを叩かれたつて退却する必要も低姿勢をとる必要もない、そういうことだと思つているんです。だから、ぼくら全然悲観しておりませんよ。

だから、この二、三年というのは総評が、日経連なんか怪物だ、そういうふうな姿では見られないと思うけれども、やつぱし本当の姿になつて、その本当の姿というのは誰も侵すことの出来ない揺ぎない姿だと思うんですがね。だから、そのギャップが埋められてゆく形だと見ているんですがね。

（次号につづく）

売春汚職の徹底的追求

婦人団体、労組立つ

売春対策国民協議会では、さる十一月十五日、今世間のひんしゆくを買つている売春汚職の徹底的摘発と防止法の完全実施を求めて、午前中東京都内をデモ行進し、午後は新橋ステージで「売春防止法完全実施、売春汚職追求国民大会」を催して平林たい子、神近市子、戒能通孝氏十名の弁士によつて強く世間に訴えました。

一九五七年をかえりみて

政治の足どり

木《き》原《はら》実《みのる》

ことしもあわただしい年の瀬の足おとがきこえてくる季節になつた。この一年の日本の政治の足どりをふりかえつて、しめくくりをつけてほしいという編集部の注文である。ところが私は、ついせんだつて中国の招待旅行をおえて帰つたばかりで、中国の現実と自分の国の現実とがまだうまく焦点があわないような状態である。それを中国ボケというんだよと、口さがない老人たちはこともなげにいつてのけるのだが、私はむしろ焦点のあわない二重写しのめがねをいましばらく大事にしておきたいような気持でいる。

ついこのあいだも、長いあいだスツタモンダをつづけていた里帰り婦人の船が、やつとのことで神戸を発つていつた。その記事を扱つたある新聞が中国に帰つてゆく婦人たちに日本の印象をきいた。中国にとついだ日本の婦人たちに、中国と日本とどちらがいいかというような問題をたてるのに、私は不満をおぼえたけれども、その中で一人の婦人が「中国では食べることも、病気をしても心配がない。子供を育ててゆくのにも、教育や就職や先の心配がないので、中国でくらしたい」と語つているのが目にとまつた。

国際結婚をした婦人に、中国がいいか日本がいいかときくのは、夫や子供がいいか、父母のひざがいいかときくようなもので、問題のたて方が愚劣であり、残酷でもある。いい悪いの問題ではない。しかしこのようなイン・ヒウマンな質問にも、右の婦人は立派にこたえている。それは一個の母親として、生活する国の社会制度や政治によせる信頼の表明である。別の婦人は「日本は物が豊富だしお金さえあれば住みよいが……」とのべ、また中国の社会生活への不満をのべている人もいた。しかしこれらの婦人のくち裏から立証されていることは、中国では政治がやらなければならないこと、いわば政治の第一義的なことが着実に行われているということであつた。私も中国を歩きながらそのことを考えた。

日本ではそれが行われていない、政治がやらなければならないことをやつていない。政治の貧困ということが、日本では通り相場になつているけれども、政治の貧困とは、政治が第一義的なことをやつていないということにほかならない。政治の第一義的なこととは何か。それはさきの里帰り婦人がポツリとのべていることもふくめて、国民に生活の心配をあたえないということにつきるだろう。「お金さえあれば住みよい」日本というのはあまりにあわれである。物も乏しく窮屈ではあるが「子供を育てて先の心配がない」という中国はやはり立派である。この違いこそ政治の違いである。

しかし、と私はここで考える。私は中国では政治の第一義的なことが行われているとのべた。そして日本ではそれが行われていないとのべた。はたしてそうだろうか。もし岸首相にこのような批判を加えたら、彼はおそらく政治家としてやらなければならないことをやつていると答えるのではないだろうか。つまり、中国の政治家たちが第一義的なことにして、それを忠実に遂行している政治と、例えば岸内閣が自らそう信じてやつていることは、主観的には少しもかわらない。この比較は中国の政治家たちがとくに勤勉で、日本の政治家たちがとくべつに怠惰であるというようなことでもない。岸はそれなりに勤勉であり、自分の任務というものに忠実である。ところが岸内閣が自己の任務に忠実であればあるほど、国民はこの内閣の政治に失望し、政治の貧困を訴えてこれを批判しあるいはこれに抵抗しなければならなくなる。これはどういうことだろう。私はそこに政治を行うしくみ、社会体制の違いをみるのである。中国では政治をやるたてまえが人民のものになつている。日本は違う。この分りきつた違いが、日本の政治の貧困の根元である。

岸にとつて、彼の政治の第一義的な任務は資本にたいする忠誠であつて、そのかぎりではおそらく岸ほど資本にたいして誠実で、勤勉な政治家はないだろう。そういう意味では岸内閣は日本の独占資本にとつての切札であるという評価はもつとも正しい見方である。

この一年の日本の政治は、このような岸内閣の施政の一年であつた。よくいわれるように、岸首相はソツのない態度で保守政治家としてとくべつな破綻をしめしていない。春秋二度の東南ア旅行、その間にはワシントン参りも忘れず、お粗末だが国連では原水爆禁止の提案も型通りにやる、あるいはネール首相の招請もやるといつた工合に、歴代の首相の中でもかなりの勤勉さであつた。ところが岸首相が勤勉であればあるほど、国民は何かそらぞらしい違和の感情をもち、それなりにまつすぐについてゆけないものを感じてきた。それは「岸ブームはなぜおこらないか」と、ジャーナリスト自身が考えこむほどである。

このことは、岸内閣は国民の願いや要求のそとで、自分自身のベースを着実に歩いているということからくる。彼は秀才官僚の腕で少しもむりをせず、波らんをさけながら、吉田よりも鳩山よりも着実に、自分のベース、つまり独占資本のためのベースを築いている。石橋内閣のあとをうけついだとき、石橋をたてながら、石橋の方針を踏襲するといつて必ずしも自己を主張せず、しかも神武景気の拡大均衡政策から一転して金融ひきしめの政策のルートをつくり出した。石橋の拡大均衡政策が産業資本のためのものなら、岸のデフレ転換は独占資本の常套的な擁護手段であるといわれた。それはともかく世間に不景気風が立つ中で、国鉄の運賃から消費者米価、風呂代にいたるまでじりじりと物価があがつた。勤労者の首をまわたでしめるような政策をソツなくとる中に、彼の国民を忘れた政治の本質がある。

両岸外交といわれながら、ワシントンでは完全な片岸外交を宣言した。サンフランシスコ体制にしばられた日本の地位を、何とか改善したいという国民の希望は、逆にふみにじられ、あらたな対米従属の路線をかためた。東南アジアの偏歴は、東南アジアが日本の独占資本にとつてはアメリカ官許の市場でありそこにアメリカのひものついた開発基金を設定しようというのだからむりがある。それを賠償問題の解決や友好親善の名においてとりつけようというのである。成果がおもわしくないのも当然である。

国民の批判をうけて開店休業であつた憲法調査会に社会党の参加を要請しつつテコを入れたり、あるいは社会党のカク乱をねらつて中小企業団体法を臨時国会に出してみたり、労働組合にたいする金のかからないおどかしをやつてみたりその政治技術はいんけんでさえある。

岸体制といわれるものの中には、与党の内情からもろさがあるというが、しかし岸の真の手強さは、これを見誤つてはなるまい。この一年をかえりみて、国民がもし政治にある種の距離とむなしさを感じたとすれば、つまり国民の政治によせる関心が薄らげば薄らぐほど、その上にアグラをかいて長期政権を構想するというファッショ的なあくどさをもつているのも岸である。この点で社会党がこの一年、このような岸内閣に十分な対決と闘争を組織できなかつたことも残念である。日本の政治の貧困がそこにもあるとすれば、社会党の責任は大きくなる。

（筆者は日本社会党本部企画部副部長）

日本外交一年の成果

榊《さかき》原《ばら》千《ち》代《よ》

ソ連との国交が回復し、続いて国連の一員として日本が国際社会に復帰できたのは、昨年暮であつた。本年初頭成立した岸内閣は、このような少くともそれ迄の日本に比べればいきいきした広い国際舞台に踊りでたわけである。刮目してその動きを期待すべき筈の国民が、病気で消えてしまつた石橋内閣に対する程の興味ももつことができなかつたのはどういう訳だろうか。

石橋内閣を継承したという岸内閣は果して自分自身の構想を持つていたであろうか。就任した首相が真先に考えたことは、対米外交調整ということであつた。戦後長い間強大国に支えられてきた伝統をもつ保守政党の性格を、一挙に切りかえるということは到底でき難いことに違いない。しかしそれにしてもアメリカの一挙一動に気を配らなければならないということは、我々国民としてはやりきれない感じだ。

アメリカ訪問を思いたつた岸首相は、まずアジア諸国を歴訪することを計画した。アジアの一国である日本が、第一にアジアに眼を向け、アジア中心の外交を推進することについてもちろん異議のあろう筈はない。しかし何かアメリカへのお土産を用意するために出かけたような印象を受けたのは私ばかりであろうか。一国の首相が出向く、単なる親善を主とした旅行だといつてもそこにはそれ相応の成果が期待されなければならない。行くところどころでソツのない悧口な挨拶を交え、ただ表面的な親善関係を齎したというだけでは、あまりに呆気ない。東南亜開発基金、技術研修センター設置の構想が岸首相から表明されると、各国首脳部は原則的に賛同したというけれども、インドのネール首相などは、アメリカのひもつきの援助ならばお断わりする、といつたということだし、実際は各国からもアメリカと結んだ日本の経済進出ではないかと疑惑の眼を向けられたものだ。原水爆の製造、貯蔵、禁止については、あべこべにネール首相からハッパをかけられてくる始末。

この旅行の最終段階で台湾を訪問したこと

は、大きな失敗であつたと批判された。中共との関係の微妙なこの国で会談は日台関係の政治的、経済的、或は文化的提携緊密化などに止めておくべきであつたのに、中共・台湾の他国の問題にまで、言葉をはさんだということが、中共を刺戟したことは、もとより、中共の大国としての存在を今や無視していないアジアの諸国に、どのような不信の印象を与えたであろうか。

東南アジアの実状をその眼でみてきた岸首相は失望したという。ともあれ、その国々を巡り、その国民、その国の指導者と身自ら接し、語り合い、外交の難しさ、きびしさを悟つたことは首相にとつて、また日本の外交にとつて大きな収穫であつたかも知れない。

東南亜から帰国した岸首相は、一休みすると今度は待望のアメリカを訪問した。

終戦後十年、首相の渡米を前にして、国内には安保条約改訂、或は行政協約破棄の問題について、ごうごうたる議論がされていた。砂川や内灘など、同じ国民である役人と民衆相戦うと思われるような愚劣さ、この解決は首相渡米の機にこそ、というのが偽りのない国民の声であつた。

アメリカに受け入れられるような防衛方針長期防衛計画を持参した首相をアメリカは歓待した。そうして下院壇上に立つての岸首相の話はダレスの演説の焼直しのようであつたという。三日間、アイゼンハウアー大統領や米国政府要人と日米間の諸問題や国際情勢について話しあい、その間在日米軍の使用や配備の問題、基地問題をめぐつて、日米共同態勢を再検討すべき段階に来たことも論ぜられたと思う。こうして到達した共同声明の原則に従つて、米地上軍戦闘部隊は撤退することになり、安全保障問題については対等な立場に立つ日米間の協議機関として政府間委員会を設置し、米軍の配備や使用について両者で協議し、安全保障条約に関する諸問題を検討することになつた、と宣伝した。しかしアメリカ地上軍撤退はアメリカ戦略の既定の行動でしかなかつた。にも関わらず日本は自衛軍漸増を約束されて帰つて来たのである。

この会談でもう一つの国民の失望はチンコムリスト（中共向け禁輸品）の緩和が実現しなかつたことである。イギリスは禁輸協定を一方的に破棄して中共との貿易をぐんぐん進めている。最近の国際会議では「中共を承認し、国連に加盟させよ」という声が必ず出る。十月開かれた世界連邦のA・A会議でもアジア諸国の代表たちは「我々はソ連共産党を支持するものではない。しかし中共の存在は厳然としている。」というのである。

岸首相は昨十八日東南アジア再度の訪問に飛び立つた。出立に先だち新聞記者会見で、その目的を「第一次訪問の時行けなかつた国国を歴訪し、合せてオーストラリヤ、ニュージーランドに行く。今回の訪問国にはさきの戦争で相当迷惑をかけた国が多く、国民感情の上にシコリを残しているので、謙虚な気持で、迷惑に対して遺憾の意を表し、将来心から協力しあうということの理解を求めたい。また、賠償未解決の国とは、その打開のために努力したい」といつている。また「第一次訪問のあと、日本は国連の安全保障理事会非常任理事国に当選したが、これはアジアの一国として選ばれたわけで、この点アジアに対して日本の使命が重くなつたという意義がある」と洩している。

人工衛星やミサイルの登場で核爆発実験禁止に対する日本の態度が、新しい角度から取り上げられる必要がないか、との質問に対しては「ミサイル、人工衛星の出現でたしかに情勢は緊迫化し、これによつて戦争が回避されるとの見方もあるが、そう簡単にはいかないだろう」と答えているに過ぎない。人工衛星一つを打ち上げるために必要な経費は凡そ八千万円かかるというから、そう簡単に兵器として使われるようにはならないであろう。しかし米ソ両陣営の間に立つ日本としては今こそ全く新しい角度から世界状勢を検討し、第三次戦争防止のために真剣に立ち上がらなければならない。自衛隊員を増加するの、ミサイル受入れについて秘密保護法を制定するなどいつていていいであろうか。岸首相がこれから訪ねようとするアジアの国々、インドシナ、マニヤ、シンガポール、フィリピンにはいまだに日本軍の戦火の爪のあとが残されている。戦争の迷惑を心から償いたいということは、戦争の恐怖殊に核兵器の殺りくの恐怖からこれらの国をひいては世界を守ることであり、そのためには真剣に語り、具体的な協力の手段を発見しなければならない。第一時訪問の時のアジア開発基金のように尻きれとんぼに終つては困る。アジアの一国として安保理に選出された責任の重大さを忘れてはならないと思う。(一一・一七日記)

社会の動き

中《なか》大《おう》路《じ》まき子《こ》

売春汚職

「ザル法」といわれながらも、一応文明国なみの売春防止法が成立したのは昨年のこと、これは業者の猛烈な反対運動に抗して、婦人を中心とする強い世論の支持があつたからです。この法の完全実施は明年の四月からということになつているので、売春問題に関心を持つ人々は、政府や業者の動きを注視しておりました。

こうした折に、今年の十月になつて業者の全国組織である全国性病予防自治会（全性）の幹部二名と自民党の真鍋儀十代議士が売春汚職の容疑で逮捕されたのです。この摘発のきつかけは、特飲業者の中で転業に対する意見の相違からごたごたが起き、組合費の使途を調べているうちに、その金が、売春防止法のもみ消し、切り崩しの工作に、また法案成立後も実施の延期や転業資金の特別融資を獲得する運動に使われており、国会議員二十数人（中に済の印をつけたものがある）の氏名真鍋代議士の海外旅行の「餞別」の受取証などが発見されたというのです。家宅捜査をされた全性本部では、すでに書類を近所の風呂屋に持つていつて燃やしたとの噂もあり、山田という事務員が証拠隠滅の疑いで同時に逮捕されました。さらにつずいて椎名、首藤の両自民党議員がこれに関連あるとひつぱられ、今後の成行が注目されています。この事件は、昭和三〇年頃から、業者が一軒に千円とか二千円、或は従業婦一人につき二百円といつた工合に「非常対策費」なるものを集めていたということ、売春防止法審議の法務委員会を傍聴した婦人たちは、業者が国会の廊下で「××には二〇万、〇〇には三〇万」と話し合つているのを聞いたといつており、業者と保守系代議士とのつながり、贈収賄の行われたのは公然の秘密であるともいわれています。

売春を悪と思わぬ考え方が一部の男性議員をして「売春防止法反対は自分の信念だ」と云わせたり、売春業者がＰＴＡや防犯協力会の役員、市会議員などの公の職についてもなんとも思わぬ風潮をつくつているのだと思います。

今日まで、さまざまな汚職が摘発されましたが、たいてい証拠不十分だの、指揮権発動だのとうやむやになつてしまいます。今度の売春汚職には、読売の記者逮捕事件や、現職警察官の汚職事件などの附録もつきましたがとにかく、こんな国際的にも恥しい汚職は、徹底的に追及してもらいたいものです。

原水爆禁止運動

いま日本で平和運動といわれているものには、砂川等軍事基地反対運動、憲法を護る運動、沖縄返還要求運動、日中国交回復の運動原水爆禁止運動などがあります。この中で、最も多くの人が参加し、国民運動としての高まりを示しているのは原水爆禁止運動だと思います。これは、私たちが、原爆の直接被害を受けた唯一の国民として当然のことであります。

この運動は年々、巾広い各層の人を加え、かつて「アメリカの実験に協力する」といつた政府をして、今年は実験禁止の訴えに松下特使を派英するまでに与論を盛り上げることができました。

日本原水協が三月に発表した「東京アピール」はこうした与論の糾合で、国際的にもかなりの影響をあたえています。例えば、アメリカにおいても二〇名の科学者たちが、署名して禁止の声をあげたのなど、その現われといえましょう。

八月には例年通り、第三回原水禁世界大会が東京で開かれましたが、今年の特色として大会に先きだち国際予備会議が開かれ、ここで「各国の原水爆禁止運動の実状と意見の発表」、「専門家の立場から原水爆禁止への意見発表」が行われました。専門家とは放射能科学者と法律学者で、食品の汚染、放射能による人体の障害、遺伝への影響、国際法と軍縮などの問題に検討が加えられ、これが世界大会に報告書として提出される形をとりました。この間には、宗教家や平和活動家の会議も同時にひらかれました。中央でのこうした動きと並んで、広島、長崎を始め、地方の各地でも、それぞれこの趣旨の集会がもたれ、八月は全く「平和月間」と呼ぶのにふさわしいものでした。

大会に集つた人の中に、この運動を条約改正、沖縄返還などと結びつけ、より政治的なものに高めて行こうとする主張と、特定の政治的イデオロギーにもとずいたものではなくいろいろな立場や考えの違う人の集りだから、そのような主張は無理だという意見とがあつたようです。この二つの考え方は今後原水禁運動を進めて行く上に重要なことの一つだと思います。私たちは、国内でも巾広い大衆運動であり、国際的にも原爆保有の三大国に向けられる運動である限り、せつかちな、おしつけでこの運動が引つぱつていかれるものではないと考えます。

原水禁運動が次第に効果をあげてゆく反面三つの保有国は依然として実験を止めないし、政府の態度もまだまだ何かに気兼ねをしているようで、これからも容易なものではないと感じます。

私たちは、また来年も辛抱づよくこの運動を続けねばなりますまい。

新興宗教

立正交成会、世界メシヤ教（お光りさま）霊友会など数ある新興宗教の中で、ここでは特に創価学会について述べてみます。

創価学会に世間が注目し出したのは昨年の参議院選挙からでしょう。全国区で三名の議

（二五ページへつづく）

中国を旅して（一）

菅《すが》谷《や》直《なお》子《こ》

（写真は杭州・西湖のほとりで）

婦女連の接待ぶり

　私たち一行が中国に第一歩を印したのは九月二四日の正午近くであつた。二二日朝羽田を立つてから三日目である。これは途中台風のため、台北に二日滞在していたからで順調に行けば二日目の同時刻には入国できたはずである。二つの世界を画している国境は簡単なものだつた。私たちは、ほとんど調べらしい調べも受けず入国できた。香港広東鉄道の終着駅羅湖と、中国側の国境の駅深川は徒歩で五分ほどである。その中央に小さな川が流れ木橋が架けてある。この川が境となつているのであろう、中国側の橋のたもとに、元の日本兵そつくりの服装をした少年のような兵隊が一人銃を肩に立つていた。それが国境らしい風景の唯一のものだつた。橋を渡ると北京の中華人民共和国婦女連合会本部から派遣された通訳の青年が待つていた。日本人によく似た容貌で、歯切れのよい東京弁の挨拶を聞いた時は何か心強く、また嬉しかつた。

　いよいよ中国に入つたという気持で、私は改めて周囲を見廻した。線路添えに打つてある杭に多数の灰色の牛がつながれていたが、やつぱり蠅はいないらしい、尻尾も振らず置物のように静かに立つていた。プラットホームにも線路にも紙片はもとより煙草の吸がら一つ落ちていない。ここは中国の南の玄関口特別注意しているのだろうと私は考えた。しかしこの清潔さはその後の一カ月に亘る旅行で社会の隅々まで徹底したものと知つた。

　深川駅で時計を一時間逆戻りさせて、中国時間の十二時五分発で広州行きの列車に乗つた。中国の汽車の等級は軟車と硬車に分れている。私たちが旅行中乗つたのは軟車で、広州以後の列車は真新しく、片側廊下の四人一室、窓もカーテンも二重、赤いジュータンを敷きつめた豪しやなものだつた。しかし深川広州間の軟車は古く、清潔ではあつたが日本の老朽二等車といつたところ。窓際にしつらえたテーブルの上に四つの大きな茶碗と小さな茶袋が配られ、魔法壜を持つた工人服のボーイが絶えず廻つて来ては湯を注いで行く。彼のいんぎんさと人なつこい笑顔は広州に着くまで変らなかつた。

　中国で最初に驚いたのは、土の色であつた。華中や華北では余り気がつかなかつたが広東省の南部では、車窓から見える田も畑も山もレンガ色にさらに朱を加えたような地肌である。これを四角に切つて焼いたらそのままレンガになりそうだ。どこの都市にもそれと同じ色のレンガの塀や建物が多かつた。土の色は住民の気質にも影響するものだろうか。広東省は近代革命の発祥地といわれている。太平天国を起した洪秀全は広東人であり、三民主義で辛亥革命を行つた孫文も広州の人。そして、毛沢東が今日の中華人民共和国の核となつた中国共産党の開放地区、最初の農業合作社を作つたのもまた広東であつた。広東省は亜熱帯地、米は三度獲れるという。田植の終つたばかりの水田もあつた。

深川から三時間ほどで広東省の主都広州に着く。駅には省、市の婦女連合会の人びとが多数出迎えていた。汽車から下りると一せいに歓迎の拍手が起つた。一糸乱れぬ統制ぶりだ。その日広州は雨だつた。駅前には物見高い群衆がひしめいていた。ホテルの前も同様。しかもこれはここだけではなかつた。旅行中どこの都市でも出逢つた情景だ。

夜、婦女連合会主催の歓迎会が催され、私たちは香港から同行したセイロン婦人代表と共に出席した。この婦女連合会のレセプションは行く先々の都市で繰返された。そしてそれは宿泊した大都市だけではなく見学のため日帰りで立寄つた市（武漢、天津、撫順、鞍山）でも、昼餐、晩餐によせて催され、その都度、省婦女連合会の主席や副主席の挨拶があり、幹部から市の概況が説明された。婦女連の人びとは単に歓送迎やレセプションに出席するばかりではなく、視察や観光にも幾人かが案内に立ち、通訳だけにまかせてはおかない。そうしたことが婦女連国際部の重要な仕事の一つになつているようである。どこの都市においても婦女連の人びとは、極めて機動的、活動的ではあつたが、事務的な冷たさはない。ひとりひとりが国際的なエチケットを身につけ、相手に恥かしい思いをさせるようなことはなかつた。私は旅行中一度も中国側から不快な感じを与えられたことはなかつた。これは日本では考えられないことである。

（写真は揚子江にかけられた長江大橋）

その気の配りようは並々のものではなく、少しのゆるみも見せない。鞍山市の郊外にある労働者療養所に行つた時のことである。ここはもと張作林の別荘であり、満州国時代には溥儀の別荘となつていたものとか、広壮な温泉養療所で庭園も随分広い。私たち参観者一同は湯屋に案内され入浴をすすめられた。私は風邪気味で他の数人と共に休憩室に残つていた。なかには娯楽室に行つてピンポンをしていた人もある。私たち日本人に附いていた二人の青年通訳もピンポンに興じていた。私は退屈な余り一人庭に出ていつた。するとものの一分と経たないうちに、今ピンポンをしていたはずの通訳のRさんが、私の後についてきた。旅行中、指揮、監督の任に当つていたのは北京の婦女連本部の国際部部長代理で、共産党員のK女史だつた。

また南京でのことだつた。元イギリス人の競馬クラブだつたという豪華な建物は今機関のクラブとなつている。私たちは南京を立つ日の夕方、休憩のためそこへ案内された。室内に温泉プールがあり、何百人か踊れるような素晴しいフロアのダンスホールもそのままある。いち早く庭園を一巡りしてきた一行の人びとはその造園の美に感歎し、残つていた私にもしきりに参観をすすめるのだつた。室内は各国の婦人の談笑ににぎわつていた。私は目立たぬよう一人室を出た。誰もいない、暮色に包まれた広い庭はひつそりして無気味だつた。と、五十歩と歩かないうちに、「ご案内いたしましよう」というRさんの声に驚かされた。

これをどう解釈するかは自由である。が、私はその緊張度と、真剣さに、一人をもおろそかにしかない服務（サーヴィス）精神に敬服した。そしてこれはひとり婦女連の幹部だけではなく、中国の指導者、および中国共産党員に共通したもののように見受けられた。

とにかく、私たちはこのような中国婦女連の接待を各地で受けながら広州を振出しに武漢に立寄り、すでに開通を待つばかりに出来つていた中国の新名所長江大橋を見学し、北京に着き、国慶節の祝典に参列したのをはじめ、各種の施設や名所、旧所を訪ね、ここからインド、ビルマ、パキスタン、セイロン、エジプト、チニジア等の婦人代表と共に瀋陽に行き、そこを中心に撫順炭鉱、鞍山製鉄所、農村合作社その他を視察、天津、南京、上海、杭州と中国の主要都市を巡り、再び広州に舞戻り、翌日そこを出発して香港に向い一泊の後帰国した。広州に入つてから広州を出るまでちようど三十日、この間、工場、学校、養老院、託児所、住宅その他の諸施設、名所、旧跡等三十余カ所を見て廻つた他、婦人、青年組織、売春問題等についての懇談会も行うというあわただしさだつた。

さて、この旅行で知つた数々の中国事情を報告する前に一寸触れておきたい事がある。

日本人は、人民による、人民のための、人民の政治を知らない。普通選挙となつてからでも三〇年、資本家、特権階級の利益を守る保守党政治が行われて来た。民衆はかつて一度も自分たちの利益を代表する革新政党に単独な政治を行わせたことがない。それでいながら政治に対する不信は強い。どの政党が政権をとつても五十歩、百歩とあきらめている。私自身にしろ、社会主義を信じてはいたものの、人間の営為について疑を払うことはできなかつた。私が中国に行つて、最初に頭に閃めたのはこのことだつた。実際、政治のあり方一つで、どんなに人間の生活が変つていくものか、中国はそれを具体的に示している。それは僅かながら私たちが台湾をのぞいたことによつて一層強く感じたようでもあるが。

台北の街

同じ中国人による政治が行われながら、この二つの中国ほど鮮明な対照をなしているものはない。アメリカの強い支援のもとに辛うじて政権を維持している蔣介石の支配下にある台湾人に、私は同情を禁ずることができない。一体、一人の人間がなんの権利があつてあのように多くの民衆を苦しめることができるのだろうか。台北の街はずれにはアメリカ軍の兵舎が、日本の基地そつくりに竝んでいる。街にはアメリカ映画のポスターがいたるところで目についた。案内者の説明によると台北一のデパートの裏側はことごとく映画館で埋められているということだつた。元台湾神社の跡という郊外の岡の中腹に台湾大飯店という豪壮なホテルが建つている。半官半民経営だが、実権は宋美令が握つていると聞いた。クラブ組織で一般人はオフ・リミット。私たちは航空会社のサーヴィスでここで昼食をとつたが、客はアメリカの軍人とその家族が主だつた。台北駅前の広場を真黒に見せるほど群つている洋車の車夫は車一つが全財産のものが多いのか、夜明けに通ると、車の中に寝ている者も少くなかつた。野宿は車夫ばかりではない。地面に寝ている浮浪者はそこここに見受けられた。台湾ではまだ日本語が通用する。果物行商の老人は、生活のことを考えると頭が痛いと訴え、自動車の運転手だという青年は、二度脱出を企てが失敗した、しかし必ず脱出すると宣言していた。二日目に泊つた北投という台北から自動車で三十分ほどの温泉街には夜の女がはい徊し、どのホテルの前にも、市内では余り見掛けなかつた高級車が並んでいた。台北は日本の基地風景の拡大図、終戦直後の東京を思わせた。

清潔・健全な中国の社会

この台北を見て来た眼には、大陸社会の現象は奇蹟としか映らない。中国の清潔さについては、日本では「蝿が一匹もいない」ということで知られている。この言葉には誇張がある。しかし街や公園の清潔さは、最初に見た深川駅と同様で、私は中国の人々はちり紙や包装紙を使わないのではなかろうか、とさえ思つたほどである。そしてその清潔さはひとり街頭だけのことではない、北京の裏店でも東北の農家の中でも同様だつた。

(写真は故宮博物院の一部)

どこの都市に行つても、男も女もまた女子工員も女教員も、ほとんどの人が監色の木綿服。贅沢な服装をしている人もない代り、ボロを下げている人もない。この木綿服は大ていい色があせている。大きなツギ切れを当てた服も珍らしくはない。しかし汚れたものをまとつている人はない。子供も老人も昨日洗つたばかりのようなさつぱりとした服を身につけている。私は最初、これは多分、よほど厳しい取締り法でもあるのではなかろうかと考えた、そして通訳のKさんに尋ねてみた。

「いいえ、法律は何もありません、人民が自主的にやつているのです、居民組で、街をきれいにしましよう、とか、衣服を清潔にしましようと申合わせます、みなそれを実行します。」という返事だつた。これだけの説明では私は納得できなかつた。しかし後で婦女連や共産党青年団の組織・活動について話を聞いた時、はじめてそのナゾが解けた。(それについては後で詳述する)

中国の人びとの公徳心、道義心は、マルクスの言つた量の質への転化を来しているようだ。それは、日本では万寿山として知られている北京の頤和園へ行つた時のことである。ここは西太后が海軍費を全部投じて造営したといわれる彼女の居城の跡。(このため清国は日清戦争に敗れたという説もある)宏大な湖と山とを巧みに取入れて建てられた数々の殿堂は豪華とか壮麗とかいう月並な形容詞ではとうてい表現できないほどの規模であり、贅を尽したものである。私は幼い日空想をたくましくした竜宮や極楽の風景を思い出した。が、王者の夢を実現させたかのようなこの築城の陰に、どれほど人民の膏血が絞られたかと心寒いものを感じさせられた。西太后の居室の跡には、彼女が愛玩したであろう多くの宝物が飾られている。宝石のみで作られたさまざまの花、宝船、ヒ翠の一枚板に刻まれた宝物はじめ、高貴な美術工芸品の数々があやしく光り輝いている。これらの品はガラスのケースに納められているが、前に細い紐が一本張つてあるだけである。色のあせた木綿服の観衆が近々と顔を寄せて眺めている。私はふと日本のことを思い出して、通訳のＲさんに尋ねてみたこんな簡単な取扱いで、間違いが起ることはないだろうか、と。すると、「これはみんな人民のものなんです、自分のものを盗る人はありません。」

　中国の清潔さは単に個人個人のあり方によるばかりではない、社会全体が清潔なのである。この国の社会には、競馬、競輪、パチンコなどという不健全娯楽や賭博的なものは皆無であり、享楽的な飲食店も影を没している。つまり資本主義社会にはびこつている「社会の腐敗から発生したカビ」はない。

　一般に中国の都市には娯楽施設が少い。人口四百万の首都北京で映画、演劇、クラブなど主な常設館は二〇カ所ばかり。南京（一三四万）で劇団一五、映画館八。鞍山（八〇万）では映画館四、クラブ一六。七百万の人口を持つ中国最大の都市上海はかつて世界の歓楽境といわれたところである。その上海で映画館四一、劇場八一、工人クラブ一四というまるでウソのような数である。

　どこの都市にも「勤険建国」「世界平和」の大旗が下つている。公園の花模様にもこの文字がつかわれているところもあつた。「世界平和」と「勤険建国」は今中国のモットーとなつているようである。これについて婦女連の本部では次のように説明していた。

「国民の生活水準をあげるには莫大な資金がいる。帝国主義国家ではそれを植民地からの収奪によつてまかない、資本主義国では労働者から搾取する、社会主義国では労働者自身の労働によつて生み出さなければならない」

　このような社会では、懶惰と浪費は受け入れられない。（次号へつづく）

あの頃（一四）

社会党結成の頃

——戦中・戦後の生活——

鈴《すず》木《き》千《ち》枝《え》子《こ》

鈴木千枝子さんは日本社会党執行委員長鈴木茂三郎氏夫人。一見、普通の奥様と変りない大変ひかえ目な方ですが、さすがは闘将夫人、総選挙ともなれば、夫君の代りに街頭演説までなさる御活躍は皆様ご存知のことと思います。来客の絶えないご多忙なご生活にありながら、地域婦人のため、研究会、講習会を定期的に開くなど、常に熱心なご活動をつゞけておられます。

人民戦線の大検挙

人民戦線派の大検挙があつた昭和一二年頃私たちは阿佐ケ谷に住んでおりました。一二月一五日の未明でした。朱房の十手を背広のチヨッキに挟んだ物々しいいでたちの刑事が二階の寝室に踏込んできたのです。しかし主人は階下で、刑事が女中と押問答している間に重要な書類を素早くまとめて私に渡してしまいました。刑事たちは上るなり厳しい家宅捜査を始めました。本は二階と下とに置いてあつたのでかなり時間がかかつたようでした。どの位時間がたつたか、また朝食はどうしたか憶えていませんが、とにかく子供の登校時間になりましたので、学校に行かせました。それから主人は私にも勤めに行くようにとすすめました。私はこんなことは始めてでしたので、恐らく主人は刑事に引立てられて行く姿を家人に見せたくなかつたのでしょう。それで私もいつも通り出勤しましたが、道々殺されるのではなかろうか、という不安で一杯でした。夕方帰宅してみると友人や親戚の者が多勢集まつておりましたが、まるでお通夜のようでした。すぐ帰されるのか、永くなるのか誰もさつぱりわかりませんので対策の立てようもありません。なにはともあれ差入れを、と温い牛乳を二本持つて杉並署に行きましたがもちろん面会は許されませんでした。日がたつにつれ永くなるということが分りましたので、馬橋の小さな家に引越し、生活を切り詰めて長期作戦をたてたわけでした。生活はその頃私が働いておりましたし、大きな息子たちは杉並の阿佐ケ谷南通りで本屋をしながら学校に行つておりましたので経済的には余り変化はありませんでした。

杉並署に十カ月留置され、治安維持法で起訴され巣鴨拘置所に移されてから二年余り、丸三年獄舎につながれておりました。出獄したものの保釈ですし、第一審（求刑六年、判決五年半）第二審（判決二年半）とも不服で大審院まで争うことになつておりましたので始終裁判所から呼び出され、戦時中はほとんど裁判沙汰で過ぎてしまいました。

その頃は社会主義者は手も足も出ず、極く親しいお友達とおつき合いする程度でして、いろいろなお友達がよく遊びにいらつしやいましたが、それとて絶えず刑事につきまとわれていましたのでめつたな話もできません。

終戦直前の生活

終戦の年に入ると三月の江東方面の大空襲を始めに、東京は次々と大きな空襲に見舞われるようになりました。当時私たちは世田ケ谷の三軒茶屋に移つていましたが、隣近所ほとんど疎開してしまつて、二日も人に会わない日がございました。私たちは動くことができませんので防空壕を掘つたり、庭先に野菜を作つたりしてジッとしておりました。主人は東京のどこかが空襲されると、その方面に住んでいる同志や知人を見舞つて歩くのが仕事のようなものでした。何も疎開させなくとも本だけは助けたいと、暇さえあれば二人で小包作りをしましたが、その包装紙や紐がなく、やつと作つて郵便局に持つて行けば受付〆切、しかも一度に二冊位しか送れないのには困りました。ところがご近所に軍関係の機関に勤めているお役人がおりまして、いよいよ空襲が烈しくなると早速疎開なさつたのですが、そのときトラックで家財を運んだのには驚いたり、あきれたりでした。

物資に困つたことは一般の方々と同様で、そのうえ私は買出しに行くことができませんでしたので、あばら骨がガラガラに見えるほどやせていました。高野実さんから電熱器を頂いた時はうれしうございました。こんな便利なものがあろうか、とそれは大切にして、空襲になると、なにはともあれ、この電熱器と薬罐を持つて防空壕に飛込んだものです。

主人はこんな戦争は続いてもあと一年だと終戦の前年の九月言つてましたが、予言より一カ月早く終戦になつたわけでした。戦争の見通しについて同志の方々は大体同じようなことを言つておりました。その頃高津正道さんに代々木の駅で出会い、駅のベンチでしばらくお話したことがありましたが、戦争は決して永続きしないといろいろなお話をながながとされておりました。

終戦になるということを始めて聞いたのは八月一二日だつたと思います。誰れからそれを聞いたか忘れましたが、とにかくいろいろな方がいらつしやいましたので、そのうちの一人でした。終戦になればもう空襲の心配もないだろうと、八月一四日の朝、愛知県の主人の田舎に行くため東京駅に汽車のキップを買いに参りました。ところが切符を買う人、汽車に乗る人が長い行列を作つているところへ敵機来襲、駅員は待避を叫びながら行列の人びとを追い散らすという騒ぎです。私は防空壕を探したが駅の近くには見つからずとうとう銀座近くまで来てやつと小さな壕を見つけて入りました。東京駅に防空壕一つ作らずあの大戦争を始めた当局の無謀さには改めてあきれ返つたものでした。翌一五日大船あたりで汽車が停り、重大放送がありましたが、声は聞えませんでした。

田舎に十日ほどいて帰つてみると、次々といろいろな方が訪ねてきてすつかり活気づいていました。親戚の者たちからは、二度とこれまでのような苦労を繰返さないよう、運動から足を洗えと勧告されましたが、私はあの苦労を取り戻すためにも、また今までできなかつた分まで大いにやるべきだという意見でした。

九月に入ると毎日二〇人くらい集まつて来て新党結成の相談やらで大変でした。主人もまたお弁当を持つてはどこへ行くのかよく出掛けて行きました。その頃お集りになつた方ですか、一々憶えておりませんけど、山川均先生などもお訪ね下さつたそうですが、玄関に余り多勢の靴があるのでそのままお帰りになつたということを後でうかがいました。

社会党の結成と総選挙

今日の日本社会党が結成されたのはその年の一一月になつて日比谷公会堂で結成式が行われました。主人は政策の説明をしたのですが政策の婦人対策について疎開先の市川房枝さんのところなどにもききに行つて参考にしたようでした。家に訪ねてくる人が多くて私は結党式にも参加できず、その日の様子は新聞で知つたという有様でした。でも新聞で大きく報導されているのを見た時、ほんとにホッといたしました。

　二二年三月、戦後第一回の総選挙がありましたが、あの時は三名連記、大選挙区制で、東京を二区に分けたので、選挙区が広くてとても大変でした。それになんといつても一番困つたのは食糧とポスターのノリでした。田舎に行つて干芋と干魚を沢山作つて備えておきましたが、それくらいではとても間に合わず、お芋のソバや海草のソバを皆に食べて頂きました。ノリは郷里から夜汽車で運んで下さつた方があり感激いたしました。ポスターの制限もなくお金のある候補者はいくらでも作つて、乏しいノリで貼つたこちらのポスターのうえに貼つてしまうという有様でした。

　当選して議会が開かれても、その頃は自動車など使えず、満員電車で通うのですからこれまた一苦労で、私はお弁当を持つてついていたものです。また秘書もおりませんでしたので、主人の草稿を清書するのは私の仕事で昼間の来客でヘトヘトになつているところへ夜するので、ペンを持つたまま眠つてしまうことも度々でした。

　まア、あの頃は大体こんな状態でした。嬉しかつたことですか、あれはいつの選挙だつたでしよう、永い間一緒に運動して来た方たち、稲村順三さん、佐々木更三さんなどがはじめてみんな一緒に当選したことがあつたんです。その時は一時に花が咲いたようで、主人はもとより私もほんとにうれしうございました。（談）

（一七ページよりつづく）

員を当選させたこと、法を無視したすさまじい個別訪問の選挙運動などが人々を驚かせました。

　ことに、今年の五月、炭労の定期大会で運動方針の中に「新興宗教団体への対策」の一項が加えられ、新に人々の関心をひきました。これは九州、北海道で創価学会に入つた労組員が「信じれば闘争なしに賃金が上る」といつて組合運動に悪い影響をあたえているからとのことでした。多くの新興宗教の信者には中年の婦人などが多いのに比べ、創価学会には青年部が設けられており若い男女の会員が少くないことも特色の一つです。

　軍隊まがいの組織、座談会と称する話し合いの場、社会的な批判や関心も旺盛な点、他の新興宗教にはみられない特徴だと思います。電車の中などで、あげ羽の鶴のバッジをつけた創価学会の会員をみかけますが、殆んどまじめそうな質素なみなりをした勤労者です。こうした人々の求めているものが、今日の政治や既成の宗教で満されないところに問題があるのです。

　ある心理学者は創価学会について「ファッシズムとよんでいいかどうかはわからないが、少くともファッシズムへの心理的な地ならしとはなるであろう」といつています。

　また、これにたいして、革新政党や労組が「宗教は阿片だ」と片づけてしまわず、サークル活動、世話役活動を通じて、お互いに悩みや問題を出しあい語りあう場をつくつて、その解決のため助けあうことが大切だともいつています。今日の政治の貧困が、日本に再びファッシズムを生むことのないようにしたいものです。

衣服と社会（五）

衣服による身分制

三《さん》瓶《ぺい》孝《こう》子《こ》

衣服による身分制というと、現代の人にはわからないかも知れない。今日では天皇もセビロ、サラリーマンもセビロ、社長も小使も同じ型、同じ色合の衣服をきても誰も文句をいわない。自由である。こうした自由は明治以後のことである。徳川時代までは身分によつて衣服の生地、型、色合に制限があつた。これは古い時代からのことである。

六世紀の終頃、やまと朝廷は中国の隋《ずい》の国にならつて国の組織をととのえた。朝廷の役人たち――彼等は大きな土地をもち勢力ある氏族から代々出た――の位の順序を定める制度をきめた。それは一二階級に分かれ、紫は一ばん高い位、次が青、赤、黄、白、黒の順序で衣服の色で現わした。こうして朝廷の役人の階位を衣服の色で現わす服色制は、その後たびたび修正されたが、いつも高い位は紫色の衣服であつた。

紫色を貴い色としたのは中国の隋《ずい》（六百年前後）の煬《よお》帝のとききめられたものであり、その後唐《とお》の時代（六一八～九〇七）になつてから、「紫をもつて尊となす」という服色制が定められた。日本ではこの隋唐の制度をそのまま取り入れたのであつた。こういう役人の位を現わす色の衣服はいつぱんの人は着ることができなかつた。

天武天皇一三年（六八四）には、衣服の型がいままでばらばらであつたのを統一した。「男女の衣服は襴《すそつき》（裾の長いもの）あるものでも無いものでもよい。結紐でも長紐でも任意に着てよろしい。但し集会の日には襴の衣服をきて、長紐をつけよ、男子は圭冠ならば冠り、括緒の褌《はかま》をつけよ」と。

この天皇の時初めて男女の髪を結うことを命じている。ただし四〇歳以上の女は髪を結ぶも結ばないのも任意にせよとあるのは面白い。

その後持統天皇七年（一六九四）に、百姓の衣服は黄色、奴婢（奴隷）の衣服はにぶ色（青みがかつた灰色）と定められた。だからいつぱんの人民は黄色とにぶ色以外の衣服はきられなかつたのである。

こういう衣服の色に関する禁令はずつとあとまでつづいた。特に濃き紫、濃き紅《くれない》は貴い色で、いつぱんの人は絶体に用いられなかつた。万葉の歌に、――

くれないの深染の衣《きぬ》下にきて　上に取り著は言なさんかも（巻七）

くれないの衣《きぬ》染まし欲《ほ》しけれどしるくにほはば人の知るべき（巻七）

とあるように、濃き紅の衣服は上に着たら文句を言われるから下に着た（前の歌の意）紅の色に染めたいが、人に知られるとこまる（後の歌の意）というように、衣服の色合は自由にならなかつた。

橡《つるばみ》の衣《きぬ》は人みなことなしといいし時より着ほしくおもほゆ（巻七）

橡色は前にのべたにぶ色と同じで下層の人々の着る衣服の色であつた。

この衣服に対する禁令は、平安朝になると一そうきびしくなつた。この時代には錦、綾羅の高級織物が織られたが、それらは朝廷の支配下におかれた。なぜなら、錦を用いるのは朝廷に限られ、綾、羅のような織物は身分の高さによつてのみ官服としてきることが許されたからである。平安時代の延喜式目というろいろの定を記録したものの中に、衣服に関して多くの禁令がある。

(1) 錦は女王並大臣以上の嫡妻子はお祝の日にきることを許す。

(2) 羅は参議以上、五位以上のみきてよろしい。

(3) 五位以上の女は父のお蔭で禁令の衣服をきることができる。

(4) 妻は夫の衣服の色をきることができる。

(5) 支子色《くちなし》（黄丹色）は天皇の色であるからきてはいけない。

(6) 紫色は参議以上の者はきてよろしい。

(7) 凡て禁色は下着であつても用いてはならない。

(8) 従者の衣服にはこんな制限があつた。親王以下の車馬の従者の服はにぶ色及び青色色、女の従者の服は黄赤、椽黒、葡萄退紅（柿のうす色のようなもの）薄緑。

その他衣服の生地と色合に関しては、こまごました規則があつて、その衣服を見れば、その人の身分、位がすぐわかるのであつた。

女性の衣服は、父、夫の身分、位によつて定められた。父、夫が許された織物、色合の衣服をきてよいのであつた。この時代の朝廷女官の呼び名が、個人の名称であるお花さんというような名で呼ばずに、父や夫の位で、例えば清少納言と呼んだのと同じである。枕の草紙にこういうのがある。

「ぶぜんというぬめは、くすし（医者のこと）しげまさがしる人なり、えびぞめの織物のさしぬききたれば、いとこころことなり、『しげまさは色ゆるされにけり』と山の井大納言わらい給う』

これはぶぜんというぬめ（采女、天皇の後宮、官女）はしげまさが後見人にでもなつている女であろう。彼女はえびぞめ（赤紫）のさしぬき（袴）をはいたので、位が一般に高くなつたように気持が改まつている。しげまさは、えびぞめの衣を着ることが許されたから、そのかかり人のうぬめも着ることができるようになつた、ということである。

身分による衣服の色については、この時代の絵巻物を見れば、よくわかることである。現在でも神社のお祭りの行列の神主や従者の衣服の色は、大たいこうした昔の色合の順位が用いられているのである。

衣服の織物や染色が、このように身分を現わすことに用いられたことについては、それだけの理由があつた。

この時代の錦、羅、綾の高級織物を織ることや、濃き紫、濃き紅を染めることは、大へんな手間のかかることも、多くの奴隷をもつ朝廷や貴族でなければできないことであつたということも一つの理由である。また、だからこそ、こういう織物、染物は朝廷・貴族の独占であつたこと、または高級織物はいつぱんにまだ発達せず、貨幣も十分流通せず、自由に買えないということも原因の一つであつた。

さらに、社会いつぱんの文化が低いほど、美しく身をかざることによつて、自分を貴きもの、偉いものと見せたいという心理や、美しく着かざる人を貴い偉い人と思う心理が働いていたからでもあろう。

この衣服による身分制は、次第にくずれはしたが、徳川時代まで、町人、百姓の衣服を制限するものとして存在した。

～随想～

お月さまとうさぎ

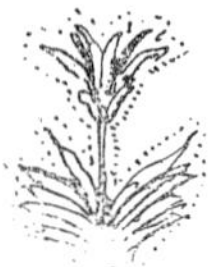

山《やま》川《かわ》 菊《きく》栄《え》

月への旅

「しまつた、すこし早く生れすぎた！」朝の食卓で新聞をひろげながら、夫はいかにも残念そうにいいました。このごろの新聞は第一面を人工衛星の記事でうめています。けさの新聞は、もう一五年もすれば月の世界に行かれるというソ連の発表を伝えているのです。私たちの子供のころは、東京でさえ山の手の夜は暗かつたので、どんなに月夜がたのしみだつたことでしょう。伝説のようにほんとにお月さまの中で兎がお餅をついているのが目に見えるような気がして、またそこらの草むらで狸が腹鼓をうつてうかれているようにも思われて、子供たちは庭や縁側でとんだりはねたり、うたつたり寝るのを惜しがつたものでした。田舎ずまいの私は今でも月をふんで夜道をかえるとき、子供のころにかえる思いで心がはずみます。そのお月さまの世界へピクニックにいかれるようになる！　何というすばらしいことでしょう。

しかし月の世界は平和かしらず、現に私たちの住んでいる地球の上はいっこう変つていない。今年も大国間の軍縮会議はついに空しく終り、原水爆禁止の声も、まだ学者や宗教家の間にとどまつて、政治家には相手にされず、あつちでもこつちでも遠慮なしにドカンドカンと水爆をうちあげて、地球をつつむ空気を汚し、人類の命を縮め、子孫を不具低能にすることをいといません。いつたい人間というものはりこうなのかバカなのか。月の世界へ旅のできるころ、水爆戦争で地球から人類が消えていたらどうなるのか。やはりお月さまは永久に兎の領分にとどまる運命かもしれません。

どんな発明発見も、科学の驚異的な発展も、それが人類共通の利益となり、誰にも平和と幸福を約束するのでなければ何にもなりません。原水バクやミサイルや弾頭何とやら、ますます新しく、いよいよおそろしい武器をもつことにより、軍備競争のはげしさによつて人類の平和が維持されると信ずるものは、二回の大戦でその夢を破られたはずです。日本は武力をすてました。相争う二大勢力の外にたつインドその他の中立国と共に原水バクと共にいつさいの軍備撤廃に向つて努力しましょう。口だけでなく、みずから先んじて武器をすてることを各国民に向つて説きましよう。月の世界、星の世界を征服する大国の業績はすばらしいことですが、この地球から戦争と軍備競争を追放することも、それ以上にすばらしい仕事です。小国は自分が生きるためにも、まず第一にこの地球をもつと安全で、すみよいものにしなければなりません。

売春汚職

人工衛星も月の旅も、原水爆も平和の問題もそつちのけで、日本の政治家や役人は相かわらずワイロをとるのに夢中です。売春汚職は汚職の中でも最も汚いものといわれますが、汚なければ汚ないだけ、この際徹底的にえぐりだして根を断つべきです。どこまで波及しようが、幾人つかまろうが、遠慮は無用。業者が転業を看板にそのまま旅館とか娯楽場とか名をかえてその実をとどめようとする努力も徹底的に防がなければなりません。この種の営業を法律一つで根絶させることは不可能だと反対論者は主張します。たしかに法律をだしさえすればそれでいいというわけのものでなく、業者の徹底的取締りと共に、女たちの保護と職業的訓練及び就職の世話、最低賃金の確保、社会保障制度の拡充等あらゆる手をうたねばならず、売春婦の大部分が精薄や分裂症だというだけに、その対策も気長に懇切におこなわれなければなりません。売淫は一片の法律で根絶しがたいものだから法律は守るに及ばぬとか、自由放任より手はないというのは業者の味方で、それ故にこそ社会主義へ進む必要があるのだ、と私たちは考えます。売春防止法はその方へむかうほんの第一歩にすぎません。

道徳教育は何を教えたか

汚職といえば渋谷区長の選挙に多くの議員が手を汚し、中に婦人も交つており、もらつた金が問題になりはじめたとき、その婦人議員が、すいせん者たる婦人会幹部六名にはかつたところ、返すに及ばぬ、有意義な仕事に寄附すればいいといい久布白氏の団体に寄附したが返されたとか。男女同権、仲よく男子議員と肩をならべてとらわれました。この婦人たちは、問題は金の使途ではなく、そういう金をもらうことの是非にあることが分らなかつたとみえます。数十万のさつびらをきつて議員を買収しても徳のいくような区長のイスは、悪魔の息のかかつた魔法のイスです。年からいうとこのごろの汚職事件の主人公は戦後派どころか、みな明治大正時代の道徳教育の申し子みたいな人たちですが、彼らの暗記した教育勅語や修身の本にはいつたい何がかいてあつたのでしよう？

国民年金をいそげ

老齢、母子、身体障害者に対する国民年金制度の制定を求める声は年毎に高く、政府は三五年度から曲りなりにも実施するようなことをいつています。ところで生活保障というには遠く、敬老年金という名で高齢者におこづかい程度のものを支給する例がふえてきました。昭和三二年七月、全国社会福祉協議会の調査によれば、その内訳は左の通り。

(一) 都道府県を単位とするもの　大分県兵庫県、石川県、岡山県、富山県

(二) 市町村を単位とするもの　埼玉県蕨町以下約六〇市町村。

その条件はその市なり町なりに一年ないし三年以上住んでいたもの。年齢は七〇―九〇歳以上。金額は年額一、〇〇〇円から六、〇〇〇円まで。受給者の平均年齢は八三歳。九〇歳以上が三件もあります。本年七月から給付開始の厚生年金保険の老齢年金は六〇歳以上で（一五年間の月額報酬一八、〇〇〇円として）年額四万円、月割三、四〇〇円にしかならず、恩給、扶助料の受領者もややこれに近いとのこと。停年制をもつ大企業の場合、多少まとまつた退職金も出ることですが、五五歳というその年ごろではまだ勉強ざかりの子供もいることでしよう。また農民、自由業者、零細企業の雇用者等は一生がい汗水流して働いてもそれしきの恩恵にもあずかれないのです。

近年日本人の平均寿命はのびて男は六四歳、女は六七歳となり、六十こえても働く能力をもつているのにその機会を与えず、その熟練や経験を社会のために活かす代りにうえ死させるような世の中は、あの楢山節考そのままではありませんか。私たちはおりんばあさんのように丈夫な歯をかいたり、温いきものを孫子のために残して楢山まいりをする代りに、私たちの参政権をもつて国民年金のために真剣に戦う人を次の総選挙で議会に送りましよう。

◇映画時評◇

荒井　修

　六十四局のテレビの仮免許がおりた。早いのは来春三月頃から電波を流す予定だという。そうなると、日本はアメリカについで世界第二位のテレビ国となる。

　そうすると、問題になつてくるのは、それによつて映画というものが、果して、どのような影響をうけるか……ということ。もちろん、映画というものが、その影響から無関係に今の状態を続けてゆくことはあり得ない。すでに各種の調査においても、映画人口がテレビに喰われつつある、という結果が出ている。ただ、それが今の状態ではさして問題でないが、それが世界第二位のテレビ国となると温床に夢ばかりむさぼつてはいられないであろう。今度仮免許がおりた富士教育テレビに東映、新東宝が経営の中に加つているのは、映画会社自体もそのことを痛感したあらわれと見てもいいと思う。

　……だが、ここで考えなければならないことは、映画会社がテレビ攻勢を阻止するためには映画自体の質的向上をはからなければならないということである。テレビに映画が押されるからといつて、映画を見限つて、映画会社がテレビの経営にキュウキュウとするようようであつてはならない。もちろん映画はテレビの攻勢の前に無傷であることはないだろう。だが映画にはテレビが本質的に求められない要素もあるのだ。それを確認しなければなるまい。

　ところが、実際はどうか。果して映画が質的向上をしようというキザシがあるか……。

残念ながら最近の映画は、益々もつてエログロ的傾向が強いようだ。殊に新東宝がひどい。裸のない映画を探した方が早いという状態だ。新東宝のスタジオへ行くと、ストリップ劇場へ来たのか、と思う程、裸、裸、裸がひしめえている。これでは明治天皇も顔を素向けようではないか。

　それに日活。ここの映画もひと頃の性典モノより露骨だ。筑波久子や白木マリなどというワケのわからない大根女優の太腿でも見せれば、観客が随喜渇仰の涙を流すと思うかも知れないが、あまりバカにしなさんな。

　とにかく日活の裸映画は最近智能犯的になつて来て、映倫泣かせだというが、映倫もそんな状態では困る。日活や新東宝の愚にもつかない作品を野放しにしておいて、今井正の「姦通」をタイトルが適当でないから変更しろ、しなければ上映不可能の処置に出るなどとコケおどかしに出ているのは感心しない。

　裸モノと、もう一つ目につくのは喜劇モノ。ちよつとあげても「集金旅行」（中村登）「気違い部落」（渋谷実）、「恋して愛して喧嘩して」（川頭義郎）、「風前の灯」（木下恵介）「オンボロ人生」（番匠義彰）の松竹と、「負ケラレマセン、勝ツマデハ」（豊田四郎）の東宝陣。特に東宝ではこれから喜劇に力を入れるといつているが、それがアチャラカだつたら何もならない。テレビ攻勢の前に、映画もテレビに敗けずに白痴になつていつたのでは、どうしようもないだろう。

生い立ちの記

（八）

松《まつ》平《だいら》すゞ

ゆくえしれずになつていた伯母叔父等が兄の戦死官報を見て便りをくれたので、今迄何んでも信州小諸にいるとか、東京からもつと東の方で生活しているそうな、と風の便りに聞きながらも、一通の郵便も出さなかつた人達の生活場所もわかりました。何分明治一〇年頃にみんな放浪の旅に出たきりで、二〇余年を経ております。

東京に売られて行つた伯母がその頃、栃木県の佐野という所で所帯を持ち、織物業をして相当の生活をしておりました。なんでも始めは何処の馬の骨とも、牛の骨とも分らない女をつれて来たとて、皆にさげすまれたから、一生懸命に働いて生活の安定を計つた。そのうえ自分は子がなかつたので、他人の子を三人まで育てあげ、その中の一人を自分の家の後つぎとして、ますます家業繁昌しておりました。この家にその弟を、つまり私の叔父を小僧として使い育て、成人するとともに新家を作り妻を迎えて、同じく織物業を経営させ、この家もまずまずという生活状態でありました。

信州松本に売られて行つた伯母の一人は土地の小学校長に見出され、ほとんどつとめというようなことをせずに身受けされ、その人の妻となりました。この人にはすでに本妻と女の子一人ありましたが、妻を離別して本妻にしたので、世間では異様な眼で眺められ、そのうえ姑もあり、離別された先妻は親戚関係の人ですぐ近くに住んでいるというのです。現在の人には一寸考えられないことですが、その当時としては男の意志一つでどうにでもなつたことでした。

伯母は身受けされたのでその家に住むことになりましたものの、姑は心よく思いません。ひたすら身を粉にして仕えたと申しておりました。始めは姑もつらく当りましたが幼い頃から読み書き、裁縫その他、女芸一切を心得ているので、だんだんとよくなり、丁度主人の校長している学校で裁縫の先生がないままに一緒につとめることとなり、この伯母さん長らく学校の先生をしておりました。主人は小諸の藩士でその地に住み、伯母さんは上田高等女学校創立当時その学校で裁縫を教えておりました。後年孫の教育のため東京に移り住みました頃、田舎から出て来た娘を家に置いて裁縫やお行儀などを教えておりました。また長唄が上手で中橋徳五郎氏（当時の文相）の宅によく出げいこをしておりました。この人は九三歳の長寿で自分の子はありませんでしたが幸福に世を終えました。

いま一人大阪に生活していた伯母がありましたが、この人はつとめ終えて三重県津市出身の人と結婚し、一人の女の子が出来ましたが、夫と死別し、先妻の子の五人ある大阪清水谷高等女学校に勤めている人のところへ連子をして再婚しました。五人の継子と自分の子と夫という複雑な家庭でした。連れ子は女学校だけ出してすぐ当時大阪商船会社の社長であつた中橋徳五郎氏の宅に女中に住み込ませ、後中橋家の執事と結婚させ一生をその家で送りました。

残りの叔父は船員となつていました。外国航路の船に乗り、一航海すると三ヵ月位は遊んで暮す、一定の家もなければ、また妻もなく子もなし、という生活でしたが、年を重ねると共に海上生活もいやになつて、一時徳山にいましたが、病になつて栃木県の姉をたより、ついにそこで亡くなりました。

明治四三年名古屋で現在の鶴舞公園で共進会が開催されました。その時に栃木県から自家の織物も出品されている関係もあつて、久し振りに叔父伯母達が集りまして、祖先の法要をいとなみ、昔の縁故者を招いて語り合いました。性高院の墓もこの時一通り整理して小さいながらも台石を置き、其の上に石碑を並べました。三〇年昔は若かつた人びとも今は五〇歳となり、人生の荒波と戦つて来た人達で、昔語りはつきる時もない次第。

私の祖父であり、この人たちの父は明治二四年秋、何んとか身の置き所の定まつた子を尋ねて栃木県に行つたものの、此処でも落ちつけず、小諸を尋ねたのですが、乞食同様の姿で日中は訪れ得ず、夕暮れをまつて裏口より入つて、数日をこの家で送り、再び大阪に向つて出掛けたのでした。秋、小諸を立つて何処をさまようたものか、一二月三〇日に大津にたどりつき、宿で病が重くなり、大阪の娘の所に飛脚を出し、迎えに来るようにとのこと、叔母はあんな困つた事はなかつた、と正月死体をつり込んで来た悲しさなどを繰り返し、語るのでした。

とにかく、その頃生きていた伯母たちは一時は苦界に沈みどん底生活をしたものの、普通の暮しをしておりました。全財産を売りつくし、娘まで売つてしまつた父をうらむでもなく、むしろ父に同情し、世の中が変つたのだ父も可哀そうだつた、現在の自分ならなんとかできたのに、あの頃ではなんとも仕方がなかつた、ほんとうにお父様すまなかつた、とわび入つて墓参りをしたものでした。この人たちも今は一人残らずこの世を去りました。栃木県佐野で伯母の育てた子は、今は七〇余歳で裕かな生活をしております。小諸にいた伯母の娘は今年八一歳、その子は大学教授になつております。中橋家にいた叔母の娘は私より一つ年長でしたが、戦災を受け、其後死亡しました。今は思い出を語る人もありません。

私の家では兄が戦死し姉も死に今一人は母の妹の長男に嫁したので、結局、私が松平家を相続することになりました。財産はなに一つ無い家で、あるものはがんこな父と、系図一巻、尾張徳川義直公よりの千石の知行書、往復の信書、売りに出すことの出来ないものばかりであります。

いつの世でも年令の差で考が違います。年を重ねている人が新しいつもりでいても、若い人から見るとずいぶん古くさいものです。私も今はすでに人生の終りに近ずいております。今の人たちからみたらどんなにか古い考えと笑われることと思いますが、こうして世の中は積み重ねられて行くようです。世の中でこれは正しいこれは正しくない、とは何を基準にしてのことでしよう。何時の世でも、時の為政者に都合のよいことが正しいと教えられてきました。徳川封建時代にはその時に都合のよい道徳が教えられ、身売りして親の難儀をすくうのは孝子として称えられ、明治・大正、昭和二〇年までは戦死することが忠臣として家名の誉となりました。まことに為政者に都合のよい教育であります。短いような、長いような人生をかえりみて思い出はつきません。宇宙旅行も近いうちに出来る日が来るでしよう。変らぬものは生れては死に生れては死ぬ人生の旅であります。（終り）

婦人界消息

逆コースにもの申す婦人大会

有力二十六婦人団体よりなる「家族制度復活反対連絡協議会」では、最近あらゆる民主的な制度を再検討の名のもとに再び戦前へ逆戻りさせようとする企てが見られ、これと共に家族制度復活の気運が強くなつたことに抗議して、去る十一月七日午後新橋駅前野外ステージで「逆コースにもの申す婦人大会」を開きました。発言内容は教育、就職、農村の娘、売春、主婦、老人、婦人と政治の八部門、十六項目に分れ、それぞれの参加団体の代表によつて逆コースの現状が報告されその阻止を強く訴えられました。

助言者は田中寿美子、鍛治千鶴子、相礎まつ江、村上ヒデの諸氏。

なお、これら加盟団体の組織に入つている婦人は数百万、その声は無視できないものがあると認めたのでしょうか、大会終りに近く、右翼の赤尾敏らが壇上にかけあがり、防害を企てて逆コースの現実を如実に暴露したという一コマもありました。

原稿募集

＊論文・創作・ルポルタージュ（四百字詰一五枚以内）

＊職場のこえ・台所のこえ・書評（三枚〜七枚）

＊詩・短歌・俳句

本誌は広く読者に誌面を解放しております。皆さまの活潑なご投稿をお願いいたします。

送り先　本誌編集部

編集後記

○十一月中、本誌にたびたび栄養記事を書いて頂いておなじみの林郁子さんが同じ大阪府職組の井上章氏と、また本誌社友で新進声楽家として令名の高い小倉麗子さんも十年来の婚約者興銀特別調査課にお勤めの布目真生氏とめでたくご結婚。いずれもすぐれた専門家ぞろいです。職業と家庭の両立をめざす方々はどしどしあとに続いて下さい。

○昨年来の神武景気に和服ばやりで社宅の奥さん方はキモノ作りに熱中とは、太田総評副議長のお話ですがその神武景気が絶頂の昨年は日本の自殺率が世界一になり、その景気が腰くだけになつた今年も変りはなく、要するに景気はよくても悪くても特に青少年の自殺はふえる一方犯罪もへらず、ベッドがなくて野放しにされている精神病者の大量殺人は相つぐ有様です。この中で旧軍人は恩給を増額されて大ニコニコ、中小企業団体は加入強制で競争を抑えて上きげん。来年は何とかもつとよい政治をしてもらうために働きましょう。

○本誌前号九ページ終りから七行目「組合の強体化」は「弱体化」の誤、「働く母と子の問題」は山川菊栄訳です。（山川）

婦人のこえ　十二月号

定価三〇円（〒五円）
半年分　一八〇円（送共）
一年分　三六〇円（送共）

昭和三十二年十一月廿五日印刷
昭和三十二年十二月一日発行

編集発行人　菅谷直子
東京都千代田区神田三崎町二ノ六
印刷者　堀内文治郎
東京都港区本芝三ノ二〇
（硫労連会館内）
発行所　婦人のこえ社
電話三田（45）〇三四〇番
振替口座東京貳壱壱参四番

昭和二十八年十一月二十四日第三種郵便物認可
昭和三十二年十二月一日発行（毎月一回一日発行）

婦人のこえ　第五十一号（第五巻・第十二号）

定価三十円

●——解説者紹介

鈴木裕子（すずき・ゆうこ）

一九四九年生まれ

女性史研究家

主要編著書

『新装増補　山川菊栄集　評論篇』全八巻別巻一巻（編　二〇一一—一二年、岩波書店）

『自由に考え、自由に学ぶ　山川菊栄の生涯』（二〇〇六年、労働大学）

『忘れられた思想家・山川菊栄——フェミニズムと戦時下の抵抗』（二〇二二年、梨の木舎）

復刻版
婦人《ふじん》のこえ
第4巻　ISBN978-4-86617-256-9
第1回配本［第1巻～第4巻］分売不可　セットコード ISBN978-4-86617-252-1
2024年11月28日発行
揃定価　本体80、000円＋税
発行者　山本有紀乃
発行所　六花出版
〒101-0051　東京都千代田区神田神保町1-28
電話 03-3293-8787　ファクシミリ 03-3293-8788
e-mail : info@rikka-press.jp
組版　昴印刷
印刷所　栄光
製本所　青木製本
装丁　臼井弘志